本书获得以下项目资助：

中央本级重大增减支项目（2060302）
中药标准化项目“中药质量标准库一中药材实物库”（ZYBZH-K-ZY-02）
全国中药资源普查（GZY-KJS-2018-004）
国家自然科学基金重大项目“中药道地性环境成因”（81891014）
国家科技部重点研发计划“中药材生态种植技术研究及应用”（2017YFC1700701）

中药材商品规格等级标准汇编

第一辑

黄璐琦　詹志来　郭兰萍　主编

中国中医药出版社

图书在版编目（CIP）数据

中药材商品规格等级标准汇编：全2册/黄璐琦，詹志来，郭兰萍主编.—北京：中国中医药出版社，2019.9（2024.9重印）

ISBN 978-7-5132-5594-3

Ⅰ.①中… Ⅱ.①黄… ②詹… ③郭… Ⅲ.①中药材-商品规则质量-标准-汇编 Ⅳ.①F762.2-65

中国版本图书馆CIP数据核字（2019）第105658号

中国中医药出版社出版

北京经济技术开发区科创十三街31号院二区8号楼

邮政编码 100176

传真 010-64405721

北京盛通印刷股份有限公司印刷

各地新华书店经销

开本 880×1230 1/16 印张 109.5 字数 3235千字

2019年9月第1版 2024年9月第2次印刷

书号 ISBN 978-7-5132-5594-3

定价 450.00元(全两册)

网址 www.cptcm.com

服务热线 010-64405510

购书热线 010-89535836

维权打假 010-64405753

微信服务号 zgzyycbs

微商城网址 https://kdt.im/LIdUGr

官方微博 http://e.weibo.com/cptcm

天猫旗舰店网址 https://zgzyycbs.tmall.com

如有印装质量问题请与本社出版部联系(010-64405510)

标准汇编编委会名单

朱寿东 朱良辉 朱育凤 朱继孝 朱继忠 朱翔慧 任亚岚
任延军 任振丽* 华桦 向增旭 刘伟 刘钊 刘迪*
刘佳 刘逊 刘峰 刘峰 刘清* 刘翔 刘谦
刘强 刘群 刘嘉 刘大会* 刘义梅 刘天成 刘玉勇
刘代缓 刘传贵 刘红娜 刘丽辉* 刘言娟 刘雨莎 刘春显
刘洋洋* 刘洋清 刘冠军 刘根喜 刘晓谦 刘晖晖* 刘爱朋
刘海涛* 刘德鸿 齐海平 齐耀东* 羊勇 关扎根 江波
江维克 池秀莲 汤建* 汤依娜 安昌 安巍 安衍茹
祁春雷 许亮* 许凤清 许冬瑾* 许成俊 许宗亮 农东新
孙杰 孙和 孙涛 孙鸿 孙超 孙辉 孙景
孙大学 孙广振 孙国强 孙建华 孙洪兵 孙朝奎 孙嘉辰
牟燕 纪应夺 严军 严辉* 严新 苏豹 苏春燕
杜杰 杜玖珍 杜国栋 李光 李英 李杰 李明
李岩 李佳 李波 李科 李莹 李原 李娟*
李菁 李雪 李蕲 李敏 李晶 李强 李颖
李慧 李燕 李霞* 李鑫 李卫东 李玉云 李石飞*
李石清 李立华 李圣波 李成义 李会娟 李守宝 李军德*
李志山 李步信 李青苗* 李坤玉 李林轩 李明辉 李明焱*
李旻辉* 李忠贵 李泳锋 李泓峻 李学兰* 李学军 李宜航
李建民 李建军 李显辉 李娆娆* 李振皓 李莹露* 李浩男
李海波 李海涛 李海雪 李培红 李彩峰 李隆云 李强远
李路亚 李新华 李嘉诚 李韶卿 杨元 杨弘 杨光*
杨全 杨军 杨钊 杨春 杨俊* 杨艳 杨琳
杨毅 杨蕾 杨天梅 杨玉霞 杨亚楠 杨成梓* 杨安东
杨红兵* 杨秀伟* 杨国静 杨昌贵 杨绍兵 杨美权* 杨洪昌
杨艳芳 杨维泽 杨惠辛 杨雁芳 杨新杰* 杨燕梅 肖冬
肖特* 肖小河* 肖井雷 肖日传 肖凤霞 肖承鸿* 肖草茂
吴波 吴萍 吴计划 吴正军 吴庆华 吴尚英 吴明丽
吴和珍* 吴树华 吴统选 吴艳红 吴涛涛 吴德玲 何生
何姗 何培 何子清 何忠臻 何银生 何雅丽 何雅莉*
余驰 余坤* 余意 余丽莹* 余玲玲 邹琦 邹隆琼
汪文杰 沈晨薇 宋敏 宋小妹 宋利莎 宋希贵 宋学斌
张飞* 张元* 张丹* 张伟 张全 张岗 张怀
张英 张美* 张恬 张辉 张婷 张静 张燕*

张一唱　张小波*　张天天　张天娥　张友波　张水利　张化为
张玉秀　张正川　张本刚*　张立伟　张永清*　张志东　张志伟
张志杰　张丽丽　张明泉　张金渝*　张建逵　张春红　张春椿*
张重义*　张美德　张晓冬　张晓波　张逢祥　张益武　张培成
张跃进　张得钧　张植玮　张福生*　张福强　张增良　陈　丹
陈　龙　陈　红*　陈　兵　陈　杰　陈　鸣　陈　健　陈　雷
陈仕江　陈达婷　陈旭玉　陈红霞　陈秀花　陈彤垚　陈金文*
陈思有　陈科力*　陈修会　陈勇灵　陈铁柱*　陈乾平　陈随清*
陈德力　邵　扬　邵　旭　苗　琦　苗　静　范　宁　范世明*
范圣此　范海刚　范慧艳　范增丰　林　飞　林　伟　林　杨*
林　丽　林文宏　林青青*　林瑞超*　林慧彬*　欧阳臻*　明　晶
明孟碟　明淑芳　易进海　罗　川　罗　云　罗　艳　罗光明*
和玉德　金　艳*　周　洁*　周　涛*　周　毅　周小雷　周先建*
周国平　周建永　周建理　周海燕*　周雅琴　庞　颖　郑玉光*
郑丽香　郑祖国　单　洋　房蕴歌　孟　慧　孟武威　赵　仁
赵　明　赵　容　赵　祥　赵　晶　赵万生　赵玉姣　赵玉辉
赵冬艳　赵宇平*　赵军宁*　赵纪峰*　赵来胜　赵贵富　赵俊凌
赵晓龙　赵爱红　赵烨清　赵润怀*　郝庆秀　胡　平　胡　珂*
胡　蓉*　胡文清　胡本祥　胡寿荣　胡志刚*　胡星园　胡俊涛
胡凌娟　胡浩彬　胡超逸　柯　芳　相　婷　查良平　柳　鑫
钟国跃*　钟瑞建　郜卫明　段国玲　段金廒*　段海燕　段绪红
侯文静　侯兴坤　侯芳洁　侯美利　俞　冰　俞静波　施枝江
闻崇炜*　姜　涛　洪　庆　姚　闽*　姚　媛　姚成合　秦　梦
秦双双　秦雪梅*　袁　强　袁　婷　袁源见　聂小忠　晋　玲*
贾世清　贾志伟　贾晓光　夏燕莉*　顾　选*　晁现民　钱大玮
钱江平　徐　涛　徐　嵬　徐　靖　徐建国　徐攀辉　栾　震
高　波　高　速　高　峰*　高天爱　高文远*　高文胜*　高建云
高雄志　高善荣　高微微　高慧敏*　高蕾红　郭　龙　郭　琦
郭文芳　郭兰萍*　郭利霄　郭宝林*　郭俊霞*　郭增祥　席倬霞
席鹏洲　唐于平　唐志书*　唐春风　唐海发　唐德英　谈宗华
黄　河　黄　浩*　黄开荣　黄文华　黄本锐　黄龙涛　黄必胜*
黄红宙　黄志芳　黄昌杰　黄泽豪*　黄宝优　黄胜良　黄桂福
黄雪彦　黄得栋　黄清泉　黄煜权　黄慧珍　黄璐琦*　曹　发
曹　林　曹　艳　曹　喆　曹有龙　曹兆军　曹丽娟　曹婷婷

龚文玲　常　晖　崔　灿　崔亚君　崔旭盛*　崔秀明*　崔秀梅
银福军*　康　彦　康乐红　康廷国*　康传志　康利平*　鹿顺庆
商国懋　梁　洁　梁　莹　梁　健　梁文霞　梁建宁　梁勇满
梁瑞雪　宿树兰　尉　捷　彭　亮　彭玉德　彭代银*　彭华胜*
葛丽清　董　琳　董政起　蒋　妮*　蒋桂华　蒋舜媛*　韩士凯
韩正洲*　韩邦兴*　韩丽丽　韩晓伟　覃　祝　景　浩　景松松
程文生　程再兴　程虎印　程铭恩　焦　倩　焦连魁*　焦春红*
舒　抒*　鲁增辉　鲁巍巍　曾　成　曾　涛　曾　瑾　曾　燕*
曾繁金　温子帅　温秀萍*　温春秀　谢月英　谢冬梅　谢成松
谢洪国　谢晓亮*　蒲雅洁　赖娟华　雷振宏　虞金宝*　路　静
路俊仙　詹志来*　詹若挺　褚红滔　蔡　犇　蔡丽娟　蔡沓栗
裴　林*　管仁伟*　谭　沛　谭小明　翟晓茹　缪　希　缪剑华*
颜永刚　潘丽梅　潘春柳　薛淑娟　薛紫鲸　穆文茹　戴甲木
戴衍朋*　魏　民　魏　渊　魏　锋*　魏　强　魏伟锋　魏建和*
瞿显友*

前　言

中药材是特殊商品，既具有一般的商品属性，又具有药品的特殊属性，且来源广泛，如动植物等具有生物多样性特点。其从育种到种植（养殖）、采收、加工、储藏、运输到出售，整个过程链长、受生态环境因素影响大且不完全可控，同时还受种植管理、采收加工方法等人为因素影响，因此质量易不均一而产生了品质与品相的差异，进而分化成了不同的商品规格等级。因此，为了适应商品交易的需要，按照药材品质优劣、外观品相差异、大小分档等不同层次的需求，进行了规格与等级的划分，以便在市场进行交易。中药材商品规格等级伴随中药材交易的发展而产生，自古以来就有“看货评级，分档定价”的传统。早在西汉时期《范子计然》中就有80多种药材的商品规格，历代本草均有对药材品质评价的论述，尤其是产地的差异，以及大量气味、形态、色泽等评价的描述。其历经萌芽期、初步形成期、深化认识期、成熟期、发展期、继承与转变期，最终伴随着中药材产业化的逐渐发展而形成今天的商品规格。

新中国成立以来，行业主管部门先后制订过多个中药材商品规格等级标准，其中明确为部颁标准的有1959年卫生部颁布的《三十八种药材商品规格标准》、1964年卫生部与商务部联合颁布的《五十四种中药材商品规格标准》，以及1984年原国家医药管理局与卫生部联合下达的《七十六种药材商品规格标准》。原标准是在统一收购或调拨出售药材有所依据的背景下制订形成的，对当时的药材分级发展、促进优质优价起到了积极的作用。然而《七十六种药材商品规格标准》颁布至今已经过去近35年，随着20世纪90年代药材经营管理的放开，当前药材市场采纳的“标准”已发生较大变化。现常用大宗药材也由野生品转向了栽培品为主，加之各地无序引种，重量轻质，照搬农作物的栽培生产方式，以及化肥、农药、植物生长调节剂等农业投入品的滥用，导致栽培药材的形态特征、质量等均发生了较大的改变。当前市场自我形成的“标准”随意性较大，无法统一，导致药材市场中部分药材商品品别、规格、等级的混乱。此外，随着人民群众对中药材质量及其他不同要求的增加，也迫切需要制订适合当前中药材规格等级划分的标准，规范中药材市场交易，引导上游生产环节以品质为导向，推动优质优价，实现良性循环。

制修订中药材商品规格标准的工作，受到国家相关部门的高度重视。2012年8月国家发展与改革委员会办公厅下发《国家发展改革委办公厅关于落实中药材价格综合整治政策措施部门分工方案的通知》（发改办价监〔2012〕2308号），文件第四项第2条明确指出“加强中药材质量监管，完善中药材商品规格等级标准”，明确要求“选取常用大宗家种道地的中药材品种，依托《中国药典》标准和药企商业流通标准，制订出一套科学合理的商品规格等级标准，使中药材商业流通质量有据可循（商务部牵头负责，国家食品药品监管局、国家中医药管理局、财政部、林业局、国家标准委参加)”。为进一步加强对中药材流通的管理，促进中药材交易市场的规范化和秩序化，文件明确提出了制修订中药材商品规格等级标准。

2013 年，商务部和国家中医药管理局共同支持中国中医科学院中药资源中心成立“中药材商品规格等级标准技术研究中心”，为中药材商品规格等级标准的研究制定等工作提供技术支撑。2014 年中药材商品规格等级标准编制通则及五种中药材商品规格等级标准制定列入商务部《2014 年流通行业标准项目计划》。2015 年 3 月，国务院印发了《深化标准化工作改革方案》，同年 6 月，国务院标准管理委员会下发《国家标准委办公室关于下达团体标准试点工作任务的通知》，决定将包括中华中医药学会在内的 12 家单位作为试点单位，进行为期两年的团体标准试点工作。在首批试点工作中，200 种常用中药材商品规格标准在中华中医药学会立项。

由中国中医科学院中药资源中心牵头，组织全国中医药领域的科研、教学、监管、企业等共 60 余家单位共同开展了常用中药材商品规格等级标准的研究和制修订工作。本次制修订工作是在遵循《中华人民共和国药典》的基础上，突出质量导向，基于市场实际情况，注重影响质量的关键因素，以制订实用性强，简便易懂的中药材商品规格等级标准。通过 5 年多的系统整理、调查与研究，制修订完成了 230 余种常用中药材商品规格等级标准。

为了方便中药材商品规格等级标准的使用，现将已发布的标准以汇编的形式集结出版。同时，为把每一个中药材商品规格等级标准编制中更多的信息展示给读者，针对每一个标准分别利用我国自主知识产权和国际通行两类二维码生成技术生成对应的二维码，附于书后。希望本书的出版，能为从事中药材生产、流通、管理、使用等方面的从业人员以及大中专院校师生的教学提供参考。

编者

2019 年 7 月

目　次

第一辑

第二辑

ICS 11.120.10
C 10/29

团 体 标 准

T/CACM 1021.1—2016

中药材商品规格等级标准编制通则

Drafting guidelines for Commercial grades of Chinese materia medica

2016-03-01 发布 2016-03-01 实施

中华中医药学会 发布

目　次

前　言

T/CACM 1021《中药材商品规格等级》标准分为以下 226 个部分：

——第 1 部分：中药材商品规格等级标准编制通则；

——第 2 部分：中药材商品规格等级　人参；

——第 3 部分：中药材商品规格等级　西洋参；

……

——第 226 部分：中药材商品规格等级　玄明粉。

本部分为 T/CACM 1021 的第 1 部分。

本部分按照 GB/T 1.1—2009《标准化工作导则　第 1 部分：标准的结构和编写》给出的规则起草。

本部分由中药材商品规格等级标准研究技术中心及道地药材国家重点实验室培育基地提出。

本部分由中华中医药学会归口。

本部分起草单位：中国中医科学院中药资源中心、中药材商品规格等级标准研究技术中心、北京中研百草检测认证有限公司。

本部分主要起草人：黄璐琦、郭兰萍、詹志来、金艳、杨光、何雅莉。

中药材商品规格等级标准编制通则

1 范围

本部分规定了中药材商品规格等级划分的原则、标准编制规则及要求。

本部分适用于中药材商品规格等级标准的编制。

2 规范性引用文件

下列文件对于本部分的应用是必不可少的。凡是注明日期的引用文件，仅所注明日期的版本适用于本部分。凡是不注明日期的引用文件，其最新版本（包括所有的修改版本）适用于本部分。

中华人民共和国药典

GB/T 191 包装储运图示标志

SB/T 11094 中药材仓储管理规范

SB/T 11095 中药材仓库技术规范

3 术语和定义

下列术语和定义适用于本部分。

3.1

规格 specification

中药材流通过程中交易品类的称谓。一般是药材属性的非连续性特征。

3.2

等级 grade

在一个规格下，用于区分中药材品质的交易品类称谓。一般是药材属性的连续性指标。

3.3

道地药材 daodi herbs

经过中医临床长期应用优选出来的，产在特定地域，与其他地区所产同种中药材相比，品质和疗效更好，质量稳定，具有较高知名度的中药材。

3.4

基原 origin

应用植物、动物或矿物的形态学和分类学知识，对药材的来源进行准确鉴定，并确定其正确的动植物学名、矿物名称。

4 规格等级划分原则

4.1 基于药典原则

进行规格等级划分的药材应符合《中华人民共和国药典》（以下简称《中国药典》）相关规定。

4.2 基于市场原则

根据当前药材流通环节商品的实际情况，在安全有效的基础上进行合理的规格等级划分，鼓励采用质量为导向的规格等级划分，以引导优质优价；非质量相关的规格等级根据产地加工及交易所需进行划分，宜适当淡化等级观。

4.3 简便实用原则

在指标性成分难以全面准确反映药材质量，内在成分与传统性状划分之间规律尚不明确的情况下，采用市场便于掌握使用的性状鉴别等简单、方便、实用的方法进行规格等级的划分，必要时可采用现代分析仪器等对组织、分子、理化指标进行限定。

5　标准编制规则及要求

5.1　基本要求

标准编制的整体结构应符合 GB/T1.1—2009 的有关规则。正文包括：范围、规范性引用文件、术语和定义、技术内容、附录等部分。

5.2　资料性概述要素

5.2.1　封面

封面应给出标准的名称、英文译名、标准层次、标志、编号、发布部门等信息。

5.2.2　前言

主要说明标准编制所依据的起草规则；标准的提出信息和归口信息；标准的起草单位和主要起草人。

5.3　规范性一般要素

5.3.1　标准名称

本系列标准的命名规则是：中药材商品规格等级 + 中药材名称。

5.3.2　范围

置于正文的起始位置。明确界定标准化对象和所涉及的各个方面，指明标准或其特定部分的适用界限，必要时可指出标准不适用的界限。

5.3.3　规范性引用文件

应列出标准中所有的规范性引用文件的清单，其排列顺序为：国家标准、行业标准、国际标准或文件、其他国际标准或文件。法规不应作为规范性引用文件。

5.4　规范性技术要素

5.4.1　术语和定义

仅给出为理解标准中某些特定术语所必需的定义。

5.4.2　规格等级划分的基本要求

规格等级划分时，应包含下列内容：

a）因广泛栽培所致不同产地药材质量变化较大的情况下，有道地产区的药材，在规格栏下可单独设道地药材规格，参见附录表 A.1。

b）根据药材品质差异进行详细规格等级划分；规格或等级划分无品质差异或尚无规律的则根据产地加工及交易所需情况予以划分。

c）既有规格又有等级的药材，先划分规格，在规格项下划分等级；只有规格或等级的直接列出，并以列表形式给出，参见表 A.1。

d）规格等级各项下详细描述性状鉴别特征及限定要求等，以图表形式列出划分依据，参见表 A.1。

e）在划分表下对当前市场存在的其他情况，如习用品、混淆品、伪品、劣品等进行备注提示说明。

5.4.3　规格等级性状划分的依据

5.4.3.1　根据药材属性的非连续性特征，按基原、产地、栽培方式、药用部位、采收时间、加工方法等对不同交易品类进行规格划分。以下例举主要的规格划分依据：

a）来源

根据不同动植（矿）物来源进行划分。

示例：郁金（黄丝郁金：为姜黄的块根；温郁金：为温郁金的块根；桂郁金：为广西莪术的块根；绿丝郁金：为蓬莪术的块根）、大黄（雅黄、南大黄：为药用大黄的根及根茎；西大黄：为掌叶大黄或唐古特大黄的根及根茎）等。

b)产地

根据同一基原的动植（矿）物而产地不同进行划分。

示例：浙白术、亳白术；川麦冬、浙麦冬；川丹参、山东丹参等。

c）栽培

根据不同的种养殖模式进行划分。

示例：野生与栽培；种子繁殖与无性繁殖等。

d）药用部位

根据植物不同入药部位进行划分。

示例：三七剪口、筋条；当归身、当归尾等。

e）采收时间

根据药材不同采收时间进行划分。

示例：青翘、老翘；冬七、春七等。

f）加工方法

根据药材不同的产地加工方法进行划分。

示例：烘、晒、蒸、切等。

5.4.3.2 在规格下根据药材属性的连续性特征，按外观特征、断面特征、质地、重量、长度、厚度、直径、含杂率、气味等对不同交易品类进行等级划分，以下例举主要的等级划分依据：

a）外观特征

根据药材外观特征进行划分。

示例：色泽、纹理、皮孔、皱褶等。

b）断面特征

根据药材断面特征进行划分。

示例：粉性、纤维性、裂隙等。

c）质地

根据药材质地不同进行划分。

示例：疏松、角质、紧实等。

d）重量

根据药材重量进行划分，多以每千克或每市斤所含的个数为标准。

示例：头、支、个、粒等。

e）长度

根据药材长度进行划分，多用于长条形药材。

f）厚度

根据药材厚度进行划分。

示例：黄柏、杜仲、肉桂、厚朴等皮类药材按厚度分成不同的等级。

g）直径

根据药材直径进行划分。

示例：圆球形药材的直径大小、圆柱形药材的横断面直径。

h）含杂率

根据药材含非药用部分的量进行划分。

示例：五味子的干瘪率、金花中的茎叶含率。

i）气味

根据药材特异性气味的程度进行划分。

5.5 要求

5.5.1 合格性检查

进行规格等级划分药材均应是合格的药材，有《中国药典》标准的药材应符合相关要求，未收载入《中国药典》的药材应符合其他相关标准的要求；对划分中采用高于药典的限定指标，如指标性成分含量或安全性指标等不能准确界定的可做出相应限定。

5.5.2 包装

包装应按标准操作规程操作，并有批包装记录，其内容应包括品名、规格、产地、批号、重量、包装工号、包装日期等。所使用的包装材料应是无污染、清洁、干燥、无破损，并符合药材质量要求。易破碎的药材应装在坚固的箱盒内；毒性、麻醉性、贵细药材应使用特殊包装，并应贴上相应的标记。

5.5.3 标志

应符合 GB/T 191 相关规定。

5.5.4 标签

应注明品名、规格、产地、批号、包装日期、生产单位等。

5.5.5 运输

不应与其他有毒、有害、易串味物质混装。运载容器应具有较好的通气性，以保持干燥，并应有防潮措施。

5.5.6 贮存

应符合 SB/T 11094、SB/T 11095 相关规定。药材仓库应通风、干燥、避光，必要时安装空调及除湿设备，并具有防鼠、虫、禽畜的措施。地面应整洁、无缝隙、易清洁。药材应存放在货架上，与墙壁保持足够距离，防止虫蛀、霉变、腐烂、泛油等现象发生，并定期检查。在应用传统贮藏方法的同时，应提倡选用现代贮藏保管新技术、新设备。

5.6 规范性附录

5.7 资料性补充要素

5.7.1 资料性附录

中药材在历代长期的应用中出现基原与产地变迁，临床长期优选中形成道地，历代实践中归纳出丰富的品质评价方法，在资料性附录中将历代关于药材道地产区和品质及商品沿革列出，作为补充。

5.7.2 参考文献

置于最后一个附录之后。

附录 A

（资料性附录）

常用中药材传统经验鉴别术语及规格等级划分简表

A.1 常用中药材传统经验鉴别术语

A.1.1

统货 uniformly-priced goods

对药材质量好坏、个头大小等，不进行区分。

A.1.2

选货 categorized by grade

对药材质量好坏进行区分，个头大小等进行分拣，以划分出等级。

A.1.3

干货 dry goods

含有一定的水分，但不致引起内部的霉烂变质为度。

A.1.4

霉变 mildew

因干燥不够，或受潮湿侵袭所产生的霉烂变质。

A.1.5

虫蛀 damaged by worms

因生虫导致的药材质量受损。

A.1.6

杂质 impurity substance

非药用部分。

示例：泥沙石、灰渣、柴木屑、矿渣等。

A.1.7

焦枯 burnt

药材在加工干燥或防治虫蛀的熏蒸过程中，因火力过大或操作不当所发生的焦糊、枯黑的现象。

A.1.8

枯干 withered

药材在生长中枯死，或采收失时，致使药材本身失去疗效，造成虚老枯松状态，不能药用者。

A.1.9

油条（个、烂、块） *youtiao*（*ge*、*lan*、*kuai*）

药材堆存发热、烘炕不当、气候影响等因素引起的返油变色。

A.1.10

粉性 *fenxing*

药材中含较多的淀粉，干燥后呈细粒状或细砂状的特征。

A.1.11

亮银星 *liangyinxing*

药材所含成分在表面析出结晶，在光照下呈点状闪光。

示例：牡丹皮内表面有发亮的丹皮酚结晶；苏木中央黄白色髓具有点状闪光等。

A.1.12

花纹 figured pattern

根及根茎类药材断面所呈现的纹理。一般分为环纹、线纹、网纹、云纹、车轮纹、槟榔纹、裂纹等。

示例：粉防己断面为车轮纹，川乌有多角环纹，商陆为罗盘纹。

A.1.13

空泡 *kongpao*

药材加工时用火烘烤过快而形成的中心空隙。

A.1.14

油头 *youtou*

药材根头部呈黑色发黏的油状物。

A.1.15

亮星 *liangxing*

药材横切后在阳光下透视，所能见到发亮的黏液质小点。

A.1.16

菊花心 *juhuaxin*

药材横切面上维管束与较窄的射线排列形成细密放射状纹理，状似开放的菊花。

A.1.17

珍珠盘 *zhenzhupan*

药材根头部膨大，具有多数隆起的茎基及芽痕，形状似珍珠散于盘中。

A.1.18

蜘蛛网纹 *zhizhuwangwen*

药材横切面上木质部大型导管呈针孔状多层整齐排列，与类白色的射线相间而呈蜘蛛网状纹理。

A.1.19

金井玉栏 *jinjingyulan*

根类药材的断面外围白，内心黄，中间有一棕色的形成层环。

A.2 规格等级划分简表

采用简表的形式详细列出药材规格等级并做性状鉴别描述，对相同性状特点的描述写在共同点内，并在区别点内详细写出划分的要点，可根据各药材实际情况进行列表，以下列出通用简表，如表A.1。

表A.1 规格等级划分简表

规格	等级	性状描述	
		共同点	区别点
道地药材	一等		
	二等		
	三等		
	…		

续表

规格	等级	性状描述	
		共同点	区别点
	一等		
	二等		
	三等		
	…		

ICS 11.120.01
C 23

团 体 标 准

T/CACM 1021.2—2018
代替T/CACM 1021.174—2018

中药材商品规格等级　人参

Commercial grades for Chinese materia medica

GINSENG RADIX ET RHIZOMA

2018-12-03 发布　　　　2018-12-03 实施

中华中医药学会 发布

目　次

前　　言

T/CACM 1021《中药材商品规格等级》标准分为以下226个部分：

——第1部分：中药材商品规格等级标准编制通则；

——第2部分：中药材商品规格等级　人参；

——第3部分：中药材商品规格等级　西洋参；

……

——第226部分：中药材商品规格等级　玄明粉。

本部分为T/CACM 1021的第2部分。

本部分按照GB/T 1.1—2009《标准化工作导则　第1部分：标准的结构和编写》给出的规则起草。

本部分代替T/CACM 1021.174—2018，与T/CACM 1021.174—2018相比较，标准编号进行了调整，并重新进行了编辑。

本部分由中药材商品规格等级标准研究技术中心及道地药材国家重点实验室培育基地提出。

本部分由中华中医药学会归口。

本部分起草单位：康美药业股份有限公司、辽宁林下柱参有限公司、康美新开河（吉林）药业有限公司、集安大地参业有限公司、无限极（中国）有限公司、康美（北京）药物研究院有限公司、广东康美药物研究院有限公司、集安市北纬四十一度参业有限公司、中国中医科学院中药资源中心、广西壮族自治区药用植物园、天津大学、浙江寿仙谷医药股份有限公司、广东太安堂药业股份有限公司、中药材商品规格等级标准研究技术中心、浙江省吉天合堂中医药研究院、北京中研百草检测认证有限公司。

本部分主要起草人：许冬瑾、乐智勇、王谷强、马焕豪、李学军、李显辉、褚红滔、冯冰、张益武、许成俊、黄璐琦、郭兰萍、缪剑华、白宗利、詹志来、余意、马方励、李燕、谢成松、姜涛、黄龙涛、高文远、李明焱、李振皓、刘春显、王河金、曾繁金、任延军、余泠玲。

本部分所代替标准的历次版本发布情况为：

——T/CACM 1021.174—2018。

中药材商品规格等级　人参

1　范围

本部分规定了人参的商品规格等级。

本部分适用于人参药材生产、流通以及使用过程中的商品规格等级评价。

2　规范性引用文件

下列文件对于本部分的应用是必不可少的。凡是注明日期的引用文件，仅所注明日期的版本适用于本部分。凡是不注明日期的引用文件，其最新版本（包括所有的修改版本）适用于本部分。

T/CACM 1021.1—2016 中药材商品规格等级标准编制通则

3　术语和定义

T/CACM 1021.1—2016 以及下列术语和定义适用于本部分。

3.1

人参　ginseng radix et rhizoma

本品为五加科植物人参 *Panax ginseng* C. A. Mey. 的干燥根和根茎。多于秋季采挖，洗净经晒干或烘干。

3.2

野山参　wild ginseng

播种后，自然生长于深山密林15年以上的人参，又称“林下山参”，习称“籽海”。

3.3

生晒野山参　dried wild ginseng

鲜野山参经过刷洗后晒干或烘干的产品。

3.4

移山参　transplanted wild ginseng

移栽在山林中生长15年以上，具有野山参部分特征的人参。

3.5

生晒移山参　dried transplanted ginseng

鲜移山参经过刷洗后晒干或烘干的产品。

3.6

园参　cultivated ginseng

人工栽培的人参。

3.6.1

长脖园参　changbo ginseng

生长12年以上，根茎长，主体小而灵，两支根自然分叉，须根长而少的人参，俗称“宽甸石柱参”。

3.6.2

边条园参　biantiao ginseng

根茎较长，主体长，支根长的人参，俗称“集安路/或边条参”。

3.6.3

普通园参　common ginseng

根茎短，主体短粗，支根多呈丛状，不定根多的人参，俗称“抚松路/或普通参”。

3.7

全须生晒参 dried ginseng with full roots

芦、体、须完整的生晒参产品。

3.7.1

全须长脖生晒参 changbo dried ginseng with full roots

以鲜长脖园参为原料刷洗后，晒干或烘干而成的产品。

3.7.2

全须边条生晒参 biantiao dried ginseng with full roots

以鲜边条园参为原料刷洗后，晒干或烘干而成的产品。

3.7.3

全须普通生晒参 common dried ginseng with full roots

以鲜普通园参为原料刷洗后，晒干或烘干而成的产品。

3.8

生晒参 dried ginseng

以鲜园参为原料刷洗除须后，晒干或烘干而成的产品。

3.8.1

边条生晒参 biantiao dried ginseng

以鲜边条园参为原料刷洗除须后，晒干或烘干而成的产品。

3.8.2

普通生晒参 common dried ginseng

以鲜普通园参为原料刷洗除须后，晒干或烘干而成的产品。

3.9

芦 rhizome of ginseng

主根上部的根茎。

3.9.1

芦碗 stem scars in the shape of bowl

每年地上茎脱落后遗留在芦上的残痕。

3.9.2

圆芦 column rhizome

与主根相连呈圆柱形，上有疙瘩状芦碗残痕的一段芦。

3.9.3

堆花芦 duihua rhizome

圆芦上部芦碗密集，状如堆花的一段芦。

3.9.4

马牙芦 rhizome in the shape of horse tooth

堆花芦上部芦碗紧密，状如马牙的一段芦。

3.9.5

二节芦 rhizome with two sections

具有圆芦和马牙芦的芦。

3.9.6

三节芦 rhizome with three sections

具有圆芦、堆花芦、马牙芦的芦。

3.9.7

缩脖芦　neck－shrinking rhizome

因生长条件限制芦较短的芦。

3.9.8

长脖芦　long neck rhizome

根茎细长，芦碗紧密，排列有序的芦。其中分为：竹节芦、线芦、草芦和圆膀圆芦。

3.9.9

竹节芦　zhujie rhizome

形如竹节的芦。

3.9.10

线芦　xian rhizome

根茎细长如线的芦。

3.9.11

草芦　cao rhizome

马牙芦碗，大而排列有序的芦。

3.9.12

圆膀圆芦　yuanbang column rhizome

主根圆膀，与圆芦相连的芦。

3.10

艼　adventitious roots

生长于芦上的不定根。

3.10.1

枣核艼　adventitious roots in the shape of jujube pit

两端细、中间粗，形如枣核状的艼。

3.10.2

顺长艼　adventitious roots in a tapering shape

上粗下细较长的艼。

3.10.3

毛毛艼　hairy adventitious roots

较细的艼。

3.10.4

蒜瓣艼　adventitious roots in the shape of garlic clove

形如蒜瓣的艼。

3.10.5

艼变　deformed adventitious roots

主根消失，艼继续生长代替主根。

3.11

体　body

人参的主根，即肩头到较大支根的部分。

3.11.1

灵体　spirited body

两条腿分裆自然，灵活得体。

3.11.2

疙瘩体 lumpish body

主根粗短，形如疙瘩状的体。

3.11.3

顺体 slender body

主根顺长。

3.11.4

笨体 clumsy body

主根形状不灵活，腿有两条以上。

3.11.5

过梁体 body in the shape of ridge

主根分岔角度较大，形如山梁。

3.11.6

横体 horizontal body

主根横向生长。

3.12

腿 legs

主体下部较粗的支根。

3.13

纹 grains

在主根上形成的环状纹理。

3.13.1

紧皮细纹 tight and fine grains

皮质细腻，肩部环纹清晰紧密。

3.13.2

环纹 ring-like grains

在主体上一圈一圈的环状纹。

3.13.3

跑纹 grains running down

肩部的环纹延伸到主体下部。

3.13.4

断纹 broken grains

环纹不连续或不完整。

3.14

须 fibrous root

腿上生长的细长根。

3.15

珍珠点 pearl nodules in the fibrous root

须根上吸收根脱落形成的疣状凸起。

3.16

抽沟 groove

因浆气不足或跑浆而导致干货表面不平整的现象。

3.17

疤痕 scar

因病、虫、鼠害及机械损伤和人为损伤等原因留下的痕迹。

3.18

红皮 rusty substance in the cuticle

人参表皮呈现铁锈颜色的现象。

3.19

主根 ginseng main root

人参根的主体部分。

3.20

主根长 length of ginseng main root

人参肩部到支根上部的长度。

3.21

支根 ginseng lateral root

生长于人参主根下端较粗的分根。

3.22

须根 ginseng fibrous root

生长在人参主根、支根上的根。

3.23

绑尾 tied to the roots of ginseng

用白线将人参支根缠绕固定。

4 规格等级划分

按照生长模式、重量、主根长度等进行人参规格划分；在规格项下，按照外在感官特性、内在品质的判定等进行等级划分。应符合表1、表2要求。

表1 规格划分

规格		单支重/g	支数/（支/500g）	主根长/cm
生晒野山参	特级	$m \geq 15$	—	—
	一级	$12 \leq m < 15$	—	—
	二级	$9 \leq m < 12$	—	—
	三级	$7 \leq m < 9$	—	—
	四级	$5 \leq m < 7$	—	—
	五级	$3 \leq m < 5$	—	—
	六级	$1.3 \leq m < 3$	—	—
	七级	$m < 1.3$	—	—

续表

规格		单支重/g	支数/（支/500g）	主根长/cm
生晒移山参	一级	$m \geq 25$	—	—
	二级	$20 \leq m < 25$	—	—
	三级	$15 \leq m < 20$	—	—
	四级	$10 \leq m < 15$	—	—
	五级	$5 \leq m < 10$	—	—
	六级	$2.5 \leq m < 5$	—	—
	七级	$m < 2.5$	—	—
全须长脖生晒参	一级	$12 \leq m < 15$	—	—
	二级	$9 \leq m < 12$	—	—
	三级	$7 \leq m < 9$	—	—
	四级	$5 \leq m < 7$	—	—
	五级	$3 \leq m < 5$	—	—
	六级	$1.5 \leq m < 3$	—	—
全须边条生晒参	10 支	≥50.0	≤10	≥10
	15 支	≥33.3	≤14	≥9
	20 支	≥25.0	≤20	≥8
	30 支	≥16.7	≤30	≥7
	40 支	≥12.5	≤40	≥7
	50 支	≥10.0	≤50	≥7
	60 支	≥8.3	≤60	≥7
	80 支	≥6.2	≤80	≥7
全须普通生晒参	10 支	≥50.0	≤10	—
	15 支	≥33.3	≤15	—
	20 支	≥25.0	≤20	—
	25 支	≥20.0	≤25	—
	30 支	≥16.7	≤30	—
	40 支	≥12.5	≤40	—
	50 支	≥10.0	≤50	—
	60 支	≥8.3	≤60	—
	80 支	≥6.2	≤80	—
	100 支	≥5.0	≤100	—

续表

规格		单支重/g	支数/（支/500g）	主根长/cm
边条生晒参	10 支	≥50. 0	≤10	≥10
	15 支	≥33. 3	≤15	≥9
	20 支	≥25. 0	≤20	≥8
	30 支	≥16. 7	≤30	≥7
	35 支	≥14. 3	≤35	≥7
	40 支	≥12. 5	≤40	≥7
	60 支	≥8. 3	≤60	≥7
	80 支	≥6. 2	≤80	≥7
普通生晒参	10 支	≥50. 0	≤10	—
	15 支	≥33. 3	≤15	—
	20 支	≥25. 0	≤20	—
	25 支	≥20. 0	≤25	—
	30 支	≥16. 7	≤30	—
	40 支	≥12. 5	≤40	—
	50 支	≥10. 0	≤50	—
	60 支	≥8. 3	≤60	—

表 2　等级划分

规格	项目	特等	一等	二等
生晒野山参	芦	三节芦，芦碗紧密、芦较长，个别双芦或三芦以上	两节芦或三节芦，芦碗较大、紧密，个别三芦以上	二节芦、缩脖芦，芦碗较粗大、芦碗排列扭曲，有残缺、疤痕、红皮
	艼	枣核艼，艼重量不得超过主体 50%，不抽沟，色正有光泽	枣核艼、蒜瓣艼、毛毛艼或顺长艼，艼重量不得超过主体 50%，不抽沟，色正有光泽	艼大或无艼，有残缺、疤痕、红皮
	体	灵体、疙瘩体，色正有光泽，黄褐色或淡黄白色，腿分裆自然，不抽沟，无疤痕，不泡体	顺体、过梁体，色正有光泽，黄褐色或淡黄白色，腿分裆自然，不抽沟，不泡体	顺体、笨体、横体，黄褐色或淡黄白色，皮较松，抽沟，体小、艼变，有疤痕、红皮
	纹	主体上部环纹细而深，紧皮细纹	主体上部环纹明显	主体上部的环纹不全，断纹或纹较少
	须	细而长，疏而不乱，有珍珠点，主须完整，艼须下伸	细而长，疏而不乱，主须完整，艼须下伸	细而长，有伤残及红皮

续表

规格	项目	特等	一等	二等
生晒移山参	芦	芦长，两节芦或三节芦，芦碗较大	两节芦或竹节芦，芦碗较大	两节芦、竹节芦或缩脖芦，芦碗较小
	艼	艼重量不得超过主体50%，无疤痕、红皮	艼重量不得超过主体50%，无红皮	艼大，有伤残、红皮
	体	灵体、疙瘩体，淡黄白色，有光泽，腿分裆自然，不抽沟，无疤痕、红皮	顺体、过梁体或笨体，有光泽，不抽沟，无疤痕、红皮	艼变或没艼，有伤残、红皮
	纹	环纹明显	环纹粗而浅，或断纹、跑纹	纹残缺不全
	须	须长	较长，不清疏	较短，不清疏
全须长脖生晒参	芦	线芦或竹节芦，碗间距小而紧密	圆膀圆芦	草芦或竹节芦，碗间距大而稀疏，或芦碗左右错位
	艼	枣核艼，艼重不得超过主体50%，不抽沟，色正有光泽	枣核艼或顺长艼，艼重不得超过主体50%，不抽沟，色正有光泽	顺长艼，艼重不得超过主体50%，不抽沟，色正有光泽
	体	主根较短，呈圆柱形或纺锤形；支根两条，根上部呈“人”字形自然分叉；根形舒展，横灵体圆		主根较短，呈圆柱形或纺锤形
	纹	主体上部环纹明显	环纹粗而浅	环纹粗而浅或断纹、跑纹
	须	参须略少，须根长，清疏，生有多数疣状突起	参须略少，须根长，清疏	
	表皮	黄褐色，无红皮，不抽沟		
	断面	黄白色，呈粉性，树脂道明显		
	质地	较硬，有粉性，无空心		
	气味	香气特异，味微苦、甘		
全须边条生晒参	主根	呈圆柱形		
	支根	有明显支根2~3条且粗细较均匀		分支1~4个，粗细不均
	芦须	芦头和须根齐全	芦头和须根较齐全	芦头和须根残缺
	表面	黄白色或灰黄色，无红皮，无抽沟	黄白色或灰黄色，轻度红皮、抽沟	黄白色或灰黄色，明显红皮、抽沟
	断面	断面淡黄白色，呈粉性，树脂道明显		
	质地	较硬、有粉性、无空心		
	气味	香气特异，味微苦、甘		
	破损、疤痕	无	轻度	明显

续表

规格	项目	特等	一等	二等
全须普通生晒参	主根	呈纺锤形或圆柱形		
	芦须	芦头和须根齐全	芦头和须根较齐全	芦头和须根严重残缺
	支根	不绑尾或轻绑尾；绑尾者不准夹小参或参须		
	表面	黄白色或灰黄色无红皮，抽沟	黄白色或灰黄色，轻度红皮、抽沟	黄白色或灰黄色，明显红皮、抽沟
	断面	断面淡黄白色，呈粉性		
	质地	较硬、有粉性、无空心		
	气味	香气特异，味微苦、甘		
	破损、疤痕	无	轻度	明显
边条生晒参	主根	呈圆柱形		
	表面	黄白色或灰黄色，无红皮，无抽沟	黄白色或灰黄色，轻度红皮、抽沟	黄白色或灰黄色，明显红皮、抽沟
	断面	断面淡黄白色，呈粉性，树脂道明显		
	质地	较硬、有粉性、无空心		
	气味	香气特异，味微苦、甘		
	破损、疤痕	无	轻度	明显
普通生晒参	主根	呈圆柱形		
	表面	黄白色或灰黄色，无红皮，无抽沟	黄白色或灰黄色，轻度红皮、抽沟	黄白色或灰黄色，明显红皮，有抽沟
	断面	断面淡黄白色，呈粉性		
	质地	较硬、有粉性		
	气味	香气特异，味微苦、甘		
	破损、疤痕	无	轻度	明显
注1：关于人参药材历史产区沿革参见附录A。 注2：关于人参药材品质评价沿革参见附录B。				

5 要求

应符合 T/CACM 1021. 1—2016 第7章的规定。

——无虫蛀；

——无霉变；

——无杂质。

附录 A

(资料性附录)

人参药材历史产区沿革

人参最早见于《神农本草经》，人参“一名人衔，一名鬼盖”，“人参，亦名土精，精者星也”，“摇光星散而为参”；“君乘木而王，有人参生”，故有人精、地精、人祥等别名。

魏晋·《吴普本草》：“或生邯郸。三月生，叶小锐，核黑，茎有毛。三月、九月采根。有头、足、手、面、目如人。”

南北朝·《本草经集注》：“生上党（山西东南部古地名）山谷及辽东。上党郡在冀州西南，今魏国所献即是。形长而黄，状如防风，多润实而甘。俗用不入服。乃重百济者，形细而坚白，气味薄于上党。次用高丽，高丽即是辽东，形大而虚软，不及百济。百济今臣属高丽。高丽所献兼有两种，止应择取之，而实用并不及上党者。”

宋·《图经本草》：“今河东诸州（潞州、泽州、沁州、箕州、并州等地）及泰山皆有之。又有河北榷场及闽中来者，名新罗人参，然俱不及上党者佳。”

宋·《本草衍义》：“上党者，根颇纤长，根下垂，有及一尺余者，或十歧者，其价与银等，稍为难得。高丽所出率虚软味薄，不若潞州、上党者味厚体实，用之有据。”

明·《本草品汇精要》：“道地：辽东、高丽、上党者佳。”

明·《本草蒙筌》：“东北境域有，阴湿山谷生。”

清·《柳边纪略》注引杨升庵《药市赋》云：“人参三桠来自高句骊之国……”（高句骊之国都城丸都现位于集安市内）

清·《植物名实图考》：“昔时以辽东、新罗所产，皆不及上党，今以辽东吉林为贵，新罗次之，其三姓（吉林省东部，旧依兰、临江二府之地）宁古塔亦试采，不甚多。”

清·《吉林外记》：“产于吉省乌苏里、绥芬、英俄岭等处深山树木丛林之地。”

民国·《药物出产辨》：“产奉天省，新开河地方为最好。”《增订伪药条辨》亦曰：“真人参，以辽东产者为胜。”

在辽东山区有林下石柱参栽培，为野生抚育的长脖芦林下山参。

附录 B

（资料性附录）

人参药材品质评价沿革

宋·《图经本草》："人参，生上党山谷及辽东，今河东诸州及泰山皆有之，又有河北榷场及闽中来者，名新罗人参，然俱不及上党者佳。"

明·《本草品汇精要》"道地：辽东、高丽、上党者佳。类桔梗而似人形，色淡黄，味甘。"

明·《本草纲目》："今河东诸州及泰山皆有之，又有河北榷场及闽中来者名新罗人参，俱不及上党者佳。嘉谟曰：紫团参，紫大稍扁。百济参，白坚且圆，名白条参，俗名羊角参。辽东参，黄润细长有须，俗名黄参，独胜。高丽参，近紫体虚。新罗参亚黄味薄。肖人形者神，其类鸡腿者力洪。时珍曰：辽参连皮者黄润色如防风，去皮者坚白如粉，伪者皆以沙参、荠苨、桔梗采之乱之。沙参体虚无心而味淡，荠苨体虚无心，桔梗体坚有心而味苦。人参体实有心而味甘微带苦，自有余味，俗名金井玉兰也。其似人形者，谓之孩儿参，尤多赝伪。"

明·《五杂俎》："人参出辽东、上党者最佳，头面手足皆具，清河次之，高丽、新罗又次之。"

明·《医宗必读·本草征要上》："其色黄中带白，大而肥润者为佳。"

清·《植物名实图考》："昔时以辽东，新罗所产，皆不及上党，今以辽东吉林为贵，新罗次之，其三姓宁古塔亦试采，不甚多。"

民国·《增订伪药条辨》："真人参，以辽东产者为胜。连皮者，色黄润如防风；去皮者，坚白如粉。肖人形任性，有手、足、头面，毕具香，有神，故一名神草。"

民国·《药物出产辨》："产奉天省，新开河地方为最好。"

ICS 11.120.01
C 23

团 体 标 准

T/CACM 1021.3—2018
代替T/CACM 1021.175—2018

中药材商品规格等级 西洋参

Commercial grades for Chinese materia medica

PANACIS QUINQUEFOLII RADIX

2018-12-03 发布　　2018-12-03 实施

中华中医药学会 发布

目　　次

前　　言

T/CACM 1021《中药材商品规格等级》标准分为 226 个部分：

——第 1 部分：中药材商品规格等级标准编制通则；

——第 2 部分：中药材商品规格等级　人参；

——第 3 部分：中药材商品规格等级　西洋参；

——第 4 部分：中药材商品规格等级　黄芪；

……

——第 226 部分：中药材商品规格等级　玄明粉。

本部分为 T/CACM 1021 的第 3 部分。

本部分按照 GB/T 1.1—2009《标准化工作导则　第 1 部分：标准的结构和编写》给出的规则起草。

本部分代替 T/CACM 1021.175—2018，与 T/CACM 1021.175—2018 相比较，标准编号进行了调整，并重新进行了编辑。

本部分由中药材商品规格等级标准研究技术中心及道地药材国家重点实验室培育基地提出。

本部分由中华中医药学会归口。

本部分起草单位：康美药业股份有限公司、中国食品药品检定研究院、康美新开河（吉林）药业有限公司、集安大地参业有限公司、康美（北京）药物研究院有限公司、广东康美药物研究院有限公司、中国中医科学院中药资源中心、天津大学、山东省分析测试中心、浙江寿仙谷医药股份有限公司、中药材商品规格等级标准研究技术中心、北京中研百草检测认证有限公司。

本部分主要起草人：许冬瑾、马双成、魏锋、乐智勇、马焕豪、李学军、许成俊、赵晓龙、李显辉、张志东、褚红滔、冯冰、黄璐琦、郭兰萍、姜涛、黄龙涛、白宗利、金艳、詹志来、高文远、王晓、李振皓、王瑛、杨光、何雅莉。

本部分所代替标准的历次版本发布情况为：

——T/CACM 1021.175—2018。

中药材商品规格等级　西洋参

1　范围

本部分规定了西洋参的商品规格等级。

本部分适用于西洋参药材生产、流通以及使用过程中的商品规格等级评价。

2　规范性引用文件

下列文件对于本部分的应用是必不可少的。凡是注明日期的引用文件，仅所注明日期的版本适用于本部分。凡是不注明日期的引用文件，其最新版本（包括所有的修改版本）适用于本部分。

T/CACM 1021.1—2016 中药材商品规格等级标准编制通则

3　术语和定义

T/CACM 1021.1—2016 以及下列术语和定义适用于本部分。

3.1

西洋参　PANACIS QUINQUEFOLII RADIX

本品为五加科植物西洋参*Panax quinquefolium* L. 的干燥根。均系栽培品，秋季采挖，洗净，晒干或低温干燥。

3.2

硬支西洋参　*yingzhi xiyagnshen*

加工后外表面饱满，硬度大，粉性大的产品。

3.3

软支西洋参　*ruanzhi xiyangshen*

加工后外表面纵皱纹明显，硬度小，略显粉性的产品。

3.4

原丛　original plexu

只剪去须根的产品。

3.5

粒头　grain

修剪后形状短粗的产品。粒头又按长度和直径的比例、分支情况分为短粒和圆粒。

3.6

短粒　short grain

修剪后形状短粗，主根长度不超过直径 3 倍，剪口处留有一定长度呈自然收尾，一般有短分支的产品。

3.7

圆粒　round grain

修剪后形状椭圆形或类球形，主根长度与直径较接近，一般不分支的产品。

3.8

枝条　branch

修剪后形状长条形，主根长度超过直径 3 倍以上，一般无侧枝剪口的产品。枝条又按长度和单支重分为长枝、短枝和尖尾。

3.9

皮孔　lenticel

西洋参表面具有的线状突起。

3.10

树脂道　yellow－brown dot or lumps in phloem

参根韧皮部棕黄色或棕色的点状或块状物。

3.11

形成层　cambium

韧皮部与木质部交界处具有分生能力且呈环状的组织。

3.12

疤痕　scar

西洋参根因病、虫、鼠害及机械损伤和人为损伤等原因留下的痕迹。

3.13

红支　*hongzhi*

西洋参加工不当，表面变红，树脂道变成暗红色的产品。

3.14

青支　*qingzhi*

西洋参加工不当，表面变青，参根内部也呈青色的产品。

4　规格等级划分

根据加工方法，将西洋参药材分为“硬支西洋参”和“软支西洋参”两大类产品；根据修剪后的外观形状，将西洋参药材分为“原丛”“粒头”“枝条”三个规格；在规格项下，根据外在感官特性进行等级划分。应符合表1、表2要求。

表1　规格划分

规格		单支重/g	长度/cm
原丛	26g以上	$m \geq 26.0$	–
	25g	$22.5 \leq m < 26.0$	
	20g	$19.0 \leq m < 22.5$	
	15g	$12.0 \leq m < 19.0$	
	10g	$8.0 \leq m < 12.0$	
	7g	$6.0 \leq m < 8.0$	
	5g	$4.0 \leq m < 6.0$	
	3g	$2.0 \leq m < 4.0$	
	1.5g	$1.0 \leq m < 2.0$	
	0.5g	$0.5 \leq m < 1.0$	

续表

<table>
<tr><th colspan="3">规格</th><th>单支重/g</th><th>长度/cm</th></tr>
<tr><td rowspan="10">粒头</td><td rowspan="10">圆粒、短粒</td><td>26g 以上</td><td>$m \geq 26.0$</td><td rowspan="4">$L < 6$</td></tr>
<tr><td>25g</td><td>$22.5 \leq m < 26.0$</td></tr>
<tr><td>20g</td><td>$19.0 \leq m < 22.5$</td></tr>
<tr><td>15g</td><td>$12.0 \leq m < 19.0$</td></tr>
<tr><td>10g</td><td>$8.0 \leq m < 12.0$</td><td rowspan="3">$L < 5$</td></tr>
<tr><td>7g</td><td>$6.0 \leq m < 8.0$</td></tr>
<tr><td>5g</td><td>$4.0 \leq m < 6.0$</td></tr>
<tr><td>3g</td><td>$2.0 \leq m < 4.0$</td><td>$L < 4$</td></tr>
<tr><td>1.5g</td><td>$1.0 \leq m < 2.0$</td><td>$L < 3$</td></tr>
<tr><td>0.5g 以下</td><td>$m < 1.0$</td><td>$L < 2$</td></tr>
<tr><td rowspan="18">枝条</td><td rowspan="8">长枝</td><td>26g 以上</td><td>$m \geq 26.0$</td><td rowspan="4">$L > 8$</td></tr>
<tr><td>25g</td><td>$22.5 \leq m < 26.0$</td></tr>
<tr><td>20g</td><td>$19.0 \leq m < 22.5$</td></tr>
<tr><td>15g</td><td>$12.0 \leq m < 19.0$</td></tr>
<tr><td>10g</td><td>$8.0 \leq m < 12.0$</td><td rowspan="3">$L > 7$</td></tr>
<tr><td>7g</td><td>$6.0 \leq m < 8.0$</td></tr>
<tr><td>5g</td><td>$4.0 \leq m < 6.0$</td></tr>
<tr><td>3g</td><td>$3.0 \leq m < 4.0$</td><td>$L > 5$</td></tr>
<tr><td rowspan="8">短枝</td><td>26g 以上</td><td>$m \geq 26.0$</td><td rowspan="4">$6 \leq L \leq 8$</td></tr>
<tr><td>25g</td><td>$22.5 \leq m < 26.0$</td></tr>
<tr><td>20g</td><td>$19.0 \leq m < 22.5$</td></tr>
<tr><td>15g</td><td>$12.0 \leq m < 19.0$</td></tr>
<tr><td>10g</td><td>$8.0 \leq m < 12.0$</td><td rowspan="3">$5 \leq L \leq 7$</td></tr>
<tr><td>7g</td><td>$6.0 \leq m < 8.0$</td></tr>
<tr><td>5g</td><td>$4.0 \leq m < 6.0$</td></tr>
<tr><td>3g</td><td>$3.0 \leq m < 4.0$</td><td>$4 \leq L \leq 5$</td></tr>
<tr><td rowspan="2">尖尾</td><td>3g 以下</td><td>$2.0 \leq m < 3.0$</td><td>–</td></tr>
<tr><td>2g 以下</td><td>$m < 2.0$</td><td>–</td></tr>
</table>

表 2　等级划分

项目	特等	一等	二等
形状	纺锤形、圆柱形或圆锥形、类圆球形	纺锤形、圆柱形或圆锥形、类圆球形	纺锤形、圆柱形或圆锥形、类圆球形

续表

项目	特等	一等	二等
表面性状	表面浅黄褐色或黄白色，可见横向环纹和线形皮孔状突起	表面浅黄褐色或黄白色，可见横向环纹和线形皮孔状突起	表面浅黄褐色或黄白色，可见横向环纹和线形皮孔状突起
芦头	有，已修剪	有，已修剪	有，已修剪或未修剪
纵皱纹	细密	有	有或无
断面	黄白色，平坦，可见树脂道斑点，形成层环纹明显呈棕黄色	黄白色，平坦，可见树脂道斑点，形成层环纹明显呈棕黄色	黄白色，或浅黄棕色，平坦，可见树脂道斑点，形成层环纹明显呈棕黄色
气味	气微而特异，味微苦、甘		
疤痕	无		有，轻微
红支、青支	无		
注1：关于西洋参药材历史产区沿革参见附录A。 注2：关于西洋参药材品质评价沿革参见附录B。			

5 要求

除应符合 T/CACM 1021.1—2016 的第7章规定外，还应符合下列要求：

——无走油；

——无虫蛀；

——无霉变；

——无杂质。

附录 A

（资料性附录）

西洋参药材历史产区沿革

西洋参入药始载于清代《本草从新》，初以“西洋人参”为名，又“苦，寒，微甘，味厚气薄。补肺降火，生津液，除烦倦。虚而有火者相宜。出大西洋佛兰西。形似辽东糙人参，煎之不香，其气甚薄，市中伪人参者皆此种所造，最难辨认”。

民国·《增订伪药条辨》：“炳章按：西洋参，形似辽参而小。产于美国。向来只有光、白两种，近时更增毛皮参一种。因光参由日本人作伪，以生料小东洋参，擦去表皮，名曰副光，售于我国。”

《中华本草》：我国东北及北京、西安、江西等地有栽培，原产于北美。

《中药植物原色图鉴》：原产于美国、加拿大，我国吉林、山东、北京、陕西、云南等省（市）有引种栽培。

《现代中药材商品通鉴》：西洋参主产于美国、加拿大。我国亦有大量栽培。销全国各地及出口，美国产者为道地药材。

《新编中药志》：西洋参原产于北美，现我国华北（北京、河北、河南、山东）、东北三省、陕西有较大量的栽培。湖北、湖南、江西、浙江、安徽、福建等地也有引种。

《中华药海》：产于北美，我国华北等地亦有栽培。

附录 B
（资料性附录）
西洋参药材品质评价沿革

西洋参始载于清代《本草从新》，其描述为“微甘，味厚气薄。形似辽东糙人参，煎之不香，其气甚薄，市中伪人参者皆此种所造，最难辨认”。

清 ·《药性切用》：“气味浓厚，功在珠参之上。”

民国 ·《增订伪药条辨》：“……至欲鉴别其真伪，必须分气味形色性质。真光西参，色白质轻性松，气清芬，切片内层肉纹有细微菊花心之纹眼，味初嚼则苦，渐含则兼甘味，口觉甚清爽，气味能久留口中。”

《中华本草》：西洋参以条匀、质硬、表面横纹紧密、气清香、味浓者为佳。

《道地药材图典》：西洋参以条匀，表面上黄色，断面粉白色，体轻质坚者佳。

《最新中草药真伪鉴别实用大全》：野光参体形较小，或有分歧，表面横纹细密，剖面黄白色，具菊花纹，体质轻松，气香味浓，为西洋之佳品，近年少见。种光参具西洋参特异香气，味甘苦而较浓。

《金世元中药材传统鉴别经验》：野生西洋参以横灵体、表面灰褐色、横纹紧密、断面黄白的、体轻质硬、气清香浓、味苦微甘者为佳。栽培西洋参以根条均匀、横纹紧密、体重坚实、气味浓者为佳。

ICS 11.120.01
C 23

团 体 标 准

T/CACM 1021.4—2018
代替T/CACM 1021.218—2018

中药材商品规格等级　黄芪

Commercial grades for Chinese materia medica

ASTRAGALI RADIX

2018-12-03 发布　　2018-12-03 实施

中华中医药学会 发布

目　　次

前　言

T/CACM 1021《中药材商品规格等级》标准分为 226 个部分：

——第 1 部分：中药材商品规格等级标准编制通则；

……

——第 3 部分：中药材商品规格等级　西洋参；

——第 4 部分：中药材商品规格等级　黄芪；

——第 5 部分：中药材商品规格等级　当归；

……

——第 226 部分：中药材商品规格等级　玄明粉。

本部分为 T/CACM 1021 的第 4 部分。

本部分代替 T/CACM 1021.218—2018。

本部分按照 GB/T 1.1—2009《标准化工作导则　第 1 部分：标准的结构和编写》给出的规则起草。

本部分代替 T/CACM 1021.218—2018，与 T/CACM 1021.218—2018 相比较，标准编号进行了调整，并重新进行了编辑。

本部分由中药材商品规格等级标准研究技术中心及道地药材国家重点实验室培育基地提出。

本部分由中华中医药学会归口。

本部分起草单位：中国中医科学院中药资源中心、中国医学科学院药用植物研究所、山西大学、内蒙古中医药研究所、包头医学院、大同市农业委员会、大同市园艺果树工作站、定西市经济作物技术推广站、浑源县农业委员会、浑源县农业委员会果树站、子洲县中药材产业发展办公室、浑源县中药材产业发展管理中心、湖北中医药大学、山东省分析测试中心、南京中医药大学、北京联合大学、清华德人西安幸福制药有限公司、广州白云山中一药业有限公司、兰州佛慈制药股份有限公司、丽珠医药集团股份有限公司、甘肃扶正药业科技股份有限公司、中药材商品规格等级标准研究技术中心、山西北岳神耆生物科技有限公司、山西国新晋药集团浑源药业有限公司、浑源万生黄芪开发公司、广灵县恒广北芪中药材有限责任公司、天津中医药大学、浙江寿仙谷医药股份有限公司、陕西省天芪生物科技有限公司、子洲县富发农业科技有限公司、内蒙古天创药业科技股份有限公司、内蒙古天养浩恩奇尔中药材科技开发有限公司、内蒙古武川汇德兴业生态开发有限公司、甘肃天士力中天药业有限责任公司、北京中研百草检测认证有限公司。

本部分主要起草人：詹志来、齐耀东、秦雪梅、李科、黄璐琦、郭兰萍、曹林、刘根喜、黄红宙、董政起、李旻辉、刘大会、王晓、严辉、张春红、师立伟、杨春、栾震、杨军、曹兆军、刘红娜、李会娟、邹琦、尹震、李志山、王文亮、侯美利、张天娥、张全、张元、宋学斌、席倬霞、于武高、赵祥、赵贵富、程文生、孙和、高文远、郑化先、李振宇、祁春雷、曹发、公剑、吴涛涛、卫梽强、陈杰。

本部分所代替标准的历次版本发布情况为：

——T/CACM 1021.218—2018。

中药材商品规格等级 黄芪

1 范围

本部分规定了黄芪的商品规格等级。

本部分适用于黄芪药材生产、流通以及使用过程中的商品规格等级评价。

2 规范性引用文件

下列文件对于本部分的应用是必不可少的。凡是注明日期的引用文件，仅所注明日期的版本适用于本部分。凡是不注明日期的引用文件，其最新版本（包括所有的修改版本）适用于本部分。

T/CACM 1021.1—2016 中药材商品规格等级编制通则

3 术语和定义

T/CACM 1021.1—2016 以及下列术语和定义适用于本部分。

3.1

黄芪 ASTRAGALI RADIX

本品为豆科植物蒙古黄芪 *Astragalus membranaceus*（Fisch.）Bge. var. *mongholicus*（Bge.）Hsiao 或膜荚黄芪 *Astragalus membranaceus*（Fisch.）Bge. 的干燥根。春、秋二季采挖，除去须根和根头，晒干。

3.2

栽培黄芪 *zaipei huangqi*

采用育苗一年，移栽生长 1～2 年方式进行栽培，或采用直播方式栽培，生长年限为 2～3 年的黄芪。

3.3

仿野生黄芪 *fangyesheng huangqi*

采用人工仿野生模式进行种子直播生长，生长年限通常在 5 年以上，具有部分野生黄芪特征的黄芪。

3.4

头部斩口下 3.5cm 处直径 the diameter of 3.5cm under head chopping

切去黄芪药材芦头及空心面积大于 1/3 处，斩口下方 3.5cm 处的直径。

4 规格等级划分

根据栽培方式不同，将黄芪药材分为栽培黄芪与仿野生黄芪两个规格；在规格项下，根据长度、斩口下 3.5cm 处直径不同进行等级划分。应符合表 1 要求。

表1　规格等级划分

规格	等级	性状描述		
		共同点	区别点	
栽培黄芪	大选	呈圆柱形，有的有分枝，上端较粗，表面淡棕黄色或棕褐色，有不整齐的纵皱纹或纵沟。质硬而韧，不易折断，断面纤维性强，并显粉性，皮部黄白色，有放射状纹理。气微，味微甜，嚼之微有豆腥味	外皮平滑，根皮较柔韧，断面致密，木心中央黄白色，质地坚实	长≥30cm，头部斩口下3.5cm处直径≥1.4cm
	小选			长≥30cm，头部斩口下3.5cm处直径≥1.1cm
	统货			长短不分，粗细不均匀，头部斩口下3.5cm处直径≥1.0cm
仿野生黄芪	特等		外皮粗糙，断面皮部有裂隙，木心黄，质地松泡，老根中心有的呈枯朽状，黑褐色或呈空洞	长≥40cm，头部斩口下3.5cm处直径≥1.8cm
	一等			长≥45cm，头部斩口下3.5cm处直径1.4~1.7cm
	二等			长≥45cm，头部斩口下3.5cm处直径1.2~1.4cm
	三等			长≥30cm，头部斩口下3.5cm处直径1.0~1.2

注1：黄芪传统以野生供药用，无规格之分，等级划分较多。但现时主流商品为栽培黄芪，主要产区在甘肃、内蒙古等地，药材长度与直径较均匀，形状差异较小，划分选货与统货的方法基本一致。目前野生和仿野生黄芪总产量较小，药材长度明显大于栽培黄芪，故设仿野生黄芪与栽培黄芪两个规格。野生和仿野生黄芪不同生长年限和同一根的上下段间直径差异较大，根据商品现状以长度和直径为指标划分为不同等级，多供出口，主要产区在山西、内蒙古、陕西等地。因仿野生黄芪年限较栽培黄芪长，且人工干预相对少，因此品质优于栽培黄芪。

注2：市场中栽培黄芪有蒙古黄芪和膜荚黄芪两个基原，以蒙古黄芪为主。此外，膜荚黄芪较蒙古黄芪质地坚硬，柴性大，不易折断，表皮呈棕褐色，俗称“黑皮芪”。

注3：市场尚有段、片、硫熏等商品，应注意区分。

注4：市场上有川黄芪流通，其来源为豆科植物梭果黄芪 *Astragalus emestii* Comb.、多花黄芪 *Astragalus floridus* Benth.、金翼黄芪 *Astragalus chrysopterus* Bge. 的干燥根，为地方药材标准收载，应注意区别。

注5：关于黄芪药材历史产区沿革参见附录A。

注6：关于黄芪药材品质评价沿革参见附录B。

5　要求

除应符合T/CACM 1021.1—2016的第7章规定外，还应符合下列要求：

——无须根；

——无虫蛀；

——无霉变；

——杂质不得过3%。

附录 A

(资料性附录)

黄芪药材历史产区沿革

黄芪，亦称黄耆。始载于《神农本草经》，列为上品。魏晋时期，黄芪产区有了明确的产地记载，《名医别录》："生蜀郡（四川梓潼、成都一带）、白水（四川松潘或碧口附近）、汉中（陕西南郑）。"梁代的陶弘景著《本草经集注》："第一出陇西（甘肃东南部）、洮阳（甘肃临潭）……次用黑水（四川北部黑水县）、宕县（甘肃省）……又有蚕陵（四川北部）、白水者。"由此可以看出该时期黄芪产地主要为四川、甘肃和陕西交界等处，而以四川为主。

南北朝时期，黄芪产区开始向北扩展，新增加了陇西、洮阳、宕昌等地。

隋唐时期《新修本草》记载："今出原州（今宁夏固原市）及华原（今陕西省铜川市耀州区）者最良，蜀汉（"蜀汉"应指蜀郡和汉中）不复采用之。宜州（四川茂州）、宁州（今甘肃省庆阳市宁县）者亦佳。"《四声本草》："出原州华原谷子山，花黄。"《药性论》："生陇西（今甘肃陇西境内）者，下补五脏。蜀白水赤皮者微寒。"由此可以看出，隋唐时期黄芪产地进一步变迁，由甘肃中南部地区向东扩大至相邻的宁夏固原及陕西铜川。

宋代黄芪产区在前朝的基础上又向东扩展，增加了河东、陕西等地。《嘉祐本草》："今原州者好，宜州（四川茂州）、宁州（今甘肃省庆阳市宁县）亦佳。"《图经本草》："今河东（今山西大部分地区）、陕西（今陕西大部分地区）州郡多有之。"

金元时期《汤液本草》："生蜀郡山谷、白水、汉中，今河东陕西州郡多有之。今《本草图经》只言河东者，沁州绵上是也，故谓之绵芪。味甘如蜜，兼体骨柔软如绵，世以为如绵，非也。别说云，黄芪本出绵上为良，故《图经》所绘者，宪水者也，与绵上相邻，盖以地产为'绵'。若以柔韧为'绵'，则伪者亦柔。但以干脆甘苦为别耳。"

明代黄芪没有新增产区，《本草品汇精要》概括了此前所有历史时期关于黄芪的产地描述，继承前朝关于道地产区的认识。《本草品汇精要》："《图经》曰蜀郡山谷及白水、汉中，今河东、陕西州郡多有之。陶隐居云：出陇西、叨阳、黑水、宕昌。[道地] 宪州、原州、华原、宜州、宁州。"

清代延续明代，即推崇西产绵芪为佳，并在此基础上向北继续扩展，出现了内蒙古新产区，并认为内蒙古产者为佳。山西与内蒙古部分区域相接壤，生态环境亦较接近，因此性状及疗效相近。《本草崇原》："黄芪生于西北，以出山西之绵上者为良……故世俗谓之绵黄。"《医林纂要探源》："出绵上者佳，今汾州介休也。"《本草求真》："出山西黎城（山西长治市辖县）。"《药笼小品》："西产为佳。"《本草述钩元》："本出蜀郡、汉中，今惟白水、原州、华原山谷者最胜。宜、宁二州者亦佳。"吴其浚《植物名实图考》："有数种，山西、蒙古产者佳，滇产性泻，不入用。"《植物名实图考》中首次提到"蒙古"产黄芪，并认为"山西、蒙古"产黄芪质量好。为后世将山西、内蒙古黄芪作为道地药材提供了依据。

民国时期黄芪产地向东北扩展至东北三省，出现了多个区域的黄芪，如东北黄芪（正芪）、山西绵芪、川芪、禹州芪等，而新增的东北产区由于土壤肥沃等因素被认为是正芪。

当代随着黄芪的用量大幅度增加，野生药材难以满足实际所需，因此于20世纪60至70年代开始栽培，并逐渐以栽培为主，目前黄芪的种植分为移栽芪种植和仿生芪种植，移栽芪种植主流区域是甘肃、内蒙古；仿生芪的主流种植区域是山西（浑源及周边县市）、陕西（子洲县）、内蒙古（武川县）等地，由于生长年限长，药材个体明显大于移栽芪，总产量也远低于移栽芪。

附录 B

（资料性附录）

黄芪药材品质评价沿革

南北朝时期，黄芪产区开始向北扩展，新增加了陇西、洮阳、宕昌等地，同时对黄芪品质的认识较之前朝有了明显的进步，如“第一出陇西、洮阳，色黄白，甜美”。通过外观性状颜色及口感来进行不同产地品质优劣的评价，可以说是最早的道地药材性状评价方法的记载。

宋代《本草别说》：“黄芪都出绵上为良，故名绵黄芪。今《图经》所绘宪水者即绵上，地相邻尔。以谓柔韧如绵，即谓之绵黄芪。然黄芪本皆柔韧，若伪者，但以干脆为别尔。”《重广补注神农本草并图经》：“黄芪本出绵上（今山西介休东南）为良，故名绵黄芪。今《图经》所绘宪水（今山西省娄烦县及静乐县部分地）者即绵上，地相邻尔。”宋代本草首次提出以产自山西绵上的绵黄芪质量最佳，山西产绵黄芪自此被后世所推崇，一直影响至今。

金元时期的王好古对山西绵黄芪进行了洋细的解说，认为其是因产地而得名，并非性状，原因是非此地的亦柔。同时也确实认为绵芪味甘如蜜，兼体骨柔软如绵，从而进一步强化了绵黄芪的优质性，并被后世所认可。

明代本草关于黄芪的道地产区有个最为显著的特点是较为一致地认为黄芪以产于绵上者为佳。至此黄芪的道地产区稳定在山西。《本草蒙筌》：“水耆生白水、赤水二乡，俱属陇西。白水颇胜，此为中品。绵耆出山西沁州（今山西省沁源县）绵上，乡名有巡检司。此品极佳。此为上品。”

民国时期出现了仿制黄芪，也就是冲口芪中质量上乘者先制成粉芪或绵芪，质量稍次者染成黑色即为制冲口芪，而制冲口芪剩下的生黄芪即为浑春芪、牛庄芪；此外在禹州形成了中转贸易中心。禹州芪实际产于古北口外（即今河北北部的张家口承德大部分地区及内蒙古部分地区）。该时期对产地的认识大大丰富，同时对于不同产地黄芪道地性（豆腥气、甜味与品质关系）科学内涵及质量的优劣评价亦较清晰。

综上所述，产地质量评价，黄芪主要以山西、甘肃、内蒙古等地为好。甘肃多种植移栽芪，仿生芪的产区主要在山西和陕西，品质较移栽芪为佳。

性状质量评价，以色黄白、质柔韧、味甜美为佳。本次制定黄芪商品规格等级标准是以现代文献对黄芪药材的质量评价和市场调查情况为依据，根据上述的两个规格，再从药材个子外观和质地结合长度、直径等方面进行分级。

ICS 11.120.10
C 10/29

团 体 标 准

T/CACM 1021.5—2018
代替T/CACM 1021.18—2017

中药材商品规格等级 当归

Commercial grades for Chinese materia medica

ANGELICAE SINENSIS RADIX

2018-12-03 发布 2018-12-03 实施

中 华 中 医 药 学 会 发布

目　　次

前　言

T/CACM 1021《中药材商品规格等级》标准分为226个部分：

——第1部分：中药材商品规格等级标准编制通则；

……

——第4部分：中药材商品规格等级　黄芪；

——第5部分：中药材商品规格等级　当归；

——第6部分：中药材商品规格等级　甘草；

……

——第226部分：中药材商品规格等级　玄明粉。

本部分为T/CACM 1021的第5部分。

本部分代替T/CACM 1021.18—2017。

本部分按照GB/T 1.1—2009《标准化工作导则　第1部分：标准的结构和编写》给出的规则起草。

本部分代替T/CACM 1021.18—2017，与T/CACM 1021.18—2017相比较，标准编号进行了调整，并重新进行了编辑。

本部分由中药材商品规格等级标准研究技术中心及道地药材国家重点实验室培育基地提出。

本部分由中华中医药学会归口。

本部分起草单位：南京中医药大学、中国中医科学院中药资源中心、中药材商品规格等级标准研究技术中心、甘肃岷县当归研究院、甘肃岷归中药材科技有限公司、北京联合大学、岷县顺兴和中药材有限责任公司、华润三九医药股份有限公司、天津大学、浙江寿仙谷医药股份有限公司、江苏融昱药业有限公司、北京中研百草检测认证有限公司。

本部分主要起草人：段金廒、严辉、钱大玮、宿树兰、黄璐琦、郭兰萍、詹志来、张元、金艳、郭增祥、何子清、谭沛、张辉、高文远、王瑛、李振皓、景浩、黄胜良。

本部分所代替标准的历次版本发布情况为：

——T/CACM 1021.18—2017。

中药材商品规格等级　当归

1　范围

本部分规定了当归的商品规格等级。

本部分适用于当归药材生产、流通以及使用过程中的商品规格等级评价。

2　规范性引用文件

下列文件对于本部分的应用是必不可少的。凡是注明日期的引用文件，仅所注明日期的版本适用于本部分。凡是不注明日期的引用文件，其最新版本（包括所有的修改版本）适用于本部分。

T/CACM 1021.1—2016　中药材商品规格等级编制通则

3　术语和定义

T/CACM 1021.1—2016 以及下列术语和定义适用于本部分。

3.1

当归　ANGELICAE SINENSIS RADIX

本品为伞形科植物当归 *Angelica sinensis*（Oliv.）Diels. 的干燥根。秋末采挖，除去须根和泥沙，待水分稍蒸发后，捆成小把，上棚，用烟火慢慢熏干。

3.2

全归　*quangui*

除杂修整后的当归完整干燥根。

3.3

归头　*guitou*

去除茎叶残基和归尾后的当归干燥主根部分。

3.4

归尾　*guiwei*

指去掉根须的当归的支根部分。

3.5

道地药材　岷归　*daodi* herbs *mingui*

指产于甘肃省岷县及其周边地区的当归药材。

4　规格等级划分

根据不同部位，将当归药材分为“全归”“归头”“归尾”三种规格；在规格项下，根据每公斤所含的支数进行等级划分。应符合表 1 要求。

表1　规格等级划分

规格	等级	性状描述	
		共同点	区别点
全归	一等	上部主根圆柱形，或具数个明显突出的根茎痕，下部有多条支根，直径0.3～1cm。表面棕黄色或黄褐色，具纵皱纹，皮孔样突起，不明显或无；质地柔韧，断面黄白色或淡黄棕色，木部色较淡，具油性，皮部有多数棕色点状分泌腔，形成层环黄棕色。有浓郁的香气，味甘、辛、微苦	每千克支数≤15，单支重≥60g；根头上端圆钝或有明显突出的根茎痕
	二等		每千克支数15～40，单支重25～60g；根头上端圆钝或有明显突出的根茎痕
	三等		每千克支数40～70，单支重15～25g；根头上端圆钝或有明显突出的根茎痕
	四等		每千克支数70～110，单支重10～15g；根头上端圆钝或有明显突出的根茎痕
	五等		每千克支数>110，单支重<10g；根茎痕有或无；主根或有部分支根，但主根数量占30%以上，腿渣占70%以下
	统货		每千克支数10～120，单支重5～70g；根头上端圆钝或有明显突出的根茎痕
归头	一等	纯主根，长圆柱形或拳状。表面棕黄色或黄褐色，或撞去粗皮，微露白色至全白色。皮孔样突起不明显或无；根头上端圆钝或有明显突出的根茎痕；质地稍硬，断面黄白色或淡黄棕色，木部色较淡，具油性，皮部有多数棕色点状分泌腔，形成层环黄棕色。有浓郁的香气，味甘、辛、微苦	每千克支数≤20，单支重≥50g
	二等		每千克支数20～40，单支重25～50g
	三等		每千克支数40～80，单支重15～25g
	四等		每千克支数n>80，单支重<15g
	统货		每千克支数10～90，单支重10～60g
归尾	一等	纯支根，长圆柱形，上粗下细。表面棕黄色或黄褐色。皮孔样突起，不明显或无；质地稍硬脆，断面黄白色或淡黄棕色，木部色较淡，具油性，皮部有多数棕色点状分泌腔，形成层环黄棕色。有浓郁的香气，味甘、辛、微苦	纯支根，直径大于0.7cm
	二等		纯支根，直径大于0.3cm，小于0.7cm
	统货		纯支根，直径大于0.3cm

注1： 甘肃岷县等地传统有专门用于出口的箱归，为当归按规格标准加工后，成品整齐摆放纸箱。其外观形态与同等级当归药材相比，更为规整、长度统一，身长不超过13cm，去净毛须和尾须，因该品主要销往港、澳、台地区和东南亚等国家。考虑到其质量与同级当归相比差别不大，为避免标准过于繁杂，故本次标准并未单列。

注2： 归尾多来源于当归采收、加工时掉下的支根以及加工归头时去除的支根等，目前市场多用于提取物投料或生产切片。其在传统中医临床上功效更偏重于活血，与全当归传统活血补血、调经止痛、润肠通便的多元功效不一致，不可替代全当归入药。

注3： 市场可见将当归、归尾加工剩下直径小于0.3cm的支根、须根、腿渣，常统称为“毛归”“毛尾”，可作为药厂投料当归原料，其含量测定指标，如阿魏酸和挥发油含量等都符合药典要求，但其外观不符合性状鉴别要求，不能作为药材使用。

注4： 传统认为滇西北大理、丽江、维西等地区所产当归药材质量也较好，称为“云归”，市场上“岷归”“云归”都作为当归药材使用。

注5： 关于当归药材历史产区沿革参见附录A。

注6： 关于当归药材品质评价沿革参见附录B。

5 要求

除应符合 T/CACM 1021.1—2016 的第 7 章规定外，还应符合下列要求：

——无变色；

——无走油；

——无虫蛀；

——无霉变；

——无麻口病斑；

——杂质不得过 3%。

附录 A

(资料性附录)

当归药材历史产区沿革

三国时（公元230年左右）的《广雅》一书中指出："山蕲，一名当归也。""蕲"即古芹字，郭璞注云："当归也，似芹而粗大。"许慎的《说文》云："生山中者名莫，一名山蕲。然则当归，芹类也，生山中粗大者，名当归也。"晋代的崔豹所著的《古今注》一书记载"相赠以芍药，相招以靡芜""靡芜，一名当归也""文无，一名当归也"。当归自东汉《神农本草经》开始已经有了明确的记载，"当归生川谷"。汉末《名医别录》记载，"生陇西（今甘肃）"。

南北朝《本草经集注》曰："生陇西川谷。"《本草经集注》曰："今陇西首阳（今甘肃渭源县北），黑水（甘肃省武山县）当归……马尾当归稍难得。"而据《文献通考》中记载，当归作为贡品，南北朝时期主要产自"陇西（今甘肃陇西至兰州一带），叨（洮）阳（今甘肃临潭），黑水（今甘肃定西）及西川（今四川西部）"。主要还是集中在岷山南北一带。

唐《新修本草》记载，"生陕西川谷［今当州（四川松藩县叠溪营西北）］、宕州（甘肃岷县南）、翼州（四川松藩县叠溪营西南百余里）、松州（四川松藩县），宕州最胜"。《文献通考》有记载进贡的地区包括"宕州（今甘肃岷县宕昌）""今出当州（四川省黑水县）、交川郡（今松州）""松潘（松州，今四川松潘）""临翼郡（今翼州，四川茂县）""归城郡（今悉州，四川黑水县东南三十公里）""静川郡（今静州，四川马尔康县东）""蓬山郡（今柘州，四川省黑水县西二十公里）""恭化郡（今恭州，重庆）"，其产地分布较之前朝有所扩大。在《银海精微》中首次记载"全当归去尾"，"归尾酒洗"，明确了当归在临床以不同规格进行运用。《仙授理伤续断秘方》中记载全当归需要"去芦头"。

北宋《本草衍义》记载："今川蜀皆以平地作畦种。"这明确说明北宋时栽培当归已较为常见。《政和本草》曰："生陇西。"《本草图经》云："当归生陇西川谷、川蜀、陕西诸郡及江宁府、滁州皆有之，以蜀中者为胜。"可见，当时已有了主产区的概念。《雷公炮炙论》提及"破血，使头一节硬实处"，而"止痛、止血，用归尾"。

由元代《汤液本草》选辑，金元四大家之一的李东垣"头止血而上行，身养血而中守，梢破血而下流，全活血而不走"之描述最为精辟，后世医家多从此说法，为当归药材的不同规格分化提供了药性理论指导。《瑞竹堂经验方》《丹溪心法》中均提到了"当归身"在临床的应用。后续有关全当归、当归身、归尾等临床应用记载逐渐增多。

明《本草纲目》："今陕蜀、秦州（甘肃天水）、汉州（四川茂县）诸处，人多栽莳为货，以秦归头圆、尾多、色紫、气香、肥润者名马尾归，最胜他处。"《本草从新》则记载："秦产力柔善补，川产力刚善攻。"由于产地不同，其功效也有了差别区分。《本草易读》中记载："生陇西川谷，今蜀州（四川崇庆）、陕西、江宁（南京）、滁州（安徽滁州）皆有之，以蜀州者为胜。"《本草崇原》云："当归始出陇西川谷及四阳（甘肃渭源）、黑水（甘肃武山），今川蜀、陕西诸郡皆有。"据考证，陇西叨阳（四阳）、黑水应为陇西首阳黑水。《本草乘雅半偈》记载："当归生陇西川谷，今当州、宕州、翼州、松州、秦州、汉州多种时矣。秦州者，头圆尾多……此种最佳，他处者头大尾粗……不堪用也，川产者力刚而善攻，秦产者力柔而善补。"这说明当归药材商品规格等级与产地生态环境密切相关，产地生态因子诸多因素的影响形成的药材性状、质量存在差异性。道地产区所产的当归药材，其商品形态与其他产地已有明显差异。

自古以来，临床一直推崇甘肃岷县及其周边地区出产的当归，以其骨质重、气香浓、油性足、质量好，习称“岷归”。主要产于甘肃的岷县、宕昌、漳县、渭源等地，在计划经济时期，由药材公司定点种植、收购。除甘肃以外，云南也有大量种植，1910 年，云南鹤庆、剑川从甘肃引种成功。云南产区生态条件适宜当归种植，尤以鹤庆马厂地区所产质量上乘，商品头大、质坚、味浓、油性足，称“马厂当归”，深受东南亚市场青睐。维西、德钦、香格里拉、兰坪、鹤庆是云归的老产区，曲靖及昭通地区则是近年由于当归价高以及当地政府大力扶持，新发展的产区，其种苗来自于丽江和岷县。历史上，受市场价格及政府政策引导影响，云南、四川、湖北、陕西、青海、贵州等地先后引种栽培，目前除云南、四川、青海尚有较大规模种植外，湖北、贵州等地商品当归产量较小，其余产地逐渐萎缩或消失。

目前，我国当归产地集中于甘肃定西、陇南地区，云南丽江、大理、曲靖地区，四川的阿坝、雅安地区，青海海东地区等地也有一定规模栽培。当归药材现全部依靠栽培生产提供，尤以甘肃产“岷归”为道地药材，占全国总产量 85% 以上。当归商品规格等级以甘肃岷县、陇西等产地药材市场上最为丰富和齐全。

附录 B

(资料性附录)

当归药材品质评价沿革

春秋《范子计然》云:“当归,出陇西,无枯者善。”

梁代陶弘景《本草经集注》记载:今陇西叨阳、黑水当归,多肉少枝气香,名马尾当归,稍难得。西川北部当归,多根枝而细。历阳所出,色白而气味薄,不相似,呼为草当归,阙少时乃用之。方家有云真当归,正谓此,有好恶故也。世用甚多。道方时须尔。(《大观》卷八,《政和》一九九页)

刘宋《雷公炮炙论》雷公云:凡使,先去尘并头尖硬处一分已来,酒浸一宿。若要破血,即使头一节硬实处;若要止痛、止血,即用尾;若一时用,不如不使,服食无效,单使妙也。

明《本草乘雅半偈》:“根黑黄色,肉浓不枯者为胜。秦州者,头圆尾多,色紫气香,肥润多脂,名马尾归,此种最佳。他处者头大尾粗,色白枯燥,名头归,不堪用也。”

明《本草蒙筌》:“味甘、辛,气温。气味俱轻,可升可降。阳也,阳中微阴。无毒。生秦蜀两邦,(秦属陕西,蜀属四川)有大小二种。大叶者名马尾当归,黄白气香肥润;(此为上品,市多以低假酒晒润充卖,不可不察)小叶者名蚕头当归,质黑气薄坚枯。(此为下品,不堪入药)”

清《本草备要》:“川产力刚善攻,秦产力柔善补。以秦产头园尾多肥润气香者良,名马尾当归;尾粗坚枯者,名头当归,只宜发散用。治血酒制,有痰姜制。”

清《本草便读》:“引诸血各归其经,甘苦辛温香且润,虽理血仍能调气,心肝脾脏畅而和,能解表以温中,可养营而止痛,下行破血,尾力为强,补血守中,归身独得,调营血自然风灭,诸痹仗此以宣通,行脏腑旁及奇经,胎产须知能受益。”

《中药大辞典》中当归:“干燥的根,可分为3部:根头部称‘归头’,主根称‘归身’,支根及支根梢部称‘归尾’。以主根大、身长、支根少、断面黄白色、气味浓厚者为佳。主根短小、支根多、气味较弱及断面变红棕色者质次。”

综上,当归是典型的生态主导型道地药材,历代对于当归的规格等级划分强调产地质量,特有的自然生态环境是影响其药材品质的重要因素,基于长期的实践应用,逐渐形成不同的当归药材规格等级。在此基础上结合性状,如当归的大小、根的粗细、气味的浓郁、断面颜色等进行评价,为制定当归商品规格等级标准提供了依据。

ICS 11.120.10
C 10/29

团 体 标 准

T/CACM 1021.6—2018
代替T/CACM 1021.20—2017

中药材商品规格等级　甘草

Commercial grades for Chinese materia medica

GLYCYRRHIZAE RADIX ET RHIZOMA

2018-12-03 发布　　2018-12-03 实施

中华中医药学会　发布

目　次

前　言

T/CACM 1021《中药材商品规格等级》标准分为226个部分：

——第1部分：中药材商品规格等级标准编制通则；

……

——第5部分：中药材商品规格等级　当归；

——第6部分：中药材商品规格等级　甘草；

——第7部分：中药材商品规格等级　丹参；

……

——第226部分：中药材商品规格等级 玄明粉。

本部分为T/CACM 1021的第6部分。

本部分代替T/CACM 1021.20—2017。

本部分按照GB/T 1.1—2009《标准化工作导则　第1部分：标准的结构和编写》给出的规则起草。

本部分代替T/CACM 1021.20—2017，与T/CACM 1021.20—2017相比较，标准编号进行了调整，并重新进行了编辑。

本部分由中药材商品规格等级标准研究技术中心及道地药材国家重点实验室培育基地提出。

本部分由中华中医药学会归口。

本部分起草单位：宁夏回族自治区药品检验研究院、中国中医科学院中药资源中心、中药材商品规格等级标准研究技术中心、宁夏农林科学院荒漠化治理研究所、广西壮族自治区药用植物园、陕西中医药大学、山东省分析测试中心、内蒙古自治区中医药研究所、湖北中医药大学、昆明理工大学、天津大学、广东药科大学、福建农林大学、贵阳中医学院、北京联合大学、重庆市中药研究院、南京中医药大学、皖西学院、江西省中医药研究院、新疆维吾尔自治区中药民族药研究所、石家庄以岭药业股份有限公司、无限极（中国）有限公司、北京中研百草检测认证有限公司。

本部分主要起草人：王英华、马玲、董琳、黄璐琦、郭兰萍、詹志来、王汉卿、王庆、李明、梁建宁、缪剑华、唐志书、王晓、李旻辉、刘大会、高文远、崔秀明、杨全、张重义、周涛、张元、李隆云、严辉、韩邦兴、虞金宝、徐建国、刘峰、崔旭盛、田清存、韩丽丽、金艳、杨光、李颖、余意、马方励。

本部分所代替标准的历次版本发布情况为：

——T/CACM 1021.20—2017。

中药材商品规格等级　甘草

1　范围

本部分规定了甘草的商品规格等级。

本部分适用于甘草药材生产、流通以及使用过程中的商品规格等级评价。

2　规范性引用文件

下列文件对于本部分的应用是必不可少的。凡是注明日期的引用文件，仅所注明日期的版本适用于本部分。凡是不注明日期的引用文件，其最新版本（包括所有的修改版本）适用于本部分。

T/CACM 1021. 1—2016 中药材商品规格等级编制通则

3　术语和定义

T/CACM 1021. 1—2016 以及下列术语和定义适用于本部分。

3. 1

甘草　GLYCYRRHIZAE RADIX ET RHIZOMA

本品为豆科植物甘草 *Glycyrrhiza uralensis* Fisch.、胀果甘草 *Glycyrrhiza inflata* Bat. 或光果甘草 *Glycyrrhiza glabra* L. 的干燥根和根茎。春、秋二季采挖，除去须根，晒干。

3. 2

条草　*tiaocao*

甘草斩头去尾，单枝直条，长 25 ~ 100cm。

3. 3

草节　*caojie*

条草加工中剩余的甘草短节，长 25cm 以下。

3. 4

毛草　*maocao*

甘草顶端直径 <0. 6cm 的小甘草。

3. 5

疙瘩头　*gedatou*

加工甘草时砍下的根头。

3. 6

口径、尾径　*koujing weijing*

甘草加工成段的顶端与末端直径。

3. 7

断面　*duanmian*

甘草折断的横截面。

3. 8

野生甘草　*yeshengancao*

为甘草 *Glycyrrhiza uralensis* Fisch.、胀果甘草 *Glycyrrhiza inflata* Bat. 及光果甘草 *Glycyrrhiza glabra* L. 的根和根茎，指主产于内蒙古、宁夏、新疆、甘肃、陕西、青海、河北、山西等省（区）及东北地区的野生药材。

3. 9

栽培甘草　*zaipeigancao*

为甘草 *Glycyrrhiza uralensis* Fisch. 的根和根茎，指人工栽培的甘草药材。

4 规格等级划分

根据甘草根和根茎加工后的部位，将甘草药材分为“条草”“毛草”“草节”“疙瘩头”四个规格；在规格项下，根据长度范围及口径、尾径范围进行等级划分。应符合表1要求。

表1 规格等级划分

<table>
<tr><th colspan="3" rowspan="3">规格</th><th rowspan="3">等级</th><th colspan="4">性状描述</th></tr>
<tr><th rowspan="2">共同点</th><th colspan="3">区别点</th></tr>
<tr><th>长度/cm</th><th>口径/cm</th><th>尾径/cm</th></tr>
<tr><td rowspan="10">野生甘草</td><td rowspan="6">甘草</td><td rowspan="3">条草</td><td>一等</td><td rowspan="5">呈圆柱形，单枝顺直。表面红棕色、淡红棕色、红褐色、棕褐色或灰棕色，皮细紧，有纵纹，斩去头尾，口面整齐。质坚实、体重。断面黄色至黄白色，粉性足或一般。味甜。间有黑心</td><td rowspan="3">25～100</td><td>>1.7</td><td>>1.1</td></tr>
<tr><td>二等</td><td>1.1～1.7</td><td>>0.6</td></tr>
<tr><td>三等</td><td>0.6～1.1</td><td>>0.3</td></tr>
<tr><td>毛草</td><td>统货</td><td>/</td><td><0.6</td><td>/</td></tr>
<tr><td>草节</td><td>统货</td><td>6～25</td><td>≥0.6</td><td>/</td></tr>
<tr><td>疙瘩头</td><td>统货</td><td>系加工条草砍下之根头，呈疙瘩头状</td><td>/</td><td>/</td><td>/</td></tr>
<tr><td rowspan="2">胀果甘草</td><td>条草</td><td>统货</td><td rowspan="2">呈圆柱形，单枝顺直。表面灰棕色或灰褐色，外皮粗糙，斩去头尾，口面整齐。质坚硬、体重。断面黄白色，间有黑心。粉性小。味甜</td><td>25～100</td><td>>0.6</td><td>>0.3</td></tr>
<tr><td>毛草</td><td>统货</td><td>/</td><td><0.6</td><td>/</td></tr>
<tr><td rowspan="2">光果甘草</td><td>条草</td><td>统货</td><td rowspan="2">呈圆柱形，单枝顺直。表面灰棕色，皮孔细而不明显，斩去头尾，口面整齐。质地较坚实、体重。断面黄白色，粉性一般，味甜。间有黑心</td><td>25～100</td><td>>0.6</td><td>>0.3</td></tr>
<tr><td>毛草</td><td>统货</td><td>/</td><td><0.6</td><td>/</td></tr>
<tr><td colspan="2" rowspan="6">栽培甘草</td><td rowspan="4">条草</td><td>一等</td><td rowspan="6">呈圆柱形，单枝顺直。表面红棕色、淡红棕色、红褐色、棕褐色或灰棕色，皮细紧，有纵纹，斩去头尾，口面整齐。质坚实、体重。断面黄色至黄白色，粉性足或一般。味甜。间有黑心</td><td rowspan="4">25～100</td><td>>1.7</td><td>>1.1</td></tr>
<tr><td>二等</td><td>1.1～1.7</td><td>>0.6</td></tr>
<tr><td>三等</td><td>0.6～1.1</td><td>>0.3</td></tr>
<tr><td>统货</td><td>>0.6</td><td>>0.3</td></tr>
<tr><td>毛草</td><td>统货</td><td>/</td><td><0.6</td><td>/</td></tr>
<tr><td>草节</td><td>统货</td><td>/</td><td>≥0.6</td><td>/</td></tr>
<tr><td colspan="8">注1：甘草一般斩去头尾，以口尾径测量。
注2：国务院国发〔2000〕13号文（国务院关于禁止采集和销售发菜制止滥挖甘草和麻黄草有关问题的通知）规定制止滥挖甘草，由取得采集证的持证人采挖，且由于野生甘草越来越匮乏，种植品越来越多的现状，当前药材市场甘草规格按照野生甘草和栽培甘草进行划分。
注3：栽培甘草的商品性状和品质与品种、产地等有一定相关性，但因种植年限过短，品质均受影响。
注4：甘草市场以皮色红为质量优，再据口尾径及长度划分等级。
注5：目前栽培甘草以乌拉尔甘草为主。
注6：关于甘草药材历史产区沿革参见附录A。
注7：关于甘草药材品质评价沿革参见附录B。</td></tr>
</table>

5 要求

除符合 T/CACM 1021.1—2016 第 7 章规定外，还应符合下列要求：

——无虫蛀；

——无霉变；

——杂质不得过 3%。

附录 A

(资料性附录)

甘草药材历史产区沿革

有关甘草道地性的演化和形成是一个非常漫长的过程，历代本草及相关文献都有记载和描述。《名医别录》云："生河西（春秋战国指今山西、陕西两省间黄河西南段以西；北朝时指今山西省吕梁山以西的黄河西两岸；汉唐时期指今甘肃省与青海省黄河以西。）川谷，积沙山（甘肃临夏积石山）及上郡（秦汉治所在肤施，今陕西榆林东南、内蒙古鄂尔多斯左翼之地。）。"南北朝时因南北睽隔，乃从蜀中来，《本草经集注》云："河西、上郡不复通市，今出蜀汉中，悉从汶山诸夷中来。赤皮断理，看之坚实者，是抱罕草，最佳。抱罕，羌地名。青州间亦有，不如。又有紫甘草，细而实，乏时可用。"按蜀川不出甘草，陶说"今出蜀汉中悉从汶山诸夷中来"。另据《梁书·诸夷传》云："天监四年，（宕昌国）王梁弥博来献甘草、当归。"《千金翼方·药出州土》出甘草者有并州（山西阳曲以南、文水以北）、瓜州（今甘肃酒泉以西），《新唐书·地理志》土贡甘草的州郡有五：灵州灵武郡（今宁夏灵武）、太原府太原郡（今山西太原）、朔州马邑郡（今山西朔县）、洮州临洮郡（今甘肃临潭）、岷州和政郡（今甘肃岷县）。

至于产于内蒙古的"梁外草"，唐代已有记载，《新唐书·地理志》土贡甘草的州郡有五：灵州灵武郡（今宁夏灵武）、太原府太原郡（今山西太原）、朔州马邑郡（今山西朔县）、洮州临洮郡（今甘肃临潭）、岷州和政郡（今甘肃岷县）。《元和郡县志》卷 5 云："九原县，本汉之广牧旧地，东部都尉所理。其九原县，永徽四年重置，其城周隋间俗谓之甘草城。"甘草城当以产甘草得名，系指现内蒙古鄂尔多斯市杭锦旗，即梁外草的道地产区。

宋代以来甘草产地变化不大，仍以山西、陕西、甘肃为主，《宋史》记载土贡甘草的州郡有三：太原府（今山西太原西南），府州（今陕西府谷），丰州（今内蒙古五原县西南黄河北岸）。《图经本草》（1062 年）云："甘草，生河西川谷积沙山及上郡，今陕西河东州郡皆有之。"《证类本草》（1082 年）所图府州、汾州甘草。府州今陕西府谷，汾州今山西汾阳。《本草衍义》云：今出河东西界（今山西西部）。由本草学可知，当时甘草的主要来源区域仍为陕西、山西一带。并且府州和汾州是当时著名的甘草产区。除本草描述外，多种文献古籍对甘草的产区也有所记载，北宋时期地理总志《元丰九域志》（1023～1101）记载，"秦州（今甘肃天水）产土贡甘草一十斤""望原州平凉郡军事（今甘肃省镇原县）产土贡甘草三十斤""下兰州金城郡军事（今青海民和县）产土贡甘草三十斤""下环州军事（今甘肃环县一带）产土贡甘草一百斤"；宋太宗赵灵时地理总志《太平寰宇记》记载，"宁州（今甘肃宁县）产土产甘草""朔州马邑郡（今山西朔州）产土产甘草""灵州（今宁夏灵武）出甘草"。

明代《品汇精要》云：甘草"山西隆庆州者最胜"，隆庆州即今北京延庆县，此或为当时甘草集散地。《本草蒙筌》"产陕西川谷、身选壮大横纹者"。《本草纲目》记载："今出河东西界。"可见在此时期山西、陕西仍是甘草的主要供应地。清代以及近代对于甘草产区记载的文献较多。吴其浚（1848—1919）记载"闻甘、凉诸郡尤肥壮"。甘州与凉州，南北朝时代的甘州是指西凉州，所在地是永平县，即今日甘肃省张掖、高台以东弱水上游是指凉州，凉州，清朝时辖境为今日的甘肃省武威、永昌、民勤、天祝、古浪、永登等县。东汉时代指今陇县即张家川，其辖境包括甘肃、宁夏、青海的湟水流域，陕西省的定边、吴旗、凤阳、略阳等县。清·陈仁山《药物出产辨》（1931 年）"产内蒙古，俗称王爷地（内蒙阿拉善左旗）"，从以上可以看出，随着清代疆域的变化、政权的统一以及不同民族的融合，东北甘草及内蒙甘草逐渐成为市场的一部分。

综上，从甘草主产地的历史变迁我们可以看出，最初甘草闻名和盛产地是山西、陕西、甘肃一带，山东、青海等地也有零星分布，这可能与历代京城建都于中原有关，而后以上地区资源趋于贫乏而向甘肃开发，逐渐有较多的关于西羌甘草的使用。实际我国边疆省区甘草资源极为丰富，但是由于当时内蒙古、宁夏、东北以及新疆等地人员稀少、交通不便，又远离中原，因而自然资源保存较好，而且也很少有记载。但是直到20世纪初，宁夏盐池的“西镇甘草”已开始闻名，新疆的甘草直至20世纪50至60年代大面积开荒造田才引起人们的重视。

从以上甘草主产区可以看出，道地甘草的产地具有十分显著的地理特点：多处于沙漠和戈壁地带，干旱少雨，降水主要集中在夏季；日照时间长，光照充足；昼夜温差大；四季分明，夏季高温，冬季寒冷，年温差大。这种地理特点对生长于这一地区的甘草影响十分明显，其所处环境的光照、温度、温差以及水分条件都为甘草的有效成分积累提供了有利条件。

附录 B

(资料性附录)

甘草药材品质评价沿革

有关甘草质量评价的本草记载较多,《本草经集注》“赤皮断理,看之坚实者,是抱罕草,最佳……亦有火炙干者,理多虚疏。又有如鲤鱼肠者,被刀破,不复好……又有紫甘草,细而实,乏时亦可用”,对甘草的外皮颜色、断面特征、形状特征做出了详细的描述,后宋《本草图经》略加补充,“今甘草有数种,以坚实断理者为佳。其轻虚纵理及细韧者不堪,为货汤家用之”,认为轻虚细韧的甘草品质不好,仅用于家用煲汤。《本草品汇精要》详细记载了甘草特征,“根坚实有粉而肥者为好,类黄,皮粗而赤,皮赤肉黄”,补充了甘草外皮粗糙,根呈粉性,断面类黄色的特征。

至后世明代清代诸多本草著作中对甘草的质量评价几近一致,如《本草纲目》载“今人惟以大径寸而节紧断纹者为佳,谓之粉草。其轻虚细小者,皆不及之”,《本草述钩元》中载“大至径寸而结紧,横有断纹者佳”,《得配本草》曰“大而节紧断纹者为佳,谓之粉草”,《本草备要》载“大而 结 者良”,《本草逢源》载“中心黑者有毒,勿用”,《本草原始》载“今甘草有数种,其坚实断理,粗大者佳。其轻虚纵理及细韧者不堪”,提出甘草以粗壮、表面紧致、断面有纹理、质地坚实者质量为佳,这与当今从性状方面判断甘草质量优劣一致。从“赤皮断理”和“紫干草”来推断古代所用甘草皆为甘草。

综上,历代对于甘草的品质评价注重产地,并结合性状,如外皮颜色、断面特征、根的粗细等进行评价,为制定甘草商品规格等级标准提供了依据。

ICS 11.120.01
C 23

团 体 标 准

T/CACM 1021.7—2018
代替T/CACM 1021.202—2018

中药材商品规格等级　丹参

Commercial grades for Chinese materia medica

SALVIAE MILTIORRHIZAE RADIX ET RHIZOMA

2018-12-03 发布　　2018-12-03 实施

中华中医药学会 发布

目　　次

前　　言

T/CACM 1021《中药材商品规格等级》标准分为226个部分：

——第1部分：中药材商品规格等级标准编制通则；

……

——第6部分：中药材商品规格等级　甘草；

——第7部分：中药材商品规格等级　丹参；

——第8部分：中药材商品规格等级　党参；

……

——第226部分：中药材商品规格等级　玄明粉。

本部分为T/CACM 1021的第7部分。

本部分代替T/CACM 1021.202—2018。

本部分按照GB/T 1.1—2009《标准化工作导则　第1部分：标准的结构和编写》给出的规则起草。

本部分代替T/CACM 1021.202—2018，与T/CACM 1021.202—2018相比较，标准编号进行了调整，并重新进行了编辑。

本部分由中药材商品规格等级标准研究技术中心及道地药材国家重点实验室培育基地提出。

本部分由中华中医药学会归口。

本部分起草单位：中国中医科学院中药资源中心、广西壮族自治区药用植物园、四川省中医药科学院、陕西中医药大学、山东省分析测试中心、内蒙古自治区中医药研究所、湖北中医药大学、昆明理工大学、广东药科大学、福建农林大学、北京联合大学、贵阳中医学院、重庆市中药研究院、南京中医药大学、皖西学院、江西省中医药研究院、新疆维吾尔自治区中药民族药研究所、山东省分析测试中心、浙江寿仙谷医药股份有限公司、中药材商品规格等级标准研究技术中心、吉林华康药业股份有限公司、陕西步长制药有限公司、北京中研百草检测认证有限公司。

本部分主要起草人：詹志来、方文韬、邓爱平、黄璐琦、郭兰萍、马存德、任振丽、缪剑华、唐志书、李青苗、王晓、李旻辉、刘大会、张元、崔秀明、杨全、张重义、周涛、李隆云、严辉、韩邦兴、虞金宝、徐建国、王晓、刘伟、李振皓、李明焱、李慧、朱继忠、张燕、王铁霖、何雅莉。

本部分所代替标准的历次版本发布情况为：

——T/CACM 1021.202—2018。

中药材商品规格等级　丹参

1　范围

本部分规定了丹参的商品规格等级。

本部分适用于丹参药材生产、流通以及使用过程中的商品规格等级评价。

2　规范性引用文件

下列文件对于本部分的应用是必不可少的。凡是注明日期的引用文件，仅所注明日期的版本适用于本部分。凡是不注明日期的引用文件，其最新版本（包括所有的修改版本）适用于本部分。

T/CACM 1021.1—2016 中药材商品规格等级编制通则

3　术语和定义

T/CACM 1021.1—2016 以及下列术语和定义适用于本部分。

3.1

丹参　SALVIAE MILTIORRHIZAE RADIX ET RHIZOMA

本品为唇形科植物丹参 *Salvia miltiorrhiza* Bge. 的干燥根和根茎。春、秋二季采挖，除去泥沙，干燥。

3.2

川丹参　*chuandanshen*

产于四川省中江县及其周边各地区的丹参，习称“川丹参”。

3.3

山东丹参　*shandongdanshen*

产于山东临沂、泰安、日照、潍坊、淄博、济宁等地及其周边各地区的丹参，习称“山东丹参”。

4　规格等级划分

根据市场流通情况，按照产地的不同，将丹参药材分为“川丹参”“山东丹参”和“其他产区丹参”三个规格；在规格项下，根据是否进行等级划分，分成“选货”和“统货”两个等级，“选货”项下根据主根中部直径、长度等进行等级划分。应符合表1要求。

表1　规格等级划分

规格	等级		性状描述	
			共同点	区别点
川丹参	选货	特级	呈圆柱形或长条状，略弯曲，偶有分支。表面紫红色或红棕色。具纵皱纹，外皮紧贴不易剥落。质坚实，不易掰断。断面灰黑色或黄棕色，无纤维。气微，味甜微苦	长≥15cm，主根中部直径≥1.2cm
		一级		长≥13cm，主根中部直径0.9～1.2cm
		二级		长≥11cm，主根中部直径0.7～0.9cm
		三级		长≥8cm，主根中部直径0.5～0.7cm
	统货			长度不限，大小不等
山东丹参	选货	一级	呈长圆柱形。表面红棕色明显。有纵皱纹。质硬而脆，易折断。断面周边呈棕红色，内侧灰白色或黄白色，有放射状纹理，呈纤维性。气微，味甜微苦	长≥15cm，主根中部直径≥0.9cm
		二级		长≥12cm，主根中部直径≥0.6cm
	统货			长度不限，大小不等

续表

规格	等级	性状描述	
		共同点	区别点
其他产区丹参	选货	呈长圆柱形。表面红棕色，具纵皱纹，外皮紧贴不易剥落。质坚实，断面周边呈棕红色，内侧灰白色或黄白色，有放射状纹理，断面较平整，略呈角质样	长≥12cm，主根中部直径≥0.8cm
	统货		长度不限，大小不等

注1：当前药材市场丹参规格按照产地进行划分，有川丹参、山东丹参及山西、安徽、河北、河南、陕西等不同产地的丹参，各地性状稍有不同，应注意区分。

注2：市场调查发现，野生丹参不能形成商品主流，个别市场以滇丹参或甘西鼠尾草做野生丹参出售，应当注意鉴别。

注3：目前市场上存在大量加工成片的丹参，这些丹参片大小不一，厚薄不均，部分药材市场还有斜切片与丹参段。这些商品均不符合2015年版《中国药典》对丹参药材的规定，应注意区别。

注4：除正常丹参外，市场上尚存在较多熏硫丹参。熏硫丹参气味偏淡且断面颜色发白并呈半透明角质状，这类商品二氧化硫残留量容易超标，应注意区分。

注5：市场上存在发汗丹参，与普通丹参区别在于断面呈黑色，其他方面差别不明显，因此制定规格时不单独列出。

注6：关于丹参药材历史产区沿革参见附录A。

注7：关于丹参药材品质评价沿革参见附录B。

5 要求

除应符合T/CACM 1021.1—2016的第7章规定外，还应符合下列要求：

——无芦头；

——无须根；

——无虫蛀；

——无霉变；

——杂质不得过3%。

附录 A

（资料性附录）

丹参药材历史产区沿革

丹参始载于《神农本草经》，列为上品，“味苦微寒。主治心腹邪气，肠鸣幽幽如走水，寒热积聚，破癥除瘕，止烦满，益气。一名郗蝉草。生山谷”。其后历代本草均有收载。

有关丹参的产地记载始于《名医别录》：“生桐柏山（今河南南阳桐柏境内）川谷及太山（今山东泰安一带），五月采根。”说明当时的丹参产于河南桐柏和山东泰安一带。

南朝《本草经集注》对“桐柏山”有了更为详细的解释：“此桐柏山（今河南南阳桐柏境内），是淮水源所出之山，在义阳（义阳国，今河南南部，湖北北部），非江东临海（今浙江临海）之桐柏也。今近道处处有之，茎方有毛，紫花，时人呼为逐马。”指出前人所说的桐柏山为今河南南阳之桐柏县，而非江东临海之桐柏，其所描述的“茎方有毛，紫花”的特点与唇形科丹参 *S. miltiorrhiza* Bunge 一致。

宋《太平御览》：“生桐柏（今河南南阳桐柏境内），或生太山（今山东泰安一带）山陵阴。”《本草图经》描述为：“生桐柏山川谷（今河南南阳桐柏境内）及泰山（今山东泰安一带），今陕西（今陕西大部分地区）、河东州郡（今山西绝大部分地区）及随州（今湖北随州、枣阳、大洪山，河南桐柏县一带）亦有之。”新增陕西、山西、湖北等产地。以上记载丹参产地分别为河南、山东、陕西、山西、湖北。

明·刘文泰《本草品汇精要》：“[地]《图经》曰：出桐柏山川谷（今河南南阳桐柏境内）及泰山（今山东泰安一带），陕西（今陕西大部分地区）、河东州郡（今山西绝大部分地区）亦有之。[道地]：随州（今湖北随州、枣阳、大洪山，河南桐柏县一带）。”首次指出丹参的道地产区为随州。然根据其所附的图来看，叶片对生，穗状花序，却不似今所用之正品。因此随州也未被后世一直推崇为道地，直到今天随州一带也未作为丹参的主流产区。李中立《本草原始》：“始生桐柏山谷（今河南南阳桐柏境内）及泰山（今山东泰安一带），今陕西（今陕西大部分地区）、河东州郡（今山西绝大部分地区）及随州（今湖北随州）皆有之。”与宋代丹参产地记载相一致。

清《握灵本草》：“近地处处有之。”《本草崇原》：“生桐柏川谷（今河南南阳桐柏境内）及泰山（今山东泰安一带），今近道处处有之。”《植物名实图考》：“处处有之。”说明清朝时丹参的分布已经较为广泛。

民国《增订伪药条辨》载：“出桐柏川谷（今河南南阳桐柏境内），今近道处处有之……产安徽古城（今安徽皖东一带）形状同前，亦佳。产凤阳定远、白阳山漳洧者，芦细质松，多细枝次。产四川者，头小枝粗，肉糯有白心，亦次。郑君所云土丹参，或即川丹参也。抑或福建土产之一种，别具形态，余未之见也。”《药物出产辨》云：“丹参产四川龙安府（今四川省北部）为佳，名川丹参。有产安徽、江苏，质味不如。”“龙安府”，辖：平武（今四川省平武县）、江油（今四川省江油市）、石泉（今四川省北川羌族自治县）、彰明（今四川省江油市彰明镇涪江西）共 4 县。可见丹参在四川自清代以来便开始人工栽培，其种植历史悠久，从《增订伪药条辨》所描述的“头大无芦”来看，极似根段繁殖的丹参。川丹参自清代栽培以来，到了民国受到推崇，至今不少老药工依然认为川丹参品质较好。《药材资料汇编》（1959）载：“川丹参多是家种，主产四川中江、平武……川野丹参，产四川中江等地……”

据《500 味常用中药材的经验鉴别》及《金世元中药材传统鉴别经验》均记载，20 世纪 50 年代以前丹参以野生品为主要药用来源，仅四川有少量家种品，20 世纪 60 年代以后全国各地均有引种，目前丹参的主要栽培产区与历代本草提及的产地较为接近。

从本草考证来看，丹参的产地越来越广泛，先有河南、山东，后依次增加了湖北、陕西、四川、安徽、山西。总体来说，丹参主产于华中地区及华东部分地区。其道地产区的变迁较大，明朝时为湖北随州，民国时为安徽、四川。目前主产于四川、山东、山西、河南、陕西、河北、安徽等地，与今丹参的主要栽培产区较为接近。

附录 B

(资料性附录)

丹参药材品质评价沿革

经查唐以前的文献中未见有对丹参品质评价的详细描述，到唐《新修本草》才有记录："此药冬采良，夏采虚恶。"

宋《本草图经》："冬月采者良，夏采者虚恶。"

明《本草品汇精要》对丹参产地及品质评价的描述较为详细："用：根粗壮者佳。""道地：随州。""冬月采者良，夏日采者虚恶，不甚佳也。"《本草经疏》："北方产者佳，俗名逐马。"郑二阳《仁寿堂药镜》："皮丹而肉紫者佳。"《颐生微论》："润而咸者佳。"明·许希周《药性粗评》："二月生苗，高一尺许，茎方，青色，叶似薄荷，相对而生，有毛，三月开花，红紫色，似紫苏花，根赤，大如指，长尺余，一茎数根。南北川谷处处有之。五月采根，暴干。一说冬月采者更良。"

明·卢之颐《本草乘雅半偈》："覈曰：……二月生苗，高尺许，方茎有棱。一枝五叶，叶相对，如薄荷叶而有毛。三月至九月，作小花成穗如蛾形，又似紫苏花，中有细子，一苗数根，根大如指，长尺余，冬采者良。"

清《本草述》："冬采者良。"《本草述钩元》："卖家多染色，须辨之。冬采者良……夏月蕃秀使气得泄者，而采根必以冬时，岂非反所自始，为得全金水之气以昌木火之用乎。"

民国《增订伪药条辨》："丹参产安徽古城者，皮色红，肉紫有纹。质燥体松，头大无芦为最佳。滁州、全椒县产，形状同前，亦佳。产凤阳定远、白阳山漳洧者，芦细质松，多细枝次。产四川者，头小枝粗，肉糯有白心，亦次。郑君所云土丹参，或即川丹参也。抑或福建土产之一种，别具形态，余未之见也。"《药物出产辨》云："丹参产四川龙安府（今四川省北部）为佳，名川丹参。"

1963 年版《中国药典》："以条粗、色紫红、无碎断者为佳。"

1977 年版《中国药典》："以条粗壮、色紫红者为佳。"

1984 年颁布的《七十六种药材商品规格标准》将丹参分为丹参（野生）和川丹参（家种）两种规格。

综上，历代对于丹参的规格等级划分强调产地质量，以川丹参与山东丹参为优，并在此基础上结合性状，如表皮的色泽、根的直径大小等进行评价，为制定丹参商品规格等级标准提供了依据。

ICS 11.120.01
C 23

团　体　标　准

T/CACM 1021.8—2018
代替T/CACM 1021.115—2018

中药材商品规格等级　党参

Commercial grades for Chinese materia medica

CODONOPSIS RADIX

2018-12-03 发布　　2018-12-03 实施

中华中医药学会 发布

目　次

前　言

T/CACM 1021《中药材商品规格等级》标准分为 226 个部分：

——第 1 部分：中药材商品规格等级标准编制通则；

……

——第 7 部分：中药材商品规格等级　丹参；

——第 8 部分：中药材商品规格等级　党参；

——第 9 部分：中药材商品规格等级　天麻；

……

——第 226 部分：中药材商品规格等级　玄明粉。

本部分为 T/CACM 1021 的第 8 部分。

本部分代替 T/CACM 1021. 115—2018。

本部分按照 GB/T 1. 1—2009《标准化工作导则　第 1 部分：标准的结构和编写》给出的规则起草。

本部分代替 T/CACM 1021. 115—2018，与 T/CACM 1021. 115—2018 相比较，标准编号进行了调整，并重新进行了编辑。

本部分由中药材商品规格等级标准研究技术中心及道地药材国家重点实验室培育基地提出。

本部分由中华中医药学会归口。

本部分起草单位：中国中药有限公司、甘肃中医药大学、湖北省农业科学院中药材研究所、中国中医科学院中药资源中心、中国医学科学院药用植物研究所、重庆市中药研究院、北京联合大学、丽珠医药集团股份有限公司、中药材商品规格等级标准研究技术中心、浙江寿仙谷医药股份有限公司、无限极（中国）有限公司、北京中研百草检测认证有限公司。

本部分主要起草人：周海燕、赵润怀、李成义、王明伟、兰青山、王继永、曾燕、王浩、张美德、何银生、黄璐琦、郭兰萍、詹志来、康利平、张元、李隆云、张本刚、齐耀东、李振宇、王瑛、黄文华、余意。

本部分所代替标准的历次版本发布情况为：

——T/CACM 1021. 115—2018。

中药材商品规格等级　党参

1　范围

本部分规定了党参的商品规格等级。

本部分适用于党参药材生产、流通以及使用过程中的商品规格等级评价。

2　规范性引用文件

下列文件对于本部分的应用是必不可少的。凡是注明日期的引用文件，仅所注明日期的版本适用于本部分。凡是不注明日期的引用文件，其最新版本（包括所有的修改版本）适用于本部分。

T/CACM 1021. 1—2016 中药材商品规格等级编制通则

3　术语和定义

T/CACM 1021. 1—2016 以及下列术语和定义适用于本部分。

3. 1

党参　CODONOPSIS RADIX

本品为桔梗科植物党参 *Codonopsis pilosula*（Franch.）Nannf.、素花党参 *Codonopsis pilosula* Nannf. var. *modesta*（Nannf.）L. T. Shen 或川党参 *Codonopsis tangshen* Oliv. 的干燥根。秋季采挖，洗净，晒干。

3. 2

潞党参　*ludangshen*

主要分布和栽培于山西省长治市壶关县、平顺县，晋城市陵川县及其周边地区的党参，来源为桔梗科植物党参 *Codonopsis pilosula*（Franch.）Nannf. 的干燥根，习称“潞党参”，简称“潞党”。

3. 3

白条党参　*baitiaodangshen*

主要分布和栽培于甘肃省定西市渭源县、陇西县、临洮县及其周边地区的党参，来源为桔梗科植物党参 *Codonopsis pilosula*（Franch.）Nannf. 的干燥根，习称“白条党参”，简称“白条党”。

3. 4

纹党参　*wendangshen*

主要分布和栽培于甘肃省陇南市的文县、礼县、武都区、宕昌县、舟曲县，四川省的九寨沟县、平武县及其周边地区的党参，来源为桔梗科植物素花党参 *Codonopsis pilosula* Nannf. var. *modesta*（Nannf.）L. T. Shen 的干燥根，习称“纹党参”，简称“纹党”。

3. 5

板桥党参　*banqiaodangshen*

主要分布和栽培于湖北省恩施市板桥镇及其周边地区的党参，来源为桔梗科植物川党参 *Codonopsis tangshen* Oliv. 的干燥根，习称“板桥党参”，简称“板党”。

3. 6

狮子盘头　*shizipantou*

党参根头部有多数疣状突起的茎痕及芽，每个茎痕的顶端呈凹下的圆点状，习称“狮子盘头”。

4　规格等级划分

根据不同产地和基原，将目前市场主流党参药材分为“潞党参”“白条党参”“纹党参”“板桥党参”四个规格。在规格项下，根据是否进行等级划分，分成“选货”和“统货”；在“选货”项下，根据芦头下直径进行等级划分。应符合表 1 要求。

表 1　规格等级划分

<table>
<tr><th rowspan="3">规格</th><th rowspan="3" colspan="2">等级</th><th colspan="5">性状描述</th></tr>
<tr><th rowspan="2">共同点</th><th colspan="4">区别点</th></tr>
<tr><th>根头下的环状横纹</th><th>纵皱纹</th><th>皮孔样突起</th><th>芦头下直径（cm）</th></tr>
<tr><td rowspan="4">潞党参、白条党参</td><td rowspan="3">选货</td><td>一等</td><td rowspan="4">呈长圆柱形。表面灰黄色、黄棕色至灰棕色，有“狮子盘头”。质稍柔软或稍硬而略带韧性。断面稍平坦，有裂隙或放射状纹理，皮部淡棕黄色至黄棕色，木部淡黄色至黄色。有特殊香气，味微甜</td><td rowspan="4">少或无</td><td rowspan="4">不明显</td><td rowspan="4">散在，不明显</td><td>≥0.9</td></tr>
<tr><td>二等</td><td>0.6～0.9</td></tr>
<tr><td>三等</td><td>0.4～0.6</td></tr>
<tr><td colspan="2">统货</td><td>大小不等</td></tr>
<tr><td rowspan="4">纹党参</td><td rowspan="3">选货</td><td>一等</td><td rowspan="4">呈圆锥形。表面黄白色至灰黄色，有“狮子盘头”。质稍柔软或稍硬而略带韧性。断面稍平坦，裂隙较多，有放射状纹理，皮部灰白色至淡棕色。有特殊香气，味微甜</td><td rowspan="4">有致密横纹，常达全长的一半以上</td><td rowspan="4">不明显</td><td rowspan="4">散在，不明显</td><td>≥1.3</td></tr>
<tr><td>二等</td><td>1.0～1.3</td></tr>
<tr><td>三等</td><td>0.5～1.0</td></tr>
<tr><td colspan="2">统货</td><td>大小不等</td></tr>
<tr><td rowspan="4">板桥党参</td><td rowspan="3">选货</td><td>一等</td><td rowspan="4">呈圆锥形。表面灰黄色至黄棕色，有“狮子盘头”。质稍柔软或稍硬而略带韧性。断面稍平坦，裂隙较少，有放射状纹理，皮部黄白色。有特殊香气，味微甜</td><td rowspan="4">少或无</td><td rowspan="4">明显不规则的纵沟</td><td rowspan="4">散在，突起明显</td><td>≥1.0</td></tr>
<tr><td>二等</td><td>0.7～1.0</td></tr>
<tr><td>三等</td><td>0.5～0.7</td></tr>
<tr><td colspan="2">统货</td><td>大小不等</td></tr>
<tr><td colspan="8">注 1：本部分未包括板党和纹党的出口等级标准。
注 2：关于党参药材历史产区沿革参见附录 A。
注 3：关于党参药材品质评价沿革参见附录 B。</td></tr>
</table>

5　要求

除应符合 T/CACM 1021. 1—2016 的第 7 章规定外，还应符合下列要求：

——无油条；

——无虫蛀；

——无霉变；

——杂质不得过 3%。

附录 A

（资料性附录）

党参药材历史产区沿革

党参之名出现较晚，始载于清代《百草镜》。

清《百草镜》："党参，一名黄参，黄润者良，出山西潞安、太原等处……" 这是古代本草对党参道地性最早描述，可见党参最早出于山西潞安。

清《本经逢原》："产山西太行山者，名上党人参，虽无甘温峻补之功，却有甘平清肺之力。" 张璐所说的上党人参实为党参，出山西太行山，此为潞党的道地产区。

清《本草纲目拾遗》在防风党参项下引翁有良《辨误》云："党参功用，可代人参，皮色黄，而横纹有类乎防风，故名防党。江南徽州等处呼为狮头参，因芦头大而圆凸也，古名上党人参。产于山西太行山潞安州等处为胜，陕西者次之，味甚甜美，胜如枣肉。近今有川党，盖陕西毗连。移种栽植，皮白味淡。类乎桔梗，无狮头，较山西者迥别，入药也殊劣不可用。"

清·吴其浚《植物名实图考》："党参，山西多产。"

民国·曹炳章《增订伪药条辨》："前贤所谓人参，产上党郡，即今党参是也。考上党郡，即今山西长子县境，旧属潞安府，故又称潞党参。其所产参之形状，头如狮子头，皮细起皱纹，近头部皮略有方纹，体糯糙，黄色，内肉白润，味甜鲜洁，为党参中之最佳品。其他产陕西者，曰介党……亦为佳品。如凤党，皮纹虽略糙，性亦糯软，味亦甜。产四川文县者，曰文元党……皆佳。又一种川党，俗称副文元，产川陕毗连处……为次。产禹州者曰禹潞，产叙富者曰叙富党……皆次。产关东吉林者，曰吉林党……为党参中之最次。其余种类甚多，未及细辨。"

民国《药物出产辨》云：" 其初产自湖北防县，为防党，后来不见防县有出。均以陕西阶州马岛出产者制而成之，名曰防党。湘党产陕西阶州，亦制而成之。气味纹质均与防党同。已上均熟党。纹党以陕西西边为正，四川汶县亦佳。潞党产河南潞州府、漳德府。已上均生党，秋季出新。兴安党即今时呼散党者，产自陕西兴安府，秋后新。龙安党产自四川龙安府，秋后新。巫山党产自四川夔州府巫山县，秋后新。叙州党产四川叙州，秋后新。银党好色，产四川妙桥地方。妙曹党、板桥党、贡凤党均产四川夔州府内山，秋后新。贡凤党乃用黄泥染其黄皮色，初时供内庭所用，故名贡党。四川之东所产党参处，均在巫山大宁厂制之，妙曹板桥等处均属毗连。"

《中华本草》（1999 年）记载："东党为野生品，主产于黑龙江、吉林、辽宁。潞党为栽培品，主产于山西、河南；内蒙古、河北亦产。素花党参主产于甘肃、陕西及四川西北部，称西党、纹党、晶党，以四川南坪、松潘，甘肃文县所产品质最佳。川党参主产于四川、湖北、陕西，称条党、单枝党、板桥党。"

目前，党参全国有野生和栽培之分，野生党参质量较佳，习称为"野党参"。但野生资源产量有限，在资源调查过程中仅在山西、甘肃少量分布，野生党参根头膨大，参体粗壮，芦下直径多在 1.5cm 以上，但资源量甚少，一般作为精品礼盒出售。通过市场调研和产地调研，发现商品党参主要以人工栽培为主，主流品种为潞党参、白条党参、纹党参、板桥党参。

附录 B

（资料性附录）

党参药材品质评价沿革

清《百草镜》：“有白色者，总以净软壮实味甜者佳。”

清《本草纲目拾遗》在防风党参项下引翁有良《辨误》云：“党参功用，可代人参，皮色黄，而横纹有类乎防风，故名防党。江南徽州等处呼为狮头参，因芦头大而圆凸也，古名上党人参。产于山西太行山潞安州等处为胜，陕西者次之，味甚甜美，胜如枣肉。近今有川党，盖陕西毗连。移种栽植，皮白味淡。类乎桔梗，无狮头，较山西者迥别，入药也殊劣不可用。”

清《药笼小品》：“西产为上，体糯味甜、嚼之少渣者佳。他方所出，反觉肥大，概不入药。”

清《本草求原》：“根有狮子盘头者真，硬纹者伪。”

民国《增订伪药条辨》：“前贤所谓人参，产上党郡，即今党参是也。考上党郡，即今山西长子县境，旧属潞安府，故又称潞党参。其所产参之形状，头如狮子头，皮细起皱纹，近头部皮略有方纹，体糯糙黄色，内肉白润，味甜鲜洁，为党参中之最佳品。其他产陕西者，曰介党，亦皮纹细皱，性糯，肉色白润，味鲜甜，亦为佳品。如凤党，皮纹虽略糙，性亦糯软，味亦甜。产四川文县者，曰文元党，皮直纹，性糯，味甜，芦头小于身条，皆佳。又一种川党，俗称副文元，产川陕毗连处，性梗硬，皮粗宽，纹粗，肉色呆白，味淡，为次。产禹州者曰禹潞，产叙富者，曰叙富党，皆粗皮直纹，性硬，肉燥，呆白色，味淡，皆次。产关东吉林者曰吉林党，皮宽粗而糙，头甚大，入狮子头，肉白燥而心硬，味淡有青草气，价甚贱，为党参中之最次。其余种类甚多，未及细辨。总之，以皮纹细横、肉白柔润，头小于身、气带清香，味甜鲜洁者皆佳。若皮粗肉坚或松，味淡，气腥如青草气者，皆为侧路。以此分别，最为明晰。”

1963 年版《中国药典》：“以条大粗壮、皮松肉紧、横纹多、质柔润、有香气、味甜浓者为佳。条细小、横纹少、无香气、甜味淡者质次。无甜味、有纤维性、不柔润者不合药用。”

1977 年版《中国药典》：“以条粗壮、质柔润、气味浓、嚼之无渣者为佳。”

综上，党参在我国分布较广，历代对于党参的规格等级划分强调产地质量，并在此基础上结合性状，如根的直径、质地、气味等进行评价，以潞党参为道地药材。本次制定党参商品规格等级标准以现代文献对党参药材的质量评价和产地、市场调查情况为依据，从党参药材的产地、基原、直径等方面进行评价，分级。

ICS 11.120.01
C 23

团　体　标　准

T/CACM 1021.9—2018
代替T/CACM 1021.144—2018

中药材商品规格等级　天麻

Commercial grades for Chinese materia medica

GASTRODIAE RHIZOMA

2018-12-03 发布　　2018-12-03 实施

中华中医药学会　发布

目　次

前　言

T/CACM 1021《中药材商品规格等级》标准分为226个部分：

——第1部分：中药材商品规格等级标准编制通则；

……

——第8部分：中药材商品规格等级　党参；

——第9部分：中药材商品规格等级　天麻；

——第10部分：中药材商品规格等级　金银花；

……

——第226部分：中药材商品规格等级　玄明粉。

本部分为T/CACM 1021的第9部分。

本部分代替T/CACM 1021.144—2018。

本部分按照GB/T 1.1—2009《标准化工作导则　第1部分：标准的结构和编写》给出的规则起草。

本部分代替T/CACM 1021.144—2018，与T/CACM 1021.144—2018相比较，标准编号进行了调整，并重新进行了编辑。

本部分由中药材商品规格等级标准研究技术中心及道地药材国家重点实验室培育基地提出。

本部分由中华中医药学会归口。

本部分起草单位：湖北中医药大学、中国中医科学院中药资源中心、云南省农业科学院药用植物研究所、中药材商品规格等级标准研究技术中心、康美药业股份有限公司、贵阳中医学院、北京联合大学、天津大学、山东省分析测试中心、重庆硒旺华宝生物科技有限公司、安国市卫康中药材有限公司、北京中研百草检测认证有限公司。

本部分主要起草人：刘大会、黄璐琦、郭兰萍、詹志来、黄必胜、金艳、龚文玲、何雅莉、马聪吉、周涛、江维克、张元、刘义梅、李守宝、陈科力、高文远、王晓、王丽、康红乐。

本部分所代替标准的历次版本发布情况为：

——T/CACM 1021.144—2018。

中药材商品规格等级　天麻

1　范围

本部分规定了天麻的商品规格等级。

本部分适用于天麻药材生产、流通以及使用过程中的商品规格等级评价。

2　规范性引用文件

下列文件对于本部分的应用是必不可少的。凡是注明日期的引用文件，仅所注明日期的版本适用于本部分。凡是不注明日期的引用文件，其最新版本（包括所有的修改版本）适用于本部分。

T/CACM 1021.1—2016 中药材商品规格等级编制通则

3　术语和定义

T/CACM 1021.1—2016 以及下列术语和定义适用于本部分。

3.1

天麻　GASTRODIAE RHIZOMA

本品为兰科植物天麻 *Gastrodia elata* Bl. 的干燥块茎。立冬后至次年清明前采挖，立即洗净，蒸透，敞开低温干燥。

3.2

红天麻　*hongtianma*

兰科植物天麻原变型红天麻的干燥块茎。块茎较大，粗壮，长圆柱形或哑铃形；花茎橙红色，花黄色而略带橙红色。主要产于长江及黄河流域海拔 500～1500 m 的山区，遍及西南至东北大部地区。目前我国大部分地区栽培者多为此变型。

3.3

乌天麻　*wutianma*

兰科植物天麻乌天麻变型的干燥块茎。块茎短粗，呈椭圆形至卵状椭圆形，节较密；花茎灰棕色，带白色纵条纹，花蓝绿色。主要产于贵州西部、云南东北部至西北部的 1500m 以上高海拔地区。天麻此变型块茎折干率特高，在云南栽培的天麻多为此变型。

3.4

冬麻　*dongma*

在立冬后至次年清明前，天麻花茎未抽薹出土，进行采收加工的天麻。此时地下块茎内营养物质积累最多，质最好。

3.5

春麻　*chunma*

清明过后，天麻花茎已抽薹出土，进行采收加工的天麻。此时地下块茎的营养物质已部分消耗，质次之。

3.6

芝麻点　*zhimadian*

指天麻块茎环节上鳞片腋内的芽。其在块茎环节上呈现出隐约可见的白色斑点，习称为“芝麻点”。

3.7

鹦哥嘴　*yinggezui*

天麻略尖一端，有时可见红棕色至深棕色鹦嘴状的芽或残留茎基，其中鹦嘴状的芽习称“鹦哥嘴”。

3.8

肚脐眼　*duqiyan*

白麻、米麻无性繁殖萌生出营养繁殖茎的残留基，箭麻上的残留基习称“肚脐眼”。

3.9

枯炕　*kukang*

在烘烤过程中花茎芽因受热过度所致的焦枯。

3.10

支　*zhi*

单位重量内所含天麻药材的个数。

4　规格等级划分

根据市场流通情况，按照不同基原，将天麻药材分为“乌天麻”“红天麻”两大类规格；根据不同采收时期，将“乌天麻”“红天麻”各项下又细分为“冬麻”和“春麻”两种规格；根据单个重量和每公斤所含个数，将“冬麻”规格分为“一等”“二等”“三等”“四等”四个等级，将“春麻”规格分为“统货”一个等级。应符合表1要求。

表1　规格等级划分

<table>
<tr><th colspan="2" rowspan="2">规格</th><th rowspan="2">等级</th><th colspan="2">性状描述</th></tr>
<tr><th>共同点</th><th>区别点</th></tr>
<tr><td rowspan="5">乌天麻</td><td rowspan="4">冬麻</td><td>一等</td><td rowspan="4">椭圆形、卵形或宽卵形，略扁，且短、粗，肩宽、肥厚，俗称“酱瓜”形；长5～12cm，宽2.5～6cm，厚0.8～4cm。表面灰黄色或黄白色，纵皱纹细小。“芝麻点”多且大；环节纹深且粗，且环节较密，一般为9～13节。“鹦哥嘴”呈红棕色或深棕色，较小。“肚脐眼”小巧，下凹明显。体重，质坚实，难折断，断面平坦，黄白色，无白心，一般无空心，角质样。气微，味回甜，久嚼有黏性</td><td>每千克16支以内，无空心、枯炕</td></tr>
<tr><td>二等</td><td>每千克25支以内，无空心、枯炕</td></tr>
<tr><td>三等</td><td>每千克50支以内，大小均匀，无枯炕</td></tr>
<tr><td>四等</td><td>每千克50支以外，以及凡不合一、二、三等的碎块、空心、破损天麻均属此等</td></tr>
<tr><td>春麻</td><td>统货</td><td colspan="2">宽卵形、卵形，扁，且短，肩宽；长5～12cm，宽2.5～6cm，厚0.8～4cm。多留有花茎残留基，表皮纵皱纹粗大，外皮多未去净，色灰褐，体轻，质松泡，易折断，断面常中空</td></tr>
<tr><td rowspan="5">红天麻</td><td rowspan="4">冬麻</td><td>一等</td><td rowspan="4">长圆柱形或长条形，略扁，稍弯曲，肩部窄，不厚实。长6～15cm，宽1.5～6cm，厚0.5～2cm。表面灰黄色或浅棕色，纵皱纹细小。“芝麻点”小且少，环节纹浅且较细，且环节较稀而多，一般为15～25节。“鹦哥嘴”呈红棕色，较肥大。“肚脐眼”较粗大，下凹不明显。质坚硬，不易折断，断面较平坦，黄白色至淡棕色，角质样，一般无空心。气微苦，略甜</td><td>每千克16支以内，无空心、枯炕</td></tr>
<tr><td>二等</td><td>每千克25支以内，无空心、枯炕</td></tr>
<tr><td>三等</td><td>每千克50支以内，大小均匀，无枯炕</td></tr>
<tr><td>四等</td><td>每千克50支以外，以及凡不合一、二、三等的碎块、空心、破损天麻均属此等</td></tr>
<tr><td>春麻</td><td>统货</td><td colspan="2">长圆柱形或长条形，扁，弯曲皱缩，肩部窄，不厚实。长6～15cm，宽1.5～6cm，厚0.5～2cm。多留有花茎残留基，表皮纵皱纹粗大，外皮多未去净，色黄褐色或灰褐色，体轻，质松泡，易折断，断面常中空</td></tr>
</table>

续表

<table>
<tr><th rowspan="2">规格</th><th rowspan="2">等级</th><th colspan="2">性状描述</th></tr>
<tr><th>共同点</th><th>区别点</th></tr>
<tr><td colspan="4">注1：天麻药材现为栽培品，野生品已经形成不了商品。
注2：天麻栽培品根据基原品种（变型）不同（主要为原变型红天麻和乌天麻变型，绿天麻变型在乌天麻和红天麻中有少量掺杂，其他变型极少），划分为乌天麻和红天麻两大规格；乌天麻和红天麻根据采挖时期，细分为冬麻（市场商品主流）和春麻（市场商品较少）两种规格。
注3：乌天麻主产于云南昭通和迪庆，贵州毕节，四川宜宾、泸州等地区，旧时统称为“川天麻”。
注4：红天麻主产于湖北夷陵区、罗田、英山、巴东、恩施，安徽金寨、岳西、霍山，陕西汉中，甘肃文县，河南商城、西峡、南阳，四川广元，贵州大方、德江，云南丽江等地，其中湖北恩施地区咸丰、鹤峰、巴东所产旧称“什路天麻”，陕西汉中、甘肃文县、河南南阳等西北地区所产旧称“西天麻或汉中天麻”。
注5：《七十六种药材商品规格标准》以野生天麻为标准（当时栽培品较少），按照商品天麻个头大小和完整度，分为26支、46支、90支和90支外4个等级；现商品全部为栽培品，个头大幅度提升，最大个体在100g左右，最小个体一般在10g左右；市场调研一等个头在60g以上居多（约16支），二等在40g以上（约25支），三等在20g以上（约50支），四等在10～20g；故将天麻等级标准提高，一等为16支、二等为25支、三等为50支、四等为50支以外。
注6：关于天麻药材历史产区沿革参见附录A。
注7：关于天麻药材品质评价沿革参见附录B。</td></tr>
</table>

5 要求

除应符合 T/CACM 1021. 1—2016 的第7章规定外，还应符合下列要求：

——无变色；

——无走油；

——无虫蛀；

——无霉变；

——无杂质。

附录 A

（资料性附录）

天麻药材历史产区沿革

天麻以赤箭之名始载于秦汉时期《神农本草经》："赤箭味辛温。主杀鬼精物，蛊毒恶气，久服益气力，长阴，肥健，轻身增年。一名离母，一名鬼督邮。""生山谷。"

魏晋时期《吴普本草》："或生太山（今山东省泰山一带），或少室（今河南省登封县的嵩山一带）。"《名医别录》增补："生陈仓（今秦岭以北的陕西宝鸡市）、雍州（秦、汉时期的雍州为今陕西省西部、甘肃武威市以及宁夏大部分地区），及太山、少室。"南北朝《本草经集注》和唐代《新修本草》均是沿用了《名医别录》记载。

宋代《开宝本草》："天麻，生郓州（今山东省泰安市西南部的东平县和郓城）、利州（今四川省的广元市）、太山、崂山（今河南省登封县的嵩山一带）诸处，今多用郓州者佳。"其首次描述古郓州产天麻质量最好。《本草图经》将天麻分为赤箭和天麻两味药，赤箭在《名医别录》基础上，新增"今江湖间（今安徽南部、江西北部一带和浙江省湖州一带）亦有之，然不中药用"；天麻则在《开宝本草》基础上，新增"今京东（今河南省开封市的东部地区）、京西（今河南省开封市的西部地区）、湖南（今湖南省全部和湖北荆山、大洪山以南，鄂城、崇阳以西，巴东、五峰以东地区）、淮南州郡（今安徽、江苏的南部和江西、浙江的北部地区）亦有之。嵩山（今河南登封县的嵩山）、衡山人（今湖南衡阳市的衡山），或取生者蜜煎作果食之"。《重广补注神农本草并图经》记载"注云出郓州。考今之所出，赤箭根苗，乃自齐郓而来着为上"，《证类本草》记载"今多用郓州着佳"；两者均进一步强调了郓州（今山东东平县和郓城县）为天麻道地产区，药材质量优良。

明代《本草品汇精要》"赤箭，道地为兖州（今山东省济宁市的兖州一带）"和"天麻，邵州（今湖南邵阳市和新化县一带）、郓州者佳"。《药性粗评》："生山东州郡平泽（可能指山东菏泽一带），今湖南、淮南（安徽）州郡亦有之。"

清代《医经允中》："出山东郓（山东省泰安市东平、郓城）、利州（应是四川省的广元市）二州山谷。"其进一步强调了天麻主产地。另外，清代一些地方志也记载了天麻新产地，如光绪《叙州府志》："贡天麻为叙府之要务，每年派员从乌蒙之小草坝（今云南省昭通市彝良县小草坝乡）购得，马帮入川，载以官船，直送京都，皇上分赠诸臣，文武要员以获此赏为荣。"

民国《药物出产辨》："四川、云南、陕西、汉中所产者均佳。贵州亦有产，但全无气味，不适用。"认为四川、云南和陕西汉中为天麻道地产区。《本草药品实地之观察》记"真正之天麻，多半出于四川，但西藏方面亦有之；四川之雷波、马边、峨边、屏山诸县均产之；而大宗货物，仍多来自夷地（苗人住处），如小凉山中之中山坪、大谷堆、滥坝子，大凉山中之锣鼓拉达等处"，明确了四川天麻主产在凉山州和宜宾市。

《中药志》（1959 年）记载"主产于云南昭通、镇雄及四川峨眉、乐山、宜宾，贵州织金、纳雍、贵定等地；此外陕西、湖北及东北各省亦产。以云南昭通产者最佳，销全国并有出口"。

《药材资料汇编》（1959 年）记载"云南昭通所属鲁甸和海螺坝，永善、镇雄、彝良的小草坝，绥江、盐津（老雅滩）为主产地区。四川宜宾、马边、叙永、雷波、雅安、荥经、洪雅、乐山、峨眉高庙一带。又川北之巴中、万县临近地区，亦多见产。以上统称川天麻。贵州之兴仁、毕节、织金、瓮安、贵定、都匀所产称贵天麻（亦称川天麻）。此外，如湖北咸丰、鹤峰、巴东所产称什路天麻。河南南阳专区、陕西、汉中地区西乡、宁强、大安、镇巴、佛坪、石泉、甘肃文县等地，都有野生，称西天麻（亦称汉中天麻）。以云南昭通海螺坝、彝良小草坝及四川荥经所产为上品，尚有云南永善、绥江、镇雄、盐津及四川雷波、马边、叙永等地所产，其品质佳者居多，统称川天麻”。

《全国中草药汇编》（1975 年）记载“主产于四川、云南、贵州、西藏等省区，此外陕西、河北、安徽、江西、湖北及东北各地也有产”。

《中药大辞典》（1977 年）记载“主产贵州、陕西、四川、云南、湖北等地”。

《中国道地药材》（1989 年）记载“天麻主产我国西南诸省，东北、华北亦有分布，云南昭通产者最为驰名。近代野生天麻的道地产区在西南，尤以‘贵天麻’最为驰名”。

《中药材商品规格质量鉴别》（1995 年）记载“野生天麻，为四川、云南两省有名的地道药材。主产于云南昭通、彝良、镇雄、永善……鲁甸，四川荥经、古藺、叙永、宜宾……等地。贵州毕节、大方……遵义产量也多，但质量不及四川、云南好。此外，陕西汉中、安康、商洛，甘肃甘南、文县、陇南，河南西陕、卢氏，湖北孝感、大悟，吉林浑江市、通化等地亦有产。以云南昭通彝良，四川荥经所产最有名”。

《中华本草》（1999 年）记载“以贵州产质量较好，销全国，并出口”。

《金世元中药材传统鉴别经验》（2010 年）记载“野生天麻主产于云南的昭通、镇雄、彝良……贵州的毕节、赫章……，四川的宜宾、叙永、雷波……凉山等地。上述品种，新中国成立前多集中在重庆输出，统称‘川天麻’，产量大，质量好，尤以云南彝良小草坝的产品最佳，称‘地道药材’。此外，湖北、陕西等省亦有部分出产，品质较逊，统称‘什路天麻’”。

中华人民共和国成立后野生天麻的新产地不断被发现和增加，但由于天麻用量的大幅度增加及野生天麻自然更新缓慢，人为大量采挖迅速导致了野生资源破坏严重，从 20 世纪 70 年代开始野生天麻资源逐步衰竭濒危，已分别被列入《中国珍稀濒危植物名录》《国家重点保护野生植物（第二批）》《中国植物红皮书》，列为国家保护Ⅱ级品种。目前我国野生天麻已经形成不了商品，商品药材基本靠栽培药材供应。

20 世纪 70 年代开始，我国学者先后在云南昭通、湖北利川、陕西汉中等地开展天麻的人工栽培获得成功，并在全国进行推广，发展形成我国天麻新的产区。《中药材商品规格质量鉴别》记载“以陕西汉中地区的城固、宁强，湖南怀化地区的地道，湖北的利川等栽培较多，湖南怀化所产质量较好”。近年来，笔者对全国天麻栽培产区进行了调研，当前栽培天麻主产区主要为云南昭通市的彝良、镇雄、大关、永善和丽江市的永胜、古城、宁蒗，贵州大方、德江、施秉，湖北宜昌、利川、房县、罗田、英山，安徽岳西、金寨、霍山，陕西汉中宁强、略阳、勉县，四川广元、南充、荥经，河南商城、西峡。另外，在浙江丽水、甘肃文县和天水、西藏林芝、湖南怀化、吉林抚松和长白山、北京怀柔等地区也有少量引种栽培。

附录 B

（资料性附录）

天麻药材品质评价沿革

最早体现天麻品质概念的是东晋《抱朴子》，其记载“得其大魁末服之，尽则得千岁，服其细者一枚百岁”。首次提出天麻古朴品质概念，即个头大者效果好（得其大魁末服之，尽则得千岁），个头小者效果要弱（服其细者一枚百岁）。

宋代《开宝本草》记载“今多用郓州者佳”。明代《本草品汇精要》记载：“赤箭，【道地】兖州。天麻，【道地】邵州、郓州者佳。【用】根白而明净者为好。”清代《医经允中》记载：“出山东郓利二州山谷。明润肥大者佳。”从上述文献总结为天麻以山东东平县、郓城，湖南邵阳、新化等地产者为好，天麻具体性状质量方面以根白而明净者和明润肥大者为佳。

民国《药物出产辨》记载：“四川、云南、陕西、汉中所产着均佳。贵州亦有产，但全无气味，不适用。日本亦有出，亦无味，不适用。”

民国《中国药学大辞典》记载：“透映而坚实为佳品。”

民国《本草药品实地之观察》：记载“天麻亦川省大宗出口药材之一，分三等花色，上等称麻王，中等称贡麻，下等称拣麻。”

《中药志》（1959 年）记载：“由于采收季节不同，分为‘春麻’及‘冬麻’两种。在 3～5 月间植物刚出芽或仅具短茎时挖出者称为‘冬麻’，此时不易采到，故产量较小，但质量好。以色黄白、半透明、肥大坚实者为佳。色灰褐、外皮未去净、体轻、断面中空者为次。”

《全国中草药汇编》（1975 年）记载：“经验鉴别天麻，常归纳为三大特点：‘鹦哥嘴，点轮环，肚脐眼’。鹦哥嘴指顶端嫩红芽，是质优的‘冬麻’的特征。春季 4～5 月间采挖为‘春麻’；立冬前 9～10 月间采挖的为‘冬麻’，质量较好。”

《中药大辞典》（1977 年）记载：“冬、春两季采挖，冬采者名‘冬麻’，质量优良；春采者名‘春麻’，质量不如冬麻好。”

《中药品种理论与应用》（1990 年）记载：“通常以个大，体实，色黄白明亮呈半透明状者为佳。故商品又有‘明天麻’之称。”

《中药材商品规格质量鉴别》（1995 年）记载：“天麻以野生品优于家种品。野生品中又以冬麻质优。皮粗，肉薄，空泡，色暗褐者为差次。”

《中国药材学》（1996 年）记载：“冬、春两季采挖。冬季采收为冬麻，体重饱满质佳；春季采收的为春麻，体松皮多皱缩质次。本品以个大、质坚实、色黄白、断面半透明无空心者为佳。”

《中华本草》（1999 年）记载：“以质地坚实、沉重，有鹦哥嘴，断面明亮，无空心者（冬麻）为佳。”

《现代中药材商品通鉴》（1999 年）记载：“以质地坚实沉重、有鹦哥嘴、断面明亮、无空心者质佳；质地轻泡，有残留茎基，断面色晦暗，空心者质次。”

《500 味常用中药材的经验鉴别》（1999 年）记载：“天麻商品中以个大，质重、坚实，色黄白无空心，断面角质明亮者（俗称‘明天麻’）为佳。冬麻和春麻中，以冬麻优于春麻。野生天麻普遍被认为优于栽培品，尤以正宗贵天麻为上品。其次为汉中及川东、鄂西所产，东北产品较次（亦有资料认为栽培品天麻优于野生天麻）。”

金世元《金世元中药材传统鉴别经验》记载：“无论野生品还是栽培品均以块茎肥大、质坚实、黄白色、半透明、无空心者为佳。”

1963 年版《中国药典》：“以体大、肥厚、色黄白、质坚实、断面明亮无空心者为佳。体小、肉薄、色棕红、断面中空者质次。”

1977 年版《中国药典》：“以体大、质坚实、色黄白、断面半透明无空心者为佳。”

综上所述，天麻的品质评价以块茎肥大（个大）、质坚实、色黄白、断面明亮，无空心者为佳。为制定天麻商品规格等级标准提供了依据。

天麻在我国分布较广，产地上民国以前“以郓州、兖州、邵州者为佳”，民国指出“四川、云南、陕西汉中所产者均佳”。近代以来，根据天麻采收时期，将天麻药材分为“冬麻”和“春麻”两种规格，并根据天麻大小分为三至四个等级。但由于野生天麻资源的破坏，人工栽培天麻技术的成功，现天麻药材全部为栽培品。另通过植物分类研究，科研人员发现天麻有红天麻原变型、乌天麻变型等种类，两者外观形态和地域分布有着显著差异。红天麻长条形，折干率低，分布广泛，主要在中低海拔区域栽培，市场价格低；乌天麻椭圆形，折干率高，分布范围较窄，主要在高海拔冷寒区域栽培，市场价格高。由此，在原来“冬麻”和“春麻”两种规格的基础上，进一步根据天麻基原将天麻药材分为乌天麻、红天麻两大规格，天麻等级沿用四个等级划分方法。本次制定天麻商品规格等级标准是以现代文献对天麻药材的质量评价和市场、产地调查情况为依据，根据上述的四种规格，再从天麻药材个子、重量、大小、完整度、色泽和质地等方面进行评价、分级。

ICS 11.120.10
C 10/29

团 体 标 准

T/CACM 1021.10—2018
代替T/CACM 1021.33—2017

中药材商品规格等级　金银花

Commercial grades for Chinese materia medica

LONICERAE JAPONICAE FLOS

2018-12-03 发布　　2018-12-03 实施

中华中医药学会 发布

目　次

前　　言

T/CACM 1021《中药材商品规格等级》标准分为226个部分：

——第1部分：中药材商品规格等级标准编制通则；

……

——第9部分：中药材商品规格等级　天麻；

——第10部分：中药材商品规格等级　金银花；

——第11部分：中药材商品规格等级　灵芝；

……

——第226部分：中药材商品规格等级　玄明粉。

本部分为 T/CACM 1021 的第10部分。

本部分代替 T/CACM 1021.33—2017。

本部分按照 GB/T 1.1—2009《标准化工作导则　第1部分：标准的结构和编写》给出的规则起草。

本部分代替 T/CACM 1021.33—2017，与 T/CACM 1021.33—2017 相比较，标准编号进行了调整，并重新进行了编辑。

本部分由中药材商品规格等级标准研究技术中心及道地药材国家重点实验室培育基地提出。

本部分由中华中医药学会归口。

本部分起草单位：山东省分析测试中心、济南大学、中国中医科学院中药资源中心、巨鹿县人民政府、中药材商品规格等级标准研究技术中心、北京中医药大学、河南师范大学、山东农业大学、山东省中医药研究院、北京联合大学、中国中药协会金银花专业委员会、河北省金银花行业协会、山东省金银花行业协会、平邑县金银花果茶管理办公室、河南省封丘县金银花中药材办公室、广东太安堂药业股份有限公司、山东亚特生态技术有限公司、石家庄以岭药业股份有限公司、哈药集团三精制药有限公司、临沂金泰药业有限公司、无限极（中国）有限公司、北京中研百草检测认证有限公司。

本部分主要起草人：周洁、王晓、付晓、张永清、黄璐琦、郭兰萍、陈龙、李卫东、谢晓亮、李步信、师绍敬、鹿顺庆、张伟、李建军、詹志来、张元、金艳、张燕、王铁霖、王建华、林慧彬、李佳、刘谦、刘伟、卢恒、李燕、谢成松、李圣波、崔旭盛、田清存、刘代缓、杨光、李颖、赵冬艳、范宁、王法强、史晓伟、余意、马方励。

本部分所代替标准的历次版本发布情况为：

——T/CACM 1021.33—2017。

中药材商品规格等级　金银花

1　范围

本部分规定了金银花的商品规格等级。

本部分适用于金银花药材生产、流通以及使用过程中的商品规格等级评价。

2　规范性引用文件

下列文件对于本部分的应用是必不可少的。凡是注明日期的引用文件，仅所注明日期的版本适用于本部分。凡是不注明日期的引用文件，其最新版本（包括所有的修改版本）适用于本部分。

T/CACM 1021.1—2016 中药材商品规格等级编制通则

3　术语和定义

T/CACM 1021.1—2016 以及下列术语和定义适用于本部分。

3.1

金银花　LONICERAE JAPONICAE FLOS

本品为忍冬科植物忍冬 *Lonicera japonica* Thunb. 的干燥花蕾或带初开的花。夏初花开放前采收，干燥。

3.2

开放花率　flowering percent

金银花药材中开花个数与总花数的比率。

3.3

枝叶率　branches and leaves percent

金银花药材中枝叶重量与总质量的比率。

3.4

黑条　*heitiao*

金银花花蕾全部变黑。

3.5

黑头　*heitou*

金银花花蕾部分变黑。

4　规格等级划分

根据加工方式，将金银花药材分为“晒货”和“烘货”两个规格；在规格项下，根据开花率、枝叶率和黑头黑条率进行等级划分。应符合表1要求。

表1　规格等级划分

规格	等级	性状	颜色	开放花率	枝叶率	黑头黑条率	其他
晒货	一等	花蕾肥壮饱满、匀整	黄白色	0%	0%	0%	无破碎
	二等	花蕾饱满、较匀整	浅黄色	≤1%	≤1%	≤1%	
	三等	欠匀整	色泽不分	≤2%	≤1.5%	≤1.5%	
烘货	一等	花蕾肥壮饱满、匀整	青绿色	0%	0%	0%	无破碎
	二等	花蕾饱满、较匀整	绿白色	≤1%	≤1%	≤1%	
	三等	欠匀整	色泽不分	2%	≤1.5%	≤1.5%	

续表

规格	等级	性状	颜色	开放花率	枝叶率	黑头黑条率	其他
注1：目前市场上的金银花以栽培品为主，产地来源不明，地域称谓通常无法反映真实情况，因此本部分的制定未以产地进行划分。 注2：各产地的加工方式已充分交流，故改分为“烘货”“晒货”两个规格。烘干者多为青绿色、绿白色等；晒干者多为白色、浅黄色等。 注3：关于金银花药材历史产区沿革参见附录A。 注4：关于金银花药材品质评价沿革参见附录B。							

5 要求

除符合 T/CACM 1021. 1—2016 的第 7 章规定外，还应符合下列要求：

——无虫蛀；

——无霉变；

——杂质不得过 3%。

附录 A

（资料性附录）

金银花药材历史产区沿革

金银花药用历史悠久，“忍冬”一词最早源于晋代医学家葛洪的《肘后备急方》，后见于《名医别录》中，“忍冬，味甘温，无毒，列为上品，主治寒热身肿”。“金银花”一词首见于宋代苏轼、沈括的《苏沈内翰良方》，“初开白色，数日则变黄，每黄白相间，故名金银花”。《本草纲目》对“金银花”之名进行了进一步详细的注解，“花初开者，蕊瓣俱色白，经二三日，则色变黄，新旧相参，黄白相映，故名金银花”。现代医药书籍和商品药材多以金银花为名，并收入《中国药典》。

历代本草典籍中关于忍冬植物形态的记载较多，唐《新修本草》记载“此草藤生，绕覆草木上。苗茎赤紫色，宿者有薄白皮膜之。其嫩茎有毛，叶似胡豆，亦上下有毛，花白蕊紫。今人或以络石当之，非也”。明《本草蒙筌》记录了金银花的别名及其别名与植株生长习性的关系，“蔓延树上，藤多左缠。故又名左缠藤。茎梗方小微紫，叶如薜荔而青。四月开花，香甚扑鼻。初开色白，经久变黄”。清代本草中对金银花形态的记载与明朝记载大致相同，“忍冬，在处有之。藤蔓左缠，绕覆草木上，或篱落间。茎色微紫，对节叶生。叶似薜荔而青，有涩毛。三四月花初开，蕊瓣俱白；经三日渐变金黄。幽香袭人，燥湿不变。名金银花”。张卫等将历代本草中对金银花的描述和忍冬组 21 种金银花形态和产地进行对比，发现在忍冬科各植物中，仅忍冬科忍冬 *Lonicera japonica* Thunb. 符合传统药用金银花的特征。这也与现在使用的金银花品种相符。

历代本草中对于金银花产地记载较为简单，多为“处处有之”等较概括的词。南北朝《本草经集注》“今处处有之”；北宋《墨庄漫录》“旁水依山，处处有之”；北宋《苏沈内翰良方》“生田野篱落，处处有之”；明《救荒本草》“旧不载所出州土，今辉县山野中亦有之”；明《本草纲目》“忍冬在处有之”；明《本草乘雅半偈》“忍冬，在处有之”；清《本草述钩元》“忍冬，在处有之”。可见，古代本草中记载的金银花产地为包括河南在内的中国大部分地区。至民国时期，《增订伪药条辨》中对金银花的产地与品质进行了描述，“金银花，产河南淮庆者为淮密，色黄白，软糯而净，朵粗长，有细毛者为最佳。禹州产者曰禹密，花朵较小，无细毛，易于变色，亦佳。济南产者为济银，色深黄，朵碎者次。亳州出者朵小性梗，更次。湖北、广东出者，色深黄，梗朵屑重，气味俱浊，不堪入药”。1995 年出版的《中国中药区划》记载“山东省是我国金银花主要传统产地之一，栽培历史近 200 年”。1973 年，河北巨鹿县开始试种金银花，虽然栽培历史不长，但是发展较快，栽培面积达 5200hm^2，已发展成为金银花主产区之一。由以可见，目前山东、河南和河北是金银花的主产区。

不同历史时期，金银花作为商品药材其药用部位不同。宋代及宋代以前只用藤叶入药，宋代《太平圣惠方》载“热血毒痢，忍冬藤浓煎饮”。《证类本草》引葛洪的《肘后方》，治尸毒云“忍冬茎、叶，剉数斛”。明代则以茎、叶、花共同入药。《滇南本草》中记载“金银花，性寒微苦，解诸疮，痈疽发背，无名肿毒，丹流瘰疬。杆，能宽中下气，消疾，祛风热，清咽喉热痛”。明代《本草纲目》记载“忍冬茎叶及花功能皆同”。明代之后，尤其强调用花，对藤叶的应用越来越少。《本经逢原》曰：“金银花主下痢脓血，为内外痈肿之要药。解毒祛脓，泄中有补，痈疽溃后之圣药。”

综上，金银花药用开始于晋代，当时以“忍冬”为其药材名，至宋代才出现“金银花”之名。不同时期，药用部位也有所改变，宋代及宋代以前以藤叶入药，明代药用部位增加了花，以茎、叶、花共同入药，明代以后对藤叶应用越来越少，逐渐形成了现在以花入药的习俗。中华人民共和国成立以来，我国先后颁布了 3 次药材商品规格标准《38 种药材商品规格标准》《54 种药材商品规格标准》和《七十六种药材商品规格标准》，对药材商品进行分档。

《七十六种药材商品规格标准》中规定的金银花商品只有“品别”，没有“规格”。品别分为密银花、东银花和山银花，密银花和东银花根据破裂花蕾、开放花、黄条、黑条、杂质的多少与花的颜色分为1～4等，山银花只分为一等和二等。

2000年版《中国药典》对忍冬藤和金银花做出明确规定，二者分属不同中药。2015年版《中国药典》中规定的金银花检查项目：国家药典对绿原酸和木犀草苷含量做出规定，规定干燥金银花样品中绿原酸含量不得少于1.5%，木犀草苷含量不得少于0.05%，水分不得过12.0%，总灰分不得过10.0%，酸不溶性灰分不得过3.0%。重金属及有害元素铅不得过百万分之五，镉不得过千万分之三，砷不得过百万分之二，汞不得过千万分之二，铜不得过百万分之二十。

附录 B

（资料性附录）

金银花药材品质评价沿革

经查明宋代以前的文献中金银花主以藤、叶等入药，到明代才逐渐发展以花入药，并强调花的使用。从清代开始逐渐认识到不同产地金银花品质的不同。《增订伪药条辨》："金银花，产河南淮庆者为淮密……禹州产者曰禹密……济南产者为济银……"《七十六种药材商品规格标准》认为："密银花：主产于河南省的封丘县、密县、荥阳等附近地区，是具有大毛花纯色金银花的最上层品种。东银花：主产于山东省的平邑、费县、苍山、沂水等地。"现代《中国道地药材》认为："山东省为我国金银花主产区，见于清《费城县志》：金银花，从前间有之，不过采以代茶，至嘉庆初商旅贩往他处，闻获厚利，不数年山脚水媚栽至几遍。"《中药材商品规格质量鉴别》认为："以河南产的密银花（顶密花）质量最佳；济银花（中密花）质量也佳，但比密银花稍差。"《新编中药志》（第二卷）认为，"金银花主产于河南、山东，均为栽培，以河南密县产者为最佳，商品特称'密银花'，山东产的'东银花''济银花'产量大，质量也较好，销全国各地，并出口"。《500味常用中药材的经验鉴别》认为，"金银花商品以身干，色青白，香气浓，无开头（开放花），无杂质，气香，握之顶手者为佳"。

以上文献表明，金银花以产自山东济南、河南密县和禹州等地为好，采收以花蕾质量为好，开放的花质量次之。

ICS 11.120.10
C 10/29

团 体 标 准

T/CACM 1021.11—2018
代替T/CACM 1021.30—2017

中药材商品规格等级 灵芝

Commercial grades for Chinese materia medica

GANODERMA

2018-12-03 发布 2018-12-03 实施

中华中医药学会 发布

目　次

前　　言

T/CACM 1021《中药材商品规格等级》标准分为226个部分：

——第1部分：中药材商品规格等级标准编制通则；

……

——第10部分：中药材商品规格等级　金银花；

——第11部分：中药材商品规格等级　灵芝；

——第12部分：中药材商品规格等级　铁皮石斛；

……

——第226部分：中药材商品规格等级　玄明粉。

本部分为T/CACM 1021的第11部分。

本部分代替T/CACM 1021.30—2017。

本部分按照GB/T 1.1—2009《标准化工作导则　第1部分：标准的结构和编写》给出的规则起草。

本部分代替T/CACM 1021.30—2017，与T/CACM 1021.30—2017相比较，标准编号进行了调整，并重新进行了编辑。

本部分由中药材商品规格等级标准研究技术中心及道地药材国家重点实验室培育基地提出。

本部分由中华中医药学会归口。

本部分起草单位：浙江寿仙谷医药股份有限公司、中国中医科学院中药资源中心、无限极（中国）有限公司、中药材商品规格等级标准研究技术中心、北京中研百草检测认证有限公司。

本部分主要起草人：李明焱、徐靖、黄璐琦、郭兰萍、詹志来、王瑛、李振皓、胡凌娟、史月姣、余意、马方励、何雅莉。

本部分所代替标准的历次版本发布情况为：

——T/CACM 1021.30—2017。

中药材商品规格等级　灵芝

1　范围

本部分规定了灵芝的商品规格等级。

本部分适用于灵芝药材生产、流通以及使用过程中的商品规格等级评价。

2　规范性引用文件

下列文件对于本部分的应用是必不可少的。凡是注明日期的引用文件，仅所注明日期的版本适用于本部分。凡是不注明日期的引用文件，其最新版本（包括所有的修改版本）适用于本部分。

T/CACM 1021.1—2016 中药材商品规格等级编制通则

3　术语和定义

T/CACM 1021.1—2016 以及下列术语和定义适用于本部分。

3.1

灵芝　GANODERMA

本品为多孔菌科真菌赤芝 *Ganoderma lucidum*（leyss. ex Fr.）Karst. 或紫芝 *Ganoderma sinense* Zhao, Xu et Zhang 的干燥子实体。全年采收，除去杂质，剪除附有朽木、泥沙或培养基质的下端菌柄，阴干或在 40～50℃烘干。

3.2

段木　*duanmu*

以壳斗科、杜英科、金缕梅科等阔叶树为主要树木，将其截成一定规格的木段作为灵芝栽培基质。

3.3

代料　*dailiao*

以木屑、麸皮等为主要培养料，经混合加工而制成的灵芝栽培基质。

4　规格等级划分

根据不同基原，将灵芝药材划分为“赤芝”和“紫芝”两种规格；根据不同生长方式，将灵芝药材划分为“野生品”和“栽培品”两种规格；又根据不同栽培方式，将栽培品灵芝药材分为“段木”和“代料”两种规格；又根据不同采收时间，将赤芝药材分为“产孢”和“未产孢”两种规格。根据灵芝菌盖直径的大小，将段木赤芝（未产孢）规格分为“特级”和“一级”两个等级；其他规格项下均为统货。应符合表1要求。

表1　规格等级划分

规格	等级	朵形	色泽	质地	菌盖直径（cm）	菌盖厚度（cm）	菌柄长度（cm）	气味
野生赤芝	统货	菌盖完整，有丛生，叠生混入	盖面红褐色至棕褐色，稍有光泽。腹面浅褐色	木栓质，质密	≤10	≤1.0	长短不一	气微香，味苦涩
野生紫芝	统货		盖面紫黑色，有漆样光泽。腹面锈褐色					气微香，味淡

续表

<table>
<tr><th>规格</th><th>等级</th><th>朵形</th><th>色泽</th><th>质地</th><th>菌盖直径（cm）</th><th>菌盖厚度（cm）</th><th>菌柄长度（cm）</th><th>气味</th></tr>
<tr><td rowspan="3">段木赤芝（未产孢）</td><td>特级</td><td rowspan="2">菌盖完整，肾形、半圆形或近圆形</td><td>盖面红褐色至紫红色，有光泽，腹面黄白色，干净</td><td rowspan="3">木栓质，质重，密实</td><td>≥20</td><td>≥2.0</td><td rowspan="2">≤2.5</td><td rowspan="3">气微香，味苦涩</td></tr>
<tr><td>一级</td><td>盖面红褐色，有光泽，腹面黄白色或浅褐色，干净</td><td>≥15</td><td rowspan="2">≥1.0</td></tr>
<tr><td>统货</td><td>菌盖完整，肾形、半圆形或近圆形，或有丛生、叠生混入</td><td>盖面黄褐色至红褐色，腹面黄白色或浅褐色</td><td>≥10</td><td>长短不一</td></tr>
<tr><td>段木赤芝（产孢）</td><td>统货</td><td>菌盖完整，肾形、半圆形或近圆形，或有丛生、叠生混入</td><td>盖面黄褐色至红褐色，皱缩，光泽度不佳，腹面棕褐色或可见明显管孔裂痕</td><td>木栓质，质地稍疏松</td><td>≥10</td><td rowspan="3">≥0.5</td><td rowspan="3">长短不一</td><td>气微香，味苦涩</td></tr>
<tr><td>代料赤芝（未产孢）</td><td>统货</td><td rowspan="2">外形呈伞状，菌盖完整，肾形、半圆形或近圆形</td><td>盖面黄褐色至红褐色，腹面黄白色或浅褐色</td><td>木栓质，质地稍疏松</td><td rowspan="2">≥6</td><td rowspan="2">气微香，味苦涩</td></tr>
<tr><td>代料赤芝（产孢）</td><td>统货</td><td>盖面黄褐色至红褐色，皱缩，光泽度不佳，腹面棕褐色或可见明显管孔裂痕</td><td>木栓质，质地稍疏松</td></tr>
<tr><td>段木紫芝</td><td>统货</td><td rowspan="2">外形呈伞状，菌盖完整，肾形、半圆形或近圆形</td><td rowspan="2">盖面紫黑色，有漆样光泽，腹面锈褐色</td><td>木栓质，质重，密实</td><td>≥10</td><td>≥1.0</td><td rowspan="2">长短不一</td><td rowspan="2">气微香，味淡</td></tr>
<tr><td>代料紫芝</td><td>统货</td><td>木栓质，质地稍疏松</td><td>≥6</td><td>≥0.5</td></tr>
<tr><td colspan="9">注1：市场另有树舌等与灵芝同属的多孔真菌，需注意区分。
注2：市场上大部分灵芝都是弹射灵芝孢子粉的，只是弹射的时间长短不一样。很少存在完全未产孢的灵芝。
注3：商家为了便于储存，防止虫蛀等，有部分灵芝经过蒸后干燥，不符合药典阴干或在40～50℃烘干。
注4：市场上存在用栽培品中个子较小，形态不一的灵芝冒充野生灵芝的行为。
注5：关于灵芝药材历史产区沿革参见附录A。
注6：关于灵芝药材品质评价沿革参见附录B。</td></tr>
</table>

5 要求

除应符合 T/CACM 1021. 1—2016 的第 7 章规定外，还应符合下列要求：

——无霉变；

——杂质不得过3%。

附录 A

（资料性附录）

灵芝药材历史产区沿革

灵芝入药始载于秦汉时期的《神农本草经》，列为上品，记载："赤芝，味苦平。主胸中结，益心气，补中，增慧智，不忘。久食，轻身不老，延年神仙。一名丹芝。……紫芝，味甘温。主耳聋，利关节，保神，益精气，坚筋骨，好颜色。久服，轻身不老延年。一名木芝。生山谷。"《神农本草经》中描述了赤芝、紫芝等六芝的功效主治和生境，生于山谷，为野生品。

魏晋时期《名医别录》记载："赤芝生霍山。……紫芝生高夏。"其记载赤芝生于安徽霍山，紫芝未明确具体位置。

南北朝《本草经集注》记载："赤芝生霍山。南岳本是衡山，汉武帝始以小霍山代之，非正也。此则应生衡山也。……紫芝生高夏山谷。案郡县无高夏名，恐是山名尔。……今世所用紫芝，此是朽树木株上所生，状如木，名为紫芝，盖止治痔，而不宜以合诸补丸药也。"其记载赤芝产地发生了变化，唐代由原来的安徽霍山到湖南衡山，高夏并非地名，因此紫芝未明确具体位置。

唐·苏敬《新修本草》记载内容直接引用《本草经集注》。

宋·唐慎微《证类本草》记载内容直接引用《本草经集注》。

宋·许洪校《图经衍义本草》曰："赤芝生霍山。南岳本是衡山，汉武帝始以小霍山代之，非正也。此则应生衡山也。……紫芝生高夏山谷。案郡县无高夏名，恐是山名尔。……今世所用紫芝，此是朽树木株上所生，状如木，名为紫芝，盖止治痔，而不宜以合诸补丸药也。"其记载内容直接引用《本草经集注》。

明·兰茂《滇南本草》记载："灵芝草，此草生山中，分五色。俗呼菌子。"其描述灵芝草生长在山中，未明确具体的产地。

明·刘文泰《本草品汇精要》记载了："赤芝【地】（图经曰）生霍山。……紫芝【地】（图经曰）生高夏山谷。"至此古籍首次以按产地、道地的分布来描述，赤芝产地分布为霍山（今现在的湖南省衡阳市南岳区），紫芝未明确具体的产地。

明·陈嘉谟《本草蒙筌》记载为："赤芝如珊瑚（一名珊芝。）应火味苦，产衡山善养心神……紫芝与紫衣同，一名木芝，高夏山有。"其记载赤芝产地为衡山，紫芝产高夏山（未明确具体产地）。

明·李时珍《本草纲目》曰："注云：一岁三华瑞草。或曰生于刚处曰菌，生于柔处曰芝。恭曰：《五芝经》云：皆以五色生于五岳。诸方所献，白芝未必华山，黑芝又非常岳。且多黄、白，稀有黑、青者。然紫芝最多，非五芝类。但芝自难得，纵获一、二，岂得终久服耶？禹锡曰：王充《论衡》云：芝生于土。土气和，故芝草生。"其中描述了芝生于刚处或土上，未明确具体的产地。

清·叶志诜《神农本草经赞》记载："生山谷。"其中描述芝生长在山谷，未明确具体的产地。

综合以上古文献考证，芝生长在山谷中，赤芝生霍山（今现在的湖南省衡阳市南岳区），紫芝生高夏山（未明确具体位置）。

《陕西中草药土单验方手册》收载灵芝的生境分布为：生于深山老林的老树，枯木的根部。我国各地均有分布。

《本草钩沉》收载灵芝的分布为：我国各地均有分布。多生于大山密林岩石缝隙间，实际是寄生于老树枯木朽根部，一般以壳斗科植物分布之处为多。安徽黄山曾发现大灵芝。

《中药材商品规格质量鉴别》记载：赤芝【产地】主产华东，西南及河北、山西、广东、海南等省。紫芝【产地】主产海南、广东、福建、浙江、江西、湖南、广西等省。

《中国药材学》记载：灵芝分布于华东、西南、东北及河北、山西、江西、广东、广西、海南等地。生于栎、柞及其他阔叶树的木桩上，稀生针叶树上。有人工繁殖。紫芝分布于浙江、江西、湖南、广西、福建、广东及海南等地。生于阔叶树及针叶树的木桩上。有人工繁殖。

《中华本草》记载：灵芝生于向阳的壳斗科和松科松属植物等根际或枯树桩上。我国普遍分布，但以长江以南为多。紫芝生于阔叶树或松科松属的树桩上。引起木材白色腐朽。为我国特有种，分布于长江以南高温多雨地带。药材产于华东、西南及吉林、河北、山西、江西、广东、广西等地，有人工栽培。销全国各地。

张贵君《现代中药材商品通鉴》收载了灵芝的产地及销售为：灵芝主产于华东、西南及河北、山西、江西、广西、广东等省区。由于人工栽培，全国大部分地区均有生产。除自产自用外，销全国。紫芝主产于浙江、江西、湖南、广西、福建和广东等，紫芝野生及栽培均较灵芝数量少，销全国。

《中药大辞典》记载灵芝的生境分布为：夏、秋季多生于林内阔叶树的木桩旁，或木头、立木、倒木上，有时也生于针叶树上，有栽培。产于安徽、江西、福建、广东、广西。

《中华药海》（精华本）中记载：紫芝生于腐朽的木桩旁。分布浙江、湖南、广西、福建、广东等地。赤芝生于栎及其他阔叶树的木桩旁。分布于河北、山东、山西、四川、安徽、江苏、浙江、江西、贵州、云南、广西、福建、广东等地。

《江西省中药炮制规范》（1991 年版）记载：灵芝主产于浙江、江西、湖南、广西、福建、广东等省区。

《浙江省中药饮片炮制规范》（2005 年版）记载：本省有产。

《河南省中药饮片炮制规范》（2005 年版）记载主要产地为：江西、湖南、浙江、广西、广东、河南、山东等地。

《江西省中药饮片炮制规范》（2008 年版）记载产地为：主产于浙江、江西、湖南、广西、福建、广东等省区。

附录 B

（资料性附录）

灵芝药材品质评价沿革

明代卢之颐撰《本草乘雅半偈》，描述为："出五岳名山者贵，尝以六月生，应六月之卦以表德也。"记录了以五岳名山者为贵。

明·刘文泰《本草品汇精要》记载：【用】鲜明润泽者为佳。

《江西省中药炮制规范》（1991 年版）记载：以个大、完整、有光泽为佳。

《中药材商品规格质量鉴别》记载：以个大、肉厚、完整、表面有漆样光泽者为佳。品质评价：赤芝与紫芝外形较相似，紫芝表面紫黑色，有漆样光泽，传统认为质好。赤芝表面红褐色，漆样光泽不明显，质稍逊于紫芝。现代药物分析表明，两者所含成分大体相同。

《现代中药材商品通鉴》记载：均以完整、色紫红、有光泽者为佳。

《北京市中药饮片炮制规范》（2008 年版）记载：以菌盖大、肥厚、坚实、有光泽者为佳。

综合所查文献，古代以产地、色泽为评价指标，近代以菌盖大小、色泽、质地为评价指标。为制定灵芝商品规格等级标准提供了依据。

ICS 11.120.10
C 10/29

团　体　标　准

T/CACM 1021.12—2018
代替T/CACM 1021.31—2017

中药材商品规格等级　铁皮石斛

Commercial grades for Chinese materia medica

DENDROBII OFFICINALIS CAULIS

2018-12-03 发布　　　　2018-12-03 实施

中华中医药学会 发布

目　次

前　　言

T/CACM 1021《中药材商品规格等级》标准分为 226 个部分：

——第 1 部分：中药材商品规格等级标准编制通则；

……

——第 11 部分：中药材商品规格等级　灵芝；

——第 12 部分：中药材商品规格等级　铁皮石斛；

——第 13 部分：中药材商品规格等级　茯苓；

……

——第 226 部分：中药材商品规格等级　玄明粉。

本部分为 T/CACM 1021 的第 12 部分。

本部分代替 T/CACM 1021.31—2017。

本部分按照 GB/T 1.1—2009《标准化工作导则　第 1 部分：标准的结构和编写》给出的规则起草。

本部分代替 T/CACM 1021.31—2017，与 T/CACM 1021.31—2017 相比较，标准编号进行了调整，并重新进行了编辑。

本部分由中药材商品规格等级标准研究技术中心及道地药材国家重点实验室培育基地提出。

本部分由中华中医药学会归口。

本部分起草单位：浙江寿仙谷医药股份有限公司、中国中医科学院中药资源中心、南京农业大学、中药材商品规格等级标准研究技术中心、北京中研百草检测认证有限公司。

本部分主要起草人：李明焱、徐靖、黄璐琦、郭兰萍、詹志来、王瑛、李振皓、向增旭、胡凌娟、史月姣、何雅莉。

本部分所代替标准的历次版本发布情况为：

——T/CACM 1021.31—2017。

中药材商品规格等级　铁皮石斛

1　范围

本部分规定了铁皮石斛的商品规格等级。

本部分适用于铁皮石斛药材生产、流通以及使用过程中的商品规格等级评价。

2　规范性引用文件

下列文件对于本部分的应用是必不可少的。凡是注明日期的引用文件，仅所注明日期的版本适用于本部分。凡是不注明日期的引用文件，其最新版本（包括所有的修改版本）适用于本部分。

T/CACM 1021.1—2016 中药材商品规格等级编制通则

3　术语和定义

T/CACM 1021.1—2016 以及下列术语和定义适用于本部分。

3.1

铁皮石斛　DENDROBII OFFICINALIS CAULIS

本品为兰科植物铁皮石斛 *Dendrobium officinale* Kimum et Migo 的干燥茎。

3.2

鲜茎　*xianjing*

是指兰科植物铁皮石斛 *Dendrobium officinale* Kimura et Migo 的新芽生长至第二年后的铁皮石斛，通过挑选、除杂、去叶去根得到的鲜茎。

3.3

铁皮枫斗　*tiepifengdou*

鲜茎边加热边扭成螺旋形或弹簧状，烘干而成的加工品。

3.4

铁皮石斛　*tiepishihu*

鲜茎经清洗切段直接烘干而成的加工品。

3.5

螺旋形　*luoxuanxing*

螺旋形是指铁皮枫斗旋与旋之间紧贴，密实度好。

3.6

弹簧状　*tanhuangzhuang*

弹簧状是指铁皮枫斗旋与旋之间较松散，密实度较差。

4　规格等级划分

根据不同加工方式，将铁皮石斛药材分为“铁皮枫斗”和“铁皮石斛”两个规格；在铁皮枫斗规格下，根据形状、旋纹、单重、表面特征等，将铁皮枫斗分为“特级”“优级”“一级”和“二级”四个等级；在铁皮石斛规格下，根据形状等，将铁皮石斛分为“一级”和“二级”两个等级。应符合表 1 要求。

表 1　规格等级划分

<table>
<tr><th>规格</th><th>等级</th><th>形状</th><th>旋纹</th><th>平均单重/g</th><th>直径/cm</th><th>表面特征</th><th>质地</th><th>断面</th><th>气味</th><th>其他</th></tr>
<tr><td rowspan="4">铁皮枫斗</td><td>特级</td><td>螺旋形</td><td>一般 2～4 个旋纹</td><td>0～0.5</td><td>—</td><td rowspan="2">色暗绿色或黄绿色，表面略具角质样光泽，有细纵皱纹</td><td rowspan="4">质坚实，易折断</td><td rowspan="4">断面平坦，略角质状</td><td rowspan="4">气微味淡，嚼之有黏性</td><td rowspan="2">久嚼有浓厚的黏滞感，残渣极少</td></tr>
<tr><td>优级</td><td>螺旋形</td><td>一般 4～6 个旋纹</td><td>≥0.5</td><td>—</td></tr>
<tr><td>一级</td><td>螺旋形或弹簧状</td><td>一般 2～4 个旋纹</td><td>0～0.5</td><td>—</td><td rowspan="2">色黄绿色或略金黄色，有细纵皱纹</td><td>久嚼有浓厚的黏滞感，略有残渣</td></tr>
<tr><td>二级</td><td>螺旋形或弹簧状</td><td>一般 4～6 个旋纹</td><td>≥0.5</td><td>—</td><td>久嚼有浓厚的黏滞感，有少量纤维性残渣</td></tr>
<tr><td rowspan="2">铁皮石斛</td><td>一级</td><td colspan="2">呈圆柱形的段，长短均匀</td><td>—</td><td>0.2～0.4</td><td rowspan="2">色黄绿色或略带金黄色，两端不得发霉</td><td rowspan="2">质坚实，易折断</td><td rowspan="2">断面平坦，略角质状</td><td rowspan="2">气微味淡，嚼之有黏性</td><td>久嚼有浓厚的黏滞感，略有残渣</td></tr>
<tr><td>二级</td><td colspan="2">呈圆柱形的段，长短不等</td><td>—</td><td>0.2～0.4</td><td>久嚼有浓厚的黏滞感，有少量纤维性残渣</td></tr>
<tr><td colspan="11">注 1：药典对铁皮石斛的采收时间有相应的要求，即 11 月至翌年 3 月，而目前市场上有不符合药典规定的片和鲜品规格，因此本次标准不制定片和鲜品的规格。
注 2：市场另有紫皮枫斗、刚节枫斗、水草枫斗等易混淆品存在，不是药典收载品，建议仔细辨别。
注 3：关于铁皮石斛药材历史产区沿革参见附录 A。
注 4：关于铁皮石斛药材品质评价沿革参见附录 B。</td></tr>
</table>

5　要求

除应符合 T/CACM 1021. 1—2016 的第 7 章规定外，还应符合下列要求：

——无虫蛀；

——无霉变；

——杂质不得过 3%。

附录 A

(资料性附录)

铁皮石斛药材历史产区沿革

西汉时期《范子计然》云：石斛，出六安（今安徽淮河以南，霍邱、六安以东一带）。

秦汉时期《神农本草经》曰："生山谷。"未明确具体位置。

魏晋时期《名医别录》描述为："生六安水傍石上。"明确记载了石斛产地、生态环境（六安、水傍石上），即为今安徽淮河以南，霍邱、六安以东一带。

南朝陶弘景《本草经集注》记载："生六安水傍石上。今用石斛，出始兴。……近道亦有，次宣城间。……六安属庐江，今始安亦出木斛。"石斛的产地由西汉的六安，在南北朝已经扩展到了始兴郡（今桂阳南部）、宣城郡（今安徽省东南部）、近道（今南京附近地区）等地，始安（今广西桂林市）也产木斛。

唐代苏敬《新修本草》描述为："今荆襄及汉中、江左又有二种……"其中记载雀髀斛、麦斛产于荆襄及汉中、江左。

唐代孙思邈《千金翼方》记载："淮南道：寿州、光州、蕲州、黄州、舒州并出生石斛。江南西道：江州、潭州出生石斛。岭南道：广州、韶州、春州、封州、泷州出石斛。"描述石斛的主要道地产区为光州、泸州、寿州等大别山区，江州、潭州等江南地区，广州、春州、韶州、泷州等岭南地区。

宋·苏颂《本草图经》记载："石斛，生六安山谷水傍石上，今荆湖、川、广州郡及温、台州亦有之，以广南者为佳。多在山谷中。"记载了石斛的产地为荆湖、川、广州郡、温州、台州，以广南者为佳。

明·刘文泰《本草品汇精要》记载："【地】（图经曰）生六安山谷水傍石上，今荆州广州郡及温台州亦有之。（唐本注云）荆襄及汉中江左（陶隐居云）出始兴宣城庐江始安（道地）广南者为佳。"记载了石斛的产地为六安（今安徽淮河以南，霍邱、六安以东一带），荆州、广州、温州、台州、荆襄（今湖南湖北）、汉中、江左（即江东），广南为道地。

明·李时珍《本草纲目》记载："今蜀人栽之，呼为金钗花。盛弘之《荆州记》云：永阳龙石山多石斛，精好如金钗，是矣。林兰、杜兰，与木部木兰同名，恐误。"在之前的记载中产地增加了四川和永阳县。

明·陈嘉谟《本草蒙筌》记载："多产六安（州名，属南直隶），亦生两广（广东、广西）。"其中记载了石斛的产地为六安（与今江苏省、安徽省以及上海市二省一市相当）、广东与广西。

明·倪朱谟《本草汇言》记载："近以温、台者为贵……蜀人呼为金钗花。今充贡者取川地者进之。"其中记载了以温州、台州产的石斛较好，四川的金钗花质量较差。

明·卢之颐《本草乘雅半偈》记载："出六安山谷，及荆襄、汉中、江左、庐州、台州、温州诸处。近以温、台者为贵。谓其形似金钗，……此即蜀中所产。"其中记载了石斛产地有六安、荆襄、汉中、江左、庐州、台州、温州、四川诸处。

清·张志聪、高世栻《本草崇原》记载："石斛始出六安山谷水旁石上，今荆襄、汉中、庐州、台州、温州诸处皆有。"其中记载了石斛产地有六安、荆襄、汉中、庐州、台州、温州诸处。

清·徐大椿《神农本草经百种录》记载："石斛其说不一，出卢江六安者色青，长三二寸，如钗股，世谓之金钗石斛，折之有肉而实，咀之有腻涎粘齿，味甘淡，此为最佳。"其中记载了石斛产地有六安、卢江。

清·吴仪洛《本草从新》记载："温州最上、广西略次、广东最下。"其中记载了石斛产地有温州、广西与广东。

清·黄宫绣《本草求真》记载："生于石上。"未明确具体位置。

清·杨时泰《本草述钩元》记载："出六安山谷。及荆襄、汉中、江左、庐州、浙中台近以温台者为贵。"其中记载了石斛产地有六安、荆襄、汉中、江左、庐州、浙中地区。

清·吴其濬《植物名实图考长编》记载："西溪丛语：石斛出始兴六安山傍石上。或生木上，谓之木斛，不中用。盛宏之《荆州记》云：隋郡永阳县有泷石山，山上多石斛，精好如金环。"其中记载了石斛生于始兴、六安、永阳县。

《陕西中药志》收载石斛主产于洵阳、风皋、安康、南郑、山阳等县，多野生于高山岩石或森林树干上。

《中药材品种论述》记载：附生树上。分布于江西、广西、广东、贵州、云南等省。

《陕西中草药》收载石斛生于山地悬岩阴湿的石隙中。产陕南的山阳、宁陕和洵阳等县。

《中国药材学》记载铁皮石斛分布于浙江、江西、广西、贵州、云南。附生于树上或岩石上。

《中华本草》记载铁皮石斛附生于树上。分布于广西、贵州、云南等地。

《中国植物志》收载铁皮石斛产安徽西南部（大别山）、浙江东部（鄞县、天台、仙居）、福建西部（宁化）、广西西北部（天峨）、四川（地点不详）、云南东南部（石屏、文山、麻栗坡、西畴）。

张贵君《现代中药材商品通鉴》收载石斛主产于广西、四川、贵州、云南、广东等地，江南诸省均有分布。销全国，耳环石斛多供出口。

卢赣鹏主编《500味常用中药材的经验鉴别》记载："石斛商品主要来源于野生资源。石斛商品实际来源于石斛属多种植物，广泛分布于华东、中南、西南及华南各省区。主产于云南泸水、贡山、兰坪、福贡、景谷、镇远、澜沧、江城、砚山、文山、思茅、勐海、麻栗坡、勐腊、屏边；广西德保、天峨、武鸣、凤山、都安、田林、巴马、龙舟、大新、那坡、靖西、隆林、凌云、南丹、东兰、罗城、天等、金秀、平南；贵州正安、务川、紫云、罗甸、独山、平塘、兴义、荔波、安龙、江口、关岭、从江、习水、赫章、长顺、赤水；四川夹江、雅安、洪雅、合江、泸州、荥经、美姑、木里、峨眉、峨边、眉山、江津、铜梁、万源；广东电白、惠东、信宜、乐东；海南陵水等地。"

《中药大辞典》记载铁皮石斛分布安徽、浙江、陕西、山西、河南、福建、广东、广西、云南、贵州等地。

《中华药海》（精华本）记载铁皮石斛分布安徽、浙江、陕西、山西等地。

《金世元中药材传统鉴别经验》记载铁皮石斛主产于广西百色、靖西、兴安、金秀、黄州、罗田、兴义、正安、江口，云南文山、思茅地区，四川合江、泸县、洪雅、夹江、峨边、江津等地。

附录 B

(资料性附录)

铁皮石斛药材品质评价沿革

南朝·陶弘景《本草经集注》、唐·苏敬等《新修本草》、宋·唐慎微《证类本草》均以性状颜色为品质评价的依据，记载为：“生石上，细实，桑灰汤沃之，色如金，形似蚱蜢髀者为佳。”

宋·苏颂《本草图经》记载：“石斛，生六安山谷水旁石上，今荆湖、川、广州郡及温、台州亦有之，以广南者为佳。”其中描述以广南者为佳。

明·刘文泰《本草品汇精要》记载：“【地】（图经曰）生六安山谷水傍石上，今荆州广州郡及温台州亦有之。（唐本注云）荆襄及汉中江左（陶隐居云）出始兴宣城庐江始安（道地）广南者为佳。”其中以产地为品质评价的主要依据，以广南者最佳。

明·李时珍《本草纲目》记载：“颂曰：今荆州、光州、寿州、庐州、江州、温州、台州亦有之，以广南者为佳。……惟生石上者为胜。时珍曰：石斛短而中实，木斛长而中虚，甚易分别。处处有之，以蜀中者为胜。”其中以产地为品质评价的主要依据，以广南者最佳。

明·倪朱谟《本草汇言》记载：“近以温、台者为贵，谓其形似金钗之股，端美可观。然气微腐浊，不若蜀产者气味清疏，形颇精洁更佳也。”其中描述以温州、台州的最贵。

明《药品化义》综合产地、性状和性味进行品质评价，记载：“产温州，体短色黄如金钗者佳。川产体长味淡者次之。”其中描述温州的好，四川的次之。

明·卢之颐《本草乘雅半偈》记载：“近以温、台者为贵。谓其形似金钗，……故称千年润，此即蜀中所产。入药最良。”其中描述温、台者最贵，四川的入药最好。

清·张志聪、高世栻《本草崇原》记载：“一种形如金钗，谓之钗石斛，为俗所尚，不若川地产者，其形修洁，茎长一二尺，气味清疏，黄白而实，入药最良。”综合性状、气味及质地进行品质评价。

清·汪昂《本草备要》记载：“光泽如金钗，股短而中实，生石上者良，名金钗石斛。”综合性状、质地及生境评价金钗石斛最好。

清·张璐《本经逢原》记载：“古称金钗者为最，以其色黄如金，旁枝如钗，故有是名。近世绝无此种，川者差堪代用。”其中描述金钗者最好。

清·徐大椿《神农本草经百种录》记载：“石斛其说不一，出卢江六安者色青，长三二寸，如钗股，世谓之金钗石斛，折之有肉而实，咀之有腻涎粘齿，味甘淡，此为最佳。”其中描述卢江六安的金钗石斛最佳。

清·吴仪洛《本草从新》记载：“光泽如金钗。股短、中实。味甘者良。（温州最上、广西略次、广东最下。）”其中描述温州的最好，广西的次之，广东的最差。

清·赵学敏《本草纲目拾遗》记载：“石斛近时有一种形短只寸许，细如灯心，色青黄，咀之味甘，微有滑涎，系出六安州及州府霍山县，名霍山石斛。最佳。”其中描述以霍山石斛为最佳。

清·杨时泰《本草述钩元》记载：“出六安山谷。及荆襄、汉中、江左、庐州。浙中台近以温台者为贵。”其中描述以温州与台州产的石斛贵。

清·吴其濬《植物名实图考长编》记载：“唐萃农部琐录：金钗石斛本为珍药。而出禄劝之普渡河石壁者，独备五色，尤为诸品之珍，大抵五色齐全。究以钳红深者为佳耳。”其中描述以金钗石斛中钳红深者为最好。

清·汪讱庵《本草易读》记载：“七八月采茎，色如金者佳。”其中描述茎为金色的佳。

综合古代文献，主要从颜色、性状、产地进行其品质评价，认为金钗石斛佳。在近代文献中描述如下：

《陕西中药志》记载：金石斛以肥满、色鲜艳、有龙头凤尾、嚼之发粘者为佳。

1963年版《中国药典》一部记载：全年均可采收，以春末夏初和秋季采收为佳。鲜石斛以青绿色、肥满多汁、嚼之发粘者佳。石斛以条长、肥满、质脆、色鲜艳、无根及叶鞘者为佳。耳环石斛以肥满、色鲜艳、有龙头凤尾、嚼之易碎而发粘者为佳。

1977年版《中国药典》一部记载：干品以色金黄、有光泽、质柔韧者为佳；耳环石斛以色黄绿、饱满、结实者为佳。

《广东省中药炮制规范》（1984年版）记载：以金黄色、茎细、富粉性者为佳。

《全国中药炮制规范》（1988年版）记载：鲜石斛以色青绿、肥满多汁、嚼之发粘者为佳；干石斛以色金黄，有光泽、质柔韧者为佳。

《中国药材学》记载：鲜石斛以色黄绿、饱满多汁、嚼之发粘者为佳。干石斛以色金黄、有光泽、质柔软者为佳。耳环石斛以色黄绿、饱满者为佳。……以春末夏初和秋季采者为好。

《中华本草》记载：干石斛均以色金黄、有光泽、质柔韧者为佳。耳环石斛以色黄绿、饱满、结实者为佳。鲜石斛以色黄绿、肥满多汁、嚼之发粘者为佳。

张贵军《现代中药材商品通鉴》记载：鲜石斛以春末夏初和秋季采者为佳，除去须根、叶和泥沙。

《中药大辞典》记载：全年均可采挖，但以秋后采挖者质量好。……以条粗肥、旋纹少、有头吊、富粉质者为佳。

《北京市中药饮片炮制规范》（2008年版）记载：鲜石斛以色青绿、肥满多汁、嚼之发黏者为佳；干石斛以色金黄、有光泽、质柔韧者为佳；耳环石斛以色金黄、有龙头凤尾、嚼之黏性大者为佳。

《中华药海》（精华本）记载：全年可采，但以秋后采挖者质量好。

《金世元中药材传统鉴别经验》记载：新中国成立前，湖北光化县（老河口）加工耳环石斛历史最早，质量亦优，最为著名。【品质】鲜石斛以青绿色、肥满多汁、嚼之发粘者为佳。干石斛以色金黄、有光泽、质柔韧者为佳。耳环石斛以肥满、色黄绿、有龙头凤尾、嚼之发粘者为佳。

《500种中药现代研究》记载：石斛有各种不同之品种，以茎圆外皮铁绿色者称为“铁皮石斛”，作用最好；茎扁外皮黄绿色者，称为“金钗石斛”，作用较差；产于安徽霍山者名“霍山石斛”，适用于老人虚人津液不足，不宜大寒者；以石斛的嫩尖加工，称为“耳环石斛”，生津而不寒凉，可以代茶。

综上，历代对于铁皮石斛的规格等级划分强调产地、颜色，并在此基础上结合性状、口感，如嚼之发黏者等进行评价，为制定铁皮石斛商品规格等级标准提供了依据。

ICS 11.120.01
C 23

团 体 标 准

T/CACM 1021.13—2018
代替T/CACM 1021.118—2018

中药材商品规格等级 茯苓

Commercial grades for Chinese materia medica

PORIA

2018-12-03 发布 2018-12-03 实施

中 华 中 医 药 学 会 发布

目　次

前　言

T/CACM 1021《中药材商品规格等级》标准分为226个部分：

——第1部分：中药材商品规格等级标准编制通则；

……

——第12部分：中药材商品规格等级　铁皮石斛；

——第13部分：中药材商品规格等级　茯苓；

——第14部分：中药材商品规格等级　牡丹皮；

……

——第226部分：中药材商品规格等级　玄明粉。

本部分为T/CACM 1021的第13部分。

本部分代替T/CACM 1021.118—2018。

本部分按照GB/T 1.1—2009《标准化工作导则　第1部分：标准的结构和编写》给出的规则起草。

本部分代替T/CACM 1021.118—2018，与T/CACM 1021.118—2018相比较，标准编号进行了调整，并重新进行了编辑。

本部分由中药材商品规格等级标准研究技术中心及道地药材国家重点实验室培育基地提出。

本部分由中华中医药学会归口。

本部分起草单位：中国中药有限公司、中国中药霍山石斛科技有限公司、湖北中医药大学、中国中医科学院中药资源中心、中药材商品规格等级标准研究技术中心、湖南省博世康中医药股份有限公司、湖南补天药业股份有限公司、浙江寿仙谷医药股份有限公司、无限极（中国）有限公司、北京中研百草检测认证有限公司。

本部分主要起草人：焦连魁、赵润怀、兰青山、王继永、周海燕、曾燕、王浩、成彦武、孙大学、焦春红、黄璐琦、郭兰萍、詹志来、刘大会、杨光、池秀莲、李振宇、郑化先、尹火青、李泓峻、戴甲木、余意、马方励。

本部分所代替标准的历次版本发布情况为：

——T/CACM 1021.118—2018。

中药材商品规格等级　茯苓

1　范围

本部分规定了茯苓的商品规格等级。

本部分适用于茯苓药材生产、流通以及使用过程中的商品规格等级评价。

2　规范性引用文件

下列文件对于本部分的应用是必不可少的。凡是注明日期的引用文件，仅所注明日期的版本适用于本部分。凡是不注明日期的引用文件，其最新版本（包括所有的修改版本）适用于本部分。

T/CACM 1021.1—2016 中药材商品规格等级编制通则

3　术语和定义

T/CACM 1021.1—2016 以及下列术语和定义适用于本部分。

3.1

茯苓　PORIA

本品为多孔菌科真菌茯苓 *Poria cocos*（Schw.）Wolf 的干燥菌核。多于 7～9 月采挖。

3.2

个苓　*geling*

茯苓挖出后除去泥沙，堆置“发汗”后，摊开晾至表面干燥，再“发汗”，反复数次至表面现皱纹、内部水分大部散失后，阴干。

3.3

茯苓片（白苓片）*fulipian*

为茯苓去净外皮，切成薄片。白色或灰白色。质细。多长方形或正方形，亦有不规则多边形。修边或毛边。

3.4

白苓块　*bailingkuai*

为茯苓去净外皮切成扁平方块。白色或灰白色。边缘苓块，可不成方形。间有 1.5cm 以上的碎块。无杂质、霉变。

3.5

白苓丁　*bailingding*

为茯苓去净外皮切成立方形块。白色或灰白色。质坚实。长、宽、厚在 1cm 以内，均匀整齐。间有不规则的碎块，但不超过 10%。无粉末、杂质、霉变。

3.6

白碎苓　*baisuiling*

为加工茯苓时的白色或灰白色的大小碎块或碎屑。

3.7

赤苓块　*chilingkuai*

去净外皮切成扁平方块，淡红或淡棕色，边缘苓块，可不成方形，间有 1.5cm 以上的碎块。无杂质、霉变。

3.8

赤苓丁　*chilingding*

为茯苓去净外皮切成立方形块，淡红色或淡棕色，质松，长、宽、厚在 1cm 以内，均匀整齐，间有不规则的碎块，无粉末、杂质、霉变。

3.9

赤碎苓 *chisuiling*

为加工茯苓时的淡红色或淡棕色大小碎块或碎屑。

3.10

茯苓卷 *fulingjuan*

为茯苓切成卷状薄片，白色或灰白色，质细。

3.11

茯苓刨片 *fulingpaopian*

为茯苓去净外皮，切成薄片，呈不规则卷状，白色或灰白色，质细。

3.12

水锈 *shuixiu*

为茯苓表皮似铁锈、呈红色的斑点。

4 规格等级划分

根据加工方式和外观性状的不同，将茯苓药材分为“个苓”“茯苓片”“白苓块”“白苓丁”“白碎苓”“赤苓块”“赤苓丁”“赤碎苓”“茯苓卷”“茯苓刨片”等十个规格；根据颜色、质地等，将茯苓部分规格的“选货”分为“一等”和“二等”两个等级。应符合表1要求。

表1 规格等级划分

规格	等级		性状描述	
			共同点	区别点
个苓	选货		大小不等，呈不规则圆球形或块状，表面黑褐色或棕褐色。断面白色。气微，味淡	体坚实、皮细，完整。部分皮粗、质松，间有泥沙、水锈、破伤，不超过总数的20%
	统货			质地不均，部分松泡，皮粗或细、间有泥沙、水锈、破伤
茯苓片	选货	一等	不规则圆片状或长方形，大小不等，含外皮，边缘整齐，厚度不小于3mm	色白，质坚实，边缘整齐
		二等		色灰白，部分边缘略带淡红色或淡棕色，质松泡，边缘整齐
	统货			色灰白，部分边缘略带淡红色或淡棕色，质地不均，边缘整齐
白苓块	选货	一等	呈扁平方块，边缘苓块可不成方形无外皮，色白，大小不等，宽度最低不小于2cm，厚度在1cm左右	质坚实
		二等		质松泡，部分边缘为淡红色或淡棕色
	统货			质地不均，部分边缘为淡红色或淡棕色
白苓丁	选货	一等	呈立方形块，部分形状不规则，一般在0.5～1.5cm	色白，质坚实，间有少于5%的不规则碎块
		二等		色灰白，质松泡，间有少于10%的不规则碎块
	统货			色白或灰白，质地不均，间有不少于10%的不规则碎块
白碎苓	统货		加工过程中产生的白色或灰白色茯苓，碎块或碎屑，体轻、质松	

续表

规格	等级	性状描述	
		共同点	区别点
赤苓块	统货	呈扁平方块，边缘苓块可不成方形，无外皮，色淡红或淡棕，质松泡，大小不等，宽度最低不小于 2cm	
赤苓丁	选货	呈立方形块，部分形状不规则，长度在 0. 5 ~ 1. 5cm	色淡红或淡棕，质略坚实，间有少于 10% 的不规则碎块
	统货		间有不少于 20% 的不规则碎块
赤碎苓	统货	为加工过程中产生的淡红色或淡棕色大小形状不规则的碎块或碎屑，体轻、质松	
茯苓卷	统货	呈卷状薄片，白色或灰白色，质细，无杂质，长度一般为 6 ~ 8cm，厚度小于 1mm	
茯苓刨片	统货	呈不规则卷状薄片，白色或灰白色，质细，易碎，含 10% ~20% 的碎片	

注 1：本部分在《七十六种药材商品规格标准》的基础上增加了赤苓丁、茯苓刨片、茯苓卷三个规格，删掉了茯神木的规格，将白苓片的名称改为茯苓片（白苓片）、骰方的名称改为白苓丁，调整后的规格等级更符合实际流通情况。

注 2：茯苓片（白苓片）从 2 ~ 20cm、白苓丁从 0. 5 ~ 1. 5cm 大小的均有，且多存在使用企业定制加工的情况，要求不一，不为市场广泛流通，故未将不同大小的茯苓片（白苓片）、白苓丁纳入本部分中。

注 3：关于茯苓药材历史产区沿革参见附录 A。

注 4：关于茯苓药材品质评价沿革参见附录 B。

5 要求

除应符合 T/CACM 1021. 1—2016 的第 7 章规定外，还应符合下列要求：

——无变色；

——无虫蛀；

——无霉变；

——杂质不得过 3%。

附录 A

（资料性附录）

茯苓药材历史产区沿革

《神农本草经》中称茯苓“生山谷”。

汉《名医别录》中记载，“其有抱根者名茯神，生太山大松下”，此太山即现泰山，在今山东境内。

南北朝陶弘景《本草经集注》称“今出郁州”，为现连云港市，在江苏境内。

宋初年《本草图经》指出产地包括了泰山、华山、嵩山。涉及今山东、陕西和河南三省。

北宋《证类本草》中记载泰山茯苓已经不复采用，以华山为第一，雍州南山亦不如。可见，在宋朝，茯苓产地以华山为最，已经有了道地药材的概念。

南宋《宝庆本草折衷》称“生太山山谷大松下，及嵩高、三辅、泰华、西京，鬱、雍州”，茯苓产地范围包括了今天嵩山，陕西中部、西部、南部，河南洛阳，江苏连云港等地。

明《太乙仙制本草药性大全》称“云南、贵州者独佳”，即今天“云苓”道地药材的最早记载。

清《本草从新》称其“产云南。色白而坚实者佳。去皮（产浙江者，色虽白而体松、其力甚薄，近今茯苓颇多种者、其力更薄矣。）”。可见在清朝，已经肯定了云苓的道地性，而且与其他产地对比了药效。

《中华本草》中，称其分布于吉林、安徽、浙江、福建、台湾、河南、湖北、广西、四川、贵州、云南。

附录 B

（资料性附录）

茯苓药材品质评价沿革

《史记》中称其“状似飞鸟之形”。首次描述了茯苓的外观性状。

汉《名医别录》中记载“有抱根者名茯神”，首次阐明了茯神的定义。

南北朝陶弘景《本草经集注》“彼土人乃故斫松作之，形多小，虚赤不佳。自然成者，大如三、四升器，外皮黑细皱，内坚白，形如鸟兽龟鳖者，良……其有衔松根对度者，为茯神”。首次提到了人工结苓，且对比了其形态差异，从大小、颜色、外观、纹理、质地上提出了优质茯苓的特征。

宋《证类本草》中记载“白实而块小，而不复采用。第一出华山，形极粗大……生枯松树下，形块无定，以似人、龟，鸟形者佳”。宋初年《本草图经》“……附根而生，无苗、叶、花、实，作块如拳在土底，大者至数斤，似人形、龟形者佳，皮黑，肉有赤、白二种。”两文均以外观形态作为评价茯苓优劣的指标。

明《太乙仙制本草药性大全》称“小如鹅卵，大如龟鳖人形，并向沉重结实（四五斤一块者愈佳），久藏留自无朽蛀”，文中首次提出了以重量作为评价指标，并且对大小、形状及质地进行了描述。

明《本草蒙筌》中“如鹅卵，大若匏瓜。犹类龟鳖人形，并尚沉重结实。（四五斤一块者愈佳。）久藏留自无朽蛀”。文中亦以重量作为评价指标，并且对大小、形状及质地进行了描述。

清《本草从新》称其“产云南。色白而坚实者佳。去皮（产浙江者，色虽白而体松，其力甚薄，近今茯苓颇多种者，其力更薄矣。）”。文中提出了颜色、质地为茯苓质优的特征，且对比说明质量优良与否与药效是直接相关的。

《中华本草》描述茯苓菌核球形、卵形、椭圆形至不规则形，长10～30cm或者更长，重量也不等，一般重500～5000g。外面有厚而多皱褶的皮壳，深褐色，新鲜时软，干后变硬；内部白色或淡粉红色，粉粒状。

子实体生于菌核表面，全平伏，厚3～8cm，白色，肉质，老后或干后变为浅褐色。菌管密，长2～3cm，管壁薄，管口圆形、多角形或不规则形，径0.5～1.5mm，口缘常裂为齿状。袍子长方形至近圆柱形，平滑。有一歪尖，大小（7.5～9）μm ×（3～3.5）μm。

《金世元中药材传统鉴别经验》（2010年）中，描述茯苓的品质“以茯苓个为主。茯苓个以个大形圆、体重坚实、皮褐色、有光泽、无破裂、断面白色、细腻、嚼之黏牙者为优”。

综上，历代对于茯苓的规格等级划分强调产地质量，以云茯苓为道地药材，并在此基础上结合用药习惯、加工工艺和性状等进行评价，为制定茯苓商品规格等级标准提供了依据。

ICS 11.120.01
C 23

团 体 标 准

T/CACM 1021.14—2018
代替T/CACM 1021.201—2018

中药材商品规格等级　牡丹皮

Commercial grades for Chinese materia medica

MOUTAN CORTEX

2018-12-03 发布　　2018-12-03 实施

中华中医药学会 发布

目　次

前　言

T/CACM 1021《中药材商品规格等级》标准分为226个部分：

——第1部分：中药材商品规格等级标准编制通则；

……

——第13部分：中药材商品规格等级　茯苓；

——第14部分：中药材商品规格等级　牡丹皮；

——第15部分：中药材商品规格等级　红花；

……

——第226部分：中药材商品规格等级　玄明粉。

本部分为T/CACM 1021的第14部分。

本部分代替T/CACM 1021.201—2018。

本部分按照GB/T 1.1—2009《标准化工作导则　第1部分：标准的结构和编写》给出的规则起草。

本部分代替T/CACM 1021.201—2018，与T/CACM 1021.201—2018相比较，标准编号进行了调整，并重新进行了编辑。

本部分由中药材商品规格等级标准研究技术中心及道地药材国家重点实验室培育基地提出。

本部分由中华中医药学会归口。

本部分起草单位：中国中医科学院中药资源中心、中药材商品规格等级标准研究技术中心、安徽中医药大学、安徽省中医药科学院、广西壮族自治区药用植物园、陕西中医药大学、山东省分析测试中心、内蒙古自治区中医药研究所、湖北中医药大学、昆明理工大学、广东药科大学、福建农林大学、贵阳中医学院、重庆市中药研究院、南京中医药大学、皖西学院、江西省中医药研究院、新疆维吾尔自治区中药民族药研究所、铜陵禾田中药饮片股份有限公司、北京同仁堂安徽中药材有限公司、亳州市永刚饮片厂有限公司。

本部分主要起草人：詹志来、邓爱平、方文韬、黄璐琦、郭兰萍、方成武、谢冬梅、彭华胜、吴德玲、缪剑华、唐志书、王晓、李旻辉、刘大会、崔秀明、杨全、张重义、周涛、李隆云、严辉、韩邦兴、虞金宝、徐建国、许凤清、王军、何生、黄浩、吴计划、马凯。

本部分所代替标准的历次版本发布情况为：

——T/CACM 1021.201—2018。

中药材商品规格等级　牡丹皮

1　范围

本部分规定了牡丹皮的商品规格等级。

本部分适用于牡丹皮药材生产、流通以及使用过程中的商品规格等级评价。

2　规范性引用文件

下列文件对于本部分的应用是必不可少的。凡是注明日期的引用文件，仅所注明日期的版本适用于本部分。凡是不注明日期的引用文件，其最新版本（包括所有的修改版本）适用于本部分。

T/CACM 1021. 1—2016 中药材商品规格等级编制通则

3　术语和定义

T/CACM 1021. 1—2016 以及下列术语和定义适用于本部分。

3. 1

牡丹皮　MOUTAN CORTEX

本品为毛茛科植物牡丹 *Paeonia suffruticosa* Andr. 的干燥根皮。秋季采挖根部，除去细根和泥沙，剥取根皮，晒干或刮去粗皮，除去木心，晒干。前者习称连丹皮，后者习称刮丹皮。

3. 2

中部直径　*zhongbuzhijing*

药材根皮全长中间部位的直径。

3. 3

亮银星　*liangyinxing*

牡丹皮内表面常见的发亮结晶（丹皮酚）。

3. 4

木心　*muxin*

牡丹根的木质部习称为木心，在产地加工中应去除。

3. 5

连丹皮　*liandanpi*

在产地加工中不去除栓皮者，又称原丹皮。

3. 6

刮丹皮　*guadanpi*

产地加工过程中除去栓皮的牡丹皮，又称粉丹皮。

3. 7

道地药材　凤丹皮　*daodi* herbs　*fengdanpi*

指产于安徽铜陵及其周边各地区的牡丹皮。

3. 8

抽心率　*chouxinlü*

抽心牡丹皮所占比例。

4　规格等级划分

根据市场流通情况，按照产地的不同以及是否刮去外表栓皮，将牡丹皮药材分为凤丹皮、刮丹皮（又称粉丹皮）和连丹皮（又称原丹皮）三种规格；在规格项下，主要根据药材长度和中部直径进行等级划分。应符合表 1 要求。

表1　规格等级划分

<table>
<tr><th colspan="2" rowspan="2">规格</th><th rowspan="2">等级</th><th colspan="2">性状描述</th></tr>
<tr><th>共同点</th><th>区别点</th></tr>
<tr><td colspan="2" rowspan="4">凤丹皮</td><td>一级</td><td rowspan="4">多呈圆筒状，条均匀微弯，两端剪平，纵形隙口紧闭而不整齐，皮细肉厚。表面褐色，质硬而脆，较坚实，断面粉白色或淡粉红色，粉质足。香气浓，味微苦而涩</td><td>条均匀，长度≥11.0cm，中部直径≥1.1cm</td></tr>
<tr><td>二级</td><td>条均匀，长度≥9.0cm，中部直径≥0.9cm</td></tr>
<tr><td>三级</td><td>条均匀，长度≥7.0cm，中部直径≥0.5cm</td></tr>
<tr><td>统货</td><td>凡不合一、二、三等的细条及断支碎片，均属此等，但其长度应≥5cm，中部直径≥0.5cm</td></tr>
<tr><td rowspan="8">其他丹皮</td><td rowspan="4">连丹皮</td><td>一级</td><td rowspan="4">多呈圆筒状或半筒状，略内卷曲，稍弯曲。表面灰褐色或黄褐色，栓皮脱落处呈粉棕色。质硬而脆，断面粉白或淡褐色，有粉性。有香气，味微苦涩</td><td>条均匀，长度≥11.0cm，中部直径≥1.1cm</td></tr>
<tr><td>二级</td><td>条均匀，长度≥9.0cm，中部直径≥0.9cm</td></tr>
<tr><td>三级</td><td>条均匀，长度≥7.0cm，中部直径≥0.5cm</td></tr>
<tr><td>统货</td><td>凡不合一、二、三等的细条及断支碎片，均属此等，但其长度应≥5cm，中部直径≥0.5cm</td></tr>
<tr><td rowspan="4">刮丹皮</td><td>一级</td><td rowspan="4">多呈圆筒状或半筒状，略内卷曲，稍弯曲，表面红棕色或淡灰黄色，有刮刀削痕。在节疤、皮孔根痕处，偶有未去净的栓皮，形成棕褐色的花斑。断面粉白色，有粉性。有香气，味微苦涩</td><td>条均匀，长度≥11.0cm，中部直径≥1.1cm</td></tr>
<tr><td>二级</td><td>条均匀，长度≥9.0cm，中部直径≥0.9cm</td></tr>
<tr><td>三级</td><td>条均匀，长度≥7.0cm，中部直径≥0.5cm</td></tr>
<tr><td>统货</td><td>凡不合一、二、三等的细条及断支碎片，均属此等，但其长度应≥5cm，中部直径≥0.5cm</td></tr>
<tr><td colspan="5">注1：凤丹皮在产地加工中不刮皮，故凤丹皮不按是否去皮划分规格。
注2：市场上尚存在熏硫牡丹皮，表面色白，有酸味，应注意区分。
注3：市场另有切制成片的牡丹皮商品，且多数抽心率低，应注意区分。
注4：对牡丹皮外观大小与内在成分间的关系进行了诸多研究，结果表明其粗细与内在成分之间相关性不明显，考虑到生产加工及市场交易所需，本部分尊重传统与实际，仍按照长度及直径进行等级划分。
注5：关于牡丹皮药材历史产区沿革参见附录A。
注6：关于牡丹皮药材品质评价沿革参见附录B。</td></tr>
</table>

5　要求

除应符合T/CACM 1021.1—2016的第7章规定外，还应符合下列要求：

——无木心；

——无虫蛀；

——无霉变；

——杂质不得过3%。

附录 A

（资料性附录）

牡丹皮药材历史产区沿革

丹皮入药始载于秦汉时期，《神农本草经》记载："牡丹，一名鹿韭，一名鼠姑。味：辛，寒。生巴郡（指今四川、重庆长江与嘉陵江以北地区）山谷。"

春秋时期《范子计然》："牡丹，出汉中（今陕西秦岭以南地区，西汉时辖西城县、旬阳县、南郑县、褒中县、房陵县、安阳县、成固县、沔阳县、钖县、武陵县、上庸县、长利县）河内（春秋初期统指晋国所在地区，后向东延伸，达于黄河东段，主要位于今山西省境内，还包括河南、河北部分地区）。赤色者亦善。"

魏晋时期《名医别录》曰："牡丹生巴郡山谷（巴郡即今重庆市北嘉陵江北岸）及汉中（今陕西汉中市），二月、八月采根，阴干。"指出了牡丹皮的产地为今重庆和陕西汉中，采收期为二月和八月，以根入药。

唐代《新修本草》："牡丹，生汉中（今陕西汉中市）、剑南（剑门关以南，今四川省大部分地区，云南省澜沧江、哀牢山以东及贵州省北端、甘肃省文县一带）所出者苗似羊桃，夏生白花，秋实圆绿，冬实赤色，凌冬不凋。根似芍药，肉白皮丹。出剑南，土人谓之牡丹，亦名百两金，京下（今陕西西安）谓之吴牡丹者，是真也。"《四声本草》曰："今出合州（今重庆、垫江一带）者佳……出和州（今安徽和县、含山、江浦一带），宣州（今安徽马鞍山、高淳、铜陵、南陵、繁昌、宣城、泾县、宁国、青阳、太平、石台、冬至、郎溪、广德、江苏溧阳等地）者并良。此时便认为产安徽及重庆者为佳，与现代认为以安徽铜陵及重庆垫江为道地的说法较为接近。

宋代·苏颂《本草图经》曰："牡丹，生巴郡山谷及汉中，今丹（今陕西宜川境内）、延（辖今陕西甘泉、延安、安塞、延长、延川、志丹）、青（今山东青州）、越（今浙江绍兴、诸暨、萧山、上虞、慈溪、余姚、兴昌、嵊县）、滁（今安徽来安、滁州、全椒一带）、和（今安徽含山、和县、巢湖一带）州山中皆有之。"宋代《日华子诸家本草》："巴（今四川成都及附近的县、市）、蜀（今重庆市及附近县、市）、渝（今重庆市境内）、合州者上，海盐（今浙江海盐）者次。"与唐代认为安徽及重庆者为佳说法一致。

《本草品汇精要》："［道地］：巴蜀（今四川境内）、剑南（今四川大部分地区及贵州北部、云南东部、甘肃文县）、合州（今重庆市境内）、和州（今安徽含山、和县、巢湖一带）、宣州（今安徽东南部，与浙江、江苏交界区）者并良。"《药性粗评》："以巴蜀、汉中者为胜。"《本草乘雅半偈》："近以洛阳者为胜。"

民国《增订伪药条辨》："用者当属苏丹皮为美。炳章按：丹皮产苏州阊门外张家山闸口者，皮红肉白，体糯性粉，无须无潮，久不变色，为最佳第一货。产凤凰山者，枝长而条嫩，外用红泥浆过，极易变色，亦佳。产甯国府南陵县木猪山者，名摇丹皮，色黑带红，肉色白起粉者，亦道地。滁州、铜陵及凤阳府定远出，亦名摇丹。有红土、黑土之分。红土者，用红泥浆上，待后其土色红汁浸入肉内，白色变红；黑土乃本色带紫，久远不变，亦佳。产太平府者，内肉起沙星明亮，性粳硬，为次。"

1995 年《中药材商品规格质量鉴别》："历史上一直公认为凤凰丹皮质量特优。品质排列是：凤凰丹、瑶丹、湘丹、川丹（山东丹皮也不错），此外，野生丹皮的质量次于栽培品，排列是：茂丹皮、宝鸡丹皮、西昌丹皮。"

2001 年《现代中药材商品通鉴》："丹皮产于安徽凤凰山等地，质量最佳，习称'凤丹皮'，产于四川垫江者质量较好，习称'川丹皮'，产于甘肃、陕西者称'西丹皮'，质次之。"

附录 B

（资料性附录）

牡丹皮药材品质评价沿革

春秋时期《范子计然》："赤色者亦善。"此处赤色者不知是指花色还是皮色。

南朝《本草经集注》记载："色赤者为好，用之去心。"

《四声本草》曰："今出合州（今四川重庆、垫江一带）者佳……出和州（今安徽和县、含山、江浦一带），宣州（今安徽马鞍山、高淳、铜陵、南陵、繁昌、宣城、泾县、宁国、青阳、太平、石台、冬至、郎溪、广德、江苏溧阳等地）者并良。"

唐代《新修本草》："牡丹，生汉中（今陕西汉中市）、剑南（剑门关以南，今四川省大部分地区，云南省澜沧江、哀牢山以东及贵州省北端、甘肃省文县一带）所出者苗似羊桃，夏生白花，秋实圆绿，冬实赤色，凌冬不凋。根似芍药，肉白皮丹。出剑南，土人谓之牡丹，亦名百两金，京下（今陕西西安）谓之吴牡丹者，是真也。"

宋代《日华子诸家本草》："巴（今四川成都及附近的县、市）、蜀（今重庆市及附近县、市）、渝（今重庆市境内）、合州者上，海盐（今浙江海盐）者次。"宋代《本草衍义》："用其根上皮。花亦有绯者，如西洛潛溪绯是也。今禁苑又有深碧色者。惟山中单叶花红者为佳，家椑子次之。若移枝接者不堪用，为其花叶既多发，夺根之气也。"说明宋代中医药学家就对牡丹皮的观赏和药用有明显的区分，认为野生单瓣花者为佳；而观赏用的嫁接牡丹则不能作药用，因为花叶多发，使营养物质厚于花叶而薄于根。

元代《本草衍义补遗》"唯山中单叶花红者为佳"与《本草衍义》的说法一致。

明代《本草纲目》："时珍曰：牡丹，以色丹者为上。"《神农本经会通》："二八月采根，阴干。色赤者为好。"《本草品汇精要》："［道地］：巴蜀（今四川境内）、剑南（今四川大部分地区，及贵州北部、云南东部、甘肃文县）、合州（今重庆市境内）、和州（今安徽含山、和县、巢湖一带）、宣州（今安徽东南部与浙江、江苏交界区）者并良。"《药性粗评》："以巴蜀、汉中者为胜。"《本草蒙筌》："山谷花单瓣，根性完具有神。"《本草乘雅半偈》："近以洛阳者为胜。"

清代《本草汇笺》："通取皮厚实而粗大者佳。"《本草备要》："单瓣花红者入药，肉厚者为佳。"

民国《增订伪药条辨》："用者当属苏丹皮为美。炳章按：丹皮产苏州阊门外张家山闸口者，皮红肉白，体糯性粉，无须无潮，久不变色，为最佳第一货。产凤凰山者，枝长而条嫩，外用红泥浆过，极易变色，亦佳。产甯国府南陵县木猪山者，名摇丹皮，色黑带红，肉色白起粉者，亦道地。滁州、铜陵及凤阳府定远出，亦名摇丹。有红土、黑土之分。红土者，用红泥浆上，待后其土色红汁浸入肉内，白色变红；黑土乃本色带紫，久远不变，亦佳。产太平府者，内肉起沙星明亮，性粳硬，为次。以上就产地分物质高下，其发售再以条枝分粗细大小，以定售价贵贱。选顶粗大者，散装木箱，曰丹王。最细碎作大把者，曰大把丹。其产地好歹与粗细，以别道地与否。然皆本国出品，非外国货也。"

1962 年《陕西植物志》："本品以干燥、皮厚、粉质充实、气味浓香者为佳。"

1963 年版《中国药典》："以条粗长、无木心、皮厚、断面粉白色、粉性足、香气浓、亮星多者为佳。条细、带根须及木心、断面粉性小、无亮星者质次。"

1977 年版《中国药典》："以条粗、肉厚、段面色白、粉性足、香气浓者为佳。"

1995 年《中药材商品规格质量鉴别》："牡丹皮以皮层肉厚，粉性足，断面粉白色，有众多闪亮银星点，气香浓厚者为质佳。历史上一直公认为凤凰丹皮质量特优。品质排列是：凤凰丹、瑶丹、湘丹、川丹（山东丹皮也不错），此外，野生丹皮的质量次于栽培品，排列是：茂丹皮、宝鸡丹皮、西昌丹皮。”

1997 年《中华本草》：“以条粗长，皮厚，无木心，断面粉白色，粉性足，亮银星多，香气浓者为佳。”

2001 年《现代中药材商品通鉴》：“以条粗长、无木心、皮厚、断面粉白色、粉性足、亮星多、香气浓者为佳。丹皮产于安徽凤凰山等地，质量最佳，习称‘凤丹皮’，产于四川垫江者质量较好，习称‘川丹皮’，产于甘肃、陕西者称‘西丹皮’，质次之。”

2010 年《中华药海》：“以条粗长、皮厚、粉性足、香气浓、结晶状物多者为佳。”

2010 年《金世元中药材传统鉴别经验》：“以条粗，皮厚、断面淡粉红色、粉性足、香气浓者为佳。”

综上，历代对于牡丹皮的规格等级划分强调产地与质量的关系，以凤丹皮、川丹皮为道地药材，并在此基础上结合性状，如外皮颜色、直径、断面、皮部厚度、木心多少、气香程度、丹皮酚结晶多少等进行评价，为制定牡丹皮商品规格等级标准提供了依据。

ICS 11.120.01
C 23

团　体　标　准

T/CACM 1021.15—2018

代替T/CACM 1021.203—2018

中药材商品规格等级　红花

Commercial grades for Chinese materia medica

CARTHAMI FLOS

2018-12-03 发布　　　　2018-12-03 实施

中华中医药学会　发布

目　次

前　言

T/CACM 1021《中药材商品规格等级》标准分为226个部分：

——第1部分：中药材商品规格等级标准编制通则；

……

——第14部分：中药材商品规格等级　牡丹皮；

——第15部分：中药材商品规格等级　红花；

——第16部分：中药材商品规格等级　山楂；

……

——第226部分：中药材商品规格等级　玄明粉。

本部分为 T/CACM 1021 的第15部分。

本部分代替 T/CACM 1021.203—2018。

本部分按照 GB/T 1.1—2009《标准化工作导则　第1部分：标准的结构和编写》给出的规则起草。

本部分代替 T/CACM 1021.203—2018，与 T/CACM 1021.203—2018 相比较，标准编号进行了调整，并重新进行了编辑。

本部分由中药材商品规格等级标准研究技术中心及道地药材国家重点实验室培育基地提出。

本部分由中华中医药学会归口。

本部分起草单位：中国医学科学院药用植物研究所、中国中医科学院中药资源中心、新疆维吾尔自治区中药民族药研究所、华润三九医药股份有限公司、昆明理工大学、北京中医药大学、山西华卫药业有限公司、浙江永宁药业股份有限公司、广东太安堂药业股份有限公司、中药材商品规格等级标准研究技术中心、北京中研百草检测认证有限公司。

本部分主要起草人：刘海涛、曹婷婷、张本刚、黄璐琦、郭兰萍、詹志来、石明辉、贾晓光、林瑞超、唐于平、谭沛、张辉、崔秀明、徐建国、王江泉、翟晓茹、卢敏、陈勇灵、蔡犇、李燕、谢成松。

本部分所代替标准的历次版本发布情况为：

——T/CACM 1021.203—2018。

中药材商品规格等级　红花

1　范围

本部分规定了红花的商品规格等级。

本部分适用于红花药材生产、流通以及使用过程中的商品规格等级评价。

2　规范性引用文件

下列文件对于本部分的应用是必不可少的。凡是注明日期的引用文件，仅所注明日期的版本适用于本部分。凡是不注明日期的引用文件，其最新版本（包括所有的修改版本）适用于本部分。

T/CACM 1021. 1—2016 中药材商品规格等级编制通则

3　术语和定义

T/CACM 1021. 1—2016 以及下列术语和定义适用于本部分。

3. 1

红花　CARTHAMI FLOS

本品为菊科植物红花 *Carthamus tinctorius* L. 的干燥花。夏季花由黄变红时采摘，阴干或晒干。

4　规格等级划分

根据市场流通情况，将红花药材分为“选货”和“统货”两个等级。应符合表 1 要求。

表 1　规格等级划分

等级	性状描述	
	共同点	区别点
选货	管状花皱缩弯曲，成团或散在。不带子房的管状花，长 1～2cm。表面红黄色或红色。花冠筒细长，先端 5 裂，裂片呈狭条形，长 0. 5～0. 8cm；雄蕊 5，花药聚合成筒状，黄白色；柱头长圆柱形，顶端微分叉。质柔软。气微香，味微苦	表面鲜红色，微带淡黄色，色泽较均一。杂质≤0. 5%，水分≤11. 0%
统货		色泽不均一。杂质≤2. 0%，水分≤13. 0%

注 1：安徽亳州药材市场红花药材在产地新疆、云南的基础上分统货和选货，两产地性状差异较小。
注 2：安徽亳州药材市场偶见其他地区产红花，与云南、新疆主流产地红花性状差异较大。
注 3：关于红花药材历史产区沿革参见附录 A。
注 4：关于红花药材品质评价沿革参见附录 B。

5　要求

除应符合 T/CACM 1021. 1—2016 的第 7 章规定外，还应符合下列要求：

——无虫蛀；

——无霉变。

附录 A

（资料性附录）

红花药材历史产区沿革

红花为菊科植物红花的干燥花，是我国传统常用中药材，《中华人民共和国药典》（2015 年版）收载品种。红花又名红蓝花，始载于《开宝本草》，列为中品。红花之名始见于宋代《本草图经》，曰："红蓝花，即红花也。"明代《滇南本草》亦云："本草亦谓之红蓝花，蓝叶红花。"清代《本草述钩元》曰："红蓝花即红花。"由此可知，红蓝花即为红花。目前红花的商品名为红花，不同地区称谓各异，新疆地区称红花毛，红花丝和草红花等。

宋代《开宝本草》云："红蓝花生梁（今陕西韩城市南）、汉及西域（泛指玉门关以西地区）。"《本草图经》又曰："红蓝花即红花也，生梁汉及西域，今处处有之，人家场圃所种，冬而布子于熟地，至春生苗，夏乃有花……其花暴干，以染真红及作胭脂。"说明红花最初从西域引种，到宋代已经普遍移栽至园中。

明代《本草品汇精要》曰："出梁汉及西域，今仓魏亦种之，（道地）镇江。"由此可见在明代红花道地产区为镇江，即今江苏镇江。《本草纲目》记载："红花二月、八月、十二月皆可以下种，雨后布子，如种麻法。初生嫩叶，苗亦可食。其叶如小蓟叶，至五月开花，如大蓟花而红色。"

清代《本草易读》曰："红花，生梁汉及西域，今处处有之。二、八、十二月皆可下种，雨后布子。初生嫩叶，苗亦可食，其叶如小蓟叶。五月开花，如大蓟花而红色。"清代有关于红花的记载基本与明代相似，可见，从明代到清代红花一直广泛被种植，且栽培方法也没有发生变化。

通过对历代本草的研究发现，红花自西域引种以来，便被广泛种植，历代本草对于其道地产区以及产地变迁描述较少，仅明代《本草品汇精要》对红花道地产区进行过描述，其他本草均未提及其道地产区，笔者认为红花在古代一直被各地广泛种植，并无具体道地产区之说。

《中国植物志》记载："红花原产中亚地区。苏联有野生也有栽培，日本、朝鲜广有栽培。现时黑龙江、辽宁、吉林、河北、山西、内蒙古、陕西、甘肃、青海、山东、浙江、贵州、四川、西藏，特别是新疆都广有栽培。我国在上述地区有引种栽培外，山西、甘肃、四川亦见有逸生者。"说明现如今对于红花的种植也较为广泛，也无道地产地之说，与历代本草描述一致。

目前红花主要有两大主产区，一个是新疆，另一个是云南。其中，新疆红花种植主要集中在新疆塔城、吉木萨尔和伊犁。近几年云南产区红花种植发展较快，新增面积较前几年增加不少。云南红花主要种植在宾川县、巍山县以及永胜县。甘肃酒泉市玉门市花海镇也是红花产区之一，安徽、河南、山东等地，如今只有少数药农在坚持种植，大面积种植已不复存在。

附录 B

（资料性附录）

红花药材品质评价沿革

宋代《本草图经》曰："红蓝花即红花也，生梁汉及西域，今处处有之，人家场圃所种，冬而布子于熟地，至春生苗，夏乃有花……其花暴干，以染真红及作胭脂。"

明代《本草纲目》记载："红花二月、八月、十二月皆可以下种，雨后布子，如种麻法。初生嫩叶，苗亦可食。其叶如小蓟叶，至五月开花，如大蓟花而红色。"

清代《本草易读》曰："红花，二、八、十二月皆可下种，雨后布子。初生嫩叶，苗亦可食，其叶如小蓟叶。五月开花，如大蓟花而红色。"

《七十六种药材商品规格标准》（1984 年）载："红花，一等：干货。管状花皱缩弯曲，成团或散在。表面深红、鲜红色，微带淡黄色。质较软，有香气，味微苦、无枝叶、杂质、虫蛀、霉变。二等：干货。管状花皱缩弯曲，成团或散在。表面浅红、暗红或黄色。质较软，有香气，味微苦、无枝叶、杂质、虫蛀、霉变。"

综上，历代对于红花的规格等级以药材色泽为主，如"红花如大蓟花而红色"，"以染真红及作胭脂"，"表面深红、鲜红色，微带淡黄色"。同时，又有《本草图经》中"其花暴干"。可见，古代对于红花的规格等级除以药材色泽为主还与药材的干燥程度有关，因此，以红花的药材色泽和水分为基础，同时结合杂质等进行评价，为制定红花商品规格等级标准提供了依据。

ICS 11.120.10
C 10/29

团 体 标 准

T/CACM 1021.16—2018
代替T/CACM 1021.36—2017

中药材商品规格等级 山楂

Commercial grades for Chinese materia medica

CRATAEGI FRUCTUS

2018-12-03 发布 2018-12-03 实施

中华中医药学会 发布

目　次

前　　言

T/CACM 1021《中药材商品规格等级》标准分为226个部分：

——第1部分：中药材商品规格等级标准编制通则；

……

——第15部分：中药材商品规格等级　红花；

——第16部分：中药材商品规格等级　山楂；

——第17部分：中药材商品规格等级　山药；

……

——第226部分：中药材商品规格等级　玄明粉。

本部分为T/CACM 1021的第16部分。

本部分代替T/CACM 1021.36—2017。

本部分按照GB/T 1.1—2009《标准化工作导则　第1部分：标准的结构和编写》给出的规则起草。

本部分代替T/CACM 1021.36—2017，与T/CACM 1021.36—2017相比较，标准编号进行了调整，并重新进行了编辑。

本部分由中药材商品规格等级标准研究技术中心及道地药材国家重点实验室培育基地提出。

本部分由中华中医药学会归口。

本部分起草单位：山东省金银花行业协会、山东省果茶技术推广站、沈阳农业大学、山东省中医药研究院、山东省分析测试中心、天津大学、平邑县富迪金银花专业合作社、平邑县金银花果茶管理办公室、临沂大学、临沂市果茶技术推广服务中心、临沂市技术监督信息所、中国中药协会金银花专业委员会、中国中医科学院中药资源中心、无限极（中国）有限公司、中药材商品规格等级标准研究技术中心、北京中研百草检测认证有限公司。

本部分主要起草人：高文胜、付晓、鲁巍巍、林慧彬、黄璐琦、郭兰萍、詹志来、杜国栋、管仁伟、王晓、刘伟、高文远、严军、周建永、侯文静、赵玉辉、冯尚彩、刘言娟、何姗、陈修会、高蕾红、谢洪国、郑祖国、胡俊涛、曾涛、范增丰、史晓伟、孙超、仇富海、穆文茹、余意、马方励。

本部分所代替标准的历次版本发布情况为：

——T/CACM 1021.36—2017。

中药材商品规格等级　山楂

1　范围

本部分规定了山楂的商品规格等级。

本部分适用于山楂中药材生产、流通以及使用过程中的商品规格等级评价。

2　规范性引用文件

下列文件对于本部分的应用是必不可少的。凡是注明日期的引用文件，仅所注明日期的版本适用于本部分。凡是不注明日期的引用文件，其最新版本（包括所有的修改版本）适用于本部分。

T/CACM 1021.1—2016 中药材商品规格等级编制通则

3　术语和定义

T/CACM 1021.1—2016 以及下列术语和定义适用于本部分。

3.1

山楂　CRATAEGI FRUCTUS

本品为蔷薇科植物山里红 *Crataegus pinnatifida* Bge. var. *major* N. E. Br. 或山楂 *Crataegus pinnatifida* Bge. 的干燥成熟果实。秋季果实成熟时采收，切片，干燥。

3.2

带核山楂　*daiheshanzha*

中部带有 1～5 粒浅黄色果核的山楂，有的核脱落。

3.3

去核山楂　*quheshanzha*

去除中部果核的山楂。

3.4

山楂切片　*shanzhaqiepian*

山楂鲜果用机器或人工切（剪）成圆片形，然后采用烘干或晒干的方式干燥而成的山楂圆形片。

3.5

片径　*pianjing*

山楂切片的直径大小，以厘米计。

3.6

纵切片　*zongqiepian*

沿果柄花萼平行方向切（剪）而成的山楂切片。

3.7

横切片　*hengqiepian*

沿果柄花萼垂直方向切（剪）而成的山楂切片。中部横切片具 5 籽浅黄色果核，但核有的脱落而中空。

3.8

中间片　*zhongjianpian*

山楂中间部分切出的 1～3 片圆形片。一个山楂两刀（或两剪）可切（剪）成三片，中间片只有 1 个，厚度较大，一般在 1cm 以上；一个山楂三刀可切成四片，中间片有 2 个；一个山楂四刀可切成五片，中间片有 3 个，厚度较小，一般在 0.2cm 以上。纵切而成的中间片，有的可见短而细的果柄或花萼残迹。

3.9

边片　bianpian

山楂外侧部分切出的2片圆形片，直径应在1cm以上。山楂横切而成的边片，一般可见短而细的果柄或花萼残迹。

3.10

破损片　posunpian

受损不完整的山楂切片。

3.11

杂质率　zazhilü

脱落的山楂果核及果柄、碎末质量占样品总质量的百分比。

4　规格等级划分

根据核的有无，将山楂药材分为“去核山楂”和“带核山楂”两个规格。“带核山楂”根据片径大小、杂质率的高低等划分等级；“去核山楂”则主要根据中间片所占比例、片径大小等划分等级。应符合表1的规定。

表1　规格等级划分

规格	等级	性状描述	
		共同点	区别点
带核山楂	一等	圆形中间片，外皮红色至暗红色，有灰白色小斑点，具皱纹，果肉浅黄色至浅棕色，厚度≥0.2cm，片厚均匀	片径≥2cm，切面平整，大小匀整
	二等		兼有边片，切面较平整，大小较匀整，少量切片可见短而细的果柄或花萼残迹，偶见破损片，片径≥1.5cm
	三等		有部分圆形中间片，以边片为主，切面欠平整，大小欠匀整，有的切片可见短而细的果柄或花萼残迹，少量破损片，片径≥1.0cm
去核山楂	一等	圆形中间片，外皮红色至暗红色，有灰白色小斑点，具皱纹，果肉浅黄色至浅棕色，厚度≥0.2cm，片厚均匀	片径≥2cm，切面平整，大小匀整
	二等		兼有边片，切面较平整，大小较匀整，偶见破损片，片径≥1.5cm
	三等		圆形边片为主，少量中间片，切面欠平整，大小欠匀整，少量破损片，有的边片可见短而细的果柄或花萼残迹，片径≥1.0cm

注1：当前药材市场山楂规格按核的有无进行划分为带核山楂和去核山楂两大类。带核山楂按照主以片径大小、杂质率的高低等进行等级划分。而去核山楂除了按片径大小外，中间片所占比例亦是等级划分的主要依据，即中心片比率越高等级越高。

注2：根据历史沿革，2015年版《中国药典》所列山楂指“北山楂”，非“南山楂”。经赴山东平邑、安徽亳州、河北安国、四川荷花池四个交易市场调查，交易的山楂来源主要有山东平邑、青州、临朐，河北承德，陕西渭南，天津蓟县，河南林州等地，在所有取样中，仅在亳州市场发现一份“南山楂”样品，其余均为“北山楂”。所以本山楂药材规格等级标准中的山楂，不包括“南山楂”。

注3：山楂不同栽培品种所含药典规定的指标成分虽然差异较大，但品种繁多且市场上不分栽培品种，所以不按栽培品种分类；同一栽培品种在不同地区、不同地块和不同管理水平种植，山楂所含指标成分存在差异，但外观性状差异较小，所以本部分规格不按产地划分。

注4：市场上有采取低温干燥技术干燥的山楂（俗称“冻干”），基本保留山楂原色原味，干燥成本高，市场售价比烘干的高出1倍左右，但主要作为茶饮使用，所以冻干山楂不列入本规格等级。

注5：陈货外皮浅棕色至深棕色，果肉深棕色至褐色，达不到药典要求，所以陈货不列入本规格等级，应为不合格品。

注6：关于山楂药材历史产区沿革参见附录A。

注7：关于山楂药材品质评价沿革参见附录B。

5 要求

应符合 T/CACM 1021.1—2016 中第 7 章的规定：

——无虫蛀；

——无霉变；

——杂质不得过 3%。

附录 A

（资料性附录）

山楂药材历史产区沿革

《尔雅》是我国最早记载山楂的古籍，名为“杭檕梅”，但没有说明其形态与用途。

南北朝时期陶弘景编撰的《本草经集注》中提及山楂为“鼠查一名羊梂，即赤爪木也”，并指出“煮以洗漆多差”，这是我国历史上首次提出用“山楂”做药物治疗漆疮疾病。

唐代《新修本草》记载：“赤爪草，味苦，寒，无毒。主水利、风头、身痒。生平陆，所在有之。实，味酸冷、无毒。汁服主利，洗头及身差疮痒。一名羊梂，一名鼠查。小树生高五六尺，叶似香菜，子似虎掌爪，大如小林檎，赤色。出山南（今湖北襄阳）、申州（今河南信阳）、安州（今湖北安陆县）、随州（今湖北随县）。”说明山楂的入药用途已得到唐朝政府的认可，并以野山楂入药。

宋代《太平御览》把山楂列入“果部”，名为“杭”。说明在宋代人们不仅认为山楂是一种药物，同时还是一种果品，这扩大了山楂的利用范围。

明代《本草纲目》记载：“赤爪、棠杭、山楂，一物也。古方罕用，故唐本虽有赤爪，后人不知即此也。自丹溪朱氏始著山楂之功，而后遂为要药。其类有二种，皆生山中。一种小者，山人呼为棠杭子、茅楂、猴楂，可入药用。树高数尺，叶有五尖，桠间有刺。三月开五出小白花。实有赤、黄二色，肥者如小林檎，小者如指头，九月乃熟，小儿采而卖之。闽人取熟者去皮核，捣和糖、蜜，作为楂糕，以充果物。其核状如牵牛子，黑色，甚尖。一种大者，山人呼为羊杭子。树高丈余，花、叶皆同，但实稍大而色黄绿，皮涩肉虚为异尔。初甚酸涩，经霜乃可食。功应相同，而采药者不收。”李时珍将诸多别名统于《本草纲目》果部山楂项下，并解释曰：“郭璞注尔雅云：杭，树如梅，其子大如指头，赤色似小奈，可食，此即山楂也。”并提出校正：“唐本木部赤爪木，图经外类棠梂子，丹溪补遗山查，皆一物也，今并于一，但以山楂标题。”《本草纲目》考订了山楂的名称，把历史上纷杂的名称统一称为山楂，同时对山楂的树性、产地、分类、疗效、加工方法等都较周详的进行了论述。

明末《农政全书》在“果部”列入山楂。除抄录了《本草纲目》列出的山楂诸名外，还简要说明了制作山楂糕的方法：“九月熟，取去皮核，捣和糖蜜，作为楂糕，以充果物。亦可入药，令人少睡，有力，悦志。”这说明山楂已进入农业栽培的范围。

山楂在《中华人民共和国药典》1963 年版至 2015 年版中均有收载，其中 1963 年版的北山楂，主产于山东、河北、河南、辽宁等地；南山楂，主产于江苏、浙江、云南、四川等地。从古、今山楂的产地看，山楂在全国各地都有分布。其中北山楂主要分布于山东平邑、泰安、青州、临朐和河南、河北、辽宁、山西等地；南山楂主要分布于湖北、江西、安徽、江苏、浙江等省，四川、云南亦产。古今山楂产地基本一致。

根据《中国果树志　山楂卷》、2003 年出版的由傅立国等编著的《中国高等植物》第六卷、俞德浚的《中国果树分类学》、董文轩主编的《中国果树科学与实践　山楂》，《中华人民共和国药典》（2015 年版第一部）中所指山楂（Crataegus Fructus）包括羽裂山楂（*Crataegus pinnatifida* Bge.）和山里红（*Crataegus pinnatifida* Bge. var. *major* N. E. Br.），而山里红为羽裂山楂的大果变种，属于大果山楂系统品种群中的红果皮品种群。

附录 B

（资料性附录）

山楂药材品质评价沿革

1977 年版《中国药典》一部，“北山楂：为圆形片，皱缩不平，直径 1 ~ 2.5cm，厚0.2 ~ 0.4cm，外皮红色，具皱纹，有灰白小斑点。果肉深黄色至浅棕色。中部横切片具 5 粒浅黄色果核，但核多脱落而中空。有的片上可见短而细的果梗或花萼残迹。气微清香，味酸、微甜。以片大，皮红，肉厚者为佳。南山楂：果实较小，类球形，直径 0.8 ~ 1.4cm。有的压成饼状。表面棕色至棕红色，并有细密皱纹，顶端凹陷，有花萼残迹，基部有果梗或已脱落，质硬，果肉薄，无臭，味微酸涩。以个均，色棕红者为佳”。

山楂是沂蒙山区的原生果树之一，栽培历史久远。《临沂果茶志》记载，作为栽培应用山楂最早的山东，主要资源分布在鲁中南的蒙山、沂山、泰山、尼山等山区。由于长期的实生变异、自然杂交等形成了数十个各具特色的品种类型，是北方山楂的一些优良品种的发源地。国家果树种质山楂圃保存有临沂大金星及平邑歪把红、五棱红、甜红子、超金星等本区优异品种。平邑县是农牧渔业部“七五”期间重点建设的全国山楂商品生产基地。据中国科学院植物研究所 1987 年对平邑县 17 个山楂品种的测定分析，每 100g 鲜山楂肉中含可溶性糖 7.27 ~ 11.69g、总酸 1.53 ~ 3.66g、蛋白质0.23 ~ 1.01g、Vc 37.40 ~ 129.43mg、总黄酮 256.0 ~ 126.0mg，无机营养元素含量也较高，其中钙 386.7 ~ 902.5mg/L、铁 24.75 ~ 68.25mg/L、磷 152.2 ~ 324.5mg/L、镁 136.65 ~ 280.0mg/L、锌 1.50 ~ 3.14 mg/L，此外山楂还含有较丰富的三萜类（如齐墩果酸）以及儿茶素、槲皮素、二十九烷醇和金丝桃苷、果胶等物质。

通过历代文献考证及现代文献考查可见，古今对山楂的品质评价标准基本是一致的，即“北山楂”以个大、皮红、肉厚者为佳；“南山楂”以个匀、色红、质坚者为佳。

在历史考证基础上，山楂药材规格等级标准课题组深入山东平邑、安徽亳州、河北安国、四川荷花池四个主要的山楂市场调查，结合山楂加工方式不同和性状差异，如山楂去核、带核，山楂外皮及果肉色泽、切片直径大小及匀整性、切面平整性、杂质率等进行评价，为制定山楂商品规格等级标准提供了依据。

ICS 11.120.10
C 10/29

团 体 标 准

T/CACM 1021.17—2018
代替T/CACM 1021.37—2017

中药材商品规格等级 山药

Commercial grades for Chinese materia medica

DIOSCOREAE RHIZOMA

2018-12-03 发布 2018-12-03 实施

中华中医药学会 发布

目　　次

前　言

T/CACM 1021《中药材商品规格等级》标准分为 226 个部分：

——第 1 部分：中药材商品规格等级标准编制通则；

……

——第 16 部分：中药材商品规格等级　山楂；

——第 17 部分：中药材商品规格等级　山药；

——第 18 部分：中药材商品规格等级　黄芩；

……

——第 226 部分：中药材商品规格等级　玄明粉。

本部分为 T/CACM 1021 的第 17 部分。

本部分代替 T/CACM 1021. 37—2017。

本部分按照 GB/T 1. 1—2009《标准化工作导则　第 1 部分：标准的结构和编写》给出的规则起草。

本部分代替 T/CACM 1021. 37—2017，与 T/CACM 1021. 37—2017 相比较，标准编号进行了调整，并重新进行了编辑。

本部分由中药材商品规格等级标准研究技术中心及道地药材国家重点实验室培育基地提出。

本部分由中华中医药学会归口。

本部分起草单位：天津大学、中国中医科学院中药资源中心、中药材商品规格等级标准研究技术中心、广州白云山中一药业有限公司、北京联合大学、无限极（中国）有限公司、北京中研百草检测认证有限公司。

本部分主要起草人：李霞、高文远、王莹、纪宝玉、黄璐琦、郭兰萍、詹志来、张元、王铁霖、张燕、邹琦、尹震、余意、马方励。

本部分所代替标准的历次版本发布情况为：

——T/CACM 1021. 37—2017。

中药材商品规格等级　山药

1　范围

本部分规定了山药的商品规格等级。

本部分适用于山药药材生产、流通以及使用过程中的商品规格等级评价。

2　规范性引用文件

下列文件对于本部分的应用是必不可少的。凡是注明日期的引用文件，仅所注明日期的版本适用于本部分。凡是不注明日期的引用文件，其最新版本（包括所有的修改版本）适用于本部分。

T/CACM 1021.1—2016 中药材商品规格等级编制通则

3　术语和定义

T/CACM 1021.1—2016 以及下列术语和定义适用于本部分。

3.1

山药　DIOSCOREAE RHIZOMA

薯蓣科植物薯蓣 *Dioscorea opposita* Thunb. 的干燥根茎。冬季茎叶枯萎后采挖，切去根头，洗净，除去外皮和须根，干燥，习称“毛山药”；或除去外皮，趁鲜切厚片，干燥，称为“山药片”；也有选择肥大顺直的干燥山药，置清水中，浸至无干心，闷透，切齐两端，用木板搓成圆柱状，晒干，打光，习称“光山药”。

3.2

道地药材　怀山药　*daodi* herbs *huaishanyao*

指产于河南武陟、温县、沁阳、孟县及周边区域的栽培山药药材。

3.3

炸头　*zhatou*

光山药产地加工过程中产生的部分光山药两端炸裂、张口。

3.4

黄筋　*huangjin*

山药重茬种植时，病虫害或熏不透引起的山药纤维等变黄。

4　规格等级划分

根据市场流通情况，将山药药材分为“光山药”“毛山药”“山药片”三个规格。在规格项下，根据直径和长度，将“光山药”和“毛山药”各划分为“一等”“二等”“三等”“四等”四个等级；根据直径，将“山药片”划分为“一等”“二等”两个等级。应符合表 1 要求。

表 1　规格等级划分

规格	等级	性状描述	
		共同点	区别点
光山药	一等	呈圆柱形，条均挺直，光滑圆润，两端平齐，可见明显颗粒状。切面白色或黄白色。质坚脆，粉性足。无裂痕、空心、炸头。气微，味淡，微酸	长≥15cm，直径≥2.5cm
	二等		长≥13cm，直径 2.0～2.5cm
	三等		长≥10cm，直径 1.7～2.0cm
	四等		长短不分，直径 1.5～1.7cm，间有碎块

续表

规格	等级	性状描述	
		共同点	区别点
毛山药	一等	略呈圆柱形，弯曲稍扁，表面黄白色或淡黄色。有纵沟、纵皱纹及须根痕，偶有浅棕色外皮残留。体重，质坚实，不易折断，断面白色，粉性。气微，味淡、微酸，嚼之发黏	长≥15cm，中部围粗≥10cm，无破裂、空心、黄筋
	二等		长≥10cm，中部围粗 6～10cm，无破裂、空心、黄筋
	三等		长≥7cm，中部围粗 3～6cm，间有碎块。无破裂、空心、黄筋
	四等		长短不分，直径≥1.0cm，间有碎块。少量破裂、空心、黄筋
山药片	一等	为不规则的厚片，皱缩不平，切面白色或黄白色，质坚脆，粉性。气微，味淡	直径≥2.5cm，均匀，碎片≤2%
	二等		直径≥1.0cm，均匀，碎片≤5%

注1：山药片多指鲜切片，通常为无硫烘干片。山药产地及品种较多，山药片性状上有所差异。

注2：市场上有干切片和毛山药切片流通，其中干切片通常为光山药切片，市场按片径、厚度有不同等级；毛山药切片通常为毛山药切片，一般为统货。

注3：此部分中山药药材不同规格、等级划分的依据主要来自道地药材怀山药，兼顾其他产区为参考。

注4：关于山药药材历史产区沿革参见附录 A。

注5：关于山药药材品质评价沿革参见附录 B。

5 要求

除应符合 T/CACM 1021.1—2016 的第 7 章规定外，还应符合下列要求：

——无变色；

——无虫蛀；

——无霉变。

附录 A
（资料性附录）
山药药材历史产区沿革

有关山药产地的最早记载见于春秋战国时期《山海经》，景山北望少泽，其草多“藷薁”，景山在今山西闻喜县（“山药道地药材形成源流考”）。《范子计然》云：“储与，本出三辅，白色者，善。”储与，即山药别称；三辅，指今陕西中部地区。

南北朝时期，《本草经集注》描述为：“今近道处处有之，东山、南江皆多，掘取食之以充粮。南康间最大而美，服食亦用之。”［“东山”，古山名，在今湖北省荆门市东。“南江”，古水名，今之赣江，为江西省最大河流。“南康”，南朝宋永初元年（420 年）改南康郡置，治葛姥城（今江西赣州市东北），辖境相当今江西省赣州、南康等市。］描述了山药分布于湖北、江西等地，作粮食使用，江西生长的山药个大味美。宋代《本草图经》：“今南北皆有之，以嵩山（今河南登封市地区）、茅山（今江苏省句容市茅山）者为佳。”

清朝吴仪洛的《本草从新》又强调“色白而坚者佳。形圆者为西山药，形扁者为怀山药，入药为胜。俱系家种，野生者更胜。”《本草从新》认识到怀山药入药最好，并提供了鉴别怀山药的方法，与种植的山药相比，野生怀山药药效更好。《植物名实图考》云：“生怀庆山中者白细坚实，入药用之。”《本草求真》载：“淮产色白而坚者良。”

民国时期（20 世纪 30 年代），陈仁山的《药物出产辨》载：“产河南怀庆府，沁阳、武陟、孟县四省，以温县为最多。”民国时期沁阳、武陟、孟县、温县四地与现今行政区划大致相同，位于怀庆府附近，所产山药以温县者最好。

陈存仁《中国药学大辞典》记载山药产河南省怀庆府沁阳、武陟、温县和孟县。以温县为最多。冬季出新。山西太谷已有，但少出。仅供中日餐膳用。湖南、湖北亦有出产，均作为食用。

1963 年版《中国药典》一部收载山药主产于河南、广西、湖南等地。

肖培根《新编中药志》中收载山药主产于河南新乡地区温县、武陟、博爱、沁阳县（旧属怀庆府），故名怀山药，产量大，质量优，供销全国并大量出口。此外，河北、陕西、江苏、浙江、江西、贵州、四川等地也有产，但产量较少。

附录 B
（资料性附录）
山药药材品质评价沿革

历代本草对山药品质评价较一致。药材均以条粗、质坚实、粉性足、色白者为佳。

近代文献主要是从山药的产地、粗细、是否粉性足来进行品质评价。

综上所述，古代本草记载山药最早产于河南，后在河北、贵州等地也有发现，且认为河南产的山药品质较优良。随着食用价值增加和药用价值需要，河北、贵州等地也逐渐开始种植并形成较大规模。

药用山药从使用野生品到使用栽培品经历了唐以前主要使用野生品时期；从宋开始到清中期山药栽培品与野生品混用时期；清中后期（大致 18 世纪）以来大部分使用栽培品时期。山药道地产区显现在明代，道地药材“怀山药”完全形成在 20 世纪初。

现代文献中山药产地分布极广，主产于河南、河北、陕西等地，“怀山药”产量大，质量优。其中河南温县、孟县、武陟、博爱、沁阳（旧怀庆府所在地，现属焦作地区）等县产量最大，为道地产区。河北安国、保定、蠡县、博野、安平等县亦产，其中以蠡县产量大，质优。其次，山西平遥、太谷、孝义、祁县、文水、曲沃、运城，陕西大荔、渭南等地产量也较大。两广、福建等地种植的主要为以食用为主的山药，各地规范中收载的药用山药为褐苞薯蓣、参薯或山薯。山药色白质坚、粉性足、直径粗大者质优，为山药等级分类提供依据。

ICS 11.120.01
C 23

团 体 标 准

T/CACM 1021.18—2018
代替T/CACM 1021.121—2018

中药材商品规格等级 黄芩

Commercial grades for Chinese materia medica

SCUTELLARIAE RADIX

2018-12-03 发布 2018-12-03 实施

中华中医药学会 发布

目　次

前　　言

T/CACM 1021《中药材商品规格等级》标准分为226个部分：

——第1部分：中药材商品规格等级标准编制通则；

……

——第17部分：中药材商品规格等级　山药；

——第18部分：中药材商品规格等级　黄芩；

——第19部分：中药材商品规格等级　白芷；

……

——第226部分：中药材商品规格等级　玄明粉。

本部分为T/CACM 1021的第18部分。

本部分代替T/CACM 1021.121—2018。

本部分按照GB/T 1.1—2009《标准化工作导则　第1部分：标准的结构和编写》给出的规则起草。

本部分代替T/CACM 1021.121—2018，与T/CACM 1021.121—2018相比较，标准编号进行了调整，并重新进行了编辑。

本部分由中药材商品规格等级标准研究技术中心及道地药材国家重点实验室培育基地提出。

本部分由中华中医药学会归口。

本部分起草单位：中国中药有限公司、中国中医科学院中药资源中心、哈药集团三精制药有限公司、山西振东道地药材开发有限公司、山东省分析测试中心、中药材商品规格等级标准研究技术中心、北京中研百草检测认证有限公司。

本部分主要起草人：曾燕、赵润怀、兰青山、王继永、孙杰、周海燕、王浩、杜杰、焦春红、黄璐琦、郭兰萍、詹志来、王晓、金艳、何雅莉、赵冬艳、范宁、雷振宏、王玉龙。

本部分所代替标准的历次版本发布情况为：

——T/CACM 1021.121—2018。

中药材商品规格等级　黄芩

1　范围

本部分规定了黄芩的商品规格等级。

本部分适用于黄芩药材生产、流通以及使用过程中的商品规格等级评价。

2　规范性引用文件

下列文件对于本部分的应用是必不可少的。凡是注明日期的引用文件，仅所注明日期的版本适用于本部分。凡是不注明日期的引用文件，其最新版本（包括所有的修改版本）适用于本部分。

T/CACM 1021.1—2016 中药材商品规格等级编制通则

3　术语和定义

T/CACM 1021.1—2016 以及下列术语和定义适用于本部分。

3.1

黄芩　SCUTELLARIAE RADIX

本品为唇形科植物黄芩 *Scutellaria baicalensis* Georgi 的干燥根。春、秋二季采挖，除去须根和泥沙，晒后撞去粗皮，晒干。

3.2

枯心　*kuxin*

黄芩因生长年限较长，从根头部中心开始逐渐向下出现的暗棕色或棕褐色枯朽的现象。

3.3

枯芩　*kuqin*

带有“枯心”的黄芩。

3.4

直径　diameter of root

指黄芩芦头下方 1cm 处的直径。

4　规格等级划分

根据市场流通情况，将黄芩药材分为“栽培”和“野生”两个规格。在栽培黄芩规格项下，根据形状、直径和长度进行等级划分。应符合表 1 要求。

表 1　规格等级划分

规格	等级		性状描述			
			共同点	区别点		
				形状	直径	长度
栽培	选货	一等	呈圆锥形，上部皮较粗糙，有明显的网纹及扭曲的纵皱。下部皮细有顺纹或皱纹。表面棕黄色或深黄色，断面黄色或浅黄色。质坚脆。气微、味苦。去净粗皮	上端中央出现黄绿色、暗棕色或棕褐色的枯心	≥1.5cm	≥10cm
		二等		—	1.0～1.5cm	≥10cm
		三等		—	0.7～1.0cm	5～10cm
	统货		性状同选货。大小不等			
野生	统货		多为枯芩。表面较粗糙，棕黄色或深黄色。中心多呈暗棕色或棕黑色，枯朽状或已成空洞。气微、味苦。去净粗皮			

续表

规格	等级	性状描述			
		共同点	区别点		
			形状	直径	长度

注1：《七十六种药材商品规格标准》中将黄芩分为条芩和枯碎芩二个规格。本部分依据目前市场实际流通情况，将黄芩分为“栽培”和“野生”二个规格。

注2：黄芩药材遇冷水容易氧化变绿，影响品质。

注3：关于黄芩药材历史产区沿革参见附录A。

注4：关于黄芩药材品质评价沿革参见附录B。

5 要求

除应符合T/CACM 1021.1—2016的第7章规定外，还应符合下列要求：

——无虫蛀；

——无霉变；

——杂质不得过3%。

附录 A

(资料性附录)

黄芩药材历史产区沿革

黄芩始载于《神农本草经》，列为中品，其中记载为“生川谷”，大概提及了黄芩的生长环境。

《名医别录》记载黄芩产地：“生秭归及冤句。”秭归即今湖北秭归县，多广大起伏的山岗丘陵和纵横交错的河谷地带。冤句即今山东菏泽，以黄河冲积平原为主，地势多平坦。

《本草经集注》记载：“秭归属建平郡，今第一出彭城，郁州亦有之，惟取深色坚实者好。”秭归为今湖北境内，彭城即今江苏徐州铜山县，主要是黄河冲击平原以及丘陵为主。郁州即今江苏灌云县东北部，为近海的平原地带。该书指出彭城所产黄芩较好。可见在南北朝时期或之前，长江以北、黄河以南，东部沿海地区黄芩生产较多，可能为道地产区之一。

《新修本草》云：“今出宜州、鄜州、泾州者佳，兖州者大实亦好，名豚尾芩也。”宜州即今湖北宜昌，鄜州即今陕西富县，泾州即今甘肃泾县，兖州即今山东西南及河南东部，这些地区集中在中国的中部地区，包括长江以北、黄河以南。黄芩的生长环境也多以山区、丘陵、平原，以及河流附近为主，且质量较佳。

《千金翼方》记载黄芩的产地：“宁州、泾州。”宁州即今甘肃东部宁县，泾州即今甘肃泾川县泾河北岸。可见现在的甘肃地区，包括黄河上游以南、西北黄土高原地带都是黄芩产区。

《图经本草》记载：“生秭山谷及冤句。今川蜀、河东、陕西近郡皆有之。”川蜀指现在的四川，河东指现在的山西。指出黄芩在我国的中部地区分布较为广泛。

《证类本草》中记录有来源于潞州和耀州的黄芩图片。潞州即今山西长治，耀州即今陕西耀县。可知黄芩在华北西部的黄土高原东翼，与河北省相邻等地区均有分布。

《药性粗评》记载：“生川蜀、河陕川谷、今荆湘州郡亦有之，以西北出者为胜。”指出四川、山西、陕西均有分布，湖北省中南部、湖南北部也有分布，以陕西地区产质量更佳。

《植物名实图考》记载：“黄芩生秭归产著，后世多用条芩，滇南多有，土医不他取也。”该书指出今湖北秭归所产黄芩质量好

《药物出产辨》记载：“山西、直隶、热河一带均有出。”直隶即今河北省中南部（包括北京、天津等地），热河指河北省承德市燕山山地丘陵，指出黄芩产地主要在河北省。

《钦定热河志》中记载：“大宁和众二县利州惠州兴中州土产黄芩。”

《察哈尔省通志》中记载：“张北、万全、赤城、龙关、延广、怀安、怀来、阳原、沽源、康保、涿鹿、宣化均产。”可见河北承德地区历来是黄芩的主产区与道地产区。

《中国药典》记载：“主产于河北、内蒙古、山西、山东及陕西等地。”

《中华本草》记载：“分布于东北、内蒙古、河北、山西、陕西、甘肃、山东、河南、四川、贵州、云南等地。”可见黄芩从南到北分布面非常广。

《金世元中药材传统鉴别经验》记载：“主产河北承德、北京、山西、内蒙古、河南、山东、甘肃。此外东北三省、宁夏、陕西等省均有分布。其中山西产量最大，以河北质量佳，尤其承德产者质量优。”指出黄芩资源分布广，其中山西栽培产量最大。

从以上本草及现代典籍记载的产地来看，黄芩产地遍及除华南以外的全国多数省区。从药用沿革来看，正品黄芩种在北方各省皆有分布，因此从本草考证可得出：陕西、江苏、湖北、山西、甘肃、山东、河北、四川、云南均自古产黄芩。上述本草也特别指出，宜州（湖北宜昌）、鄜州（陕西富县）、泾州（甘肃泾川县）、兖州（今山东西南及河南东部）、彭城（江苏铜山县）和湖北秭归这些

地区所产黄芩质量佳，推测更可能为当时知名度较高的道地产区。《本草品汇精要》有宜州、鄜州、泾州、兖州为道地产区的记载。

中国药材公司在20世纪80年代组织的第三次全国中药资源普查成果资料显示，“大兴安岭余脉向西南连接燕山山脉北部山地为我国黄芩的重要分布区域之一，也是黄芩的主产区。尤其坝上高原和燕山北部出产的黄芩最为著名，具有‘热河黄芩’之称。该地区群众也具有丰富的采挖、加工经验，经撞击外皮后的黄芩以‘条粗长，皮色金黄’为主要特点列该地区道地药材之首”。《中国中药资源志要》记载：“黄芩分布于东北、华北及陕西、甘肃、新疆、山东、江苏、河南、湖北、四川。主产于东北及河北承德、保定，山西汾阳，河南，陕西，内蒙古。以山西产量最多，承德质量最好，销全国各地。”《中国药材资源地图集》记载：“黄芩质量以河北承德地区和内蒙古赤峰一带所产为地道，产品根条粗长、体质坚实、内色鲜黄，素有‘热河黄芩’之称。”

附录 B
(资料性附录)
黄芩药材品质评价沿革

对于黄芩品质特征的描述，我们从已有的本草、地方志以及中医药著作中有关黄芩的描述来推测“优质黄芩”有什么性状特征。《本草经集注》记载：“秭归属建平郡，今第一出彭城，郁州亦有之，惟取深色坚实者好。”指出黄芩条长质地实沉质量好。《新修本草》记载：“兖州者大实亦好，名豚尾芩也。”以黄芩“大”且“实”为优质黄芩的描述。《本草纲目》记载：“黄芩气寒味苦，色黄带绿。”描述了黄芩断面颜色，但未做质量评价。

另外，近代文献有关黄芩药材质量评价的也不在少数。1963 年版《中国药典》一部：“以条粗长、质坚实、色黄、除去外皮者为佳。条短、质松、色深黄、成瓣状者质次。”1977 年版《中国药典》一部：“以条长、质坚实、色黄者为佳。”《中华本草》：“以条长、质坚实、色黄者为佳。”《中药大辞典》：“条粗长、质坚实、色黄、除净外皮者为佳。条短、质松、色深黄、成瓣状者质次。”《金世元中药材传统鉴别经验》：以条粗长、质坚实、色黄者为佳。《中药材商品规格质量鉴别》：黄芩以色金黄，条粗大而内心充实，枯心少者为佳。野生品中习惯认为河北承德地区所产的“芩王”质量最好。山东产的子芩条均匀，结实不空心，质量亦佳，空枯大空破者成瓣者质较次。栽培品种中各地所产其质量差距亦较大。2005、2010 和 2015 年版《中国药典》除了对野生药材性状进行描述外，还增加了对栽培品的性状描述：“本品呈圆锥形，扭曲，长 8 ~ 25cm，直径 1 ~ 3cm。表面棕黄色或深黄色，有稀疏的疣状细根痕，上部较粗糙，有扭曲的纵皱纹或不规则的网纹，下部有顺纹和细皱纹。质硬而脆，易折断，断面黄色，中心红棕色；老根中心呈枯朽状或中空，暗棕色或棕黑色。气微，味苦。栽培品较细长，多有分枝。表面浅黄棕色，外皮紧贴，纵皱纹较细腻。断面黄色或浅黄色，略呈角质样。味微苦。”《神农本草经百种录》对《神农本草经》中记载的黄芩进行了阐释：“黄芩中空而色黄，为大肠之药，故能除肠胃诸热病。”丁甘仁在《药性辑要》里论述枯芩清肺病而止嗽化痰，并理目赤疔痈；子芩清泻大肠湿热而止痢，利水安胎。黄疸、血闭、疽蚀及火疡均宜。其明确指出了枯芩与子芩功效的区别，故针对不同功效，药材质量评价特征应有所不同。《中药志》和《常用中药材品种整理和质量研究》描述黄芩：根呈圆锥形，多扭曲，长 5 ~ 25cm，直径 1 ~ 3cm。表面棕黄色或深黄色，粗糙，有明显的纵向皱纹或不规则网纹，具侧根残痕，顶端有茎痕或残留茎基。质硬而脆，易折断，断面黄色，中间红棕色，老根木部枯朽，棕黑色或中空者称“枯芩”。气微，味苦。以条长，质坚实，色黄者为佳。其中“条长”“质坚实”和“色黄”三个特征为“优质”的特征。

综上所述，历代并没有对黄芩药材进行规格等级划分，对黄芩外观性状描述基本包括：表面棕褐色或棕黄色，有明显的纵向皱纹或不规则网纹和侧根残痕，顶端有茎痕或残留茎基，上部较粗糙，下部皮细有顺纹或皱纹。并以“条粗长，皮色金黄”为优质黄芩药材主要特点。相应的信息为制定黄芩商品规格等级标准提供了依据。

ICS 11.120.01
C 23

团　体　标　准

T/CACM 1021.19—2018
代替T/CACM 1021.215—2018

中药材商品规格等级　白芷

Commercial grades for Chinese materia medica

ANGELICAE DAHURICAE RADIX

2018-12-03 发布　　2018-12-03 实施

中华中医药学会 发布

目　次

前　言

T/CACM 1021《中药材商品规格等级》标准分为226个部分：

——第1部分：中药材商品规格等级标准编制通则；

……

——第18部分：中药材商品规格等级　黄芩；

——第19部分：中药材商品规格等级　白芷；

——第20部分：中药材商品规格等级　砂仁；

……

——第226部分：中药材商品规格等级　玄明粉。

本部分为T/CACM 1021的第19部分。

本部分代替T/CACM 1021.215—2018。

本部分按照GB/T 1.1—2009《标准化工作导则　第1部分：标准的结构和编写》给出的规则起草。

本部分代替T/CACM 1021.215—2018，与T/CACM 1021.215—2018相比较，标准编号进行了调整，并重新进行了编辑。

本部分由中药材商品规格等级标准研究技术中心及道地药材国家重点实验室培育基地提出。

本部分由中华中医药学会归口。

本部分起草单位：北京大学药学院、中国中医科学院中药资源中心、中药材商品规格等级标准研究技术中心、北京中研百草检测认证有限公司。

本部分主要起草人：杨秀伟、杨雁芳、张友波、徐嵬、赵爱红、邓改改、韦玮、黄璐琦、郭兰萍、詹志来、金艳。

本部分所代替标准的历次版本发布情况为：

——T/CACM 1021.215—2018。

中药材商品规格等级　白芷

1　范围

本部分规定了白芷的商品规格等级。

本部分适用于白芷药材生产、流通以及使用过程中的商品规格等级评价。

2　规范性引用文件

下列文件对于本部分的应用是必不可少的。凡是注明日期的引用文件，仅所注明日期的版本适用于本部分。凡是不注明日期的引用文件，其最新版本（包括所有的修改版本）适用于本部分。

T/CACM 1021. 1—2016 中药材商品规格等级编制通则

3　术语和定义

T/CACM 1021. 1—2016 以及下列术语和定义适用于本部分。

3. 1

白芷　ANGELICAE DAHURICAE RADIX

本品为伞形科植物白芷 *Angelica dahurica*（Fisch. ex Hoffm.）Benth. et Hook. f. 或杭白芷 *Angeliea dahurica*（Fisch. ex Hoffm.）Benth. et Hook. f. var. *formosana*（Boiss.）Shan et Yuan 的干燥根。夏、秋间叶黄时采挖，除去须根和泥沙，晒干或低温干燥。

3. 2

杭白芷　*hangbaizhi*

指主产于浙江省磐安县、东阳市一带的栽培品。

3. 3

川白芷　*chuanbaizhi*

指主产于四川省遂宁县、安岳县、达县一带的栽培品，重庆市南川区、大足县等的栽培品。

3. 4

禹白芷　*yubaizhi*

指主产于河南省禹州市、长葛市、商丘市等地区的栽培品，安徽省亳州市等的栽培品。

3. 5

祁白芷　*qibaizhi*

指主产于河北省安国市、定州一带的栽培品。

4　规格等级划分

根据市场流通情况，对药材是否进行等级划分，将白芷分为“选货”和“统货”，“选货”项下根据每千克所含的支数进行等级划分。应符合表 1 要求。

表 1　规格等级划分

<table>
<tr><th colspan="2" rowspan="2">等级</th><th colspan="2">性状描述</th></tr>
<tr><th>共同点</th><th>区别点</th></tr>
<tr><td rowspan="3">选货</td><td>一等</td><td rowspan="4">呈圆锥形。根表皮呈淡棕色或黄棕色。断面黄白色，显粉性，有香气，味辛，微苦</td><td>每千克≤36 支</td></tr>
<tr><td>二等</td><td>每千克≤60 支</td></tr>
<tr><td>三等</td><td>每千克≥60 支以上，顶端直径不得小于 1. 5cm。间有白芷尾、异状，但总数不得超过 20%</td></tr>
<tr><td colspan="2">统货</td><td>大小不等</td></tr>
</table>

续表

等级	性状描述	
	共同点	区别点
注1：传统根据不同产地分成杭白芷、川白芷、禹白芷和祁白芷等，但从市场和道地产区调查结果显示，目前市场以四川、安徽亳州产白芷为主，两者差异较大。 注2：关于白芷药材历史产区沿革参见附录A。 注3：关于白芷药材品质评价沿革参见附录B。		

5 要求

除应符合 T/CACM 1021.1—2016 的第7章规定外，还应符合下列要求：

——无油条；

——无黑心；

——无虫蛀；

——无霉变；

——杂质不得过3%。

附录 A

（资料性附录）

白芷药材历史产区沿革

《名医别录》记载："……生河东川谷下泽。二月、八月采根，曝干。……今出近道，处处有，近下湿地，东间甚多。"《图经本草》附有泽州白芷的图，《本草纲目》沿用了上述描述和附图。《中国古今地名大辞典》解释："黄河流经山西西境，成南北两线，故山西境内，在黄河以东者统称河东。"因此，河东在今山西省黄河以东。泽州主要是指山西晋城一带。这说明在汉代山西就出产白芷。《图经本草》记述"白芷生河东川谷下泽，今所在有之，吴地尤多"。"今所在有之"即指除上述产区外，在河东的所有地区，如山西、河北、河南、山东等地都有。此与目前我国华北、华中、华东等地栽培的白芷分布区一致。吴地，从《中国历史地图集》分析，三国时的吴地包括现在的江苏、浙江、福建、广东、广西、江西、安徽、湖北等地；西晋时的吴地，包括现在的江苏和浙江。晋、宋、齐等仍为吴郡，吴兴郡；隋属南江表，吴郡地，唐属江南东道；五代十国为吴及吴越（包括江苏、浙江、安徽、江西、湖北等地）。从宋《图经本草》记载"吴地尤多"和《本草衍义》记载"出吴地者良"，判断宋代江浙的白芷已有取代泽州白芷成为主流商品的趋势。宋朝时，杭州的香白芷等 13 味药材列为贡品。公元 1505 年明弘治十八年刘文泰等撰辑而成的《本草精品汇要》记载"所在有之，吴地尤多。近钱唐笕桥亦种莳矣"。《本草品汇精要》记述"道地，泽州，吴地尤胜"。可见杭州自明代就是白芷的道地产区之一，至今已有千余年的历史。此谓"杭白芷"。由于杭州的城区扩大及经济的发展，杭白芷的主产区已不再是以前的杭州，而是迁移到离杭州较远的磐安、东阳一带，目前杭州市栽种的白芷已基本绝迹了。杭白芷的最大特征是：根部的"疙瘩丁"多排成 4 列，故形体具四棱状，形成层环方形或类方形；木质部约占横断面的 1/2；气味清香浓厚而不浊。在杭白芷、川白芷、禹白芷和祁白芷中，目前杭白芷的产量最小，约占 5%。

据《济生方》、四川省《遂宁白芷志》和《遂宁县志》记载，明朝时期遂州（今四川省遂宁市）有席、黄、吕、旷四大家族，他们均有人在外地做官，分别从江浙带回种籽，试种后立即成功，于是在家族内推广，种植面积逐年扩大。由此可见川白芷已有 400～600 年的栽培历史。川白芷和杭白芷来源于一个物种，只是因为气候不同而性状有所变化。川白芷呈圆锥形，"疙瘩丁"排成的四棱形也不明显。木部约占横断面的 1/3。现今，我国已在遂宁建立白芷规范化种植基地。四川省遂宁市银发白芷产业有限公司以川白芷现有混杂群体为材料，经过系统选育培育出川白芷 1 号优良品系，2007 年通过四川省农作物品种审定委员会审定（品种审定编号：川审药 2007001）。现今川白芷主产于四川省遂宁县、安岳县、南川县、达县等。目前川白芷产量最大，约占全国商品白芷的 70% 以上。

据《长葛县志》记载，清乾隆年间，后河溪镇画匠村有个乔姓药商，从外地带回白芷试种成功，从此禹白芷驰名全国，由此看来，禹白芷已有 200 多年历史。现今禹白芷主产于河南省禹县、长葛市、商丘市等。目前禹白芷产量不大，约占全国商品白芷的 15% 左右。禹白芷"疙瘩丁"较少，体轻，断面淡棕色，粉性小。

祁白芷是后起之秀。据《祁州药志》《安国县志》记载，祁白芷的历史不早于 20 世纪 30 年代，只有百年不到的历史。主产于河北省安国市、定县等。祁白芷产量较小，约占全国商品白芷的 10% 左右。祁白芷根表面较光滑，少有横皮孔。质柔软，粉性小，气微香。

现在，市场上的白芷商品以川白芷、禹白芷和祁白芷为主，杭白芷很少看到。禹白芷和祁白芷比较难以区分。

附录 B

（资料性附录）

白芷药材品质评价沿革

《图经本草》记述：白芷，生河东川谷下泽，今所在有之，吴地尤多。根长尺余，白色，粗细不等，……春生叶，相对婆娑，紫色，阔三指许。花白微黄。入伏后结子，立秋后苗枯。二月、八月采根，暴干。以黄泽者为佳。

《本草衍义》记述：出吴地者良。

《本草品汇精要》记述：道地泽州。吴地尤胜。……用根大而不蛀者佳。

《本草蒙筌》记述：所在俱生，吴地尤胜。气甚香窜，又名芳香。根收处暑蛀无，是日收则不蛀。色选黄泽效速。

《本草备要》记述：色白气香者佳，或微炒用。

历代本草对白芷和品质评价的记载，为其商品规格制定及道地药材的研究提供了依据。

ICS 11.120.10
C 10/29

团　体　标　准

T/CACM 1021.20—2018
代替T/CACM 1021.40—2017

中药材商品规格等级　砂仁

Commercial grades for Chinese materia medica

AMOMI FRUCTUS

2018-12-03 发布　　2018-12-03 实施

中华中医药学会 发布

目　　次

前　言

T/CACM 1021《中药材商品规格等级》标准分为226个部分：

——第1部分：中药材商品规格等级标准编制通则；

……

——第19部分：中药材商品规格等级　白芷；

——第20部分：中药材商品规格等级　砂仁；

——第21部分：中药材商品规格等级　百合；

……

——第226部分：中药材商品规格等级　玄明粉。

本部分为T/CACM 1021的第20部分。

本部分代替T/CACM 1021.40—2017。

本部分按照GB/T 1.1—2009《标准化工作导则　第1部分：标准的结构和编写》给出的规则起草。

本部分代替T/CACM 1021.40—2017，与T/CACM 1021.40—2017相比较，标准编号进行了调整，并重新进行了编辑。

本部分由中药材商品规格等级标准研究技术中心及道地药材国家重点实验室培育基地提出。

本部分由中华中医药学会归口。

本部分起草单位：中国医学科学院药用植物研究所云南分所、中国中医科学院中药资源中心、中药材商品规格等级标准研究技术中心、云南白药集团股份有限公司、北京中研百草检测认证有限公司。

本部分主要起草人：李学兰、李光、唐德英、黄璐琦、郭兰萍、詹志来、金艳、苏豹、李海涛、李宜航、赵俊凌、牟燕、孙景、何雅莉。

本部分所代替标准的历次版本发布情况为：

——T/CACM 1021.40—2017。

中药材商品规格等级　砂仁

1　范围

本部分规定了砂仁的商品规格等级。

本部分适用于砂仁药材生产、流通以及使用过程中的商品规格等级评价。

2　规范性引用文件

下列文件对于本部分的应用是必不可少的。凡是注明日期的引用文件，仅所注明日期的版本适用于本部分。凡是不注明日期的引用文件，其最新版本（包括所有的修改版本）适用于本部分。

T/CACM 1021. 1—2016 中药材商品规格等级编制通则

3　术语和定义

T/CACM 1021. 1—2016 以及下列术语和定义适用于本部分。

3. 1

砂仁　AMOMI FRUCTUS

本品为姜科植物阳春砂 *Amomum villosum* Lour. 、绿壳砂 *Amomum villosum* Lour. var. *xanthioides* T. L. Wu et Senjen 或海南砂 *Amomum longiligulare* T. L. Wu 的干燥成熟果实。夏、秋二季果实成熟时采收，晒干或低温干燥。

3. 2

春砂仁　*chunsharen*

来源为姜科植物阳春砂 *Amomum villosum* Lour. 的干燥成熟果实，产于广东阳春市及周边地区。

3. 3

其他产区阳春砂　other production areas *yangchunsha*

来源为姜科植物阳春砂 *Amomum villosum* Lour. 的干燥成熟果实，产于广东（阳春市及周边地区除外）、云南、广西、福建等地区。

3. 4

绿壳砂　*lükesha*

来源为姜科植物绿壳砂 *Amomum villosum* Lour. var. *xanthioides* T. L. Wu et Senjen 的干燥成熟果实。

3. 5

海南砂　*hainansha*

来源为姜科植物海南砂 *Amomum longiligulare* T. L. Wu 的干燥成熟果实。

3. 6

炸裂果　split fructus

指果皮炸开有裂隙或裂口的干燥成熟果实。

4　规格等级划分

根据基原和产地不同，将砂仁药材分为“春砂仁”“其他产区阳春砂”“绿壳砂”“海南砂”四个规格；在规格下，根据每 100g 果实数、种子饱满度及其他商品外观性状等进行等级划分。应符合表 1 要求。

表 1　规格等级划分

<table>
<tr><th rowspan="2">规格</th><th rowspan="2">等级</th><th colspan="2">性状描述</th></tr>
<tr><th>共同点</th><th>区别点</th></tr>
<tr><td rowspan="3">其他产区阳春砂</td><td>一等</td><td rowspan="3">呈卵圆形、卵形或椭圆形，有不明显的三棱。表面棕褐色、紫褐色或浅褐色，密生刺状突起。果皮薄厚均有。基部常有果梗。种子成团，有细皱纹。气芳香而浓烈，味辛凉，微苦</td><td>果皮与种子团紧贴无缝隙。种子团大小和颜色较均匀。种子表面棕红色或棕褐色，无瘪瘦果，籽粒饱满。每 100g 果实数≤170 粒，炸裂果数≤3%</td></tr>
<tr><td>二等</td><td>果皮与种子团之间多少有缝隙。种子表面棕红色或红棕色，有少量瘪瘦果。每 100g 果实数 170～330 粒，炸裂果数≤5%</td></tr>
<tr><td>三等</td><td>果皮与种子团之间多少有缝隙。种子表面棕红色至红棕色、橙红色或橙黄色，瘪瘦果较多（占 25% 以内）。每 100g 果实数≥330 粒，炸裂果数≤10%</td></tr>
<tr><td>春砂仁</td><td>统货</td><td colspan="2">呈卵圆形、卵形、近球形或椭圆形，有不明显的三棱。表面棕褐色或黑褐色，密生刺状突起。果皮薄而软，与种子团紧贴无缝隙。具果柄，一般不超过 1cm。种子成团，有细皱纹，籽粒大多饱满均一。气芳香而浓烈，味辛凉，微苦</td></tr>
<tr><td>绿壳砂</td><td>统货</td><td colspan="2">呈卵形、卵圆形或椭圆形，有不明显的三棱。表面黄棕色或浅褐色，密生刺状突起。体质轻泡。种子团卵圆形或椭圆形，具三钝棱，中有白色隔膜将种子团分成 3 瓣；种子表面灰棕色或红棕色。气芳香，味辛凉、微苦。气味较阳春砂淡</td></tr>
<tr><td>海南砂</td><td>统货</td><td colspan="2">呈长椭圆形或卵圆形，有明显的三棱。表面棕褐色，被片状、分枝的小柔刺。果皮较厚而硬。种子团较小，卵圆形、椭圆形或圆球形；种子表面红棕色或深棕色。气味较淡</td></tr>
</table>

注 1： 根据古籍文献考证和市场对广东阳春市产砂仁“道地性”的认知度，以及道地产区阳春砂与其他产区阳春砂在经验鉴别上存在一定差别，将广东阳春市及周边地区产阳春砂单列“春砂仁”规格，以区分原产地和其他引种产地阳春砂。

注 2： 春砂仁在果形及大小、种子团大小、种子饱满度、颜色、性味等性状指标上的差异不明显，难以界定，故不分等级，均为统货。绿壳砂多为进口，海南砂商品较少，故也不分等级，均为统货。

注 3： 目前市场上存在长序砂、红壳砂、菠萝砂等进口砂仁品种，不符合现行药典砂仁基原。

注 4： 市场上存在“净砂仁”规格，原《七十六种药材商品规格标准》也将其作为规格划分，但现行药典规定砂仁药材为干燥成熟果实，为与药典规定保持一致，故不制定规格。

注 5： 关于砂仁药材历史产区沿革参见附录 A。

注 6： 关于砂仁药材品质评价沿革参见附录 B。

5　要求

除符合 T/CACM 1021. 1—2016 的第 7 章规定外，还应符合下列要求：

——无枝梗；

——无虫蛀；

——无霉变；

——杂质不得过 3%。

附录 A

（资料性附录）

砂仁药材历史产区沿革

砂仁产地始载于唐·甄权《药性论》，谓："缩沙蜜，出波斯国，味苦、辛。"五代·李珣《海药本草》曰："缩沙蜜，生西海及西戎诸地。味辛、平、咸。得诃子、鳖甲、豆蔻、白芜荑等良。多从安东道来。"唐代"波斯"为今之伊朗；"西海"泛指印度洋、波斯湾、地中海范围；"安东"指的是今朝鲜平壤地区，方向与波斯国所在相反，有学者认为缩沙蜜"多从安东道来"可能有误。以上说明唐时所用缩沙蜜主要为进口，多来自西亚地区。

宋·刘翰、马志《开宝本草》曰："生南地……"宋·苏颂著《本草图经》曰"缩沙蜜，出南地，今惟岭南山泽间有之"，并附新州缩沙蜜图。宋·唐慎微著《重修政和经史证类备用本草》曰"生南地。苗似廉姜，形如白豆蔻，其皮紧厚而皱，黄赤色，八月采"，并引用《本草图经》图。"新州"即今广东新兴县，"南地""岭南"泛指今广东、广西地区。说明宋代在广东新兴一带已出产砂仁。

明·刘文泰《本草品汇精要》载"缩沙蜜……［道地］新州"，明确提出"新州"产缩沙蜜为"道地"。明·陈嘉谟《本草蒙筌》曰："产波斯国中，及岭南山泽……"。明·李时珍《本草纲目》载："［珣曰］：缩砂密，生西海及西戎波斯诸国，多从安东道来。［志曰］：生南地……［颂曰］：今惟岭南山间有之。"明·倪朱谟《本草汇言》："苏氏曰：生西海西戎波斯诸国，今从东安道来。岭南山泽亦有。"明·卢之颐《本草乘雅半偈》云："生西海、西戎、波斯诸国。今从东安道来，岭南山泽亦有之……"可见明代对砂仁产地的记载基本沿袭了宋代及其之前的记述。

清·黄宫绣《本草求真》："出岭南……"清·李调元《南越笔记》曰："阳春砂仁，一名缩砂蔤，新兴也产之，……"清·吴其浚《植物名实图考》云："……今阳江产者，形状特异，俗呼草砂仁。""阳春"指今广东省阳春市，"阳江"指今广东省阳江市。

民国·曹炳章等著《增订伪药条辨》记述："缩砂即阳春砂，产广东肇庆府阳春县者名阳春砂…为最道地。罗定（今广东省罗定市）产者……略次，广西出者名西砂……更次。"陈仁山《药物出产辨》记述："产广东阳春县（今广东省阳春市）为最，以蟠龙（广东省阳春市蟠龙）山为第一。"明确指出当时砂仁除产广东一带外，广西也产之，且以广东阳春产者为佳。

1963 年版《中国药典》记述：阳春砂主产于广东、广西等地。《中药材商品学》记述：阳春砂主产于广东阳春、阳江、罗定、信宜、茂名、恩平、徐闻等县，广西、云南少数地区亦产。《中药材手册》《中国药材学》和《500 味常用中药材的经验鉴别》等专著记载阳春砂主产于广东、云南、广西、福建等地。

2015 年版《中国药典》收载药用砂仁为阳春砂、绿壳砂和海南砂。阳春砂原产广东阳春，自宋代就有明确记载，且栽培历史悠久；今用绿壳砂多从东南亚一带进口，国内资源较少；海南砂主产海南，是现代发掘应用的野生砂仁品种，近年来资源日渐枯竭。故在此仅对阳春砂的历史产地变迁进行梳理。

综上，自宋代开始就有本草对阳春砂产于广东一带的明确记载。清代以及之前的本草对阳春砂产地的记述基本一致，即为广东一带；民国时明确广西也产之。解放后随着阳春砂在各地的引种栽培和规模化种植推广，至 20 世纪 70 年代后阳春砂主产区逐渐扩大至广西、云南和福建，与今阳春砂主要种植产区基本一致。由于云南产区自然生态环境条件优越，野生传粉昆虫资源丰富，砂仁种植自然结实率较高，至 20 世纪 90 年代中期，云南产区砂仁种植面积和产量均远远超过广东，跃居全国首位，成为我国阳春砂仁的第一大产区。

附录 B
（资料性附录）
砂仁药材品质评价沿革

至明代方见关于砂仁品质的相关记载。

明·刘文泰《本草品汇精要》：“缩沙蜜……［道地］新州。”明·卢之颐《本草乘雅半偈》：“疏漏者曰砂鸣，则亟夺其气味而力不充。”

清·李调元《南越笔记》述：“阳春砂仁，一名缩砂密，新兴也产之，而生阳江南河者大而有力”。

民国·曹炳章《增订伪药条辨》记述：“缩砂即阳春砂，产广东肇庆府阳春县者，名阳春砂，三角长圆形，两头微尖，外皮刺灵红紫色，肉紫黑色，嚼之辛香微辣，为最道地。罗定产者，头平而圆，刺短，皮紫褐色，气味较薄，略次。广西出者，名西砂，颗圆皮薄，刺更浅，色赭黑色，香味皆淡薄，更次。”陈仁山《药物出产辨》：“产广东阳春县为最，以蟠龙山为第一。”陈存仁《中国药学大辞典》记述：“阳春砂饱满坚实。气味芬烈。其他砂仁干缩扁薄。气味俱弱。”

1963 年版《中国药典》记述，阳春砂“以个大、坚实、仁饱满、气味浓厚者为佳。个小、仁较瘪、气味较淡者质次”。

《中药材商品规格质量鉴别》描述，砂仁以果实均匀，果皮紧贴种子团，种子团饱满棕褐色具油润性，气香浓，味辛凉浓厚者为佳。阳春砂仁其气味浓厚并具辛、咸、酸、甘、苦五味，为本品的最佳品种。此外，其品质排次是：进口砂头王、绿壳砂仁、进口原砂仁、海南壳砂仁。

《新编中药志》记述，阳春砂以仁饱满、色紫红、仁有光泽、香气浓者为佳。

《中国常用中药材》引阳春县志载：“蜜产蟠龙特色夸，医林珍品重春砂。”

《中药大辞典》记载，阳春砂和缩砂“均以个大、坚实、仁饱满、气味浓厚者为佳，以阳春砂质量为优”。

《500 味常用中药材的经验鉴别》描述，阳春砂商品以个大、坚实、饱满、种仁红棕色、香气浓、搓之果皮不易脱落者为佳。绿壳砂（缩砂）及海南砂亦以个大、坚实、香气浓者为佳。三种商品中以阳春砂为最佳，其次为绿壳砂，海南砂较次。绿壳砂中又有认为越南所产最佳，多制成“砂头”商品，泰国等地所产为次，因种子团瘪瘦，多以“壳砂”商品出售。

综上，历代本草对砂仁品质的记述较一致，品质评价较注重产地，认为不同产地阳春砂，以广东阳春出产者为道地，品质最佳。不同品种砂仁，认为阳春砂质量最优，其次是绿壳砂，海南砂最次。此外，还结合砂仁果实大小、色泽、籽粒饱满度、气味等特征进行品质评价。

ICS 11.120.01
C 23

团　体　标　准

T/CACM 1021.21—2018
代替T/CACM 1021.132—2018

中药材商品规格等级　百合

Commercial grades for Chinese materia medica

LILII BULBUS

2018-12-03 发布　　2018-12-03 实施

中华中医药学会　发布

目　次

前　言

T/CACM 1021《中药材商品规格等级》标准分为226个部分：

——第1部分：中药材商品规格等级标准编制通则；

……

——第20部分：中药材商品规格等级　砂仁；

——第21部分：中药材商品规格等级　百合；

——第22部分：中药材商品规格等级　淫羊藿；

……

——第226部分：中药材商品规格等级　玄明粉。

本部分为T/CACM 1021的第21部分。

本部分代替T/CACM 1021.132—2018。

本部分按照GB/T 1.1—2009《标准化工作导则　第1部分：标准的结构和编写》给出的规则起草。

本部分代替T/CACM 1021.132—2018，与T/CACM 1021.132—2018相比较，标准编号进行了调整，并重新进行了编辑。

本部分由中药材商品规格等级标准研究技术中心及道地药材国家重点实验室培育基地提出。

本部分由中华中医药学会归口。

本部分起草单位：重庆市中药研究院、中国中医科学院中药资源中心、天津大学、无限极（中国）有限公司、中药材商品规格等级标准研究技术中心、北京中研百草检测认证有限公司。

本部分主要起草人：王昌华、舒抒、银福军、黄璐琦、郭兰萍、詹志来、赵纪峰、高文远、刘翔、张植玮、余意、马方励。

本部分所代替标准的历次版本发布情况为：

——T/CACM 1021.132—2018。

中药材商品规格等级　百合

1　范围

本部分规定了百合的商品规格等级。

本部分适用于百合药材生产、流通以及使用过程中的商品规格等级评价。

2　规范性引用文件

下列文件对于本部分的应用是必不可少的。凡是注明日期的引用文件，仅所注明日期的版本适用于本部分。凡是不注明日期的引用文件，其最新版本（包括所有的修改版本）适用于本部分。

T/CACM 1021.1—2016 中药材商品规格等级编制通则

3　术语和定义

T/CACM 1021.1—2016 以及下列术语和定义适用于本部分。

3.1

百合　LILII BULBUS

本品为百合科植物卷丹 *Lilium lancifolium* Thunb.、百合 *Lilium brownii* F. E. Brown var. *viridulum* Baker 或细叶百合 *Lilium pumilum* DC. 的干燥肉质鳞叶。秋季采挖，洗净，剥取鳞叶，置沸水中略烫，干燥。

3.2

卷丹百合　*juandanbaihe*

来源为百合科植物卷丹 *Lilium lancifolium* Thunb. 的干燥肉质鳞叶，习称“卷丹百合”。

3.3

龙牙百合　*longyabaihe*

来源为百合科植物百合 *Lilium brownii* F. E. Brown var. *viridulum* Baker 的干燥肉质鳞叶，习称“龙牙百合”。

3.4

边皮　*bianpi*

百合药材采用筛分法进行分等，除去黑皮和虫伤片，再根据色泽等外观分拣出麻色（有斑点）、带黑边等杂片，这部分杂片多为鳞叶外层部分，一般称为“边皮”。

3.5

心材　*xincai*

百合药材除去黑皮和虫伤片，分拣出边皮片等杂片后剩余的部分多为鳞叶中片和心片，称为“心材”。

3.6

炕货　*kanghuo*

将鲜百合分层剥开、分装、洗净、晾干表面水分后，置于烘炕上，控温80℃烘干，然后将烘干后的鳞片置室内2~3天回软，使干片内外水分一致，即为“炕货”。

3.7

晒货　*shaihuo*

将鲜百合分层剥开、分装、洗净后，置沸水中5~10min，并及时翻动，待鳞片边缘变软，背面有微裂时迅速捞出，用清水洗去表面黏液，薄摊晒干，即为“晒货”。

3.8

鳞叶长度　scale leaf length

百合药材鳞叶单片的长度。

3.9

鳞叶宽度　scale leaf width

百合药材鳞叶单片最宽处的宽度。

4　规格等级划分

根据不同基原，将百合药材分为“卷丹百合”“龙牙百合”两个规格。在等级项下，根据市场流通情况，将“卷丹百合”分为“选货”和“统货”；再根据百合鳞叶长宽，将“卷丹百合”选货分为“一等”“二等”和“三等”三个等级；将“卷丹百合”统货分为“大统”和“小统”；将“龙牙百合”选货分为“一等”“二等”和“三等”三个等级。应符合表1要求。

表1　规格等级划分

规格	等级		性状描述	
			共同点	区别点
卷丹百合	选货	一等	呈长卵圆形，表面黄白色至淡棕黄色，有数条纵直平行的白色维管束。顶端尖，基部较宽，边缘薄，微波状，略向内弯曲。质硬而脆，断面较平坦，角质样。气微，味微苦	3.0cm < 长度 ≤ 5.0cm，1.5cm < 宽度 ≤ 2.0cm，中部厚1.3～4mm
		二等		长度2.5～3.0cm，宽度1.3～1.5cm，中部厚1.3～4mm
		三等		2cm≤长度<2.5cm，1cm≤宽度<1.3cm，中部厚1.3～4mm
	统货	大统	呈长卵圆形，表面黄白色至淡黄棕色，有的微带紫色，间有褐斑片，有数条纵直平行的白色维管束。质硬而脆，易折断，断面平坦，角质样。气微，味微苦	2.5cm < 长度 ≤ 5.0cm，1.4cm < 宽度 ≤ 2.0cm，中部厚1.3～4mm
		小统		2cm≤长度≤2.5cm，1cm≤宽度≤1.4cm，中部厚1.3～4mm
龙牙百合	选货	一等	呈长椭圆形，表面乳白色至淡黄色，有数条纵直平行的白色维管束。顶端稍尖，基部稍宽，边缘薄，微波状，略向内弯曲。质硬而脆，断面较平坦，角质样。气微，味微苦	4.5cm < 长度 ≤ 5.0cm，1.7cm < 宽度 ≤ 2.0cm，中部厚2～4mm
		二等		长度3.5～4.5cm，宽度1.4～1.7cm，中部厚2～4mm
		三等		2cm≤长度<3.5cm，1cm≤宽度<1.4cm，中部厚2～4mm

注1：市场上存在“卷丹百合”“龙牙百合”及“兰州百合”三类商品，其中“卷丹百合”为药用主流商品，“兰州百合”仅收载于《甘肃省中药材标准》，未发现细叶百合的商品。

注2：市场上“卷丹百合”存在以心材、边皮分级的现象，其中边皮颜色和片形较差，一般作为等外品；“龙牙百合”价格较高，已去除边皮、碎末等等外品，不分选货、统货，直接进行等级划分。

注3：市场上存在百合的“晒货”及“炕货”商品，其中“炕货”为主流商品。

注4：市场上存在百合的“有硫”“低硫”和“无硫”商品，其中“无硫”为主流商品。

注5：关于百合药材历史产区沿革参见附录A。

注6：关于百合药材品质评价沿革参见附录B。

5　要求

除应符合T/CACM 1021.1—2016的第7章规定外，还应符合下列要求：

——无变色；
——无虫蛀；
——无霉变；
——杂质不得过 3%。

附录 A

（资料性附录）

百合药材历史产区沿革

百合之名始载于秦汉时期的《神农本草经》。产地记载始于魏晋时期《名医别录》："生荆州（今湖北荆州地区）。"说明当时的百合产于湖北省荆州市一带。《吴普本草》记载："生冤朐（今山东菏泽县西南）及荆山（今湖北南漳县西部）。"说明百合分布于山东菏泽和湖北南漳县一带。

南朝《本草经集注》、唐《新修本草》、宋《本草图经》、《证类本草》均记载："生荆州（今湖北荆州）川谷。近道处处有。"均说明百合分布于湖北省荆州山谷地区，且资源比较常见。

明《本草品汇精要》："（道地）滁州（今安徽省滁州市）成州（今甘肃成县）。"首次记载百合道地产区为安徽省滁州市和甘肃省成县地区。《救荒本草》："生荆州（今湖北荆州）山谷。今处处有之。"说明百合最早分布于湖北省荆州山谷地区，与南朝、唐、宋百合产地记载一致，现在资源分布广泛。《本草蒙筌》："洲渚山野俱生。"亦证实百合资源已比较常见。《本草乘雅半偈》："核曰：近道虽有，唯荆州（今湖北荆州）山谷者良。"说明百合资源虽分布广，但仍以湖北省荆州山谷地区所产质量为好。

清《本草崇原》、《本草易读》、《本草害利》等本草记载："近道山谷处处有之。"均说明了百合资源分布广泛。《植物名实图考》记载："百合近以嵩山（今河南登封市西北）产者为良。江西广饶（今江西上饶市一带），……洵推此种。夷门（今河南开封）植此为业，以肥甘不苦者为佳。滇南（今云南省）土沃，乃至剪采如薪，供瓶经夏。山丹，或曰渥丹花，……岭南（今广东、广西等地）花多朱殷，他处如此炫晃者盖少……群芳谱：根大者供食，味与百合无异。卷丹，京师（今北京地区）花圃，艺之为玩，不以入食。滇南（今云南省）谓之倒垂莲，燕蓟（今河北地区）谓之虎皮百合。"说明在清代百合以河南登封市西北的嵩山地区所产者质量为好，并且在江西上饶地区大面积推广种植，在河南开封地区也以种植百合为主要产业，在云南还用作花卉观赏。山丹以广东、广西等地所产为好。卷丹在北京、云南、河北等地区均产。

民国《药物出产辨》记载："湖南湘潭、宝庆产者（今湖南湘潭、邵阳地区），名拣片外合，为最佳。由湘潭经北江到广州，在北江栈沽。以龙牙合为最，拣片次之。一产湖北麻城（今湖北麻城市地区），名麻城合，用硫磺熏至其味酸，不适用。有产四川者，为川合，亦可用。有产江苏省，名苏合，味略苦。"说明百合在民国已形成多个产区，以湖南湘潭、邵阳所产的百合质量最好，产品远销广州，根据其商品名"龙牙合"基原应为百合 *Lilium brownii* F. E. Brown var. *viridulum* Baker。其余湖北麻城、四川、江苏亦有所产，其中江苏所产根据其"味略苦"应为卷丹。

通过总结《中国药材学》《中华本草》《现代中药材商品通鉴》《新编中药志》《500 味常用中药材的经验鉴别》《中药大辞典》《金世元中药材传统鉴别经验》《全国中草药汇编》等现代专著，发现百合全国大部分地区均产，主产于湖南、浙江、江苏等地。

据以上历史及现代文献所述，在元代以前，百合主产地为湖北荆州，元代明确道地产区为安徽省滁州市和甘肃省成县地区，明代仍认为湖北荆州所产为好，清代记载河南嵩山所产质量最好，江西上饶和河南开封为主产区之一，民国及至今则形成多个产区，主产于湖南、浙江、江苏等地。据最近全国百合产区的实地调查和市场调查，目前药用百合主要以湖南所产为主，品种为卷丹 *L. lancifolium* Thunb. 和百合 *L. brownii* F. E. Brown var. *viridulum* Baker 两种。综上所述，药用百合的产区历经变化，现在湖南为百合药材的主产区。

附录 B

（资料性附录）

百合药材品质评价沿革

古文献记载百合来源有三种，在唐以前文献未见有百合品质描述，从唐开始对三种百合品质进行了简要区分。唐《新修本草》：“一种……根粗，花白，宜入药用。”

宋《本草图经》：“又有一种，花黄有黑斑细叶，叶间有黑子，不堪入药。”

明《本草品汇精要》：“（道地）滁州成州。”《救荒本草》：“……山丹，不堪用。”《本草蒙筌》：“白花者，养脏益志，定胆安心。赤花者，仅治外科，不理他病。”《本草纲目》：“卷丹……其根有瓣似百合，不堪食，别一种也。”《本草乘雅半偈》：“近道虽有，唯荆州山谷者良。”

清《本草崇原》：“一种……山丹也。一种……卷丹也。其根皆同百合，皆可煮食，而味不美。盖一类三种，唯白花者入药，余不可用。”《本草易读》：“根如大蒜，味甘美可食。又有二种与百合相似，其根味颇苦，不堪入药。”《本草备要》：“花白者入药。”《本经逢原》：“白花者补脾肺，赤花者名山丹，散瘀血药用之。”《本草从新》：“花白者入药。”《得配本草》：“花白者入药。”《本草纲目拾遗》：“……藻异云：百合有三种：一名山百合，花迟不香；二名檀香百合，可食；三名虎皮百合，食之杀人。百草镜：百合白花者入药；红花者名山丹，黄花者名夜合，今惟作盆玩，不入药。百合以野生者良，有甜、苦二种，甜者可用，取如荷花瓣无蒂无根者佳。”《本草求真》：“花白者入药。”《本草害利》：“……茎端五六月开大白花者佳。……山丹，其根微苦，食之不甚良，是不及白花也。”《植物名实图考》：“百合，……开大白花……近以嵩山产者为良。……以肥甘不苦者为佳。”“山丹，……群芳谱：根大者供食，味与百合无异。”“卷丹，……京师花圃，艺之为玩，不以入食。”

民国《药物出产辨》：“湖南湘潭、宝庆产者，名拣片外合，为最佳。由湘潭经北江到广州，在北江栈沽。以龙牙合为最，拣片次之。一产湖北麻城，名麻城合，用硫磺熏至其味酸，不适用。有产四川者，为川合，亦可用。有产江苏省，名苏合，味略苦。均夏季出新。”

1963 年版《中国药典》：“以肉厚、质坚、色白、味苦者为佳。”1977 年版《中国药典》：“以肉厚、质硬、色白者为佳。”

《中国药材学》（1996 年）：“本品以肉厚、质硬、色白者为佳。”

《中华本草》（1999 年）：“以鳞叶均匀、肉厚、质硬、筋少、色白、味微苦者为佳。”

《新编中药志》（2002 年）：“均以肉厚、质硬、色白者为好。”

《500 味常用中药材的经验鉴别》（2002 年）：“以鳞片均匀肉厚，色黄白，质硬、脆，无黑片、油片者为佳品。”

《金世元中药材传统鉴别经验》（2010 年）：“以肉厚、色白、质坚、味苦者为佳。”

《全国中草药汇编》（第三版）（2014 年）：“肉厚、质硬、色白者为佳。”

通过以上文献可知，百合主要是以品种、味道、产地和功效来区别药材的品质，但古代文献和现代文献对其品质的评价有所差异。

在品种上：大多数古代文献记载白花类（考证为百合 *Lilium brownii* F. E. Brown var. *viridulum* Baker）为正品，品质好，宜入药；红花类［考证为山丹（细叶百合）*Lilium pumilum* DC. 或渥丹 *Lilium concolor* Salisb.］作为百合入药则多有争论，但可以肯定的是即使作为百合使用，也不及百合 *L. brownii* F. E. Brown var. *viridulum* Baker 质量好；红黄花类（考证为卷丹 *L. lancifolium* Thunb.）则不能作为百合使用。现代文献则记载百合、卷丹和山丹三个品种均为百合药材正品，2015 年版《中国药典》记载百合药材来源为百合科百合属植物卷丹 *L. lancifolium* Thunb、百合 *L. brownii* F. E.

Brown var. *viridulum* Baker 或细叶百合 *L. pumilum* DC. 的干燥肉质鳞叶。

在味道上：古代文献记载味甜者质量好，可用，味苦者质差不可用；现代文献记载味苦者为佳。

从产地上：古代文献记载以产自安徽滁州，甘肃成县，湖北荆州，河南登封，湖南湘潭、邵阳等地为好；现代文献记载以湖南产品质为好。

从功效上：古代文献记载百合 *L. brownii* F. E. Brown var. *viridulum* Baker 有补益脾肺作用，山丹主用于外科或散瘀血，同用功效也不及百合，卷丹不堪入药，甚至有害。现代文献则记载三个品种功效无差异。

从形态上：古代文献记载以根“肥”为好，以根肥、色白、味甘者为最佳。与现代文献记载“以肉厚、质硬、色白者为佳”比较一致。

综上，百合在我国分布较广，历代对于百合的规格等级划分强调品种和产地质量，综合文献资料和实地调查结果，以湖南所产百合药材为主，以品种基原分为“卷丹百合”“龙牙百合”两个规格，在此基础上根据百合药材鳞叶片的大小进行评价和分级。

ICS 11.120.10
C 10/29

团体标准

T/CACM 1021.22—2018
代替T/CACM 1021.51—2017

中药材商品规格等级　淫羊藿

Commercial grades for Chinese materia medica

EPIMEDII FOLIUM

2018-12-03 发布　　2018-12-03 实施

中华中医药学会　发布

目　次

前　　言

T/CACM 1021《中药材商品规格等级》标准分为 226 个部分：

——第 1 部分：中药材商品规格等级标准编制通则；

……

——第 21 部分：中药材商品规格等级　百合；

——第 22 部分：中药材商品规格等级　淫羊藿；

——第 23 部分：中药材商品规格等级　羌活；

……

——第 226 部分：中药材商品规格等级　玄明粉。

本部分为 T/CACM 1021 的第 22 部分。

本部分代替 T/CACM 1021. 51—2017。

本部分按照 GB/T 1. 1—2009《标准化工作导则　第 1 部分：标准的结构和编写》给出的规则起草。

本部分代替 T/CACM 1021. 51—2017，与 T/CACM 1021. 51—2017 相比较，标准编号进行了调整，并重新进行了编辑。

本部分由中药材商品规格等级标准研究技术中心及道地药材国家重点实验室培育基地提出。

本部分由中华中医药学会归口。

本部分起草单位：中山市中智药业集团有限公司、中国中医科学院中药资源中心、中药材商品规格等级标准研究技术中心、北京联合大学、重庆三峡云海药业有限责任公司、浙江寿仙谷医药股份有限公司、北京中研百草检测认证有限公司。

本部分主要起草人：马宏亮、黄璐琦、郭兰萍、詹志来、张元、张燕、王铁霖、王吉文、李明焱、王瑛、贾世清、邹隆琼、高建云。

本部分所代替标准的历次版本发布情况为：

——T/CACM 1021. 51—2017。

中药材商品规格等级　淫羊藿

1　范围

本部分规定了淫羊藿的商品规格等级。

本部分适用于淫羊藿药材生产、流通以及使用过程中的商品规格等级评价。

2　规范性引用文件

下列文件对于本部分的应用是必不可少的。凡是注明日期的引用文件，仅所注明日期的版本适用于本部分。凡是不注明日期的引用文件，其最新版本（包括所有的修改版本）适用于本部分。

T/CACM 1021.1—2016 中药材商品规格等级编制通则

3　术语和定义

T/CACM 1021.1—2016 以及下列术语和定义适用于本部分。

3.1

淫羊藿　EPIMEDII FOLIUM

本品为小檗科植物淫羊藿 *Epimedium brevicornu* Maxim.、箭叶淫羊藿 *Epimedium sagittatum*（Sieb. et Zucc.）Maxim、柔毛淫羊藿 *Epimedium pubescens* Maxim.、朝鲜淫羊藿 *Epimedium koreanum* Nakai 的干燥叶。夏、秋季茎叶茂盛时采收，晒干或阴干。

3.2

小叶淫羊藿　*xiaoyeyinyanghuo*

来源为小檗科植物淫羊藿 *Epimedium brevicornu* Maxim. 的干燥叶，按性状特征，习称“小叶淫羊藿”。

3.3

大叶淫羊藿　*dayeyinyanghuo*

来源为小檗科植物箭叶淫羊藿 *Epimedium sagittatum*（Sieb. et Zucc.）Maxim、柔毛淫羊藿 *Epimedium pubescens* Maxim.、朝鲜淫羊藿 *Epimedium koreanum* Nakai 的干燥叶，按性状特征，习称“大叶淫羊藿”。

3.4

叶占比　leaves proportion

叶片及小叶柄重量之和占样品总重量的百分比。

3.5

碎叶占比　crushed leaves proportion

完整度小于三分之一的叶片与脱落小叶柄重量之和占样品总重量的百分比。

4　规格等级划分

根据市场流通情况，将淫羊藿药材分为“小叶淫羊藿”“大叶淫羊藿”两个规格；在规格项下，根据叶片色泽、叶占比、碎叶占比进行等级划分。应符合表1要求。

表1　规格等级划分

<table>
<tr><th rowspan="2">规格</th><th rowspan="2">等级</th><th colspan="2">性状描述</th></tr>
<tr><th>共同点</th><th>区别点</th></tr>
<tr><td rowspan="2">小叶淫羊藿</td><td>一等</td><td rowspan="2">二回三出复叶；小叶片卵圆形，叶长与宽近相等，长 3 ~ 8cm，宽 2 ~ 6cm；先端微尖，顶端小叶基部心形，两侧小叶较小，偏心形，外侧较大，呈耳状，边缘具黄色刺毛状细锯齿；叶下表面灰绿，主脉 7 ~ 9 条，基部有稀疏细长毛，细脉两面突起，网脉明显；小叶柄长 1 ~ 5cm。叶片近革质。气微，味微苦</td><td>叶上表面呈青绿至黄绿色。叶占比≥90%，碎叶占比≤1%</td></tr>
<tr><td>二等</td><td>叶上表面呈淡绿色至淡黄绿色。80%≤叶占比<90%，1%<碎叶占比≤2%</td></tr>
<tr><td rowspan="3">大叶淫羊藿</td><td>一等</td><td rowspan="3">朝鲜淫羊藿二回三出复叶，小叶片较淫羊藿大，长 4 ~ 10cm，宽 3.5 ~ 7cm。顶端小叶片卵状心形，两侧叶片基部明显不对称，叶缘具细刺状锯齿，叶下表面灰绿色，小叶柄长 2 ~ 7.5cm。叶片较薄。柔毛淫羊藿，一回三出复叶，小叶片卵状披针形，长宽比约 2∶1，长 4 ~ 13cm，宽 3 ~ 8cm，近革质。叶下表面及叶柄处密被绒毛状短柔毛，小叶柄长 3 ~ 7cm。箭叶淫羊藿三出复叶，小叶片长卵形至卵状披针形，长 4 ~ 12cm，宽 2.5 ~ 5cm，先端渐尖，两侧小叶基部明显偏斜，外侧呈箭形。下表面疏被粗短伏毛或近无毛。小叶柄长 4 ~ 18cm，叶片革质。气微，味微苦</td><td>叶新鲜，上表面呈绿色至深绿色。叶占比≥85%，碎叶占比≤1%</td></tr>
<tr><td>二等</td><td>叶上表面呈淡绿色至黄绿色。75%≤叶占比<85%，1%<碎叶占比≤2%</td></tr>
<tr><td>统货</td><td>70%≤叶占比<75%，2%<碎叶占比≤3.5%</td></tr>
<tr><td colspan="4">注 1：市场另有淫羊藿陈货，叶片色泽基本转变为黄色或褐色，质地软化，此类商品质量差，不在本规格等级范围内，注意区分。
注 2：市场尚有同属近缘物种混杂情况，应注意仔细鉴别。
注 3：关于淫羊藿材历史产区沿革参见附录 A。
注 4：关于淫羊藿药材品质评价沿革参见附录 B。</td></tr>
</table>

5　要求

除符合 T/CACM 1021.1—2016 的第 7 章规定外，还应符合下列要求：

——无虫蛀；

——无霉变；

——杂质不得过 3%。

附录 A
（资料性附录）
淫羊藿药材历史产区沿革

淫羊藿最早记载于秦汉时期的《神农本草经》中，仅载“一名刚前。生山谷”，未明确具体位置。

魏晋时期的《名医别录》中记载：“生上郡阳山。”上郡阳山为今陕西西北部及内蒙古乌审旗。

唐代《新修本草》：“生上郡阳山山谷。薯蓣为之使。服此使人好为阴阳。西川北部有淫羊，一日百遍合，盖食藿所致，故名淫羊藿。”上郡阳山与《名医别录》描述一致，增加了西川北部即四川西北地区。

宋代的《图经本草》中记载：“淫羊藿，俗名仙灵脾。生上郡阳山山谷，今江东（即今江苏、浙江、江西）、陕西（即今陕西、宁夏、山西、河南、甘肃）、泰山（山东泰安）、汉中（陕西汉中）、湖湘（湖南）间皆有之。”可见到宋代，淫羊藿产地记载已逐步完善，其描述产地至今仍为淫羊藿主产区。

北宋的《证类本草》附图描述有“永康军（四川灌县）淫羊藿”与“沂州（山东临沂）淫羊藿”，其中沂州（山东临沂）所附图并非淫羊藿属植物，且该地区至今未发现过淫羊藿属植物。

明代《本草纲目》记载：“今密县（今河南）山野中亦有。”

明代《救荒本草》：“仙灵脾。本草名淫羊藿一名刚前……生上郡阳山山谷及江东（即今江苏、浙江、江西）、陕西（即今陕西、宁夏、山西、河南、甘肃）、泰山（山东泰安）、汉中（陕西汉中）、湖湘（湖南）、汾州等郡并永康军皆有之，今密县（今河南）山野中亦有。”与前述本草有关产地描述一致。

清代《植物名实图考》：“近在湘西原（即今湖南），密县（今河南）山中有之，滇大理府（云南大理）亦产，不止汉中诸郡，郄车而载。”说明在云南也产淫羊藿。

清《本草述钩元》：“江东、陕西、汉中、湖湘间皆有之。生大山中。”与前述产地相同。

《中药材商品规格质量鉴别》：“淫羊藿：主产于陕西、山西、广西，此外河南、湖南、安徽、甘肃、宁夏、青海、新疆等地亦产。箭叶淫羊藿：主产于湖北、四川、浙江、云南、贵州、安徽、陕西、江西、福建、广东、广西等地。朝鲜淫羊藿：产于辽宁、吉林、黑龙江、山东、陕西、河南、湖北等地。柔毛淫羊藿：产于陕西、甘肃、湖北、四川、贵州等地。巫山淫羊藿：产于陕西、四川、贵州、河南、湖北等地。”

《中国药材学》收载：“箭叶淫羊藿 主产于湖北、四川、浙江；云南、贵州、安徽陕西等地亦产。朝鲜淫羊藿 主产于陕西、湖南、辽宁；吉林、黑龙江、广东、广西、福建、江西、河南等地亦产。淫羊藿 主产于山西、广西；湖南、安徽、甘肃等地亦产。”

《中华本草》收载：“1. 淫羊藿 主产于陕西、山西、安徽、河南、广西；宁夏、甘肃、湖南亦产。销全国各地并出口。2. 箭叶淫羊藿 主产于湖北、四川、浙江、湖南、陕西、江西；安徽、福建、宁夏、青海、贵州、山东、山西亦产。销全国各地并出口。3. 巫山淫羊藿 主产于陕西、四川、贵州；湖北、河南亦产。4. 朝鲜淫羊藿 主产于辽宁、吉林；黑龙江、山东、陕西、河南亦产。销全国各地并出口。5. 柔毛淫羊藿 主产于四川；陕西、湖北亦产。”

《新编中药志》收载：“1. 淫羊藿（习称小叶淫羊藿）主产于陕西、山西、安徽、河南、广西；此外湖南、安徽、甘肃等地亦产。销全国各地并出口。2. 箭叶淫羊藿 主产于湖北、四川、浙江；此外云南、贵州、安徽、陕西等地亦产。销全国各地并出口。3. 巫山淫羊藿 主产于陕西、四川、贵州；此外湖北、河南亦产。4. 朝鲜淫羊藿（习称大叶淫羊藿）主产于辽宁、吉林、黑龙江；此外山东、陕西、湖南、河南等地亦产。销全国各地并出口。5. 柔毛淫羊藿 主产于四川；此外陕西、湖北亦产。"

《500 味常用中药材的经验鉴别》收载："淫羊藿商品多来源于野生。淫羊藿主产于陕西、广西，此外，河南、湖南、安徽、甘肃、宁夏、青海、新疆等省区亦产；箭叶淫羊藿主产于湖北、四川、浙江、云南、贵州、安徽、陕西、江西、福建、广西、广东等省区；朝鲜淫羊藿主产于辽宁、吉林、黑龙江、山东、陕西、河南、湖北等省；柔毛淫羊藿主产于陕西、甘肃、湖北、四川、贵州等省；巫山淫羊藿主产于陕西、四川、贵州、河南、湖北等省。"

《中药品种品质与药效》："主产陕西、山西、湖北、四川、辽宁等省。"

《中华药海》收载："淫羊藿 *Epimedium grandiflorum* Morr. 分布黑龙江、吉林、辽宁、贵州、陕西、甘肃。心叶淫羊藿 *Epimedium brevicornu* Maxim. 分布山西、陕西、甘肃、青海、广西、湖南、安徽等地。箭叶淫羊藿 *Epimedium sagittatum*（Sieb. et Zucc.）Maxim. 分布浙江、安徽、江西、湖北、四川、台湾、福建、广东、广西等地。"

《中药材传统鉴别经验》收载："主产于陕西、山西、湖北、四川、辽宁等地。"

淫羊藿最早记载生于"上郡阳山（即今陕西西北部及内蒙古乌审旗）"，本草中未对淫羊藿基原进行划分，宋代开始对于淫羊藿产地的记载已相当完善，笼统记载分布于江东（即今江苏、浙江、江西）、陕西（即今陕西、宁夏、山西、河南、甘肃）、泰山（山东泰安）、汉中（陕西汉中）、湖湘（湖南）、永康军（四川灌县）等地。直至清代增加了滇大理府（云南大理）亦产，说明在云南也产淫羊藿。可见古代本草中记载淫羊藿产地分布极广，几乎遍布全国。

淫羊藿在现代书籍记载中开始根据品种分别描述：淫羊藿主产于陕西、山西、广西，此外，河南、湖南、安徽、甘肃、宁夏、青海、新疆等省区亦产；箭叶淫羊藿主产于湖北、四川、浙江、云南、贵州、安徽、陕西、江西、福建、广西、广东等省区；朝鲜淫羊藿主产于辽宁、吉林、黑龙江、山东、陕西、河南、湖北等省；柔毛淫羊藿主产于陕西、甘肃、湖北、四川、贵州等省；巫山淫羊藿主产于陕西、四川、贵州、河南、湖北等省。总体上，现代有关产地记载包含了古代淫羊藿产区，说明从古至今淫羊藿产区变化不大，且药用均为野生资源，并未出现依据产地进行规格等级划分的记载。

附录 B

（资料性附录）

淫羊藿药材品质评价沿革

历代本草对淫羊藿品质评价较少。明代《本草纲目》引《蜀本草》“言生处不闻水声者，良”，其描述生长在远离水源处的淫羊藿质量较好。清代的《炮炙全书》中记载：“淫羊藿，今之碇草也，山谷多有之，自清来货者，皆陈久之物，殊乏气味，不堪用。五六月采之，阴干，色青味全。”表明五六月份采收阴干的淫羊藿颜色、气味皆较佳，而放置过久的淫羊藿品质差，不宜用。

1963 年版《中国药典》一部收载：“以梗少、叶多、色黄绿、不破损者为佳。”认为叶片部位占比大且完整，色泽黄绿，看上去新鲜的淫羊藿品质为好。

1977 年版《中国药典》一部收载：“均以叶多、色黄绿者为佳。”认为叶部位占比大，色泽黄绿，新鲜的淫羊藿品质佳。

《中药材商品规格质量鉴别》：“商品淫羊藿以叶片多，不带根头者为好，习惯认为淫羊藿、箭叶淫羊藿质量为佳，其他三种质一般，但疗效相同。”

《中国药材学》载：“本品以叶多、色黄绿、不碎者为佳。”

《中华本草》收载：“均以无根茎、叶片多、色带绿者为佳。”

《新编中药志》收载 ：“均以叶多、色黄绿者为佳。”

《500 味常用中药材的经验鉴别》收载：“商品淫羊藿以叶片多、不带根头者为好。习惯认为淫羊藿、箭叶淫羊藿质量为佳，其他三种品质一般，但疗效相同。”

《中药品种品质与药效》收载：“传统以无根茎、叶片多、色带绿者为佳。”

《北京市中药饮片炮制规范》载：“以叶多、色黄绿、完整者为佳。”

《中华药海》收载：“均以叶色青绿，叶片整齐不碎者为佳。”

《中药材传统鉴别经验》收载：“以色青、无枝梗、叶整齐不碎者为佳。”

古代本草从淫羊藿生长环境、采收时间以及加工方法评价了其品质，认为生长在远离水源，五六月采收并阴干的淫羊藿品质较好，并说明贮藏日久的淫羊藿品质差，不宜药用。近代书籍主要从其外观对淫羊藿品质进行了评价，说明无根茎、叶片多、色黄绿、整齐不破碎者品质佳，同时有部分书籍认为淫羊藿、箭叶淫羊藿质量为佳，其他品种品质一般，但疗效相同。

综上，历代对于淫羊藿的规格等级划分主要以品种结合性状，如叶片性状、药用部位叶占比、色泽等进行评价，为制定淫羊藿商品规格等级标准提供了依据。

ICS 11.120.01
C 23

团　体　标　准

T/CACM 1021.23—2018
代替T/CACM 1021.216—2018

中药材商品规格等级　羌活

Commercial grades for Chinese materia medica

NOTOPTERYGII RHIZOMA ET RADIX

2018-12-03 发布　　2018-12-03 实施

中华中医药学会　发布

目　次

前　　言

T/CACM 1021《中药材商品规格等级》标准分为226个部分：

——第1部分：中药材商品规格等级标准编制通则；

……

——第22部分：中药材商品规格等级　淫羊藿；

——第23部分：中药材商品规格等级　羌活；

——第24部分：中药材商品规格等级　浙贝母；

……

——第226部分：中药材商品规格等级　玄明粉。

本部分为T/CACM 1021的第23部分。

本部分代替T/CACM 1021.216—2018。

本部分按照GB/T 1.1—2009《标准化工作导则　第1部分：标准的结构和编写》给出的规则起草。

本部分代替T/CACM 1021.216—2018，与T/CACM 1021.216—2018相比较，标准编号进行了调整，并重新进行了编辑。

本部分由中药材商品规格等级标准研究技术中心及道地药材国家重点实验室培育基地提出。

本部分由中华中医药学会归口。

本部分起草单位：四川省中医药科学院、中国中医科学院中药资源中心、中药材商品规格等级标准研究技术中心、北京中研百草检测认证有限公司。

本部分主要起草人：蒋舜媛、黄璐琦、郭兰萍、孙辉、孙洪兵、杜玖珍、蒋桂华、金艳、詹志来、周毅、王红兰、马逾英、朱文涛、杨光。

本部分所代替标准的历次版本发布情况为：

——T/CACM 1021.216—2018。

中药材商品规格等级　羌活

1　范围

本部分规定了羌活的商品规格等级。

本部分适用于羌活药材生产、流通以及使用过程中的商品规格等级评价。

2　规范性引用文件

下列文件对于本部分的应用是必不可少的。凡是注明日期的引用文件，仅所注明日期的版本适用于本部分。凡是不注明日期的引用文件，其最新版本（包括所有的修改版本）适用于本部分。

T/CACM 1021.1—2016 中药材商品规格等级编制通则

3　术语和定义

T/CACM 1021.1—2016 以及下列术语和定义适用于本部分。

3.1

羌活　NOTOPTERYGII RHIZOMA ET RADIX

本品为伞形科植物羌活 *Notopterygium incisum* Ting ex H. T. Chang 或宽叶羌活 *Notopterygium franchetii* H. de Boiss. 的干燥根茎和根。春、秋二季采挖，除去须根及泥沙，晒干或烘干。

3.2

蚕羌　*canqiang*

来源于植物羌活或宽叶羌活的根茎，以羌活为主，呈粗短的圆柱形，茎节密集而隆起，顶端残留圆形茎基，全形如蚕。

3.3

大头羌　*datouqiang*

主要来源于植物羌活或宽叶羌活地下部分中环节显著膨大的根茎或茎根结合体的统称，粗大，呈不规则结节状，顶端有数个残留茎基，尾端多根分枝，又称“头羌”。

3.4

竹节羌　*zhujieqiang*

主要来源于植物羌活节间不缩短、似竹节状的横卧根茎。

3.5

牛尾羌　*niuweiqiang*

主要来源于植物羌活或宽叶羌活的主根及次级根，有纵纹及瘤状突起的须根痕，近茎处粗大，呈不规则结节状，有细横纹，似牛尾状，又称“尾羌”。

3.6

条羌　*tiaoqiang*

主要为长条圆柱状的羌活药材，包括来源于根的牛尾羌和来源于根茎的竹节羌。

3.7

川羌　*chuanqiang*

主产四川省阿坝州、甘孜州各县、绵阳平武、北川，及毗邻的甘肃迭部，青海久治、班玛、玉树等地的野生羌活，植物来源为高海拔区域产的植物羌活，规格分蚕羌、大头羌、条羌，其中，条羌含有竹节羌和牛尾羌。

3.8

西羌　*xiqiang*

主产西北地区，青海（西宁、民和、湟中等地）、甘肃（岷县、临夏、武威等地）的野生羌活，植物来源主要为较低海拔区域的宽叶羌活，规格多为大头羌、条羌，仅产少量蚕羌，条羌主要为牛尾羌。

3.9

栽培羌活 *zaipeiqianghuo*

以羌活为植物基原的栽培品。

3.10

栽培宽叶羌活 *zaipeikuanyeqianghuo*

以宽叶羌活为植物基原的栽培品。

4 规格等级划分

根据生长模式的不同将羌活药材分为“野生羌活”“栽培羌活”“栽培宽叶羌活”三大规格。野生药材按市场交易习惯划分为“选货”和“统货”，在“选货”项下，根据药材质量差异进行等级划分；栽培药材不划分等级。应符合表1要求。

表1 规格等级划分

<table>
<tr><th rowspan="2">规格</th><th rowspan="2" colspan="2">等级</th><th colspan="6">性状描述</th></tr>
<tr><th>部位及形状大小</th><th>颜色</th><th>质地</th><th>断面</th><th>气</th><th>味</th></tr>
<tr><td rowspan="4">野生羌活</td><td rowspan="3">选货</td><td>一等（蚕羌）</td><td>呈圆柱形的根茎，全体环节紧密，似蚕状。多数顶端具茎痕。长≥3.5cm，顶端直径≥1cm</td><td>表面黑褐色，皮部棕黄色，木质部和髓呈棕黄色和棕褐色</td><td>质硬脆，易折断</td><td>不平整，呈棕、紫、黄白色相间的纹理。多裂隙，皮部油润，有棕色油点，射线明显</td><td>芳香而浓郁</td><td rowspan="3">微苦而辛</td></tr>
<tr><td>二等（大头羌）</td><td>呈瘤状突起的粗大根茎，不规则结节状，顶端有数个茎基。大小不分</td><td>表面棕褐色。皮部棕褐色，木质部黄白色，髓呈黄棕色</td><td>质硬，不易折断</td><td>不整齐，具棕黄色相间的纹理。皮部油润，有棕色油点。相邻根茎组织相接</td><td>清香</td></tr>
<tr><td>三等（条羌）</td><td>呈长条状根茎或根，长短不一。根茎形如竹节，节间细长，习称竹节羌；主根形如牛尾状，习称牛尾羌</td><td>表面灰褐色，多纵纹。皮部棕黄色，木质部和髓呈黄白色</td><td>质松脆，体轻，易折断</td><td>略平坦，皮部有多数裂隙，木部，射线明显。竹节羌皮部与木部常分离，中心髓常空心；牛尾羌木部中心为实心。</td><td>香气较淡</td></tr>
<tr><td colspan="2">统货</td><td colspan="6">呈圆柱状、条状或不规则结节状的根茎或根，表面棕褐色至黑褐色，香气浓郁而特异，味苦辛。不分形状大小</td></tr>
</table>

续表

规格	等级	性状描述					
		部位及形状大小	颜色	质地	断面	气	味
栽培羌活	统货	根及根茎呈不规则结节状，主根不明显，其周围着生多数圆柱状不定根，具纵皱纹，有较密集的皮孔和瘤状突起。3年生以上，不分大小	表面深褐色或褐色，表皮脱落处呈灰橙色，皮部呈浅棕色，木部呈灰黄色	体轻质脆、易折断	不平整，皮部有多数裂隙，木部射线明显。皮部较油润，棕色油点明显	芳香	微苦而辛
栽培宽叶羌活	统货	根及根茎呈不规则结节状，主根较明显，类圆锥状，其周围着生少数或多数圆柱状不定根，主根中下部具多数细圆柱状侧根，有稀疏的皮孔和纵皱纹。3年生以上，不分大小	表面呈棕色或浅褐色，表皮脱落处呈灰白色灰黄色相间，皮部呈灰白色偶有褐色，木部呈灰黄色		不平整，皮部有多数裂隙，木部射线明显。油点呈黄棕色或浅棕色	香气较淡	

注1：川羌和西羌中均存在蚕羌、大头羌和条羌这三种规格。

注2：野生羌活质量等级划分经验：按规格划分，以蚕羌质优，条羌最次；按产地划分，以川产羌活品质最佳；按药材储存年限划分，当季采挖药材品质最佳；按产地加工方式划分，以晒干处理的药材品质最佳。

注3：栽培羌活、栽培宽叶羌活外观性状与野生药材区别明显，尤以根茎不明显、须根繁多等特征显著。栽培宽叶羌活个体较大，气、味较淡，质量不以个体大小区分，其商品形态在部分药材市场主要以切片加工品的形式出现。

注4：栽培羌活、栽培宽叶羌活的商品规格描述与野生羌活（蚕羌、大头羌、条羌等）迥异，药典中暂未收录。

注5：关于羌活药材历史产区沿革参见附录A。

注6：关于羌活药材品质评价沿革参见附录B。

5 要求

除应符合 T/CACM 1021.1—2016 的第7章规定外，还应符合下列要求：

——无变色；

——无走油；

——无虫蛀；

——无霉变；

——杂质不得过3%。

附录 A

(资料性附录)

羌活药材历史产区沿革

羌活药用始载于《神农本草经》，作为异名置于独活项下，言“独活，味苦，平。主风寒所击，金疮，止痛，贲豚，痫痓，女子疝瘕。久服，轻身、耐老。一名羌活，一名羌青，一名护羌使者。生川谷”。《名医别录》“生雍州或陇西南安”。

南北朝梁代《本草经集注》首次将羌活的性状、产地与独活分开描述，曰“一名羌活，一名羌青，一名护羌使者，一名胡王使者……生雍州川谷，或陇西南安。……此州郡县并是羌活”。

唐代《千金翼方》“药出州土第三，陇右道，宕州（今宕昌、舟曲等地）：独活；剑南道 茂州：羌活”。

宋代《本草图经》：“出雍州川谷或陇西南安，今蜀汉出者佳。”附图：宁化军羌活、文州羌活。

宋《证类本草》：“生雍州川谷，或陇西南安。二月、八月采根，曝干。”

明代《本草蒙筌》：“多出川蜀，亦产陇西。”明《本草原始》：“亦产雍州川谷及陇西南安、益州北郡。此州县并是羌地，故此草以羌名。……以羌中来者为良。”明《本草乘雅半偈》称独活、羌活“出蜀汉、西羌者良……在羌名羌活”。

清代《本草崇原》：“羌活始出雍州川谷及陇西南安，今以蜀汉、西羌所出者为佳。……后人以独活而出于西羌者，名羌活。……羌活色紫赤，节密轻虚。羌活之中复分优劣，西蜀产者，性优。”清《本经逢原》：“羌活生于羌胡雍州，陇西西川皆有之。”

民国《药物出产辨》记载：“【羌活】产四川打箭炉、灌县、龙安府、江油县等处为佳，陕西次之，云南又次之。”

《常用中药材品种整理和质量研究》（1999 年）南方协作组第三册中记载“羌活是四川的地道药材，又称‘川羌活’。主产四川的阿坝、甘孜两州及凉山地区”，主要分布在四川、青海、甘肃、西藏、云南等省，多生长在海拔 2500 ~ 4200m，最高可达 5000m 左右的高山山区，以 3000 多米分布最多；宽叶羌活主要分布在四川、青海、甘肃、西藏，海拔 1700 ~ 3000m，以 2000 多米分布最多。宽叶羌活分布上线与羌活分布下线地域，是两种羌活的混生区。

《中华本草》（1998 年）记载羌活分布于陕西、甘肃、青海、四川、西藏等地；宽叶羌活分布于内蒙古、山西、陕西、宁夏、甘肃、青海、湖北、四川等地。

附录 B
（资料性附录）
羌活药材品质评价沿革

1963 年版《中国药典》："以条粗壮、有隆起曲折环纹、断面质紧密、朱砂点多、香气浓郁者为佳。条细长、环节稀疏、质松脆、断面朱砂点不明显者质次。"

1977 年版《中国药典》："按性状不同分为'蚕羌'、'条羌'等。""均以条粗、表面色棕褐、断面朱砂点多、香气浓者为佳。"

《七十六种药材商品规格标准》（1983 年）："羌活分为川羌和西羌两种。川羌系指四川的阿坝、甘孜等地所产的羌活。西羌系指甘肃、青海所产的羌活。其他各地所产的羌活，可根据以上两种羌活的品质、形态，近于那种即按那种分等。"川羌规格标准分：一等（蚕羌）、二等（条羌）；西羌规格标准分：一等（蚕羌）、二等（大头羌）、三等（条羌）。

《中国常用中药材》（1995 年，中国药材公司）："一般认为蚕羌的品质最优，有竹节羌的较次，大头羌、条羌更次。""羌活分川羌、西羌两个品别，共五个等级。"川羌分一等（蚕羌）、二等（条羌），西羌分一等（蚕羌）、二等（大头羌）、三等（条羌）。

《常用中药鉴定大全》（1997 年）："历史规格分档 按产地分为川羌和西羌 2 大类。""现行规格标志 由于性状不同，分为蚕羌、条羌、竹节羌、疙瘩头、大头羌等，一般认为蚕羌质优，条羌和竹节羌次之，大头羌、疙瘩头最差。"具体分①川羌：一等（蚕羌）长 3.5cm 以上，顶端直径 1cm 以上；二等（条蚕）长短、大小不分；②西羌一等（蚕羌），二等（大头羌）三等（条羌）；③ 出口品分为蚕羌、羌王、副羌 3 级。

综上，羌活主要集中分布于四川、青海、甘肃等地，也是药材主产区。历代本草主要依据羌活产地、药材颜色、形状及气味等进行药材品质评价。自唐代开始，四川逐渐成为羌活的道地产区，宋代始指出"今蜀汉出者佳"，清代指出"羌活之中复分优劣，西蜀产者，性优"，视"色紫节密"和"气息猛烈"者为羌活特征，且品质最佳。近代植物分类研究发现羌活属为中国特有属，《中国药典》根据历史使用渊源和地缘范围等因素确定羌活和宽叶羌活为羌活药材的来源。本次制定羌活商品规格等级标准是在参照历史文献和市场调查中基于传统经验鉴别指标的羌活商品规格等级划分的基础上，结合与品质关联的现代化学指标的相关性研究结果为依据，对羌活药材野生品进行评价、分级，再参照野生药材的质量评价指标对栽培品进行评价。

ICS 11.120.01
C 23

团 体 标 准

T/CACM 1021.24—2018
代替T/CACM 1021.217—2018

中药材商品规格等级　浙贝母

Commercial grades for Chinese medicinal materials

FRITILLARIAE THUNBERGII BULBUS

2018-12-03 发布　　　　2018-12-03 实施

中 华 中 医 药 学 会　发布

目　次

前　言

T/CACM 1021《中药材商品规格等级》标准分为226个部分：

——第1部分：中药材商品规格等级标准编制通则；

……

——第23部分：中药材商品规格等级　羌活；

——第24部分：中药材商品规格等级　浙贝母；

——第25部分：中药材商品规格等级　杜仲；

……

——第226部分：中药材商品规格等级　玄明粉。

本部分为T/CACM 1021的第24部分。

本部分代替T/CACM 1021.217—2018。

本部分按照GB/T 1.1—2009《标准化工作导则　第1部分：标准的结构和编写》给出的规则起草。

本部分代替T/CACM 1021.217—2018，与T/CACM 1021.217—2018相比较，标准编号进行了调整，并重新进行了编辑。

本部分由中药材商品规格等级标准研究技术中心及道地药材国家重点实验室培育基地提出。

本部分由中华中医药学会归口。

本部分起草单位：浙江中医药大学、中国中医科学院中药资源中心、天津大学、浙江寿仙谷医药股份有限公司、中药材商品规格等级标准研究技术中心、北京中研百草检测认证有限公司。

本部分主要起草人：张春椿、李石清、沈晨薇、黄璐琦、郭兰萍、詹志来、张水利、俞冰、高文远、郑化先、徐靖、张婷、袁强、范慧艳。

本部分所代替标准的历次版本发布情况为：

——T/CACM 1021.217—2018。

中药材商品规格等级　浙贝母

1　范围

本部分规定了浙贝母的商品规格等级。

本部分适用于浙贝母药材生产、流通以及使用过程中的商品规格等级评价。

2　规范性引用文件

下列文件对于本部分的应用是必不可少的。凡是注明日期的引用文件，仅所注明日期的版本适用于本部分。凡是不注明日期的引用文件，其最新版本（包括所有的修改版本）适用于本部分。

T/CACM 1021.1—2016 中药材商品规格等级编制通则

3　术语和定义

T/CACM 1021.1—2016 以及下列术语和定义适用于本部分。

3.1

浙贝母　FRITILLARIAE THUNBERGII BULBUS

本品为百合科植物浙贝母 *Fritillaria thunbergii* Miq. 的干燥鳞茎。初夏植株枯萎时采挖，洗净。

3.2

大贝　*dabei*

初夏采挖，洗净，大者摘去芯芽，称“大贝”。拌以煅过的贝壳粉，吸去撞出的浆汁，干燥。

3.3

珠贝　*zhubei*

初夏采挖，洗净，小者不摘芯芽，称“珠贝”。拌以煅过的贝壳粉，吸去撞出的浆汁，干燥。

3.4

统货　*tonghuo*

对浙贝母药材不按形状、长短、厚度，以及有效成分含量进行区分。

4　规格等级划分

根据不同采收时期和不同的产地加工方法，将浙贝母药材分成浙贝片和珠贝两个规格；在规格项下，根据上中部直径、单个重量等进行等级划分。应符合表 1 要求。

表1　规格等级划分

规格	等级	性状描述	
		共同点	区别点
浙贝片	特级	鳞茎外层的单瓣鳞叶切成的片，椭圆形或类圆形。边缘表面淡黄色或淡黄白色。质脆，易折断，断面粉白色或类白色，富粉性。气微，味微苦	直径≥3.0cm； 均匀度≥90%； 边缘表面淡黄白色，断面粉白色
	一级		直径在2.5~3.0cm； 均匀度在75%~90%； 边缘表面淡黄白色至淡黄色，断面粉白色至类白色
	二级		直径在2.0~2.5cm； 均匀度在60%~75%； 边缘表面淡黄白色至淡黄色，断面粉白色至类白色
	统货		直径≤2.0cm； 均匀度≤60%； 边缘表面淡黄色，断面类白色
珠贝	特级	完整的鳞茎，扁圆形。表面类白色、淡黄白色，外层鳞叶2瓣，肥厚，略似肾形，互相抱合，内有小鳞叶2~3枚和干缩的残茎。气微，味微苦	直径≥3.0cm； 均匀度≥90%； 表面类白色
	一级		直径在2.5~3.0cm； 均匀度在75%~90%； 表面类白色至淡黄白色
	二级		直径在2.0~2.5cm； 均匀度在60%~75%； 表面类白色至淡黄白色
	统货		直径≤2.0cm； 均匀度≤60%； 表面淡黄白色

注1：药典将浙贝母分为大贝、珠贝和浙贝片三类，当前药材市场主要以珠贝和浙贝片划分，大贝罕见。浙贝母规格主要按照大小进行划分，个头越大，等级越高。本次制定标准对宽/直径、杂质、均匀度进行了量化限制。

注2：市场上浙贝母分产地规格，有浙江产、江苏产、福建产等，浙江产占主流，药材稍粗壮，性状特征无显著区别。江苏南通亦是重要产区，浙江种苗基本来自江苏南通。

注3：浙贝母常见混淆品有皖贝母和湖北贝母，应注意区分。皖贝母，多瓣，大小悬殊，顶端闭合，底部突出。湖北贝母，两瓣，大小相近，相互抱合，顶端开口或闭合，底部突出或凹陷。

注4：关于浙贝母药材历史产区沿革参见附录A。

注5：关于浙贝母药材品质评价沿革参见附录B。

5　要求

除应符合T/CACM 1021.1—2016的第7章规定外，还应符合下列要求：

——无虫蛀；

——无霉变；

——无僵个；

——杂质不得过3%。

附录 A
（资料性附录）
浙贝母药材历史产区沿革

贝母在我国的应用与研究已有两千余年的历史，首载于秦汉时期《神农本草经》，列为中品，谓“气味辛、平、无毒。主伤寒烦热。淋沥邪气，喉痹、乳难、金创、风痉。一名空草”。但尚志钧等认为该书所记载的贝母应是葫芦科土贝母［*Bolbostemma. paniculatum*（Maxim）Franq.］，而汉末《名医别录》才是最早收载百合科贝母属植物入药的文献，“贝母，味苦，微寒，无毒。主治腹中结实，心下满，洗洗恶风寒，目眩项直，咳嗽上气，止烦热渴，出汗，安五脏，利筋骨”。

唐显庆四年（657 年）苏敬著《新修木草》记载：“贝母，其叶如大蒜，四月蒜熟时采，……出润州、荆州、襄州者最佳。江南诸州亦有。”其中润州即今江苏镇江。明·倪朱谟撰《本草汇言》记载：“贝母，开郁、下气、化痰之药也。润肺消痰，止咳定喘，则虚劳火结之证，……必以川者为妙。若解痈毒，破癥结，消实痰，敷恶疮，又以土者为佳。然川者味淡性优，土者味苦性劣，二者以区分用。”倪朱谟将浙江本地产的贝母称“土者”，四川产的称“川者”，至此，川、浙贝母始以产地冠名划分开来。

在此之前贝母不分种，至明万历一十四年（1596 年）《木草纲目》仍总称贝母。到清乾隆三十年（1765 年）赵学敏著《本草纲目拾遗》云：“浙贝出象山，俗称象贝母，皮糙味苦，独颗无瓣，顶圆心斜……”又引叶暗斋云：“宁波象山所出贝母，亦分两瓣。味苦而不甜，其顶平而不尖，不能如川贝之象荷花蕊也。象贝苦寒解毒，利痰开宣肺气。儿肺家挟风火有痰者宜此。”以上所述，川贝母、浙贝母之形态与现代所用川贝母、浙贝母完全一样。至此，川贝母与浙贝母明确分开。

据《浙江旧县志集成》中的《象山县志（中）》记载：“贝母乾隆志：邑产之最良者（邑：古时县的别称，指象山县）。道光志：象山出者象贝，异他处。……近象产甚少，所用浙贝皆鄞小溪产（小溪：指樟溪河一带，即从鄞江到密岩的皎口水库一带的沿河流域，包括樟村、鄞江等地区）。”道光年间（1821～1851 年）在鄞州鄞县四明山麓樟村、鄞江桥一带贝母大规模种植，成为浙贝母的主产地，由此“象贝”改称“浙贝”。中华人民共和国成立后，主产自浙江鄞县的贝母，被列为浙江八味名贵中药材之一，由浙江省医药局定名为“浙贝母”。

浙贝母的整个历史演进过程可以概括为从初期同名异物逐渐演变为单一类群的植物，继而又根据功效分为川贝母、浙贝母。目前，浙贝母（*Fritillaria thunbergii* Miq.）主要分布于中国，南朝鲜、日本也有少量栽培。浙贝母原产于浙江宁波象山，少有野生，野生资源分布于天目山脉。浙贝母药材主要来源于人工栽培，其主产地分布于浙江、江苏，福建、江西也有少量种植，其中浙江主产地主要有鄞州、磐安、缙云等地，江苏主产地主要有南通、苏州、泰州等地。

附录 B

（资料性附录）

浙贝母药材品质评价沿革

1949 年以前，国内市场上对药材的等级划分相当细，如浙贝母、白术、麦冬等分了六七个等级，1958 年后，药材公司对药材等级规格做了简化改革，使得原有等级减少了一半。

1984 年，中药材市场开放，国家医药管理局和卫生部颁发了《七十六种药材商品规格标准》，其中浙贝母分级方法只列了元宝贝和珠贝两种规格，但无等级划分，且主要根据浙贝母的外观形态进行划分，并无量化指标的体现。

1. 元宝贝规格标准：统货，干货。为鳞茎外层的单瓣片，呈半圆形；表面白色或黄白色；质坚实，断面粉白色；味甘微苦。无僵个、杂质、虫蛀、霉变。

2. 珠贝规格标准：统货，干货。为完整的鳞茎，呈扁圆形；断面白色或黄白色；质坚实断面粉白色；味甘微苦。大小不分，间有松块、僵个、次贝。无杂质、虫蛀、霉变。

2000 年，浙贝片也收入中国药典。

2015 年，修改后浙贝母规格分大贝、珠贝和浙贝片 3 种。

1. 大贝：为鳞茎外层的单瓣鳞叶，略呈新月形，高 1 ~2cm，直径 2 ~3. 5cm。外表面类白色至淡黄色，内表面白色或淡棕色，被有白色粉末。质硬而脆，易折断，断面白色至黄白色，富粉性。气微，味微苦。

2. 珠贝：为完整鳞茎，呈扁圆形，高 1 ~1. 5cm，直径 1 ~2. 5cm。表面类白色，外层鳞叶 2 瓣，肥厚，略似肾形，互相抱合，内有小鳞叶 2 ~3 枚和干缩的残茎。

3. 浙贝片：为鳞茎外层的单瓣鳞叶切成的片。椭圆形或类圆形，直径 1 ~2cm，边缘表面淡黄色，切面平坦，粉白色。质脆，易折断，断面粉白色，富粉性。

综上，历代对于浙贝母的规格划分强调产地质量、产地质量评价，浙贝母主要以产于浙江、江苏等地为好。性状质量评价，以传统分级指标“长宽/直径、杂质、均匀度”等进行量化，结合现代科学技术中内在质量指标（醇溶性浸出物、贝母辛、贝母素甲、贝母素乙）进行评价，为制定浙贝母商品规格等级标准提供了依据。

ICS 11.120.01
C 23

团 体 标 准

T/CACM 1021.25—2018
代替T/CACM 1021.116—2018

中药材商品规格等级 杜仲

Commercial grades for Chinese materia medica

EUCOMMIAE CORTEX

2018-12-03 发布 2018-12-03 实施

中 华 中 医 药 学 会 发布

目　　次

前　言

T/CACM 1021《中药材商品规格等级》标准分为226个部分：

——第1部分：中药材商品规格等级标准编制通则；

……

——第24部分：中药材商品规格等级　浙贝母；

——第25部分：中药材商品规格等级　杜仲；

——第26部分：中药材商品规格等级　防风；

……

——第226部分：中药材商品规格等级　玄明粉。

本部分为T/CACM 1021的第25部分。

本部分代替T/CACM 1021.116—2018。

本部分按照GB/T 1.1—2009《标准化工作导则　第1部分：标准的结构和编写》给出的规则起草。

本部分代替T/CACM 1021.116—2018，与T/CACM 1021.116—2018相比较，标准编号进行了调整，并重新进行了编辑。

本部分由中药材商品规格等级标准研究技术中心及道地药材国家重点实验室培育基地提出。

本部分由中华中医药学会归口。

本部分起草单位：中国中药有限公司、四川国药药材有限公司、中国中医科学院中药资源中心、浙江寿仙谷医药股份有限公司、中药材商品规格等级标准研究技术中心、北京中研百草检测认证有限公司。

本部分主要起草人：卢兴松、赵润怀、焦连魁、兰青山、王继永、孙杰、周海燕、焦春红、缪希、黄璐琦、郭兰萍、詹志来、李明焱、李振皓。

本部分所代替标准的历次版本发布情况为：

——T/CACM 1021.116—2018。

中药材商品规格等级　杜仲

1　范围

本部分规定了杜仲的商品规格等级。

本部分适用于杜仲药材生产、流通以及使用过程中的商品规格等级评价。

2　规范性引用文件

下列文件对于本部分的应用是必不可少的。凡是注明日期的引用文件，仅所注明日期的版本适用于本部分。凡是不注明日期的引用文件，其最新版本（包括所有的修改版本）适用于本部分。

T/CACM 1021.1—2016 中药材商品规格等级编制通则

3　术语和定义

T/CACM 1021.1—2016 以及下列术语和定义适用于本部分。

3.1

杜仲　EUCOMMIAE CORTEX

本品为杜仲科植物杜仲 *Eucommia ulmoides* Oliv. 的干燥树皮。4～6 月剥取，刮去粗皮，堆置“发汗”至内皮呈紫褐色，晒干。

3.2

板片状　flat panel

杜仲树皮在干燥过程中通过压迫，使得杜仲树皮干燥后呈现的一种类似平板的形状。

4　规格等级划分

根据市场流通情况，按照杜仲商品的厚度、形状等指标进行等级划分。应符合表 1 要求。

表 1　规格等级划分

等级	性状描述				
	共同点	区别点			
		形状	厚度	宽度	碎块
一等	去粗皮。外表面灰褐色，有明显的皱纹或纵裂槽纹，内表面暗紫色，光滑。质脆，易折断，断面有细密、银白色、富弹性的橡胶丝相连。气微，味稍苦	板片状	≥0.4cm	≥30cm	≤5%
二等		板片状	0.3～0.4cm	不限	≤5%
统货		板片或卷形	≥0.3cm	不限	≤10%

注 1：杜仲以厚度为确定等级的主要指标，形状、宽度作为参考，以能区别于杜仲饮片为宜。

注 2：市场上杜仲片、杜仲块、杜仲丝交易现象普遍。

注 3：关于杜仲药材历史产区沿革参见附录 A。

注 4：关于杜仲药材品质评价沿革参见附录 B。

5　要求

除应符合 T/CACM 1021.1—2016 的第 7 章规定外，还应符合下列要求：

——无虫蛀；

——无霉变；

——杂质不得过 3%。

附录A

(资料性附录)

杜仲药材历史产区沿革

杜仲入药始载于秦汉时期的《神农本草经》，列为上品。《神农本草经》曰："杜仲味辛平。主腰脊痛，补中，益精气，坚筋骨，强志，除阴下痒湿，小便余沥。久服轻身耐老。一名思仙。生山谷。"

《名医别录》记载："味甘，温，无毒。主治脚中酸疼痛，不欲践地。一名思仲，一名木棉。生上虞及上党汉中。二月、五月、六月、九月采皮，阴干。"

《本草经集注》记录为："味辛、甘，平、温，无毒。主治腰脊痛，补中，益精气，坚筋骨，强志，除阴下痒湿，小便余沥。脚中酸疼痛，不欲践地。久服轻身，耐老。一名思仙，一名思仲，一名木棉。生上虞山谷又上党及汉中。二月、五月、六月、九月采皮，阴干。"

唐代《新修本草》记录为："杜仲味辛、甘，平、温，无毒。主腰脊痛，补中，益精气，坚筋骨，强志，除阴下痒湿，小便余沥。脚中酸疼痛，不欲践地。久服轻身能老。一名思仙，一名思仲，一名木棉。生上虞山谷又上党及汉中。二月、五月、六月、九月采皮，阴干。"唐代《新修本草》记载的内容与南朝时期《本草经集注》记载的一致。

宋代苏颂《本草图经》记录为："杜仲，生上虞山谷及上党、汉中。今出商州、成州、峡州近处大山中亦有之。木高数丈，叶如辛夷，亦类柘；其皮类浓朴，折之内有白丝相连。二月、五月、六月、九月采皮用。江南人谓之。初生叶嫩时，采食，主风毒香港脚，及久积风冷、肠痔、下血。亦宜干末作汤，谓之芽。花、实苦涩，亦堪入药。木作屐，亦主益脚。箧中方主腰痛补肾汤，杜仲一大斤，五味子半大升，二物细切，分十四剂，每夜取一剂，以水一大升，浸至五更，煎三分减一，滤取汁；以羊肾三四枚，切，下之，再煮三、五沸，如作羹法，空服顿服。用盐酢和之，亦得，此亦见崔元亮《海上方》。但崔方不用五味子耳。"描述了杜仲的植物形态"木高数丈，叶如辛夷，亦类柘"。

宋代《证类本草》记载：生上虞山谷及上党、汉中。陶隐居云：上虞在豫州、虞、虢之虞，非会稽上虞县也。今用出建平、宜都者，状如厚朴，折之多白丝为佳。臣禹锡等谨按蜀本图经云：生深山大谷。树高数丈，叶似辛夷。折其皮多白绵者好。木高数丈，叶如辛夷，亦类柘；其皮类浓朴，折之内有白丝相连。

明代刘文泰《本草品汇精要》："［图经曰］生上虞山谷及上党、汉中，今出商州、成州、峡州近处大山中亦有之，建平、宜都者佳。苗高数丈，叶颇似辛夷，圆而又尖，亦似柘叶，其皮全类厚朴，但折之其中有丝光亮，如绵相连不断。"

清代张志聪《本草崇原》记载："杜仲木皮，状如厚朴，折之有白绵相连，故一名木棉。杜字从土，仲者中也。此木始出于豫州山谷，得中土之精，《本经》所以名杜仲也。李时珍曰：昔有杜仲，服此得道，因以名之谬矣。在唐宋本草或有之矣，《神农本草》未必然也。"

《药用植物学》记载："杜仲科1属1种。是我国特产，分布在长江中游各省。植物体含乳汁细胞，内含杜仲胶。"

《中国植物原色图鉴》记载："落叶乔木，高达20m。树皮、枝、叶、果内均含胶质，折断后有较多银白色细丝。树皮毁损，小枝光滑，淡褐色或黄褐色，具细小的皮孔，髓心片状。"

综上可以判断，古代用的杜仲跟现在用的来源一致。

附录 B

（资料性附录）

杜仲药材品质评价沿革

唐代《新修本草》：“今用出建平、宜都者，状如厚朴，折之多白丝为佳。”

明代《本草蒙筌》：“汉中（属四川）产者第一，脂厚润者为良。”

1963 年版《中国药典》：“以皮厚、完整、去净粗皮、断面丝多、内表面黑褐色为佳。”

1996 年《中国药材学》：“以皮厚、完整、去净粗皮、断面丝多者为佳。”

综上，历代对于杜仲的规格等级划分强调产地质量，以四川、贵州、湖北等产为质量较好，并在此基础上结合性状，如平板状或碎块状、是否刮去粗皮、厚度、宽度、碎块率等进行评价。

ICS 11.120.01
C 23

团体标准

T/CACM 1021.26—2018
代替T/CACM 1021.117—2018

中药材商品规格等级 防风

Commercial grades for Chinese materia medica

SAPOSHNIKOVIAE RADIX

2018-12-03 发布　　2018-12-03 实施

中华中医药学会 发布

目　次

前　　言

T/CACM 1021《中药材商品规格等级》标准分为226个部分：

——第1部分：中药材商品规格等级标准编制通则；

……

——第25部分：中药材商品规格等级　杜仲；

——第26部分：中药材商品规格等级　防风；

——第27部分：中药材商品规格等级　地黄；

……

——第226部分：中药材商品规格等级　玄明粉。

本部分为T/CACM 1021的第26部分。

本部分代替T/CACM 1021.117—2018。

本部分按照GB/T 1.1—2009《标准化工作导则　第1部分：标准的结构和编写》给出的规则起草。

本部分代替T/CACM 1021.117—2018，与T/CACM 1021.117—2018相比较，标准编号进行了调整，并重新进行了编辑。

本部分由中药材商品规格等级标准研究技术中心及道地药材国家重点实验室培育基地提出。

本部分由中华中医药学会归口。

本部分起草单位：中国中药有限公司、中国中医科学院中药资源中心、中药材商品规格等级标准研究技术中心、北京中研百草检测认证有限公司。

本部分主要起草人：王浩、曾燕、赵润怀、兰青山、王继永、孙杰、周海燕、焦春红、黄璐琦、郭兰萍、詹志来。

本部分所代替标准的历次版本发布情况为：

——T/CACM 1021.117—2018。

中药材商品规格等级　防风

1　范围

本部分规定了防风的商品规格等级。

本部分适用于防风药材生产、流通以及使用过程中的商品规格等级评价。

2　规范性引用文件

下列文件对于本部分的应用是必不可少的。凡是注明日期的引用文件，仅所注明日期的版本适用于本部分。凡是不注明日期的引用文件，其最新版本（包括所有的修改版本）适用于本部分。

T/CACM 1021.1—2016 中药材商品规格等级编制通则

3　术语和定义

T/CACM 1021.1—2016 以及下列术语和定义适用于本部分。

3.1

防风　SAPOSHNIKOVIAE RADIX

本品为伞形科植物防风 *Saposhnikovia divaricata*（Turcz.）Schischk. 的干燥根。春、秋二季采挖未抽花茎植株的根，除去须根和泥沙，晒干。

3.2

扫帚头　*saozhoutou*

野生或栽培防风，有的根头部残存棕褐色毛状叶基，习称“扫帚头”。

3.3

蚯蚓头　*qiuyintou*

野生防风，其根头部有明显密集的环纹，习称“蚯蚓头”。

3.4

凤眼圈　*fengyanquan*

野生防风，断面不平坦，其皮部呈浅棕色，具有放射状裂隙，木部浅黄色具放射状纹理，习称“凤眼圈”。

4　规格等级划分

根据市场流通情况，按照生长模式，将防风药材分为“野生防风”和“栽培防风”。在规格项下，根据药材芦头下直径与药材长度划分等级。应符合表 1 要求。

表 1　规格等级划分

规格	等级		性状描述				
			共同点	区别点			
				形状	断面	芦头下直径（cm）	长度（cm）
野生防风	选货	一等	主根粗大，长圆柱形至圆锥形，单枝，略弯曲。有的具“扫帚头”，体轻，松泡，易折断，断面不平坦，气略香，味微甘	表皮黑褐色至灰褐色，粗糙，具“蚯蚓头”	有“凤眼圈”	0.6～2.0	15.0～30.0
		二等				0.3～0.6	8.0～15.0
	统货					大小不等	

续表

<table>
<tr><th rowspan="3">规格</th><th rowspan="3" colspan="2">等级</th><th colspan="5">性状描述</th></tr>
<tr><th rowspan="2">共同点</th><th colspan="4">区别点</th></tr>
<tr><th>形状</th><th>断面</th><th>芦头下直径（cm）</th><th>长度（cm）</th></tr>
<tr><td rowspan="3">栽培防风</td><td rowspan="2">选货</td><td>一等</td><td rowspan="3">主根较粗大，长圆柱形，单枝或多分枝，略弯曲。有的具“扫帚头”。体坚实，质硬脆，易折断，气略香，味微甘</td><td rowspan="3">表皮灰黄色至黄白色，紧致，有多而深的纵皱纹，横向突起皮孔较小而密，“蚯蚓头”不明显</td><td rowspan="3">无“凤眼圈”</td><td>0.8～2.0</td><td>20.0～30.0</td></tr>
<tr><td>二等</td><td>0.5～0.8</td><td>15.0～20.0</td></tr>
<tr><td colspan="2">统货</td><td colspan="2">大小不等</td></tr>
<tr><td colspan="8">注1：目前市场主要按照野生或栽培来区分防风规格。
注2：仿野生种植的防风栽培年限较长，药材性状接近野生防风，可按照野生防风标准划分。
注3：目前市场存在大量育苗截断扦插栽培防风，其性状基本不符合药典要求，本部分暂不收载。
注4：关于防风药材历史产区沿革参见附录A。
注5：关于防风药材品质评价沿革参见附录B。</td></tr>
</table>

5 要求

除应符合 T/CACM 1021.1—2016 的第 7 章规定外，还应符合下列要求：

——无杂质；

——无虫蛀；

——无霉变。

附录 A

（资料性附录）

防风药材历史产区沿革

防风入药始载于秦汉时期的《神农本草经》，列为上品，治大风头眩痛，目盲无所见，烦满，风行周身，骨节疼痛，久服轻身。

唐代《新修本草》载："今出齐州（今山东济南地区）、龙山（今山东西南地区）最善，淄州（今山东淄博地区）、兖州（今山东兖州地区）、青州（今山东青州地区）者亦佳。沙苑（今陕西渭南地区）在同州南，亦出防风，轻虚不如东道者，陶云无沙苑，误矣。襄阳、义阳、上蔡，原无防风，陶乃妄注尔。"苏颂认为防风以山东地区所产为佳，陕西渭南地区亦产，但体轻质次。宋代《太平御览》载："正月生，叶细圆，青黑黄白，五月黄花，六月实黑。二月、十月采根，日干。琅邪者良。"其描述和采收季节的记载与现代防风基本一致。同时记载了道地产区为"琅邪"（今山东琅琊）。由此可见在唐宋时期，防风分布界线比较靠南，且北方产区防风质量较优。

明《本草品汇精要》对防风的道地产区描述为"齐州、龙山者最善，淄州、兖州、青州者尤佳"，道地产区记载与《新修本草》基本一致，认为山东地区为防风的道地产区。

清《本草崇原》载："防风始出沙苑川泽及邯郸、琅琊、上蔡，皆属中州之地。"其关于防风产地记载与前朝无异，同时更加明确了中部、北方地区为防风主产地。

民国《药物出产辨》载："产黑龙江省洮南县为最多。春秋雨季出新。必经烟台牛庄运来，曰庄风。又有一种产直隶（今河北省石家庄、保定地区）、古北口（今北京密云地区）、热河（今河北承德）等一带。清明前后收成。有天津运来名曰津风。均野生。"说明防风主产地有明显的北移，民国时期山东省已经不再是主产区，东北地区则成为主产区，河北省产量次之。

由上述本草对防风产地描述的变化可以清晰看到防风产地的北移，这与人口增长耕地的扩大对野生防风资源的破坏有很大关系。

附录 B

（资料性附录）

防风药材品质评价沿革

历代本草多对优质防风产地有记载，但其性状记载并不多见。明代本草对其性状多有记载，如明《本草集要》载："实而质润，头节坚者良。去芦并叉头叉尾者不用。"强调了优质防风应当是质地密实，富含油脂，根头部坚硬；而"叉头""叉尾"者质量差，不能入药，此处叉头叉尾应指的是抽薹后的防风。

明《本草品汇精要》载："根头节坚如蚯蚓头，实而质润者为好。叉头者令人发狂，叉尾者发固疾。"

明《本草纲目》载："凡使以黄色而润者为佳，白者多沙条，不堪。"说明优良防风的颜色为黄色，而发白者，大多质地松泡，质量差，不可入药。

清《本草崇原》载："防风茎、叶、花、实，兼备五色，其味甘，其质黄，其臭香。"从色、气、味上描述了优质防风的性状为：色黄，味甘甜，气香。说明气味也是判断防风质量的一个重要方面。

《500味常用中药材的经验鉴别》载："防风尤以关防风为最佳，其条粗长，单枝顺直，根头部环纹紧密，'蚯蚓头'明显，质松软滋润，断面菊花心明显者为佳，反之条细或短，有分支，色灰白，多纵皱疏松或木质化则次。"

综上，历代对于防风的规格等级划分强调质地、颜色、气味以及产地质量，以关防风为道地药材，为制定防风商品规格等级标准提供了依据。

ICS 11.120.10
C 10/29

团 体 标 准

T/CACM 1021.27—2018
代替T/CACM 1021.58—2017

中药材商品规格等级 地黄

Commercial grades for Chinese materia medica

REHMANNIAE RADIX

2018-12-03 发布 2018-12-03 实施

中 华 中 医 药 学 会 发布

目　次

前　　言

T/CACM 1021《中药材商品规格等级》标准分为226个部分：

——第1部分：中药材商品规格等级标准编制通则；

……

——第26部分：中药材商品规格等级　防风；

——第27部分：中药材商品规格等级　地黄；

——第28部分：中药材商品规格等级　薄荷；

……

——第226部分：中药材商品规格等级　玄明粉。

本部分为T/CACM 1021的第27部分。

本部分代替T/CACM 1021.58—2017。

本部分按照GB/T 1.1—2009《标准化工作导则　第1部分：标准的结构和编写》给出的规则起草。

本部分代替T/CACM 1021.58—2017，与T/CACM 1021.58—2017相比较，标准编号进行了调整，并重新进行了编辑。

本部分由中药材商品规格等级标准研究技术中心及道地药材国家重点实验室培育基地提出。

本部分由中华中医药学会归口。

本部分起草单位：河南中医药大学、中国中医科学院中药资源中心、天津大学、中药材商品规格等级标准研究技术中心、保和堂（焦作）制药有限公司、郑州瑞龙制药股份有限公司、北京中研百草检测认证有限公司。

本部分主要起草人：陈随清、黄璐琦、郭兰萍、詹志来、高文远、金艳、何雅莉、王利丽、薛淑娟、单洋、王洪涛。

本部分所代替标准的历次版本发布情况为：

——T/CACM 1021.58—2017。

中药材商品规格等级　地黄

1　范围

本部分规定了地黄的商品规格等级。

本部分适用于地黄药材生产、流通以及使用过程中的商品规格等级评价。

2　规范性引用文件

下列文件对于本部分的应用是必不可少的。凡是注明日期的引用文件，仅所注明日期的版本适用于本部分。凡是不注明日期的引用文件，其最新版本（包括所有的修改版本）适用于本部分。

T/CACM 1021.1—2016 中药材商品规格等级编制通则

3　术语和定义

T/CACM 1021.1—2016 以及下列术语和定义适用于本部分。

3.1

地黄　REHMANNIAE RADIX

本品为玄参科植物地黄 *Rehmannia glutinosa* Libosch. 的干燥块根。秋季采挖，除去芦头、须根及泥沙，缓缓烘焙至约八成干。

3.2

老母　*laomu*

指地黄栽子，经繁殖后的母根。已空虚，失去有效成分，不能药用。

3.3

生心　*shengxin*

指地黄在焙制中，未透心者。或称夹生。

3.4

焦枯　*burnt*

指地黄在加工干燥过程中，因火力过大，或操作不当，使其内部呈焦黄色，或出现较大枯心。

3.5

道地药材 怀地黄　*daodi* herbs *huaidihuang*

指产于河南省焦作市及其周边各地区的地黄。

4　规格等级划分

根据市场流通情况，将地黄分为“选货”和“统货”两个规格。在“选货”项下，根据每千克所含的个数进行等级划分。应符合表 1 要求。

表 1　规格等级划分

等级		性状描述	
		共同点	区别点
选货	16 支	呈肥厚肉质的结节块状，表面淡黄色至黄棕色，具环节，有皱纹及须根痕，结节上侧茎痕呈圆盘状，圆周凹入，中部突出。质硬而韧，不易折断，断面角质，淡黄色至黄棕色，有多数淡黄色筋脉小点。气微，味甜，嚼之有黏性	每千克支数≤16 支
	32 支		每千克支数≤32 支
	60 支		每千克支数≤60 支
	100 支		每千克支数≤100 支
	无数支		每千克支数>100 支，断面有时见干枯无油性者

续表

等级	性状描述	
	共同点	区别点
统货	呈不规则的团块状或长圆形，中间膨大，两端稍细，有的细小，长条状，稍扁而扭曲。表面棕黑色或棕灰色，断面黄褐色、黑褐色或棕黑色，致密油润，气微。味微甜	

注1：原有标准将地黄按照个头的大小划分为一至五级，当前药材市场，地黄商品仍旧以个头大小进行等级划分，但主要将几个等级合并后进行出售，例如将一、二级合并，二、四级合并，三、四、五级合并等或直接以统货出售；还有一些药材市场只见到地黄饮片，没有地黄药材，而且均为统货。

注2：河南、山西等主产区的商品大部分未进行等级划分，一般都是以统货进行出售。

注3：市场另有陈货，即存放时间较长的地黄商品，由于存放时间较长，环烯醚萜苷类成分容易水解及氧化，因此表面及断面颜色较深，且质地坚硬，这类商品梓醇及毛蕊花糖苷含量容易不合格，因此本部分不制定陈货规格。

注4：地黄主产区按统货出售较多，在调查中发现由于产地加工、贮藏时间等因素，地黄的表面颜色有棕灰色及棕黑色，而断面颜色有黄褐色、黑褐色及棕黑色的变化，研究中发现地黄表面颜色及断面颜色与其化学成分含量具有一定的相关性，因此建议统货按照表面颜色及断面颜色划分为一至五级，具体在起草说明中有体现。

注5：关于地黄药材历史产区沿革参见附录A。

注6：关于地黄药材品质评价沿革参见附录B。

5 要求

除应符合 T/CACM 1021. 1—2016 的第 7 章规定外，还应符合下列要求：

——无芦头；

——无生心；

——无老母；

——无焦枯；

——无虫蛀；

——无霉变；

——无杂质。

附录 A

(资料性附录)

地黄药材历史产区沿革

地黄，始载于《神农本草经》，列为上品。

《本草经集注》记载："生咸阳川泽黄土地者佳。咸阳即长安也。生渭城者乃有子实。中间以彭城干地黄最好。次历阳。今用江宁板桥者为胜。"

《千金翼方》中记载"生咸阳黄土地者佳"。可以看出古代地黄主产于咸阳川泽一带。

《本草纲目》记载："今人惟以怀庆地黄为上，亦各处随时兴废不同尔。"表明地黄的主产地逐渐以河南怀庆为主。

《本草蒙筌》记载："江浙壤地种者，受南方阳气，质虽光润而力微，怀庆山产者，禀北方纯阴，皮有疙瘩而力大。"

刘文泰等撰辑《本草品汇精要》中记载："生地黄：道地今怀庆者为胜。"表明自明代开始，开始出现怀庆地黄。怀庆者为河南焦作一带，包括现在的温县、武陟、沁阳、博爱、修武、孟州等地。

1977 年《中药大辞典》记载地黄主产于河南、浙江，河北、陕西、甘肃、湖南、湖北、四川、山西等地亦产，以河南所产者最为著名。

2002 年《新编中药志》记载地黄在我国河南、山东、陕西、河北等 10 多个省（自治区）皆有栽培，但以河南武陟、温县、博爱、修武、沁阳（即古怀庆府）等地产量最大，质地最佳。至 2014 年《全国中草药汇编》明确记载地黄以河南温县、博爱、沁阳、孟县等地产量最大，质地最佳。至今仍以河南"怀地黄"为道地药材。

由此可知，自明清以来，地黄即以河南怀庆产者为优。而怀庆府一带作为地黄的道地产区，沿用至今。

附录 B

（资料性附录）

地黄药材品质评价沿革

《本草钩沉》记载："干地黄，以个大、体重、断面油润乌黑光亮者为佳。干地黄以每斤支数大小分等，大生地以每千克32支为标准，每千克100支以上者为小生地。（皮粗，无油性，肉色黄红，或如煤渣者，质最差）"可以看出地黄的规格等级，历史规格主要以支头大小分等级，后来以每500g的支数分4、6、8、10、12、16、20、24、30、40、50、60支及80支（即小生地）。销售时，每500g 4～12支为上等规格支磅货；以16支、20支、24支、30支为大套；40支、60支为小套；80支（即小生地）称毛原。

现行的《七十六种药材商品规格标准》中，按每1000g 16、32、60、100支以内以及100支以外，分为一、二、三、四、五级。

《中国药材学》及《现代中药材商品通鉴》中也以每公斤多少支划分为五等。国内商品生地黄分为五等，以个大体重、质柔软油润、断面乌黑、味甜者为佳，尤以河南怀庆产者质量最佳。出口商品地黄也以每公斤几支分等级，计：8支、16支、32支、50支、小生地、生地节。

综上，历代对于地黄的规格等级划分强调产地，但最终以怀地黄为道地药材，并在此基础上结合外观性状进行评价。

ICS 11.120.10
C 10/29

团　体　标　准

T/CACM 1021.28—2018
代替T/CACM 1021.23—2017

中药材商品规格等级　薄荷

Commercial grades for Chinese materia medica

MENTHAE HAPLOCALYCIS HERBA

2018-12-03 发布　　2018-12-03 实施

中华中医药学会 发布

目　次

前　言

T/CACM 1021《中药材商品规格等级》标准分为226个部分：

——第1部分：中药材商品规格等级标准编制通则；

……

——第27部分：中药材商品规格等级　地黄；

——第28部分：中药材商品规格等级　薄荷；

——第29部分：中药材商品规格等级　栀子；

……

——第226部分：中药材商品规格等级　玄明粉。

本部分为 T/CACM 1021 的第28部分。

本部分代替 T/CACM 1021.23—2017。

本部分按照 GB/T 1.1—2009《标准化工作导则　第1部分：标准的结构和编写》给出的规则起草。

本部分代替 T/CACM 1021.23—2017，与 T/CACM 1021.23—2017 相比较，标准编号进行了调整，并重新进行了编辑。

本部分由中药材商品规格等级标准研究技术中心及道地药材国家重点实验室培育基地提出。

本部分由中华中医药学会归口。

本部分起草单位：江苏大学、中国中医科学院中药资源中心、石家庄以岭药业股份有限公司、浙江寿仙谷医药股份有限公司、中药材商品规格等级标准研究技术中心、无限极（中国）有限公司、北京中研百草检测认证有限公司。

本部分主要起草人：欧阳臻、黄璐琦、郭兰萍、詹志来、金艳、彭华胜、赵明、韩邦兴、叶丹、邵扬、王琳炜、崔旭盛、田清存、曹喆、杨光、李颖、郑化先、李明焱、余意、马方励。

本部分所代替标准的历次版本发布情况为：

——T/CACM 1021.23—2017。

中药材商品规格等级　薄荷

1　范围

本部分规定了薄荷的商品规格等级。

本部分适用于薄荷药材生产、流通以及使用过程中的商品规格等级评价。

2　规范性引用文件

下列文件对于本部分的应用是必不可少的。凡是注明日期的引用文件，仅所注明日期的版本适用于本部分。凡是不注明日期的引用文件，其最新版本（包括所有的修改版本）适用于本部分。

T/CACM 1021. 1—2016 中药材商品规格等级编制通则

3　术语和定义

T/CACM 1021. 1—2016 以及下列术语和定义适用于本部分。

3. 1

薄荷　MENTHAE HAPLOCALYCIS HERBA

唇形科植物薄荷 *Mentha haplocalyx* Briq. 的干燥地上部分。夏、秋二季茎叶茂盛或花开至三轮时，选晴天，分次采割，晒干或阴干。

3. 2

道地药材 苏薄荷　*daodi* herbs *subohe*

指产于江苏省苏州市及其周边各地区的薄荷。

4　规格等级划分

根据市场流通情况，将薄荷分为选货与统货；根据药材所含叶的比例，将薄荷选货分为“一等”“二等”。应符合表 1 要求。

表 1　规格等级划分

等级		性状描述	
		共同点	区别点
选货	一等	茎多呈方柱型，有对生分枝，棱角处具茸毛。质脆、断面白色，髓部中空。叶对生，有短柄，叶片皱缩卷曲，展平后呈宽披针形，长椭圆形或卵形。轮伞花序腋生。搓揉后有特殊清凉香气。味辛凉	茎表面呈紫棕色或绿色，叶上表面深绿色，下表面灰绿色。揉搓后有浓郁的特殊清凉香气。叶≥40%
	二等		茎表面呈淡绿色，叶上表面淡绿色，下表面黄绿色。揉搓后清凉香气淡。叶在 35% ~40%
统货		茎多呈方柱形，有对生分枝，表面呈紫棕色或淡绿色，棱角处具茸毛；质脆、断面白色，髓部中空。叶对生，有短柄，叶片皱缩卷曲，展平后呈宽披针形，长椭圆形或卵形。轮伞花序腋生。叶呈黄棕色、灰绿色。揉搓后清凉香气淡，味辛凉。叶≥30%	

注 1：当前药材市场薄荷规格按照药用部位进行划分，有“干燥地上部分”和“全叶”两种。“干燥地上部分”包括茎和叶，因叶所含挥发油含量高，因此市场根据所含叶的比例进行等级的划分，即含叶率越高等级越高；“全叶”为叶对生，有短柄的薄荷叶，不符合药典中对薄荷药用部位的规定，因此，本部分不制定薄荷全叶的规格等级。

注 2：药典对叶的含量有相应的要求，即不少于 30%，而目前市场上有不符合药典规定的段规格，应注意鉴别。

注 3：市场另有陈货，即存放时间较长的薄荷商品，由于暴露空气中，挥发性成分容易散失以及氧化，因此气味淡且外观颜色加深呈褐色，这类商品为不合格品，需注意鉴别。此外市场尚有同属近缘留兰香作薄荷使用，注意鉴别。

注 4：关于薄荷药材历史产区沿革参见附录 A。

注 5：关于薄荷药材品质评价沿革参见附录 B。

5 要求

除应符合 T/CACM 1021.1—2016 的第 7 章规定外，还应符合下列要求：

——无虫蛀；

——无霉变；

——杂质不得过 3%。

附录 A

（资料性附录）

薄荷药材历史产区沿革

薄荷最早记载于唐代孙思邈《千金要方·食治卷》中，名为蕃荷菜，其味苦、辛，温，无毒。唐《新修本草》亦从此说，同时写道“人家种之，饮汁发汗，大解劳乏”，说明至少在唐代已经开始栽培。

宋《图经本草》曰：“薄荷，旧不着所出州土，而今处处皆有之。茎、叶似荏而尖长，经冬根不死，夏秋采茎叶，曝干。古方稀用，或与薤作齑食。近世医家治伤风，头脑风，通关格及小儿风涎，为要切之药，故人家园庭间多莳之。”说明宋代薄荷已经普遍移栽至园中，以做菜或药用。

南宋《宝庆本草折衷》：“生南京，及岳州（今湖南岳阳）。今处处园庭间多莳有之。生吴中者名为吴菝蔄，生胡地者名为胡菝蔄，一名新罗菝蔄。今江浙间亦有之。”说明南宋时各地有不同称谓，而其所提及的产地主要在江南一带。

明代《本草品汇精要》：“惟一种龙脑薄荷于苏州郡学前产之，盖彼达势似龙，其地居龙脑之分，得禀地脉灵异，故其气味功力倍于他所，谓之龙脑薄荷，非此则皆劣矣。【道地】南京，及岳州及苏州郡学前者为佳。”说明在明代苏州所产薄荷已经有相当的知名度。明代《本草蒙筌》：“又名鸡苏，各处俱种。姑苏龙脑者第一，（龙脑地名，在苏州府，儒学前此处种者，气甚香窜，因而得名，古方有龙脑鸡苏丸，即此是也）。”李时珍《本草纲目》：“苏州所莳者，茎小而气芳，江西者，稍粗，川蜀者更粗，入药以苏产为胜。”

清《本草从新》：“产苏州，气芳香者佳。”

民国《增订伪药条辨》：“炳章按：薄荷，六七月出新。苏州学宫内出者，其叶小而茂，梗细短，头有螺蛳蒂，形似龙头，故名龙脑薄荷，气清香，味凉沁，为最道地。太仓、常州产者，叶略大，梗亦细，一茎直上，无龙头形，气味亦略淡。有头、二刀之分，头刀力全，叶粗梗长，香气浓厚；二刀乃头刀割去后，留原根抽茎再长，故茎梗亦细，叶亦小，气味亦略薄，尚佳。杭州笕桥产者，梗红而粗长，气浊臭，味辣，甚次。山东产者，梗粗叶少，不香，更次。二种皆为侧路，不宜入药。”

《药材资料汇编》：“以江苏太仓产称‘苏薄荷’，为道地药材。……其附近的嘉定、常熟、苏州，以及苏北的南通、海门等地均有生产，统称‘苏薄荷’。浙江杭州笕桥地区过去亦曾盛产，称‘杭薄荷’，现产量较少。余如江西吉安，也是较著名的产区，其附近的安福、泰和、吉水、永丰等地亦产。”

附录 B

(资料性附录)

薄荷药材品质评价沿革

宋代《图经本草》:"惟一种龙脑薄苛,于苏州郡前产之,盖彼达势似龙,其地居龙脑之分,得禀地脉灵异,故其气味功力倍于他所,谓之龙脑薄荷,非此则皆劣矣。"

明代《本草品汇精要》:"出南京岳州及苏州郡学前者为佳。"《本草蒙筌》记载"姑苏龙脑者第一"。

清代《本草备要》:"以苏产气芳者良。"《本草求真》:"苏产气芳者良。"《本草害利》:"处处有之,苏产为胜。"

1962 年《陕西中药志》:"以叶大、带紫色、气味浓厚者为佳。"

1963 年版《中国药典》:"以无根、叶多、色绿、气味浓者为佳。"

1977 年版《中国药典》:"以叶多、色深绿、气味浓者为佳。"

1999 年《500 味常用中药材的经验鉴别》:"薄荷商品以干燥、枝梗红紫、条匀、叶密、香气浓郁、无根、无杂质者为佳。二刀薄荷优于头刀薄荷。"

2002 年《新编中药志》第三卷:"苏州所产者,茎小而气芳,江西者稍粗,川蜀者更粗,入药以苏产者为胜。"

综上,历代对于薄荷的规格等级划分强调产地质量,以苏薄荷为道地药材,并在此基础上结合性状,如叶片的大小、茎的粗细、气香的浓郁等进行评价,为制定薄荷商品规格等级标准提供了依据。

ICS 11.120.10
C 10/29

团 体 标 准

T/CACM 1021.29—2018
代替T/CACM 1021.45—2017

中药材商品规格等级 栀子

Commercial grades for Chinese materia medica

GARDENIAE FRUCTUS

2018-12-03 发布 2018-12-03 实施

中 华 中 医 药 学 会 发布

目　次

前　　言

T/CACM 1021《中药材商品规格等级》标准分为 226 个部分：

——第 1 部分：中药材商品规格等级标准编制通则；

……

——第 28 部分：中药材商品规格等级　薄荷；

——第 29 部分：中药材商品规格等级　栀子；

——第 30 部分：中药材商品规格等级　枳壳；

……

——第 226 部分：中药材商品规格等级　玄明粉。

本部分为 T/CACM 1021 的第 29 部分。

本部分代替 T/CACM 1021.45—2017。

本部分按照 GB/T 1.1—2009《标准化工作导则　第 1 部分：标准的结构和编写》给出的规则起草。

本部分代替 T/CACM 1021.45—2017，与 T/CACM 1021.45—2017 相比较，标准编号进行了调整，并重新进行了编辑。

本部分由中药材商品规格等级标准研究技术中心及道地药材国家重点实验室培育基地提出。

本部分由中华中医药学会归口。

本部分起草单位：江西中医药大学、中国中医科学院中药资源中心、中药材商品规格等级标准研究技术中心、北京联合大学、无限极（中国）有限公司、北京中研百草检测认证有限公司。

本部分主要起草人：罗光明、黄璐琦、郭兰萍、詹志来、张元、金艳、何雅莉、杨光、苗琦、袁源见、肖日传、吴波、朱继孝、朱玉野、余意、马方励。

本部分所代替标准的历次版本发布情况为：

——T/CACM 1021.45—2017。

中药材商品规格等级　栀子

1　范围

本部分规定了栀子的商品规格等级。

本部分适用于栀子药材生产、流通以及使用过程中的商品规格等级评价。

2　规范性引用文件

下列文件对于本部分的应用是必不可少的。凡是注明日期的引用文件，仅所注明日期的版本适用于本部分。凡是不注明日期的引用文件，其最新版本（包括所有的修改版本）适用于本部分。

T/CACM 1021.1—2016 中药材商品规格等级编制通则

3　术语和定义

T/CACM 1021.1—2016 以及下列术语和定义适用于本部分。

3.1

栀子　GARDENIAE FRUCTUS

本品为茜草科植物栀子 *Gardenia jasminoides* Ellis 的干燥成熟果实。9~11 月果实成熟呈红黄色时采收，除去果梗和杂质，蒸至上气，或置沸水中略烫，取出，干燥。

3.2

焦黑个　*jiaoheige*

因贮藏或加工不当，使其表面呈现焦黑色的栀子。

3.3

青黄个　*qinghuangge*

由于采收时间不当等原因，在栀子果实尚未成熟仍为青绿色时就予以采收，其药材成品表面呈青色或青黄色。

3.4

重量占比　the weight ratio

指该类药材的重量占总重量的比率。

3.5

道地药材 红栀子　*daodi* herbs *hongzhizi*

指产于江西省各地区的栀子。

4　规格等级划分

根据市场流通情况，将栀子药材分为“选货”和“统货”；在“选货”项下，根据青黄个重量占比和果梗重量占比等进行等级划分。应符合表 1 要求。

表1　规格等级划分

<table>
<tr><td colspan="2" rowspan="2">等级</td><td colspan="2">性状描述</td></tr>
<tr><td>共同点</td><td>区别点</td></tr>
<tr><td rowspan="2">选货</td><td>一等</td><td rowspan="2">呈长卵圆形或椭圆形，长1.5~3.5cm，直径1~1.5cm，具有纵棱，顶端有宿存萼片，基部稍尖，有残留果梗。皮薄脆革质，略有光泽。内表面色较浅，有光泽，具隆起的假隔膜。气微，味微酸而苦。颜色均匀，无焦黑个</td><td>饱满，表面呈红色、棕红色、橙红色、橙色、红黄色。种子团与果壳空隙较小，种子团紧密充实，呈深红色、紫红色、淡红色、棕黄色。青黄个重量占比≤5%，果梗重量占比≤1%</td></tr>
<tr><td>二等</td><td>较瘦小，表面呈深褐色、褐色、棕黄色、棕色、淡棕色、枯黄色。种子团与果壳空隙较大，种子团稀疏，呈棕红色、红黄色、暗棕色、棕褐色。青黄个重量占比≤10%，果梗重量占比≤2%</td></tr>
<tr><td colspan="2">统货</td><td colspan="2">呈长卵圆形或椭圆形，长1.5~3.5cm，直径1~1.5cm，具有纵棱，顶端有宿存萼片。表面呈红色、橙色、褐色、青色，颜色大小不一。皮薄脆革质，略有光泽。气微，味微酸而苦。青黄个重量占比≤10%，果梗重量占比≤2%</td></tr>
<tr><td colspan="4">注1：本品不包括长大形的水栀子。
注2：栽培品和野生品均适用上述等级划分标准，但栽培品果实普遍较野生品大。
注3：一、二等的区别，不是果的大小区分，主要是以栀子果的成熟程度、果皮色泽深浅、饱满程度来分等级。
注4：无论何种栀子，均要防止抢青，严禁采收嫩果。
注5：关于栀子药材历史产区沿革参见附录A。
注6：关于栀子药材品质评价沿革参见附录B。</td></tr>
</table>

5　要求

除符合 T/CACM 1021.1—2016 的第7章规定外，还应符合下列要求：

——无变色；

——无虫蛀；

——无霉变；

——杂质不得过3%。

附录 A

(资料性附录)

栀子药材历史产区沿革

栀子始载于《神农本草经》，列为中品，传统本草有关栀子产区的记载在不同时代有不同的变化。梁代《本草经集注》有“栀子，以七棱者为良”，《图经本草》作了详细论述：“栀子，木高七、八尺。叶似李而厚硬，又似樗蒲子，二三月开白花，花皆六出，甚芬香，俗说即西域詹匐也。夏秋结实如诃子状，生青熟黄，中仁深红……九月采实暴干。”《本草纲目》则将栀子收入木部灌木类，谓：“叶如兔耳，厚而深绿，春荣秋瘁。入夏开花，大如酒杯，白瓣黄蕊。随即结实，薄皮细子有须，霜后收之。蜀中有红栀子，花烂红色，其实染物则赭红色。”《植物名实图考长编》载：“栀子叶两头尖，如樗蒲，剥其子如茧而黄赤……栀子翦花六出，刻房七道，其花甚香。”从这些本草文献描述可以看出，栀子的采收季节、植物形态及果实规格，与当今药用茜草科栀子 *Gardenia jasminoides* Ellis 相符，2015 年版《中国药典》也以此为正品。传统本草有关栀子道地产区的记载在不同时代有不同的变化，参考相关本草典籍，有关本草中栀子产区记载详见表 2。

表 2　本草有关栀子产地的描述

典籍	产地描述	备注
《神农本草经》(汉)	生川谷	
《名医别录》(汉)	生南阳川谷	南阳：今河南修武县
《本草经集注》(南朝梁)	处处有	指江苏句容
《证类本草》(宋)	同《本草经集注》	
《图经本草》(宋)	南方及西蜀州郡皆有之	西蜀：今四川
《本草纲目》(明)	蜀中有红栀子	
《本草品汇精要》(明)	(道地)临江军、建州、江陵府	临江军：今江西樟树、新余、新干；建州：今福建建瓯；江陵府：今湖北江陵
《植物名实图考长编》(清)	洛阳有卮茜园	
《药物出产辨》(民国)	以广东北江、星子、连州产者佳，其次乐昌、英德、清远、翁源亦可	
《中华本草》	分布于中南、西南及江苏、安徽、浙江、江西、福建、台湾等地	
《中药大辞典》	分布于中南、西南及江苏、浙江、安徽、江西、福建、台湾等地	
《新编中药志》	主产于湖南、江西、福建、浙江、四川、湖北等省。此外河南、江苏、安徽、广东、广西、云南、贵州等地亦产	

以上所述表明古代栀子产于河南、四川、江苏、江西、湖北、福建、浙江等地；道地产区为江西樟树、新余、新干，福建建瓯，湖北江陵等地。现栽培栀子主要在江西、湖南、重庆、四川、湖北、浙江、福建、广东、广西等省市，其中又以江西、湖南栽培最多，产量大，质量优。

附录 B

（资料性附录）

栀子药材品质评价沿革

《雷公炮炙论》：凡使，勿用颗大者，号曰伏尸栀子，无力，须要如雀脑，并须长，有九路赤色者上。

《图经本草》：入药者山栀子，方书所谓越桃也，皮薄而圆，小核，房七棱至九棱者佳；其大而长者，乃作染色，又谓之伏尸栀子，不堪入药用。

《本草蒙筌》：家园栽者，肥大且长，此号伏栀子，只供染色之需，五棱六棱弗计；山谷产者，圆小而薄，堪为入药之用，七棱九棱方良。

《晶珠本草》："果实肉核分离，干者质佳。分为白红两种，白色者佳，红色者次。果实状如山桃，外果皮肉薄，果壳裂成瓣。果实采自干树者，味不浓，为次品。"

《道地药材图典·华东卷》对于栀子品质评价描述为"以身干、个均匀、饱满、色红黄、完整者为佳"。

《中华药海》（上部）栀子项下记载"以个小、完整，仁饱满、内外色红为佳。个大、外皮棕黄色、仁较瘪、色红黄者质次"。

根据各家本草记载，栀子以皮薄、个小、完整、饱满、内外色红黄者为佳。而个大、外皮棕黄色、仁较瘪、色红黄者为次。

古代栀子主要产于河南、四川、江苏、江西、湖北、福建等地，道地产区为江西清江、福建建瓯、湖北江陵。近年来，江西和湖南逐渐成为栀子的主要产区，其中江西产栀子被药界视为道地药材，具有品质纯正，体圆、皮薄、色红、饱满的特点，誉为"小红栀子""江栀子"，行销全国，并出口外销。江西新干及樟树所产栀子药材已成为国家原产地保护标注产品，其基地已经过国家 GAP 认证。栀子是红壤土中典型的野生广布种，江西省人工栽培栀子主要集中在宜春市的樟树市、丰城市等，吉安市的新干县、永丰县、峡江县、吉安县、泰和县、永新县等，抚州市的金溪县、临川市、南城县等，以及九江市的湖口县、星子县、武宁县等县市。

综上，历代对于栀子的规格等级划分强调产地质量，以"小红栀子"为其道地药材，并在此基础上结合性状，如饱满度、色泽等进行评价，为制定栀子商品规格等级标准提供了依据。

ICS 11.120.10
C 10/29

团　体　标　准

T/CACM 1021.30—2018
代替T/CACM 1021.46—2017

中药材商品规格等级　枳壳

Commercial grades for Chinese materia medica

AURANTII FRUCTUS

2018-12-03 发布　　2018-12-03 实施

中华中医药学会 发布

目　　次

前　言

T/CACM 1021《中药材商品规格等级》标准分为226个部分：

——第1部分：中药材商品规格等级标准编制通则；

……

——第29部分：中药材商品规格等级　栀子；

——第30部分：中药材商品规格等级　枳壳；

——第31部分：中药材商品规格等级　黄连；

……

——第226部分：中药材商品规格等级　玄明粉。

本部分为 T/CACM 1021 的第30部分。

本部分代替 T/CACM 1021.46—2017。

本部分按照 GB/T 1.1—2009《标准化工作导则　第1部分：标准的结构和编写》给出的规则起草。

本部分代替 T/CACM 1021.46—2017，与 T/CACM 1021.46—2017 相比较，标准编号进行了调整，并重新进行了编辑。

本部分由中药材商品规格等级标准研究技术中心及道地药材国家重点实验室培育基地提出。

本部分由中华中医药学会归口。

本部分起草单位：江西省药物研究所、中国中医科学院中药资源中心、天津大学、中药材商品规格等级标准研究技术中心、北京联合大学、北京中研百草检测认证有限公司。

本部分主要起草人：胡蓉、黄璐琦、郭兰萍、詹志来、高文远、张元、姚闽、赖娟华、李忠贵、李晶、朱良辉、李玉云、肖草茂。

本部分所代替标准的历次版本发布情况为：

——T/CACM 1021.46—2017。

中药材商品规格等级　枳壳

1　范围

本部分规定了枳壳的商品规格等级。

本部分适用于枳壳药材生产、流通以及使用过程中的商品规格等级评价。

2　规范性引用文件

下列文件对于本部分的应用是必不可少的。凡是注明日期的引用文件，仅所注明日期的版本适用于本部分。凡是不注明日期的引用文件，其最新版本（包括所有的修改版本）适用于本部分。

T/CACM 1021. 1—2016 中药材商品规格等级编制通则

3　术语和定义

T/CACM 1021. 1—2016 以及下列术语和定义适用于本部分。

3. 1

枳壳　AURANTII FRUCTUS

本品为芸香科植物酸橙 *Citrus aurantium* L. 及其栽培变种的干燥未成熟果实。7 月果皮尚绿时采收，自中部横切为两半，晒干或低温干燥。

4　规格等级划分

根据市场流通情况，将枳壳按产地划分为江西、四川、湖南、其他产区四个规格。根据是否进行等级划分，将枳壳药材分为“选货”和“统货”；“选货”项下，根据中果皮厚度和气香程度进行等级划分。应符合表 1 要求。

表 1　规格等级划分

规格	等级		性状描述	
			共同点	区别点
江枳壳	选货	一等	本品呈半球形，直径 3 ~ 5cm。外果皮棕褐色至褐色，有颗粒状突起，突起的顶端有凹点状油室；有明显的花柱残迹或果梗痕。切面中果皮黄白色，光滑而稍隆起，边缘散有 1 ~ 2 列油室，瓤囊 7 ~ 12 瓣，少数至 15 瓣，汁囊干缩呈棕色至棕褐色，内藏种子。质坚硬，不易折断。气清香，味苦、微酸	0. 6cm≤中果皮厚≤1. 3cm，气香浓郁
川枳壳				
湘枳壳		二等		0. 4cm≤中果皮厚 <0. 6cm，气香淡
其他产区枳壳	统货		切面中果皮厚 0. 4 ~ 1. 3cm，气清香	

注 1：当前药材市场枳壳药材主要是按产地和中果皮厚度来区分规格等级，以江西樟树、新干的江枳壳和重庆江津的枳壳为道地药材，具有皮青，肉厚而白，质坚硬，气香的特征。

注 2：2015 年版《中国药典》规定枳壳来源是芸香科植物酸橙 *Citrus aurantium* L. 及其栽培变种植物的干燥未成熟果实，市场上有同科植物药典品香橼项下的香圆 *Citurs Wilsonii* Tanaka. 的干燥未成熟果实作枳壳药用，其特征是果实顶部花柱基的周围有一个圆形环纹，习称“金钱环”。市场上也有用柚的幼果伪充枳壳现象，柚幼果的特点是果肉特别厚，一般在 1. 5cm 以上，质地松软，可见明显的粗筋脉。还有用胡柚切片伪充枳壳饮片情况，但 2015 版《浙江省中药炮制规范》将常山胡柚 *Citrus chang shanhuyou* Y. B. Chang 以“衢枳壳”之名收载。

注 3：关于枳壳药材历史产区沿革参见附录 A。

注 4：关于枳壳药材品质评价沿革参见附录 B。

5 要求

除符合 T/CACM 1021. 1—2016 的第 7 章规定外，还应符合下列要求：

——无虫蛀；

——无霉变；

——杂质不得过 3%。

附录 A

(资料性附录)

枳壳药材历史产区沿革

唐以前的文献只有枳实，无枳壳。枳小嫩者为枳实，大者为枳壳。枳壳之名，始见于唐·甄权《药性论》(也有说，首见于《雷公炮炙论》，原与枳实合为一条)，宋《开宝本草》因其与枳实"主疗稍别"，而将枳壳另列专条。

枳壳产地的相关描述最早见于《神农本草经》中的枳实，曰："生川泽。"介绍了生境情况。

魏晋《名医别录》收载枳实，未有枳壳，记录："生河内(今河南省武陟县)。"

南北朝《本草经集注》收载枳实："生河内川泽。"

唐《新修本草》描述枳实："今处处有……"

宋《图经本草》描述枳壳："生商州川谷，今京西、江湖州郡皆有之，以商州者为佳。"并附汝州枳壳及成州枳实之图。商州今陕西商洛地区，汝州今河南临汝县，成州今甘肃成县。

南宋《橘录》记载："近时难得枳实，人多植枸橘于篱落间。收其实，剖干之，以之和药。味与商州之枳几逼真矣。"

明《本草品汇精要》记载了："《图经》曰：京西、江湖州郡皆有之，汝州商州者为佳"。

清《本草崇原》记载：枳实"近时出于江西者为多"。《本草述》介绍枳壳的炮制时提及"用产出江右者良，取翻肚如盆口唇者"。

民国时期的《药物出产辨》记载："枳壳，产四川为最，江西次之，福州又次之。日本亦有产，但质味不佳。大小暑出新。"

《四川省医药卫生志》(1991 年)记载："据《綦江县志》载：明朝时綦江一个名叫刘蒲洲的人，在江西为官，将江西枳壳引到綦江升平乡栽培成功，后又相继扩展到县内各乡，到清乾隆年间(至今 300 多年)产品就运销湖北等地。……产地分布于江津及云阳、合江、泸县、涪陵、宜宾、达县、南充、绵阳、内江等地县，其中江津栽培枳壳历史悠久，其产品青皮白口、形质兼优，素享盛誉。"

《新编中药志》(2002 年)收载枳壳，酸橙枳壳主产于江西新干，四川江津、綦江，湖南沅江，浙江衢县、常山，兰溪等地。四川产者称川枳壳，江西产者称江枳壳，湖南产者称湘枳壳。除供本省销售，亦供应省外或出口。浙江产者多销省内，有时尚须从江西省调进部分商品。代代花枳壳主产江苏苏州地区(又称苏枳壳)和浙江金华地区。多自产自销和销省内。

《全国中草药汇编》(第 3 版)(2014 年)记载枳壳分布于江苏、浙江、江西、广东、贵州、四川、西藏等。主产于四川、江西、湖南。

枳壳的产地因其品种的沿用与变迁，先是河南、甘肃，至宋代产地发展至"京西，江湖州郡皆有之"，以商州(陕西商洛地区)为道地，至清代开始，"出于江西者为多"。江西枳壳于明代成功引种到四川綦江，经发展至民国时期，枳壳则以江西和四川产地者为优，现代枳壳产地分布极广，分布于四川、江西、湖南、湖北、江苏、浙江、福建等地，主产于江西、湖南、四川。

附录 B

(资料性附录)

枳壳药材品质评价沿革

唐《新修本草》记载，“以陈者为良”。

宋《图经本草》记载，“皆以翻肚如盆口、唇状、须陈久者为胜，以商州者为佳”。

元《本草元命苞》记载，“枳壳，生商州川谷。枳实，生河内川泽，惟商州精好”。

明《本草品汇精要》：“汝州商州者为佳。”

清《本草崇原》：“枳实出河内洛西及江湖州郡皆有。近时出于江西者为多。”

民国《增订伪药条辨》记载：“江西沙河出者，细皮肉厚而结，色白气清香而佳，龙虎山出者亦佳。四川出者，名川枳壳，色黄肉厚，味带酸，次之。江浙衢州出者，皮粗色黄，卷口心大肉薄，亦次。浙江黄埠出者，肉松而大，有灯盏之名，更次，洋枳壳者，或即此也。”

1963 年版《中国药典》：“以个大、外皮青绿色、肉厚、色白、气香者为佳。个较小、外皮黄绿色、肉薄、香气弱者质次”。

1977 年版《中国药典》：“以外皮色绿褐、果肉厚、质坚硬、香气浓者为佳。”

《湖北中药鉴别手册》(1984 年) 亦记载枳壳以外皮色绿褐、果肉厚、质坚硬、香气浓者为佳。

《中药材商品规格质量鉴别》(1995 年)：以个大，果皮青绿色，切面果肉厚而白色，呈盆口状外翻，果皮肉质坚结，气香清者为质优。个小，皮黄，肉薄而松，气香淡者为次。川枳壳品质最好，江西枳壳次之，湘枳壳再次之，建枳壳、苏枳壳品质均不及以上三种，多为地产地销。

《全国中草药汇编》(第 3 版)(2014 年) 记载，枳壳以外果皮色绿、果肉厚、质坚硬、香气浓者为佳。

综上，历代对于枳壳的规格等级划分强调产地质量，以川枳壳和江枳壳为道地药材，由于传统四川道地产区綦江县和江津县现归重庆市管辖，所以枳壳药材道地产区确切地说应该是江西和重庆。总之，枳壳药材品质是以产地为基础并结合性状，如颜色、中果皮厚度、气香的浓郁程度等进行评价，这为制定枳壳商品规格等级标准提供了依据。当前药材市场枳壳药材主要是按产地来区分规格，以江西樟树、新干的江枳壳和重庆江津的枳壳为道地药材，具有皮青，肉厚而白，质坚硬，气香的特征，药典规定的柚皮苷和新橙皮苷含量高，质量最好；其次是四川产区、江西其他产区的枳壳和湖南湘枳壳；再次是浙江枳壳。

ICS 11.120.10
C 10/29

团 体 标 准

T/CACM 1021.31—2018
代替T/CACM 1021.47—2017

中药材商品规格等级 黄连

Commercial grades for Chinese materia medica

COPTIDIS RHIZOMA

2018-12-03 发布 2018-12-03 实施

中华中医药学会 发布

目　次

前　　言

T/CACM 1021《中药材商品规格等级》标准分为226个部分：

——第1部分：中药材商品规格等级标准编制通则；

……

——第30部分：中药材商品规格等级　枳壳；

——第31部分：中药材商品规格等级　黄连；

——第32部分：中药材商品规格等级　川贝母；

……

——第226部分：中药材商品规格等级　玄明粉。

本部分为T/CACM 1021的第31部分。

本部分代替T/CACM 1021.47—2017。

本部分按照GB/T 1.1—2009《标准化工作导则　第1部分：标准的结构和编写》给出的规则起草。

本部分代替T/CACM 1021.47—2017，与T/CACM 1021.47—2017相比较，标准编号进行了调整，并重新进行了编辑。

本部分由中药材商品规格等级标准研究技术中心及道地药材国家重点实验室培育基地提出。

本部分由中华中医药学会归口。

本部分起草单位：湖北中医药大学、重庆市中药研究院、云南省农业科学院、中国中医科学院中药资源中心、中药材商品规格等级标准研究技术中心、北京中研百草检测认证有限公司。

本部分主要起草人：吴和珍、瞿显友、黄璐琦、杨艳芳、黄河、柳鑫、覃祝、李隆云、张金渝、郭兰萍、詹志来、金艳。

本部分所代替标准的历次版本发布情况为：

——T/CACM 1021.47—2017。

中药材商品规格等级　黄连

1　范围

本部分规定了黄连的商品规格等级。

本部分适用于黄连药材生产、流通以及使用过程中的商品规格等级评价。

2　规范性引用文件

下列文件对于本部分的应用是必不可少的。凡是注明日期的引用文件，仅所注明日期的版本适用于本部分。凡是不注明日期的引用文件，其最新版本（包括所有的修改版本）适用于本部分。

T/CACM 1021. 1—2016 中药材商品规格等级编制通则

3　术语和定义

T/CACM 1021. 1—2016 以及下列术语和定义适用于本部分。

3. 1

黄连　COPTIDIS RHIZOMA

为毛茛科植物黄连 *Coptis chinensis* Franch. 、三角叶黄连 *Coptis deLtoidea* C. Y. Cheng et Hsiao 或云连 *Coptis teeta* Wall. 的干燥根茎。以上三种分别习称“味连”“雅连”“云连”。秋季采挖，除去须根和泥沙，干燥，撞去残留须根。

3. 2

味连　*weilian*

来源为毛茛科植物黄连 *Coptis chinensis* Franch. 的干燥根茎，按来源，习称“味连”。

3. 3

雅连　*yalian*

来源为毛茛科植物三角叶黄连 *Coptis deLtoidea* C. Y. Cheng et Hsiao 的干燥根茎，按来源，习称“雅连”。

3. 4

云连　*yunlian*

来源为毛茛科植物云连 *Coptis teeta* Wall. 的干燥根茎，按来源，习称“云连”。

3. 5

鸡爪连　*jizhualian*

来源为毛茛科植物黄连 *Coptis chinensis* Franch. 的干燥根茎，整体呈鸡爪状，习称“鸡爪连”。

3. 6

单枝连　*danzhilian*

来源为毛茛科植物黄连 *Coptis chinensis* Franch. 的干燥根茎，加工时将成束的根茎拆分成单枝，习称“单枝连”。

3. 7

焦糊　*jiaohu*

黄连药材因加工不当而变黑变焦。

3. 8

过桥　*guoqiao*

指黄连根茎光滑如茎秆的节间。

3.9

骠质 *biaozhi*

指黄连根茎表面疏松的浮皮。

4 规格等级划分

根据加工方法和外形特征不同，将黄连（味连）药材分为“单枝连”“鸡爪连”两个规格。在规格项下，根据黄连肥壮程度、直径、“过桥”有无和长度等划分等级。应符合表1要求。

表1 规格等级划分

<table>
<tr><th rowspan="2">规格</th><th rowspan="2">等级</th><th colspan="2">性状描述</th></tr>
<tr><th>共同点</th><th>区别点</th></tr>
<tr><td rowspan="3">单枝连</td><td>一等</td><td rowspan="2">单支，质坚实，断面不整齐，皮部橙红色或暗棕色，木部鲜黄色或橙黄色，表面无毛须；味极苦。无碎渣、焦枯</td><td>长度≥5.0cm，肥壮，直径≥0.5cm；间有过桥，但过桥长度≤1.6cm；断面皮部和髓部较宽厚</td></tr>
<tr><td>二等</td><td>较一等品瘦小，直径≤5.0cm；有过桥，过桥长度≤3.0cm；断面皮部和髓部较窄，少数髓部有裂隙；间有碎节</td></tr>
<tr><td>统货</td><td colspan="2">无质量分级精选，单支，表面无毛须，质坚实，断面木质部黄色或金黄色，髓部和皮部红棕色或暗棕色。味极苦。有碎节，稍有残茎、焦枯、杂质</td></tr>
<tr><td rowspan="3">鸡爪连</td><td>一等</td><td rowspan="2">多聚成簇，分枝多弯曲，形如鸡爪，质坚实，断面不整齐皮部橙红色或暗棕色，木部鲜黄色或橙黄色；表面黄褐色，簇面无毛须。味极苦</td><td>肥壮，鸡爪中部平均直径≥24mm，单支数量≥7支，重量≥9.0g；间有长度不小于1.5cm的碎节和长度不超过2.0cm的过桥；断面髓部和皮部较宽厚；无焦枯</td></tr>
<tr><td>二等</td><td>较一等品瘦小，单支数量≥5支，重量≥5.0g；有过桥，间有碎节；断面髓部和皮部较窄，少数髓部有裂隙；间有焦枯</td></tr>
<tr><td>统货</td><td colspan="2">无质量分级精选，多聚成簇，分枝多弯曲，形如鸡爪，有过桥，表面黄褐色，簇面无毛须，质坚实，断面木质部黄色或金黄色，髓部和皮部红棕色或暗棕色。味极苦。有碎节，单支</td></tr>
</table>

注1：黄连药材虽然有黄连、三角叶黄连、云连三个来源，药材商品分别称为“味连”“雅连”“云连”。但目前市场上以“味连”为绝对主流商品，未见“雅连”商品，虽在个别中药材专业市场购买到商家自称为“雅连”的商品，但经检验为“味连”的“单支连”（横切面“味连”仅皮部有石细胞、“雅连”皮部和髓部均有石细胞）；“云连”虽在云南福贡、腾冲等地有栽培，但商品仅在当地有售，且多数为“云连”的全株，同时野生云连为国家保护植物，故本商品规格等级标准仅针对“味连”制定了相应标准。

注2：黄连习惯上以粗壮、坚实、无过桥，断面木质部金黄色或橙黄色为佳。主要因为黄连中小檗碱、表小檗碱、黄连碱等生物碱以皮部、髓部含量高，木质部含量最低，根茎粗壮、无过桥的黄连皮部和髓部所占比例大，生物碱含量高，故质量好；而根茎细小或过桥长者，皮部和髓部所占比例小，生物碱含量低，质量较差。

注3：市场上曾见被提取过的黄连药材，主要区别是断面颜色因提取程度的不同变深或变浅，苦味较淡，有时还带有淡淡的酸味。故标准中规定皮部橙红色或暗棕色，木部鲜黄色或橙黄色，味极苦。

注4：“鸡爪连”如加工不到位，根茎间会残留较多的须根和泥沙等杂质，但其总重量不超过《中国药典》规定。

注5：关于黄连药材历史产区沿革参见附录A。

注6：关于黄连药材品质评价沿革参见附录B。

5 要求

除符合T/CACM 1021.1—2016的第7章规定外，还应符合下列要求：

——无变色；

——无虫蛀；

——无骠质；

——无霉变；

——杂质不得过3%。

附录 A

（资料性附录）

黄连药材历史产区沿革

黄连为我国常用药材，应用、栽培历史悠久。黄连之名始载于《范子计然》（公元前 202 年—公元 9 年）："黄连出蜀郡，黄肥坚者善。"它真实的反映了西汉药材市场正在形成的初期阶段水平，及优质标准、道地产区等商品特性。结合资源调查及药材性状特征，蜀郡所出当是三角叶黄连和峨眉黄连。

历史上最早的黄连主产地是四川，以"黄肥坚者"为优质品。

成书于东汉的《神农本草经》将黄连列为上品，云："黄连，味苦寒。主热气目痛，眦伤，泣出，明目，肠澼，腹痛，下利，妇人阴中肿痛。久服，令人不忘。一名王连。生山谷。"它简单概括了其性味、功效和临床主治，说明当时临床应用广泛。

汉末《名医别录》（约公元三世纪）记载："黄连生巫阳川谷及蜀郡、太山之阳。"说明黄连在重庆地区也有分布，对于黄连的认识，当时更多来自于民间用药经验的总结，其来源可能是一些形态相近的黄连属植物，涵盖了黄连属植物黄连、三角叶黄连和峨眉黄连等。

梁代《本草经集注》："今西间者色浅而虚，不及东阳，新安诸县最胜。临海诸县者不佳。"说明当时浙江金华地区也有分布，但新安质量最好。

唐代《新修本草》："蜀道者粗大节平，味极浓苦，疗渴为最。江东者节如连珠，疗痢大善。澧州者更胜。"表明唐代湖南地区也有分布，并且认为湖南产的质量最佳。

宋代《证类本草》："箫炳云：今出宣州绝佳，东阳亦有，歙州、处州者次。"安徽宣城盛产，首次提出黄连出"宣州绝佳"。宣黄连一直作为道地药材产区延续至清末。说明宣黄连在当时盛行。

宋代《图经本草》："黄连，生巫阳川谷及蜀郡泰山，今江、湖、荆、夔州郡亦有，而以宣城九节坚重相击有声者为胜，施、黔者次之。"说明在宋代，江西九江，浙江湖州市、江陵府，重庆市奉节县东，湖北恩施市，重庆与贵州交界地带均有黄连分布，且以宣黄连为最好，湖北恩施、贵州所产次之。

明代《本草纲目》："保升曰：江东者，节高若连珠；蜀都者，节下不连珠。今秦地及杭州、柳州者佳。"《本草纲目》时珍曰："黄连，汉末李当之本草，惟取蜀郡黄肥而坚者为善。唐时以澧州者为胜。今虽吴、蜀皆有，惟以雅州、眉州者为良。"说明不同时代黄连道地药材产地存在变迁。

明末《本草乘雅半偈》："汉取蜀产，唐取澧产，今取雅州、眉州者为良。"说明在西汉时期黄连主产四川，唐代主产湖南，明代以峨眉、雅安为佳。

清代《本经逢原》："产川中者，中空，色正黄，截开分瓣者为上，云南水连次之，日本、吴、楚为下。"说明云南、日本等地均有黄连产出，质量较差，四川为佳。

民国时期《药物出产辨》："四川出者为川黄连，产雅州及峨眉山等处。秋季出新。产云南者，为云连，出古涌县。有名西连者，出四川万县。"说明黄连以四川为道地药材区，并确定雅连主产于四川雅安县，云连主产于云南，黄连的药材品种基本形成。

黄连的产区由西到东分布在四川、重庆、贵州、陕西、湖南、湖北、安徽、江苏、浙江等地。其道地产区随着时代的变迁和经济的兴衰有所变化，历史上以"川黄连"和"宣黄连"两大道地药材产区最为有名。由于清末至民国时期，帝国主义列强对中国侵略和瓜分的深入，浙江、安徽一带加大了对外开放的进程，农业逐渐衰退，出现农转商的热潮，所以宣黄连逐渐萎缩直至消失，成为历史。目前以四川的雅安、峨眉，重庆的石柱，湖北的恩施、竹溪等地为黄连的道地产区。云连产量极少，主要集中于云南怒江州的福贡、贡山、泸水和保山的腾冲县等地。

附录 B

（资料性附录）

黄连药材品质评价沿革

春秋时代《范子计然》："黄连出蜀郡，黄肥坚者善。"

唐代《新修本草》："黄连，蜀道者粗大节平，味极浓苦，疗渴为最；江东者节如连珠，疗痢大善。"

宋代《证类本草》："今注医家见用宣州九节坚重、相击有声者为胜。"

明代《本草纲目》对黄连的品质进行了分类："大抵有二种：一种根粗无毛有珠，如鹰、鸡爪形而坚实，色深黄；一种无珠多毛而中虚，黄色稍淡。"

明代《本草品汇精要》："用根连珠九节者为好。"《本草乘雅半偈》："汉取蜀产，唐取澧产，今取雅州、眉州者为良。"

清代《本草纲目拾遗》："皆作连珠形，皮色青黄，光洁无毛，折之有烟，色如赤金者佳。"《本经逢原》："产川中者，中空，色正黄，截开分瓣者为上。"

1963 年版《中国药典》："以肥壮、连珠形、质坚重、断面红黄色者为佳。"

1977 年版《中国药典》："以条粗壮、质坚实、断面红黄色者为佳"。

《中国常用中药材》（1995 年，中国药材公司）："黄连（按质量）分 3 个品别，6 个等级。"《中药材产销》2007 年版，以"条粗壮、质坚实、鸡爪形或连珠形、外表光洁、无毛须和叶柄、断面红黄色者为佳。"

综上，历代对于黄连的规格等级划分强调产地质量，以川黄连为道地药材，并在此基础上结合性状，如根茎的粗细、重量、坚实程度、断面颜色等进行评价。为制定黄连（味连）商品规格等级标准提供了依据。

ICS 11.120.01
C 23

团　体　标　准

T/CACM 1021.32—2018
代替T/CACM 1021.112—2018

中药材商品规格等级　川贝母

Commercial grades for Chinese materia medica

FRITILLARIAE CIRRHOSAE BULBUS

2018-12-03 发布　　2018-12-03 实施

中华中医药学会 发布

目　次

前　　言

T/CACM 1021《中药材商品规格等级》标准分为226个部分：

——第1部分：中药材商品规格等级标准编制通则；

……

——第31部分：中药材商品规格等级　黄连；

——第32部分：中药材商品规格等级　川贝母；

——第33部分：中药材商品规格等级　冬虫夏草；

……

——第226部分：中药材商品规格等级　玄明粉。

本部分为T/CACM 1021的第32部分。

本部分代替T/CACM 1021.112—2018。

本部分按照GB/T 1.1—2009《标准化工作导则　第1部分：标准的结构和编写》给出的规则起草。

本部分代替T/CACM 1021.112—2018，与T/CACM 1021.112—2018相比较，标准编号进行了调整，并重新进行了编辑。

本部分由中药材商品规格等级标准研究技术中心及道地药材国家重点实验室培育基地提出。

本部分由中华中医药学会归口。

本部分起草单位：中国中药有限公司、中国中医科学院中药资源中心、天津大学、中药材商品规格等级标准研究技术中心、北京中研百草检测认证有限公司、北京联合大学。

本部分主要起草人：吕华、赵润怀、兰青山、王继永、孙杰、周海燕、王浩、焦春红、黄开荣、黄璐琦、郭兰萍、詹志来、高文远、金艳、何雅莉、张元。

本部分所代替标准的历次版本发布情况为：

——T/CACM 1021.112—2018。

中药材商品规格等级　川贝母

1　范围

本部分规定了川贝母的商品规格等级。

本部分适用于川贝母药材生产、流通以及使用过程中的商品规格等级评价。

2　规范性引用文件

下列文件对于本部分的应用是必不可少的。凡是注明日期的引用文件，仅所注明日期的版本适用于本部分。凡是不注明日期的引用文件，其最新版本（包括所有的修改版本）适用于本部分。

T/CACM 1021. 1—2016 中药材商品规格等级编制通则

3　术语和定义

T/CACM 1021. 1—2016 以及下列术语和定义适用于本部分。

3. 1

川贝母　FRITILLARIAE CIRRHOSAE BULBUS

本品为百合科植物川贝母 *Fritillaria cirrhosa* D. Don、暗紫贝母 *Fritillaria unibracteata* Hsiao et K. C. Hsia、甘肃贝母 *Fritillaria przewalskii* Maxim.、梭砂贝母 *Fritillaria delavayi* Franch.、太白贝母 *Fritillaria taipaiensis* P. Y. Li 或瓦布贝母 *Fritillaria unibracteata* Hsiao et K. C. Hsia var *wabuensis*（S. Y. Tang et S. C. Yue）Z. D. Liu, S. Wang et S. C. Chen 的干燥鳞茎。按性状不同分别习称“松贝”“青贝”“炉贝”和“栽培品”。夏、秋二季或积雪融化后采挖，除去须根、粗皮及泥沙，晒干或低温干燥。

3. 3

油粒　*youli*

川贝母干燥过程中堆积发热引起的角质化，或手翻动等造成膜皮紧贴，水分挥发不畅而变深，统称为油粒，多见于松贝、青贝，又称黄子。

3. 3

开花粒　*kaihuali*

指松贝等级中混有的青贝，因顶部开裂故名开花粒。

3. 4

碎瓣　*suiban*

川贝母鳞茎脱落的完整或不完整的鳞片。

3. 5

芯籽　*xinzi*

青贝破碎而脱落的残茎心芽。

4　规格等级划分

根据市场流通情况，按照性状，将川贝母药材分为“松贝”“青贝”“炉贝”三个规格。在规格项下，根据是否进行等级划分，分成“选货”和“统货”；“选货”项下，根据直径及开花粒、碎瓣、芯籽、油粒的比例等进行等级划分。应符合表 1 要求。

表 1　规格等级划分

<table>
<tr><th rowspan="2">规格</th><th rowspan="2" colspan="2">等级</th><th colspan="3">性状描述</th></tr>
<tr><th>共同点</th><th colspan="2">区别点</th></tr>
<tr><td rowspan="6">松贝</td><td rowspan="5">选货</td><td>一等</td><td rowspan="6">呈类圆锥形或近球形，高 0. 3 ~ 0. 8cm，直径 0. 3 ~ 0. 9cm，表面类白色。外层鳞叶两瓣、大小悬殊，大瓣紧抱小瓣，未抱部分呈新月形，习称“怀中抱月”，顶端闭合，内有类圆柱形、顶端稍尖的心芽和小鳞叶 1 ~ 2 枚；先端钝圆或稍尖，底部平，微凹入，中心有 1 灰褐色鳞茎盘，偶有残存须根。表面白色，体结实，质细腻，断面白色、富粉性</td><td>直径 0. 3 ~ 0. 45cm</td><td>油粒 + 碎瓣≤5%</td></tr>
<tr><td>二等</td><td>直径 0. 45 ~ 0. 65cm</td><td>油粒 + 开花粒 + 碎瓣≤5%</td></tr>
<tr><td>三等</td><td>直径 0. 65 ~ 0. 9cm</td><td>油粒 + 开花粒 + 碎瓣≤10%</td></tr>
<tr><td>四等</td><td>直径 0. 45 ~ 0. 65cm</td><td>开花粒 ≤ 20%，油粒 + 碎瓣≤10%</td></tr>
<tr><td>五等</td><td>直径 0. 65 ~ 0. 9cm</td><td>开花粒 ≤ 20%，油粒 + 碎瓣≤10%</td></tr>
<tr><td colspan="2">统货</td><td>大小不分</td><td>开花粒 ≤ 20%，油粒 + 碎瓣≤10%</td></tr>
<tr><td rowspan="3">青贝</td><td rowspan="2">选货</td><td>一等</td><td rowspan="3">类扁球形，高 0. 4 ~ 1. 4cm，直径 0. 4 ~ 1. 6cm，外层鳞叶两瓣，大小相近，相对抱合，顶部开裂、内有心芽和小鳞叶及细圆柱形的残茎。表面白色、细腻、体结。断面粉白色。气微，味微苦</td><td>直径≤1. 0cm</td><td>油粒 + 碎瓣 ≤ 20%，芯籽重量占比≤2%</td></tr>
<tr><td>二等</td><td>直径 >1. 0cm</td><td>油粒 + 碎瓣 ≤ 20%，芯籽重量占比≤2%</td></tr>
<tr><td colspan="2">统货</td><td>大小不分</td><td>油粒 + 碎瓣 ≤ 20%，芯籽重量占比≤5%</td></tr>
<tr><td rowspan="3">炉贝</td><td rowspan="2">选货</td><td>一等</td><td rowspan="3">长圆锥形，高 0. 7 ~ 2. 5cm，底部直径0. 5 ~ 2. 5cm，表面类白色或浅棕黄色，有的具棕色斑点，外层鳞叶 2 瓣，大小相近，顶部开裂而略尖，基部稍尖或较钝，气微，味微苦</td><td>表面类白色</td><td>油粒 + 碎瓣≤20%</td></tr>
<tr><td>二等</td><td>表面浅棕黄色，有的具棕色斑点</td><td>油粒 + 碎瓣≤20%</td></tr>
<tr><td colspan="2">统货</td><td>表面类白色或浅棕黄色，有的具棕色斑点</td><td>油粒 + 碎瓣≤20%</td></tr>
<tr><td colspan="6">注 1：市场等级划分较细，以反映客户需求的大小、颜色、完整程度的不同而出售，本部分做了一定程度的取舍、综合，同时具备了代表性。
注 2：市场松贝尚有“水洗”货，水洗后总碱含量下降，大多低于药典限度，故未列入。
注 3：松贝中存在开花粒的现象，虽不符合药典性状但客观存在，仍将开花粒列入划分指标。
注 4：来源于太白贝母 Fritillaria taipaiensis P. Y. Li 或瓦布贝母 Fritillaria unibracteata Hsiao et K. C. Hsia var wabuensis（S. Y. Tang et S. C. Yue）Z. D. Liu，S. Wang et S. C. Chen 的“栽培品”，市场上少见商品及等级划分，故本部分未列入。
注 5：关于川贝母药材历史产区沿革参见附录 A。
注 6：关于川贝母药材品质评价沿革参见附录 B。</td></tr>
</table>

5　要求

除应符合 T/CACM 1021. 1—2016 的第 7 章规定外，还应符合下列要求：

——无虫蛀；

——无霉变；

——无杂质。

附录A

(资料性附录)

川贝母药材历史产区沿革

汉末《名医别录》：贝母生晋地（今河北晋州市），此贝母为土贝母非川贝。

南北朝《本草经集注》：出近道（今江苏南京），形似聚贝子，故名贝母，断谷服之不饥，亦非川贝。

唐《新修本草》：出润州（镇江）、荆州（荆州）、襄州（襄阳），贝母，叶似大蒜，四月蒜熟时，采良。若十月苗枯，根亦不佳也，应是贝母属其他贝母，非川贝。

宋代《本草图经》：贝母生晋地，今河中、江陵府、郢、寿、随、郑、蔡、润、滁州皆有之。附图的峡州贝母可能为贝母属植物，非川贝。

明代《本草汇言》（刊于1624年），贝母生蜀中及晋地，又出润州、荆州、襄州者亦佳。江南诸州及浙江金华、象山亦有。"生蜀中"提示可能存在川贝类型。明代第一次出现了可能是川贝的记载。清代《本草崇原》（刊于1674年），贝母，河中、荆、襄、江南皆有，唯川蜀出者为佳。"川蜀出者"提示川贝。清代《植物名实图考》（1848）：今川中图者，一叶一茎，叶颇似荞麦叶。大理府点苍山生者，叶微似韭而生蓝花，正类马兰花。可见虽产自川中，但明显非川贝，可见，到《植物名实图考》尚弄不清川贝的具体性状。

民国《增订伪药条辨》（刊于1928年），川贝，四川灌县（都江堰）产者，底平头尖，肉白光洁而坚，味微苦兼甘，为最佳。平藩县产者，粒团质略松，头微尖，肉色白而无神，味亦微苦兼甘，亦佳。叙富（今宜宾）产者，颗大而扁，肉白黄色，质松味淡，为次。鲁京州大白山、松盘（大巴山、松潘）等处产者，曰鲁京川，黄白色，头尖，亦次。灌县（都江堰）描述可能是松贝、平藩描述似青贝。《药物出产辨》：川贝母，以产四川打箭炉（康定）、松潘县等为正地道。其余灌县、大宁府（重庆巫溪）、云南等均可。

《本草药品实地之观察》（刊于1937年），"川贝母是为四川西北部松潘、雅安等县培植品。尤以松潘产者为最佳。二曰炉贝，颗粒不大，产打箭炉"。此处培植品存疑，炉贝颗粒不大亦存疑。赵燏黄先生应未去过产地，当以规格相近作栽培品。

《中药材手册》（1959年）：知贝　主产于四川、青海、云南一带，产量极大。松贝　主产于松潘、马尔康等阿坝藏族自治州一带。青贝　主产于青海玉树，云南德钦、贡山独龙族怒族自治县，新疆木叠河、伊犁，四川巫山及甘肃岷县等地。松贝、青贝的名字首次出现。知贝是炉贝。

《中药材产销》（2004年）：青贝　产四川的石渠、德格、白玉、巴塘、理塘、康定等地；西藏桑日、加查、朗县、比如、索县、墨竹工卡等地；青海玉树、杂多、称多等；云南德钦、贡山等地。松贝　四川阿坝州松潘、红原、若尔盖、黑水、金川主产；南坪、平武、马尔康及青海的班玛、久治、达日、甘德等，甘肃玛曲、漳县迭部有少量分布。甘肃贝母　按不同形状分松贝、青贝，甘肃岷县、舟曲、文县等主产，青海东南部、四川西北部，西藏东部也有少量分布，产量很少。炉贝　四川石渠、德格、白玉等地，西藏芒康、贡觉、江达、左贡等地；青海玉树、杂多、称多等；云南德钦、贡山等地，产区广、产量大。

可见，川贝的三种规格中，松贝一直以四川为主产地，青贝、炉贝产区也较为固定。松贝、青贝可能从明、清本草中的外观描述中偶可印证。而炉贝的规格应在民国左右才出现。川贝的三种规格的名称确立距今不超百年。可能是川贝产区原来交通闭塞，信息不畅，商品较难从西部高原流入东部的缘故。

附录 B

（资料性附录）

川贝母药材品质评价沿革

明代《本草原始》载“色白，两瓣成一颗，有心。西贝母色白、体清、双瓣，南贝母色青白，体重、单粒，西者、南者俱宜入剂，而西者尤良。今出近道者，其叶如栝楼而细小，其子在根下，如芋子，正白，四方连累相着，有分解也，入药无能，堪医马而已”。“西贝母”可能是川贝母，而南贝母似百合科植物老鸦瓣，“四方相累”似葫芦科土贝母。

明《本草汇言》：贝母生蜀中及晋地，又出润州、荆州、襄州者亦佳，川者味淡性优。强调产地与味。明代《药品化义》：贝母，取川产者佳。也强调了产地。

明《本草乘雅半偈》载“川贝母小而尖者良”首次出现外观指标，而“小而尖者良”可能是松贝或其近似商品尖贝，尖贝来源不详。

清代《本草崇原》：贝母，唯川蜀出者为佳，内心外瓣，川产者味甘淡。该描述是对质量在产地、外观、味道的综合评价。清代《本草备要》：川产，开瓣者良，独颗无瓣不堪用，对于“开瓣”的理解当以青贝为似，并与独颗无瓣的老鸦瓣进行了质量区别。清代《本草从新》川产开瓣，圆正底平者良。此基原当为青贝。

《植物名实图考》：“今川中图者，一叶一茎，叶颇似荞麦叶。大理府点苍山生者，叶微似韭而生蓝花，正类马兰花，其根则无甚异。张子诗：贝母阶前蔓百寻，双桐盘绕叶森森。则又有蔓生者矣。”该描述，川中图者“荞麦叶”似天南星科犁头尖属植物，“大理府点苍山生者”似乎为水玉簪科水玉簪属植物水玉簪。蔓生者为葫芦科土贝母，以上均非川贝母。

民国《增订伪药条辨》：川贝，四川灌县产者，底平头尖，肉白光洁而坚，味微苦兼甘，为最佳。平藩县产者，粒团质略松，头微尖，肉色白而无神，味亦微苦兼甘，亦佳。叙富产者，颗大而扁，肉白黄色，质松味淡，为次。鲁京州太白山、松盘等处产者，曰鲁京川，黄白色，头尖，亦次。本书对产地、外观、味综合评价，此时川贝已有规格分类，但与今天有别。民国《药物出产辨》：川贝母，以产四川打箭炉 、松潘县等为正地道。其余灌县、大宁府 、云南等均可。味甘苦者即以上各处所产。又有陕西产者味甘淡而无苦，药力不及，不堪适用。《本草药品实地之观察》：川贝母是为四川西北部松潘、雅安等县培植品，而尤以松潘产者为最佳，当地市场分六种：一曰真松贝，如罗汉肚状，如观音坐莲，平项闭口者称最优，……粒最小。雅安产者，计分二种：一曰青贝，取圆熟而搀入松贝者，北岸货佳；二曰炉贝，颗粒不大，产打箭炉，又名苍珠子，有大小之别，大者系北路货，名观音座莲台，色白较佳。此处炉贝与今炉贝有差异。该书又提及“川贝为百合科之 *Fritillaria roylei* Hook. f. 之鳞茎，以大小 2 片之肥厚鳞茎包裹 2 个之小鳞茎于其中”，描述似青贝，但来源与今不同。

中华人民共和国成立后，《药材资料汇编》（1959 年）：正松贝　质结体重，颗粒圆整，粒粒含苞，俗称“观音座莲”为川贝中之珍品。冲松贝　不及正松贝整齐，品质亦佳，以往取到灌县，亦称“灌贝”品质尚佳。尖贝　形态似正松贝，闭口，体质较轻、色白无光泽，摆不平稳。雅贝　产四川大凉山区西昌附近的冕宁，粒细小，质佳，产量很少。岷贝　产甘肃岷县地区临洮、临潭等地，体轻松，多粉质，色灰白一般认为品质尚佳。青贝　产青、康高原，有北路、南路之分，以青海玉树、旧西康甘孜、德格为中心，称“北路青庄”其颗粒多中小形，质结体重，色白有光泽，多闭口，仅次于正松贝；产高原南部昌都、巴塘、理塘，云南北部德钦、中甸、贡山等，称“南路青庄”颗粒松大。雅贝、岷贝应该都属松贝型。此处青贝产自青海玉树，与今产区吻合，然多闭口，与今之商品略有差异，今来源于川贝 *Fritillaria cirrhosa* D. Don 的商品多开口。以上从产地、外观、物理性状

（如体质轻重、粉质）等指标综合评价川贝质量。

《中药材手册》（1959 年）：青贝：形似知贝，但顶稍平。皮肉皆糙。表面灰黄色。鳞片多二大两小，抱合不紧。以身干、整齐不碎、体重、粉性足、色洁白、无黄水锈者为佳。该处青贝与《本草药品实地之观察》近似。

1963 年版《中国药典》：本品为百合科植物罗氏贝母（*Fritillaria roylei* Hook.）或卷叶贝母（*Fritillaria cirrhosa* D. Don）的干燥鳞茎，显然仍沿袭了赵燏黄的考证。

1977 年版《中国药典》一部：本品为百合科植物川贝母 *Fritillaria cirrhosa* D. Don、暗紫贝母 *Fritillaria unibracteata* Hsiao et K. C. Hsia、甘肃贝母 *Fritillaria przezvalskii* Maxim.，或梭砂贝母 *Fritillaria delavayi* Franch. 的干燥鳞茎。前三者按性状不同分别习称“松贝”和“青贝”，后者习称“炉贝”均以质坚实、粉性足、色白者为佳。该描述确立了川贝母的基原并使用至今。

《中药材产销》（2004 年）：松贝以粒小而匀、色白粉性、质坚体重、味微苦甜者为佳。强调了“匀”。《金世元中药材传统鉴别经验》（2010 年）：以鳞茎完整、均匀、色白、有粉性者为佳。

综上，明代《本草汇言》首次提及“贝母生蜀中”，“生蜀中”的贝母可能提示为现在的川贝母。而松贝、青贝、炉贝 3 种规格，其名称的确立距今不超百年，且描述多有混淆之处，而基原的确立当以 1977 年版《中国药典》作为分界线，1977 年后基本厘清。川贝母的产地主要集中在四川、青海、西藏、云南、甘肃等高原地区。历代对于川贝母的质量评价主要依据大小、质地、颜色、气味、均匀度等指标，如松贝、青贝以完整、粒小而匀、色白粉性、质坚体重、味微苦甜者为佳，炉贝以白者为佳。本次制定川贝母商品规格等级标准主要参照了当今市场和产地的调查情况，根据不同规格，从直径、色泽、油粒、破碎度和开花粒比例等指标进行综合评价及分级。

ICS 11.120.01
C 23

团 体 标 准

T/CACM 1021.33—2018
代替T/CACM 1021.181—2018

中药材商品规格等级 冬虫夏草

Commercial grades for Chinese materia medica

CORDYCEPS

2018-12-03 发布　　2018-12-03 实施

中华中医药学会 发布

目　　次

前　　言

T/CACM 1021《中药材商品规格等级》标准分为226个部分：

——第1部分：中药材商品规格等级标准编制通则；

……

——第32部分：中药材商品规格等级　川贝母；

——第33部分：中药材商品规格等级　冬虫夏草；

——第34部分：中药材商品规格等级　黄精；

……

——第226部分：中药材商品规格等级　玄明粉。

本部分为T/CACM 1021的第33部分。

本部分代替T/CACM 1021.181—2018。

本部分按照GB/T 1.1—2009《标准化工作导则　第1部分：标准的结构和编写》给出的规则起草。

本部分代替T/CACM 1021.181—2018，与T/CACM 1021.181—2018相比较，标准编号进行了调整，并重新进行了编辑。

本部分由中药材商品规格等级标准研究技术中心及道地药材国家重点实验室培育基地提出。

本部分由中华中医药学会归口。

本部分起草单位：康美药业股份有限公司、青海大学、康美（北京）药物研究院有限公司、广东康美药物研究院有限公司、康美（亳州）华佗国际中药城商业有限公司、中国中医科学院中药资源中心、浙江寿仙谷医药股份有限公司、中药材商品规格等级标准研究技术中心、北京中研百草检测认证有限公司。

本部分主要起草人：许冬瑾、乐智勇、张得钧、黄璐琦、郭兰萍、刘洋清、詹志来、姜涛、黄龙涛、白宗利、王瑛、李明焱、金艳、杨光、何雅莉。

本部分所代替标准的历次版本发布情况为：

——T/CACM 1021.181—2018。

中药材商品规格等级　冬虫夏草

1　范围

本部分规定了冬虫夏草的商品规格等级。

本部分适用于冬虫夏草药材生产、流通以及使用过程中的商品规格等级评价。

2　规范性引用文件

下列文件对于本部分的应用是必不可少的。凡是注明日期的引用文件，仅所注明日期的版本适用于本部分。凡是不注明日期的引用文件，其最新版本（包括所有的修改版本）适用于本部分。

T/CACM 1021.1—2016 中药材商品规格等级编制通则

3　术语和定义

T/CACM 1021.1—2016 以及下列术语和定义适用于本部分。

3.1

冬虫夏草　CORDYCEPS

本品为麦角菌科真菌冬虫夏草菌 *Cordyceps sinensis*（Berk.）Sacc. 寄生在蝙蝠蛾科昆虫幼虫上的子座和幼虫尸体的干燥复合体。夏初子座出土、孢子未发散时挖取，晒至六七成干，除去似纤维状的附着物及杂质，晒干或低温干燥。

3.2

西藏虫草　*xizangchongcao*

在西藏那曲及周边地区采挖的冬虫夏草药材。

3.3

青海虫草　*qinghaichongcao*

在青海玉树及周边地区采挖的冬虫夏草药材。

3.4

四川虫草　*sichuanchongcao*

在四川甘孜及周边地区采挖的冬虫夏草药材。

4　规格等级划分

根据不同产地，将冬虫夏草药材分为“西藏虫草”“青海虫草”“四川虫草”三个规格。在各规格项下，根据每千克所含的条数进行等级划分。应符合表 1 要求。

表 1　规格等级划分

<table>
<tr><td rowspan="2" colspan="2">等级</td><td colspan="2">性状描述</td></tr>
<tr><td>共同点</td><td>区别点</td></tr>
<tr><td rowspan="7">选货</td><td>一等</td><td rowspan="8">本品由虫体与从虫头部长出的真菌子座相连而成。虫体似蚕，长 3～5cm，直径 0.3～0.8cm；表面深黄色至黄棕色，有环纹 20～30 个，近头部的环纹较细；头部红棕色；足 8 对，中部 4 对较明显；质脆，易折断，断面略平坦，淡黄白色。子座细长圆柱形，长 4～7cm，直径约 0.3cm；表面深棕色至棕褐色，有细纵皱纹，上部稍膨大；质柔韧，断面类白色。气微腥，味微苦</td><td>每千克≤1500 条，无断草、无穿条、无瘪草、无死草、无黑草</td></tr>
<tr><td>二等</td><td>每千克 1500～2000 条，无断草、无穿条、无瘪草、无死草、无黑草</td></tr>
<tr><td>三等</td><td>每千克 2000～2500 条，无断草、无穿条、无瘪草、无死草、无黑草</td></tr>
<tr><td>四等</td><td>每千克 2500～3000 条，无断草、无穿条</td></tr>
<tr><td>五等</td><td>每千克 3000～3500 条，无断草、无穿条</td></tr>
<tr><td>六等</td><td>每千克 3500～4000 条，无断草、无穿条</td></tr>
<tr><td>七等</td><td>每千克 4000～4500 条，无断草、无穿条</td></tr>
<tr><td colspan="2">统货</td><td>不限制数条，无断草、无穿条</td></tr>
<tr><td colspan="4">注 1：目前药材市场冬虫夏草产地以西藏、青海、四川为主，不同产地价格相差较大。3 个产地外观性状有略微差异：西藏虫草表面浅黄色或棕黄色，头部棕黄色，气微腥；青海虫草表面深黄色至黄棕色，头部棕黄色，气微腥；四川虫草表面暗黄色或暗棕色，头部红棕色，气腥。
注 2：药材市场有大量人工种植冬虫夏草销售，性状、气味与野生品有差异，需注意区分。
注 3：药材市场冬虫夏草价格较高，断草与整根售价相差甚大，产地采挖时大多将质量好的断草拼接成个子销售，剩余断草质量堪忧，故不制定断草规格。
注 4：关于冬虫夏草药材历史产区沿革参见附录 A。
注 5：关于冬虫夏草药材品质评价沿革参见附录 B。</td></tr>
</table>

5　要求

除应符合 T/CACM 1021.1—2016 的第 7 章规定外，还应符合下列要求：

——无变色；

——无虫蛀；

——无霉变；

——无杂质。

附录 A

（资料性附录）

冬虫夏草药材历史产区沿革

冬虫夏草始载于清《本草从新》："四川嘉定府所产者最佳，云南、贵州所出者次之。"

清《本草纲目拾遗》："出四川江油县化林坪。"

清《金川锁记》："冬虫夏草，出金川（今四川省阿坝州金川县）。"

清《黔囊》："夏草冬虫者，出乌蒙塞外（今乌蒙山西北部），暑茁土为草，冬蛰土为虫，故以名。"

清《本草问答》："此物生于西番（陕西、四川、云南以西的少数民族居地）草地。"

清《闻见瓣香录》："冬虫夏草，出四川嘉州、打箭炉（今四川省甘孜藏族自治州康定市）等处。"

清《樗散轩丛谈》："此小金川所产，名'冬虫夏草'。"

民国《药物出产辨》："以四川打箭炉、泸州（今四川省泸州市）、灌县（今四川省都江堰市）等地者为正地道。"

附录 B

（资料性附录）

冬虫夏草药材品质评价沿革

冬虫夏草始载于清《本草从新》："四川嘉定府所产者最佳，云南、贵州所出者次之。"

《中华本草》：以虫体色泽黄亮、丰满肥大，断面黄白色，子座短小者为佳。

《道地药材图典》：以身干，条粗，虫体色黄，丰满肥壮，断面类白色，子座短，气香者为佳。

《金世元中药材传统鉴别经验》：以虫体肥大、色黄亮、断面黄白色、无空心，子座短小者为佳。

ICS 11.120.10
C 10/29

团 体 标 准

T/CACM 1021.34—2018

代替T/CACM 1021.12—2017

中药材商品规格等级 黄精

Commercial grades for Chinese materia medica

POLYGONATI RHIZOMA

2018-12-03 发布 2018-12-03 实施

中 华 中 医 药 学 会 发布

目　次

前　　言

T/CACM 1021《中药材商品规格等级》标准分为226个部分：

——第1部分：中药材商品规格等级标准编制通则；

……

——第33部分：中药材商品规格等级　冬虫夏草；

——第34部分：中药材商品规格等级　黄精；

——第35部分：中药材商品规格等级　麦芽；

……

——第226部分：中药材商品规格等级　玄明粉。

本部分为T/CACM 1021的第34部分。

本部分代替T/CACM 1021.12—2017。

本部分按照GB/T 1.1—2009《标准化工作导则　第1部分：标准的结构和编写》给出的规则起草。

本部分代替T/CACM 1021.12—2017，与T/CACM 1021.12—2017相比较，标准编号进行了调整，并重新进行了编辑。

本部分由中药材商品规格等级标准研究技术中心及道地药材国家重点实验室培育基地提出。

本部分由中华中医药学会归口。

本部分起草单位：陕西步长制药有限公司、中国中医科学院中药资源中心、四川省中医药科学院、天津大学、浙江寿仙谷医药股份有限公司、无限极（中国）有限公司、中药材商品规格等级标准研究技术中心、北京中研百草检测认证有限公司。

本部分主要起草人：马存德、黄璐琦、郭兰萍、詹志来、何雅莉、席鹏洲、常晖、肖特、高文远、徐靖、李振宇、余意、马方励。

本部分所代替标准的历次版本发布情况为：

——T/CACM 1021.12—2017。

中药材商品规格等级　黄精

1　范围

本部分规定了黄精的商品规格等级。

本部分适用于黄精药材生产、流通以及使用过程中的商品规格等级评价。

2　规范性引用文件

下列文件对于本部分的应用是必不可少的。凡是注明日期的引用文件，仅所注明日期的版本适用于本部分。凡是不注明日期的引用文件，其最新版本（包括所有的修改版本）适用于本部分。

T/CACM 1021.1—2016 中药材商品规格等级编制通则

3　术语和定义

T/CACM 1021.1—2016 以及下列术语和定义适用于本部分。

3.1

黄精　POLYGONATI RHIZOMA

百合科植物滇黄精 *Polygonatum kingianum* Coll. et Hemsl.、黄精 *Polygonatum sibiricum* Red. 或多花黄精 *Polygonatum cyrtonema* Hua 的干燥根茎。按形状不同，习称“大黄精”“鸡头黄精”“姜形黄精”。春、秋二季采挖，除去须根，洗净，置沸水中略烫或蒸至透心，干燥。

3.2

1kg 根茎个数　number of units equaling 1kg

每 1kg 黄精药材中根茎（1 节或多节）的个数。

4　规格等级划分

根据市场流通情况，将黄精药材分为“大黄精”“鸡头黄精”和“姜形黄精”三个规格。在各规格项下，根据每 1kg 个数进行等级划分。应符合表 1 要求。

表 1　规格等级划分

规格	等级	性状描述	
		共同点	区别点
大黄精	一等	呈肥厚肉质的结节块状，表面淡黄色至黄棕色，具环节，有皱纹及须根痕，结节上侧茎痕呈圆盘状，圆周凹入，中部突出。质硬而韧，不易折断，断面角质，淡黄色至黄棕色，有多数淡黄色筋脉小点。气微，味甜，嚼之有黏性	每千克≤25 头
	二等		每千克 25～80 头
	三等		每千克≥80 头
	统货	结节呈肥厚肉质块状。不分大小	
鸡头黄精	一等	呈结节状弯柱形，结节略呈圆锥形，头大尾细，形似鸡头，常有分枝；表面黄白色或灰黄色，半透明，有纵皱纹，茎痕圆形	每千克≤75 头
	二等		每千克 75～150 头
	三等		每千克≥150 头
	统货	结节略呈圆锥形，长短不一。不分大小	
姜形黄精	一等	呈长条结节块状，分枝粗短，形似生姜，长短不等，常数个块状结节相连。表面灰黄色或黄褐色，粗糙，结节上侧有突出的圆盘状茎痕	每千克≤110 头
	二等		每千克 110～210 头
	三等		每千克≥210 头
	统货	结节呈长条块状，长短不等，常数个块状结节相连。不分大小	

续表

规格	等级	性状描述	
		共同点	区别点
注1：当前市场上黄精药材存在三种规格混合情况。 注2：黄精药材味苦者不可药用。 注3：市场尚有产地鲜切片，为非药典所规定的产地初加工品种。性状：不规则纵切片，表面黄色，切面白色，略呈角质，有许多凸起的线段状纤维点，形似生姜片。 注4：关于黄精药材历史产区沿革参见附录A。 注5：关于黄精药材品质评价沿革参见附录B。			

5 要求

除应符合 T/CACM 1021.1—2016 的第7章规定外，还应符合下列要求：

——无虫蛀；

——无霉变；

——杂质不得过3%。

附录 A

（资料性附录）

黄精药材历史产区沿革

黄精药用始载于东汉末《名医别录》："味甘，平，无毒。主补中益气，除风湿，安五脏。久服轻身、延年、不饥。""生山谷。"

南北朝梁代《本草经集注》："生山谷。""今处处有。"

宋代《本草图经》："今南北皆有之，以嵩山（今河南登封市地区）、茅山（今江苏省句容市）者为佳。"宋代《证类本草》中记载黄精"永嘉记云，黄精，出嵩阳永宁县（今河南省洛阳市洛宁县）"。

清代《植物名实图考》："别录上品。救荒本草谓其苗为笔管菜，处处有之。……山西产与救荒图同。"《植物名实图考长编》："辰溪志：俗呼阳雀菜，衡山制卖者，……福地记：武当县石阶山西北角，……陶先生谓之西岳佐命，是也。……秦时建阿房宫，采木者偶食黄精，……峨眉山志：黄精，峨山产者，甚佳。"说明古时在现代湖南衡山县、湖北武当山、陕西华山、陕西咸阳、四川峨眉山都有黄精生长。

民国《药物出产辨》中记载"黄精以湖南产者为正。其余连州［今连州市（县级市）位于广东省清远市西北部］、乐昌［今乐昌市（县级市）位于广东省韶关市北部］、西江八属（西江流域流经云南、贵州、广西、广东等4省一带地区）、广西南宁（今广西省南宁市）"。民国《本草正义》中记载"黄精不载于《本经》，今产于徽州，徽人（今安徽省黄山市）常以为馈赠之品"。

《常用中药材品种整理和质量研究》（1994 年）南方协作组第一册中记载黄精主要分布在陕西、河北、辽宁、吉林、湖北、山东等省，多生长在山坡、路边、沟边；滇黄精主要分布在云南、广西，多生产于山坡草丛较阴湿处；囊丝黄精（多花黄精）分布于浙江、安徽、江西、四川等省。

《中华本草》（1998 年）记载黄精分布于东北、华北及陕西、宁夏、甘肃、河南、山东、江苏、安徽、浙江等地；多花黄精分布于中南及江苏、安徽、浙江、江西、福建、四川、贵州等地；滇黄精分布于广西、四川、云南等地。

附录 B

（资料性附录）

黄精药材品质评价沿革

1963 年版《中国药典》：“以块大、色黄、断面透明、质润泽，习称‘冰糖渣’者为佳。”

1977 年版《中国药典》：“以块大、肥润、色黄、断面半透明者为佳。”

《中国常用中药材》（1995 年，中国药材公司）：“以块大、色黄、断面透明状、质润泽、味甜者为佳，习称‘冰糖渣’。商品不分等级，通常要求货干、色黄、油润、个大、沉重以及肉实饱满，体质柔软，并且无霉变和干僵皮。”

《中药材商品规格质量》（1995 年）认为黄精以个大，肥厚，体重质坚实而柔软；生黄精表面棕黄色，断面黄白色，糖性足；熟黄精以个大，肥厚蒸透至内外乌黑色，质柔润，气香，味纯甜不刺喉者为佳。瘦弱，糖性少，色暗者为差次。习惯认为姜形黄精质量最好，其次为鸡头黄精，大黄精质较次。

综上，黄精在我国分布较广，产地上仅宋代指出“以嵩山、茅山者为佳”，清代指出“黄精，峨山产者，甚佳”，近代以来，通过植物分类研究，科研人员发现黄精种类较多。中国药典根据历史使用渊源和地缘范围等因素确定滇黄精、黄精、多花黄精三种植物为黄精药材的来源。同时，根据这三种植物的根茎形态，按习惯称为：“大黄精”“鸡头黄精”“姜形黄精”。由此，根据这三个形态分为三个规格，但以前没有分级。本次制定黄精商品规格等级标准是参照了现代文献对黄精药材的质量评价和市场调查情况为依据，根据上述的三个规格，再从黄精药材个子重量大小、色泽和质地等方面进行评价及分级。

ICS 11.120.10
C 10/29

团 体 标 准

T/CACM 1021.35—2018
代替T/CACM 1021.35—2017

中药材商品规格等级 麦芽

Commercial grades for Chinese materia medica

HORDEI FRUCTUS GERMINATUS

2018-12-03 发布 2018-12-03 实施

中华中医药学会 发布

目　次

前　言

T/CACM 1021《中药材商品规格等级》标准分为226个部分：

——第1部分：中药材商品规格等级标准编制通则；

……

——第34部分：中药材商品规格等级　黄精；

——第35部分：中药材商品规格等级　麦芽；

——第36部分：中药材商品规格等级　芡实；

……

——第226部分：中药材商品规格等级　玄明粉。

本部分为T/CACM 1021的第35部分。

本部分代替T/CACM 1021.35—2017。

本部分按照GB/T 1.1—2009《标准化工作导则　第1部分：标准的结构和编写》给出的规则起草。

本部分代替T/CACM 1021.35—2017，与T/CACM 1021.35—2017相比较，标准编号进行了调整，并重新进行了编辑。

本部分由中药材商品规格等级标准研究技术中心及道地药材国家重点实验室培育基地提出。

本部分由中华中医药学会归口。

本部分起草单位：山东省中医药研究院、中国中医科学院中药资源中心、中药材商品规格等级标准研究技术中心、北京中研百草检测认证有限公司。

本部分主要起草人：戴衍朋、黄璐琦、郭兰萍、詹志来、何雅莉。

本部分所代替标准的历次版本发布情况为：

——T/CACM 1021.35—2017。

中药材商品规格等级　麦芽

1　范围

本部分规定了麦芽的商品规格等级。

本部分适用于麦芽药材生产、流通以及使用过程中的商品规格等级评价。

2　规范性引用文件

下列文件对于本部分的应用是必不可少的。凡是注明日期的引用文件，仅所注明日期的版本适用于本部分。凡是不注明日期的引用文件，其最新版本（包括所有的修改版本）适用于本部分。

T/CACM 1021. 1—2016 中药材商品规格等级编制通则

3　术语和定义

T/CACM 1021. 1—2016 以及下列术语和定义适用于本部分。

3. 1

麦芽　HORDEI FRUCTUS GERMINATUS

本品为禾本科植物大麦 *Hordeum vulgare* L. 的成熟果实经发芽干燥的炮制加工品。将麦粒用水浸泡后，保持适宜温、湿度，待幼芽长至约 0. 5cm 时，晒干或低温干燥。

3. 2

出芽率　germination rate

按药材取样法取麦芽 2 份，每份约 100 粒，分别置烧杯中，加 20% 硫酸铜溶液，煮沸 1 分钟，室温放置 30 分钟，用水洗净，则稃皮呈透明状，检查出芽粒数和总粒数，出芽率 = 出芽粒数/总粒数，出芽率是划分麦芽不同等级的主要依据。

3. 3

胚芽露出稃外的比例　the proportion of germs exposed outside the barley husk

按药材取样法取麦芽 2 份，每份约 100 粒，检查露出稃外的粒数和总粒数，胚芽露出稃外的比例 = 露出稃外的粒数/总粒数，胚芽露出稃外的比例是划分麦芽不同等级的重要依据。

4　规格等级划分

根据出芽率、胚芽露出稃外的比例，将麦芽药材划分为“一等”“二等”和“三等”三个等级。应符合表 1 要求。

表 1　规格等级划分

等级	性状描述	
	共同点	区别点
一等	呈梭形，长 0. 8 ~ 1. 2cm，直径 0. 3 ~ 0. 4cm。表面淡黄色，背面为外稃包围，具 5 脉，先端长芒已断落；腹面为内稃包围。除去内外稃后，有 1 条纵沟；基部胚根处生出胚芽及须根，胚芽长披针状条形，长约 0. 5cm，须根数条，纤细而弯曲。质硬充实，断面白色，粉性。无臭，味微甘	出芽率 ≥ 95%，胚芽露出稃外比例 < 10%
二等		出芽率 ≥ 90%，胚芽露出稃外比例 < 20%
三等		出芽率 ≥ 85%

续表

等级	性状描述	
	共同点	区别点
注1：药材市场麦芽无规格划分；等级划分与出芽率相关，出芽率越高，等级越高，但对麦芽的胚芽过长缺少限定指标。 注2：药材市场麦芽有硫黄熏蒸品，但不符合国家法规要求，故本次规格等级标准不包含硫黄熏蒸品。药材市场上尚有在麦芽中人为掺入大麦粒的现象，应注意发芽率是否合格。偶有麦芽陈货，易发生霉变、虫蛀等，需注意鉴别。 注3：关于麦芽药材历史产区沿革参见附录A。 注4：关于麦芽药材品质评价沿革参见附录B。		

5 要求

除应符合 T/CACM 1021.1—2016 的第7章规定外，还应符合下列要求：

——无变色；

——无硫熏；

——无人为掺加大麦；

——杂质不得过3%。

附录 A

（资料性附录）

麦芽药材历史产区沿革

麦芽始载于魏晋时期《名医别录》，在穬麦条下曰："以作蘖，温，消食和中。"唐代《药性论》，云："大麦蘖，使，味甘，无毒。能消化宿食，破冷气，去心腹胀满。"

《本草纲目》于穬麦条下云："《别录》麦蘖附见穬麦下，而大麦下无之，则作蘖当以穬为良也。今日通用，不复分别矣。"表明麦芽应以穬麦为原料，自明代开始穬麦芽和大麦芽已经通用，不再区分。

穬麦的产地分布最早记载于宋代《证类本草》引《嘉佑本草》按："萧炳云：穬麦……大麦之类，西川人种食之。"西川即今四川中西部。宋代《绍兴本草》穬麦条下曰："西北地多产，南地罕有之。"明代《本草品汇精要》："［地］《图经》曰：旧不著所出州土，今西州（新疆吐鲁番地区）、山东、河北皆有之。"清代《医经允中》："穬麦，出凉州（今甘肃等地）。"《植物实名图考》："穬麦……今山西多种之，与大麦无异。"又引《天工开物》曰："穬麦独产陕西。"由此可知，唐宋时期穬麦产于西川（今四川中西部）地区以及西北地区，山东河北等地也产；至清代，多认为出产于西北凉州（甘肃等地）、陕西、山西等地。

大麦的产地分布最早记载于宋代《证类本草》引《唐本草》："大麦出关中。"即今甘肃、陕西的渭河平原地区。宋代《证类本草》引陈藏器曰："秦陇以西种之。"即陕西、甘肃等地。明代《本草品汇精要》："［地］《图经》曰：旧不著所出州土，今关中南北皆能种莳，处处有之也。"明代《太乙仙制本草药性大全》卷四《本草精义》曰："大麦，《本经》旧不著所出州土，惟出关中，今南北之人皆能种莳。"由此可知，大麦唐宋时期产于关中（今陕西、甘肃等地）地区，至明代认为产于陕西、甘肃、河北、湖北等地，而后认为南北皆能种之。

《中华本草》收载穬麦芽，其原料穬麦在我国西部地区有栽培。徐国钧《中国药材学》收载麦芽，全国产麦区均产，自产自销。《中华本草》收载麦芽，大麦全国均产，自产自销。

附录 B

(资料性附录)

麦芽药材品质评价沿革

《中华本草》(1999 年)："以色淡黄、有胚芽者为佳。"

《中药大全》(1997 年)："以色黄，粒大，有须根者为佳。"

《500 味常用中药材的经验鉴别》(2002 年) 规格等级均为统货，不分等级，"以质坚充实、色淡黄、有胚芽、无霉虫、无杂质者佳"。

本次制定麦芽商品规格等级标准是以现代文献对麦芽药材的质量评价和市场调查情况为依据，根据出芽率和胚芽露出稃外比例进行评价、分级。

ICS 11.120.01
C 23

团 体 标 准

T/CACM 1021.36—2018
代替T/CACM 1021.184—2018

中药材商品规格等级 芡实

Commercial grades for Chinese materia medica

EURYALES SEMEN

2018-12-03 发布 2018-12-03 实施

中 华 中 医 药 学 会 发布

目　次

前　　言

T/CACM 1021《中药材商品规格等级》标准分为 226 个部分：

——第 1 部分：中药材商品规格等级标准编制通则；

……

——第 35 部分：中药材商品规格等级　麦芽；

——第 36 部分：中药材商品规格等级　芡实；

——第 37 部分：中药材商品规格等级　连翘；

……

——第 226 部分：中药材商品规格等级　玄明粉。

本部分为 T/CACM 1021 的第 36 部分。

本部分代替 T/CACM 1021. 184—2018。

本部分按照 GB/T 1. 1—2009《标准化工作导则　第 1 部分：标准的结构和编写》给出的规则起草。

本部分代替 T/CACM 1021. 184—2018，与 T/CACM 1021. 184—2018 相比较，标准编号进行了调整，并重新进行了编辑。

本部分由中药材商品规格等级标准研究技术中心及道地药材国家重点实验室培育基地提出。

本部分由中华中医药学会归口。

本部分起草单位：九州通中药材电子商务有限公司、中国中医科学院中药资源中心、无限极（中国）有限公司、北京联合大学、中药材商品规格等级标准研究技术中心、北京中研百草检测认证有限公司。

本部分主要起草人：杨元、黄璐琦、郭兰萍、金艳、詹志来、张元、黄本锐、张怀、林飞、蔡丽娟、崔灿、余意、马方励。

本部分所代替标准的历次版本发布情况为：

——T/CACM 1021. 184—2018。

中药材商品规格等级　芡实

1　范围

本部分规定了芡实的商品规格等级。

本部分适用于芡实药材生产、流通以及使用过程中的商品规格等级评价。

2　规范性引用文件

下列文件对于本部分的应用是必不可少的。凡是注明日期的引用文件，仅所注明日期的版本适用于本部分。凡是不注明日期的引用文件，其最新版本（包括所有的修改版本）适用于本部分。

T/CACM 1021.1—2016 中药材商品规格等级编制通则

3　术语和定义

T/CACM 1021.1—2016 以及下列术语和定义适用于本部分。

3.1

芡实　EURYALES SEMEN

本品为睡莲科植物芡 *Euryale ferox* Salisb. 的干燥成熟种仁。秋末冬初采收成熟果实，除去果皮，取出种子，洗净，再除去硬壳（外种皮），晒干。

3.2

厘　*li*

厘：单个芡实种子（去外种皮）的平均直径。

4　规格等级划分

根据芡实种子（除去外种皮）直径的大小，将芡实分为 12 厘、11 厘、10 厘、9 厘、8 厘、7 厘六个等级。应符合表 1 要求。

表 1　规格等级划分

等级	性状描述	
	共同点	区别点
12 厘	本品呈类球形。表面有棕红色或红褐色内种皮，一端黄白色，约占全体 1/3，有凹点状的种脐痕，除去内种皮显白色。质较硬，断面白色，粉性。气微，味淡	芡实种子（除去外种皮）直径≥10mm
11 厘		芡实种子（除去外种皮）直径≥9mm，且<10mm
10 厘		芡实种子（除去外种皮）直径≥8mm，且<9mm
9 厘		芡实种子（除去外种皮）直径≥7mm，且<8mm
8 厘		芡实种子（除去外种皮）直径≥6mm，且<7mm
7 厘		芡实种子（除去外种皮）直径≥5mm，且<6mm

注 1：芡实不以新货、陈货来区分规格等级，由于有外种皮的包裹，隔年存放对芡实种仁的色泽、外观等无影响。但对于已脱壳的芡实，新货颜色浅、陈货颜色较深。

注 2：目前产地加工，是按未去壳的芡实种子的直径来分规格等级的，但是去壳后的芡实米不同的等级间的差异性不明显（如 12 厘和 11 厘的芡实种子的芡实米有好多是一样大的），而且市场上买卖芡实也是凭感觉区分等级，药商也是不同等级互掺。因此按产地的以未去壳的芡实种子的直径来划分等级是不可取的。

注 3：关于芡实药材历史产区沿革参见附录 A。

注 4：关于芡实药材品质评价沿革参见附录 B。

5　要求

除应符合 T/CACM 1021.1—2016 的第 7 章规定外，还应符合下列要求：

——无变色；
——无虫蛀；
——无霉变；
——杂质不得过3%。

附录 A

(资料性附录)

芡实药材历史产区沿革

《神农本草经》记载："方言云：芡，鸡头也，北燕（今辽宁省朝阳市）谓之，青徐淮泗（今山东潍坊、江苏、河南、山东）之间，谓之芡。南楚江湘（今湖南长江与湘江流域）之间，谓之鸡头，或谓之雁头，或谓之乌头。《淮南子》说山川云：鸡头已瘘。高诱云：水中芡，幽州（今河北北部及辽宁一带）谓之雁头。"芡实的分布为辽宁省朝阳市、山东潍坊、江苏、河南、山东、湖南长江与湘江流域，河北北部及辽宁一带。

魏晋时期《名医别录》记载："<篇名>鸡头实　内容：无毒。一名芡。生雷泽，八月采。"未明确具体位置。

唐代苏敬《新修本草》记载："一名雁喙实，一名芡。生雷泽池泽，八月采。"未明确具体位置。

宋代《证类本草》记载："衍义曰　鸡头实，今天下皆有之，河北沿溏泺，居人采得，春去皮，捣仁为粉，蒸作饼，可以代粮，食多不益脾胃气，兼难消化。"芡实的分布为河北沿溏泺。

明代卢之颐撰《本草乘雅半偈》："【核】曰：出雷池池泽，处处亦有，武林（江西省余干县东北武陵山）者最胜。"芡实分布为江西省余干县东北武陵山为质量好。

清代张志聪《本草崇原》记载："芡始出雷池池泽，今处处有之，武林（江西省余干县东北武陵山）者最胜。"芡实分布为江西省余干县东北武陵山为质量好。

1905 年《中药大辞典》记载："生于池塘、湖沼及水田中。分布于华东、华北、东北、中南及西南等地。以颗粒饱满均匀、粉性足、无碎末及皮壳者为佳。"

1963 年版《中国药典》一部收载芡实，主产于江苏、湖南、湖北、山东等地。以颗粒饱满、均匀、粉性足、无碎末及皮壳者为佳。

1966 年版《神农本草经彩色图谱》记载："分布我国南北各省区，主产江苏、湖北、湖南等省。生于湖塘池沼中。"

1988 年版《本草钩沉》记载："分布：我国东北、河北、山东、河南、安徽、江苏、浙江、江西、湖南、湖北、四川、广东、广西、云南、贵州、福建、台湾等省均有分布，多生于池沿、河滨、湖泊中，以太湖、微山湖等处生长较多，产量也大。"

1996 年《中国药材学》记载：主产于江苏、安徽、湖南、湖北、山东，销全国并出口。福建、河北、河南、浙江、江西、四川、黑龙江、吉林、辽宁等地亦产，多自产自销。

1997 年《中华本草》记载：生态环境：生于池塘、湖沼及水田中。资源分布：分布于东北、华北、华东、华中及西南等地。以饱满、断面白色、粉性足、无碎末者为佳。过去商品中有南芡、北芡之分，南芡尤以江苏苏州所产、撞去红棕色内种皮全白者为佳，故有"苏芡实"之称，因多产于苏州太湖边，所以亦名"池芡"，奉苏芡为道地药材。南芡多作为副食品，供药用主为北芡。南、北芡实为同一种植物。可见芡实各地均产。芡实 Semen Euryales 主产于江苏、安徽、湖南、湖北、山东等。销全国并出口。河北、河南、江西、浙江、四川、黑龙江、吉林、辽宁等地亦产，多自产自销。

2001 年张贵军《现代中药材商品通鉴》记载：主产于江苏苏州、饶江、徐州专区；山东微山湖、南阳湖一带；湖南常德、岳阳、滨湖一带；湖北荆州、孝感、黄冈专区；四川华阳、简阳、金堂等地。销全国并出口。此外安徽、福建、河南、河北、山西、甘肃、吉林、黑龙江等省亦产，多自产自售。过去商品中有南芡实、北芡实之分，南芡实尤以江苏苏州所产、撞去红棕色内种皮全白者为佳，故有"苏芡实"之称，因多产于江苏太湖边，所以亦为"池芡"，奉为地道药材。南芡多为副食品，供药用主为北芡。南、北芡实同为一种植物。

2001年《中华药海》记载：芡实分布东北、河北、河南、山东、江苏、安徽、四川、云南、贵州、江西、湖南、河北及沿海地带。

综合以上古文献所述：芡实主产于辽宁省朝阳市、山东潍坊、江苏、河南、山东、湖南长江与湘江流域，河北北部及辽宁一带。以江西省余干县东北武陵山为质量好。

综上，芡实以主产于山东、江苏、湖南、湖北、广东等地。此外安徽、福建、河南、河北、山西、甘肃、吉林、黑龙江等省亦产。

附录 B

（资料性附录）

芡实药材品质评价沿革

历代中药本草古文献对芡实品种评价的记载甚少。

明代卢之颐撰《本草乘雅半偈》：“【核】曰：出雷池池泽，处处亦有，武林者最胜。”

清（1663）《本草崇原》记载：“芡始出雷池池泽，今处处有之，武林者最胜。”

清代道光年间（1848）吴其濬《植物名实图考》记载：“芡，本经上品，即鸡头子。嫩茎可为蔬。”

1905 年《中药大辞典》：“以颗粒饱满均匀、粉性足、无碎末及皮壳者为佳。”

1963 年版《中国药典》一部：以颗粒饱满、均匀、粉性足、无碎末及皮壳者为佳。

《中国药材学》：本品以粒大完整、粉性足、无皮壳者为佳。

1977 年版《中国药典》一部：以断面色白、粉性足、无碎末者佳。

1997 年《中华本草》：“以饱满、断面白色、粉性足、无碎末者为佳。”

《中华药海》：以颗粒饱满均匀、粉性足、无碎末及皮壳者为佳。

综上，芡实的品质以颗粒饱满、均匀、粉性足、断面白色、无碎末及皮壳者为佳。

ICS 11.120.01
C 23

团 体 标 准

T/CACM 1021.37—2018
代替T/CACM 1021.146—2018

中药材商品规格等级 连翘

Commercial grades for Chinese materia medica

FORSYTHIAE FRUCTUS

2018-12-03 发布　　2018-12-03 实施

中华中医药学会 发布

目　次

前　　言

T/CACM 1021《中药材商品规格等级》标准分为226个部分：

——第1部分：中药材商品规格等级标准编制通则；

……

——第36部分：中药材商品规格等级　芡实；

——第37部分：中药材商品规格等级　连翘；

——第38部分：中药材商品规格等级　远志；

……

——第226部分：中药材商品规格等级　玄明粉。

本部分为T/CACM 1021的第37部分。

本部分代替T/CACM 1021.146—2018。

本部分按照GB/T 1.1—2009《标准化工作导则　第1部分：标准的结构和编写》给出的规则起草。

本部分代替T/CACM 1021.146—2018，与T/CACM 1021.146—2018相比较，标准编号进行了调整，并重新进行了编辑。

本部分由中药材商品规格等级标准研究技术中心及道地药材国家重点实验室培育基地提出。

本部分由中华中医药学会归口。

本部分起草单位：山西大学、山西振东道地药材开发有限公司、中国中医科学院中药资源中心、中药材商品规格等级标准研究技术中心、陕西中医药大学、石家庄以岭药业股份有限公司、哈药集团三精制药有限公司、北京中研百草检测认证有限公司。

本部分主要起草人：李石飞、张立伟、雷振宏、王玉龙、白美美、黄璐琦、郭兰萍、唐志书、詹志来、崔旭盛、马召、赵冬艳、范宁、李鑫、杨光、李颖。

本部分所代替标准的历次版本发布情况为：

——T/CACM 1021.146—2018。

中药材商品规格等级　连翘

1　范围

本部分规定了连翘的商品规格等级。

本部分适用于连翘药材生产、流通以及使用过程中的商品规格等级评价。

2　规范性引用文件

下列文件对于本部分的应用是必不可少的。凡是注明日期的引用文件，仅所注明日期的版本适用于本部分。凡是不注明日期的引用文件，其最新版本（包括所有的修改版本）适用于本部分。

T/CACM 1021.1—2016 中药材商品规格等级编制通则

3　术语和定义

T/CACM 1021.1—2016 以及下列术语和定义适用于本部分。

3.1

连翘　FORSYTHIAE FRUCTUS

本品为木犀科植物连翘 *Forsythia suspensa*（Thunb.）Vahl 的干燥果实。秋季果实初熟尚带绿色时采收，除去杂质，蒸熟或水煮，晒干，习称“青翘”；果实熟透时采收，晒干，除去杂质，习称“老翘”或“黄翘”。

3.2

青翘果柄　carpopodium of qingqiao

青翘果柄的长度 >0.5cm 计为含果柄。

3.3

果柄残留率　percentage of qingqiao carpopodium

每 100 颗青翘中含有果柄的青翘个数的比率。

4　规格等级划分

根据采收时间不同，将连翘分为“青翘”和“老翘”两个规格；在“青翘”规格项下，根据市场流通情况，分为“选货/去柄货”和“统货”两个等级。应符合表 1 要求。

表 1　规格等级划分

规格	等级	性状描述	
		共同点	区别点
			果柄残留率
青翘	选货	呈狭卵形至卵形，两端狭长，长 1.5 ~ 2.5cm，直径 0.5 ~ 1.3cm。表面有不规则的纵皱纹且突起的灰白色小斑点较少，两面各有 1 条明显的纵沟；多不开裂，表面青绿色，绿褐色。质坚硬，气芳香、味苦，无皱缩	<10%
	统货		不做要求
老翘（黄翘）	统货	呈长卵形或卵形，两端狭尖，多分裂为两瓣，长 1.5 ~ 2.5cm，直径 0.5 ~ 1.3cm。表面有一条明显的纵沟和不规则的纵皱纹及凸起小斑点，间有残留果柄，表面棕黄色，内面浅黄棕色，平滑，内有纵隔。质坚脆。种子多已脱落。气微香，味苦	

续表

<table>
<tr><th rowspan="3">规格</th><th rowspan="3">等级</th><th colspan="2">性状描述</th></tr>
<tr><th rowspan="2">共同点</th><th>区别点</th></tr>
<tr><th>果柄残留率</th></tr>
<tr><td colspan="4">注 1：青翘采收后经汽蒸或水煮，然后烘干或晒干，称为水煮货；采收后直接炕烤干燥称为炕货；采收后直接晒干称为生晒货。水煮货颜色较亮，色泽均匀；炕货颜色较深，内表面多为黑褐色；生晒货颜色较淡，色泽不均。
注 2：当前市场连翘药材存在水煮货、炕货和生晒货三种混合情况。
注 3：青翘统货的果柄残留率范围在 30% ~80%。
注 4：关于连翘药材历史产区沿革参见附录 A。
注 5：关于连翘药材品质评价沿革参见附录 B。</td></tr>
</table>

5 要求

除应符合 T/CACM 1021.1—2016 的第 7 章规定外，还应符合下列要求：

——无枝梗、枝叶；

——无霉变；

——青翘杂质不得过 3%，老翘杂质不得过 9%。

附录 A

（资料性附录）

连翘药材历史产区沿革

连翘始载于《神农本草经》，列为下品，谓连翘别名为“一名异翘，一名简华，一名折根，一名轵，一名三廉”。《名医别录》：“连翘生太山山谷，八月采，阴干。”梁代《本草经集注》云：“处处有，今用茎连花实也。”

唐代《新修本草》称“此物有两种：大翘、小翘。大翘叶狭长如水苏，花黄可爱，生下湿地，着子似椿实之未开者，作房，翘出众草；其小翘生岗原之上，叶花实皆似大翘而小细，山南人并用之。今京下惟用大翘子，不用茎花也”。

宋代《日华子本草》对连翘也有形态描述，“所在有独茎，梢开三四黄花，结子内有瓣，子五六月采”。

在唐之前连翘的药用部位是多样的，果实、茎叶、茎花以及根均可入药。而到唐代以后主要以果实入药，并描述连翘有大、小翘两者，以“大翘”为主。从《新修本草》和《日华子本草》中连翘的描述，“大翘”形态特征基本清楚：茎单一常不分枝，叶狭长似水苏叶，茎顶具花3～4朵，花瓣黄色，果实似椿树果实，果内有室瓣。这些特征均符合现今金丝桃属的湖南连翘（*Hypericum ascyron*）。而“小翘”的描述又与“大翘”极其相似，“叶、花、实皆似大翘而细”。宋代苏颂《本草图经》中对连翘的记载与《新修本草》相似：“有大翘、小翘二种，生下湿地或山岗上；叶青黄而狭长……以此得名，叶狭而小，茎短，才高一、二尺，花亦黄，实房黄黑，内含黑子如粟粒，亦名旱连草。”不仅在“大翘”上两者相秉承，对“小翘”也有了详细描述，这些“小翘”特征与现今的贯叶连翘（*Hypericum perforatum*）和赶山鞭（*Hypericum attenuatum*）相似。可见宋以前连翘实则为金丝桃科金丝桃属湖南连翘或近源植物等。但苏颂在《本草图经》又增加了木犀科连翘属的连翘（*Forsythia suspensa*）。

《本草图经》云：“今南中医家说云：连翘盖有两种：一种似椿实之未开者，壳小坚而外完，无跗萼，剖之则中解，气甚芬馥，其实才干，振之皆落，不着茎也；一种乃如菡萏……”前者的特征正符合木犀科连翘的特征：果实也似椿实，但壳小而坚硬，无宿存花萼，剖开后气甚香，果实干后即脱落。并附连翘图5幅，其中鼎州（今湖南常德）连翘与湖南连翘相似，泽州连翘则与木犀科连翘相似。此后，历代本草对连翘的描述均较一致。

宋代寇宗奭《本草衍义》对连翘有了确切描述：“连翘亦不至翘出众草，下湿地亦无，太山山谷间甚多。今止用其子，折之，其间片片相比如翘。”已不是之前的翘出草了，也不是生于湿地间。

明代《救荒本草》对连翘描述更直观：“叶如榆叶大而光，色青黄，边微细锯齿，又似金银花叶微尖；梢开花，黄色可爱，结房状似山栀子蒴，微扁而无棱瓣，蒴中有子如雀舌样，极小，其子折之间片片相比如翘，以此得名。”

明代李时珍《本草纲目》：“连翘状似人心，两片合成，其中有仁甚香，乃少阴心经、厥阴包络气分主药也。”

明代李中立在《本草原始》中，一改前人对连翘的药物分类，从草部移入木部。

清代汪昂《本草备要》谓连翘“形似心，实似莲房有瓣”。

清代黄宫绣在《本草求真》中认为连翘“实为泻心要剂”，并注曰：“连翘形像似心，但有开瓣。”

清代吴其浚《植物名实图考》所绘连翘与今之连翘相吻合。

综上，宋以前连翘品种较混乱，宋以后均以木犀科植物连翘（*Forsythia suspensa*）的果实为连翘，具有清热解毒、消肿散结、疏散风热之功效，《中药志》和《中国药典》均以木犀科连翘的果实为连翘正品的唯一来源。

宋以前，连翘的品种和用药部位比较多样，其生境为“处处有”“多生下湿地及山谷间”。《本草图经》是最早开始记载木犀科连翘的，“今南中医家说云：连翘盖有两种：一种似椿实之未开者……一种乃如菡萏……今如菡萏者，江南下泽间极多。如椿实者，乃自蜀中来，用之亦胜江南者”。如椿实者为木犀科连翘，如菡萏者为湖南连翘，从此处描述可见湖南连翘以江南为多，木犀科连翘最开始来自蜀中。

在《本草图经》中所附的5幅连翘图中，“泽州连翘”与现今木犀科连翘相一致，“河中府连翘”则与“泽州连翘”较相似，“鼎州连翘”则与湖南连翘相一致，“兖州连翘”和“岳州连翘”则均无从考，与木犀科连翘和湖南连翘均不相似。《本草图经》还对连翘的生境和产地进行了描述，“生泰……山谷，今汴京及河中、江宁府、泽、润、淄、兖、鼎、岳、利诸州、南康军皆有之”。据辞书记载，汴京即今之河南境地；河中在今山西西南部；泽州在今山西东南部；江宁府、润州均为今江苏省境地；淄州、兖州为今山东境地；鼎州、岳州在今湖南境地；利州即今四川境地；南康则为今江西省。显然，现今的木犀科连翘和湖南连翘也主产这些地区。但宋以后的连翘为木犀科连翘而非湖南连翘，故其生境描述为“下湿地亦无，太山山谷间甚多”，随后的《本草品汇精要》认为“产自泽州”的连翘为“道地”。目前连翘的主产区主要是太行山脉、太岳山脉、中条山和伏牛山等周边地区。在1984年国家中医药管理局出版的《七十六种药材商品规格标准》中对连翘的标注为“青翘只山西省采收供应”。本草学家、中药鉴定资深专家金世元教授在《道地药材——“黄金”图谱精粹》一书中指出连翘“以身干、色黑绿、不裂口的青翘质量为佳，主产山西陵川、沁水、安泽、晋城、沁源等地，产量大，质量好，堪称道地药材”。

附录 B

（资料性附录）

连翘药材品质评价沿革

连翘在《神农本草经》中列为下品。根据连翘的文献考证，连翘基原在宋之前较混乱，主要有两种：我国最早使用的连翘，经考证为金丝桃科湖南连翘（红旱莲、黄海棠）*Hypericum ascyron*，同属其他近缘植物也有供药用者。唐、宋以前，均以此种为连翘之主流品种。自宋代开始至明清以后则以木犀科的连翘 *Forsythia suspensa*（Thunb.）Vahl 为正品。从入药部位来看，最早使用的是连翘（湖南连翘）的地上部分及根。至唐代，多用地上部分，也有单用果实的。宋以后，转变为使用（木犀科的连翘）果实，并一直延用至今。目前《中药志》和《中国药典》都以木犀科连翘的果实为连翘的正品。古代对连翘具体性状质量方面的评价较少，目前只见如下描述：

明·李中立在《本草原始》云："闭口者佳，开瓣者不堪用。"说明以不开瓣采收后加工品为佳，开瓣后采收连翘不能用。

近代文献中描述如下：

1977 年版《中国药典》一部："青翘"以色较绿，不开裂者为佳。"老翘"以色较黄、瓣大、壳厚者为佳。

《中华本草》：青翘以色较绿，不开裂者为佳。老翘以色较黄、瓣大、壳厚者为佳。

《金世元中药材传统鉴别经验》：青翘以干燥、色黑绿、不裂口者为佳。老翘以色棕黄、壳厚、显光泽者为佳。

小结，青翘以色较绿，不开裂者为佳。老翘以色较黄、瓣大、壳厚者为佳。

综上，可见现今连翘为木犀科植物连翘的果实，宋代以后对于连翘的规格主要是根据果实采收期来划分，强调产地质量，以山西连翘为道地药材，并在此基础上结合性状，如成熟程度，果柄残留率和果柄长度、开口程度等进行评价。为制定连翘商品规格等级标准提供了依据。

ICS 11.120.10
C 10/29

团 体 标 准

T/CACM 1021.38—2018

代替T/CACM 1021.28—2017

中药材商品规格等级 远志

Commercial grades for Chinese materia medica

POLYGALAE RADIX

2018-12-03 发布 2018-12-03 实施

中 华 中 医 药 学 会 发布

目　　次

前　　言

T/CACM 1021《中药材商品规格等级》标准分为 226 个部分：

——第 1 部分：中药材商品规格等级标准编制通则；

……

——第 37 部分：中药材商品规格等级　连翘；

——第 38 部分：中药材商品规格等级　远志；

——第 39 部分：中药材商品规格等级　肉苁蓉；

……

——第 226 部分：中药材商品规格等级　玄明粉。

本部分为 T/CACM 1021 的第 38 部分。

本部分代替 T/CACM 1021. 28—2017。

本部分按照 GB/T 1. 1—2009《标准化工作导则　第 1 部分：标准的结构和编写》给出的规则起草。

本部分代替 T/CACM 1021. 28—2017，与 T/CACM 1021. 28—2017 相比较，标准编号进行了调整，并重新进行了编辑。

本部分由中药材商品规格等级标准研究技术中心及道地药材国家重点实验室培育基地提出。

本部分由中华中医药学会归口。

本部分起草单位：山西大学、中国中医科学院中药资源中心、中药材商品规格等级标准研究技术中心、北京中研百草检测认证有限公司。

本部分主要起草人：张福生、王丹丹、蒲雅洁、陈彤垚、张璇、王倩玉、秦雪梅、黄璐琦、郭兰萍、詹志来。

本部分所代替标准的历次版本发布情况为：

——T/CACM 1021. 28—2017。

中药材商品规格等级　远志

1　范围

本部分规定了远志的商品规格等级。

本部分适用于远志药材生产、流通以及使用过程中的商品规格等级评价。

2　规范性引用文件

下列文件对于本部分的应用是必不可少的。凡是注明日期的引用文件，仅所注日期的版本适用于本部分。凡是不注明日期的引用文件，其最新版本（包括所有的修改版本）适用于本部分。

T/CACM 1021.1—2016 中药材商品规格等级编制通则

3　术语和定义

T/CACM 1021.1—2016 以及下列术语和定义适用于本部分。

3.1

远志　POLYGALAE RADIX

本品为远志科植物远志 *Polygala tenuifolia* Willd. 的干燥根。春、秋二季采挖，除去须根、泥沙，晒干。

3.2

远志筒　*yuanzhitong*

春季返青或秋季茎、叶枯萎时，采挖远志根部，除去泥沙，干燥至皮部稍皱，抽去木心（依据传统方法和产地加工实际情况，建议以手揉搓后抽心），呈中空筒状，称为“远志筒”。

3.3

远志肉　*yuanzhirou*

来源为远志科植物远志 *Polygala tenuifolia* Willd. 的干燥根。将不能抽去木心的远志药材的皮部破开，去除木心，得到破裂、断碎的肉质根皮，称为“远志肉”。

3.4

全远志　*quanyuanzhi*

未抽去木心的远志药材，称为“全远志”（又称“远志根”“远志棍”“远志条”）。

3.5

抽心率　doping percent

远志药材中远志筒、远志肉与药材总质量的比率。

3.6

道地药材 远志　*daodi* herbs *yuanzhi*

主产自以黄河中游流域为核心地域（以山西的吕梁山脉、中条山脉及周边地区为主）的远志药材。

3.7

1 号筛　No. 1 prescription sieve

选用国家标准的 R40/3 系列药典筛，其中 1 号筛筛孔内径 2000μm ± 70μm，目号为 10 目。

4　规格等级划分

根据加工方式不同，将远志药材分为“远志筒”“远志肉”“全远志”三个规格。在“远志筒”项下，依据药材中部直径大小、结合抽心率高低进行等级划分。应符合表 1 要求。

表 1　规格等级划分

<table>
<tr><th>规格</th><th>等级</th><th>性状相同点</th><th>性状区别点</th><th>直径/mm</th><th>抽心率</th><th>长度/cm</th></tr>
<tr><td rowspan="3">远志筒</td><td>大筒</td><td rowspan="5">表面灰黄色至灰棕色，有较密并深陷的横皱纹、纵皱纹及裂纹，老根的横皱纹较密更深陷，略呈结节状。质硬而脆，易折断，断面皮部棕黄色。气微，味苦、微辛，嚼之有刺喉感</td><td rowspan="3">呈筒状，中空</td><td>≥4</td><td>≥95%</td><td>≥3</td></tr>
<tr><td>中筒</td><td>≥3</td><td>≥90%</td><td>≥3</td></tr>
<tr><td>统货</td><td>≥3</td><td>≥80%</td><td>≥3</td></tr>
<tr><td>远志肉</td><td>统货</td><td>多为破裂断碎的肉质根皮，皮粗细厚薄不等</td><td>1 号筛通过率≤15%</td><td>≥80%</td><td>不作要求</td></tr>
<tr><td>全远志</td><td>统货</td><td>圆柱状，含有木心，木部黄白色，皮部易与木部剥离</td><td>≥3</td><td>不作要求</td><td>≥3</td></tr>
</table>

注 1：2015 年版《中国药典》规定远志来源于远志科植物远志 *Polygala tenuifolia* Willd. 或卵叶远志 *Polygala sibirica* L. 的干燥根，目前市场上主要以远志 *Polygala tenuifolia* Willd. 的栽培品为主流商品，因此本部分不适用于划分卵叶远志 *Polygala sibirica* L. 的规格等级。因远志的野生品在市场中存量较少，且与栽培品在性状上无明显差别，故本部分同样适用于远志野生品的规格等级划分。

注 2：远志筒与 2015 年版《中国药典》规定的药用部位根比较少了木心部分，但市场实际交易商品以筒为主。

注 3：关于远志药材历史产区沿革参见附录 A。

注 4：关于远志药材品质评价沿革参见附录 B。

5　要求

应符合 T/CACM 1021. 1—2016 第 7 章规定外，还应符合下列要求：

——无虫蛀；

——无霉变；

——无杂质。

附录 A

（资料性附录）

远志药材历史产区沿革

远志始载于《神农本草经》，列为上品，“其味苦温。主咳逆，伤中，补不足，除邪气，利九窍，益智慧，耳目聪明，不忘，强志倍力。久服，轻身不老”。明代李时珍《本草纲目》曰：“此草服之能益智强志，故有远志之称。”远志资源品种众多，在我国广泛分布。《中国药典》规定以远志和卵叶远志作药用，但因卵叶远志的野生蕴藏量较少，目前商品远志主要为远志，故在此只对远志科植物远志的产地变迁进行总结分析。

远志产地最早记录于魏晋时期的《名医别录》，“生太山及宛朐”，太山为今山东泰山，宛朐为今山东菏泽县西南部，菏泽县西南部则位于黄河沿岸。

南北朝的《本草经集注》中记载：“生太山及冤句川谷。”又记载“宛朐县属衮州济阴郡，今犹从彭城北兰陵来”，衮州为今山东济宁，兰陵为今山东临沂。

宋代的《本草图经》中记载，“远志，生泰山及冤句川谷，今河、陕、京西州郡亦有之”，但“泗州出者花红，根、叶俱大于它处；商州者根又黑色”，泗洲为今河南省南阳市，商州为今陕西省商洛市，只有夷门（今河南开封）和解州（今山西运城盐湖区）远志为远志科植物远志。

明代《本草纲目》中记载：“别录曰：远志生太山及冤句川谷。弘景曰：冤句属衮州济阴郡，今此药犹从彭城北兰陵来。颂曰：今河、陕、洛西州郡亦有之。”

清代《本草从新》记载以山西省为远志药材的道地产区：“山西白皮者佳。（山东黑皮者、次之）”

清代《植物名实图考》中记载：“救荒本草：俗传夷门远志最佳，今蜜县梁家冲山谷间多有之。图经载数种，所谓似大青而小，三月开花白色者，不知何处所产。今太原产者，与救荒本草图同，原图解州远志，不应与太原产迥异。”

《中国药材学》收载：“远志分布于东北、华北及山东、陕西、甘肃。主产于山西、河南、河北、陕西；内蒙古、吉林、辽宁、山东、安徽等地亦产。山西、陕西产品销全国，并出口。”

《中华本草》收载：“远志分布于东北、华北、西北及山东、江苏、安徽和江西等地。主产于东北、华北、西北以及河南、山东、安徽部分地区，以山西、陕西产量最大。销全国，并出口。”

《现代中药材商品通鉴》收载：“远志主产于山西阳高、闻喜、榆次、芮城，陕西韩城、大荔、华阴、绥德、咸阳，吉林哲里木盟及白城地区，河南巩县、卢氏。此外，山东、内蒙古、安徽、辽宁、河北等地均产。”

《500味常用中药材的经验鉴别》收载：“远志商品多来源于野生资源，分布于华北、东北及西北广大地区。主产于河北迁西、平山、平泉；山西五台、忻州、石楼；内蒙古准格尔旗、扎鲁特旗、阿鲁科尔沁旗、达拉特旗；辽宁义县、阜新、彰武；吉林洮南、双阳；山东淄川、沂水、博山、枣庄；河南卢氏、林县、辉县；陕西延长、绥德、神木、清涧、韩城、咸阳；甘肃清水、武山、张家川、镇远等地，多以山西所产为地道产品。”

《金世元中药材传统鉴别经验》收载：“远志主产于山西晋南地区如曲沃、绛县、闻喜、侯马、夏县、稷山、万荣、芮城、翼城、永济，陕西韩城、郃阳、华阴、大荔、澄城、蒲城，河南陕县、渑池、林县、荥阳、巩县、栾川、卢氏、南召，河北迁西、平山、易县、涞源、迁安、平泉、承德，内蒙古赤峰地区，山东临沂地区以及辽宁、宁夏、甘肃等地。远志的产地很广，但无论质量还是产量均以山西为首位。”

经过对历代本草中对于远志 *P. tenuifolia* 主产地记载的整理，发现远志产区主要沿黄河流域分布、迁移，从最早有记录的产地山东菏泽、泰山等地，到宋、明时期的本草增加了河南开封、南阳、洛阳及山西运城等产地，清代与近现代本草中则多以山西、陕西作为远志的道地产区，而其中又以山西量大质优为道地产区首选，且在20世纪80年代山西运城地区的药农完成野生远志的引种驯化，至今已有三十年之久，形成了独特成熟的采收、加工、贮藏方式，并成为重要的远志集散地，是以现代将山西立为远志的道地产区。

结合古代本草及近现代文献调研，并经过市场与产地实地调研后，本部分认为远志的道地产区应以黄河中游流域为核心地域（以山西的吕梁山脉、中条山脉及周边地区为主）。

附录 B

(资料性附录)

远志药材品质评价沿革

历代对远志品质评价较少。宋代的《本草图经》中记载："俗传夷门远志最佳。"

明代的《本草品汇精要》记载："【用】根肥大者为好。【地】夷门者为佳。"《本草品汇精要》是通过根的粗细及产地来评价远志的品质。以根粗壮，河南开封的远志质量佳。

清代的《本草从新》收载："远志大者佳。"则根粗大的远志质量佳。

近代文献主要是从远志的产地、大小、是否去心来进行品质评价。

1963 年版《中国药典》一部收载："以筒粗、肉厚、去净木心者为佳。"认为筒粗、肉厚、抽去木心的远志根皮质量佳。

1977 年版《中国药典》一部收载："以条粗、皮厚者为佳。"则根粗、韧皮部厚的远志质量佳。

《中国药材学》收载："本品以筒粗、肉厚、皮细、质软、无木心者为佳。"则筒粗、韧皮部厚、皮细腻、质地软、抽去木心的远志根皮质量佳。

《中华本草》收载："以根粗壮、皮厚者为佳。"认为根粗壮、韧皮部厚的远志质量佳。

《现代中药材商品通鉴》收载远志"以山西产品质量最佳。奉为道地药材，习称'关远志'"。

《500 味常用中药材的经验鉴别》收载远志"以山西所产为地道产品。远志商品以肉厚粗壮、皮细色嫩、质软糯、无木心者为佳，反之肉薄、条细短、色黑、皮糙、质梗或有木心者为次，山西产品多质优"。

《北京市中药饮片炮制规范》收载远志"以条粗、皮厚、色黄者为佳"。

《金世元中药材传统鉴别经验》收载"远志的产地很广，但无论质量还是产量均以山西为首位。以身干、色灰黄、筒粗、肉厚、去净木心者为佳"。

古代书籍对远志主要是从产地来说明其品质，认为河南开封的远志质量最优。近代文献除了从产地评价其品质外（山西的远志质量最佳），还从根的粗细、是否经过去心过程来对远志进行等级划分，以根粗壮、抽去木心的远志质量为优。

ICS 11.120.10
C 10/29

团体标准

T/CACM 1021.39—2018
代替T/CACM 1021.63—2017

中药材商品规格等级 肉苁蓉

Commercial grades for Chinese materia medica

CISTANCHES HERBA

2018-12-03 发布

2018-12-03 实施

中华中医药学会 发布

目　次

前言

T/CACM 1021《中药材商品规格等级》标准分为226个部分：

——第1部分：中药材商品规格等级标准编制通则；

……

——第38部分：中药材商品规格等级　远志；

——第39部分：中药材商品规格等级　肉苁蓉；

——第40部分：中药材商品规格等级　玄参；

……

——第226部分：中药材商品规格等级　玄明粉。

本部分为T/CACM 1021的第39部分。

本部分代替T/CACM 1021.63—2017。

本部分按照GB/T 1.1—2009《标准化工作导则　第1部分：标准的结构和编写》给出的规则起草。

本部分代替T/CACM 1021.63—2017，与T/CACM 1021.63—2017相比较，标准编号进行了调整，并重新进行了编辑。

本部分由中药材商品规格等级标准研究技术中心及道地药材国家重点实验室培育基地提出。

本部分由中华中医药学会归口。

本部分起草单位：内蒙古自治区中医药研究所、内蒙古科技大学包头医学院、中国中医科学院中药资源中心、新疆维吾尔自治区中药民族药研究所、北京联合大学、中药材商品规格等级标准研究技术中心、浙江寿仙谷医药股份有限公司、阿拉善盟众维生态科技有限公司、北京中研百草检测认证有限公司。

本部分主要起草人：李旻辉、黄璐琦、郭兰萍、詹志来、张元、徐建国、何雅莉、毕雅琼、郭文芳、李振皓、李振宇、齐海平。

本部分所代替标准的历次版本发布情况为：

——T/CACM 1021.63—2017。

中药材商品规格等级　肉苁蓉

1　范围

本部分规定了肉苁蓉的商品规格等级。

本部分适用于肉苁蓉药材生产、流通以及使用过程中的商品规格等级评价。

2　规范性引用文件

下列文件对于本部分的应用是必不可少的。凡是注明日期的引用文件，仅所注明日期的版本适用于本部分。凡是不注明日期的引用文件，其最新版本（包括所有的修改版本）适用于本部分。

T/CACM 1021.1—2016 中药材商品规格等级编制通则

3　术语和定义

T/CACM 1021.1—2016 以及下列术语和定义适用于本部分。

3.1

肉苁蓉　CISTANCHES HERBA

列当科植物肉苁蓉 *Cistanche deserticola* Y. C. Ma 或管花肉苁蓉 *Cistanche tubulosa*（Schrenk）Wight 的干燥带鳞叶的肉质茎。春季苗刚出土时或秋季冻土之前采挖，除去茎尖。切段，晒干。

3.2

肉质茎长度　lengh of succulent stem

肉苁蓉药材肉质茎的长度。

3.3

直径　diameter

肉苁蓉药材肉质茎全长中部，较规则部位的直径。

4　规格等级划分

根据不同基原，将肉苁蓉药材分为“肉苁蓉”“管花肉苁蓉”两个规格。在规格项下，根据是否进行等级划分，分成“选货”和“统货”；再根据肉质茎长度、直径和 1 千克肉质茎数，将肉苁蓉“选货”分为“一等”和“二等”两个等级。应符合表 1 要求。

表 1　规格等级划分

<table>
<tr><th rowspan="2">规格</th><th rowspan="2" colspan="2">等级</th><th colspan="2">性状描述</th></tr>
<tr><th>共同点</th><th>区别点</th></tr>
<tr><td rowspan="3">肉苁蓉
（软苁蓉）</td><td rowspan="2">选货</td><td>一等</td><td rowspan="3">呈扁圆柱形，稍弯曲，表面棕褐色或灰棕色，密被覆瓦状排列的肉质鳞叶，通常鳞叶先端已断。体重，质硬，微有柔性，不易折断，断面棕褐色，有淡棕色点状维管束，排列成波状环纹。气微，味甜、微苦</td><td>色泽均匀，质地柔韧，肉质肥厚，肉质茎长度 25cm 以上，中部直径 3.5cm 以上，去除茎尖，无枯心，无干梢</td></tr>
<tr><td>二等</td><td>质坚硬，微有柔性。肉质茎长度 15 ~ 25cm，中部直径 2.5cm 以上，去除茎尖，枯心不超过 10%，无干梢</td></tr>
<tr><td colspan="2">统货</td><td>个体长度不均，肉质茎长 3cm 以上，粗细不均匀，中部直径 2cm 以上，去除茎尖，枯心不超过 20%，无干梢</td></tr>
</table>

续表

<table>
<tr><th rowspan="2">规格</th><th rowspan="2" colspan="2">等级</th><th colspan="2">性状描述</th></tr>
<tr><th>共同点</th><th>区别点</th></tr>
<tr><td rowspan="3">管花
肉苁蓉
（硬苁蓉）</td><td rowspan="2">选货</td><td>一等</td><td rowspan="3">呈类纺锤形、扁纺锤形或扁柱形，稍弯曲。表面棕褐色至黑褐色，鳞叶痕粗大。断面颗粒状，灰棕色至灰褐色，散生点状维管束。质地坚硬，无柔韧性</td><td>长度15～25cm，中部直径6～9cm，去除茎尖，无枯心、干梢</td></tr>
<tr><td>二等</td><td>长度10～15cm，中部直径2.5～5cm，去除茎尖，枯心不超过10%，无干梢</td></tr>
<tr><td colspan="2">统货</td><td>个体长度不均，长5cm以上，粗细不均匀，直径2.5cm以上。去除茎尖，枯心不超过20%，无干梢</td></tr>
<tr><td colspan="5">注1：市场习称：肉苁蓉亦称为软大芸或软苁蓉，管花肉苁蓉为硬大芸或硬苁蓉。
注2：肉苁蓉在生产加工过程中会有使用盐分的情况，此种肉苁蓉味道咸而不甜，亦称咸苁蓉。
注3：市场上流通青海盐生肉苁蓉，由于其不符合药典，所以本部分未制定该商品等级。
注4：关于肉苁蓉药材历史产区沿革参见附录A。
注5：关于肉苁蓉药材品质评价沿革参见附录B。</td></tr>
</table>

5 要求

除应符合T/CACM 1021.1—2016的第7章规定外，还应符合下列要求：

——无虫蛀；

——无霉变；

——杂质不得过3%。

附录 A

(资料性附录)

肉苁蓉药材历史产区沿革

肉苁蓉始载于《神农本草经》，列为上品，并有“生山谷”的记载。汉末《名医别录》记载：“肉苁蓉生河西山谷及代郡雁门。”“河西”春秋战国时指今山西、陕西两省间黄河南段以西地区，汉时多指甘肃、青海两省黄河以西的地区。

魏晋·吴普《吴普本草》，曰：“生河西山阴地（甘肃、陕西及内蒙古西部），丛生，二月至八月采。”

南北朝·陶弘景《本草经集注》首次记载了肉苁蓉的道地产区，曰：“代郡、雁门属并州（山西、内蒙古、河北部分地区及陕西北部），多马处便有之，言是野马精落地所生。芮芮河南间（甘肃西南部、黄河以南地区）至多。今第一出陇西（内蒙古西部、甘肃西部一带），形扁广，柔润多花而味甘。次出北地（山西北部、内蒙古东南部及河北等北方省区）者，形短而少花。巴东建平（四川东北部）间亦有，而不嘉也。”可知本草记载南北朝时期肉苁蓉在多个地区出现，但其质量最佳产区在内蒙古西部、甘肃西部一带，也即现今肉苁蓉的道地产区阿拉善及其周边地区。

唐代以来，其产地不断扩大，《千金翼方》载，原州（甘肃镇原）、灵州（宁夏中卫、中宁）产苁蓉；兰州（甘肃皋兰）、肃州（甘肃酒泉）产肉苁蓉。

五代《蜀本草》保升曰：“出肃州（甘肃疏勒河以东，高台以西）禄福县沙中，三月四月掘根，切取中央好者三四寸，绳穿阴干，八月始好，皮如松子鳞甲。”

宋代苏颂曰：“今陕西州郡多有之，然不及西羌界（内蒙古西部、陕西、甘肃一带）中来者，肉厚而力紧。”《太平寰宇记》又载，肉苁蓉朔州（山西朔县附近），云州（山西外长城以南，桑干河以北）土产。

元《一统志》谓肉苁蓉“昆仑崆峒（甘肃平凉）之间所出。巩昌府，会州（甘肃会宁县一带）”。

《中药材商品规格质量鉴别》（1995 年）记载“内蒙古肉苁蓉主产于巴彦淖尔盟、阿拉善盟。尤以乌拉特前旗、乌拉特后旗、乌海市、甘肃的张掖和武威产量多和质量好。此外是内蒙古的伊克昭盟”。

《新编中药志》（2001 年）记载肉苁蓉“分布于内蒙古、陕西、甘肃、宁夏、青海、新疆等省（自治区）”。

综上，本草所载的肉苁蓉产地为山西、陕西、宁夏、内蒙古、甘肃、青海，且以山西、陕西为多，而今山西、陕西基本上不产，肉苁蓉主要分布在内蒙古的阿拉善盟、新疆北部、青海、甘肃、宁夏等地，而管花肉苁蓉在我国仅分布于新疆天山以南塔克拉玛干沙漠周围各县。

附录 B
（资料性附录）
肉苁蓉药材品质评价沿革

《本草经集注》第一次记载了肉苁蓉的道地产区，并初步描述了肉苁蓉的商品等级，曰："（肉苁蓉）今第一出陇西（内蒙古西部、甘肃西部一带），形扁广，柔润，多花而味甘（与肉苁蓉相符），次出北国（陕西、山西一带）者，形短而少花，巴东建平间亦有，而不嘉也（四川东北部）。"宋代苏颂《图经本草》载：今陕西州郡多有之，然不及西羌界中来者，肉浓而力紧。由此看来，肉苁蓉在古时习惯以产地划分肉苁蓉等级。

《新编中药志》（2001 年）记载肉苁蓉"以条粗壮、密被鳞片、色棕褐、质柔润者为佳"。《金世元中药材传统鉴别经验》以条粗壮，密被鳞片，色棕褐，质柔润者为佳。尤以内蒙古产者品质最优，有"地道药材"之分。

目前，我国现行的是 1984 年由国家医药管理局和卫生部联合颁布的《七十六种药材商品规格标准》，该标准按照质量的高低、好次对 76 种常用中药材进行了规格等级的划分，规定了品别、规格、等级 3 个方面的标准，其中，关于肉苁蓉药材的商品规格等级规定了甜苁蓉和咸苁蓉 2 种规格，从感官指标分别对其进行描述，主要包括药材外观形状、表面颜色、大小、体重、质地等，且均为统货。1984 年以后，根据国内外的市场需求也出现了新的商品规格等级。以内蒙古为例，首先，依据感官指标中的个子货重量进行划分，质量要求为肥厚、鳞细、表面棕褐色，内色棕褐或黑褐，体重，油性大，质柔软，无枯空，每块肉苁蓉重 200g 以上者为一等（大芸面），100 ~ 200g 为二等，50 ~ 100g 者为三等。其次，也有以长度进行划分为一等、二等，一等长 12cm 以上，中部直径 3cm 以上，无枯梗或空心；不足此标准者为二等。最后，在甜苁蓉和咸苁蓉原有等级上进行划等，甜苁蓉按粗细划分为一等、二等，咸苁蓉不分等。

综上，历代对于肉苁蓉的规格等级划分强调产地质量，以内蒙古为道地药材，并在此基础上结合性状，如长度、直径、表面颜色、质地、体重、断面特征等进行评价。为制定肉苁蓉商品规格等级标准提供了依据。

ICS 11.120.10
C 10/29

团　体　标　准

T/CACM 1021.40—2018
代替T/CACM 1021.53—2017

中药材商品规格等级　玄参

Commercial grades for Chinese materia medica

SCROPHULARIAE RADIX

2018-12-03 发布　　2018-12-03 实施

中华中医药学会 发布

目　次

前　　言

T/CACM 1021《中药材商品规格等级》标准分为226个部分：

——第1部分：中药材商品规格等级标准编制通则；

……

——第39部分：中药材商品规格等级　肉苁蓉；

——第40部分：中药材商品规格等级　玄参；

——第41部分：中药材商品规格等级　泽泻；

……

——第226部分：中药材商品规格等级　玄明粉。

本部分为T/CACM 1021的第40部分。

本部分代替T/CACM 1021.53—2017。

本部分按照GB/T 1.1—2009《标准化工作导则　第1部分：标准的结构和编写》给出的规则起草。

本部分代替T/CACM 1021.53—2017，与T/CACM 1021.53—2017相比较，标准编号进行了调整，并重新进行了编辑。

本部分由中药材商品规格等级标准研究技术中心及道地药材国家重点实验室培育基地提出。

本部分由中华中医药学会归口。

本部分起草单位：湖北中医药大学、中国中医科学院中药资源中心、浙江寿仙谷医药股份有限公司、中药材商品规格等级标准研究技术中心、北京中研百草检测认证有限公司。

本部分主要起草人：李娟、黄璐琦、郭兰萍、詹志来、张一唱、陈科力、刘义梅、郑化先、王瑛。

本部分所代替标准的历次版本发布情况为：

——T/CACM 1021.53—2017。

中药材商品规格等级　玄参

1　范围

本部分规定了玄参的商品规格等级。

本部分适用于玄参药材生产、流通以及使用过程中的商品规格等级评价。

2　规范性引用文件

下列文件对于本部分的应用是必不可少的。凡是注明日期的引用文件，仅所注明日期的版本适用于本部分。凡是不注明日期的引用文件，其最新版本（包括所有的修改版本）适用于本部分。

T/CACM 1021. 1—2016 中药材商品规格等级编制通则

3　术语和定义

T/CACM 1021. 1—2016 以及下列术语和定义适用于本部分。

3. 1

玄参　SCROPHULARIAE RADIX

本品为玄参科植物玄参 *Scrophularia ningpoensis* Hemsl. 的干燥根。冬季茎叶枯萎时采挖，除去根茎、幼芽、须根及泥沙，晒或烘至半干，堆放 3 ~6 天，反复数次至干燥。

3. 2

选货　selected goods

指对玄参品质好坏进行区分，按每千克所含的支数划分等级。

3. 3

统货　gradeless and uniformly-priced goods

指玄参品质符合《中国药典》规定，不分等级。

3. 4

道地药材 浙玄参　*daodi* herbs *zhexuanshen*

指产于浙江省金华、杭州市及其周边各地区的玄参。

3. 5

抽沟　*chougou*

指玄参经干燥后，药材表面形成的明显纵皱和沟道。

4　规格等级划分

根据市场流通情况，将玄参药材分为“选货”和“统货”；在“选货”项下，根据每千克所含的支数划分等级，分为“一等”“二等”和“三等”三个等级。应符合表 1 要求。

表 1　规格等级划分

等级		性状描述	
		共同点	区别点
选货	一等	呈类纺锤形或长条形。表面灰黄色或灰褐色，有纵纹及抽沟。质坚实。断面黑色，微有光泽。气特异似焦糖，味甘、微苦	每千克≤36 支，支头均匀。无空泡
	二等		每千克≤72 支。无空泡
	三等		每千克 >72 支，个头最小在 5g 以上。间有破块
统货		呈类纺锤形或长条形。表面灰黄色或灰褐色，有纵纹及抽沟。质坚实。断面黑色，微有光泽。气特异似焦糖，味甘、微苦	

续表

<table>
<tr><td rowspan="2">等级</td><td colspan="2">性状描述</td></tr>
<tr><td>共同点</td><td>区别点</td></tr>
<tr><td colspan="3">注 1：目前玄参主流产区在湖北恩施一带，原玄参道地产地浙江等产区玄参产量较少。
注 2：关于玄参药材历史产区沿革参见附录 A。
注 3：关于玄参药材品质评价沿革参见附录 B。</td></tr>
</table>

5 要求

除符合 T/CACM 1021.1—2016 第 7 章规定外，还应符合下列要求：

——无芦头；

——无虫蛀；

——无霉变；

——杂质不得过 3%。

附录 A

(资料性附录)

玄参药材历史产区沿革

玄参入药始载于秦汉时期的《神农本草经》，列为中品。《神农本草经》曰："玄参味苦微寒。主腹中寒热积聚，女子产乳余疾，补肾气，令人目明。一名重台。生川谷。"说明玄参早在秦汉时期就已经药用。

魏晋时期《吴普本草》记载："一名鬼藏，一名重台，一名鹿肠，一名端，一名玄台……或生冤句（即今山东菏泽）山阳。二月生。"记载了玄参的产地为山东菏泽。

南朝时期《本草经集注》、唐代《新修本草》记载："一名重台，一名玄台，一名鹿肠，一名正马，一名咸，一名端。生河间（即今河北河间）川谷及冤句（即今山东菏泽）。三月、四月采根，曝干。……今出近道，处处有。"说明玄参广泛存在处处有。

宋代《证类本草》记载：生河间（即今河北河间）川谷及冤句（即今山东菏泽）。陶隐居云：今出近道，处处有。

《本草图经》记载："玄参生河间（即今河北河间）及冤句（即今山东菏泽），今处处有之。"

明代刘文泰《本草品汇精要》记载："【地】（图经曰）生河间（即今河北河间）川谷及冤句（即今山东菏泽），今处处有之。〔道地〕江州（即今江西九江）衡州（即今湖南衡阳）邢州（即今河北邢台）。"说明了玄参的道地药材江州（即今江西九江）、衡州（即今湖南衡阳）、邢州（即今河北邢台）。

明代卢之颐《本草乘雅半偈》记载："生河间（即今河北河间）川谷，及冤句（即今山东菏泽），山阳近道亦有之"。

清代张志聪《本草崇原》记载："玄参近道处处有之。"

附录 B

（资料性附录）

玄参药材品质评价沿革

明代《本草品汇精要》："用：根黑润者为好。""道地江州、邢州、衡州。"

明代《药品化义》："取大而肉坚黑润者佳，去芦头用。"

民国《药物出产辨》："玄参产浙江杭州府。"

1963 版《中国药典》一部：以支条肥大、皮细、质坚、芦头修尽，内色乌黑者为佳。支条小、皮粗糙、带短芦者质次。支条很小、芦头大、折断显柴性者不可入药。

1977 版《中国药典》一部：以条粗壮、质坚实、断面色黑者为佳。

《中华药海》：以支条肥大、皮细、质坚、芒头修尽、肉色乌黑者为佳。支条小、皮粗糙、带芦头者质次。

《中华本草》：以条粗壮、质坚实、断面色黑者为佳。

《500 味常用中药材的经验鉴别》：玄参以根条粗壮，皮细薄，肉肥厚，体重不空泡，质坚性糯，断面碴口乌黑油润为佳。反之，纤维性强（柴性），条细皮粗，断面空心，内色灰黄，肉质少质次。浙玄参为玄参中之上品，其他产地（四川、河南、河北等）均次之。

综上，历代对于玄参的规格等级划分强调产地质量，以浙玄参为道地药材，并在此基础上结合性状，如支条的粗细、质量的大小、断面的颜色等进行评价。为制定玄参商品规格等级标准提供了依据。

ICS 11.120.10
C 10/29

团 体 标 准

T/CACM 1021.41—2018
代替T/CACM 1021.50—2017

中药材商品规格等级 泽泻

Commercial grades for Chinese materia medica

ALISMATIS RHIZOMA

2018-12-03 发布 2018-12-03 实施

中华中医药学会 发布

目　　次

前　　言

T/CACM 1021《中药材商品规格等级》标准分为 226 个部分：

——第 1 部分：中药材商品规格等级标准编制通则；

……

——第 40 部分：中药材商品规格等级　玄参；

——第 41 部分：中药材商品规格等级　泽泻；

——第 42 部分：中药材商品规格等级　五味子；

……

——第 226 部分：中药材商品规格等级　玄明粉。

本部分为 T/CACM 1021 的第 41 部分。

本部分代替 T/CACM 1021.50—2017。

本部分按照 GB/T 1.1—2009《标准化工作导则　第 1 部分：标准的结构和编写》给出的规则起草。

本部分代替 T/CACM 1021.50—2017，与 T/CACM 1021.50—2017 相比较，标准编号进行了调整，并重新进行了编辑。

本部分由中药材商品规格等级标准研究技术中心及道地药材国家重点实验室培育基地提出。

本部分由中华中医药学会归口。

本部分起草单位：福建中医药大学、中国中医科学院中药资源中心、中药材商品规格等级标准研究技术中心、北京中研百草检测认证有限公司。

本部分主要起草人：杨成梓、黄璐琦、郭兰萍、詹志来、金艳、何雅莉、蔡沓栗。

本部分所代替标准的历次版本发布情况为：

——T/CACM 1021.50—2017。

中药材商品规格等级　泽泻

1　范围

本部分规定了泽泻的商品规格等级。

本部分适用于泽泻药材生产、流通以及使用过程中的商品规格等级评价。

2　规范性引用文件

下列文件对于本部分的应用是必不可少的。凡是注明日期的引用文件，仅所注明日期的版本适用于本部分。凡是不注明日期的引用文件，其最新版本（包括所有的修改版本）适用于本部分。

T/CACM 1021.1—2016 中药材商品规格等级编制通则

3　术语和定义

T/CACM 1021.1—2016 以及下列术语和定义适用于本部分。

3.1

泽泻　ALISMATIS RHIZOMA

本品为泽泻科植物泽泻 *Alisma orientale*（Sam.）Juzep. 的干燥块茎。冬季茎叶开始枯萎时采挖，洗净，干燥，除去须根和粗皮。

3.2

文且　*wenqie*

泽泻的别名，多应用于四川、广西地区。

3.3

双花　*shuanghua*

用于描述泽泻药材，指多数呈不规则类三棱锥状的泽泻药材，顶端有两个或多数瘤状突起的芽痕。

3.4

个子　*gezi*

用于描述泽泻药材，指未经切制的完整的泽泻药材，外观形状为椭圆状或球状。

3.5

道地药材 建泽泻　*daodi* herbs *jianzexie*

指产于福建的泽泻。

3.6

道地药材 川泽泻　*daodi* herbs *chuanzexie*

指产于四川的泽泻。

4　规格等级划分

根据不同产地，将泽泻药材分为“建泽泻”和“川泽泻”两个规格。其他地区引自哪里，即按哪种标准执行。在泽泻条规格下，根据每千克所含的个数划分等级，将泽泻选货规格分为“一等”和“二等”两个等级。应符合表 1 要求。

表1　规格等级划分

<table>
<tr><th rowspan="2">规格</th><th rowspan="2">等级</th><th colspan="2">性状描述</th></tr>
<tr><th>共同点</th><th>区别点</th></tr>
<tr><td rowspan="4">建泽泻</td><td>特等</td><td rowspan="3">表面黄白色或灰白色，有不规则横向环状浅沟纹和细小凸起的须根痕。质坚实，相互碰撞有清脆的声响。断面黄白色或淡黄色，粉性。气微，嚼之味微苦</td><td>多呈椭圆状。每千克25个以内（单个≥40g）。无双花、无焦枯</td></tr>
<tr><td>一等</td><td>多呈椭圆状或类球状。每千克33个以内（单个≥30g）。无双花、无焦枯</td></tr>
<tr><td>二等</td><td>多呈不规则球状或椭圆状，间有双花。每千克75个以内（单个≥10g），偶有轻微焦枯，不超过5%</td></tr>
<tr><td>统货</td><td colspan="2">呈椭圆状或类球状或含双花。表面黄白色或黄灰色，有不规则横向环状浅沟纹和细小凸起的须根痕和瘤状芽痕。每千克75个以内（单个≥10g）。质坚实，相互碰撞有清脆的声响。断面黄白色或淡黄色，粉性。气微，嚼之味微苦。有轻微焦枯，但不超过5%</td></tr>
<tr><td rowspan="3">川泽泻</td><td>一等</td><td rowspan="2">表面黄白色或灰黄白色，有明显的横向环状沟纹及瘤状芽痕。质坚实，相互碰撞有清脆的声响。断面黄白色、淡黄棕色或淡灰白色，粉性。气微，嚼之味微苦</td><td>多呈卵圆状、椭圆状或类球状或稍显三棱圆柱状。每千克33个以内（单个≥30g）。无双花、无焦枯、无碎块</td></tr>
<tr><td>二等</td><td>多呈不规则球状或椭圆状或稍显三棱圆柱状，间有双花。每千克75个以内（单个≥10g），间有双花、少量轻微焦枯、碎块，但不超过5%</td></tr>
<tr><td>统货</td><td colspan="2">结节略呈圆锥形，长短不一。不分大小。呈卵圆状或椭圆状或稍显三棱圆柱状，间有双花。表面灰黄色，有明显的横向环状沟纹及瘤状芽痕。每千克100个以内（即单个≥10g）。质坚实，相互碰撞有清脆的声响。断面黄白色、淡黄棕色或淡灰白色，粉性。气微，嚼之味微苦。间有双花、少量轻微焦枯、碎块，但不超过5%</td></tr>
<tr><td colspan="4">注1：当前药材市场上泽泻的商品规格主要按产地划分，得到普遍认可，与实验结果相符，因此市场根据泽泻的产地进行规格的划分。
注2：主产于四川省的泽泻来源为泽泻 Alisma plantago-aquatica Linn. 的干燥块茎，广西也有少量种植，为目前市场上泽泻的主流商品，即“川泽泻”。目前本种基原在《中国药典》中无收载，但通过考证泽泻的用药历史及产地变迁可知，川泽泻的用药历史悠久，临床上得到医生的一致认可，是泽泻的主要来源之一。同时通过对泽泻、东方泽泻分类学研究发现，两者虽然有一定的差别，但两者是原、变种的关系或是作为两种处理争议较大，但化学成分和药理上极为接近，因此尊重历史用药的事实，作为泽泻的来源之一处理。
注3：关于泽泻药材历史产区沿革参见附录A。
注4：关于泽泻药材品质评价沿革参见附录B。</td></tr>
</table>

5　要求

除符合 T/CACM 1021. 1—2016 的第7章规定外，还应符合下列要求：

——无杂质；

——无虫蛀；

——无霉变。

附录 A

（资料性附录）

泽泻药材历史产区沿革

从历代本草可以看出，泽泻的最早产地应该是“汝南”地区，即现在的河南一带，逐渐范围扩展到了北部的“南郑县”“青州”和“代郡”。南北朝的汉中南郑是现在的陕西一带，靠近现在的四川地区。到了唐代，汝南地区的泽泻已经不被使用，以“泾州”和“华州”的泽泻为佳，这两个地区都位于陕西省附近。直至宋代，已有本草记载道地产地为“泾州、华州、汉中者佳”，从现在的地图上来看，当时的道地产地大致为现在的陕西和甘肃东南部地区。陕西“汉中”地区在很长一段时间内，为泽泻的道地产区。同时，这个时期，泽泻的产地已经逐渐向南方转移，江淮地区也已经出产泽泻，福建邵武地区也被列出有泽泻的产出，这也是首次本草中明确提出泽泻在福建地区出现。明代时期，淮河以北地区的泽泻逐渐不被种植，陕西的“汉中”及“泾州”所在为优质泽泻的产区。江淮流域包括福建省的泽泻种植已经被认知。

明代以后的福建地方志均有记载建泽泻。“建泽泻”一词最早出现在清·郭柏苍的《闽产录异》，并同时记录福建道地产地为建安瓯宁，即现在的建瓯所在。

江西泽泻是由最初从长江以北区域在向南延生的过程中产生的，时期位于清代左右，与建泽泻的发展相对靠近。《广昌县志》记载泽泻种植于清代道光年间。也有书籍记载江西泽泻源于清代咸丰年间自福建省的建阳、建瓯等地引进，故名“建泽泻”，最高年产 18.6 万公斤。

明代之前，本草中均记载“汉中”泽泻为道地药材。秦汉时期的汉中郡地域辽阔，它西起沔阳的阳平关（今陕西省勉县武侯镇），东至郧关（今湖北郧县）和荆山，绵延千里。秦、西汉时其郡治在西城（今陕西安康市），属下有 12 县；东汉时裁至 9 县，为今陕西省西南部汉中市附近。当时的四川地区在明朝朱元璋开国定年号之后还在征讨之中，中间也有发生过多次少数民族叛乱等，相对处在变动中。明末清初，今天贵州遵义、云南北部、重庆全境、陕西南部、甘肃南部、西藏东部少许、青海省东南部都还是四川。而四川地区最早被记载的泽泻产区位于灌县。灌县，即今都江堰市（元入灌州，明改灌县，1988 年改设都江堰市，以都江堰得名）。松、理、茂、汶边区及甘肃、青海的部分药材多在此集散。灌县早期的土著，大多为明末的流寇张献忠杀尽。之后人员大半由陕西、甘肃、云南等省迁来。以前当地人民多以农商为职业。因此明朝之前记载的“汉中泽泻”很有可能由于药材的集散以及人员的迁移，逐渐转移至四川灌县。

直到民国时期，《建瓯县志》记载建瓯地区最好的泽泻产地为建瓯吉阳。目前，福建泽泻的主要产区也在建瓯，与历代文献记载相符。有学者对泽泻的道地性进行考证，记载《建瓯大事记资料汇集》：历史上，建泽泻生产在清光绪三十年达到顶峰，年产量可达4 万担上下，估约2500 吨，运销福州，转运至沪、杭以及香港、东南亚等地，年收入四、五十万银元。

民国时期陈仁山的《药物出产辨》：“泽泻产福建省建宁府为上；其次，江西省、四川省均有出，但甜味以四川为浓厚。市上所售者，以福建为多。”

中华人民共和国成立以后，四川泽泻的产区发生改变。20 世纪 60 年代以前，灌县的泽泻产量依然保持前列。1964 年四川省内各地开始引种试种，由于泽泻生产适应性较强，不少县引种成功，并不断扩大种植。20 世纪 70 年代，彭山、眉山、乐山、峨眉、夹江、内江、泸州等 30 多县大面积种植泽泻。同时，灌县（都江堰市）的种植面积不断缩小。直至 20 世纪 80 年代，灌县作为老产区被新产区所替代。目前，彭山、眉山、乐山等为泽泻的主要产区。

同期，20 世纪 60 年代福州市及厦门市的同安，漳州市的龙海、漳浦、云霄等市县引种原产建瓯、建阳的泽泻，并从秋种改为冬种，成为高产稳产的泽泻生产基地。最高时期年产量可达 100 多吨。后因种植效益日渐低迷，进而福州、厦门、漳州等福建省内产区逐渐消失。

直至今天，建泽泻的福建产区依然在建瓯市，“建泽泻”的最优品质是经历了几百年的历史传承而来，其具有自己悠久的种植及加工方法。江西泽泻产区多位于江西省广昌县，种植泽泻已成为当地人的传统文化。调查发现，目前四川彭山、眉山、乐山等泽泻的主产区种植面积远远超过其他省份，市场流通的泽泻也多为川泽泻。

附录 B

（资料性附录）

泽泻药材品质评价沿革

梁《本草经集注》云："今近道亦有，不堪用。惟用汉中、南郑、青、代，形大而长，尾间必有两歧为好。"

唐《新修本草》按："今汝南不复采用，惟以泾州、华州者为善也。"

宋《本草图经》云："生汝南池泽，今山东、河陕、江淮亦有之，以汉中者为佳。汉中出者，形大而长，尾间有两歧最佳。"

明《救荒本草》云："汉中者为佳。"

明《本草蒙筌》云："淮北虽生，不可入药。汉中所出，方可拯。盖因形大而长，尾有两歧为异耳。"

明《本草纲目》录："弘景曰：今近道亦有，不堪用。惟用汉中、南郑、青州、代州者，形大而长，尾间必有两歧为好。恭曰：今汝南不复采用，惟以泾州、华州者为善也。《图经》曰：今山东、河陕、江淮亦有之，以汉中者为佳。"

明《本草乘雅半偈》云："形大而圆，尾间必有两歧者为好。"

明《本草汇言》载："苏氏曰：今汝南不复采用，惟以泾州、华州者为善也。今山东、河、陕、江淮、闽、浙亦有之，总不若汉中、南郑、青州、代州者形大而长尾，间必有两歧者为胜。"

清《吉阳里志》载："泽泻各乡俱有，惟吉阳者佳，以其大且实也，通各省。"

清《本草从新》曰："色白者佳。"

清《本草易读》：今山东、河、陕、江、淮亦有之，以汉中者为胜。

清《闽产录异》载："药称建泽泻，以建安瓯宁者（目前建瓯）为道地。"

民国《建瓯县志》：产吉阳（南平建瓯市吉阳镇）者佳。

《药物出产辨》载："产福建省建宁府为上，其次江西省，四川省均有出产。但甜味以四川为浓厚。市上所用者，以福建为多。"

《新编中药志》中来源为东方泽泻，主产于福建、四川、江西，多系栽培。现广东、广西、湖北、湖南等省（自治区）也有生产。以块大、黄白色、光滑、质充实、粉性足者为佳。

《中华本草》中来源为东方泽泻及泽泻，主产于福建、四川、江西、多系栽培。现广东、广西、湖北、湖南等地亦生产。以块大、黄白色、光滑、质充实、粉性足者为佳。

《中国药典》从1985年版至2005年版检测总灰分（不得过5%）和酸不溶性灰分（不得过0.5%）。2010、2015版主要检测水分（不得过14.0%）、总灰分（不得过5.0%）、浸出物（用乙醇作溶剂，不得少于10.0%）、含量测定（高效液相色谱法测定，含23－乙酰泽泻醇B不得少于0.050%）、薄层色谱鉴别。

综上，历代对于泽泻的规格等级划分强调产地质量，以建泽泻为道地药材，并在此基础上结合性状，如形状、大小、色泽、质地等进行评价。为制定泽泻商品规格等级标准提供了依据。

ICS 11.120.10
C 10/29

团 体 标 准

T/CACM 1021.42—2018

代替T/CACM 1021.52—2017

中药材商品规格等级　五味子

Commercial grades for Chinese materia medica

SCHISANDRAE CHINENSIS FRUCTUS

2018-12-03 发布　　2018-12-03 实施

中华中医药学会 发布

目　　次

前　言

T/CACM 1021《中药材商品规格等级》标准分为 226 个部分：

——第 1 部分：中药材商品规格等级标准编制通则；

……

——第 41 部分：中药材商品规格等级　泽泻；

——第 42 部分：中药材商品规格等级　五味子；

——第 43 部分：中药材商品规格等级　牛膝；

……

——第 226 部分：中药材商品规格等级　玄明粉。

本部分为 T/CACM 1021 的第 42 部分。

本部分代替 T/CACM 1021. 52—2017。

本部分按照 GB/T 1. 1—2009《标准化工作导则　第 1 部分：标准的结构和编写》给出的规则起草。

本部分代替 T/CACM 1021. 52—2017，与 T/CACM 1021. 52—2017 相比较，标准编号进行了调整，并重新进行了编辑。

本部分由中药材商品规格等级标准研究技术中心及道地药材国家重点实验室培育基地提出。

本部分由中华中医药学会归口。

本部分起草单位：长春中医药大学、中国中医科学院中药资源中心、天津大学、中药材商品规格等级标准研究技术中心、北京中研百草检测认证有限公司。

本部分主要起草人：曲晓波、黄璐琦、郭兰萍、詹志来、高文远、金艳、何雅莉、肖井雷、张晓波、李波、路静。

本部分所代替标准的历次版本发布情况为：

——T/CACM 1021. 52—2017。

中药材商品规格等级　五味子

1　范围

本部分规定了五味子的商品规格等级。

本部分适用于五味子药材生产、流通以及使用过程中的商品规格等级评价。

2　规范性引用文件

下列文件对于本部分的应用是必不可少的。凡是注明日期的引用文件，仅所注明日期的版本适用于本部分。凡是不注明日期的引用文件，其最新版本（包括所有的修改版本）适用于本部分。

T/CACM 1021. 1—2016 中药材商品规格等级编制通则

3　术语和定义

T/CACM 1021. 1—2016 以及下列术语和定义适用于本部分。

3. 1

五味子　SCHISANDRAE CHINENSIS FRUCTUS

本品为木兰科植物五味子 *Schisandra chinensis*（Turcz.）Baill. 的干燥成熟果实。习称“北五味子”。秋季果实成熟时采摘，晒干或蒸后晒干，除去果梗和杂质。

4　规格等级划分

根据表面颜色和干瘪率，将五味子药材分为“一等”和“二等”两个等级。应符合表1要求。

表1　规格等级划分

等级	性状描述	
	共同点	区别点
一等	呈不规则球形、扁球形或椭圆形。皱缩，内有肾形种子1～2粒。果肉味酸，种子有香气，味辛微苦	表面红色、暗红色或紫红色，质油润。干瘪粒不超过2%
二等		表面黑红或出现“白霜”，干瘪粒不超过20%

注1：当前市场对五味子以粒大、饱满为优。按大小分为两个等级或不分等级，但不论是哪种规格等级，其中均会混有其他大小不一致的五味子，以次充好，这是目前市场普遍存在的一种现象。此外，色泽有随存放时间延长由红色、紫红色或暗红色转变为黑色的现象。

注2：由于市场对五味子等级划分界限不明确，再者选货为种植户自己手工挑选的，因此相同等级五味子大小也有差异，价格也依大小不同。

注3：五味子市场行情波动较大，注意价格处于高价位时，产地存在抢青行为，抢青货质量较差。

注4：目前市场上的五味子商品药材主要为五味子，并有少量的南五味子，五味子和南五味子《中国药典》已经作为两种药材予以分开。

注5：关于五味子药材历史产区沿革参见附录A。

注6：关于五味子药材品质评价沿革参见附录B。

5　要求

除符合 T/CACM 1021. 1—2016 的第7章规定外，还应符合下列要求：

——不走油；

——无虫蛀；

——无霉变；

——杂质不得过3%。

附录 A

(资料性附录)

五味子药材历史产区沿革

五味子最早载于战国末年《尔雅》：菋，茎藸。五味也，蔓生，子丛在茎头，药草也。……郭氏以为，五味，今五味子是也。皮肉甘酸，核中辛苦，都有碱味，味既具矣，故其字以味，且能养五脏也。……圣贤冢墓记曰：孔子墓上五味木。地理位置今属山东。

公元前 150 年左右，《神农本草经》：五味子，味酸，温。主益气，咳逆上气，劳伤羸瘦。补不足，强阴，益男子精。生山谷。

公元 500 年左右《名医别录》记载的五味子植物形态与上述基本一致，但在产地上又提到齐山山谷及代郡（今属山西省以东）八月采实，阴干。生青熟红紫，入药生曝不去子。今有数种大抵相近。雷教言，小颗皮皱泡者，有白扑盐霜，重，其味酸、咸、苦、辛、一甘皆全，为真也。

公元 530 年左右《本草经集注》中曰："今第一出高丽（今属朝鲜），多肉而酸甜。次出青州（今属山东的连云港），冀州（今属河南），味过酸，具核并似猪肾。又有建平者（今属江西鄱阳湖），少肉，核形不相似，味苦，亦良。"

公元 659 年左右的《唐本草》(《新修本草》)。苏恭曰：蔓生木上，其叶杏而大，子作房如落葵，大如婴子，出蒲州（今属山西省），蓝田山中（今属山西省蓝田县）。

公元 1061 年间的《图经本草》(《本草图经》) 苏颂曰：今河东陕西州郡（今属陕西、甘肃、内蒙古）尤多，杭越间亦有之（即今浙江省杭州和江苏省）。春初生苗，引赤蔓于离木，其长七尺，叶尖圆似杏叶，三四月开黄白花，类莲。

公元 1116 年间的《本草衍义》，五味子今华州以西（今属陕西华县），至秦（今属甘肃天水县）多产之。

附录 B

(资料性附录)

五味子药材品质评价沿革

始载于东汉《神农本草经》，并列为上品，已有2000年的药用历史。

五代后蜀《蜀草》(《重广英公木草》) 韩保昇曰：蔓生，茎赤色，花黄白，子生青熟紫，亦具五色，味甘者佳。

据明代李时珍《本草纲目》记载："五味子今有南北之分，南产者红，北产者黑，入滋补药，必用北者为良。"

1984年颁布的《七十六种药材商品规格标准》对五味子商品规格等级做了明确的规定，即：

一等：干货。呈不规则球形或椭圆形。表面紫红色或红褐色，皱缩，肉厚，质柔润。内有肾形种子1～2粒。果肉味酸，种子有香气，味辛微苦。干瘪粒不超过2%，无枝梗、杂质、虫蛀、霉变。

二等：干货。呈不规则球形或椭圆形。表面黑红、暗红或淡红色，皱缩，肉较薄，内有肾形种子1～2粒。果肉味酸，种子有香气，味辛微苦。干瘪粒不超过20%。无枝梗、杂质、虫蛀、霉变。

综上，历代对于五味子的规格等级划分强调产地质量，以北五味子为道地药材，通过提取其传统经验鉴别表观指标和品质相关联的现代鉴别量化指标，建立其安全性质量评价标准，以此形成五味子药材商品质量、规格等级量化标准。

ICS 11.120.10
C 10/29

团 体 标 准

T/CACM 1021.43—2018
代替T/CACM 1021.60—2017

中药材商品规格等级 牛膝

Commercial grades for Chinese materia medica

ACHYRANTHIS BIDENTATAE RADIX

2018-12-03 发布 2018-12-03 实施

中华中医药学会 发布

目　　次

前　言

T/CACM 1021《中药材商品规格等级》标准分为226个部分：

——第1部分：中药材商品规格等级标准编制通则；

……

——第42部分：中药材商品规格等级　五味子；

——第43部分：中药材商品规格等级　牛膝；

——第44部分：中药材商品规格等级　辛夷；

……

——第226部分：中药材商品规格等级　玄明粉。

本部分为T/CACM 1021的第43部分。

本部分代替T/CACM 1021.60—2017。

本部分按照GB/T 1.1—2009《标准化工作导则　第1部分：标准的结构和编写》给出的规则起草。

本部分代替T/CACM 1021.60—2017，与T/CACM 1021.60—2017相比较，标准编号进行了调整，并重新进行了编辑。

本部分由中药材商品规格等级标准研究技术中心及道地药材国家重点实验室培育基地提出。

本部分由中华中医药学会归口。

本部分起草单位：河南中医药大学、中国中医科学院中药资源中心、中药材商品规格等级标准研究技术中心、保和堂（焦作）制药有限公司、郑州瑞龙制药股份有限公司、北京中研百草检测认证有限公司。

本部分主要起草人：陈随清、黄璐琦、郭兰萍、詹志来、张飞、刘嘉、杨惠辛、单洋、王洪涛。

本部分所代替标准的历次版本发布情况为：

——T/CACM 1021.60—2017。

中药材商品规格等级　牛膝

1　范围

本部分规定了牛膝的商品规格等级。

本部分适用于牛膝药材生产、流通以及使用过程中的商品规格等级评价。

2　规范性引用文件

下列文件对于本部分的应用是必不可少的。凡是注明日期的引用文件，仅所注明日期的版本适用于本部分。凡是不注明日期的引用文件，其最新版本（包括所有的修改版本）适用于本部分。

T/CACM 1021. 1—2016 中药材商品规格等级编制通则

3　术语和定义

T/CACM 1021. 1—2016 以及下列术语和定义适用于本部分。

3. 1

牛膝　ACHYRANTHIS BIDENTATAE RADIX

本品为苋科植物牛膝 *Achyranthes bidentata* Bl. 的干燥根。冬季茎叶枯萎时采挖，除去须根和泥沙，捆成小把，晒至干皱后，将顶端切齐，晒干。

3. 2

冻条　*dongtiao*

由于药材加工不当，冻伤的牛膝，皮色发暗，呈褐红色，严重者变质失效，不能入药。

3. 3

油条　*youtiao*

由于药材不干，堆放时间过长或受热霉变出油的牛膝，这种货身发黏呈黑褐色，不能入药。

3. 4

破条　*potiao*

加工药材过程中，斜着断开或者断面不整齐的破裂的现象，可以入药。

3. 5

道地药材 怀牛膝　*daodi* herbs *huainiuxi*

指产于河南省焦作市及其周边各地区的牛膝。

4　规格等级划分

根据市场流通情况，按照药材是否进行等级划分，将牛膝药材分为“选货”和“统货”；在“选货”项下，根据牛膝的中部直径和长短进行等级划分。应符合表 1 要求。

表 1　规格等级划分

<table>
<tr><td colspan="2" rowspan="2">等级</td><td colspan="2">性状描述</td></tr>
<tr><td>共同点</td><td>区别点</td></tr>
<tr><td rowspan="3">选货</td><td>特肥</td><td rowspan="4">呈细长圆柱形，挺直或稍弯曲，表面灰黄色或淡棕色，有微扭曲的细纵皱纹、排列稀疏的侧根痕和横长皮孔样的突起。质硬脆，易折断，受潮后变软。断面平坦，淡棕色，略呈角质样而油润。中心维管束木质部较大，黄白色，其外周散有多数黄白色点状维管束，断续排列成 2 ~ 4 轮。气微，味微甜而稍苦涩</td><td>0.8cm < 中部直径 ≤ 1cm；40cm < 长度≤70cm</td></tr>
<tr><td>头肥</td><td>0.6cm < 中部直径 ≤ 0.8cm；30cm < 长度≤40cm</td></tr>
<tr><td>二肥</td><td>0.4cm≤ 中部直径 ≤ 0.6cm；15cm≤ 长度≤30cm</td></tr>
<tr><td colspan="2">统货</td><td>直径、长短不分</td></tr>
<tr><td colspan="4">注 1：通过全国各地药材市场调查，牛膝药材和饮片的分类方式有特肥、头肥、二肥、平条、大选、小选、低硫、无硫等，均以直径作为等级区别的标准。现市场上牛膝主要来源于河南省焦作市、内蒙古赤峰市和河北省安国市。
注 2：市场牛膝药材还有一种平条的等级，中部直径 0.4cm 以内，长短不分。这种等级不符合药典要求，存在较少。
注 3：关于牛膝药材历史产区沿革参见附录 A。
注 4：关于牛膝药材品质评价沿革参见附录 B。</td></tr>
</table>

5　要求

除应符合 T/CACM 1021.1—2016 的第 7 章规定外，还应符合下列要求：

——无油条；

——无冻条；

——无黑条；

——无虫蛀；

——无霉变；

——间有破条；

——无杂质。

附录 A

（资料性附录）

牛膝药材历史产区沿革

牛膝始载于《神农本草经》，列为上品，记载为“生川谷”，这是关于牛膝产地的最早记载，但是具体地方不可考证。

《吴普本草》记载“生河内或临邛”，说明河内（今河南省焦作市）、临邛（今四川邛崃市）已经有牛膝生长的记载。

《本草图经》记载“生河内川谷及临朐，今江淮、闽、粤、关中亦有之，然不及怀州者为真”，说明怀州（今河南焦作温县、武陟县、博爱县、修武县一带）所产牛膝在宋朝已经广受好评，质量优于其他产地。

《本草纲目》记载“惟北土及川中人家栽莳者为良”，说明北土（今河南省黄河以北焦作地区）、川中两个产地所产牛膝质量较优。

《中华本草》记载“主产于河南武陟、温县、孟县、博爱、沁阳、辉县等地。河北、山西、山东、江苏等地也有生产。以河南栽培的怀牛膝质量最好。销全国，并有出口。以条长、皮细肉肥、色黄白者为佳”。

附录 B

（资料性附录）

牛膝药材品质评价沿革

《500 味常用中药材的经验鉴别》记载“牛膝品质以身干、皮细、肉肥、条长、梢净、色淡黄，质坚实者为佳。如果皮粗色深，或分枝多则较次，以怀牛膝最优。主要来源于栽培，河南、河北、辽宁等省区均有栽培，主产于河南武陟、温县、孟县、博爱、沁阳；河北安国、定州、深泽、晋县、南宫、望都、安平、完县等地。以河南武陟、温县所产最为地道，质优量大”。

《金世元中药材传统鉴别经验》记载“以条粗壮、皮细、色灰黄、味甜者为优”。

综上，经过查阅古今文献资料、市场及产地调查。现以河南省、内蒙古、河北省为牛膝主产区，河南省焦作市一带自古以来是道地产区，怀牛膝被国家质检总局批准为“国家地理标志产品”。牛膝品质评价一直以条长且粗壮、色灰黄为佳，规格等级划分以药材直径为主要依据，为制定牛膝商品规格等级标准提供了依据。

ICS 11.120.10
C 10/29

团 体 标 准

T/CACM 1021.44—2018
代替T/CACM 1021.61—2017

中药材商品规格等级 辛夷

Commercial grades for Chinese materia medica

MAGNOLIAE FLOS

2018-12-03 发布 2018-12-03 实施

中华中医药学会 发布

目　次

前　言

T/CACM 1021《中药材商品规格等级》标准分为226个部分：

——第1部分：中药材商品规格等级标准编制通则；

……

——第43部分：中药材商品规格等级　牛膝；

——第44部分：中药材商品规格等级　辛夷；

——第45部分：中药材商品规格等级　艾叶；

……

——第226部分：中药材商品规格等级　玄明粉。

本部分为T/CACM 1021的第44部分。

本部分代替T/CACM 1021.61—2017。

本部分按照GB/T 1.1—2009《标准化工作导则　第1部分：标准的结构和编写》给出的规则起草。

本部分代替T/CACM 1021.61—2017，与T/CACM 1021.61—2017相比较，标准编号进行了调整，并重新进行了编辑。

本部分由中药材商品规格等级标准研究技术中心及道地药材国家重点实验室培育基地提出。

本部分由中华中医药学会归口。

本部分起草单位：河南中医药大学、中国中医科学院中药资源中心、中药材商品规格等级标准研究技术中心、北京中研百草检测认证有限公司。

本部分主要起草人：陈随清、张飞、马蕊、黄璐琦、郭兰萍、詹志来。

本部分所代替标准的历次版本发布情况为：

——T/CACM 1021.61—2017。

中药材商品规格等级　辛夷

1　范围

本部分规定了辛夷的商品规格等级。

本部分适用于辛夷药材生产、流通以及使用过程中的商品规格等级评价。

2　规范性引用文件

下列文件对于本部分的应用是必不可少的。凡是注明日期的引用文件，仅所注明日期的版本适用于本部分。凡是不注明日期的引用文件，其最新版本（包括所有的修改版本）适用于本部分。

T/CACM 1021.1—2016 中药材商品规格等级编制通则

3　术语和定义

T/CACM 1021.1—2016 以及下列术语和定义适用于本部分。

3.1

辛夷　MAGNOLIAE FLOS

本品为木兰科植物望春花 *Magnolia biondii* Pamp.、玉兰 *Magnolia denudata* Desr. 或武当玉兰 *Magnolia sprengeri* Pamp. 的干燥花蕾。冬末春初花未开放时采收，除去枝梗，阴干。

3.2

杂质　*zazhi*

系指辛夷非药用部位，如辛夷枝梗、树枝及其他杂质。

4　规格等级划分

根据不同基原，将辛夷药材分为“望春花”“玉兰”“武当玉兰”三个规格。在各规格项下，根据花蕾长度大小和每千克的杂质多少等进行等级划分。应符合表1要求。

表1　规格等级划分

规格	等级	性状描述	
		共同点	区别点
望春花	一等	除去枝梗，阴干，呈长卵形，似毛笔头，直径0.8～1.5cm。基部常具短梗，长约5mm，梗上有类白色点状皮孔。苞片2～3层，每层2片，两层苞片间有小鳞芽，苞片外表面密被灰白色或灰绿色茸毛，内表面类棕色，无毛。花被片9，棕色，外轮花被片3，条形，约为内两轮长的1/4，呈萼片状，内两轮花被片6，每轮3，轮状排列。雄蕊和雌蕊多数，螺旋状排列。体轻，质脆，气芳香，味辛凉而稍苦	花蕾长度≥3cm，花蕾完整无破碎，含杂率<1%
	二等		2cm≤花蕾长度<3cm，花蕾偶见破碎，含杂率<1%
	三等		花蕾长度<2cm，含杂率<3%
	统货	除去枝梗，阴干，呈长卵形，似毛笔头，直径0.8～1.5cm。基部常具短梗，长约5mm，梗上有类白色点状皮孔。苞片2～3层，每层2片，两层苞片间有小鳞芽，苞片外表面密被灰白色或灰绿色茸毛，内表面类棕色，无毛。花被片9，棕色，外轮花被片3，条形，约为内两轮长的1/4，呈萼片状，内两轮花被片6，每轮3，轮状排列。雄蕊和雌蕊多数，螺旋状排列。体轻，质脆，气芳香，味辛凉而稍苦。花蕾长度1.2～3cm，含杂率<3%	
玉兰	—	长1.5～3cm，直径1～1.5cm。基部枝梗较粗壮，皮孔浅棕色。苞片外表面密被灰白色或灰绿色茸毛。花被片9，内外轮同型	

续表

规格	等级	性状描述	
		共同点	区别点
武当玉兰	—	长2~4cm，直径1~2cm。基部枝梗粗壮，皮孔红棕色。苞片外表面密被淡黄色或淡黄绿色茸毛，有的最外层苞片茸毛已脱落而呈黑褐色。花被片10~12（15），内外轮无显著差异	
注1：当前市场流通的辛夷主流品种为望春花（主产于河南，部分来源于安徽、湖北等地），辛夷的商品规格等级划分混乱且没有统一的标准，部分商家根据辛夷的大小及有无枝梗的情况将其分为统货、大统、小统、大个、小个及优选等规格。 注2：在市场调查中发现含杂率偏高问题，特在三等项下规定低于3%。 注3：玉兰和武当玉兰因流通较少，故不做等级划分。 注4：关于辛夷药材历史产区沿革参见附录A。 注5：关于辛夷药材品质评价沿革参见附录B。			

5 要求

除应符合T/CACM 1021.1—2016的第7章规定外，还应符合下列要求：

——无虫蛀；

——无霉变；

——杂质不得过3%。

附录 A

（资料性附录）

辛夷药材历史产区沿革

辛夷最早记载于汉代《神农本草经》，曰：“辛夷，一名辛矧（shen），一名候桃，一名房木。”记载辛夷产地是“生川谷”，现代翻译为山川河谷。

南北朝《名医别录》则记载有“汉中，魏兴，梁州川谷”，说明辛夷长在汉中（今陕西西南部）、魏兴（今陕西东南部）、梁州（今陕西西南部）等地的山川河谷地带。

宋代之后的古文献就出现了“处处有之”的记载，如宋代《本草衍义》中记载“全国各地”均有辛夷，《证类本草》仍是记载“生汉中川谷”，《本草图经》中初次出现了“人家园庭亦多种植”，表明此时辛夷不仅有野生的，也有栽培的。

明代古本草《本草蒙筌》《本草纲目》《本草品汇精要》《本草乘雅半偈》等均记载辛夷“所在有之，人家园庭亦多种植”，表明辛夷很常见，寻常人家家里的庭院也有种植。

清代《本草崇原》中记载“今近道处处有之”，近道即中原一带，在现代是河南省及其毗邻地区，表明辛夷在河南地区资源丰富。

到了现代《本草钩沉》则是“湖北、四川、陕西等省均有野生，江苏、浙江、安徽等省均有栽培。本种喜生于温暖地带，偏向阳性树种”。《新编中药志》记载：“原产湖北西部，现秦岭南、北坡均有分布。主产于河南的伏牛山南坡及桐柏山区，陕西甘肃南部也有分布。”《中国药材学》：“分布于甘肃、陕西、湖北、河南、四川、湖南。生于海拔 400～2000m 山地。”“以河南、四川产量大，质量佳。”河南省《河南中药手册》中记载辛夷“主产南阳专区南召，西峡，均系野生的小灌木”，说明辛夷主产南阳市南召县，南召辛夷是国家地理标志产品，而且南召县是辛夷的道地产区，该县是国家林业局首批命名的全国唯一的“中国名特优经济林辛夷之乡”。2011 年 10 月，由中国中药博览会认定南召辛夷为道地药材，并颁发了《道地药材认定书》。今药材市场上所售的辛夷绝大多数也是来源于河南南阳的望春花。

附录 B

（资料性附录）

辛夷药材品质评价沿革

从古至今历代品质评价变化不大，质优者是含苞未开时采摘的，花开和花谢之后质量相对较差。如宋代《本草图经》和明代《本草品汇精要》均记载："花蕊缩者良，已开者劣，谢者不佳。"

明代《本草纲目》："尖锐俨如笔头，重重有青黄茸毛顺铺。"

现代《金世元中药材传统鉴别经验》："以花蕾大，未开放，色黄绿，无枝梗杂质者为佳。"

《中国药材学》："本品以完整未开花蕾，内瓣紧密，色绿，无枝梗，香气浓郁为佳。"

综上，历代对于辛夷的规格等级划分强调产地质量，以南召辛夷为道地药材，并在此基础上结合性状，如花蕾的大小、是否开放、气香的浓郁等进行评价，为制定辛夷商品规格等级标准提供了依据。

ICS 11.120.01
C 23

团 体 标 准

T/CACM 1021.45—2018
代替T/CACM 1021.138—2018

中药材商品规格等级 艾叶

Commercial grades for Chinese materia medica

ARTEMISIAE ARGYI FOLIUM

2018-12-03 发布 2018-12-03 实施

中华中医药学会 发布

目　　次

前　　言

T/CACM 1021《中药材商品规格等级》标准分为226个部分：

——第1部分：中药材商品规格等级标准编制通则；

……

——第44部分：中药材商品规格等级　辛夷；

——第45部分：中药材商品规格等级　艾叶；

——第46部分：中药材商品规格等级　桂枝；

……

——第226部分：中药材商品规格等级　玄明粉。

本部分为T/CACM 1021的第45部分。

本部分代替T/CACM 1021.138—2018。

本部分按照GB/T 1.1—2009《标准化工作导则　第1部分：标准的结构和编写》给出的规则起草。

本部分代替T/CACM 1021.138—2018，与T/CACM 1021.138—2018相比较，标准编号进行了调整，并重新进行了编辑。

本部分由中药材商品规格等级标准研究技术中心及道地药材国家重点实验室培育基地提出。

本部分由中华中医药学会归口。

本部分起草单位：湖北中医药大学、中国中医科学院中药资源中心、中药材商品规格等级标准研究技术中心、北京中研百草检测认证有限公司、北京联合大学。

本部分主要起草人：余坤、汪文杰、黄璐琦、郭兰萍、詹志来、明淑芳、陈雷、康利平、张元。

本部分所代替标准的历次版本发布情况为：

——T/CACM 1021.138—2018。

中药材商品规格等级　艾叶

1　范围

本部分规定了艾叶的商品规格等级。

本部分适用于艾叶药材生产、流通以及使用过程中的商品规格等级评价。

2　规范性引用文件

下列文件对于本部分的应用是必不可少的。凡是注明日期的引用文件，仅所注明日期的版本适用于本部分。凡是不注明日期的引用文件，其最新版本（包括所有的修改版本）适用于本部分。

T/CACM 1021.1—2016 中药材商品规格等级编制通则

3　术语和定义

T/CACM 1021.1—2016 以及下列术语和定义适用于本部分。

3.1

艾叶　ARTEMISIAE ARGYI FOLIUM

本品为菊科植物艾 *Artemisia argyi* levl. et Vant. 的干燥叶。夏季花未开时采摘，除去杂质，晒干。

4　规格等级划分

根据市场流通情况，该药材商品均为“统货”。应符合表1要求。

表1　规格等级划分

等级	性状描述
统货	多皱缩、破碎，有短柄。完整叶片展平后呈卵状椭圆形，羽状深裂，裂片椭圆状披针形，边缘有不规则的粗锯齿；上表面灰绿色或深黄绿色，有稀疏的柔毛和腺点，下表面灰白色，密生绒毛。质柔软。气清香，味苦

注1：评价艾叶药材质量主要根据茎梗及其他杂质含量多少、叶片颜色、厚度、绒毛多少、香气等指标，但市场上艾叶药材的杂质含量普遍不符合药典规定的3%以下的衡量标准。部分市场有艾叶“选货”，但杂质含量亦达不到药典规定的3%以下的衡量标准，故本部分仅设“统货”一个规格。

注2：当前部分药材市场艾叶的规格有“大叶”和“小叶”之分，其中“小叶”者来源可能为野艾 *A. lavendulaefolia DC.*、魁蒿 *A. princeps Pamp* 或同属其他物种，特征为羽状深裂至全裂，裂片条形或条状披针形，全缘，属地方习用品或伪品。由于“小叶艾叶”不符合药典规定的基原，因此本次标准不制定其规格等级。

注3：市场上另有部分陈艾，即储藏时间超过一年的商品，叶片颜色呈淡黄色或棕黄色，气较淡，其他性状与艾叶类似。一般影响陈艾价格的主要因素为储藏年限，如三年陈艾、五年陈艾，但储藏年限常无法准确认定，且存在“做旧”现象，即以当年产含水量稍大的“新艾”通过堆捂使其发酵，以产生类似陈艾的性状；有些陈艾存在储藏不当发霉、变质的现象，因此在本部分不制定陈艾规格。

注4：关于艾叶药材历史产区沿革参见附录A。

注5：关于艾叶药材品质评价沿革参见附录B。

5　要求

除应符合 T/CACM 1021.1—2016 的第7章规定外，还应符合下列要求：

——无变色；

——无虫蛀；

——无霉变；

——杂质不得过3%。

附录 A

（资料性附录）

艾叶药材历史产区沿革

汉代，《神农本草经》记载了与艾同属的近缘植物“白蒿”：“生川泽。”鉴于当时“艾”与“白蒿”之名共用的情况，此处也可能指艾的生境。汉末《名医别录》将“艾叶”和“白蒿”分开记载：“（艾叶）生田野。三月三日采，曝干。……（白蒿）生中山，二月采。”

宋代，《本草图经》最早记载了艾叶的产地，并明确指出其道地产地有复道、四明和明州，并附有“明州艾叶图”：“旧不著所出州土，但云生田野。今处处有之，以复道（及四明）者为佳，云此种灸病尤胜，初春布地生苗，茎类蒿，而叶背白，以苗短者为佳。”其中的“复道”又名“扶道”，位于河南省汤阴县复道乡；明州和四明现今位于浙江省宁波市及其下辖的鄞州区。可见，在宋代艾叶的道地产地为复道和明州，并一直延续至明代。

明代，艾叶的道地产地有了较大变化。《本草品汇精要》首次将蕲州作为艾叶的道地产区：“道地蕲州、明州。”其中的“蕲州”即是现今湖北省蕲春县。陈嘉谟在《本草蒙筌》中也认为道地产地为复道：“艾叶，《本经》及诸注释悉云生于田野，类蒿，复道者为佳，未尝以州土拘也。”同时也记载了当时人们对蕲州产艾叶倍加推崇的景象：“遍求蕲州所产独茎、圆叶、背白、有芒者，称为艾之精英。倘有收藏，不吝价买。彼处仕宦，亦每采此。两京送人，重纸包封，以示珍贵。名益传远，四方尽闻。”李时珍在《本草纲目》中对艾叶的道地产区做了详细记载，并首次提出“蕲艾”：“艾叶，本草不着土产，但云生田野，宋时以汤阴、复道者为佳，四明者图形，近代惟汤阴者谓之北艾，四明者谓之海艾。自成化以来，则以蕲州者为胜，用充方物，天下重之，谓之蕲艾，相传他处艾灸酒坛不能透，蕲艾一灸则直透彻，为异也。”可见，李时珍认为当时艾叶的道地产地已逐渐由复道、明州转变为蕲州。卢之颐《本草乘雅半偈》指出了当时蕲州艾叶已作为贡品：“蕲州贡艾叶，叶九尖，长盈五七寸，厚约一分许，岂唯力胜，堪称美艾。……生山谷田野间，蕲州者最贵，四明者亦佳。”因此，明代是艾叶道地产地由复道至蕲州转变的时期，至明末，蕲艾作为道地产地已基本无甚争议，并一直延续至今。

清代，《本草备要》记载艾叶：“宋时重汤阴艾，自明成化来，则以蕲州艾为胜。”《本草害利》记载：“蕲州艾为上。”《本草易读》记载艾叶：“处处有之，自明成化以来，则以蕲州者为胜。相传他处艾灸酒坛不能透，蕲艾一灸则直透为异耳。”《得配本草》中记载艾叶：“产蕲州者为胜。可灸百病，可入煎丸。”《本草求真》中记载艾叶：“蕲州艾陈者良。”《本经逢源》记载艾叶：“蕲州者为胜。”《植物名实图考》记载艾叶：“今以蕲州产者良。”可见，清代主要以蕲州作为艾叶的道地产区。

近代，《中国道地药材》就首次提出了“河北安国的祁艾和湖北蕲春的蕲艾道地特性有待比较。据悉中医研究院中药所进行的研究已表明某些特性方面祁艾已优于蕲艾”。《现代中药材商品通鉴》记载艾叶“全国各地均产，也有栽培，自产自销”。《500味常用中药材的经验鉴别》记载：“艾叶商品主要来源于野生资源（亦有来源于栽培者）。在全国大部分地区均有分布，出产。主要分布于湖北，山东，河北，安徽，江苏，浙江，湖南，江西，广东等省区。传统认为产于湖北蕲春者为佳，有‘蕲艾’之称。”《中国药材学》记载：“分布于东北，华北，华东，西南及陕西，甘肃。全国大部分地区均产。主产于安徽，山东。以湖北蕲州产者著名，名‘蕲艾’。”

附录 B

（资料性附录）

艾叶药材品质评价沿革

宋代《本草图经》记载："今处处有之，以复道者为佳。"明代《本草蒙筌》："各处田野有，以复道者为佳。"《本草纲目》记载"自成化以来，则以蕲州者为胜"，首次提出湖北蕲春的艾叶质量最好。清代医家多认为蕲州产艾叶质量好，且陈艾质量更好。如《得配本草》中记载艾叶"产蕲州者为胜，可灸百病，可入煎丸"。《本草求真》记载："取蕲州艾陈者良。"

1963 年版《中国药典》载"以背面灰白色，绒毛多，香气浓郁，无杂质者为佳"。

1977 年版《中国药典》载"以质柔软、香气浓者为佳"。

《500 味常用中药材的经验鉴别》："以叶背面灰白，绒毛多，香气浓郁，质柔软，叶厚色青白者为佳。通常认为栽培品佳，产地则以湖北蕲春最佳。"

《现代中药材商品通鉴》："色青，背面灰白色，绒毛多，叶厚质软，少枝梗，香气浓郁。"

《中国药材学》："以叶背面灰白、绒毛多、质条软、香气浓郁、无杂质者为佳。"

综上，历代本草对艾叶的品质评价均强调产地质量，认为主要以河南汤阴和湖北蕲春产艾叶品质较高，为道地药材。在此基础上结合质地、断面、气味等性状特征进行评价。

ICS 11.120.10
C 10/29

团 体 标 准

T/CACM 1021.46—2018
代替T/CACM 1021.11—2017

中药材商品规格等级 桂枝

Commercial grades for Chinese materia medica

CINNAMOMI RAMULUS

2018-12-03 发布 2018-12-03 实施

中华中医药学会 发布

目　　次

前　言

T/CACM 1021《中药材商品规格等级》标准分为226个部分：

——第1部分：中药材商品规格等级标准编制通则；

……

——第45部分：中药材商品规格等级　艾叶；

——第46部分：中药材商品规格等级　桂枝；

——第47部分：中药材商品规格等级　枳实；

……

——第226部分：中药材商品规格等级　玄明粉。

本部分为T/CACM 1021的第46部分。

本部分代替T/CACM 1021.11—2017。

本部分按照GB/T 1.1—2009《标准化工作导则　第1部分：标准的结构和编写》给出的规则起草。

本部分代替T/CACM 1021.11—2017，与T/CACM 1021.11—2017相比较，标准编号进行了调整，并重新进行了编辑。

本部分由中药材商品规格等级标准研究技术中心及道地药材国家重点实验室培育基地提出。

本部分由中华中医药学会归口。

本部分起草单位：陕西步长制药有限公司、中药材商品规格等级标准研究技术中心、北京中研百草检测认证有限公司。

本部分主要起草人：马存德、黄璐琦、郭兰萍、詹志来、张志伟、王二欢。

本部分所代替标准的历次版本发布情况为：

——T/CACM 1021.11—2017。

中药材商品规格等级　桂枝

1　范围

本部分规定了桂枝的商品规格等级。

本部分适用于桂枝药材生产、流通以及使用过程中的商品规格等级评价。

2　规范性引用文件

下列文件对于本部分的应用是必不可少的。凡是注明日期的引用文件，仅所注明日期的版本适用于本部分。凡是不注明日期的引用文件，其最新版本（包括所有的修改版本）适用于本部分。

T/CACM 1021.1—2016 中药材商品规格等级编制通则

3　术语和定义

T/CACM 1021.1—2016 以及下列术语和定义适用于本部分。

3.1

桂枝　CINNAMOMI RAMULUS

樟科植物肉桂 *Cinnamomum cassia* Presl 的干燥嫩枝。春、夏二季采收，除去叶，晒干，或切片晒干。

3.2

破碎率　broken ration

指桂枝在切片过程中或者在流通运输中形成的碎片重量与该批桂枝片总重量的百分比。

4　规格等级划分

根据桂枝片直径及破碎率，将桂枝药材分为“一等”“二等”“三等”三个等级。应符合表1要求。

表1　规格等级划分

等级	性状描述	
	共同点	区别点
一等	呈类圆形或椭圆形的厚片。表面红棕色或棕色。切面皮部红棕色，木部黄白色或浅黄棕色，特异香气较浓，味甜、微辛	表面红棕色，切面木部浅黄棕色，片形较为完整，直径≤0.5cm，香气浓；破碎率≤10%
二等		表面红棕色，切面木部浅黄棕色，片形较为完整，直径0.5~0.7cm，香气较浓；破碎率≤10%
三等		表面棕色，木部黄白色，直径0.7~1.5cm。香气较弱；破碎率≤30%

注1：药用桂枝应为当年嫩枝，老枝不应入药。直径是桂枝等级划分的关键考量。当前市场桂枝药材规格等级分得较细，相差1mm就为1个等级，考虑到桂枝流通的实际操作情况，适当予以简化，制定三个等级。

注2：桂枝的外皮颜色与嫩枝、老枝和储存时间长短有关；破碎率与嫩枝和老枝及其加工方法有关。

注3：桂枝有用苹果树嫩枝或其他外皮棕红色的树的干燥嫩枝切斜薄片掺假现象，应注意鉴别。

注4：关于桂枝药材历史产区沿革参见附录A。

注5：关于桂枝药材品质评价沿革参见附录B。

5　要求

除应符合T/CACM 1021.1—2016的第7章规定外，还应符合下列要求：

——无霉变；

——无杂质。

附录 A

（资料性附录）

桂枝药材历史产区沿革

桂枝是一种常用中药，桂枝一词首次出现在《尔雅》中，但经考证文中所说的桂枝实为肉桂。柴瑞霁的《桂枝古今名实考》中对“桂枝”名称的由来进行了详细的描述，文章称：“唐以前本草记载的‘桂枝’，为樟科植物肉桂的枝皮，并非现今使用的该植物的细小带木质部的嫩枝。现在所用的‘桂枝’，原名柳桂，始载于宋·陈承《本草别说》。”古文献中的牡桂、菌桂、官桂、板桂等，均为现在的肉桂。

秦汉《神农本草经》：“生交址桂林岩崖间。”交址（交趾、交阯），今广东省和越南北部。

南北朝《本草经集注》：“菌桂：生交阯、桂林山谷岩崖间。交阯属交州，桂林属广州。牡桂：生南海山谷，南海郡即是广州。今世用牡桂，桂：生桂阳。”桂阳，今连江、曲江、韶关一带。

宋代《本草图经》：“菌桂生交址山谷。牡桂生南海山谷。桂生桂阳；今观宾、宜、韶、钦诸州所图上者。……人家园圃亦有种者，移植于岭北，则气味殊少辛辣，固不堪入药也。”文中记载的产地较多，除了之前提到的交趾、桂阳、南海之外，文中还记载了宾、宜、韶钦诸州，经考证分别为现今的广西宾阳县、广西宜州、广东韶关。此外，文中还提到“人家园圃亦有种者，移植于岭北，则气味殊少辛辣，固不堪入药也”，说明在宋代桂树就有人种植，并移植到岭北（湖南南部），但药用功效不好，不能入药。

明代《本草乘雅半偈》：“（覈）曰：牡桂，出合浦（今广西南端）、交址（今广东、越南一带）、广州（今广州）、象州（今广西中部）、相州（不详）、桂岭（今广东揭阳）诸处。生必高山之巅，旁无杂树自为林类。”

清代《植物名实图考》：“桂之产曰安边，曰清化，皆交趾境，其产中华者，独蒙自桂耳；亦产逢春里土司地。”文中所提到的安边、清化根据文意应该是指越南境内，后句提到的“皆交趾境”，交趾即现今的越南境内。蒙自桂，因产于蒙自固名蒙自桂，即现今云南蒙自。

1928 年《增订伪药条辨》：“真肉桂出桂阳山谷及广州、交址者最佳。肉桂为樟科樟属植物，常绿乔木，种类甚多。产越南、广西热带，当分数种：曰清化（今越南清化省），曰猛罗（不详），曰安边（产镇安关外），曰窑桂（产窑川），曰钦灵（今广西钦州之地），曰浔桂（今广西桂平附近）。此总名也。又有猛山桂（即大油桂），曰大石山，曰黄摩山，曰社山，曰桂平（即玉桂，今广西贵港市平南县六陈镇），产云南曰蒙自桂，产广东曰罗定桂（今广东罗定市），曰信宜桂（今广东省信宜市），曰六安桂（今安徽省六安市）。最盛产外国者，为锡南加西耶（不详），皆名洋桂。”

1963 年版《中国药典》：“主产于广西、广东、云南等地。”

1992 年《常用中药材品种整理和质量研究：北方本》：“我国海南、广东、广西、福建、台湾、云南等省区的热带及亚热带地区广为栽培，其中尤以广西栽培为多。印度、老挝、越南至印度尼西亚等地也有，但大都为人工栽培。”

1995 年《中药材商品规格质量鉴别》：“国产肉桂主产于广西南部和西部的平南、钦州、防城、宁明、玉林、桂平、博白、靖西、大新、龙州、德保、东兴等地。广东的信宜、高要、罗定、郁南等地亦产。进口肉桂产于越南北圻清化、中圻会安及锡兰、印度等国。”

1996 年《中国药材学》：“主产于广东、广西。以广东产量最大。”

1999 年《500 味常用中药材的经验鉴别》：“国内主要分布于华南、西南地区，国外则主要来源于越南北圻清化、中圻会安及斯里兰卡、印度等地区。在我国主产于广西防城、平南、容县、桂平、藤县、岑溪、钦州、博白、陆川、北流、苍梧、玉林、靖西、大新、龙州、德保、东兴；广东信宜、高要、罗定、郁南等地。另外广东信宜及广西某些地区有七十年代自越南引种的肉桂。”

2001 年《现代中药材商品通鉴》：“主产于广东、广西等地，云南、福建等地亦产。以广东产量最大，销全国各地。”

2006 年《中药大辞典》：“主产广东、广西等地。”

2010 年《金世元中药材传统鉴别经验》：“国产肉桂：肉桂原产于越南，故有‘交趾肉桂’之称。后逐渐向北移植，目前我国广西东南部及广东西南部的沟漏山、十万大山及云浮山脉间的广大山区都有桂树栽培。主产于广西防城、平南、容县、桂平、藤县、岑溪、钦州、博白、陆川、北流、苍梧，广东信宜、高安、德庆、罗定等地。广西栽培历史悠久，产量约占全国的 90%。进口肉桂：主产于越南、柬埔寨，其次为斯里兰卡、印度，以往均由越南进口。品种有清化桂、企边桂、桂楠、油条桂等规格（实际都是香港药商加工的）。其外形与国产肉桂略同。品质有高山与低山之分。产于越南北圻清化省的‘净挽山’‘冷精山’的肉桂系野生。品质最优，是著名的‘清化桂’，但产量很少。中圻会安所产多系家种，产量颇大，品质亦佳。”

古代文献中对桂枝产地的记载较多的是交趾，今越南北部及广东省；宋代时产地扩至广西南海。

现代文献记载的国内产地有广东、广西、云南、福建、台湾、海南，国外产地有越南、柬埔寨、斯里兰卡、印度、老挝、印度尼西亚。有的文献认为广东产量大；也有的文献认为广西栽培历史悠久，产量大。现代文献记载的产地包含了古代文献记载的产地。因此，桂枝的产地自古至今没有发生变迁。越南北部以及广东、广西是桂枝的传统产区。多栽培于沙丘或斜坡山地。

附录 B

(资料性附录)

桂枝药材品质评价沿革

明代《本草蒙筌》:“柳桂，系至软枝梢。肉桂指至厚脂肉。桂枝，枝梗小条，非身干粗厚之处。”

清代《本草摘要纲目》:“即取木桂之最薄者，去其粗皮是也。”

1963 年版《中国药典》:“以枝条嫩细而均匀、棕红色、香气浓者为佳。”

1977 年版《中国药典》:“以嫩枝、色红棕、香气浓者为佳。”

1993 年《中华药海》:“以幼枝、棕红色、气香者佳。”

1999 年《500 味常用中药材的经验鉴别》:“以枝条嫩细均匀、色棕红、香气浓者为佳。”

2001 年《现代中药材商品通鉴》:“以幼嫩、薄片、色红、去净叶及杂质者为佳。”

2002 年《新编中药志》:“以枝嫩而均匀、色红棕、香气浓者为佳。”

2010 年《金世元中药材传统鉴别经验》:“本品以枝条细嫩均匀、色棕红、香气浓者为佳。”

古代文献中鲜有对桂枝品质评价的描述，近代文献中的描述大多是“以幼嫩，棕红色，香气浓者为佳”，2001 年《现代中药材商品通鉴》中将薄片、去净叶及杂质列入品质评价指标。

综上，桂枝药材的地道产区为广东、广西，近代桂枝产量以广西最大，在市场调查过程中也发现目前市场上流通的桂枝药材都来自地道产区广西。历代本草中对桂枝药材的品质等级描述最多的就是“干燥嫩枝”，因此可以判断桂枝药材品质佳者为细嫩的桂枝加工而成。桂枝药材市场上等级划分较明确，主要是以枝条的粗细来确定，枝条越细等级越高。此外，目前市场上桂枝等级的评价除了枝条的粗细因素外还有气味、破碎度、外皮颜色新鲜与否（即新货与陈货）。为制定桂枝商品规格等级标准提供了依据。

ICS 11.120.01
C 23

团 体 标 准

T/CACM 1021.47—2018
代替T/CACM 1021.137—2018

中药材商品规格等级 枳实

Commercial grades for Chinese materia medica

AURANTII FRUCTUS IMMATURUS

2018-12-03 发布 2018-12-03 实施

中华中医药学会 发布

目　次

前　言

T/CACM 1021《中药材商品规格等级》标准分为226个部分：

——第1部分：中药材商品规格等级标准编制通则；

……

——第46部分：中药材商品规格等级　桂枝；

——第47部分：中药材商品规格等级　枳实；

——第48部分：中药材商品规格等级　青皮；

……

——第226部分：中药材商品规格等级　玄明粉。

本部分为T/CACM 1021的第47部分。

本部分代替T/CACM 1021.137—2018。

本部分按照GB/T 1.1—2009《标准化工作导则　第1部分：标准的结构和编写》给出的规则起草。

本部分代替T/CACM 1021.137—2018，与T/CACM 1021.137—2018相比较，标准编号进行了调整，并重新进行了编辑。

本部分由中药材商品规格等级标准研究技术中心及道地药材国家重点实验室培育基地提出。

本部分由中华中医药学会归口。

本部分起草单位：重庆市中药研究院、中国中医科学院中药资源中心、天津大学、中药材商品规格等级标准研究技术中心、北京中研百草检测认证有限公司。

本部分主要起草人：银福军、舒抒、黄璐琦、郭兰萍、詹志来、高文远、王昌华、赵纪峰、张植玮、刘翔。

本部分所代替标准的历次版本发布情况为：

——T/CACM 1021.137—2018。

中药材商品规格等级　枳实

1　范围

本部分规定了枳实的商品规格等级。

本部分适用于枳实药材生产、流通以及使用过程中的商品规格等级评价。

2　规范性引用文件

下列文件对于本部分的应用是必不可少的。凡是注明日期的引用文件，仅所注明日期的版本适用于本部分。凡是不注明日期的引用文件，其最新版本（包括所有的修改版本）适用于本部分。

T/CACM 1021.1—2016 中药材商品规格等级编制通则

3　术语和定义

T/CACM 1021.1—2016 以及下列术语和定义适用于本部分。

3.1

枳实　AURANTII FRUCTUS IMMATURUS

本品为芸香科植物酸橙 *Citrus aurantium* L. 及其栽培变种或甜橙 *Citrus sinensis* Osbeck 的干燥幼果。5~6 月收集自落的果实，除去杂质，自中部横切为两半，晒干或低温干燥，较小者直接晒干或低温干燥。

3.2

酸橙枳实　*suanchengzhishi*

指来源于酸橙 *Citrus aurantium* L. 及其栽培变种的干燥幼果。

3.3

甜橙枳实　*tianchengzhishi*

指来源于甜橙 *Citrus sinensis* Osbeck 的干燥幼果。

3.4

川枳实　*chuanzhishi*

指产于重庆江津、铜梁、綦江、万州和四川广安、南充及其周边地区，来源于酸橙 *Citrus aurantium* L. 及其栽培变种的干燥幼果。

3.5

江枳实　*jiangzhishi*

指产于江西吉安樟树、新干、宜春等地及周边地区，来源于酸橙 *Citrus aurantium* L. 及其栽培变种的干燥幼果。

3.6

湘枳实　*xiangzhishi*

指产于湖南益阳、沅江等地及周边地区，来源于酸橙 *Citrus aurantium* L. 及其栽培变种的干燥幼果。

3.7

对瓣　*duiban*

枳实加工过程中从中部横切为两瓣，呈半圆球形，切面中果皮微凸，黄白色至黄棕色，中央有褐色瓤囊。

3.8

枳实个　*zhishige*

指枳实较小者直接干燥的药材，呈球形或卵圆形。

4 规格等级划分

根据不同基原，将枳实药材分为“酸橙枳实”“甜橙枳实”两个规格。根据市场流通情况，将“酸橙枳实”分为“选货”和“统货”两个等级，再根据幼果直径大小，将“酸橙枳实”选货分为“一等”“二等”和“三等”三个等级。应符合表1要求。

表1 规格等级划分

<table>
<tr><th rowspan="2">规格</th><th rowspan="2" colspan="2">等级</th><th colspan="2">性状描述</th></tr>
<tr><th>共同点</th><th>区别点</th></tr>
<tr><td rowspan="4">酸橙枳实</td><td rowspan="3">选货</td><td>一等</td><td rowspan="4">呈半球形，少数为球形。外果皮黑绿色或暗棕绿色，具颗粒状突起和皱纹，有明显的花柱残迹或果梗痕。切面中果皮略隆起，黄白色或黄褐色，厚0.3～1.2cm，边缘有1～2列油室，瓤囊棕褐色。质坚硬。气清香，味苦、微酸</td><td>0.5cm≤直径＜1.5cm。间有未切的枳实个，但不得超过30%</td></tr>
<tr><td>二等</td><td>对瓣，1.5cm≤直径＜2.0cm</td></tr>
<tr><td>三等</td><td>对瓣，直径2.0～2.5cm</td></tr>
<tr><td colspan="2">统货</td><td>大小不等，直径0.5～2.5cm，间有未切的枳实个，但不得超过30%</td></tr>
<tr><td>甜橙枳实</td><td colspan="2">统货</td><td colspan="2">外皮黑褐色，较平滑，有微小颗粒状突起，切面类白色，厚3～5mm，瓤囊8～13瓣，味酸、甘、苦</td></tr>
<tr><td colspan="5">注1：当前药材市场以酸橙枳实为主流品种，按产地主要有“江枳实”“川枳实”“湘枳实”，不同产地的药材在外观上有细微差异；甜橙枳实主产于贵州、四川等局部地区，市场流通量较小。
注2：市场尚有“绿衣枳实”，来源于枸橘，非药典品种。
注3：市场中还有以柚、柑等的幼果作为枳实，称“杂枳实”，应为枳实混伪品。
注4：市场还常见枳实片，呈圆形薄片，厚0.1～0.2cm，但性状不符合《中国药典》规定。
注5：关于枳实药材历史产区沿革参见附录A。
注6：关于枳实药材品质评价沿革参见附录B。</td></tr>
</table>

5 要求

除应符合T/CACM 1021.1—2016的第7章规定外，还应符合下列要求：

——无虫蛀；

——无霉变；

——杂质不得过3%。

附录 A

(资料性附录)

枳实药材历史产区沿革

枳实始载于东汉《神农本草经》，列木部中品，记“枳实，味苦，寒。主大风在皮肤中，如麻豆苦痒，除寒热结，止利，长肌肉，利五脏，益气轻身。生川泽”。

梁《名医别录》载：“生河内（今河南武陟）。九、十月采，阴干。”

唐《新修本草》载：“枳实生河内川泽。”在唐诗中有“方物就中名最远，……采尽商山枳壳花”的描述，进一步说明，枳实分布于河南、陕西一带，且商州地区枳实已与人们的生活临床密切相关，并已成为当地特产。另外，同时期还有“澧水桥西小路斜，……处处春风枳壳花”的诗句，此处澧水即今之湖南澧县一带，表明在唐朝时期，枳实已在南方的湖南一带广泛种植。

宋《本草图经》：“枳实，生河内川泽。枳壳，生商州（今陕西商洛）川谷，今京西（亦作洛西，即今关中地区）、江湖州郡（今江西省、浙江湖州）皆有之，以商州者为佳。”

明《本草蒙筌》中记载枳实为：“商州所生，似橘极小，择如鹅眼，色黑陈者良。……枳实秋收，枳壳冬采。今医者不以此泥，惟视皮厚小者为实，完大者为壳也。”指出商州所产枳实质佳。

清《本草崇原》：“枳实出于河内洛西及江湖州郡皆有。近时出于江西者为多。”说明在清代，枳实已主产于江西地区。

民国《药物出产辨》：“枳壳，产四川为最，江西次之，福州又次之。”

《常用中药材品种整理和质量研究》（南方协作组 第四册）：“四川产者市场上称川枳实，湖南产者市场称湘枳实，江西产者市场上称江枳实，……贵州大多以甜橙幼果作枳实。”

《中国道地药材》：“尤以江西清江县所培育的为优良品种（道地药材称‘江枳壳’）……湖南沅江的‘湘枳壳’、四川万县的‘川枳壳’亦享有盛誉。”

从本草记载来看，枳实南北均产，并在唐代以前似乎主产于北方地区，并以商州（今商洛）所产枳实为佳，在唐代以后产区逐渐南迁，及至清代，枳实已主产于江西，并形成了江枳实（江西清江）、湘枳实（湖南沅江）、川枳实（重庆万州、江津等）道地药材。据调查，目前枳实在我国长江流域及南方各省区柑橘栽培地区资源最为丰富，主要栽培于江西、四川、湖南等省。

附录 B

(资料性附录)

枳实药材品质评价沿革

宋《本草图经》(1061 年) 载:"今医家皆以皮浓而小者为枳实;完大者为壳,皆以翻肚如盆口唇状、须陈久者为胜。"陈嘉谟《本草蒙筌》论枳实云:"商州所生,似橘极小,择如鹅眼,色黑,陈者良。"

《增订伪药条辨》记载:"江西沙河所出者,皮厚肉细而结,色白气清香而佳。"

1963 年版《中国药典》:"以外皮黑绿色,肉厚色白、瓤小、体坚实、香气浓者为佳。"

1977 年版《中国药典》:"以质坚硬、香气浓者为佳。"

《药材商品规格质量鉴别》:"以个大小均匀,果实表面绿色,光滑,果皮肉厚而白色突起,质坚结,体重者为佳。"

《中国药材学》(下):"以表皮青黑色,肉厚瓤小,质坚实,香气浓者佳。"

《新编中药志》(第二卷):"以肉厚、瓤小、质坚、香气浓者为佳。"

《500 味常用中药材经验鉴别》:"以个大小均匀,果皮厚而肉呈凸起状,质坚结者质佳。"

《金世元中药材传统鉴别经验》:"以外果皮绿褐色、果肉厚、白色、瓤小、质坚实、气香浓者为佳。"

综上,枳实应来源于芸香科植物酸橙及其栽培变种的幼果,并认为商州枳实质佳,而在清代以后,枳实已主产于长江以南地区,并形成了"江枳实""川枳实""湘枳实"等道地药材,并根据直径进行枳实等级划分,均以肉厚瓤小、质坚实、香气浓者为佳。

ICS 11.120.01
C 23

团　体　标　准

T/CACM 1021.48—2018
代替T/CACM 1021.140—2018

中药材商品规格等级　青皮

Commercial grades for Chinese materia medica

CITRI RETICULATAE PERICARPIUM VIRIDE

2018-12-03 发布　　2018-12-03 实施

中华中医药学会 发布

目　　次

前　　言

T/CACM 1021《中药材商品规格等级》标准分为 226 个部分：

——第 1 部分：中药材商品规格等级标准编制通则；

……

——第 47 部分：中药材商品规格等级　枳实；

——第 48 部分：中药材商品规格等级　青皮；

——第 49 部分：中药材商品规格等级　山茱萸；

……

——第 226 部分：中药材商品规格等级　玄明粉。

本部分为 T/CACM 1021 的第 48 部分。

本部分代替 T/CACM 1021.140—2018。

本部分按照 GB/T 1.1—2009《标准化工作导则　第 1 部分：标准的结构和编写》给出的规则起草。

本部分代替 T/CACM 1021.140—2018，与 T/CACM 1021.140—2018 相比较，标准编号进行了调整，并重新进行了编辑。

本部分由中药材商品规格等级标准研究技术中心及道地药材国家重点实验室培育基地提出。

本部分由中华中医药学会归口。

本部分起草单位：湖北中医药大学、中国中医科学院中药资源中心、中药材商品规格等级标准研究技术中心、北京中研百草检测认证有限公司。

本部分主要起草人：刘迪、黄璐琦、郭兰萍、詹志来、卢昊、冯团圆。

本部分所代替标准的历次版本发布情况为：

——T/CACM 1021.140—2018。

中药材商品规格等级　青皮

1　范围

本部分规定了青皮的商品规格等级。

本部分适用于青皮药材生产、流通以及使用过程中的商品规格等级评价。

2　规范性引用文件

下列文件对于本部分的应用是必不可少的。凡是注明日期的引用文件，仅所注明日期的版本适用于本部分。凡是不注明日期的引用文件，其最新版本（包括所有的修改版本）适用于本部分。

T/CACM 1021.1—2016 中药材商品规格等级编制通则

3　术语和定义

T/CACM 1021.1—2016 以及下列术语和定义适用于本部分。

3.1

青皮　CITRI RETICULATAE PERICARPIUM VIRIDE

本品为芸香科植物橘 *Citrus reticulata* Blanco 及其栽培变种的干燥幼果或未成熟果实的果皮。5～6月收集自落的幼果，晒干，习称“个青皮”；7～8 月采收未成熟的果实，在果皮上纵剖成四瓣至基部，除尽瓤瓣，晒干，习称“四花青皮”。

3.2

个青皮　*geqingpi*

来源为芸香科植物橘 *Citrus reticulata* Blanco 及其栽培变种的干燥幼果。5～6 月收集自落的幼果，晒干，习称“个青皮”。

3.3

四花青皮　*sihuaqingpi*

来源为芸香科植物橘 *Citrus reticulata* Blanco 及其栽培变种的未成熟果实的果皮。7～8 月采收未成熟的果实，在果实上纵剖成四瓣至基部，除尽瓤瓣，晒干得到的青皮商品，习称“四花青皮”，又称“四化青皮”。

3.4

破损率　breakage rate

在单位质量内的四花青皮样品中，除去杂质，四瓣片不完整四花青皮的质量占总样品质量的百分比率。

4　规格等级划分

根据采收时间和加工方法不同，将青皮药材分为“个青皮”和“四花青皮”两种规格。在“青皮”规格项下，根据直径、均匀性、质地等特征进行等级划分；在“四花青皮”规格项下，根据颜色、瓣片完整度等特征进行等级划分。应符合表 1 要求。

表1　规格等级划分

<table>
<tr><th rowspan="2">规格</th><th rowspan="2" colspan="2">等级</th><th colspan="2">性状描述</th></tr>
<tr><th>共同点</th><th>区别点</th></tr>
<tr><td rowspan="4">个青皮</td><td rowspan="3">选货</td><td>小青皮</td><td rowspan="4">呈类球形。外形完整，个匀。表面灰绿色或黑绿色，微粗糙，有细密凹下的油室，顶端有稍突起的柱基，基部有圆形果梗痕。质硬。断面果皮黄白色或淡黄棕色，厚0.1～0.2cm，外缘有油室1～2列。瓤囊8～10瓣，淡棕色。气清香，味酸、苦、辛</td><td>0.5cm≤直径≤1.0cm</td></tr>
<tr><td>中青皮</td><td>1.0cm＜直径≤1.5cm</td></tr>
<tr><td>大泡青</td><td>1.5cm＜直径≤2.0cm</td></tr>
<tr><td colspan="2">统货</td><td>不分大小，0.5cm≤直径≤2.0cm</td></tr>
<tr><td rowspan="2">四花青皮</td><td colspan="2">选货</td><td rowspan="2">果皮剖成4裂片，裂片长椭圆形，长4～6cm，厚0.1～0.2cm。外表面密生多数油室。内表面附黄白色或黄棕色小筋络。质稍硬，易折断。断面外缘有油室1～2列。气香，味苦、辛</td><td>果皮正开剖成4瓣且4裂片完整，外表皮青绿，内表皮白，皮厚紧实，油性足，香气浓郁。破损率不得过10%</td></tr>
<tr><td colspan="2">统货</td><td>果皮4裂片完整，外表面呈青绿色、灰绿色或黑绿色，色泽不一，内表面类白色或黄白色。破损率不得过40%</td></tr>
<tr><td colspan="5">注1：直径较小的个青皮和枳实从外观上用肉眼难以区分，市场和产地都存在个青皮中掺杂枳实的情况，应仔细辨别，避免混淆。
注2：当前市场上出售的个青皮多已切制成片出售，且多有枳实掺杂其中；四花青皮存在较多切制成丝出售的情况，均为非药典所规定的产地初加工品。
注3：关于青皮药材历史产区沿革参见附录A。
注4：关于青皮药材品质评价沿革参见附录B。</td></tr>
</table>

5　要求

除应符合T/CACM 1021.1—2016的第7章规定外，还应符合下列要求：

——无变色；

——无虫蛀；

——无霉变；

——杂质不得过3%。

附录 A

（资料性附录）

青皮药材历史产区沿革

青皮之名最早在宋代苏轼的《格物粗谈》（卷下）中已经出现："青皮最能发汗，有汗者不可用，人罕知之。"

唐慎微《证类本草》卷二三："〔图经〕曰：橘、柚，生南山川谷及江南，今江浙、荆襄、湖岭皆有之。"描述了橘的生境特点是生长在南方的山川河谷中，产地分布是如今的江苏、浙江、上海，以及皖南和赣东北一带，湖北、湖南地区，以及河南南阳、广西桂林、广东、福建等地。

宋代王继先《绍兴本草》卷一三："又有青皮一种，与此橘全别，乃臭橘之类，亦取其皮用，其下气功力尤倍于此也。二物江南多产之。"记载了青皮的产地是江南地区，即长江中下游以南的广泛地区。

明代刘文泰《本草品汇精要》卷三二："【地】〔图经〕曰：生南山川谷及江南，今江浙、荆襄、湖岭皆有之。〔道地〕广东。""【用】实刀划莲花瓣者佳。【色】青黑。"此处沿用了《本草图经》中关于青皮生境和产地分布的记载，更是指出了道地产区是广东，并且此时的青皮以划开作莲花瓣的四花青皮为好，颜色青黑。

明代陈嘉谟《本草蒙筌》卷七："浙郡俱生，广州独胜。"记载了青皮的产地是浙江地区，但产于广东地区的最好。明代的广州府即包括如今的广东连州、阳山、连山、番禺、南海、顺德、东莞、宝安、三水、增城、龙门、清远、香山、新会、台山、从化等县，也说明了此时期产于广东地区的青皮较其他地区的要好。

1930 年陈仁山编著的《药物出产辨》一书记载：青皮，产广东新会。

《中药材商品规格质量鉴别》：主产于福建漳州、龙岩、浙江黄岩、永嘉，广东，广西，湖南，湖北，江西，四川等地。广东新会所产四花青皮最佳。

《中国药材学》：产于广东、四川、福建、浙江、广西等地。

《中华本草》：四化青皮，主产于福建、四川、广西、贵州、广东、云南；个青皮，主产于福建、江西、四川、湖南、浙江、广西、广东。

《500 味常用中药材经验鉴别》中记载青皮主产于广东新会、广州市郊、四会、江门；四川江津、重庆、合川、江北、涪陵、綦江、简阳；福建闽侯、漳州；浙江黄岩、温州、台州、衢县；江西南丰、樟树等地。青皮商品一般认为以广东、福建、浙江一带为佳，优于江西、四川、湖南等地产品。四花青皮又以福建之"建四花"及广东新会之"广四花"为佳。

《现代中药材商品通鉴》：四花青皮，主产于四川、广西、贵州、广东、福建、云南；个青皮，主产于江西、四川、湖南、浙江、广西、广东。

《新编中药志》：青皮，全国各产橘区均产。

《道地药材图典》：药材主产于福建尤溪、福州，以及浙江、四川、广东。一般认为福建产为优，习称"建青皮"或"福青皮"。

《中药大辞典（第 2 版）》：四花青皮，主产于福建、四川、广西、贵州、广东、云南；个青皮，主产于福建、江西、四川、湖南、浙江、广西、广东。

《中华药海》：产于福建、浙江、四川，此外江西、云南、湖南等地亦产。

《金世元中药材传统鉴别经验》：个青皮主销北方，四花青皮主销南方。个青皮以浙江温州、福建潮州产品最著名。

综上，历史上青皮的产区主要是如今淮河以南的江苏、浙江、湖北、湖南、四川、福建、广东、广西等地区，自明代开始，认为以产于广东的青皮为好。近现代以来，青皮的产区与历史上记载的较为一致，民国时期以产于广东新会的青皮为好，20 世纪 90 年代至 21 世纪初期，以产于广东、福建、浙江的青皮优于江西、四川、湖南等地产品，且认为产于福建和广东新会的四花青皮为最好。但此后青皮的主要产区发生了变迁，道地产区概念逐渐弱化。

附录 B

（资料性附录）

青皮药材品质评价沿革

明代刘文泰《本草品汇精要》卷三二中对青皮品质有关的记载为："【用】实刀划莲花瓣者佳。【色】青黑。"此时的青皮以划开作莲花瓣的四花青皮为好，颜色青黑。

明代陈嘉谟《本草蒙筌》卷七中对青皮品质有关的记载为："浙郡俱生，广州独胜。"指出青皮以产于广东地区的为好。

明代李中立《本草原始》卷七中对青皮品质有关的记载为："《本经》上品。【图略】青皮头破裂者，俗呼四花青皮，凡用以此为胜。"亦指出四花青皮为佳。

1963 年版《中国药典》一部：个青皮，以坚实、个整齐、皮厚、香气浓者为佳。四花青皮，以皮黑绿色、内而白色、油性足者为佳。

1977 年版《中国药典》一部：个青皮，以质硬、香气浓者为佳。四花青皮，以外皮色黑绿。内面色黄白、香气浓者为佳。

《中药材商品规格质量鉴别》指出："《中华人民共和国药典》历次版本均有收载，并以'四花青皮'、'个青皮'分述性状。但是在商品经营中则分为'四花青皮'、'混合青皮'、'小（个）青皮'三个规格。"在【规格等级】项下描述：青皮历史规格分"四花青皮"，"个青皮"（又称"小青皮"）。《广东省地产药材商品规格质量标准》分三个规格，具体标准如下：

四花青皮　干货。除净果肉，果皮四裂，向内卷合，外表面青黑色，身结，质脆。无虫蛀。

混合青皮　统庄。干货。除净果肉，果皮不规则片状，外表面青黑色或青黄色，内面白色，身结，无蛀虫、霉变。

小青皮（个青皮）　统庄。干货。原个幼柑，外皮青色或青褐色，最大中部围径不超过 8 厘米（注：直径约 2.55 厘米），最小不小于 3 厘米（注：直径约 0.96 厘米），无虫蛀、霉变。

在青皮品质评价项下记载：青皮以果未成熟，外皮绿褐色，内表类白色，正开四瓣者为佳。四花青皮果形中个而青褐，皮厚，药效强峻；混合青皮片块不完整，散离，不呈四花状，质稍差。个青皮质也不如四花青皮。在【产地】项下记载"广东新会所产四花青皮最佳"。

《中国药材学》：本品以个匀、皮色青黑、果皮厚、坚实、香气浓郁者为佳。

《中华本草》：四花青皮，以外皮青、内白、皮厚者为佳；个青皮，以个匀、质硬、体重、肉厚、瓤小、香气浓者为佳。

《500 味常用中药材经验鉴别》中指出青皮商品中以四花青皮为佳。个青皮以黑绿色、颗粒均匀、质地坚实、皮厚瓤小、香气浓厚者为佳。四花青皮以外皮黑绿、内面色白、油性大、气香者为佳。青皮商品一般认为以广东、福建、浙江一带为佳，优于江西、四川、湖南等地产品。四花青皮又以福建之"建四花"及广东新会之"广四花"为佳。

《现代中药材商品通鉴》中关于青皮【商品规格】项下记载：现行商品分为四花青皮和个青皮 2 类，由于产地不同，有各种规格，如浙江、福建个青皮 1～2 等及四川个统等。但大多数分为一、二、三等。习惯认为福州产品为优，个匀味正，俗称"福州子"。总体来说，四花青皮，以外青、内白、皮厚者为佳。个青皮，以黑绿色、个匀、质硬、体重、肉厚、香气浓者为佳。

《道地药材图典》：以个匀、皮色青黑、果皮厚、坚实、香气浓郁者为佳。商品规格分福建、浙江个青皮 1～3 等、四川个统、四花青皮等。

《新编中药志》：四花青皮，以外皮青、内白、皮厚者为佳。个青皮，以个匀、质硬、体重、肉厚、瓤小、香气浓者为佳。在【附注】中记载：青皮的商品规格除四花青皮和个青皮外，亦有的地区将橘的未成熟果实横切或纵切成两半，称为对开青皮（四川江津、贵州罗甸），对划青皮（贵州罗甸）或剖半青皮（贵州习水）。

《中华药海》：四花青皮，以外皮青、内白、皮厚、油性足者为佳；个青皮，以坚实、个整齐、皮厚、香气浓者为佳。

《金世元中药材传统鉴别经验》：个青皮以浙江温州、福建潮州产品最著名。果实大小均匀（直径1.5～2cm），又称“均青皮”，并且质坚肉厚，切片整齐带花心（注：“花心”指断面的中央瓤囊），如个大、皮薄、光滑、体轻者，称为“泡青”，此品经浸泡切片花心多脱落，切不出完整的饮片，故认为质次。

综上所述，古代对于青皮的品质评价为以四花青皮为佳，颜色青黑，且产于广东地区的青皮为好。近现代以来，历史上在青皮的商品经营中出现过四花青皮、个青皮、混合青皮、对开青皮等四种规格。关于品质评价，总的来说，四花青皮质最优，四花青皮以正开四瓣，外皮青或青黑，内皮色白，皮厚，油性足，香气浓者为佳，历史上四花青皮以“建四花”和“广四花”为道地质优；个青皮以外皮黑绿色、个匀、质地坚实、皮厚瓤小、香气浓厚者为佳。以上为制定青皮商品规格等级标准提供了依据。本次制定青皮商品规格等级标准是参照了古代文献、近现代著作文献对青皮药材的质量评价，结合市场和产地调查情况为依据，根据上述的两个规格，再从青皮药材个子直径大小、颜色、破损程度等方面进行评价、分级。

ICS 11.120.10
C 10/29

团　体　标　准

T/CACM 1021.49—2018
代替T/CACM 1021.56—2017

中药材商品规格等级　山茱萸

Commercial grades for Chinese materia medica

CORNI FRUCTUS

2018-12-03 发布　　　　2018-12-03 实施

中华中医药学会 发布

目　次

前　　言

T/CACM 1021《中药材商品规格等级》标准分为226个部分：

——第1部分：中药材商品规格等级标准编制通则；

……

——第48部分：中药材商品规格等级　青皮；

——第49部分：中药材商品规格等级　山茱萸；

——第50部分：中药材商品规格等级　枸杞子；

……

——第226部分：中药材商品规格等级　玄明粉。

本部分为T/CACM 1021的第49部分。

本部分代替T/CACM 1021.56—2017。

本部分按照GB/T 1.1—2009《标准化工作导则　第1部分：标准的结构和编写》给出的规则起草。

本部分代替T/CACM 1021.56—2017，与T/CACM 1021.56—2017相比较，标准编号进行了调整，并重新进行了编辑。

本部分由中药材商品规格等级标准研究技术中心及道地药材国家重点实验室培育基地提出。

本部分由中华中医药学会归口。

本部分起草单位：河南中医药大学、中国中医科学院中药资源中心、浙江寿仙谷医药股份有限公司、中药材商品规格等级标准研究技术中心、北京中研百草检测认证有限公司。

本部分主要起草人：陈随清、黄璐琦、郭兰萍、詹志来、张飞、杨国静、李振皓、王瑛。

本部分所代替标准的历次版本发布情况为：

——T/CACM 1021.56—2017。

中药材商品规格等级　山茱萸

1　范围

本部分规定了山茱萸的商品规格等级。

本部分适用于山茱萸药材生产、流通以及使用过程中的商品规格等级评价。

2　规范性引用文件

下列文件对于本部分的应用是必不可少的。凡是注明日期的引用文件，仅所注明日期的版本适用于本部分。凡是不注明日期的引用文件，其最新版本（包括所有的修改版本）适用于本部分。

T/CACM 1021.1—2016 中药材商品规格等级编制通则

3　术语和定义

T/CACM 1021.1—2016 以及下列术语和定义适用于本部分。

3.1

山茱萸　CORNI FRUCTUS

本品为山茱萸科山茱萸 *Cornus officinalis* Sieb. et Zucc 的干燥成熟果肉。秋末冬初果皮变红时采收果实，用文火烘或置沸水中略烫后，及时除去果核，干燥。

3.2

杂质　*zazhi*

杂质本处指山茱萸的果梗和果核。

3.3

道地药材 淳萸肉　*daodi* gerbs *chunyurou*

指产于浙江省杭州市淳安县及其周边各地区的山茱萸。

4　规格等级划分

根据市场流通情况，将山茱萸分为“选货”和“统货”；在“选货”项下，根据颜色和每千克杂质的多少进行等级划分。应符合表 1 要求。

表 1　规格等级划分

等级		性状描述	
		共同点	区别点
选货	一等	本品呈不规则的片状或囊状，长 1 ~ 1.5cm，宽 0.5 ~ 1cm。皱缩，质柔软，有光泽。气微，味酸、涩、微苦	表面鲜红色，每千克暗红色≤10%，无杂质
	二等		表面暗红色，每千克红褐色≤15%，杂质≤1%
	三等		表面红褐色，每千克紫黑色≤15%，杂质≤2%
	四等		表面紫黑色，每千克杂质 < 3%
统货			表面鲜红、紫红色至紫黑色，每千克杂质 < 3%

注 1：市场另有陈货，既存放时间较长的山茱萸药材商品，由于空气的氧化作用颜色发生变化，注意区分。

注 2：市场另有按产地划分规格的如河南货、陕西货、浙江货等，考虑到颜色、口感等无法明显量化，因此本部分不制定产区规格。

注 3：关于山茱萸药材历史产区沿革参见附录 A。

注 4：关于山茱萸药材品质评价沿革参见附录 B。

5　要求

除应符合 T/CACM 1021.1—2016 的第 7 章规定外，还应符合下列要求：

——无虫蛀；
——无霉变；
——杂质不得过3%。

附录 A

（资料性附录）

山茱萸药材历史产区沿革

山茱萸始载于秦汉时期的《神农本草经》。《神农本草经》曰："山茱萸，味酸，平。一名蜀枣。生山谷。"

《本草经集注》云："山茱萸，味酸，平、微温，无毒。生汉中（今陕西省西南部）山谷及琅邪（今山东青岛）、宛句（今山东菏泽一带）、东海（今山东费县）承县（今山东峄城）。九月、十月采实，阴干。"指出其产于陕西西南部以及山东一带。

宋代《本草图经》记录为："山茱萸，生汉中（今陕西省西南部）山谷及琅邪（今山东青岛）、宛句（今山东菏泽一带）、东海（今山东费县）、承县（今山东峄城），今海州（今江苏连云港一带）亦有之。宋代开始，江苏亦有种植。"

明代《救荒本草》记载："今钧州（今河南禹州市）、密县（今河南新密市）山谷中亦有之。"到明朝，河南开始也有种植。明《本草乘雅半偈》云："木高一、二丈，叶如梅而有刺，二月开花如杏。四月结实如酸枣，深赤色。一种药干花实具相似，但核有八棱，名雀儿苏，别是一种，不堪入药。今海州（今江苏连云港一带）、兖州（今济宁市兖州区）亦有之。"对植物进行了详尽的描写，同时也对其伪品雀儿苏进行了描写以及指出江苏以及浙江亦有种植。清代《本草崇原》记载："山茱萸，今海州（今江苏连云港一带）、兖州（今济宁市兖州区），江浙近道诸山中皆有。"清朝，浙江开始有种植。

附录 B

(资料性附录)

山茱萸药材品质评价沿革

1963 年版《中国药典》一部收载以“肉肥厚，色红，质油润者为佳。肉薄色较淡者质次”，认为肉肥厚，色红，质油润的山茱萸质量最佳，肉薄色较淡的山茱萸质量次之。

1977 年版《中国药典》一部收载以“肉厚、柔软、色紫红者为佳”，认为肉厚、柔软、色紫红的山茱萸质量佳。

《现代中药材商品通鉴》收载“以经霜后采者质量最佳”，认为经霜后采的山茱萸质量最佳。

《中华药海》收载“以无核、皮肉厚、色红油润者佳”，认为无核、皮肉厚、色红油润的山茱萸质量佳。

《金世元中药材传统鉴别经验》收载“以浙江产品个大、肉厚、色红，品质为优，为浙江的著名‘道地药材’之一”，认为浙江产品个大、肉厚、色红的山茱萸品质优。

现今以河南、陕西以及浙江的山茱萸产量大，质优。1999 年、2001 年西峡山茱萸被评为世博会优质产品，西峡县被国家林业局评定为“名优特经济林——山茱萸之乡”，西峡山茱萸被国家质检总局批准为“国家地理标志产品”。2003 年，西峡 22 万亩山茱萸药材基地通过 GAP 认证，既是中国第一个山茱萸 GAP 基地，也是全国首批、河南首家 GAP 中药材基地。

佛坪山茱萸产于陕西省汉中地区，秦岭南坡腹地，申请的保护范围主要覆盖了佛坪县辖区内七乡两镇，山茱萸种植面积达 6 万亩，年产山茱萸干品 300 吨以上。2005 年国家质检总局第 41 号公告批准对佛坪山茱萸实施地理标志产品保护。同时周至山茱萸也为国家地理标志保护产品。

综上，查阅古今文献资料，综合现今以河南、浙江以及陕西为其主产区，质优。在此基础上结合颜色、杂质进行评价，为制定山茱萸商品规格等级标准提供了依据。

ICS 11.120.10
C 10/29

团 体 标 准

T/CACM 1021.50—2018
代替T/CACM 1021.19—2017

中药材商品规格等级　枸杞子

Commercial grades for Chinese materia medica

LYCII FRUCTUS

2018-12-03 发布　　2018-12-03 实施

中华中医药学会 发布

目　次

前　言

T/CACM 1021《中药材商品规格等级》标准分为226个部分：

——第1部分：中药材商品规格等级标准编制通则；

……

——第49部分：中药材商品规格等级　山茱萸；

——第50部分：中药材商品规格等级　枸杞子；

——第51部分：中药材商品规格等级　川芎；

……

——第226部分：中药材商品规格等级　玄明粉。

本部分为T/CACM 1021的第50部分。

本部分代替T/CACM 1021.19—2017。

本部分按照GB/T 1.1—2009《标准化工作导则　第1部分：标准的结构和编写》给出的规则起草。

本部分代替T/CACM 1021.19—2017，与T/CACM 1021.19—2017相比较，标准编号进行了调整，并重新进行了编辑。

本部分由中药材商品规格等级标准研究技术中心及道地药材国家重点实验室培育基地提出。

本部分由中华中医药学会归口。

本部分起草单位：宁夏回族自治区药品检验研究院、中国中医科学院中药资源中心、无限极（中国）有限公司、中药材商品规格等级标准研究技术中心、国家枸杞工程技术研究中心、内蒙古自治区中医药研究所、北京中研百草检测认证有限公司。

本部分主要起草人：王英华、王庆、王汉卿、黄璐琦、郭兰萍、詹志来、金艳、马玲、曹有龙、安巍、梁建宁、刘峰、李旻辉、余意、马方励。

本部分所代替标准的历次版本发布情况为：

——T/CACM 1021.19—2017。

中药材商品规格等级 枸杞子

1 范围

本部分规定了枸杞子的商品规格等级。

本部分适用于枸杞子药材生产、流通以及使用过程中的商品规格等级评价。

2 规范性引用文件

下列文件对于本部分的应用是必不可少的。凡是注明日期的引用文件，仅所注明日期的版本适用于本部分。凡是不注明日期的引用文件，其最新版本（包括所有的修改版本）适用于本部分。

T/CACM 1021.1—2016 中药材商品规格等级编制通则

3 术语和定义

T/CACM 1021.1—2016 以及下列术语和定义适用于本部分。

3.1

枸杞子 LYCII FRUCTUS

本品为茄科植物宁夏枸杞 *Lycium barbarum* L. 的干燥成熟果实。夏、秋二季果实呈红色时采收，热风烘干，除去果梗，或晾至皮皱后，晒干，除去果梗。

3.2

油果 *youguo*

成熟过度或雨后采摘的鲜果因烘干或晾晒不当、保管不好，颜色变深，明显与正常枸杞子不同的颗粒。

3.3

不完善粒 imperfect died berry

破碎粒、未成熟粒、油果尚有使用价值的枸杞子。

3.4

50 克粒数 grain number of 50g dried berries

每 50 克枸杞子药材的粒数。

4 规格等级划分

根据市场流通情况，按照产地和粒数等分为四个等级。应符合表 1 要求。

表 1 规格等级划分

等级	性状描述		
	共同点	区别点	
		粒数（粒/50 克）	不完善粒（%）
一等	呈类纺锤形或椭圆形，表面红色或暗红色，顶端有小突起状的花柱痕，基部有白色的果梗痕。果皮柔韧，皱缩；果肉肉质，柔润。种子 20～50 粒，类肾形，扁而翘，表面浅黄色或棕黄色。气微，味甜	≤280	≤1.0
二等		≤370	≤1.5
三等		≤580	≤3.0
四等		≤900	≤3.0

续表

<table>
<tr><td rowspan="3">等级</td><td colspan="3">性状描述</td></tr>
<tr><td rowspan="2">共同点</td><td colspan="2">区别点</td></tr>
<tr><td>粒数（粒/50 克）</td><td>不完善粒（%）</td></tr>
<tr><td colspan="4">注 1：枸杞子药材产地较多，且不同产地间性状差异明显，而按照产地无法明显量化界定，且还存在种系的复杂性问题，缺乏一定的可操作性，故本部分不按产地进行商品规格划分。
注 2：由于不同产地大小存在差异，但均以大小、均匀度、饱满度、色泽、口感等进行划分，因此本部分等级划分给出示例，可做参考。
注 3：关于枸杞子药材历史产区沿革参见附录 A。
注 4：关于枸杞子药材品质评价沿革参见附录 B。</td></tr>
</table>

5 要求

除符合 T/CACM 1021.1—2016 第 7 章规定外，还应符合下列要求：

——无变色；

——不走油；

——无虫蛀；

——无霉变；

——杂质不得过 3%。

附录 A

(资料性附录)

枸杞子药材历史产区沿革

枸杞子最早记载于《神农本草经》，曰："味苦寒，主五内邪气，热中，消渴，久服坚筋骨，轻身不老。"但无植物产地描述。

成书于汉魏之际的《名医别录》曰："枸杞，生常山平泽及诸丘陵阪岸。"《本草经集注》载："生常山平泽，及诸丘陵阪岸上，今出堂邑，而石头烽火楼下做多。"常山即现今河北曲阳西北的恒山一带。

至唐代孙思邈《千金翼方》云："甘州者为真，叶厚大者是。大体出河西诸郡，其次江池间圩埂上者。"河西在汉唐时代指今甘肃、青海黄河以西，即河西走廊和潢水流域。甘州即今之甘肃省张掖市中部，河西走廊中段。随着历朝历代行政区划的变化，甘州曾隶属陕西、甘肃等地。

北宋的《梦溪笔谈》曰："枸杞，陕西极边生者，高丈余，大可柱，叶长数寸，无刺，根皮如厚朴，甘美异于他处者。"陕西指现在的河南省陕县西部。

明代《本草纲目》称"全国入药杞子，皆宁产也"，并总结"古者枸杞、地骨，取常山者为上，其他丘陵阪岸者皆可用，后世惟取陕西者良，而又以甘州者为绝品，今陕之兰州（今兰州周边）、灵州（今宁夏灵武西南）、九原（今包头西）以西"。

而后至清代乾隆年间的《中卫县志》称："宁安一带，家种杞园，各省入药甘枸杞皆宁产也。"

枸杞生于沙质土、黄土沟沿、路旁、村边，主产于宁夏、甘肃、青海、新疆等地，我国东北及西北各省区沙区均有分布。对比古今枸杞子分布与产地可知，自古以来，枸杞子一直广泛分布于全国各地，但自明清后以宁夏中宁枸杞质优为共识。

附录 B

(资料性附录)

枸杞子药材品质评价沿革

古之多以“常山为上”，此后基本未离“出河西，甘州为上”的记载。

明代《本草纲目》将宁夏枸杞列为上品，并总结“枸杞并是大树，其叶厚，根粗，河西及甘州者，其子圆如樱桃，曝干紧小，少核，干亦红润甘美，味如葡萄，可作果食，已与他处者，则入药大抵以河西者为上”。明代《本草述》首次将药物的性味与道地性联系。明代《物理小识》中记载“西宁子少而味甘，他处子多，惠安堡枸杞遍野，秋熟最盛”。

清代王孟英的《归砚录》里认为“甘枸杞以甘州得名，河以西遍地皆产，惟凉州镇番卫瞭江石所产独佳”。还有曹炳章《增订伪药条辨》云：“枸杞子，陕西潼关长城边出者，肉厚糯润，紫红色，颗粒粗长，味甘者为佳。宁夏产者，粒大色红有蒂，略次。东北关外行之。甘肃镇番长城边出者，粒细红圆活，味亦甘，此货过霉天即变黑，甚难久藏，略次。他如闽、浙及各地所产者，旧地皆曰土杞子，粒小，味甘淡皆苦，肉薄性微凉，不入补益药，为最次。”《朔方道志》也有“枸杞宁安堡者佳”的记载。可以看出随着时代的变迁，枸杞子的品质和质量优劣均与产地相结合阐述。

综上，历代对于枸杞子的规格等级划分强调产地质量，以宁夏枸杞子为道地药材，并在此基础上结合性状，如果实的大小、形状、色泽、气味等进行评价。为制定枸杞子商品规格等级标准提供了依据。

ICS 11.120.10
C 10/29

团 体 标 准

T/CACM 1021.51—2018

代替T/CACM 1021.78—2017

中药材商品规格等级　川芎

Commercial grades for Chinese materia medica

CHUANXIONG RHIZOMA

2018-12-03 发布　　　　2018-12-03 实施

中 华 中 医 药 学 会 发布

目　　次

前　言

T/CACM 1021《中药材商品规格等级》标准分为 226 个部分：

——第 1 部分：中药材商品规格等级标准编制通则；

……

——第 50 部分：中药材商品规格等级　枸杞子；

——第 51 部分：中药材商品规格等级　川芎；

——第 52 部分：中药材商品规格等级　桃仁；

……

——第 226 部分：中药材商品规格等级　玄明粉。

本部分为 T/CACM 1021 的第 51 部分。

本部分代替 T/CACM 1021. 78—2017。

本部分按照 GB/T 1. 1—2009《标准化工作导则　第 1 部分：标准的结构和编写》给出的规则起草。

本部分代替 T/CACM 1021. 78—2017，与 T/CACM 1021. 78—2017 相比较，标准编号进行了调整，并重新进行了编辑。

本部分由中药材商品规格等级标准研究技术中心及道地药材国家重点实验室培育基地提出。

本部分由中华中医药学会归口。

本部分起草单位：四川省中医药科学院、中国中医科学院中药资源中心、中药材商品规格等级标准研究技术中心、中国中医科学院中药研究所、吉林华康药业股份有限公司、北京中研百草检测认证有限公司。

本部分主要起草人：李青苗、郭俊霞、黄璐琦、郭兰萍、詹志来、易进海、王晓宇、吴萍、陈铁柱、周先建、张美、汤依娜、李慧、朱继忠、张燕、王铁霖、杨光、何雅莉。

本部分所代替标准的历次版本发布情况为：

——T/CACM 1021. 78—2017。

中药材商品规格等级　川芎

1　范围

本部分规定了川芎的商品规格等级。

本部分适用于川芎药材生产、流通以及使用过程中的商品规格等级评价。

2　规范性引用文件

下列文件对于本部分的应用是必不可少的。凡是注明日期的引用文件，仅所注明日期的版本适用于本部分。凡是不注明日期的引用文件，其最新版本（包括所有的修改版本）适用于本部分。

T/CACM 1021. 1—2016 中药材商品规格等级编制通则

3　术语和定义

T/CACM 1021. 1—2016 以及下列术语和定义适用于本部分。

3. 1

川芎　CHUANXIONG RHIZOMA

本品为伞形科植物川芎 *Ligusticum chuanxiong* Hort. 的干燥根茎。夏季当茎上节盘显著突出，并略带紫色时采挖，除去泥沙，晒后烘干，再去须根。

3. 2

山川芎　*shanchuanxiong*

采收苓种后的川芎地下根茎部分称为“山川芎”。

3. 3

奶芎　*naixiong*

繁育川芎苓种的种源，立春前从坝区采挖的未成熟的川芎根茎，称“奶芎”。

4　规格等级划分

根据市场流通情况，对药材进行等级划分，分为“选货”和“统货”两种等级。选货规格根据每千克所含的个数，再分为“一等”“二等”和“三等”三个等级。应符合表 1 要求。

表 1　规格等级划分

等级		性状描述	
		共同点	区别点
选货	一等	不规则结节状拳形团块，表面灰褐色或褐色，粗糙皱缩，有多数平行隆起的轮节，顶端有凹陷的类圆形茎痕，下侧及轮节上有多数小瘤状的根茎。质坚实，不易折断，断面黄白色或灰黄色，散有黄棕色的油室，形成层呈波状环纹。气浓香，味苦辛，稍有麻舌感，微回甜	每千克 40 个以内，单个重量不低于 20g
	二等		每千克 70 个以内，单个重量不低于 12g
	三等		每千克 70 个以外
统货		不分大小，不规则结节状拳形团块，表面灰褐色或褐色，粗糙皱缩，有多数平行隆起的轮节，顶端有凹陷的类圆形茎痕，下侧及轮节上有多数小瘤状的根茎。质坚实，不易折断，断面黄白色或灰黄色，散有黄棕色的油室，形成层呈波状环纹。气浓香，味苦辛，稍有麻舌感，微回甜	

续表

等级	性状描述	
	共同点	区别点

注1：当前川芎药材商品规格较为明确，主要以每千克所含的个数作为等级划分标准。

注2：流通过程中有依据产地加工方法不同，将川芎药材区分为晒货和炕货两种品类。晒货和炕货在颜色上有明显差异，晒货药材表面颜色深褐色，炕货药材表面颜色为褐色，应注意辨认。

注3：关于川芎药材历史产区沿革参见附录A。

注4：关于川芎药材品质评价沿革参见附录B。

5 要求

除符合T/CACM 1021.1—2016的第7章规定外，还应符合下列要求：

——无山川芎；

——无变色；

——不走油；

——无虫蛀；

——无霉变；

——杂质不得过3%。

附录 A

（资料性附录）

川芎药材历史产区沿革

川芎的生境分布最早记载于秦汉时期的《神农本草经》，曰“生川谷。”

魏晋时期《名医别录》描述为：“生武功、斜谷西岭。”

唐代苏敬《新修本草》描述为：“生武功川谷、斜谷西岭。”

《本草衍义》记载：“今出川中。”

宋·苏颂《本草图经》描述为：“生武功川谷、斜谷西岭。生雍州川泽及冤句，今关陕、蜀川、江东山中多有之。”

清·黄宫绣《本草求真》记录为：“蜀产大块，里白不油。辛甘者良，江南产者为抚芎，秦产者为西芎。”

清·张志聪《本草崇原》描述为：芎䓖今关陕、川蜀、江南、两浙皆有，而以川产者为胜，故名川芎。”

1963 年版《中国药典》一部收载川芎均系栽培，主产于四川。

徐国钧《中国药材学》收载，川芎主产于四川。销全国，并出口。其他引种地区，质量较差，自产自销。

《中华本草》收载，川芎主要栽培于四川，云南、贵州、广西、湖北、湖南、江西、浙江、江苏、陕西、甘肃等地均有引种栽培。

从本草考证来看，川芎产于四川、甘肃、陕西、北京、山东、江西等地。现今川芎的产地主要在四川，江西、福建、湖北、陕西、甘肃、贵州、云南、河北等地也有少量引种栽培。

附录 B

（资料性附录）

川芎药材品质评价沿革

宋・苏颂《本草图经》描述为："以蜀川者为胜。"

明・刘文泰《本草品汇精要》："今出川中大块，其里色白，不油，嚼之微辛，甘者佳。[道地]蜀川（今四川省）者为胜。"明・陈嘉谟《本草蒙筌》记载："生川蜀名雀脑芎者，圆实而重，状如雀脑，此上品也。"

卢之颐撰《本草乘雅半偈》描述为："芎䓖，川中者胜。"

清・张志聪《本草崇原》记载："芎䓖而以川产者为胜，故名川芎。川芎之外，次则广芎，外有南芎，只可煎汤沐浴，不堪入药。"吴仪洛《本草从新》记录为："以川产大块，里白不油，辛甘者良。"清・黄宫绣《本草求真》记录为："蜀产大块，里白不油，辛甘者良。"

《中国药典》《中国药材学》《中华本草》《现代中药材商品通鉴》《金世元中药材传统鉴别经验》等记载川芎品质均以个大、质坚实、断面色黄白、油性大、香气浓者为佳。

《四川中药志》、部颁《七十六种药材商品规格》、《常用中医药鉴定大全》、《中药材商品规格质量鉴别》、《中国药材学》、《中华本草》、《500 种常用中药材的经验鉴别》、《现代中药材商品通鉴》、《金世元中药材传统经验鉴别》均以药材的大小、重量对川芎的商品规格等级进行了划分。

综合以上的记载可以看出，川芎的品质以个大、质坚实、断面色黄白、油性大、香气浓者为佳，为制定川芎药材商品规格等级提供了依据。

ICS 11.120.10
C 10/29

团 体 标 准

T/CACM 1021.52—2018
代替T/CACM 1021.42—2017

中药材商品规格等级　桃仁

Commercial grades for Chinese materia medica

PERSICAE SEMEN

2018-12-03 发布　　2018-12-03 实施

中华中医药学会 发布

目　　次

前　言

T/CACM 1021《中药材商品规格等级》标准分为226个部分：

——第1部分：中药材商品规格等级标准编制通则；

……

——第51部分：中药材商品规格等级　川芎；

——第52部分：中药材商品规格等级　桃仁；

——第53部分：中药材商品规格等级　薏苡仁；

……

——第226部分：中药材商品规格等级　玄明粉。

本部分为T/CACM 1021的第52部分。

本部分代替T/CACM 1021.42—2017。

本部分按照GB/T 1.1—2009《标准化工作导则　第1部分：标准的结构和编写》给出的规则起草。

本部分代替T/CACM 1021.42—2017，与T/CACM 1021.42—2017相比较，标准编号进行了调整，并重新进行了编辑。

本部分由中药材商品规格等级标准研究技术中心及道地药材国家重点实验室培育基地提出。

本部分由中华中医药学会归口。

本部分起草单位：天津大学、中国中医科学院中药资源中心、中药材商品规格等级标准研究技术中心、北京中研百草检测认证有限公司。

本部分主要起草人：王娟、李霞、高文远、梁文霞、孙嘉辰、黄璐琦、郭兰萍、詹志来。

本部分所代替标准的历次版本发布情况为：

——T/CACM 1021.42—2017。

中药材商品规格等级　桃仁

1　范围

本部分规定了桃仁的商品规格等级。

本部分适用于桃仁药材生产、流通以及使用过程中的商品规格等级评价。

2　规范性引用文件

下列文件对于本部分的应用是必不可少的。凡是注明日期的引用文件，仅所注明日期的版本适用于本部分。凡是不注明日期的引用文件，其最新版本（包括所有的修改版本）适用于本部分。

T/CACM 1021.1—2016 中药材商品规格等级编制通则

3　术语和定义

T/CACM 1021.1—2016 以及下列术语和定义适用于本部分。

3.1

桃仁　PERSICAE SEMEN

本品为蔷薇科植物桃 *Prunus persica*（L.）Batsch 或山桃 *Prunus davidiana*（Carr.）Franch. 的干燥成熟种子。果实成熟后采收，除去果肉和核壳，取出种子，晒干。

3.2

走油　going out oil

因发育或贮存不良（主要是高温或高湿）导致桃仁内的脂肪外渗，使种皮表面呈油渍状。

3.3

整仁率　percentage of intact kernels

完整桃仁粒数占抽检总桃仁粒数的百分比，以“%”计。

3.4

异种　dissimilarity

形状或外观不同的其他品种。

3.5

霉变　mould

因保存环境不当，在潮湿闷热的条件下，桃仁表面有霉菌生长，导致药材腐败变色。

3.6

虫蛀　moth damage

害虫侵入药材内部形成蛀洞或蛀粉的现象。

3.7

胶粒　colloidal kernel

桃仁在发育过程中溢出淡黄色半透明的胶液，干燥后变成琥珀状硬质胶块，表面光滑发亮。

4　规格等级划分

根据不同基原，将桃仁药材分为“桃仁”“山桃仁”两个规格。在各规格下，根据种仁大小、整仁率划分为“一等”“二等”“三等”三个等级。应符合表 1 要求。

表1 规格等级划分

<table>
<tr><td rowspan="2">规格</td><td rowspan="2">等级</td><td colspan="2">性状描述</td></tr>
<tr><td>共同点</td><td>区别点</td></tr>
<tr><td rowspan="3">桃仁</td><td>一等</td><td rowspan="3">本品呈扁长卵形，表面黄棕色至棕褐色，表面密布颗粒状突起。一端尖，中部膨大，另端钝圆稍偏斜，边缘较薄。尖端一侧有短线形种脐，圆端有颜色略深不甚明显的合点，自合点处散出多数纵向维管束，种皮薄，子叶2，类白色。富油性。气微，味微苦</td><td>种仁饱满，长≥1.6cm，宽≥1.1cm。整仁率≥95%</td></tr>
<tr><td>二等</td><td>种仁饱满，长≥1.4cm，宽≥0.9cm。整仁率≥90%</td></tr>
<tr><td>三等</td><td>长≥1.2cm，宽≥0.8cm。整仁率≥80%</td></tr>
<tr><td rowspan="3">山桃仁</td><td>一等</td><td rowspan="3">山桃仁性状与桃仁类同，性状呈类卵圆形，较小而肥厚</td><td>种仁饱满，长≥1.3cm，宽≥0.8cm。整仁率≥95%</td></tr>
<tr><td>二等</td><td>种仁饱满，长≥1.1cm，宽≥0.7cm。整仁率≥90%</td></tr>
<tr><td>三等</td><td>长≥0.9cm，宽≥0.5cm。整仁率≥80%</td></tr>
<tr><td colspan="4">注1：关于桃仁药材历史产区沿革参见附录A。
注2：关于桃仁药材品质评价沿革参见附录B。</td></tr>
</table>

5 要求

除符合T/CACM 1021.1—2016的第7章规定外，还应符合下列要求：

——无变色；

——无异种；

——无异味；

——无胶粒；

——无病斑；

——不走油；

——无虫蛀；

——无霉变；

——杂质不得过3%。

附录 A

（资料性附录）

桃仁药材历史产区沿革

桃仁始载于东汉《神农本草经》，列为下品，“主瘀血血闭，症瘕邪气，杀小虫”，为妇科治瘀名方桂枝茯苓丸、桃核承气汤的重要配伍药材。

南北朝《本草经集注》载：“今处处有之。京口（今江苏镇江市）者亦好，当取解核种之为佳。又有山桃，其仁不堪用。”

宋《本草图经》谓：“京东、陕西出者尤大而美。大都佳果多是圃人以他木接根上栽之，遂至肥美，殊失本性，此等药中不可用之，当以一生者为佳。”

北宋《本草衍义》载：“桃品亦多，易于栽种，且早结实……山中一种正是《月令》中桃始华者，但花多子少，不堪啖，惟堪取仁……入药惟以山中自生者为正。”

明代《本草纲目》载：“桃品甚多，易于栽种，且早结实……惟山中毛桃，即尔雅所谓褫桃者小而多毛，核粘味恶。其仁充满多脂，可入药用，盖外不足者内有余也。”可知古代桃仁来源于桃属多种植物的种子，但以非嫁接的桃和山桃的种子为好，与今桃仁药用情况一致。

《中药大辞典》记载：桃在全国各地普遍栽培。山桃多生于石灰岩的山谷中。分布于辽宁、河北、河南、山东、山西、四川、云南、贵州、陕西等地。

附录 B

（资料性附录）

桃仁药材品质评价沿革

2005 年版《中国药典》一部对桃仁的质量控制有显微鉴别项和检查项（酸值和羟基值的测定），尚无含量测定项。

2010 年版《中国药典》中首次规定，按桃仁干燥品计算，苦杏仁苷含量不得低于 2.0%。

《中药大辞典》："桃仁以颗粒均匀、饱满、整齐、不破碎者为佳。"

综上，根据植物基原，桃仁可分为"桃仁"与"山桃仁"两个规格，但以前没有分级。本次制定桃仁商品规格等级标准是以现代文献对桃仁药材的质量评价和市场调查情况为依据，根据上述的两个规格，再从桃仁种仁大小、整仁率等方面进行评价、分级。

ICS 11.120.01
C 23

团　体　标　准

T/CACM 1021.53—2018
代替T/CACM 1021.221—2018

中药材商品规格等级　薏苡仁

Commercial grades for Chinese materia medica

COICIS SEMEN

2018-12-03 发布　　　　2018-12-03 实施

中华中医药学会　发布

目　次

前　　言

T/CACM 1021《中药材商品规格等级》标准分为226个部分：

——第1部分：中药材商品规格等级标准编制通则；

……

——第52部分：中药材商品规格等级　桃仁；

——第53部分：中药材商品规格等级　薏苡仁；

——第54部分：中药材商品规格等级　黄柏；

……

——第226部分：中药材商品规格等级　玄明粉。

本部分为T/CACM 1021的第53部分。

本部分代替T/CACM 1021.221—2018。

本部分按照GB/T 1.1—2009《标准化工作导则　第1部分：标准的结构和编写》给出的规则起草。

本部分代替T/CACM 1021.221—2018，与T/CACM 1021.221—2018相比较，标准编号进行了调整，并重新进行了编辑。

本部分由中药材商品规格等级标准研究技术中心及道地药材国家重点实验室培育基地提出。

本部分由中华中医药学会归口。

本部分起草单位：福建中医药大学、中国中医科学院中药资源中心、中药材商品规格等级标准研究技术中心、云南省农科院药植所、九州通医药公司、中国中药公司、湖北中医药大学、无限极（中国）有限公司、北京中研百草检测认证有限公司。

本部分主要起草人：范世明、陈丹、黄璐琦、郭兰萍、金艳、江维克、詹志来、张元、杨光、何雅莉、刘大会、张怀、焦春红、刘迪、余意、马方励。

本部分所代替标准的历次版本发布情况为：

——T/CACM 1021.221—2018。

中药材商品规格等级 薏苡仁

1 范围

本部分规定了薏苡仁的商品规格等级。

本部分适用于薏苡仁药材生产、流通以及使用过程中的商品规格等级评价。

2 规范性引用文件

下列文件对于本部分的应用是必不可少的。凡是注明日期的引用文件，仅所注明日期的版本适用于本部分。凡是不注明日期的引用文件，其最新版本（包括所有的修改版本）适用于本部分。

T/CACM 1021. 1—2016 中药材商品规格等级编制通则

3 术语和定义

T/CACM 1021. 1—2016 以及下列术语和定义适用于本部分。

3. 1

薏苡仁 COICIS SEMEN

本品为禾本科植物薏苡 *Coix lacryma -jobi* L. var. *mayuen*（Roman.）Stapf 的干燥成熟种仁。秋季果实成熟时采割植株，打下果实，再晒干，除去果皮、种皮及杂质，收集种仁。

4 规格等级划分

根据大小及完整性划分将薏苡仁药材分为“选货”“统货”两个等级。应符合表 1 要求。

表 1 规格等级划分

等级	性状描述	
	共同点	区别点
选货	本品呈宽卵形或长椭圆形。表面乳白色，光滑，偶有残存的黄褐色种皮。一端钝圆，另端较宽而微凹，有 1 淡棕色点状种脐。背面圆凸，腹面有 1 条较宽而深的纵沟。质坚实，断面白色，粉性。气微，味微甜	大小较为均匀，长 0.45 ~ 0.70cm，宽 0.45 ~ 0.60cm，具有米香气，无碎粒
统货		大小不等，长 0.45 ~ 0.80cm，宽 0.30 ~ 0.65cm，微有米香气，碎粒≤3%

注 1：当前药材市场对薏苡仁规格很少进行划分，大部分是以选货和统货来区分。

注 2：几大药材市场上有一定数量的进口薏苡仁，该品种是否符合药典来源，暂无法查考。

注 3：关于薏苡仁药材历史产区沿革参见附录 A。

注 4：关于薏苡仁药材品质评价沿革参见附录 B。

5 要求

除应符合 T/CACM 1021. 1—2016 的第 7 章规定外，还应符合下列要求：

——无变色；

——无败油味；

——无虫蛀；

——无霉变；

——杂质不得过 3%。

附录 A

(资料性附录)

薏苡仁药材历史产区沿革

薏苡仁最早记载于《神农本草经》中，列为上品，说明至少在东汉时期已经开始使用。

唐《新修本草》薏苡仁（《本经》微寒）。

宋代·唐慎微《图经本草》曰："薏苡仁，生真定平泽及田野，今所在有之。春生苗，茎高三、四尺。叶如黍。开红白花作穗子。五月、六月结实，青白色，形如珠子而稍长，故呼意珠子。小儿多以线穿如贯珠为戏。八月采实，采根无时。今人通以九月、十月采，用其实中仁。古方大抵心肺药多用之。韦丹治肺痈，心胸甲错者，淳苦酒煮……陈藏器余主消渴，煞蛔虫。根煮服，堕胎。"说明宋代时，人们已经开始栽种薏苡，并且其使用更加广泛。

南北朝《雷公炮炙论》中记载：雷公云：凡使勿用薏米，棵大无味，其薏米时人呼粳薏是也，若薏苡仁颗小色青味甘，咬着黏人齿，用一两，以糯米一两同熬，令糯米熟，去米取使，若更以盐汤煎之，则是一般修事。

元代·王好古《汤液本草》卷之三　草部　《本草》云：主筋急拘挛，不可屈伸，风湿痹，下气。除筋骨邪气不仁，利肠胃，消水肿，令人能食，久服，轻身益气。其根能下三虫。仲景治风湿燥痛，日晡所剧者，与麻黄杏子薏苡仁汤。

明代《本经逢原》卷三　谷部　薏苡甘寒，升少降多，能清脾湿，祛肺热及虚劳咳嗽。肺痿肺痈，虚火上乘，皆宜用。为下引又能利筋去湿，故《本经》治久风湿痹，拘急不可屈伸之病。盖治筋必取阳明，治湿必扶土气，其功专于利水，湿去则脾胃健，……

明代·陈嘉谟《本草蒙筌》：或和诸药煎汤（炒熟微研入之），或搀粳米煮粥（薏苡仁粒硬，须先煮半熟，才搀粳米同煮，粥方稠粘）。专疗湿痹，且治肺痈。筋急拘挛，屈伸不便者最效（此湿痹证）；咳嗽涕唾，脓血并出者极佳（此肺痈证）。除……

明代·李时珍《本草纲目》："薏苡人多种之，二三月宿根自生。叶如初生芭茅。五六月抽茎开花结实。有两种：一种粘牙者，尖而壳薄，即薏苡也，其米白色如糯米，可作粥饭及磨面食，亦可同米酿酒；一种圆而壳厚坚硬者，即菩提子也，其米少，即粳𥻗也。"

明代·黄仲昭修纂《八闽通志》薏苡春生苗，茎叶如黍。开红白花，作穗，实青白色，形如珠而长。福州府，建宁府，邵武府，兴化府，福宁府。

清《本草新编》卷之二（商集）薏苡仁：薏苡仁，味甘，气微寒，无毒。入脾、肾二经，兼入肺。疗湿痹有神，舒筋骨拘挛，止骨中疼痛，消肿胀，利小便，开胃气，亦治肺痈。但必须用至一、二两，始易有功，少亦须用五钱之外，否则，力薄味单耳。薏仁最善利水，……

《名医别录》上品　卷第一　薏苡仁：《本经》原文：薏苡仁，味甘，微寒。主筋急拘挛，不可屈伸，风湿痹，下气。久服，轻身益气。

清·吴其浚《植物名实图考》薏苡仁《本经》上品。江西，湖南所产颇多。北地出一种草籽，即图经所云：小儿以线穿如贯珠为戏者即雷敩所云糙米也。

1963 年版《中国药典》：主产福建，河北，辽宁。"以粒大，饱满，色白为佳。"

1977 年版《中国药典》："以粒大，饱满，色白为佳。"

2010 年版《金世元中药材传统鉴别经验》：均来源于栽培品。全国大部分地区均有出产。主要分布于福建，浙江，河北，辽宁，江苏等省。以福建浦城产者，名"浦薏苡"，河北安国（祁州）"祁薏米”，辽宁产者“关薏米”最著名。

古代本草较少对薏苡仁的产区做详细说明，多是对其品种及采收时节做一定说明，到明代才记录其产区。

附录 B

(资料性附录)

薏苡仁药材品质评价沿革

薏苡仁最早记载于《神农本草经》中，列为上品，说明至少在东汉时期已经开始使用。

明代·李时珍《本草纲目》："薏苡人多种之，二三月宿根自生。叶如初生芭茅。五六月抽茎开花结实。有两种：一种粘牙者，尖而壳薄，即薏苡也，其米白色如糯米，可作粥饭及磨面食，亦可同米酿酒；一种圆而壳厚坚硬者，即菩提子也，其米少，即粳糍也。"

清·吴其浚《植物名实图考》薏苡仁《本经》上品。江西，湖南所产颇多。北地出一种草籽，即图经所云：小儿以线穿如贯珠为戏者即雷敩所云糙米也。

1963年版《中国药典》：主产福建，河北，辽宁。"以粒大，饱满，色白为佳。"

1977年版《中国药典》："以粒大，饱满，色白为佳。"

2010年版《金世元中药材传统鉴别经验》：均来源于栽培品。全国大部分地区均有出产。主要分布于福建，浙江，河北，辽宁，江苏等省。以福建浦城产者，名"浦薏苡"，河北安国（祁州）"祁薏米"，辽宁产者"关薏米"最著名。

综上所述，历代本草对于薏苡仁的来源是"一种粘牙者，尖而壳薄"，"其米白色如糯米"，以强调粒大饱满、色白为佳，为制定薏苡仁商品规格等级标准提供了依据。

附录 B

（资料性附录）

ICS 11.120.01
C 23

团 体 标 准

T/CACM 1021.54—2018
代替T/CACM 1021.120—2018

中药材商品规格等级 黄柏

Commercial grades for Chinese materia medica

PHELLODENDRI CHINENSIS CORTEX

2018-12-03 发布 2018-12-03 实施

中华中医药学会 发布

目　次

前　言

T/CACM 1021《中药材商品规格等级》标准分为 226 个部分：

——第 1 部分：中药材商品规格等级标准编制通则；

……

——第 53 部分：中药材商品规格等级　薏苡仁；

——第 54 部分：中药材商品规格等级　黄柏；

——第 55 部分：中药材商品规格等级　白芍；

……

——第 226 部分：中药材商品规格等级　玄明粉。

本部分为 T/CACM 1021 的第 54 部分。

本部分代替 T/CACM 1021. 120—2018。

本部分按照 GB/T 1. 1—2009《标准化工作导则　第 1 部分：标准的结构和编写》给出的规则起草。

本部分代替 T/CACM 1021. 120—2018，与 T/CACM 1021. 120—2018 相比较，标准编号进行了调整，并重新进行了编辑。

本部分由中药材商品规格等级标准研究技术中心及道地药材国家重点实验室培育基地提出。

本部分由中华中医药学会归口。

本部分起草单位：中国中药有限公司、四川国药药材有限公司、中国中医科学院中药资源中心、中药材商品规格等级标准研究技术中心、北京中研百草检测认证有限公司。

本部分主要起草人：卢兴松、赵润怀、焦连魁、兰青山、王继永、孙杰、周海燕、焦春红、江波、黄璐琦、郭兰萍、詹志来。

本部分所代替标准的历次版本发布情况为：

——T/CACM 1021. 120—2018。

中药材商品规格等级　黄柏

1　范围

本部分规定了黄柏的商品规格等级。

本部分适用于黄柏药材生产、流通以及使用过程中的商品规格等级评价。

2　规范性引用文件

下列文件对于本部分的应用是必不可少的。凡是注明日期的引用文件，仅所注明日期的版本适用于本部分。凡是不注明日期的引用文件，其最新版本（包括所有的修改版本）适用于本部分。

T/CACM 1021. 1—2016 中药材商品规格等级编制通则

3　术语和定义

T/CACM 1021. 1—2016 以及下列术语和定义适用于本部分。

3. 1

黄柏　PHELLODENDRI CHINENSIS CORTEX

本品为芸香科植物黄皮树 *Phellodendron chinense* Schneid. 的干燥树皮。习称“川黄柏”。剥取树皮后，除去粗皮，晒干。

3. 2

板片状　flat panel

黄柏树皮在干燥过程中通过压迫，使得黄柏树皮干燥后呈现的一种类似平板的形状。

4　规格等级划分

根据市场流通情况，将黄柏药材分为“选货”和“统货”两个等级。将选货黄柏根据商品的厚度、形状等指标，分为“一等”和“二等”两个等级。应符合表 1 要求。

表 1　规格等级划分

<table>
<tr><th colspan="2" rowspan="3">等级</th><th colspan="4">性状描述</th></tr>
<tr><th rowspan="2">共同点</th><th colspan="3">区别点</th></tr>
<tr><th>形状</th><th>厚度</th><th>宽度</th></tr>
<tr><td rowspan="2">选货</td><td>一等</td><td rowspan="3">本品去粗皮。外表面黄褐色或黄棕色，平坦或具纵沟纹，有的可见皮孔痕及残存的灰褐色粗皮；内表面暗黄色或淡棕色，具细密的纵棱纹。体轻，质硬，断面纤维性，呈裂片状分层，深黄色。气微，味极苦，嚼之有黏性</td><td>板片状</td><td>≥0. 3cm</td><td>≥30cm</td></tr>
<tr><td>二等</td><td>板片状</td><td>0. 1 ~0. 3cm</td><td>不限</td></tr>
<tr><td colspan="2">统货</td><td>板片状或浅槽状</td><td>≥0. 1cm</td><td>不限</td></tr>
<tr><td colspan="6">注 1：关于黄柏药材历史产区沿革参见附录 A。
注 2：关于黄柏药材品质评价沿革参见附录 B。</td></tr>
</table>

5　要求

除应符合 T/CACM 1021. 1—2016 的第 7 章规定外，还应符合下列要求：

——无虫蛀；

——无霉变；

——杂质不得过 3%。

附录 A

（资料性附录）

黄柏药材历史产区沿革

黄柏始载于秦汉时期的《神农本草经》，列为中品。在《神农本草经》中以“黄蘗”为名收载：黄蘗，味苦，寒。主治五脏肠胃中结气热，黄疸，肠痔，止泄利，女子漏下赤白，阴阳蚀疮。一名檀桓。生汉中山谷。

魏晋时期《名医别录》，收为中品，记载：蘗木，无毒。主治惊气在皮间，肌肤热亦起，目热赤痛，口疮。久服通神。根，名檀桓，治腹百病，安魂魄，不饥渴。久服轻身，延年通神。生汉中及永昌。

南朝时期《本草经集注》收为中品，记录为：蘗木，味苦，寒，无毒。主治五脏肠胃中结气热，黄疸，肠痔，止泄利，女子漏下、赤白，阴阳蚀疮。治惊气在皮间，肌肤热亦起，目热赤痛，口疮。久服通神。一名檀桓。根，名檀桓，主心腹百病，安魂魄，不饥渴。久服轻身，延年通神。生汉中山谷及永昌，恶干漆。今出邵陵者，轻薄色深为胜。出东山者，厚重而色浅。其根于道家入木芝品，今人不知取服入。又有一种小树，状如石榴，其皮黄而苦，世呼为子蘗，亦主口疮。又一种小树，至多刺，皮亦黄，亦主口疮。

唐代《新修本草》收为上品，记录为：檗木，味苦，寒，无毒。主五脏肠胃中结气热，黄疸，肠痔，止泄利，女子漏下、赤白，阴阳蚀疮。疗惊气在皮间，肌肤热亦起，目热赤痛，口疮。久服通神。一名檀桓。根，名檀桓，主心腹百病，安魂魄，不饥渴。久服轻身，延年通神。生汉中山谷及永昌。恶干漆。今出邵陵者，轻薄色深为胜。出东山者，厚重而色浅。其根于道家入木芝品，今人不知取服入。又有一种小树，状如石榴。其皮黄而苦，俗呼为子檗，亦主口疮。又一种小树，至多刺，皮亦黄，亦主口疮。[谨案]：子檗，一名山石榴，子似女贞，皮白不黄，亦名小檗，所在皆有。今云皮黄，恐谬矣。案今俗用子檗，皆多刺小树，名刺檗，非小檗也。

宋代苏颂《本草图经》收为上品，记录为：檗木，黄檗也。生汉中川谷及永昌，今处处有之，以蜀中者为佳，木高数丈，叶类茱萸及椿、楸叶，经冬不凋，皮外白里深黄色。根如松下茯苓作结块。五月、六月采皮，去皱粗，暴干用。其根名檀桓。《淮南万毕术》曰：檗令面悦。取檗三寸，土瓜三枚，大枣七枚，和膏汤洗面，乃涂药，四、五日光泽矣。唐·韦宙《集验独行方》，主卒消渴小便多，黄檗一斤，水一升，煮三、五沸，渴即饮之，恣意饮，数日便止。别有一种多刺而小，细叶者，名刺檗，不入药用。又下品有小檗条，木如石榴，皮黄。子赤如枸杞，两头尖，人锉以染黄，今医家亦稀用。

明代倪朱谟《本草汇言》未分上中下品，记载为：黄檗，味苦，气寒，无毒。气味俱厚，沉而降，阴也。入足太阴，为足太阳引经药。［集方］陈月坡方：治阴火攻冲，骨蒸郁热。用黄柏、知母、怀熟地、地骨皮……东恒方：治湿热下流，膝胫疼痛，步履艰难。用黄柏、苍术、石斛……

明代《本草纲目》未分上中下品，记载为：檗木，时珍曰檗木名义未详。本经言檗木及根，不言檗皮，岂古时木与皮通用乎？俗作黄柏者，省写之谬也。黄檗性寒而沉，生用则降实火，熟用则不伤胃，酒制则治上，盐制则治下，蜜制则治中。孙探玄集效方：檗皮丸：用川黄檗皮（刮净）一斤，分作四分……杨诚经验方：百补丸：专治诸虚赤白浊。用川檗皮（刮净）一斤，分作四分……《本草纲目》又记载：小檗，时珍曰：小檗山间时有之，小树也。其皮外白里黄，状如檗皮而薄小。

清代张志聪《本草崇原》记载：黄蘗，气味苦寒，无毒。主治五脏肠胃结热，黄疸，肠痔，止泄利，女子漏下，赤白，阴阳蚀疮。蘗，音百，俗作黄柏，省笔之讹。黄蘗本出汉中山谷及永昌、邵陵、房商、山东诸处皆有。今以蜀中出者，皮厚色深为佳。

以上诸家所说，论述了黄柏的产地、分布、生长环境及质量问题，均可认为与今用之川黄柏相符。至于关黄柏，为后起之药材。

附录 B
(资料性附录)
黄柏药材品质评价沿革

宋代《本草图经》:“今处处有之,以蜀中者为佳。”

清代《本草乘雅半偈》:“今唯蜀中(四川)者皮厚色深为佳。”

1963 年版《中国药典》:“以皮厚、鲜黄者、外面去净栓皮者为佳。”

1977 年版《中国药典》:“均以皮厚、断面色黄者为佳。”

1996 年《中国药材学》:“本品以黄色、粗皮去净、皮张平坦完整者为佳。”

2005 年版《中国药典》开始,将关黄柏与川黄柏分开列支,以示区别。

综上,历代对于黄柏的规格等级划分强调产地质量,以川黄柏为道地药材,并在此基础上结合性状和树皮厚度、宽度等进行评价。

ICS 11.120.01
C 23

团　体　标　准

T/CACM 1021.55—2018
代替T/CACM 1021.177—2018

中药材商品规格等级　白芍

Commercial grades for Chinese materia medica

PAEONIAE RADIX ALBA

2018-12-03 发布　　2018-12-03 实施

中华中医药学会 发布

目　次

前　　言

T/CACM 1021《中药材商品规格等级》标准分为 226 个部分：

——第 1 部分：中药材商品规格等级标准编制通则；

……

——第 54 部分：中药材商品规格等级　黄柏；

——第 55 部分：中药材商品规格等级　白芍；

——第 56 部分：中药材商品规格等级　苍术；

……

——第 226 部分：中药材商品规格等级　玄明粉。

本部分为 T/CACM 1021 的第 55 部分。

本部分代替 T/CACM 1021. 177—2018。

本部分按照 GB/T 1. 1—2009《标准化工作导则　第 1 部分：标准的结构和编写》给出的规则起草。

本部分代替 T/CACM 1021. 177—2018，与 T/CACM 1021. 177—2018 相比较，标准编号进行了调整，并重新进行了编辑。

本部分由中药材商品规格等级标准研究技术中心及道地药材国家重点实验室培育基地提出。

本部分由中华中医药学会归口。

本部分起草单位：康美药业股份有限公司、康美（北京）药物研究院有限公司、广东康美药物研究院有限公司、康美（亳州）华佗国际中药城商业有限公司、中国中医科学院中药资源中心、湖北中医药大学、南京中医药大学、山东省分析测试中心、广东药科大学、广西壮族自治区药用植物园、重庆市中药研究院、皖西学院、福建农林大学、贵阳中医学院、昆明理工大学、浙江寿仙谷医药股份有限公司、广东太安堂药业股份有限公司、中药材商品规格等级标准研究技术中心、清华德人西安幸福制药有限公司、北京中研百草检测认证有限公司。

本部分主要起草人：许冬瑾、乐智勇、黄璐琦、郭兰萍、刘洋清、方成武、刘大会、严辉、王晓、杨全、缪剑华、李隆云、韩邦兴、张重义、周涛、崔秀明、姜涛、黄龙涛、曹兆军、刘红娜、范海刚、白宗利、李燕、谢成松、金艳、詹志来、李明焱、郑化先、杨光、何雅莉。

本部分所代替标准的历次版本发布情况为：

——T/CACM 1021. 177—2018。

中药材商品规格等级 白芍

1 范围

本部分规定了白芍的商品规格等级。

本部分适用于白芍药材生产、流通以及使用过程中的商品规格等级评价。

2 规范性引用文件

下列文件对于本部分的应用是必不可少的。凡是注明日期的引用文件，仅所注明日期的版本适用于本部分。凡是不注明日期的引用文件，其最新版本（包括所有的修改版本）适用于本部分。

T/CACM 1021. 1—2016 中药材商品规格等级编制通则

3 术语和定义

T/CACM 1021. 1—2016 以及下列术语和定义适用于本部分。

3. 1

白芍 PAEONIAE RADIX ALBA

本品为毛茛科植物芍药 *Paeonia lactiflora* Pall. 的干燥根。夏、秋二季采挖，洗净，除去头尾和细根，置沸水中煮后除去外皮或去皮后再煮，晒干。

3. 2

杭白芍 *hangbaishao*

产于浙江东阳、磐安、缙云、永康、仙居、临安、安吉等地区的白芍。

3. 3

亳白芍 *bobaishao*

产于安徽亳州、涡阳、阜阳、临泉、凤台等地区的白芍。

3. 4

川白芍 *chuanbaishao*

产于四川中江、苍溪、渠县、宣汉、仪陇、广安等地区的白芍。

3. 5

枯芍 *kushao*

指在种植过程中枯死的白芍加工品。

3. 6

空心 *kongxin*

由于原植物超过正常采收年限，致使其退粉后，加工成的外部性状同药材，心部形成空腔。

3. 7

夹生 *jiasheng*

白芍水煮加工时，水煮时间不足，干燥后断面中间出现的白芯。

3. 8

栓皮 *shuanpi*

在去皮过程中未去干净残留下的棕褐色外皮。

4 规格等级划分

根据市场流通情况，按照产地的不同，将白芍药材分为“杭白芍”“亳白芍”“川白芍”三个规格。根据市场流通情况，又将“杭白芍”“亳白芍”“川白芍”分为“选货”和“统货”两个等级。再根据药材直径大小，将亳白芍药材选货分为“一等”“二等”“三等”三个等级。应符合表1要求。

表1　规格等级划分

<table>
<tr><th rowspan="2">规格</th><th rowspan="2" colspan="2">等级</th><th colspan="2">性状描述</th></tr>
<tr><th>共同点</th><th>区别点</th></tr>
<tr><td rowspan="2">杭白芍</td><td colspan="2">选货</td><td rowspan="2">本品呈圆柱形，平直，两端平截，长5～18cm。表面淡红棕色，光洁或有纵皱纹及细根痕，偶有残存的棕褐色外皮。质坚实，不易折断，断面较平坦，米黄色，形成层环明显，射线放射状。气微，味微苦、酸</td><td>1. 5cm≤中部直径≤2. 5cm</td></tr>
<tr><td colspan="2">统货</td><td>直径不分大小</td></tr>
<tr><td rowspan="4">亳白芍</td><td rowspan="3">选货</td><td>一等</td><td rowspan="4">本品呈圆柱形，平直或稍弯曲，两端平截，长5～18cm。表面类白色或淡棕红色，光洁或有纵皱纹及细根痕，偶有残存的棕褐色外皮。质坚实，不易折断，断面较平坦，类白色或灰白色，形成层环明显，射线放射状。气微，味微苦、酸</td><td>2. 0cm≤中部直径≤2. 5cm</td></tr>
<tr><td>二等</td><td>1. 0cm < 中部直径 < 2. 0cm</td></tr>
<tr><td>三等</td><td>中部直径 < 1. 0cm</td></tr>
<tr><td colspan="2">统货</td><td>直径不分大小</td></tr>
<tr><td rowspan="2">川白芍</td><td colspan="2">选货</td><td rowspan="2">本品呈圆柱形，平直或稍弯曲，两端平截，长5～18cm。表面类白色或粉红色、棕褐色，光洁或有纵皱纹及细根痕。质坚实，不易折断，断面较平坦，类白色或粉红色，细腻光润、角质样，形成层环明显，射线放射状。气微，味微苦、酸</td><td>1. 5cm≤中部直径≤2. 5cm</td></tr>
<tr><td colspan="2">统货</td><td>直径不分大小</td></tr>
<tr><td colspan="5">注1：药材市场白芍多以饮片售卖，亳白芍最多见。
注2：近些年使用生长素、膨大剂导致根类药材的性状难以判定其质量的优劣，传统“根粗长，质坚实”为优质白芍，根粗不能完全反映药材的品质，故以白芍药材直径大小划分等级。
注3：关于白芍药材历史产区沿革参见附录A。
注4：关于白芍药材品质评价沿革参见附录B。</td></tr>
</table>

5　要求

除应符合 T/CACM 1021. 1—2016 的第7章规定外，还应符合下列要求：

——无虫蛀；

——无霉变；

——杂质不得过3%。

附录 A

（资料性附录）

白芍药材历史产区沿革

白芍在魏晋以前并没有提及，其与赤芍统称为芍药。芍药一名，最早见载于《诗经·郑风·溱洧》："溱与洧，方涣涣兮……维士与女，伊其相谑，赠之以芍药。"可知在溱洧之地，男女以芍药互赠表情谊。先秦时期古郑国溱洧流域为今河南省高县、长葛县区域。

秦汉《神农本草经》："芍药，生川谷及丘陵。"根据后人对其记载，其产于黄河以北，为东北、华北、陕西、甘肃南部。

魏晋《名医别录》："芍药，生中岳（今河南登封县）及丘陵，二月八月采根。"

南北朝《本草经集注》："今出白山（今江苏省江宁县）、蒋山（今南京紫金山）、茅山（今江苏句容县境）最好，白而长大，余处亦有而多赤，赤者小利……"

唐《日华子本草》："芍药，海盐、杭、越（今浙江省海盐、杭州、绍兴）俱好。"

宋《图经本草》："今处处有之，淮南（今安徽亳州地区）者胜。"

宋《证类本草》："按本经芍药生丘陵川谷，今世所用者多是人家种植。"

明《本草品汇精要》："道地：泽州（山西省晋城市）、白山、蒋山、茅山、淮南、海盐、杭越。"

明《本草蒙筌》："近道俱生，淮南独胜。"

明《本草乘雅半偈》："处处亦有，人家种莳矣。昔称洛阳牡丹、广陵芍药甲天下。今药中亦取广陵（今江苏扬州）者为胜。"

清《本草崇原》："芍药，始出中岳山谷，今白山、蒋山、茅山、淮南、扬州、江、浙、吴松处处有之，而园圃中多游种矣。"

民国《药物出产辨》："产四川中江，渠河为川芍，产安徽亳州为亳芍，产浙江杭州为杭芍。"

附录 B

（资料性附录）

白芍药材品质评价沿革

南北朝《本草经集注》："今出白山、蒋山、茅山最好。"

唐《日华子本草》："芍药，海盐、杭、越俱好。"

宋《图经本草》："今处处有之，淮南者胜。"

宋《本草衍义》："芍药，全用根，其品亦多，须用花红而单叶，山中者为佳，花叶多即根虚"。

明《本草品汇精要》："道地：泽州、白山、蒋山、茅山、淮南、海盐、杭越。"

明《本草蒙筌》："近道俱生，淮南独胜。"

清《本草乘雅半偈》："今药中亦取广陵者为胜。"

清《一本堂药选》："根形肥大如指大，折之坚硬，外面淡红色，内面淡白色，味苦涩，兼有气者为佳。"

1977 年版《中国药典》：以条粗、质坚实、无白心或裂隙者为佳。

《道地药材图典》：以根粗长，质坚实，无白心、枯、芦头、霉变或裂隙者为佳。

《中华药海》：以根粗长、匀直、质坚实、粉性足，表面洁净者为佳。

《金世元中药材传统鉴别经验》：以条粗长、质地坚实、挺直光滑、颜色鲜艳者为佳。

ICS 11.120.01
C 23

团 体 标 准

T/CACM 1021.56—2018

代替T/CACM 1021.139—2018

中药材商品规格等级 苍术

Commercial grades for Chinese materia medica

ATRACTYLODIS RHIZOMA

2018-12-03 发布　　2018-12-03 实施

中华中医药学会 发布

目　次

前　言

T/CACM 1021《中药材商品规格等级》标准分为 226 个部分：

——第 1 部分：中药材商品规格等级标准编制通则；

……

——第 55 部分：中药材商品规格等级　白芍；

——第 56 部分：中药材商品规格等级　苍术；

——第 57 部分：中药材商品规格等级　赤芍；

……

——第 226 部分：中药材商品规格等级　玄明粉。

本部分为 T/CACM 1021 的第 56 部分。

本部分代替 T/CACM 1021.139—2018。

本部分按照 GB/T 1.1—2009《标准化工作导则　第 1 部分：标准的结构和编写》给出的规则起草。

本部分代替 T/CACM 1021.139—2018，与 T/CACM 1021.139—2018 相比较，标准编号进行了调整，并重新进行了编辑。

本部分由中药材商品规格等级标准研究技术中心及道地药材国家重点实验室培育基地提出。

本部分由中华中医药学会归口。

本部分起草单位：湖北中医药大学、中国中医科学院中药资源中心、中药材商品规格等级标准研究技术中心、北京中研百草检测认证有限公司。

本部分主要起草人：余坤、汪文杰、黄璐琦、郭兰萍、刘大会、詹志来、陈雷、明淑芳。

本部分所代替标准的历次版本发布情况为：

——T/CACM 1021.139—2018。

中药材商品规格等级　苍术

1　范围

本部分规定了苍术的商品规格等级。

本部分适用于苍术药材生产、流通以及使用过程中的商品规格等级评价。

2　规范性引用文件

下列文件对于本部分的应用是必不可少的。凡是注明日期的引用文件，仅所注明日期的版本适用于本部分。凡是不注明日期的引用文件，其最新版本（包括所有的修改版本）适用于本部分。

T/CACM 1021.1—2016 中药材商品规格等级编制通则

3　术语和定义

T/CACM 1021.1—2016 以及下列术语和定义适用于本部分。

3.1

苍术　ATRACTYLODIS RHIZOMA

本品为菊科植物茅苍术 *Atractylodes lancea*（Thunb.）DC. 或北苍术 *Atractylodes chinensis*（DC.）Koidz. 的干燥根茎。春、秋二季采挖，除去泥沙，晒干，撞去须根。

3.2

朱砂点　spot of oil cavity

苍术药材断面上散有的橙黄色、棕红色或黄棕色的油点（油室）。

3.3

茎基　basal part of stem

苍术药材上残留的地上茎的基部。

3.4

头　*tou*

单位重量内所含苍术药材的个数。

4　规格等级划分

根据市场流通情况，按照基原不同，分为“茅苍术”和“北苍术”两个规格；各规格下根据残茎，每500g 头数等再分为“选货”和“统货”两个等级。应符合表1要求。

表1　规格等级划分

规格	等级	性状描述	
		共同点	区别点
茅苍术	选货	本品野生品呈不规则连珠状或结节状圆柱形，略弯曲，偶有分枝；栽培品呈不规则团块状或疙瘩状，有瘤状突起。表面灰黑色或灰棕色。质坚实。断面黄白色或灰白色，散有橙黄色或棕红色朱砂点，露出稍久，可析出白色细针状结晶，气浓香，味微甘、辛、苦	无残留茎基及碎屑，每500g≤70 头
	统货		偶见残留茎基及碎屑，不分大小
北苍术	选货	本品呈不规则的疙瘩状或结节状。表面黑棕色或黄棕色。质较疏松。断面黄白色或灰白色，散有黄棕色朱砂点。气香。味辛、苦	无残留茎基及碎屑，每500g≤40 头
	统货		偶见残留茎基及碎屑，不分大小

续表

规格	等级	性状描述	
		共同点	区别点
注1：目前市场上苍术药材大多为北苍术野生品，但由于野生资源逐渐紧缺，部分地区已开始人工种植；茅苍术大多为栽培品，多出口。 注2：部分市场上北苍术药材有全撞皮和半撞皮之分，但半撞皮苍术常残留较多须根，这点不符合药典“撞去须根”的规定，另外不同加工批次撞皮程度和残留茎基亦有差异，因此本部分不制定半撞皮苍术的规格等级。 注3：药材市场上苍术药材大多被切片出售，纵切、横切、斜切均有，且厚薄不一，这种切片品介于药材和饮片之间，尚无质量控制标准。由于此类商品不属于药材，不符合饮片的质量要求，国家也无相应的质量控制标准，因此本部分不制定苍术片规格等级。 注4：部分药材市场有关苍术和朝鲜苍术出售，且有商家混作北苍术出售。由于此类药材不符合药典规定的基原，因此本部分不制定其规格等级。 注5：关于苍术药材历史产区沿革参见附录A。 注6：关于苍术药材品质评价沿革参见附录B。			

5 要求

除应符合 T/CACM 1021.1—2016 的第7章规定外，还应符合下列要求：

——无变色；

——无走油；

——无虫蛀；

——无霉变；

——杂质不得过3%。

附录 A

(资料性附录)

苍术药材历史产区沿革

苍术用药历史悠久，历代本草著作均有记载。南北朝之前的本草文献均称“术”，此后才有“苍术”和“白术”的记载。术始载于汉代《神农本草经》，云“生山谷”，未说明具体产地。汉末《名医别录》中记载了术“生郑山、汉中、南郑。二月、三月、八月、九月采根，曝干”。其中郑山为现今陕西省汉中市南郑县东二里，汉中即为现今陕西省汉中市附近，南郑为汉中市汉江以北的汉台区附近。梁代《本草经集注》：“郑山，即南郑也。今处处有，以蒋山、白山、茅山者为胜。”南郑见上述说明，蒋山为现今南京市钟山，白山现今位于江苏南京市东部（一说为现今陕西眉县和太白县交界处的太白山，为秦岭山脉的主峰所在地），茅山现今位于江苏省句容市茅山风景区，与金坛市交界。此时术的产地已由汉末陕西汉中地区扩展至江苏南京地区，且南京地区所产药材质量较好。

宋代《图经本草》记载：“术，生郑山山谷、汉中、南郑，今处处有之，以嵩山、茅山者为佳。”与前人相比，此时术的产地增加了嵩山，即为现今河南省西部登封市的嵩山。苏轼在《东坡杂记》中记载：“黄州山中苍术甚多。”黄州为今湖北黄冈市黄州区。可见宋代认为术的产地主要是陕西汉中地区、江苏南京地区、河南嵩山地区和湖北黄冈地区。

明代《救荒本草》记载苍术“生郑山汉中山谷，今近郡山谷亦有，嵩山、茅山者佳”。所述产地与宋代相同。其后的《本草纲目》《本草原始》等著作亦是如此。清代《植物名实图考》记载：“昔产术者汉中、南郑也，蒋山、茅山也，浙也，歙也，幕府山也，昌化也，池州也。东坡云黄州术，一斤数钱，此长生药也，舒州术花紫，难得。余莅江右，则饶州、九江皆有之；莅湘南，则幕府山所产颇大，力亦不劣。山西葫芦峪产术甚肥壮，世人但以苍术用之。”说明苍术的产地在宋代产地基础上，增加了江西、湖南、陕西等地，这也与现今苍术产地基本符合。《本草便读》记载：“苍术汉时名赤术，处处山谷皆有之，而以江苏茅山者为上。”《本草备要》记载：“出茅山坚小有朱砂点者良。”《本草经解》记载：“苍术茅山者良。”说明清代已经普遍认为茅山所产苍术质量较好。

民国，《药物出产辨》记载苍术“产湖南襄阳、陨阳、马山口、紫荆关、京山县、米河等处。俱由汉口运来。名内行双术，身细味香辛。有产河南直隶东西北山”。马山口位于河南南阳，紫荆关位于河北省易县，京山县位于湖北，米河位于河南巩义市。西北山是何地无法确定，推测位于河北境内。《增订伪药条辨》记载：“又有南京茅山出者，曰茅术。”可见，民国时期苍术的产地也与现今苍术产地类似。

现代，《中华本草》记载茅苍术“主产于湖北、江苏、河南等地”，北苍术“主产于河北、山西、陕西等地”，关苍术“主产于黑龙江、吉林、辽宁”。《现代中药材商品通鉴》记载：“茅苍术主产于江苏、湖北、浙江、河南、安徽、江西等地；北苍术主产于河北、陕西、辽宁、内蒙古等地。”《金世元中药材传统鉴别经验》记载南苍术“主产江苏句容（茅山）、镇江、溧水，湖北襄阳、南漳，河南桐柏、唐河等地；浙江、安徽、江西亦产。以河南桐柏、安徽太平、江苏句容（茅山地区）所产质量最佳，但产量少。湖北产量大，但较江苏产品个大质松，多集散在汉口，故称‘汉苍术’”，北苍术“主产河北、山西、陕西等省。此外，内蒙古、辽宁、吉林、黑龙江、山东、甘肃等省亦产。北京地区所辖山区产量甚丰，如平谷、密云、怀柔、延庆、昌平、门头沟、房山等均产，且加工稍细，畅销全国，为苍术中的主流品种”。

综上，历代本草学著作认为苍术分布区域较广，最早记载的产地为陕西汉中地区，后来逐步扩展到江苏南京地区、河南嵩山地区、湖北黄冈地区，并认为江苏茅山地区所产苍术品质最好。现代以江苏茅山地区为苍术的道地产区，而湖北、河南、河北等省产量较大。

附录 B

(资料性附录)

苍术药材品质评价沿革

梁代《本草经集注》中首次对术的品质进行了记载："今处处有，以蒋山、白山、茅山者为胜。……东境术大而无气烈，不任用。"认为蒋山、白山、茅山（三地均位于现今江苏西南部茅山及周边丘陵地区）所产术品质最好，"东境术"（据考证为后来的吴术，为白术的一种）因气较淡质量较次。宋代《图经本草》记载"术，生郑山山谷、汉中、南郑，今处处有之，以嵩山、茅山者为佳"，认为嵩山（今河南嵩山地区）、茅山（今江苏茅山地区）所产术品质最好。《东坡杂记》记载："黄州山中苍术甚多，就野买一斤，数钱尔，此长生药也。……舒州白术……其效止于和胃去游风，非神仙上药。"认为黄州所产苍术比舒州白术品质好，同时反映出人们大多认为白术比苍术贵重。

明代《救荒本草》记载："生郑山汉中山谷，今近郡山谷亦有，嵩山、茅山者佳。"认为嵩山（今河南嵩山地区）、茅山（今江苏茅山地区）所产术品质较好。《本草原始》记载"今以茅山者为良"，认为茅山苍术质量较高。《本草乘雅半偈》载："出嵩山、茅山者良。"《本草汇言》记载："苍术，处处山中有之，惟嵩山、茅山者良。"清代《本草便读》《本草备要》《本草经解》等本草著作多推崇茅山所产苍术，认为其质量上乘。

民国时期，《增订伪药条辨》记载："又有南京茅山出者，曰茅术，亦有朱砂点，味辛甘，性糯，形瘦长，有细须根，利湿药中用之，亦佳。"

1963 年版《中国药典》："以个大、坚实、无毛须、断面朱砂点多、香气浓郁、断面暴露稍久可析出白毛状的结晶者为佳。"1977 年版《中国药典》："以质坚实、断面朱砂点多、香气浓者为佳。"

《金世元中药材传统鉴别经验》记载南苍术"以河南桐柏、安徽太平、江苏句容（茅山地区）所产质量最佳，但产量少。湖北产量大，但较江苏产品个大质松，多集散在汉口，故称'汉苍术'"。北苍术"北京地区所辖山区产量甚丰，如平谷、密云、怀柔、延庆、昌平、门头沟、房山等均产，且加工稍细，畅销全国，为苍术中的主流品种"。《500 味常用中药材的经验鉴别》记载："两种苍术商品均以个大、形如连珠状、质坚实、有油性、断面朱砂点或雄黄点多，折断或切片后放置生白霜（苍术醇的白色针状结晶），及香气浓郁者为佳。多认为茅苍术优于北苍术，京苍术（茅山苍术）又为苍术中之极品。"

综上，历代本草对苍术的品质评价均强调产地质量，认为以江苏茅山地区产茅苍术品质较高，为道地药材，在此基础上结合质地、断面、气味等性状特征进行评价。

ICS 11.120.10
C 10/29

团 体 标 准

T/CACM 1021.57—2018
代替T/CACM 1021.7—2017

中药材商品规格等级　赤芍

Commercial grades for Chinese medicinal materials

PAEONIAE RADIX RUBRA

2018-12-03 发布　　2018-12-03 实施

中华中医药学会 发布

目　次

前　　言

T/CACM 1021《中药材商品规格等级》标准分为226个部分：

——第1部分：中药材商品规格等级标准编制通则；

……

——第56部分：中药材商品规格等级　苍术；

——第57部分：中药材商品规格等级　赤芍；

——第58部分：中药材商品规格等级　鹿茸；

……

——第226部分：中药材商品规格等级　玄明粉。

本部分为T/CACM 1021的第57部分。

本部分代替T/CACM 1021.7—2017。

本部分按照GB/T 1.1—2009《标准化工作导则　第1部分：标准的结构和编写》给出的规则起草。

本部分代替T/CACM 1021.7—2017，与T/CACM 1021.7—2017相比较，标准编号进行了调整，并重新进行了编辑。

本部分由中药材商品规格等级标准研究技术中心及道地药材国家重点实验室培育基地提出。

本部分由中华中医药学会归口。

本部分起草单位：陕西步长制药有限公司、中国中医科学院中药资源中心、广西壮族自治区药用植物园、陕西中医药大学、山东省分析测试中心、内蒙古自治区中医药研究所、湖北中医药大学、福建农林大学、重庆市中药研究院、皖西学院、中药材商品规格等级标准研究技术中心、北京中研百草检测认证有限公司。

本部分主要起草人：马存德、黄璐琦、郭兰萍、詹志来、王二欢、缪剑华、唐志书、王晓、李旻辉、刘大会、张重义、李隆云、韩邦兴。

本部分所代替标准的历次版本发布情况为：

——T/CACM 1021.7—2017。

中药材商品规格等级　赤芍

1　范围

本部分规定了赤芍的商品规格等级。

本部分适用于赤芍药材生产、流通以及使用过程中的商品规格等级评价。

2　规范性引用文件

下列文件对于本部分的应用是必不可少的。凡是注明日期的引用文件，仅所注明日期的版本适用于本部分。凡是不注明日期的引用文件，其最新版本（包括所有的修改版本）适用于本部分。

T/CACM 1021.1—2016 中药材商品规格等级编制通则

3　术语和定义

T/CACM 1021.1—2016 以及下列术语和定义适用于本部分。

3.1

赤芍　PAEONIAE RADIX RUBRA

毛茛科植物芍药 *Paeonia lactiflora* Pall. 或川赤芍 *Paeonia veitchii* Lynch 的干燥根。春、秋二季采挖，除去根茎、须根及泥沙，晒干。

3.2

原皮赤芍　PAEONIAE RADIX RUBRA with cork

在产地加工中不刮去栓皮，直接晒干的赤芍。

3.3

中部直径　*zhongbuzhijing*

药材根部全长中部的直径。

3.4

长度　length

单个赤芍药材的长度。

4　规格等级划分

根据市场流通情况，对赤芍药材进行规格划分，分为“原皮赤芍”和“原皮川赤芍”两个规格。根据中部直径和长度，各规格下分为“统货”“一等”和“二等”三个等级。应符合表1要求。

表1　规格等级划分

规格	等级	性状描述	
		共同点	区别点
原皮赤芍	统货	本品不分粗细长短，条匀，紫褐色，有纵沟及皱纹，断面粉白色或粉红色	
	一等	本品呈圆柱形，稍弯曲，外表纵沟或皱纹，皮较粗糙。有的外皮易脱落，露出粉白色斑块。表面暗棕色或紫褐色。体轻质脆。断面粉白色或粉红色，中间有放射状纹理，有粉性。气微香，味微苦、酸涩。无空心	粉性足，两端粗细均匀，中部直径≥1.2cm，长度≥16cm
	二等		粉性差，中部直径0.8～1.2cm，长度<16cm

续表

<table>
<tr><th rowspan="2">规格</th><th rowspan="2">等级</th><th colspan="2">性状描述</th></tr>
<tr><th>共同点</th><th>区别点</th></tr>
<tr><td rowspan="3">原皮川赤芍</td><td>统货</td><td colspan="2">本品不分粗细长短，条匀，紫褐色，有纵沟及皱纹，断面粉红白色</td></tr>
<tr><td>一等</td><td rowspan="2">本品呈圆柱形，稍弯曲，外表纵沟或皱纹，皮较粗糙，有须根痕和横长皮孔样突起。表面暗棕色或紫褐色。质硬而脆。断面粉白色或粉红色，中间有放射状纹理，有粉性。气微香，味微苦、酸涩。无空心</td><td>粉性足，两端粗细均匀，中部直径≥1.2cm，长度≥16cm</td></tr>
<tr><td>二等</td><td>粉性差，中部直径0.8～1.2cm，长度<16cm</td></tr>
<tr><td colspan="4">注1：当前市场上以野生赤芍占大部分，商家按选货和统货分等级，其中川赤芍市场上尚有刮去栓皮的规格，但不符合药典性状要求。
注2：两种赤芍分等级时，多以粗细、粉性程度分，长短考虑较少。
注3：市场尚有栽培的芍药 P. lactiflora Pall. 直接晒干充当赤芍的，因栽培年限所限，两者的性状差异较大，注意区分。
注4：关于赤芍药材历史产区沿革参见附录A。
注5：关于赤芍药材品质评价沿革参见附录B。</td></tr>
</table>

5 要求

除应符合 T/CACM 1021.1—2016 的第7章规定外，还应符合下列要求：

——无虫蛀；

——无霉变；

——杂质不得过3%。

附录 A

（资料性附录）

赤芍药材历史产区沿革

芍药一词最早见于《诗经·郑风·溱洧》，其曰“维士与女，伊其相谑，赠之以勺药”。该文中“勺”通“芍”。长沙马王堆汉墓出土的《五十二病方》（战国晚期）是始载芍药入药的现存最古文献，用于治疗“疽”病。

《神农本草经》：“生川谷及丘陵。”

《名医别录》：“芍药生中岳川谷及丘陵，二月、八月采根暴干。”中岳为嵩山，在今河南洛阳一带。

《本草经集注》：“今出白山、蒋山、茅山最好，白而长大，余处亦有而多赤，赤者小利。”白山：今江苏省江宁。蒋山：今南京紫金山。茅山：今江苏句容县。均在江苏省内。

《千金翼方》：“芍药出关内道鄜州、山南西道商州。”鄜州：今陕西富县一带；山南西道商州：今陕西商洛一带。

《日华子本草》：“此便是芍药花根。海、盐、杭、越俱好。”海：今江苏连云港。盐：今陕西定边。杭：今杭州。越：今杭州绍兴。

《本草图经》：“芍药，生中岳川谷及丘陵，今处处有之，淮南者胜。”淮南：今安徽淮南至江苏扬州一带。

《本草别说》：“芍药生丘陵川谷。今世所用者，多是人家种植。欲其花叶肥大，必加粪壤，每岁八、九月取其根分削，因利以为药，遂暴干货卖，今淮南真阳尤多。根虽肥大而香味绝不佳，入药少效。今考，用宜依《本经》所说，川谷丘陵有生者为胜尔。”此说明，早在北宋时期市场上已有人工种植的芍药药材出售，当时医药学家仍然认为野生的芍药质量较好。

《本草蒙筌》：“近道俱生，淮南独胜。”

《本草纲目》：“昔人言洛阳牡丹、扬州芍药甲天下。今药中所用，亦多取扬州者。今人都生用。”

《植物名实图考》：“盖芍药盛于西北，维扬诸花，始于宋世。”

《本草药品实地之观察》：“北方药市中，有赤芍及白芍二种，赤芍即为本地西北一带山中野生者。”

《药物出产辨》：“赤芍，原产陕西汉中府，向日均以汉口来之狗头芍为最好气味……近所用者俱产自北口外由天津运来，山西产者为京赤芍，四川亦有出，次之。”

1963 年版《中国药典》：赤芍多系野生，主产于内蒙古、河北、辽宁等地。

《金世元中药材传统鉴别经验》：“本品为芍药和川赤芍的干燥根。赤芍主产内蒙古锡林郭勒盟的多伦（旧称‘喇嘛庙’）、大仆寺旗、镶黄旗；赤峰市（旧称‘哈达’）的敖汗旗、翁牛特旗；呼伦贝尔盟的扎兰屯、牙克石、阿荣族、阿伦春旗；兴安盟的突泉、乌兰浩特；河北的丰宁、赤城、围场（旧称‘锥子山’）、祟礼、沽源、张北、兴隆、平泉（旧称‘八沟’）；以及山西、黑龙江、吉林、辽宁等省。川赤芍主产四川阿坝、色达、马尔康、黑水、红原、茂县、北川、平武、炉霍、金川、天全、汶川，以及云南、青海、甘肃等省。赤芍以内蒙古多伦野生品为佳。其以根条粗长、质松、具有‘糟皮粉碴’的特点，为著名的地道药材‘多伦赤芍’。销于全国大部分地区及出口。”详细记载了赤芍产地。

附录 B

（资料性附录）

赤芍药材品质评价沿革

《本草经集注》："今出白山、蒋山、茅山最好，白而长大，余处亦有而多赤，赤者小利。"

《日华子本草》："此便是芍药花根。海、盐、杭、越俱好。"

《本草衍义》："芍药，全用根，山中者为佳，其根多赤色，其味涩苦，或有色白粗肥者益好。"

1963 年版《中国药典》：以条粗、外皮易脱落、断面白色粉性大、习称"糟皮粉渣"者为佳。

1977 年版《中国药典》：以条粗、断面白色粉性大者为佳。

《现代中药材商品通鉴》：以内蒙古多伦所产质量最佳，称"多伦赤芍"，奉为地道药材。芍药根：以支条粗长、质较轻松、糟皮粉碴者为佳。川赤芍：以支条粗壮、内碴黄白色者为佳。

《金世元中药材传统鉴别经验》：本品以条粗长、外皮易脱落、断面粉白色、具"糟皮粉碴"者为佳。赤芍以内蒙古多伦野生品为佳。其以根条粗长、质松、具有"糟皮粉碴"的特点。

综上，赤芍的道地产地自古至今发生着变化。南北朝以前出自嵩山，南北朝后至南宋时期均认为出今江苏一带，乃至安徽和浙江。直到清末民初，产地扩大到了陕西汉中、山西、河北等地；民国后期至今认为内蒙古、辽宁、吉林、黑龙江为赤芍的道地产区。川赤芍在民国时期才有记载，主产于四川西北部。古时以产地评价药材的优劣，现在以产地结合药材的性状特征评价赤芍药材的质量优劣。现认为条粗长、外皮易脱落、质较轻松、断面白色粉性大、具"糟皮粉碴"者为佳。这些文献资料为制定赤芍商品规格等级标准提供了依据。

ICS 11.120.01
C 23

团 体 标 准

T/CACM 1021.58—2018
代替T/CACM 1021.188—2018

中药材商品规格等级 鹿茸

Commercial grades for Chinese materia medica

CERVI CORNU PANTOTRICHUM

2018-12-03 发布 2018-12-03 实施

中华中医药学会 发布

目　　次

前　　言

T/CACM 1021《中药材商品规格等级》标准分为226个部分：

——第1部分：中药材商品规格等级标准编制通则；

……

——第57部分：中药材商品规格等级　赤芍；

——第58部分：中药材商品规格等级　鹿茸；

——第59部分：中药材商品规格等级　沉香；

……

——第226部分：中药材商品规格等级　玄明粉。

本部分为T/CACM 1021的第58部分。

本部分代替T/CACM 1021.188—2018。

本部分按照GB/T 1.1—2009《标准化工作导则　第1部分：标准的结构和编写》给出的规则起草。

本部分代替T/CACM 1021.188—2018，与T/CACM 1021.188—2018相比较，标准编号进行了调整，并重新进行了编辑。

本部分由中药材商品规格等级标准研究技术中心及道地药材国家重点实验室培育基地提出。

本部分由中华中医药学会归口。

本部分起草单位：河北百草康神药业有限公司、中国中医科学院西苑医院、中国中医科学院中药资源中心、中药材商品规格等级标准研究技术中心、北京中研百草检测认证有限公司。

本部分主要起草人：高峰、黄璐琦、郭兰萍、詹志来、李培红、高善荣、庞颖、田佳鑫、李军德、冯玉芝。

本部分所代替标准的历次版本发布情况为：

——T/CACM 1021.188—2018。

中药材商品规格等级　鹿茸

1　范围

本部分规定了鹿茸的商品规格等级。

本部分适用于鹿茸药材生产、流通以及使用过程中的商品规格等级评价。

2　规范性引用文件

下列文件对于本部分的应用是必不可少的。凡是注明日期的引用文件，仅所注明日期的版本适用于本部分。凡是不注明日期的引用文件，其最新版本（包括所有的修改版本）适用于本部分。

T/CACM 1021.1—2016 中药材商品规格等级编制通则

3　术语和定义

T/CACM 1021.1—2016 以及下列术语和定义适用于本部分。

3.1

鹿茸　CERVI CORNU PANTOTRICHUM

本品为鹿科动物梅花鹿 *Cervus Nippon* Temminck 或马鹿 *Cervus elaphus* Linnaeus 的雄鹿未骨化密生茸毛的幼角。前者习称“花鹿茸”，后者习称“马鹿茸”。夏、秋二季锯取鹿茸，经加工后，阴干或烘干。

3.2

大挺　*dating*

指各种鹿茸较长粗的主干。

3.3

门庄　*menzhuang*

指鹿茸的第一分枝，习称“门庄”或“眉叉”“护眼锥”。

3.4

独挺　*duting*

即未分岔的独角鹿茸，多为二年幼鹿的“初生茸”，又名“一颗葱”、“打鼓锤”或“钻天锥”。

3.5

虎口　*hukou*

主干与侧枝的连接处。

3.6

拧嘴　*ningzui*

指鹿茸大挺的顶端，初分支岔时，顶端嘴头，扭曲不正者。

3.7

骨化圈　*guhuaquan*

鹿茸锯口的周围，靠皮层处，有骨质化的一圈。

3.8

抽沟　*chougou*

鹿茸大挺不饱满，抽缩成沟形者。

3.9

悬皮　*xuanpi*

茸皮与鹿茸主体分离的状态。

3.10

乌皮 *wupi*

梅花鹿茸的表皮棕黄色，因受加工影响，出现部分皮变成黑色。

3.11

窜尖 *cuanjian*

鹿茸渐老时，大挺顶端，破皮窜出瘦小的角尖。

3.12

人字茸 *renzirong*

马鹿茸刚刚长出形状呈人字形。

3.13

存折 *cunzhe*

鹿茸内部已折断，而表皮未开裂，但有裂痕。

3.14

怪角 *guaijiao*

指一切违背本种鹿茸的特异性形态，呈不规则形状的鹿茸。

3.15

捻头 *niantou*

四岔茸毛粗而稀，大挺下部具棱筋及疙瘩，分枝顶端多无毛，习称“捻头”。

3.16

挂角 *guajiao*

大挺超过门庄4.5～6cm，习称“挂角”。

3.17

莲花 *lianhua*

指具两个侧枝的马鹿茸。

3.18

三岔四平头 *sanchasipingtou*

一般马鹿茸较大，在主干同侧有2～3个典型的侧枝，侧枝与主干呈同侧弯曲，第一支（俗称眉枝）与第二支（俗称冰枝）相邻近，第三枝（俗称中枝）着生于主干中段，即为三岔；四平头指主干和侧枝的顶端丰满肥嫩、浑圆。

3.19

三岔 *sancha* **起筋** *qijin* **骨豆** *gudou*

三岔：花鹿茸大挺具有两个分支者，称为“三岔”。其大挺略呈弓样弯曲，长23～33cm，直径较二杠细且微扁，顶端略尖（不做弯头），下部多有纵棱筋，习称“起筋”，表面微突起的疙瘩，习称“骨豆”。

3.20

老毛杠 *laomaogang*

指具三个以上侧枝的马鹿茸，快成老鹿角，但未脱去茸毛者，习称“老毛杠”。

3.21

老五岔 *laowucha*

马鹿茸生长出五个侧枝，此时茸毛开始稀落，具有许多骨化斑。

3.22

关东青　*guandongqing*

马鹿茸按产地分为“西马鹿茸”（指西北产品）和“东马鹿茸”（指东北产品）。“东马鹿茸”又称“关东青”。

3.23

蜡片　*lapian*　嘴片　*zuipian*

蜡片是选择鹿茸的顶尖部位切片而成，又名嘴片。

3.24

粉片　*fenpian* 白粉片 *baifenpian*　黄粉片 *huangfenpian*　红粉片 *hongfenpian*

粉片是选择鹿茸中上段切片而成。粉片以颜色区分有白粉片、黄粉片和红粉片三种。

3.25

纱片　*shapian*

纱片是选择鹿茸中下段切片而成，断面呈现海绵样孔隙。

3.26

骨片　*gupian* 老角片　*laojiaopian*

骨片一般指鹿茸下部切片而成，断面黄棕色或带血污色，海绵样孔隙较大，呈纱网样，周围已明显骨化。或称为“老角片”。

4　规格等级划分

根据市场流通情况，鹿茸分为鹿茸个和鹿茸片两类商品。其中鹿茸个根据基原不同，分为花鹿茸和马鹿茸两个规格，花鹿茸规格下根据茸的分岔情况及采收状态细分为二杠茸、三岔和再生茸，其中二杠茸项下分“一等”“二等”“三等”三个等级；三岔和再生茸均为统货等级。马鹿茸项下分“一等”“二等”“三等”三个等级。

鹿茸片根据不同部位切出的茸片分为蜡片、粉片、纱片、骨片等级，其中蜡片根据蜡质比例细分全蜡片和半蜡片级别；粉片根据颜色细分为白粉片、黄粉片、红粉片级别；纱片根据颜色细分为白纱片和红纱片级别；骨片则为统货。应符合表1、表2要求。

表1　鹿茸商品规格等级划分

规格	等级	性状描述	
		共同点	区别点
花鹿茸（二杠茸）	一等	体呈圆柱形，具有八字分岔一个，大挺、门庄相称，短粗嫩状，顶头钝圆。皮毛红棕或棕黄色。锯口黄白色，有蜂窝状细孔，无骨化圈。气微腥，味微咸	不拧嘴，不抽沟，不破皮、悬皮、乌皮，不存折
	二等		不拧嘴，有抽沟，有破皮、悬皮、乌皮及存折等现象。虎口以下稍显棱纹
	三等	体呈圆柱形，具有八字分岔一个。兼有独挺和怪角。气微腥，味微咸。不符合一二等者，均属此等	
花鹿茸（三岔）	统货	体呈圆柱形，具两个分支	
花鹿茸（再生茸）	统货	形状与二杠相似，但大挺长而圆，或下粗上细。下部有纵棱筋，皮质黄色茸毛粗糙，间有细长的针毛，锯口外围多已骨质化，体较重，其他同二杠茸。气微腥，味微咸	

续表

<table>
<tr><th rowspan="2">规格</th><th rowspan="2">等级</th><th colspan="2">性状描述</th></tr>
<tr><th>共同点</th><th>区别点</th></tr>
<tr><td rowspan="3">马鹿茸</td><td>一等</td><td rowspan="2">体呈支岔，类圆柱形。皮毛灰黑色或灰黄色。气微腥，味微咸</td><td>枝干粗壮，嘴头饱满。质嫩的三岔、莲花、人字茸等，无骨豆，不拧嘴，不偏头，不破皮</td></tr>
<tr><td>二等</td><td>质嫩的四岔茸，有骨豆、破皮、拧嘴、偏头等现象的三岔茸、人字茸等</td></tr>
<tr><td>三等</td><td colspan="2">体呈支岔圆柱形或畸形，皮毛灰黑色或灰黄色。老五岔、老毛杠和嫩再生茸。有破皮、窜尖等现象。气微腥，味微咸。不符合一二等者，均属此等</td></tr>
<tr><td colspan="4">注1：关于鹿茸药材历史产区沿革参见附录A。
注2：关于鹿茸药材品质评价沿革参见附录B。</td></tr>
</table>

表2　鹿茸片商品规格等级划分

<table>
<tr><th rowspan="2">规格</th><th rowspan="2" colspan="2">等级</th><th colspan="2">性状描述</th></tr>
<tr><th>共同点</th><th>区别点</th></tr>
<tr><td rowspan="8">鹿茸片</td><td rowspan="2">蜡片</td><td>全蜡片</td><td rowspan="2" colspan="2">蜡片是选择鹿茸的顶尖部位（尖端是全蜡片，其下是半蜡片）切片而成。为圆形薄片，切面平滑，全部或部分胶质状。表面黄棕色或浅黄色，半透明，显蜡样光泽，外皮无骨质，多可见茸毛，边缘暗棕色，近边缘处有一较深色环。气微腥，味微咸</td></tr>
<tr><td>半蜡片</td></tr>
<tr><td rowspan="3">粉片</td><td>白粉片</td><td rowspan="3">粉片是选择鹿茸的中上段（从上至下依次为白粉片、黄粉片、红粉片）切片而成。为横切圆形或类圆形薄片，切面白色、黄色渐变至淡棕色，中间密布均匀的海绵样空隙，周围无骨质，边缘具黄褐色环，半透明，角质，可见有残留的毛茸。质坚脆。气微腥，味微咸</td><td>断面颜色较白、海绵状孔隙，蜡圈比较宽</td></tr>
<tr><td>黄粉片</td><td>断面颜色微黄，海绵状孔隙</td></tr>
<tr><td>红粉片</td><td>红粉片是里面有鹿茸血的鹿茸片，外皮平滑，呈红棕色或棕色，横切面淡棕色，有海绵状孔隙，气微腥，味微咸</td></tr>
<tr><td rowspan="2">纱片</td><td>红纱片</td><td rowspan="2">纱片是选择鹿茸的中下段切片而成。片面圆而整齐，气微腥，味微咸</td><td>红纱片片色较深，手触摸有纱质感，质硬，周围已显骨化</td></tr>
<tr><td>白纱片</td><td>白纱片色浅灰黄白，孔眼较粗，外侧质地致密，中心稀或部分脱落</td></tr>
<tr><td colspan="2">骨片</td><td colspan="2">骨片是用最近骨端的鹿茸段切成。为圆形或类圆形厚片。片面粗糙，大部分骨化。气微腥，味微咸</td></tr>
</table>

续表

<table>
<tr><th rowspan="2">规格</th><th rowspan="2">等级</th><th colspan="2">性状描述</th></tr>
<tr><th>共同点</th><th>区别点</th></tr>
<tr><td colspan="4">注1：半蜡片根据鹿茸片中黄褐色环占比多少可进行细分，市场上统称为半蜡片，本标准不做该规格下的等级划分。
注2：考虑到当前药材市场中花鹿茸多以二杠为主，三岔很少见，故本标准不对三岔进行等级的划分。
注3：传统马鹿茸市场少见，本次商品规格考察基本未发现成规模的东北马鹿茸、天山马鹿茸。仅在伊犁考察时，当地鹿茸企业有天山马鹿养殖，但商品在当地基本消化，很少流向市场。
注4：目前市场主流鹿茸片为新西兰、澳大利亚、俄罗斯进口鹿茸切制而成，基原不明，本标准不予收载，但其鹿茸片也可参考本标准。
注5：文献中“蜡片”与“腊片”均有出现。
注6：文献中“砂片”与“纱片”均有出现。
注7：关于鹿茸药材历史产区沿革参见附录A。
注8：关于鹿茸药材品质评价沿革参见附录B。</td></tr>
</table>

5 要求

应符合 T/CACM 1021.1—2016 的第 7 章规定：

——无变色；

——无虫蛀；

——无霉变；

——不臭。

附录 A

（资料性附录）

鹿茸药材历史产区沿革

鹿茸的分布最早记载于宋代的《本草图经》，《本草图经》曰"《本经》不载所出州土，今有山林处皆有之"，未明确具体位置。但书中附郢州鹿及砍茸图。郢州即今之河南信阳市。

明代《本草蒙筌》记载为："山林俱各有生，捕获亦堪驯养。小者名鹿，大者名麋。"

《中国药材学》收载梅花鹿分布于东北、华北。常群栖于山地草原及林边。现多为人工饲养。马鹿分布于东北、西北、西南及内蒙古。栖息于高山森林草原。野生或饲养。花鹿茸主要产于吉林、辽宁、河北。马鹿茸主要产于黑龙江、吉林、内蒙古、新疆、青海、四川及云南，东北产者称"东马茸"，质优，多出口；西北产者称"西马茸"。

《中华本草》收载梅花鹿茸主产吉林、辽宁、河北等地，现江苏、四川等地亦产。马鹿茸主产黑龙江、吉林、内蒙古等地又称东马鹿茸，四川、云南、青海、新疆等产地者又称西马鹿茸。

张贵军《现代中药材商品通鉴》提出马鹿茸，东北产者习称"东马鹿茸"，质优；西北产者习称"西马鹿茸"，为道地药材。

《中华药海》收载梅花鹿又名花鹿，分布东北、华北、华东及西北、西南等地区。马鹿又名赤鹿、八叉鹿，分布东北、内蒙古、西北、西南等地。

金世元《金世元中药材传统鉴别经验》记载梅花鹿野生者很少，主要以家养为主，以东北最多，如吉林双阳、东丰、辉南、通化、靖宇、白山、梅河口；辽宁西丰、情原、铁岭，四川都江堰，北京昌平，河北承德等地。马鹿野生与家养均有，野生主要分布于新疆、内蒙古、黑龙江、吉林、青海、甘肃等地。家养马鹿主产于新疆尉犁、伊宁、察布查尔、沙雅、巩留、尼勒克、昭苏、阿克苏，黑龙江林口、横道河子、佳木斯、伊春、牡丹江、宁安，吉林双阳、东丰，辽宁抚顺、西丰，内蒙古赤峰、兴安、呼和浩特等地。

综合以上古文献及现代文献考证，古文献中记载鹿茸山林处皆有之，最早记载的是郢州鹿，也就是今天的河南信阳。现代文献中鹿茸产地分布极广，花鹿茸主产于吉林双阳、东丰、辉南、通化、靖宇、白山、梅河口，辽宁西丰、情原、铁岭，河北承德，现江苏、四川都江堰、北京昌平等地亦产。马鹿茸野生主要分布于新疆、内蒙古、黑龙江、吉林、青海、甘肃等地，家养马鹿主产于新疆尉犁、伊宁、察布查尔、沙雅、巩留、尼勒克、昭苏、阿克苏，黑龙江林口、横道河子、佳木斯、伊春、牡丹江、宁安，吉林双阳、东丰，辽宁抚顺、西丰，内蒙古赤峰、兴安、呼和浩特等地。

附录 B
(资料性附录)
鹿茸药材品质评价沿革

《神农本草经》记载:《名医》曰:茸,四月、五月解角时取,阴干,使时躁,角,七月采。

宋代苏颂《本草图经》曰:以形如小紫茄子者为上,或云茄子茸太嫩,血气犹未具,不若分歧如马鞍形者有力。茸不可嗅,其气能伤人鼻。七月采角。鹿年岁久者,其角坚好,煮以为胶,入药弥佳。今医家多贵麋茸、麋角,力紧于鹿。

《本草蒙筌》小若紫茄,名茄茸。恐血气嫩未全俱;坚如朽木,是气血反老衰残。二者俱不足为美药也。必得如琥珀红润者为佳,仍择似马鞍岐矮者益善。

《本草求真》记载:鹿角初生。长二三寸。分岐如鞍。红如玛瑙。破之如朽木者良。酥涂微炙用。

《现代中药材商品通鉴》马鹿茸,东北产者习称“东马鹿茸”,质优;西北产者习称“西马鹿茸”,为道地药材。花鹿茸均以茸粗壮、主枝圆、顶端丰满、质嫩、毛细、皮色红棕、有油润光泽者为佳。马鹿茸以饱满、体轻、毛色灰褐、下部无棱筋者为佳。

《金世元中药材传统鉴别经验》根据鹿的生长时间、茸的大小、分叉多少及老嫩程度可分为初生茸、二杠、三岔、挂角、再生茸、砍茸。花鹿茸、马鹿茸均以茸形粗壮、饱满、皮毛完整、质嫩、油润、茸毛细,无骨棱、骨钉者为佳。习惯认为花鹿茸二杠质量优于挂角、三岔;马鹿茸单门、莲花优于三岔、四岔。综合以上古文献及现代文献考证发现,鹿茸以茸形粗壮、饱满、皮毛完整、质嫩、油润、茸毛细、无骨棱、无骨钉者为佳。

经过对亳州、安国、荷花池、玉林四个市场的调查发现梅花鹿茸优于马鹿茸,二杠茸优于三岔茸,头茬茸优于再生茸,分岔越多质量越次。“肥、大、胖、嫩、轻”是评价鹿茸的重要标准。同一档次梅花鹿茸商品中,以粗壮、主枝圆、顶端丰满、“回头”明显、质嫩、毛细、皮色红棕、较少骨钉或棱线、有油润光泽者为佳。此外,梅花鹿和马鹿均以断面周边无骨化圈、中央蜂窝眼细密、皮毛完整者为优。二者中有破皮、悬皮、抽沟、存折、拧嘴等现象的均应酌情降等。

综上,鹿茸的规格等级划分强调基原和形态,花鹿茸优于马鹿茸,二杠茸优于三岔茸,分岔越多质量越次。并在此基础上结合表面特征,如以茸形粗壮、饱满、皮毛完整、质嫩、油润、茸毛细,无骨棱、骨钉者为佳。为制定鹿茸商品规格等级标准提供了依据。

ICS 11.120.10
C 10/29

团 体 标 准

T/CACM 1021.59—2018
代替T/CACM 1021.55—2017

中药材商品规格等级 沉香

Commercial grades for Chinese materia medica

AQUILARIAE LIGNUM RESINATUM

2018-12-03 发布 2018-12-03 实施

中华中医药学会 发布

目　次

前　言

T/CACM 1021《中药材商品规格等级》标准分为226个部分：

——第1部分：中药材商品规格等级标准编制通则；

……

——第58部分：中药材商品规格等级　鹿茸；

——第59部分：中药材商品规格等级　沉香；

——第60部分：中药材商品规格等级　木瓜；

……

——第226部分：中药材商品规格等级　玄明粉。

本部分为T/CACM 1021的第59部分。

本部分代替T/CACM 1021.55—2017。

本部分按照GB/T 1.1—2009《标准化工作导则　第1部分：标准的结构和编写》给出的规则起草。

本部分代替T/CACM 1021.55—2017，与T/CACM 1021.55—2017相比较，标准编号进行了调整，并重新进行了编辑。

本部分由中药材商品规格等级标准研究技术中心及道地药材国家重点实验室培育基地提出。

本部分由中华中医药学会归口。

本部分起草单位：中国医学科学院药用植物研究所海南分所、中国中医科学院中药资源中心、广东药科大学、中药材商品规格等级标准研究技术中心、北京中研百草检测认证有限公司。

本部分主要起草人：魏建和、刘洋洋、冯剑、黄璐琦、郭兰萍、詹志来、杨全、金艳、何雅莉。

本部分所代替标准的历次版本发布情况为：

——T/CACM 1021.55—2017。

中药材商品规格等级　沉香

1　范围

本部分规定了沉香的商品规格等级。

本部分适用于沉香药材生产、流通以及使用过程中的商品规格等级评价。

2　规范性引用文件

下列文件对于本部分的应用是必不可少的。凡是注明日期的引用文件，仅所注明日期的版本适用于本部分。凡是不注明日期的引用文件，其最新版本（包括所有的修改版本）适用于本部分。

T/CACM 1021.1—2016 中药材商品规格等级编制通则

3　术语和定义

T/CACM 1021.1—2016 以及下列术语和定义适用于本部分。

3.1

沉香　AQUILARIAE LIGNUM RESINATUM

本品为瑞香科植物白木香 *Aquilaria sinensis*（Lour.）Gilg 含有树脂的木材。全年均可采收，割取含树脂的木材，除去不含树脂的部分，阴干。

3.2

栽培沉香　*zaipeichenxiang*

来源为瑞香科植物白木香 *Aquilaria sinensis*（Lour.）Gilg 含有树脂的木材。白木香树在人为伤害后形成的沉香。

3.3

结香方法　agarwood-inducing method

用于在栽培白木香树上生产或形成沉香的方法。

4　规格等级划分

根据市场流通情况，按照药材色泽、气味等划分为选货和统货两个等级；选货项下再分为“一等”和“二等”两个等级。应符合表1要求。

表1　规格等级划分

等级		性状描述	
		共同点	区别点
选货	一等	本品呈不规则块、片状、梭状或盔帽状，有的为小碎块。表面凹凸不平，有明显刀痕，可见红褐色或黑褐色树脂与黄白色木部相间的斑纹，凹窝表面多呈朽木状。质较坚实，断面刺状。一侧有腐木质。气芳香，微苦。燃烧冒油	结香面颜色红褐色、褐色或黑褐色，黄白色木低于50%。燃烧有浓厚黑色烟雾，无木质味
	二等		结香面颜色浅褐色、浅红褐色、褐色或浅色，黄白色木超过50%。燃烧有黑色烟雾或青色烟雾，有木质味
统货		本品呈不规则块、片状、梭状或盔帽状，有的为小碎块。表面凹凸不平，有明显刀痕，可见红褐色或黑褐色树脂与黄白色木部相间的斑纹，凹窝或一侧表面呈朽木状。质较坚实，断面刺状。气芳香，微苦。燃烧冒油	

续表

<table>
<tr><td rowspan="2">等级</td><td colspan="2">性状描述</td></tr>
<tr><td>共同点</td><td>区别点</td></tr>
<tr><td colspan="3">注1：栽培沉香应在产品包装上标明产地、结香方式、结香年限等信息。
注2：药典规定沉香为白木香 Aquilaria sinensis（Lour.）Gilg 含有树脂的木材，而目前市场上存在大量进口沉香，如“马来沉香、越南沉香”等不符合药典规定的沉香，需加以区别。
注3：关于沉香药材历史产区沿革参见附录A。
注4：关于沉香药材品质评价沿革参见附录B。</td></tr>
</table>

5 要求

除符合 T/CACM 1021.1—2016 的第7章规定外，还应符合下列要求：

——无虫蛀；

——无霉变；

——杂质不得过3%。

附录 A

（资料性附录）

沉香药材历史产区沿革

沉香作为药物始载于梁代陶弘景的《名医别录》，被列为上品。岭南第一部本草书籍《南方草木状》中对沉香有着详细描述："蜜香、沉香、鸡骨香、黄熟香、栈香、青桂香、马蹄香、鸡舌香，按此八物，同出一树也。交趾有蜜香树，干似柜柳，其花白而繁，其叶如橘。"《海药本草》载："（沉香）生南海山谷。"经考证，古代南海包括现在的海南、广东部分地区及东南亚国家。《本草图经》云："旧不著所出州土，今惟海南诸国及交、广、崖州有之。"《证类本草》引（通典）云："海南林邑国秦象郡林邑县出沉香、沉木。"引（杨文公谈苑）曰："岭南雷州及海外琼崖山中多香树。"《博物要览》在沉香条目下载："产天竺国及海南交广州琼崖诸处。"《本草乘雅半偈》云："出天竺，及海南诸国，今岭南州郡悉有，傍海处尤多。"沉香药材资料汇编：古代海南（直至 1988 年前）隶属于广东省，琼崖即指海南岛。文献记载，岭南地区多指海南、雷州半岛、粤东等地区，但古代文献中记载以海南黎母山产沉香为道地药材，周边各市县有栽培，统称"海南沉香"，广东、云南等地亦产沉香。

现代文献记载，全世界范围内沉香主要分为三类："惠安沉香，产地为越南、老挝、柬埔寨等地""星洲沉香，产地为马来西亚、印度尼西亚、文莱等地"和"海南系沉香，产地中国海南、广东、云南等地"。

附录 B

（资料性附录）

沉香药材品质评价沿革

《本草纲目》记载曰："海南沉香，一片万钱，绝冠天下。"杨文公<谈苑>："岭南雷州及海外琼崖山中多香树，山中夷民所采卖与人。其一树出香三等，曰：沉香、盏香、黄熟香。"沉香入水即沉，其品凡四：曰熟结，乃膏脉凝结自朽出着；曰生结，乃刀斧伐仆，膏脉结聚者；曰脱落，乃因水朽而结者；曰虫漏，乃因蠹隙而结者。生结为上，熟脱次之。坚黑为上，黄色次。角沉黑润，黄沉黄润，腊沉柔韧，革沉纹横，皆上品也。其盏香入水半浮半沉，即沉香之半结连木者，或作煎香。番名婆木香，亦曰弄水香。其黄熟香，即香之轻虚者，俗讹为素香是矣。有生速，斩伐而取之。有熟速，腐朽而取者。其大而可雕刻者，谓之水盘头，并不堪入药，但可焚炙。蔡绦云："占城不若真腊，真腊不若海南黎峒。黎峒又以万安黎母山东峒者绝冠天下，谓之海南沉，一片万钱。"《本草乘雅半偈》在伽南香条目下云："凡三等，其一……入水轻浮者为黄熟。其二……入水或浮，或半浮者为树香，栈香，速香也。其三……入水沉底者为沉香……大都沉香所重在质，故通体作香，入水便沉……沉没水下者为上。"

综上，历代对于沉香的规格等级划分强调产地质量，及药典规定的中药材沉香的物种，结合文献记载综合得出以海南沉香为道地药材，并在此基础上进行质量控制、真伪鉴定及品质评价研究，为制定沉香商品规格等级标准提供了依据。

ICS 11.120.10
C 10/29

团 体 标 准

T/CACM 1021.60—2018
代替T/CACM 1021.38—2017

中药材商品规格等级 木瓜

Commercial grades for Chinese materia medica

CHAENOMELIS FRUCTUS

2018-12-03 发布 2018-12-03 实施

中华中医药学会 发布

目　次

前　言

T/CACM 1021《中药材商品规格等级》标准分为226个部分：

——第1部分：中药材商品规格等级标准编制通则；

……

——第59部分：中药材商品规格等级　沉香；

——第60部分：中药材商品规格等级　木瓜；

——第61部分：中药材商品规格等级　僵蚕；

……

——第226部分：中药材商品规格等级　玄明粉。

本部分为T/CACM 1021的第60部分。

本部分代替T/CACM 1021.38—2017。

本部分按照GB/T 1.1—2009《标准化工作导则　第1部分：标准的结构和编写》给出的规则起草。

本部分代替T/CACM 1021.38—2017，与T/CACM 1021.38—2017相比较，标准编号进行了调整，并重新进行了编辑。

本部分由中药材商品规格等级标准研究技术中心及道地药材国家重点实验室培育基地提出。

本部分由中华中医药学会归口。

本部分起草单位：天津大学、安徽中医药大学、中国中医科学院中药资源中心、中药材商品规格等级标准研究技术中心、北京中研百草检测认证有限公司。

本部分主要起草人：李霞、高文远、苗静、黄璐琦、詹志来、郭兰萍、彭华胜、查良平。

本部分所代替标准的历次版本发布情况为：

——T/CACM 1021.38—2017。

中药材商品规格等级　木瓜

1　范围

本部分规定了木瓜的商品规格等级。

本部分适用于木瓜药材生产、流通以及使用过程中的商品规格等级评价。

2　规范性引用文件

下列文件对于本部分的应用是必不可少的。凡是注明日期的引用文件，仅所注明日期的版本适用于本部分。凡是不注明日期的引用文件，其最新版本（包括所有的修改版本）适用于本部分。

T/CACM 1021. 1—2016 中药材商品规格等级编制通则

3　术语和定义

3. 1

T/CACM 1021. 1—2016 以及下列术语和定义适用于本部分。

木瓜　CHAENOMELIS FRUCTUS

蔷薇科植物贴梗海棠 *Chaenomeles speciosa*（Sweet）Nakai. 的干燥近成熟果实。夏、秋二季果实绿黄时采收，置沸水中烫至外皮灰白色，对半纵剖，晒干。

4　规格等级划分

根据市场流通情况，对木瓜药材进行等级划分，将木瓜分为“选货”和“统货”两个等级。应符合表 1 要求。

表 1　规格等级划分

等级	性状描述	
	共同点	区别点
选货	本品呈长圆形，多纵剖成两半，宽 2～5cm，厚 1～2. 5cm。外表面紫红色或红棕色，有不规则的深皱纹；剖面边缘向内卷曲，果肉红棕色，中心部分凹陷，棕黄色；种子扁长三角形，多脱落。质坚硬。气微清香，味酸	长度≥6cm
统货		长度≥4cm

注 1：市场上湖北、安徽、重庆、四川等地的木瓜外观稍有差异。
注 2：当前市场木瓜药材多按产地流通。
注 3：关于木瓜药材历史产区沿革参见附录 A。
注 4：关于木瓜药材品质评价沿革参见附录 B。

5　要求

除应符合 T/CACM 1021. 1—2016 的第 7 章规定外，还应符合下列要求：

——无光皮木瓜；

——无焦枯；

——无虫蛀；

——无霉变；

——杂质不得过 3%。

附录 A

（资料性附录）

木瓜药材历史产区沿革

木瓜始载于魏晋《名医别录》，列为中品，名为木瓜实，其味酸，温，无毒。魏晋时代《吴普本草》记载有“生夷陵（今湖北宜昌）”。

唐代《新修本草》记载有：“山阴、兰亭（今浙江省绍兴一带）尤多，彼人以为良药，最疗转筋。”

宋代苏颂《本草图经》云：“今处处有之，而宣城（今安徽省宣城市）者为佳。”说明当时木瓜分布很广泛，其中安徽宣城木瓜质量较好。北宋《本草衍义》记载：“今人多取西京（今河南洛阳）大木瓜为佳，其味和美。至熟止青白色，入药绝有功。胜（今内蒙古鄂尔多斯左翼后旗黄河西岸，与陕西、山西交界处）、宣州（今安徽宣城市）者味淡。”

明代《本草蒙筌》：“味酸，气温。无毒。各处俱产，宣州独良。”说明木瓜分布广泛，安徽宣城市木瓜品质最好。明代《本草乘雅半偈》曰：“木瓜处处有之，西雒（今四川省广汉市境中心）者最胜，宣城者亦佳，山阴兰亭尤多也。”

清代《本草害利》记载：“八月采实，切片晒干入药。宣州瓜陈生者良。”

清代《本草易读》记载：“处处有之。”

清代《得配本草》：“宣州陈久者良。勿犯铁器，以铜刀切片。多食损齿及骨，病癃闭。血虚脚软者禁用。”

张贵君《现代中药材商品通鉴》：“木瓜主产于四川灌县、彭县、广元、旺苍，湖北恩施、资立、宜昌、长阳，安徽宣城、涡阳、六安，陕西、甘肃、浙江、贵州、云南、山东等省亦产。以四川产量最大，安徽宣城产品质佳。销全国并出口。木瓜、木瓜片，均为统货。以质实、肉厚、色紫红、味酸者质佳。”

《中药大辞典》记载：“栽培或野生，分布华东、华中及西南各地。主产安徽、浙江、湖北、四川等地。此外，湖南、福建、河南、陕西、江苏亦产。安徽宣城产者，习称宣木瓜，质量较佳。”

金世元《中药材传统鉴别经验》记载：“主产于安徽宣城、宁国、广德，浙江淳安、开化，湖北长阳、资丘、巴东、五峰、鹤峰，四川江津，重庆綦江、铜梁，湖南桑植、慈利。云南、贵州也有少量出产。以安徽宣木瓜、浙江淳木瓜、湖北资丘木瓜品质最佳。”

附录 B
（资料性附录）
木瓜药材品质评价沿革

北宋《本草衍义》记载："今人多取西京大木瓜为佳，其味和美。至熟止青白色，入药绝有功。胜、宣州者味淡。"

清代《本草害利》记载："八月采实，切片晒干入药。宣州瓜陈生者良。"清代《得配本草》记载："宣州陈久者良。"

历代本草对木瓜药材品质评价记载较少，多以味道评价，"以味和美为佳"，且以"宣州瓜陈生者良"。

张贵君《现代中药材商品通鉴》记载木瓜商品规格为："木瓜、木瓜片，均为统货。以质实、肉厚、色紫红、味酸者质佳。"现代文学主要从质地、果肉厚度、颜色、味道四个方面来评价木瓜药材。

综上，历代对木瓜进行规格等级的划分主要强调了产地质量，以宣木瓜（安徽宣城）、资木瓜（湖北宜昌）为道地药材，评价以质实、肉厚、色紫红、味酸者质佳。

ICS 11.120.10
C 10/29

团 体 标 准

T/CACM 1021.61—2018
代替T/CACM 1021.22—2017

中药材商品规格等级 僵蚕

Commercial grades for Chinese materia medica

BOMBYX BATRYTICATUS

2018-12-03 发布 2018-12-03 实施

中华中医药学会 发布

目　　次

前　　言

T/CACM 1021《中药材商品规格等级》标准分为226个部分：

——第1部分：中药材商品规格等级标准编制通则；

……

——第60部分：中药材商品规格等级　木瓜；

——第61部分：中药材商品规格等级　僵蚕；

——第62部分：中药材商品规格等级　姜黄；

……

——第226部分：中药材商品规格等级　玄明粉。

本部分为T/CACM 1021的第61部分。

本部分代替T/CACM 1021.22—2017。

本部分按照GB/T 1.1—2009《标准化工作导则　第1部分：标准的结构和编写》给出的规则起草。

本部分代替T/CACM 1021.22—2017，与T/CACM 1021.22—2017相比较，标准编号进行了调整，并重新进行了编辑。

本部分由中药材商品规格等级标准研究技术中心及道地药材国家重点实验室培育基地提出。

本部分由中华中医药学会归口。

本部分起草单位：江苏大学、中国中医科学院中药资源中心、中药材商品规格等级标准研究技术中心、北京中研百草检测认证有限公司。

本部分主要起草人：闻崇炜、欧阳臻、黄璐琦、郭兰萍、詹志来、魏渊、赵明、汤建、石莉、赵烨清、王笃军。

本部分所代替标准的历次版本发布情况为：

——T/CACM 1021.22—2017。

中药材商品规格等级　僵蚕

1　范围

本部分规定了僵蚕的商品规格等级。

本部分适用于僵蚕药材生产、流通以及使用过程中的商品规格等级评价。

2　规范性引用文件

下列文件对于本部分的应用是必不可少的。凡是注明日期的引用文件，仅所注明日期的版本适用于本部分。凡是不注明日期的引用文件，其最新版本（包括所有的修改版本）适用于本部分。

T/CACM 1021.1—2016 中药材商品规格等级编制通则

3　术语和定义

T/CACM 1021.1—2016 以及下列术语和定义适用于本部分。

3.1

僵蚕　BOMBYX BATRYTICATUS

本品为蚕蛾科昆虫家蚕 *Bombyx mori* Linnaeus 4～5 龄的幼虫感染（或人工接种）白僵菌 *Beauveria bassiana*（Bals.）Vuillant 而致死的干燥体。多于春、秋季生产，将感染白僵菌病死的蚕干燥。

3.2

单体重量　single weight

单个僵蚕药材蚕体的质量。

3.3

50g 头数　number of units equaling 50g

每 50g 僵蚕药材中僵蚕的个数。

3.4

直径　diameter

按僵蚕样品胸腹部（即第二至第三对足处）测量。

3.5

抽样检测　sampling inspection

药材总包件数不足 5 件的，逐件取样；5～99 件，随机抽 5 件取样；100～1000 件，按 5% 比例取样；超过 1000 件的，超过部分按 1% 比例取样。每一包件至少在 2～3 个不同部位各取样品 1 份。每一包件一般取样量 50～100g。

4　规格等级划分

根据市场流通情况，对药材进行等级划分，将僵蚕分为“选货”和“统货”两个等级。再根据单体重量（或头数）、单体长度、单体直径及断面丝腺环，将僵蚕选货规格分为“一级”和“二级”两个等级。应符合表 1 要求。

表1　规格等级划分

<table>
<tr><th colspan="2" rowspan="2">等级</th><th colspan="2">性状描述</th></tr>
<tr><th>共同点</th><th>区别点</th></tr>
<tr><td rowspan="2">选货</td><td>一等</td><td rowspan="2">本品略呈圆柱形，头部较圆，尾部略呈二分歧状，体腹面有足8对呈突出状，体节明显。表面呈灰黄色或黄白色，体表覆盖由分生孢子和气生菌丝体所形成的白色粉霜。形体饱满，质硬而脆，易折断，断面平坦，有玻璃光泽。气微腥，味微咸</td><td>每50g≤70头（或单体重量≥0.7g，长度≥3.8cm，直径≥0.6cm），抽样检测断面亮黑色丝腺环比例数≥85%</td></tr>
<tr><td>二等</td><td>每50g 70～110头（或单体重量0.5～0.7克，长度3.3～3.8cm，直径0.5～0.6cm），抽样检测断面亮黑或棕黑色丝腺环比例数≥80%</td></tr>
<tr><td colspan="2">统货</td><td colspan="2">本品不分大小。腹部断面丝腺环多呈浅棕色或棕色。形体不饱满、干瘪、无丝腺环者≤5%</td></tr>
<tr><td colspan="4">注1：等级可根据僵蚕头数划分，也可根据单体的重量、长度、直径值综合判定。其中，单体重量为划分时主要依据指标，样品值比表1要求值低15%可判定为下一等级；长度、直径为参考指标，其中任一项样品值比表1要求值低30%可判定为下一等级。
注2：1977年及以后各版《中国药典》均将亮棕色或亮黑色的丝腺环作为僵蚕的重要性状特征之一。为区分增重货，各市场应对僵蚕丝腺环状况进行抽样检测。
注3：市场中应注意蚕茧取丝后虫体经炒制成的掺入僵蚕，此类沾着或多或少的绒丝，不具备正品僵蚕的特点。
注4：市场中应注意混有过多石灰粉以增加重量者，此类僵蚕表面污白色，被有一层白色石灰粉。体节不明显，质不坚实，折断面可见空隙，里黑绿色至黑褐色。略带石灰气，有刺鼻之感。
注5：本部分不适用于陈货规格等级划分。
注6：本部分不适用于断条货规格等级划分。
注7：市场尚有僵蛹商品，注意区分。
注8：关于僵蚕药材历史产区沿革参见附录A。
注9：关于僵蚕药材品质评价沿革参见附录B。</td></tr>
</table>

5　要求

除应符合T/CACM 1021.1—2016的第7章规定外，还应符合下列要求：

——无黄僵；

——无绿僵；

——无虫蛀；

——无霉变；

——无形体不饱满；

——无干瘪；

——杂质不得过3%。

附录 A

（资料性附录）

僵蚕药材历史产区沿革

僵蚕药用始载于秦汉时期《神农本草经》：“味咸，平，无毒。主小儿惊痫夜啼；去三虫，灭黑䵟，令人面色好，男子阴疡病。”“生平泽（即颍川郡平泽，今河南禹县）。”

魏晋时期《名医别录》：“生颍川。”

南北朝时期《本草经集注》：“生颍川平泽。”

宋代《本草图经》：“生颍川平泽，今所在养蚕处皆有之。”

清代《本草崇原》：“蚕处处可育，而江浙尤多，蚕病风死，其色不变，故名白僵。”

民国《中国药学大辞典》：“白殭蚕各省均有出，但以江苏省常州府为最。”

《500味常用中药材的经验鉴别》：“主要出产于我国东南部产蚕区，主产于浙江吴兴、德清；江苏镇江、无锡等地。”

《金世元中药材传统鉴别经验》：“主产于我国太湖流域沿长江三角洲的养蚕区。如浙江长兴、德清、嘉兴、嘉善、桐乡、湖州；江苏苏州、无锡、常州、南通；安徽宣城、青阳、泾县；四川宜宾、内江、绵阳、南充、广安；以及山东等地。”

附录 B

（资料性附录）

僵蚕药材品质评价沿革

魏晋时期《名医别录》："四月取自死者，勿令中湿，湿有毒，不可用。"

宋代《本草图经》："用自僵死白色而条直者为佳。四月取，勿令中湿，湿则有毒，不可用。"宋代《本草衍义》："然蚕有两三番，惟头番僵蚕最佳，大而无蛆。"

明代《本草纲目》："蚕，孕丝虫也。凡蚕类入药，俱用食桑者。"

清代《本草崇原》："蚕病风死，其色不变，故名白僵。""今市肆多用中温死蚕，以石灰淹拌，令白服之，为害最深。若痘疹，必燥裂黑陷。若疮毒必黑烂内攻，不可不慎也。"清代《得配本草》："取僵直者为雄蚕，折断腹内黑而光亮者真。"

民国《中国药学大辞典》："四五月间采收食桑自死殭直者佳。"

1963 年版《中国药典》："以身直、肥壮、质坚、色白、断面光亮者为佳。"

综上，僵蚕在我国产地较广，随着养蚕业的发展从秦汉、南北朝时期的"颖川平泽"，扩大至宋代的"养蚕处皆有之"，清代的"江浙尤多"，直至近代的东南部、四川及其他养蚕区。中国药典根据历史使用渊源确定家蚕 4～5 龄的幼虫感染（或人工接种）白僵菌而致死的干燥体为僵蚕药材的来源，但并未进行分级。本次制定僵蚕商品规格等级标准是以本草典籍、现代文献对僵蚕药材的质量评价和市场调查情况为依据，从僵蚕药材重量、长度、直径、质地和丝腺环等方面进行评价、分级。

ICS 11.120.10
C 10/29

团　体　标　准

T/CACM 1021.62—2018
代替T/CACM 1021.76—2017

中药材商品规格等级　姜黄

Commercial grades for Chinese materia medica

CURCUMAE LONGAE RHIZOMA

2018-12-03 发布　　　　2018-12-03 实施

中华中医药学会　发布

目　次

前　　言

T/CACM 1021《中药材商品规格等级》标准分为 226 个部分：

——第 1 部分：中药材商品规格等级标准编制通则；

……

——第 61 部分：中药材商品规格等级　僵蚕；

——第 62 部分：中药材商品规格等级　姜黄；

——第 63 部分：中药材商品规格等级　西红花；

……

——第 226 部分：中药材商品规格等级　玄明粉。

本部分为 T/CACM 1021 的第 62 部分。

本部分代替 T/CACM 1021.76—2017。

本部分按照 GB/T 1.1—2009《标准化工作导则　第 1 部分：标准的结构和编写》给出的规则起草。

本部分代替 T/CACM 1021.76—2017，与 T/CACM 1021.76—2017 相比较，标准编号进行了调整，并重新进行了编辑。

本部分由中药材商品规格等级标准研究技术中心及道地药材国家重点实验室培育基地提出。

本部分由中华中医药学会归口。

本部分起草单位：四川省中医药科学院、中国中医科学院中药资源中心、中药材商品规格等级标准研究技术中心。

本部分主要起草人：赵军宁、李青苗、吴萍、黄璐琦、郭兰萍、杨安东、郭俊霞、王晓宇、方清茂、张美、周先建、陈铁柱、曾瑾、华桦、詹志来、金艳。

本部分所代替标准的历次版本发布情况为：

——T/CACM 1021.76—2017。

中药材商品规格等级　姜黄

1　范围

本部分规定了姜黄的商品规格等级。

本部分适用于姜黄药材生产、流通以及使用过程中的商品规格等级评价。

2　规范性引用文件

下列文件对于本部分的应用是必不可少的。凡是注明日期的引用文件，仅所注明日期的版本适用于本部分。凡是不注明日期的引用文件，其最新版本（包括所有的修改版本）适用于本部分。

T/CACM 1021.1—2016 中药材商品规格等级编制通则

3　术语和定义

T/CACM 1021.1—2016 以及下列术语和定义适用于本部分。

3.1

姜黄　CURCUMAE LONGAE RHIZOMA

姜科植物姜黄 *Curcuma Longa* L. 的干燥根茎。冬季茎叶枯萎时采挖，洗净，煮或蒸至透心，晒干，除去须根。

3.2

川姜黄　*chuanjianghuang*

指产于犍为、沐川、宜宾、井研等四川川南一带的姜黄。

3.3

母姜　top rhizoma

姜黄植株基部健壮膨大的呈卵圆形或纺锤形的主根茎。

3.4

子姜　lateral rhizoma

着生于主根茎上的呈指状或圆柱形的侧根茎。

4　规格等级

本品根据不同产地，将姜黄药材分为“川姜黄”“其他产区姜黄”两个规格。川姜黄根据母姜重量占比划分为选货”和“统货”两个等级。应符合表1要求。

表1　规格等级划分

规格	等级	性状描述	
		共同点	区别点
川姜黄	选货	不规则卵圆形、纺锤形、圆柱形，常弯曲，多具短叉状分枝，多稍压扁平状。表面深黄色或金黄色，粗糙，有皱缩纹理和明显环节，且有圆形分枝痕及须根痕。断面棕黄色或棕红色，角质样，有蜡样光泽，内皮层环明显，维管束呈点状散在。质坚实，不易折断。气香特异；味苦、辛	母姜重量占比 <5%，无杂质
	统货		5% ≤ 母姜重量占比 ≤ 25%，杂质 <3%
其他产区姜黄	统货	不规则卵圆形、纺锤形或圆柱形，有的弯曲，短叉状分枝较少，饱满。表面棕黄色至淡棕色，粗糙或光滑，有皱缩纹理和明显环节，且有圆形分枝痕及须根痕。断面棕黄色，角质样，有蜡样光泽，内皮层环纹明显。气微香，味苦、辛	

续表

<table>
<tr><th rowspan="2">规格</th><th rowspan="2">等级</th><th colspan="2">性状描述</th></tr>
<tr><th>共同点</th><th>区别点</th></tr>
<tr><td colspan="4">注1：当前药材市场姜黄规格按照产地进行划分，主要分为川姜黄、云南姜黄及进口姜黄。
注2：目前药材市场上，川姜黄大多以等级进行销售，按母姜比例进行等级的划分，母姜占比越多等级越低，其他产地姜黄多以切片进行销售，且切片颜色不均匀，差异较大。
注3：市场上有来源于缅甸、印度等东南亚各地的进口姜黄，具体产地多不详，有些市场将进口姜黄与云南姜黄统称为云南姜黄。
注4：关于姜黄药材历史产区沿革参见附录A。
注5：关于姜黄药材品质评价沿革参见附录B。</td></tr>
</table>

5 要求

除符合 T/CACM 1021.1—2016 的第7章规定外，还应符合下列要求：

——无变色；

——不走油；

——无虫蛀；

——无霉变；

——杂质不得过3%。

附录 A
(资料性附录)
姜黄药材历史产区沿革

姜黄，始载于《唐本草》，时珍曰：“近时以扁如干姜形者，为片子姜黄，圆如蝉腹形者，为蝉腹郁金，并可浸入染色。”《植物名实图考》载：“姜黄（唐本草）始著录，今江西南域县都种之成田。以贩他处染黄，其形状似美人蕉，而根如姜，色极黄，味亦微辛。”以上描述特征与现今姜黄 *Curcuma Longa* L. 的植物特征一致。

明之前“郁金”为姜黄（*C. Longa* L）的根茎，也即为现之“姜黄”。《唐本草》载：“生蜀地及西戎……”宋代《图经本草》曰：“今广南，江西州郡亦有之，然不及蜀中者佳，四月初生，花白质红，末秋出茎心，无实，根黄赤，取四畔子根去皮火干之。”

宋代《图经本草》曰：“今广南，江西州郡亦有之，然不及蜀中者佳，四月初生，花白质红，末秋出茎心，无实，根黄赤，取四畔子根去皮火干之。”

元代李东垣称：“……用蜀中如蝉肚者佳。”

明代《本草蒙筌》中载：“色赤兼黄，生蜀地者胜，体圆有节，类蝉肚者真。”

清代《崇庆州志物产》载：“……川东三江场一带种植很多。”说明四川自古即为姜黄的主要产地。

民国《药物出产辨》记载：“产四川为正地道。”清《崇庆州志物产》载：“……川东三江场一带种植很多。”

《中华本草》收载姜黄主产于四川、福建、江西等地，此外，广西、湖北、陕西、台湾、云南等地也产。

《金世元中药材传统鉴别经验》收载姜黄主产于四川犍为、沐川、秀山、双流、新津、崇庆，其他如广东、广西、福建、贵州、云南均有产，以四川产品为优。

附录 B

（资料性附录）

姜黄药材品质评价沿革

清代《本草求真》：“蜀川产者色黄质嫩。有须。折之中空有眼。切之分为两片者为片子姜黄。广生者质粗形扁如干姜。仅可染色。”民国时期《本草正义》：“石顽谓有二种，川蜀生者色黄质嫩，有须，折之中空有眼，切之分为两片者，为片子姜黄；江广生者质粗形扁，如干姜，仅可染色，不入汤药。”《金世元中药材传统鉴别经验》：“姜黄主产于四川犍为、沐川、秀山、双流、新津、崇庆，其他如广东、广西、福建、贵州、云南均有产，以四川产品为优，行销全国并出口。”说明自古即以产地评价姜黄品质，姜黄作为药用以四川产者质量较好。

1963 年版《中国药典》：“以圆柱形、外皮有皱纹，断面棕黄色、质坚实者为佳。”《500 味常用中药材的经验鉴别》：“【商品源流及经验鉴别】姜黄商品常分为圆形姜黄（母姜）、长形姜黄（子姜）两种。【规格等级】姜黄商品多为统货，不分等级。【优劣评价】姜黄商品以长圆形，断面金黄色，质坚实，气味辛香者为佳；长形姜黄优于圆形姜黄。”《金世元中药材传统鉴别经验》：“【品质】以卵圆形或圆柱形、枝条粗壮、外色鲜黄、断面橙红或橙黄色、质坚实、气辛辣、味浓厚者为佳。”

综上所述，姜黄的品质评价历来强调产地，以川姜黄为道地药材，同时又以姜黄形状、断面颜色、质地、气味等进行评价，为制定姜黄商品规格等级标准提供了依据。

ICS 11.120.01
C 23

团　体　标　准

T/CACM 1021.63—2018
代替T/CACM 1021.123—2018

中药材商品规格等级　西红花

Commercial grades for Chinese materia medica

CROCI STIGMA

2018-12-03 发布　　2018-12-03 实施

中华中医药学会 发布

目　次

前　　言

T/CACM 1021《中药材商品规格等级》标准分为 226 个部分：

——第 1 部分：中药材商品规格等级标准编制通则；

……

——第 62 部分：中药材商品规格等级　姜黄；

——第 63 部分：中药材商品规格等级　西红花；

——第 64 部分：中药材商品规格等级　莲子；

……

——第 226 部分：中药材商品规格等级　玄明粉。

本部分为 T/CACM 1021 的第 63 部分。

本部分代替 T/CACM 1021.123—2018。

本部分按照 GB/T 1.1—2009《标准化工作导则　第 1 部分：标准的结构和编写》给出的规则起草。

本部分代替 T/CACM 1021.123—2018，与 T/CACM 1021.123—2018 相比较，标准编号进行了调整，并重新进行了编辑。

本部分由中药材商品规格等级标准研究技术中心及道地药材国家重点实验室培育基地提出。

本部分由中华中医药学会归口。

本部分起草单位：中国中药有限公司、北京华邈药业有限公司、中国中医科学院中药资源中心、浙江寿仙谷医药股份有限公司、中药材商品规格等级标准研究技术中心、北京联合大学、北京中研百草检测认证有限公司。

本部分主要起草人：顾选、赵润怀、朱力、兰青山、王继永、孙杰、周海燕、焦春红、商国懋、崔秀梅、黄璐琦、郭兰萍、金艳、江维克、詹志来、金艳、江维克、郑化先、李振宇、张元、杨光、何雅莉。

本部分所代替标准的历次版本发布情况为：

——T/CACM 1021.123—2018。

中药材商品规格等级　西红花

1　范围

本部分规定了西红花的商品规格等级。

本部分适用于西红花药材生产、流通以及使用过程中的商品规格等级评价。

2　规范性引用文件

下列文件对于本部分的应用是必不可少的。凡是注明日期的引用文件，仅所注明日期的版本适用于本部分。凡是不注明日期的引用文件，其最新版本（包括所有的修改版本）适用于本部分。

T/CACM 1021. 1—2016 中药材商品规格等级编制通则

3　术语和定义

T/CACM 1021. 1—2016 以及下列术语和定义适用于本部分。

3. 1

西红花　CROCI STIGMA

本品为鸢尾科植物番红花 *Crocus sativus* L. 的干燥柱头。

3. 2

进口西红花　*jinkouxihonghua*

指伊朗等国外进口的西红花。

3. 3

国产西红花　*guochanxihonghua*

指上海、浙江等国内栽培的西红花。

3. 4

残留黄色花柱　residual yellow column

番红花柱头和子房间的连接部分，呈黄色，为非药用部分。

3. 5

断碎药材　the broken medicinal materials

断碎药材的质量比例。

4　规格等级划分

本品根据市场流通情况，对药材进行等级划分，将西红花分为“进口”和“国产”两个规格。根据药材长度、药材断碎比例和残留黄色花柱长度，再将西红花进口规格项下分为“一级”“二级”“三级”和“四级”四个等级，将西红花国产规格项下分为“一级”“二级”和“三级”三个等级。应符合表 1 要求。

表1 规格等级划分

规格	等级	性状描述			
		共同点	区别点		
			长度	断碎药材	残留黄色花柱
进口西红花	一级	本品呈线形，暗红色至鲜红色，上部较宽而略扁平，顶端边缘显不整齐的齿状，内侧有一短裂隙，下端有时残留一小段黄色花柱。或花柱被压扁，薄如纸片。体轻，质松软，无油润光泽，干燥后质脆易断。气特异，微有刺激性，味微苦	≥1.8cm	≤5%	0
	二级		≥1.5cm	≤10%	0
	三级		≥1.5cm	≤15%	≤0.2cm
	四级		≥1.0cm	≤30%	≤0.2cm
国产西红花	一级	本品呈线形，暗红色，上部较宽而略扁平，顶端边缘显不整齐的齿状，内侧有一短裂隙，下端有时残留一小段黄色花柱。体轻，质松软，无油润光泽，干燥后质脆易断。气特异，微有刺激性，味微苦	≥1.9cm	≤5%	0
	二级		≥1.5cm	≤10%	≤0.1cm
	三级		≥1.0cm	≤30%	≤0.2cm

注1：药材市场上有售卖带较长黄色花柱的西红花，俗称扎把子，不符合药典规定，未进行规格等级划分。

注2：药材市场上有少量进口西红花，花柱被压扁，等级区别点与其他规格等级西红花一致。

注3：西红花市场上染色、假冒情况尚有存在，注意区别。

注4：关于西红花药材历史产区沿革参见附录A。

注5：关于西红花药材品质评价沿革参见附录B。

5 要求

除应符合T/CACM 1021.1—2016的第7章规定外，还应符合下列要求：

——无变色；

——无虫蛀；

——无霉变；

——无染色剂检出（金胺O、新品红、柠檬黄、胭脂红）；

——杂质不得过3%。

附录 A
（资料性附录）
西红花药材历史产区沿革

明代《本草品汇精要》："【地】出忽剌散并怯里，慢黑里撒马儿罕。"忽剌散现在为伊朗和阿富汗北部地区，而撒马儿罕为中亚乌兹别克斯坦国家的撒马儿罕地区。

明代《本草纲目》："番红花，出西番回回地面及天方国，即彼地红蓝花也……张骞得红蓝花种于西域，则此即一种，或方域地气稍有异耳。"西番回回指伊朗等伊斯兰国家，天方国指阿拉伯国家，西域指今新疆地区。

清代《本草纲目拾遗》："藏红花，出西藏。"结合其"形如菊"的形态描述，赵学敏描述的应为西藏产的红花。之所以认为番红花产于西藏，主要是由于番红花进口经过西藏进入内陆。

1927 年出版的《增订伪药条辨》中收载西藏红花，曰："西藏红花，花丝长，色黄兼微红，性潮润，气微香，入口沁人心肺，效力慎强，为红花中之极品。"作者曹炳章记录了怀红花、散红花和杜红花等，认为西藏红花是红花中的极品。

1999 年《中华本草》："浙江、江西、江苏、北京、上海有少量栽培。原产欧洲南部至伊朗。"

2002 年《中华本草·藏药卷》："原产欧洲南部。现我国各地广有栽培，西藏亦栽培成功。"

2004 年《中国植物志》："产欧洲南部，我国各地常见栽培。"

2006 年《中药大辞典》："分布南欧各国及伊朗等地。我国有少量栽培。"

我国从 1965 年起，先后从西德和日本引进经过改良驯化的番红花种球茎，在江苏、浙江、安徽、湖南、山东、四川、上海、北京等 22 个省市栽培成功。浙江有建德、开化、海宁、杭州、富阳等产地。目前，上海崇明和浙江建德为我国西红花主产区。

附录 B

（资料性附录）

西红花药材品质评价沿革

1963 年版《中国药典》中对西红花品质评价为：“以身长、色紫红、黄色花柱少。味辛凉者为佳。”

1995 年《中药材商品规格质量鉴别》中记载西红花“以色暗红，少黄色花柱部分，气香浓者质佳。生晒花因未经湿润加工，其药效优于湿花。国外产品中，生晒花以西班牙产品质最好。伊朗产品色差，柱头细短，不柔润，质脆易碎而质量最差。上海产品比进口的差但优于伊朗货”。

2006 年《中药大辞典》中记载藏红花，药材分为干红花和湿红花，“以干红花品质较佳”。湿红花品质“以滋润而有光色、色红、黄丝少者为佳”。

2007 年中国中医药出版社《中药鉴定学》教材中描述西红花“以柱头、黄色花柱少者为佳”。

2013 年人民卫生出版社《中药商品学》教材中根据性状评价西红花为“以柱头暗红色、黄色花柱少、无杂质、有香气者为佳”。

综合以上文献记载，对西红花的品质评价主要是基于药材颜色、味道、长短和净度性状特征评价，以颜色暗红、黄色花丝少、味道浓郁、体长且无杂质者为佳。

ICS 11.120.01
C 23

团体标准

T/CACM 1021.64—2018
代替T/CACM 1021.160—2018

中药材商品规格等级　莲子

Commercial grades for Chinese materia medica

NELUMBINIS SEMEN

2018-12-03 发布　　2018-12-03 实施

中华中医药学会　发布

目　次

前　言

T/CACM 1021《中药材商品规格等级》标准分为 226 个部分：

——第 1 部分：中药材商品规格等级标准编制通则；

……

——第 63 部分：中药材商品规格等级　西红花；

——第 64 部分：中药材商品规格等级　莲子；

——第 65 部分：中药材商品规格等级　化橘红；

……

——第 226 部分：中药材商品规格等级　玄明粉。

本部分为 T/CACM 1021 的第 64 部分。

本部分代替 T/CACM 1021.160—2018。

本部分按照 GB/T 1.1—2009《标准化工作导则　第 1 部分：标准的结构和编写》给出的规则起草。

本部分代替 T/CACM 1021.160—2018，与 T/CACM 1021.160—2018 相比较，标准编号进行了调整，并重新进行了编辑。

本部分由中药材商品规格等级标准研究技术中心及道地药材国家重点实验室培育基地提出。

本部分由中华中医药学会归口。

本部分起草单位：福建中医药大学、中国中医科学院中药资源中心、中药材商品规格等级标准研究技术中心、北京中研百草检测认证有限公司。

本部分主要起草人：杨成梓、黄璐琦、郭兰萍、詹志来、安昌。

本部分所代替标准的历次版本发布情况为：

——T/CACM 1021.160—2018。

中药材商品规格等级　莲子

1　范围

本部分规定了莲子的商品规格等级。

本部分适用于莲子药材生产、流通以及使用过程中的商品规格等级评价。

2　规范性引用文件

下列文件对于本部分的应用是必不可少的。凡是注明日期的引用文件，仅所注明日期的版本适用于本部分。凡是不注明日期的引用文件，其最新版本（包括所有的修改版本）适用于本部分。

T/CACM 1021.1—2016 中药材商品规格等级编制通则

3　术语和定义

T/CACM 1021.1—2016 以及下列术语和定义适用于本部分。

3.1

莲子　NELUMBINIS SEMEN

本品为睡莲科植物莲 *Nelumbo nucifera* Gaertn. 的干燥成熟种子。秋季果实成熟时采割莲房，取出果实，除去果皮，干燥。

注：不去种皮为红莲，去除种皮为白莲。

3.2

宽度　width

莲子药材的最大直径。

3.3

红莲　*honglian*

指保留种皮的莲子。

3.4

湘莲　*xianglian*

指产于湖南省湘潭县及其周边各地区的莲子。

4　规格等级划分

根据市场流通情况，莲子均为统货。应符合表1要求。

表1　规格等级划分

等级	性状描述
统货	本品表面红色，有细纵纹和脉纹，饱满圆润。一端中心微有突起，顶端钝圆，红棕色，无裂口，底部具针眼状小孔。湘莲子质硬，种皮没有经过机器打磨，不易剥离，红棕色
注1：药典标准莲子药材为红莲，但根据历史药用情况和市场需求，莲子药材应包括红莲和白莲。白莲包括手工白莲和磨皮白莲两种品类。 注2：关于莲子药材历史产区沿革参见附录A。 注3：关于莲子药材品质评价沿革参见附录B。	

5　要求

除应符合 T/CACM 1021.1—2016 的第7章规定外，还应符合下列要求：

——无变色；

——无虫蛀；
——无霉变；
——杂质不得过3%。

附录 A

(资料性附录)

莲子药材历史产区沿革

莲子,《神农本草经》将其列为上品,称为“藕实茎”及“水芝丹”。记载味甘,平,主补中养神,益气力,除百疾。久服,轻身、耐老、不饥、延年。《尔雅》云:荷,芙蓉。郭璞云:别名芙蓉,江东呼荷;又其茎,茄;其实,莲。莲,谓房也。《名医别录》载:“藕实茎,寒,无毒。一名莲。生汝南,八月采。”《本草纲目》引李当之言:“豫章汝南者为良。”豫章为豫章郡,为今天江西北部一代。并记载:“荆、扬、豫、益诸处湖泽陂池皆有之。”《救荒本草》记载:“本草有藕实,一名水芝丹,一名莲,生汝南池泽今处处有之生水中。”可以得知,莲子最早产于汝南,今为河南南部地区,在几千年的栽培过程中,逐步扩大栽培范围,时至今日,资源分布广布于南北各地。现今,莲子有三大主产地,所产莲子分别被称为建莲、湘莲和赣莲。

“建莲”之名始于清朝,《本草崇原集说》曰:“莲始出于汝南池泽……宜于建莲子中拣带壳而黑者用之为真”。“建莲”的“建”源于当时建州,后升为建宁府。府治建安为现今建瓯所在。现今,福建地区建宁、建瓯、建阳等地均盛产莲子,与当时记载相符。文献报道,清代,建莲已名闻遐迩,尤以产于西门外池的建莲(当地习称西门莲)为莲之上品,为历代皇家珍品。建宁县民间对建莲的各种传说、故事甚多,有一部分已收录在《中国民间故事集成·福建卷》中。清代文学家曹雪芹《红楼梦》第十回,张太医给病入膏肓的秦可卿所开的药方中写道“引用建莲七粒去心”;第五十二回,贾府宴席上有“建莲红枣汤”,指的就是建宁莲子。近代,党的十一届三中全会过后,建莲产业发展迅速,产量创新高。目前的“建莲”主要来自建瓯的“太空 36 号”和建宁的“太空 3 号”。而传统“西门莲”在产地基本没有种植,只有在种质繁殖基地中有小面积种植。

“湘莲”一词,目前的记载中最早见于南朝江淹《莲花赋》:“看缥芰兮出波,摧湘莲兮映渚。迎佳人兮北燕,送上客兮南楚。”但湖南有莲子种植可追溯到3000 多年前。由于湘莲在当地经济、生活的普遍存在性,其种植栽培一直延续。清光绪《湘潭县志》载:“莲有红、白二种,官买者入贡。”“土贡有莲实,产县西杨塘。既而求者众,土人种者,珍以自用。贡馈者买之衡阳清泉,署曰‘湘莲’。”湘莲起源于中国单瓣古莲的原始栽培种,有红花和白花之分,清道光、光绪年间,改将耒阳的“大叶帕”和湘潭的“寸三莲”等第 3 代优良籽莲品种作为贡莲,由此演变出湘莲现代的品种。

江西省广昌县种植白莲已有1300 多年的历史,享有“通芯白莲之乡”的美誉。据明正德《建昌府志》和清同治《广昌县志》记载:“白莲池在县西南五十里,唐仪凤年间,居人曾延种白莲。”广昌白莲传统种植品种有两种:“广昌白花莲”和“广昌百叶莲”。改革开放以来,由于积极与中科院遗传所合作,开展白莲卫星诱变育种研究,成功培育了“太空莲”系列品种。全县推广后,为广昌白莲产业带来了新的生机。

综上,历代对于莲子的规格等级并无明确划分依据,但以建莲、湘莲为道地。

附录 B

(资料性附录)

莲子药材品质评价沿革

《本草乘雅半偈》:“莲实,气味甘平,无毒。主补中,养神,益气力,除百疾,久服轻身耐老,不饥延年…独建宁老莲,肥大倍尝,色香味最胜。”

明代《本草纲目》:“以水浸去赤皮、青心,生食甚佳。”

清代《食鉴本草》:“莲子治泄精补脾。久食身轻耐老。忌地黄大蒜。建莲甚有力。”

清末民国时期《本草正义》:“莲子肉味甘,平,淡。皮涩,心苦,用去心,皮。补脾胃,固精气。炒熟用良。”

《500 种中药现代研究》:“湖南所产者品质最佳……福建产者品质亦佳。”并同时记载:“入药以肉质幼嫩、色白者为优。”

综上,莲子在我国药用历史悠久,产地上明清以前均记载“生汝南池泽”,并未提及其品质评价的标准,到了清代,有学者指出“建莲甚有力”,现今,《500 种中药现代研究》指出入药以肉质幼嫩、色白者为优,说明白莲在历史上也均有药用,且药效较好。现今药材市场所售莲子有“白莲”“红莲”两大类,且“白莲”的销量大。《中国药典》收录为睡莲科植物莲 *Nelumbo nucifera* Gaertn. 的干燥成熟种子。秋季果实成熟时采割莲房,取出果实,除去果皮,干燥。并未提及去除红色“种皮”的白莲,造成有些药检所将之作为伪品检查,应引起重视。

ICS 11.120.01
C 23

团　体　标　准

T/CACM 1021.65—2018

代替T/CACM 1021.169—2018

中药材商品规格等级　化橘红

Commercial grades for Chinese materia medica

CITRI GRANDIS EXOCARPIUM

2018-12-03 发布　　　　2018-12-03 实施

中华中医药学会 发布

目　　次

前　言

T/CACM 1021《中药材商品规格等级》标准分为226个部分：

——第1部分：中药材商品规格等级标准编制通则；

……

——第64部分：中药材商品规格等级　莲子；

——第65部分：中药材商品规格等级　化橘红；

——第66部分：中药材商品规格等级　肉桂；

……

——第226部分：中药材商品规格等级　玄明粉。

本部分为T/CACM 1021的第65部分。

本部分代替T/CACM 1021.169—2018。

本部分按照GB/T 1.1—2009《标准化工作导则　第1部分：标准的结构和编写》给出的规则起草。

本部分代替T/CACM 1021.169—2018，与T/CACM 1021.169—2018相比较，标准编号进行了调整，并重新进行了编辑。

本部分由中药材商品规格等级标准研究技术中心及道地药材国家重点实验室培育基地提出。

本部分由中华中医药学会归口。

本部分起草单位：康美药业股份有限公司、化州天橘化橘红有机生物制品有限公司、广州中医药大学、康美（北京）药物研究院有限公司、广东康美药物研究院有限公司、中国中医科学院中药资源中心、天津大学、中药材商品规格等级标准研究技术中心、北京中研百草检测认证有限公司。

本部分主要起草人：许冬瑾、乐智勇、李海波、肖凤霞、黄璐琦、郭兰萍、高文远、姜涛、黄龙涛、白宗利、詹志来、金艳、杨光、何雅莉。

本部分所代替标准的历次版本发布情况为：

——T/CACM 1021.169—2018。

中药材商品规格等级 化橘红

1 范围

本部分规定了化橘红的商品规格等级。

本部分适用于化橘红药材生产、流通以及使用过程中的商品规格等级评价。

2 规范性引用文件

下列文件对于本部分的应用是必不可少的。凡是注明日期的引用文件，仅所注明日期的版本适用于本部分。凡是不注明日期的引用文件，其最新版本（包括所有的修改版本）适用于本部分。

T/CACM 1021.1—2016 中药材商品规格等级编制通则

3 术语和定义

T/CACM 1021.1—2016 以及下列术语和定义适用于本部分。

3.1

化橘红 CITRI GRANDIS EXOCARPIUM

本品为芸香科植物化州柚 *Citrus grandis*‘Tomentosa’或柚 *Citrus grandis*（L.）Osbeck 的未成熟或近成熟的干燥外层果皮。前者习称“毛橘红”，后者习称“光橘红”。夏季果实未成熟时采收，置沸水中略烫后，将果皮切割，除去果瓤和部分中果皮，压制成形，干燥。

3.2

毛橘红 *maojuhong*

芸香科植物化州柚 *Citrus grandis*‘Tomentosa’的未成熟或近成熟的干燥外层果皮，按性状特征，习称“毛橘红”“毛七爪”。

3.3

光橘红 *guangjuhong*

芸香科植物柚 *Citrus grandis*（L.）Osbeck 的未成熟或近成熟的干燥外层果皮，按性状特征，习称“光橘红”。

3.4

光青皮 *guangqingpi*

未成熟柚果的干燥外层果皮。

3.5

光黄皮 *guanghuangpi*

近成熟柚果的干燥外层果皮。

4 规格等级划分

根据市场流通情况，按照基原不同，将化橘红药材分为“毛橘红”“光橘红”两个规格，光橘红根据成熟度又分为光青皮、光黄皮两个规格，各规格均为统货。应符合表1要求。

表1 规格等级划分

规格	等级	性状描述
毛橘红	统货	本品厚0.2~0.5cm。外表面黄绿色，密布茸毛，有皱纹及小油室；内表面黄白色或淡黄棕色，有脉络纹。质脆，易折断，断面不整齐，外缘有1列不整齐的下凹的油室，内侧稍柔而有弹性。气芳香，味苦、微辛

续表

规格		等级	性状描述
光橘红	光青皮	统货	本品厚0.2～0.5cm。外表面黄绿色至黄棕色，无毛，有皱纹及小油室；内表面黄白色或淡黄棕色，有脉络纹。质脆，易折断，断面不整齐，外缘有1列不整齐的下凹的油室，内侧稍柔而有弹性。气芳香，味苦、微辛
	光黄皮	统货	本品厚0.2～0.5cm。外表面黄色或黄棕色，无毛，有皱纹及小油室；内表面黄白色或淡黄棕色，有脉络纹。质脆，易折断，断面不整齐，外缘有1列不整齐的下凹的油室，内侧稍柔而有弹性。气芳香，味苦、微辛
注1：目前广东和广西地区多把化州柚幼果加工成圆果或长果，市场调研发现该规格已成为主流，而中国药典规定正品的化橘红市场反而难以购买到，需注意。其中，外表面密被短毛茸者为正毛，毛茸较稀疏者为副毛。与《中国药典》要求去掉非药用部位的产地加工方式和性状不一致，故暂不制定此规格。 注2：市场多见柚果，常切成丝，因成熟度不同，皮呈浅色或深色。市场另有一部分柚基原的化橘红饮片含硫熏，需注意。 注3：化橘红加工三大要素：烫漂（杀青）、切皮（去瓤及部分中果皮）、碾压。 注4：关于化橘红药材历史产区沿革参见附录A。 注5：关于化橘红药材品质评价沿革参见附录B。			

5 要求

除应符合T/CACM 1021.1—2016的第7章规定外，还应符合下列要求：

——无虫蛀；

——无霉变；

——杂质不得过3%。

附录 A

（资料性附录）

化橘红药材历史产区沿革

化橘红始载于清代《本草纲目拾遗》：“今化橘红者，皆以增城（广东省广州市）香柚皮伪代之。”又曰：“化橘红近日广中来者，……此种皆柚皮。”“广东高州府出陈皮，去白者名橘红，今亦罕得。土人以柚皮代之。”

清代《植物名实图考长编》：“尔雅：柚，条。注：似橙，实酢。生江南。”又曰：“增城香柚小而白，……潮州出斗柚，大如斗……”说明柚的产地主要在华南地区。

现代《中华本草》：毛橘红主产于广东广茂县，产量小；光橘红主产于四川江津、綦江、重庆，自产自销。

《现代中药材商品通鉴》：主产于广东化州，质量最佳，为广东道地药材“十大广药”之一。此外，广西亦产。销全国。

《金世元中药材传统鉴别经验》：化州柚主产于广东茂名地区的化州、电白、廉江，但以化州为主，尤以赖家园产品最为著名（因茸毛细密）。其毗邻的广西陆洲、博白等地也有少量出产，但茸毛稀疏或极少，质次。柚主产广西浦北、陆川、博白、北流，广东电白、遂溪等地，湖南亦产。

附录 B

（资料性附录）

化橘红药材品质评价沿革

清《本草纲目拾遗》：“广东高州府化州出陈皮，去白者名橘红。纹细，色红润而皮薄，多有筋脉，味苦辛，入口芳香者，乃真化橘红也。”

清《植物名实图考》：“橘红产广东化州，大如柚，肉甜，刮制其皮为橘红。以城内产者为佳。”

民国《增订伪药条辨》：“化橘红，皮薄，色黯黄，微有毛孔，气香味甘。”“真化州橘红，煎之作甜香，取其汁一点入痰盂内，痰变为水，此为上品，如梁氏家藏苏泽堂橘红，每一个七破，反折作七歧，晒干气香甚烈，此亦上品也。”

《中国药学大辞典》：“化橘红，皮薄，纹细，色红润，多筋脉。”

《中国药材学》：以色绿、绒毛多、香气浓者为佳。

《中华本草》：以片薄均匀、气味浓者为佳。

《现代中药材商品通鉴》：正毛七爪、副毛七爪以毛绒细密、色青、果皮薄者为佳。光青七爪、光黄七爪以色青或黄色、果皮厚薄均匀者为佳。

ICS 11.120.01
C 23

团体标准

T/CACM 1021.66—2018
代替T/CACM 1021.200—2018

中药材商品规格等级　肉桂

Commercial grades for Chinese materia medica

CINNAMOMI CORTEX

2018-12-03 发布　　2018-12-03 实施

中华中医药学会 发布

目　次

前　言

T/CACM 1021《中药材商品规格等级》标准分为226个部分：

——第1部分：中药材商品规格等级标准编制通则；

……

——第65部分：中药材商品规格等级　化橘红；

——第66部分：中药材商品规格等级　肉桂；

——第67部分：中药材商品规格等级　葛根；

……

——第226部分：中药材商品规格等级　玄明粉。

本部分为T/CACM 1021的第66部分。

本部分代替T/CACM 1021.200—2018。

本部分按照GB/T 1.1—2009《标准化工作导则　第1部分：标准的结构和编写》给出的规则起草。

本部分代替T/CACM 1021.200—2018，与T/CACM 1021.200—2018相比较，标准编号进行了调整，并重新进行了编辑。

本部分由中药材商品规格等级标准研究技术中心及道地药材国家重点实验室培育基地提出。

本部分由中华中医药学会归口。

本部分起草单位：广西壮族自治区药用植物园、中国中医科学院中药资源中心、中药材商品规格等级标准研究技术中心、北京中研百草检测认证有限公司。

本部分主要起草人：余丽莹、黄雪彦、黄宝优、彭玉德、谢月英、吕惠珍、黄璐琦、郭兰萍、詹志来、农东新、柯芳、谭小明、蓝祖栽。

本部分所代替标准的历次版本发布情况为：

——T/CACM 1021.200—2018。

中药材商品规格等级　肉桂

1　范围

本部分规定了肉桂的商品规格等级。

本部分适用于肉桂药材生产、流通以及使用过程中的商品规格等级评价。

2　规范性引用文件

下列文件对于本部分的应用是必不可少的。凡是注明日期的引用文件，仅所注明日期的版本适用于本部分。凡是不注明日期的引用文件，其最新版本（包括所有的修改版本）适用于本部分。

T/CACM 1021.1—2016 中药材商品规格等级编制通则

3　术语和定义

T/CACM 1021.1—2016 以及下列术语和定义适用于本部分。

3.1

肉桂　CINNAMOMI CORTEX

本品为樟科植物肉桂 *Cinnamomum cassia* Presl 的干燥树皮。春季或秋季剥取，阴干。

3.2

企边桂　*qibiangui*

从肉桂大树主干上环状剥取经加工制成竖向两边向内对称卷起的桂皮。

3.3

桂通　*guitong*

将剥取的肉桂树皮薄皮制成单筒状或双筒状卷起的桂皮，俗称“桂筒”。

4　规格等级划分

根据市场流通情况，按照加工方法的不同，对药材进行规格划分，将肉桂药材分为“企边桂”“桂通”两个规格，两个规格均为统货。应符合表1要求。

表1　规格等级划分

<table>
<tr><th rowspan="2">规格</th><th rowspan="2">等级</th><th colspan="2">性状描述</th></tr>
<tr><th>共同点</th><th>区别点</th></tr>
<tr><td>企边桂</td><td>统货</td><td rowspan="2">长30.0～40.0cm，宽或直径10.0～15.0cm。外表面灰棕色，稍粗糙，具不规则细皱纹和横向凸起皮孔，有的可见灰白色斑纹；内表面红棕色，划之有油痕。质硬、脆，断面不平坦，外层棕色较粗糙，内层红棕色而油润，两层间有1条黄棕色线纹。气香浓烈，味甜、辣</td><td>槽状，板边平整有卷起，厚度0.3～0.8cm</td></tr>
<tr><td>桂通</td><td>统货</td><td>卷筒状，单筒或双筒，厚度0.2～0.8cm</td></tr>
<tr><td colspan="4">注1：肉桂常以断面红棕色至紫红色、油性大、香气浓厚、味甜辣、嚼之无渣者判断为质量好，评价时应注意观察内外层间的黄棕色线纹。
注2：肉桂为药食两用商品，商品种类多，其中与药典的性状要求不符的板桂、桂碎、桂丝、桂枝皮等不在本部分制定范围。
注3：市场上有部分进口药材如清化桂、锡兰肉桂等，其商品规格多为油桂及烟仔桂，与药典规定的肉桂基原不符，应予以区别。
注4：市场上有较多企边桂和桂通的长宽度与药典规定的指标不符，因不易区分药食用途，故暂不制定商品等级。
注5：关于肉桂药材历史产区沿革参见附录A。
注6：关于肉桂药材品质评价沿革参见附录B。</td></tr>
</table>

5　要求

除应符合 T/CACM 1021.1—2016 的第7章规定外，还应符合下列要求：

——无虫蛀；

——无霉变；
——杂质不得过3%。

附录 A

（资料性附录）

肉桂药材历史产区沿革

肉桂药用始载于秦汉时期的《神农本草经》："牡桂，味辛，温。主上气咳逆，结气，喉痹吐吸，利关节，补中益气。久服通神，轻身不老。生山谷。……菌桂，味辛，温。主百病，养精神，和颜色，为诸药先聘通使。久服轻身不老，面生光华，媚好，常如童子。生山谷。"秦国统一中原后置桂林郡，因产"桂"而得名，桂林郡地跨现今广西的桂林、柳州、河池、桂平、贵港、梧州和广东的茂名、阳江、肇庆等地。

魏晋时期《名医别录》："菌桂，生交趾（今越南北部）、桂林（今广西桂林、柳州、河池、梧州、贵港以及广东茂名、德庆一带）山谷岩崖间；牡桂，生南海（今广东广州、韶关、佛山、惠州、梅州一带）；桂，生桂阳（广东连阳和湖南郴州均称为桂阳）。"《南方草木状》："桂，出合浦（今广西合浦、钦州、防城、玉林、容县、湛江一带）。交趾置桂园。"

南北朝时期《本草经集注》："今出广州（今广西大部分地区和广东大部分地区）者好，湘州（今广西东北部、广东北部、湖南大部分地区）、始兴（今广东韶关一带）、桂阳县即是小桂，亦有而不如广州者。交州（今越南北部）、桂州（今广西桂林一带）者，形段小，多脂肉，亦好。"

唐代《新修本草》："菌桂，生交趾、桂林山谷岩崖间。无骨，正圆如竹。牡桂，生南海（今广州一带）山谷。桂，生桂阳。"

宋代《本草图经》："菌桂，生交趾山谷；牡桂，生南海山谷；桂，生桂阳。"《宝庆本草折衷》："生桂阳山即桂州，及始兴即韶州（今广东韶关一带）。及东山、岭南，广、交、湘、柳（今广西柳州一带）、象（今广西象州、武宣一带）、宾（今广西宾阳一带）、宜（今广西河池一带）、钦（今广西钦州一带）、韶州。"

明代《本草品汇精要》："桂出湘州、桂州、交州，［道地］桂阳、广州、观州（今广西天峨、南丹、凤山、东兰一带）。牡桂，生南海山谷，［道地］融州、桂州、交州、宜州甚良。菌桂，出交州、桂林及蜀都山谷岩崖间，［道地］韶州、宾州。"《本草蒙筌》："种类多般，地产各处。菌桂正圆无骨，生交趾桂林。牡桂广薄皮，产南海山谷。官桂品极高而堪充进贡，卻出观宾。"《本草乘雅半偈》："牡桂出合浦、交趾、广州、象州、湘州、桂岭诸处。菌桂出交趾桂林山谷。"

清代《本草崇原》："始出桂阳山谷及合浦、交趾、广州、象州、湘州诸处。色紫暗，味辛甘者为真。"《植物名实图考》："桂之产曰安边（今越南北部），曰清化（今越南北部），皆交趾境。其产中华者，独蒙自（今云南蒙自县）桂耳；亦产逢春里土司地。"

民国《增订伪药条辨》："产越南、广西热带。当分数种，曰清化，曰猛罗，曰安边（产镇安关外），曰窑桂（产窑川），曰钦灵（今广西钦州、灵山），曰浔桂（今广西桂平）。此总名也。又有猛山桂（即大油桂），曰大石山，曰黄摩山，曰社山，曰桂平（即玉桂）。产云南曰蒙自桂，产广东曰罗定桂，曰信宜桂，曰六安桂。最盛产外国者，为锡兰加西耶，皆名洋桂。"

《中国道地药材》（1989 年）："肉桂主产于广西桂平、玉林、容县、平南、大瑶山、上思、宁明、贵县，广东德庆、信宜、茂名、肇庆、罗定，云南、福建、四川、浙江等地也产。其中以广西产量最大。"《中华本草》（1998 年）："国产肉桂主产广西、广东、海南、福建，云南亦产。"《金世元中药材传统鉴别经验》（2010 年）："肉桂主产于广西防城、平南、容县、桂平、藤县、岑溪、钦州、博白、陆川、北流、苍梧，广东信宜、高安、德庆、罗定等地。"

综上所述，从秦汉至今，肉桂的产地基本集中在广西、广东和越南 3 个地方，其中广西的产地变迁从全广西分布逐渐集中到桂平、钦州、梧州等桂东南和桂南地区，广东的产地变迁也从几乎全省分布逐渐集中到罗定、信宜、肇庆等粤西南地区。由于古代湘州管辖区域较大，宋朝开始有产自湖南的记载，但清代记录“湖南猺峒亦多，不堪服食”，因此之后也少有产自湖南的记载。

附录 B

（资料性附录）

肉桂药材品质评价沿革

古代本草多以不同产地来评价肉桂药材的品质，《新修本草》："牡桂以出融州、柳州、交州者甚良。桂出广州湛惠为好，湘州、始兴、桂阳县即是小桂，亦有而不如广州者。交州、桂州者，形段小，多脂肉，亦好。"《本草图经》："牡桂，融州、桂州、交州、宜州甚良。"《开宝本草》："出观、宾、宜、韶、钦诸州者佳。"《本草品汇精要》记载："桂，道地桂阳、广州、观州。牡桂，道地融州、桂州、交州、宜州甚良。菌桂，道地韶州、宾州。"《本草从新》："肉桂，出交趾者最佳，今甚难得，浔州者庶几。"

同时，古代本草也以性状来评价肉桂药材的品质。《本草经集注》："以半卷多脂者，单名桂，入药最多。"《新修本草》："大枝皮肉理麄虚如木，肉少味薄，不及小枝皮肉多，半卷，中必皱起，味辛美。菌桂，三重者良。牡桂，出融州、柳州、交州者良。"《证类本草》："凡使，勿薄者，要紫色厚者，去上麄皮，取心中味辛者使。"《本草品汇精要》："桂，质，类厚朴而薄；色，紫；味，甘辛；气，气之厚者阳也。牡桂，质，类厚朴而光滑；色，紫；味，辛；气，气之厚者阳也。菌桂，质，类厚朴而卷薄作筒；色，紫；味，辛；气，气之厚者阳也。"《本草纲目》："此桂广州出者好，交州、桂州者，形段小而多脂肉，亦好。……其大枝无肉，老皮坚板，不能重卷，味极澹薄，不入药用。小枝薄而卷皮二三重者良。"《本草汇言》："桂，木皮紫赤坚厚，臭香，气烈味重者为最。"《本草乘雅半偈》："牡桂，木皮紫赤，坚厚臭香，气烈味重者为最。"《本草汇》："肉桂，紫色而厚者佳。"《本草逢原》："肉桂，色深紫，而甘胜于辛，其形狭长半卷而松厚者良。"《本草崇原》："桂，色紫暗，味辛甘者为真。"

现代对肉桂药材品质的评价主要集中在体重、断面颜色、油性、香气和甜辣味等性状，1963 年版《中国药典》一部："以不破碎、外皮细、断面紫红色、油性大、香气浓厚、味甜辣、嚼之无渣者为佳。"1977 年版《中国药典》一部："以肉厚、体重、油性大、香气浓、嚼之渣少者为佳。"《中国道地药材》："不破碎、质重、皮细而坚实，断面紫红色、富油性、香气浓厚、微甜辣、嚼之少渣者。"《中华本草》："秋季剥的桂皮质坚实而脆，折断面颗粒性，香气浓烈特异品质佳。"《金世元中药材传统鉴别经验》："以皮厚、体重、表面细致、含油量高、香气浓、甜味重而微辛者为佳。"

综上所述，自古就有产自越南的肉桂质量最佳的记载，与现今清化桂的质量情况相符。国产肉桂质量则以产自广西者佳的记载为多，也与现今情况基本相符。广西的道地产区面积最大，本草记载的道地产区有融州、柳州、桂州、宜州、观州、宾州、钦州等，几乎涵盖了广西全区，与现今的道地产区集中在广西东南部和南部有一定的出入。除以不同产地进行质量评价以外，古代本草评价肉桂药材品质也围绕"质地、颜色、厚度、气味和油性"等性状，与现代评价方法基本一致。肉桂的道地药材质量评价为皮厚、皮细而坚实，断面紫红色、富油性，香气浓厚，味甜辣者佳。

近代以来，传统产区出产的桂皮系列产品包括桂板、企边桂、桂通、桂心、烟仔桂、桂丝、桂碎等，多按照取材部位的尺寸大小、厚度并经相应的加工而成，但未明确分级要求，且药食同源，多以农副产品进行流通。本部分制定是在药材商品规格统一要求下综合肉桂相关文献、市场及产地调查结果，对肉桂商品药材规格进行评价。

ICS 11.120.10
C 10/29

团　体　标　准

T/CACM 1021.67—2018
代替T/CACM 1021.4—2017

中药材商品规格等级　葛根

Commercial grades for Chinese materia medica

PUERARIAE LOBATAE RADIX

2018-12-03 发布　　2018-12-03 实施

中华中医药学会 发布

目　次

前　言

T/CACM 1021《中药材商品规格等级》标准分为 226 个部分：

——第 1 部分：中药材商品规格等级标准编制通则；

……

——第 66 部分：中药材商品规格等级　肉桂；

——第 67 部分：中药材商品规格等级　葛根；

——第 68 部分：中药材商品规格等级　苦杏仁；

……

——第 226 部分：中药材商品规格等级　玄明粉。

本部分为 T/CACM 1021 的第 67 部分。

本部分代替 T/CACM 1021. 4—2017。

本部分按照 GB/T 1. 1—2009《标准化工作导则　第 1 部分：标准的结构和编写》给出的规则起草。

本部分代替 T/CACM 1021. 4—2017，与 T/CACM 1021. 4—2017 相比较，标准编号进行了调整，并重新进行了编辑。

本部分由中药材商品规格等级标准研究技术中心及道地药材国家重点实验室培育基地提出。

本部分由中华中医药学会归口。

本部分起草单位：安徽中医药大学、中国中医科学院中药资源中心、天津大学、中药材商品规格等级标准研究技术中心、安徽九方制药有限公司、无限极（中国）有限公司、北京中研百草检测认证有限公司。

本部分主要起草人：彭华胜、黄璐琦、彭代银、郭兰萍、赵宇平、詹志来、杨俊、胡珂、程铭恩、高文远、邵旭、查良平、段海燕、徐涛、赵玉姣、余意、马方励。

本部分所代替标准的历次版本发布情况为：

——T/CACM 1021. 4—2017。

中药材商品规格等级　葛根

1　范围

本部分规定了葛根的商品规格等级。

本部分适用于葛根药材生产、流通以及使用过程中的商品规格等级评价。

2　规范性引用文件

下列文件对于本部分的应用是必不可少的。凡是注明日期的引用文件，仅所注明日期的版本适用于本部分。凡是不注明日期的引用文件，其最新版本（包括所有的修改版本）适用于本部分。

T/CACM 1021.1—2016 中药材商品规格等级编制通则

3　术语和定义

T/CACM 1021.1—2016 以及下列术语和定义适用于本部分。

3.1

葛根　PUERARIAE LOBATAE RADIX

本品为豆科植物野葛 *Pueraria lobata*（Willd.）Ohwi 的干燥根。习称野葛。秋、冬二季采挖，趁鲜切成厚片或小块，干燥。

3.2

同心性环纹　*tongxinxinghuanwen*

葛根药材横切面上，由数圈异常维管组织呈环状排列形成“同心性环纹”。

4　规格等级划分

根据不同切制形态，将葛根药材分为“葛根丁”和“葛根片”两个规格。再根据药材个头大小和外观性状将葛根丁规格项下划分为选货和统货两个等级。应符合表1要求。

表1　规格等级划分

规格	等级	性状描述	
		共同点	区别点
葛根丁	选货	本品具有较多纤维；气微，味微甜，口尝无酸味	大部分呈规则的边长为0.5～1.0cm的方块。切面整齐，切面颜色浅灰棕色，外皮颜色灰棕色至棕褐色；微具粉性，质坚实
	统货		呈规则或不规则块状，切面平整或不平整，粉性较差。表面黄白色或棕褐色
葛根片	统货	本品呈不规则厚片状，切面不平整，可见同心性或纵向排列的纹理，粉性较差。表面黄白色或黄褐色，纤维较多。质坚实。间有破碎、小片。气微，味微甜，口尝无酸味	

注1：市场上葛根丁加工的直径通常有0.5cm、0.8cm、1.0cm、1.2cm等类型，以便于商品流通交易。这些不同直径的葛根丁是切制葛根时调节切丁机器的结果，质量差异不大，为简化起见，本部分不作为过细的划分。

注2：硫熏后的葛根丁为黄白色，清水漂洗后葛根丁色泽更白，这两类药材均不符合2015年版《中国药典》的规定，因此本部分不制定此类药材的规格等级。

注3：关于葛根药材历史产区沿革参见附录A。

注4：关于葛根药材品质评价沿革参见附录B。

5　要求

除符合 T/CACM 1021.1—2016 的第7章规定外，还应符合下列要求：

——无变色；

——无黑块；
——无虫蛀；
——无霉变；
——杂质不得过3%。

附录 A

（资料性附录）

葛根药材历史产区沿革

葛根在历代本草中的基原包括了葛和粉葛两个种，葛主要分布在从东北至西南一带，粉葛主要分布在四川、云南、江西、广西、广东等地。植物的分布区并不能代表药材的产区，如有的地区尽管有葛分布，但是其资源量小，尚未形成葛的主产区。因此，对历代本草中葛根的产区进行考证，探讨葛根的产地与品质的关系。

葛，始载于《神农本草经》，列为中品，一名鸡齐根，味甘，平。

葛的产地记载最早见于《神农本草经》："生川谷。"魏晋《吴普本草》记载："生太山。"《名医别录》记载："生汶山（今甘肃岷山）川谷。"汶山属于今甘肃境内。可知，南北朝以前的本草中记载了葛根有汶山和太山两个产地。《本草经集注》则记载："南康（今江西南康县）、庐陵（今江西吉安）间最胜，多肉而少筋，甘美，但为药用之，不及此间尔。"由此可知，江西的南康、庐陵两个产地的葛根更适宜做食用，并且首次描述了不同产地之间葛根的差异。

唐代《新修本草》沿袭了前代的记载："生汶山山谷……南康（今江西南康县）、庐陵（今江西吉安）间最胜，多肉而少筋，甘美，但为药用之，不及此间尔。"《千金翼方》记载："生汶山（今甘肃岷山）山谷。"此时期的产地是延续了前人的记载，并无新的产地记载。

宋代《本草图经》则记载葛根："生汶山（今甘肃岷山）川谷，今处处有之，江浙尤多。""江浙"即现今的江苏与浙江一带。同时《本草图经》的附图还记载了"海州（今江苏连云港）葛根"和"成州（今甘肃成县）葛根"，其海州葛根附图结合现代的葛属植物分布可以确定为葛，说明宋代的海州亦是葛根的产地之一。从书中记载的"今处处有之"和列举的"汶山""江浙"和"海州"可见此时葛根的产地已经较多。《本草衍义》："葛根……又将生葛根煮熟者，做果卖，虔（今江西赣州）、吉州（今江西吉水县）、南安军（今江西大庾县）亦如此卖。"通过查阅《中国历史地名辞典》可知，虔州曾在魏晋时期称作南康，吉州在魏晋时期称作庐陵，此产地记载与《本草经集注》所载产地一致，且南安军也是在现今江西境内。从《本草经集注》记载的南康、庐陵的葛根"多肉而少筋，甘美"至宋代"做果卖"，均说明当时产自南康、庐陵、南安军等地的葛根基原可能为粉葛。

《本草品汇精要》对葛根产地的记载："生汶川山谷及成州、海州，今处处有之。［道地］江浙、南康、庐陵。"综合了前人的记载，并指出江浙、南康和庐陵为葛根的道地产区。《本草原始》记载了："始生汶山山谷，今处处有之。"《本草乘雅半偈》对产地的描述较笼统，即："出闽、广、江、浙，所在有之。"记录了沿海福建、广东、广西、江苏、浙江等省地区有分布，表明当时葛根的产地分布很广。

清代《植物名实图考》记载："今则岭南重之，吴越亦尠。无论燕、豫、江西、湖、广皆产葛……南昌惟西山葛著称，赣州则信丰、会昌、安远诸处，皆冶葛。有家园种植者，亦有野生者……湖南旧时潭州、永州皆贡葛，今惟永州有上贡葛。葛生祁阳之白鹤观、太白岭诸高峰。"书中对葛根的产地记载较为详细，潭州和永州的葛根作为贡品，此后，仅永州贡葛。

民国《药物出产辨》记载："各省均有产。惟以广东境所沽者最不合用……"虽无较多详细的产地记载，但记载了广东地区的葛根质量较差。

1959 年《药材资料汇编》记载产地："南北各省均有分布。以浙江长兴、安吉、孝丰、建德、淳安、兰溪、寿昌，安徽广德等地为主产地；广东所产，称广粉葛。"记载了多个葛根产区，并提到广东所产称“广粉葛”，应来源于粉葛。

综上所述，葛根的产地从古至今也在逐渐变多，从南北朝时的江西南康、庐陵，宋代时增加江浙，明代时增加福建、广东，清代时增加岭南地区和湖南，直至近代增加河南。

附录 B

(资料性附录)

葛根药材品质评价沿革

最早关于葛根品质评价的记载出现于《本草经集注》:“当取入土深大者……南康、庐陵间最胜,多肉而少筋,甘美,但为药用之,不及此间尔。”可知,葛根作为药食两用的药材,认为药用的葛根应取入土深、个大的;同时还认为纤维性弱的葛根作药材品质欠佳,不如纤维性强的葛根好。

《新修本草》中记载:“葛虽除毒,其根入土五六寸以上者,名葛脰。脰,胫也。服之令人吐,以有微毒也。”记载了入土较浅的葛根有小毒,不宜入药。

《本草图经》记载:“葛根……以入土深者为佳,今人多以作粉食之,甚益人。”《本草蒙筌》记载:“葛根入土深者力洪……”《本草纲目》记载:“以入土最深者为良。”《本草乘雅半偈》《本草利害》观点均与之一致,认为入土深的葛根的品质最好。

清代《本草原始》记载:“葛根……今市卖者多劈切成片,用者以片宽二三指,白多面者为良。条细、色黄白、少脂者,乃白葛也,不易入药。”首次提出以“白多面者为良”的观点,同时指出条细、色黄白、少脂的葛根质量不好。《本草述》记载:“雪白多粉者良,去皮用。”《本草逢原》记载:“色白者良。”

近现代《药材资料汇编》:“质嫩色白有粉质者,为佳。”《全国中草药汇编》记载:“以块大色白、质坚、粉性足、纤维少者为佳。”《七十六种药材商品规格的标准》将全体粉白色葛根作为一等品,黄白色的作为二等品。

“白多面者”为葛根中淀粉含量较高的类型,即《本草经集注》中描述的“多肉而少筋”的葛根。自《本草原始》至今,认为葛根色白多粉者质量好,而在此之前的本草均认为南康、庐陵的葛根粉性强,做药材质量较次,此观点的转变可能与《本草品汇精要》中将南康和庐陵作为葛根的道地产区记载有关。

葛根最早记载的用法多为生用,而在《本草图经》中始有“暴干”的记载,而后《本草品汇精要》和《本草原始》均沿袭了“暴干”的记载。

金朝《用药法象》始有“去皮”的记载;元代《汤液本草》亦记载了“去皮用”。明代《本草品汇精要》记载了葛根“刮去皮”,同时期《本草蒙筌》记载了葛根:“去皮用之速效。”《医学入门》记载葛根:“去皮晒干用。”《本草述》:“去皮用。”《药物出产辨》记载:“将葛去皮,用水洗净,用大盆满贮清水,将葛切片如骨牌形,放落清水盆略浸五分钟,取起晒干用。”将葛根去皮,切片,水漂,晒干。此后,《全国中草药汇编》《中华本草》《中药大辞典》等文献均记载:“刮去粗皮。”但现今药典并无去皮相关规定。

古代本草书籍对葛根的品质评价包括三个方面:一是“以入土深者为佳”的观点,此观点自南北朝《本草经集注》便有记载,至清代逐渐忽略了此种品质评价方法。“入土深者为佳”说明在葛根根系的不同部位的品质是存在差异的,而造成这一差异的因素尚不清楚。二是以粉性强弱为品质评价指标,自《本草原始》就有明确记载以葛根的颜色和粉性强弱作为药材质量的评价指标,此类观点一直延续至今,即以色白、粉性足者为佳。以《本草经集注》为代表的本草认为葛根纤维性强的好,纤维性差的葛根品质较差。葛的粉性和纤维性均与淀粉含量有关,粉性强的葛根淀粉含量高,而纤维性弱。依据粉性强弱作为葛根品质评价指标在不同本草中存在变迁,即明代以前以纤维性强的葛根好,明代后以粉性强的葛根好,哪一种观点更准确有待进一步研究。三是以去皮与否为品质评价指标。葛根在金元时期始有去皮的记载,之前的本草中未提到是否去皮。在对去皮的描述中,大部分本草仅描述了去皮的工序，仅《本草蒙筌》认为“去皮用之速效”。可见去皮明显会影响葛根药材质量，但历代本草对去皮的记载较少，可能是因为对药材质量影响不大。

ICS 11.120.01
C 23

团体标准

T/CACM 1021.68—2018
代替T/CACM 1021.97—2018

中药材商品规格等级　苦杏仁

Commercial grades for Chinese materia medica

ARMENTACAE SEMEN AMARUM

2018-12-03 发布　　2018-12-03 实施

中华中医药学会 发布

目　　次

前　言

T/CACM 1021《中药材商品规格等级》标准分为 226 个部分：

——第 1 部分：中药材商品规格等级标准编制通则；

……

——第 67 部分：中药材商品规格等级　葛根；

——第 68 部分：中药材商品规格等级　苦杏仁；

——第 69 部分：中药材商品规格等级　玫瑰花；

……

——第 226 部分：中药材商品规格等级　玄明粉。

本部分为 T/CACM 1021 的第 68 部分。

本部分代替 T/CACM 1021.97—2018。

本部分按照 GB/T 1.1—2009《标准化工作导则　第 1 部分：标准的结构和编写》给出的规则起草。

本部分代替 T/CACM 1021.97—2018，与 T/CACM 1021.97—2018 相比较，标准编号进行了调整，并重新进行了编辑。

本部分由中药材商品规格等级标准研究技术中心及道地药材国家重点实验室培育基地提出。

本部分由中华中医药学会归口。

本部分起草单位：河北中医学院、中国中医科学院中药资源中心、中药材商品规格等级标准研究技术中心、石家庄以岭药业股份有限公司、广东太安堂药业股份有限公司、北京中研百草检测认证有限公司。

本部分主要起草人：郑玉光、黄璐琦、郭兰萍、詹志来、焦倩、郭利霄、景松松、崔旭盛、田清存、曹喆、杨光、李颖。

本部分所代替标准的历次版本发布情况为：

——T/CACM 1021.97—2018。

中药材商品规格等级 苦杏仁

1 范围

本部分规定了苦杏仁的商品规格等级。

本部分适用于苦杏仁药材生产、流通以及使用过程中的商品规格等级评价。

2 规范性引用文件

下列文件对于本部分的应用是必不可少的。凡是注明日期的引用文件，仅所注明日期的版本适用于本部分。凡是不注明日期的引用文件，其最新版本（包括所有的修改版本）适用于本部分。

T/CACM 1021.1—2016 中药材商品规格等级编制通则

3 术语和定义

T/CACM 1021.1—2016 以及下列术语和定义适用于本部分。

3.1

苦杏仁 ARMENTACAE SEMEN AMARUM

本品为蔷薇科植物山杏 *Prunus armeniaca* L. var. ansu Maxim.、西伯利亚杏 *Prunus sibirica* L.、东北杏 *Prunus mandshurica*（Maxim.）Koehne 或杏 *Prunus armeniaca* L. 的干燥成熟种子。夏季采收成熟果实，除去果肉和核壳，取出种子，晒干。

4 规格等级划分

根据市场流通情况，对药材进行等级划分，将苦杏仁分为“选货”和“统货”两个等级。应符合表1要求。

表1 规格等级划分

等级	性状描述	
	共同点	区别点
选货	本品呈扁心形，长1～1.9cm，宽0.8～1.5cm，厚0.5～0.8cm。表面黄棕色至深棕色，一端尖，另端钝圆，肥厚，左右不对称，尖端一侧有短线形种脐，圆端合点处向上具多数深棕色的脉纹。种皮薄，子叶2，乳白色，富油性。气微，味苦	饱满、大小均匀，破碎度≤1%
统货		大小不分，破碎度≤3%

注1：目前市场苦杏仁主产区以内蒙、河北为代表，性状、价格稍有差异。

注2：亳州、安国等市场存在销售燀苦杏仁现象，此规格为炮制品，应注意鉴别。

注3：关于苦杏仁药材历史产区沿革参见附录A。

注4：关于苦杏仁药材品质评价沿革参见附录B。

5 要求

除应符合 T/CACM 1021.1—2016 的第7章规定外，还应符合下列要求：

——无变色；

——不走油；

——无虫蛀；

——无霉变；

——杂质不得过3%。

附录 A

（资料性附录）

苦杏仁药材历史产区沿革

苦杏仁的生境分布最早记载于先秦本草著作《神农本草经》，指出其生山谷，并未明确具体产区。

《名医别录》指出其生晋川山谷。即今山西的山区。

《证类本草》和《图经衍义本草》所载为："图经曰：杏核仁，生晋川山谷，今处处有之，其实亦数种，黄而圆者名金杏。相传云：种出济南郡之分流山，彼人谓之汉帝杏，今近都多种之，熟最早。"指出其产区为山西、济南长城岭，且多有家种。

《本草药品实地之观察》以河北及山东为其主产地。

通过总结《中国药材学》《中华本草》《现代中药材商品通鉴》《500 味常用中药材的经验鉴别》《金世元中药材传统鉴别经验》等现代专著，发现苦杏仁分布于我国北方大部分地区，野生较多。

附录 B

（资料性附录）

苦杏仁药材品质评价沿革

历代对苦杏仁品质评价较少。宋·唐慎微在《证类本草》中指出：“杏子入药，今以东来者为胜，仍用家园种者，山杏不堪入药。”为目前所见最早关于苦杏仁品质的介绍。明·陈嘉谟所著《本草蒙筌》所载亦为：“家园种者妙，山杏不堪用。”

古代文献只是指出了苦杏仁家种为佳。

近代文献主要是从苦杏仁的大小、饱满度、完整度来进行品质评价。

《中国药材学》记载：“本品以粒大、饱满、完整者为佳。《中华人民共和国药典》1995 年版规定，本品含苦杏仁苷不得少于 3%。”

《500 味常用中药材的经验鉴别》记载：“苦杏仁商品以身干、颗粒均匀、饱满、整齐、不破碎者为佳。”

《金世元中药材传统鉴别经验》记载：“以颗粒饱满、完整、味苦者为佳。”

古代书籍对苦杏仁主要是从是否家种来说明其品质。近代文献从苦杏仁的大小、饱满度和完整度来对苦杏仁进行质量评价。

ICS 11.120.01
C 23

团 体 标 准

T/CACM 1021.69—2018
代替T/CACM 1021.99—2018

中药材商品规格等级 玫瑰花

Commercial grades for Chinese materia medica

ROSAE RUGOSAE FLOS

2018-12-03 发布 2018-12-03 实施

中 华 中 医 药 学 会 发布

目　次

前　言

T/CACM 1021《中药材商品规格等级》标准分为226个部分：

——第1部分：中药材商品规格等级标准编制通则；

……

——第68部分：中药材商品规格等级　苦杏仁；

——第69部分：中药材商品规格等级　玫瑰花；

——第70部分：中药材商品规格等级　酸枣仁；

……

——第226部分：中药材商品规格等级　玄明粉。

本部分为T/CACM 1021的第69部分。

本部分代替T/CACM 1021.99—2018。

本部分按照GB/T 1.1—2009《标准化工作导则　第1部分：标准的结构和编写》给出的规则起草。

本部分代替T/CACM 1021.99—2018，与T/CACM 1021.99—2018相比较，标准编号进行了调整，并重新进行了编辑。

本部分由中药材商品规格等级标准研究技术中心及道地药材国家重点实验室培育基地提出。

本部分由中华中医药学会归口。

本部分起草单位：河北中医学院、中国中医科学院中药资源中心、中药材商品规格等级标准研究技术中心、北京中研百草检测认证有限公司。

本部分主要起草人：郑玉光、黄璐琦、郭兰萍、詹志来、张天天、薛紫鲸、刘钊。

本部分所代替标准的历次版本发布情况为：

——T/CACM 1021.99—2018。

中药材商品规格等级　玫瑰花

1　范围

本部分规定了玫瑰花的商品规格等级。

本部分适用于玫瑰花药材生产、流通以及使用过程中的商品规格等级评价。

2　规范性引用文件

下列文件对于本部分的应用是必不可少的。凡是注明日期的引用文件，仅所注明日期的版本适用于本部分。凡是不注明日期的引用文件，其最新版本（包括所有的修改版本）适用于本部分。

T/CACM 1021.1—2016 中药材商品规格等级编制通则

3　术语和定义

T/CACM 1021.1—2016 以及下列术语和定义适用于本部分。

3.1

玫瑰花　ROSAE RUGOSAE FLOS

本品为蔷薇科植物玫瑰 *Rosa rugosa* Thunb. 的干燥花蕾。春末夏初花将开放时分批采摘，及时低温干燥。

3.2

平阴玫瑰花　*pingyinmeiguihua*

山东省平阴县所产的玫瑰花。

3.3

苦水玫瑰花　*kushuimeiguihua*

甘肃省兰州市永登县苦水镇所产的玫瑰花。

4　规格等级划分

根据市场流通情况，按照产地不同，将玫瑰花先分为“平阴玫瑰”和“苦水玫瑰”两个规格。各规格项下再分为“选货”和“统货”两个等级。根据颜色、完整花蕾比例、花开放程度、残留花梗和含杂率，将选货规格分为“一等”和“二等”两个等级。应符合表1要求。

表1　规格等级划分

<table>
<tr><th rowspan="2">规格</th><th rowspan="2" colspan="2">等级</th><th colspan="2">性状描述</th></tr>
<tr><th>共同点</th><th>区别点</th></tr>
<tr><td rowspan="3">平阴玫瑰</td><td rowspan="2">选货</td><td>一等</td><td rowspan="2">本品略呈半球形或不规则团状，残留花梗上被细柔毛，花托半球形，与花萼基部合生；萼片5，披针形，黄绿色或棕绿色，被有细柔毛；花瓣多皱缩，展平后宽卵形，呈覆瓦状排列；雄蕊多数，黄褐色；花柱多数，柱头在花托口集成头状，略突出，短于雄蕊。体轻，质脆。气芳香浓郁，味微苦涩</td><td>花瓣紫色，大小均匀，直径0.7～1.0cm，有残留花梗的≤3%，完整的花蕾≥80%，杂质≤1.5%，气芳香浓郁</td></tr>
<tr><td>二等</td><td>花瓣紫红色，大小较均匀，直径1.0～1.5cm，有残留花梗的不超过5%，完整的花蕾不少于70%，杂质不超过2%，气芳香略淡</td></tr>
<tr><td colspan="2">统货</td><td colspan="2">本品略呈半球形或不规则团状，大小不等。残留花梗上被细柔毛，花托半球形，与花萼基部合生；萼片5，披针形，黄绿色或棕绿色，被有细柔毛；花瓣多皱缩，展平后宽卵形，呈覆瓦状排列；雄蕊多数，黄褐色；花柱多数，柱头在花托口集成头状，略突出，短于雄蕊。体轻，质脆。气芳香浓郁，味微苦涩</td></tr>
</table>

续表

<table>
<tr><th rowspan="2">规格</th><th colspan="2" rowspan="2">等级</th><th colspan="2">性状描述</th></tr>
<tr><th>共同点</th><th>区别点</th></tr>
<tr><td rowspan="3">苦水玫瑰</td><td rowspan="2">选货</td><td>一等</td><td rowspan="2">本品略呈半球形或不规则团状，直径 0.7 ~ 1.0cm，残留花梗上被细柔毛，花托半球形，萼片 5，披针形，黄绿色或棕绿色，被有细柔毛；花瓣多皱缩，呈覆瓦状排列，紫色，体轻，质脆。气芳香浓郁，味微苦涩</td><td>残留花梗的≤3%，完整的花蕾≥80%，杂质≤1.5%</td></tr>
<tr><td>二等</td><td>残留花梗的≤5%，完整的花蕾≥70%，杂质≤2%</td></tr>
<tr><td colspan="2">统货</td><td colspan="2">本品略呈半球形或不规则团状，直径 0.7 ~ 1.0cm，残留花梗上被细柔毛，花托半球形，萼片 5，披针形，黄绿色或棕绿色，被有细柔毛；花瓣多皱缩，呈覆瓦状排列，紫色，体轻，质脆。气芳香浓郁，味微苦涩</td></tr>
<tr><td colspan="5">注 1：产地加工有炕货、晒货之分。
注 2：其他产地玫瑰较少，可依据平阴玫瑰分等方法进行分等，在此不做规格等级的划分。
注 3：关于玫瑰花药材历史产区沿革参见附录 A。
注 4：关于玫瑰花药材品质评价沿革参见附录 B。</td></tr>
</table>

5 要求

除应符合 T/CACM 1021.1—2016 的第 7 章规定外，还应符合下列要求：

——无变色；

——无虫蛀；

——无霉变；

——杂质不得过 3%。

附录 A

（资料性附录）

玫瑰花药材历史产区沿革

明朝时期的姚可成在《食物本草》中记载："玫瑰处处有之，江南尤多。"书中指出玫瑰种植的地方比较多，江南尤多。同时期的丁其誉在《寿世秘典》中记载："玫瑰灌生，细叶多刺，类蔷薇茎短，花亦类蔷薇，色淡紫，娇艳芬馥，有香有色，堪入茶酒、入蜜。栽宜肥土，长加浇灌，性好洁，最忌人溺，溺浇即毙。燕中有黄花者，稍小于紫。嵩山深处有碧色者。"书中记载玫瑰花可以做花茶饮用，另外河北省内有黄色的玫瑰花，河南省境内有绿色的玫瑰花。

清朝时期的曹炳章注的《增订伪药条辨》中对玫瑰花的记载较为详细，书中写道："玫瑰花，色紫，气香，味甘，性微温。入脾、肝二经。和血调气，平肝开郁。唯苏州所处者，色香俱足，服之方能见效。"书中指出苏州产玫瑰花。

明末甘肃地区已开始用玫瑰花酿酒制酱，清朝形成规模生产，清乾隆时期《甘肃通志》载"玫瑰花出兰州"，而以永登县苦水乡所产质量最优。乾隆时兰州翰林素维岳赋诗咏颂，"霞光锦缎覆苍苔，点缀芳园朵朵开。西陇花迟兼遇闰，端阳才拥艳香来"，足可见甘肃玫瑰历史栽培的悠久。平阴玫瑰栽植始于唐代，距今已有1300多年的历史，清末《续修平阴县志》载有"隙地生来千万枝，恰似红豆寄相思。玫瑰花放香如海，正是家家酒熟时"（《平阴竹枝词》）的诗句。据清光绪三十三年（1907年）编写的《平阴县乡土志》载："玫瑰为特产，获利稍厚……每年津商至本地购买约值银五千两。"

附录 B

(资料性附录)

玫瑰花药材品质评价沿革

清《增订伪药条辨》唯苏州所处者，色香俱足，服之方能见效，玫瑰花产杭州笕桥者，花瓣紫红，花蒂青黄色，气芳香甚浓者。产湖州者，色紫淡黄红色，朵长，蒂黄绿色，且有点小，香味淡，略次。萧山龛山产者，桃红色，味淡气香而浊，受潮极易变色，为最次。

1962 年《陕西中药志》玫瑰花以花朵色紫红、干燥、无杂质者为佳。

1963 年版《中国药典》一部玫瑰花以朵大瓣厚、色紫、鲜艳、香气浓郁者为佳。

1977 年版《中国药典》一部玫瑰花以朵大、完整、色紫红、不露芯、香气浓者为佳。

1996 年《中国药材学》玫瑰花以朵大、完整、色紫红、不露芯、香气浓者为佳。

1997 年《中华本草》玫瑰花以花朵大、完整、瓣厚、色紫、色泽鲜、不露蕊、香气浓者为佳。

2001 年《现代中药材商品通鉴》玫瑰花分头小花、二小花、三小花三等，以头小花质量较好。

2006 年《中药大辞典》玫瑰花以朵大、瓣厚、色紫、鲜艳、香气浓者为佳。

2010 年《金世元传统中药材鉴别经验》花色紫红鲜艳、朵大不散瓣、香气浓郁者为佳。

ICS 11.120.01
C 23

团　体　标　准

T/CACM 1021.70—2018
代替T/CACM 1021.104—2018

中药材商品规格等级　酸枣仁

Commercial grades for Chinese materia medica

ZIZIPHI SPINOSAE SEMEN

2018-12-03 发布　　2018-12-03 实施

中华中医药学会 发布

目　次

前言

T/CACM 1021《中药材商品规格等级》标准分为 226 个部分：

——第 1 部分：中药材商品规格等级标准编制通则；

……

——第 69 部分：中药材商品规格等级　玫瑰花；

——第 70 部分：中药材商品规格等级　酸枣仁；

——第 71 部分：中药材商品规格等级　柴胡；

……

——第 226 部分：中药材商品规格等级　玄明粉。

本部分为 T/CACM 1021 的第 70 部分。

本部分代替 T/CACM 1021.104—2018。

本部分按照 GB/T 1.1—2009《标准化工作导则　第 1 部分：标准的结构和编写》给出的规则起草。

本部分代替 T/CACM 1021.104—2018，与 T/CACM 1021.104—2018 相比较，标准编号进行了调整，并重新进行了编辑。

本部分由中药材商品规格等级标准研究技术中心及道地药材国家重点实验室培育基地提出。

本部分由中华中医药学会归口。

本部分起草单位：河北中医学院、中国中医科学院中药资源中心、浙江寿仙谷医药股份有限公司、无限极（中国）有限公司、中药材商品规格等级标准研究技术中心、北京中研百草检测认证有限公司。

本部分主要起草人：郑玉光、黄璐琦、郭兰萍、詹志来、李振皓、李振宇、刘爱朋、王浩、马东来、余意、马方励。

本部分所代替标准的历次版本发布情况为：

——T/CACM 1021.104—2018。

中药材商品规格等级　酸枣仁

1　范围

本部分规定了酸枣仁的商品规格等级。

本部分适用于酸枣仁药材生产、流通以及使用过程中的商品规格等级评价。

2　规范性引用文件

下列文件对于本部分的应用是必不可少的。凡是注明日期的引用文件，仅所注明日期的版本适用于本部分。凡是不注明日期的引用文件，其最新版本（包括所有的修改版本）适用于本部分。

T/CACM 1021.1—2016 中药材商品规格等级编制通则

3　术语和定义

T/CACM 1021.1—2016 以及下列术语和定义适用于本部分。

3.1

酸枣仁　ZIZIPHI SPINOSAE SEMEN

本品为鼠李科植物酸枣 *Ziziphus jujuba* Mill. var. *spinosa*（Bunge）Hu ex H. F. Chou 的干燥成熟种子。秋末冬初采收成熟果实，除去果肉和核壳，收集种子，晒干。

4　规格等级划分

根据市场流通情况，对药材进行等级划分，将酸枣仁分为“选货”和“统货”两个等级。酸枣仁选货根据饱满度、碎仁率、核壳率及有无黑仁，再将选货划分为“一等”和“二等”两个级别。应符合表1要求。

表1　规格等级划分

等级		性状描述	
		共同点	区别点
选货	一等	本品呈扁圆形或扁椭圆形。表面紫红色或紫褐色，平滑有光泽，有的有裂纹。有的两面均呈圆隆状突起；有的一面较平坦，中间有1条隆起的纵线纹；另一面稍突起。一端凹陷，可见线形种脐；另端有细小突起的合点。种皮较脆，胚乳白色，子叶2，浅黄色，富油性。气微，味淡	饱满。核壳≤2%，碎仁≤2%。无黑仁
	二等		较饱满。碎仁≤5%
统货		本品呈扁圆形或扁椭圆形，饱满度、碎仁率不一	

注1：药典对含杂率（核壳等）有相应的要求，即不得过5%，而目前市场上有不符合药典规定的规格，因此本次标准不制定其规格。碎仁比例大者容易黄曲霉毒素超标。

注2：当前市场酸枣仁药材存在产地混杂情况。市场上常见的理枣仁为鼠李科植物滇酸枣 *Zizyphus mauritiana* Lam. 成熟种子，多产于云南和缅甸，属于云南省地方习用品种，收载于《云南省药材标准》2005年版。

注3：市场尚有陈货，酸枣仁含脂肪油较多，放置时间较长之后，出现色泽加深，产生油哈气味，易变质。

注4：关于酸枣仁药材历史产区沿革参见附录A。

注5：关于酸枣仁药材品质评价沿革参见附录B。

5　要求

除应符合 T/CACM 1021.1—2016 的第7章规定外，还应符合下列要求：

——无变色；

——无走油；

——无虫蛀；

——无霉变；

——杂质（核壳等）不得过3%。

附录 A

(资料性附录)

酸枣仁药材历史产区沿革

汉代，《名医别录》记载：“酸枣，生河东川泽。”记载了酸枣产地“河东”，今山西省，并指明了其生境。

南朝·梁《本草经集注》记载：“酸枣，今出东山间。”“东山”为今苏州东洞庭山。

《蜀本图经》描述：“今河东及滑州，以其木为车轴及匙箸等，木甚细理而硬，所在有之。八月采实，晒干。”“河东”即今山西，“滑州”即今河南滑县一带。

唐《本草拾遗》载：“嵩阳子曰，余家于滑台，今酸枣县，即滑之属邑也，其地名酸枣焉。”第一次记载了酸枣仁的道地产区，酸枣县即今河南省滑县一带。

宋代《本草图经》云：“酸枣，今近京及西北州郡皆有之，野生多在坡坂及城垒间。”说明酸枣当时在北方广泛分布，主要生长在山坡丘陵地带。”《本草衍义》：“天下皆有之，但以土产宜与不宜。”《宝庆本草折衷》：“生河东川泽及滑州。及东山、陕西临潼，及进京西北州郡。今所在山野、坡坂及城垒间皆有之。”

明代《救荒本草》记载：“出河东川泽，今城垒坡野间多有之。”《本草蒙筌》：“生河东川泽。”《本草原始》：“始生河东川泽，今近京及西北州郡皆有之。野生多在坡坂及城垒间。”

民国《药物出产辨》载：“产直隶顺德府、山东济宁府，其产于邢台者最为悠久，奉为道地，称邢枣仁。”

《中药材商品规格质量鉴别》(1995 年)：“主产于河北邢台、内丘、邯郸、承德、陕西黄陵、铜川、宜川，辽宁海城、风城、凌源、绥中，河南登封、密县、嵩县、洛宁。此外山西、山东、江苏、安徽、内蒙古有产。以河北邢台产量最大。”

《中华本草》(1999 年)：“分布于华北、西北及辽宁、山东、江苏、安徽、河南、湖北、四川。”

《500 味常用中药材的经验鉴别》(1999 年)：“酸枣仁商品主要来源于野生资源。主要分布于长江以北地区。主产于河北邢台、内丘、沙河、临城、平山、赞皇、武安、涉县、平泉、宽城、兴隆、迁西、迁安、遵化、青龙、抚宁、卢龙；北京昌平、平谷、怀柔、密云、延庆；天津蓟县；河南鹤壁、林县、浚县、宜阳、嵩县、淅川；辽宁绥中、辽阳、凌源、朝阳、建昌等地。河北所产枣仁量大质优，尤以邢台产品为地道。”

《现代中药材商品通鉴》(2001 年)：“主产于河北邢台、内丘、邯郸、承德及辽宁、内蒙古、山东、山西、河南、陕西、甘肃、宁夏、四川，以河北邢台产量最大。销全国各地及出口。”

《金世元中药材传统鉴别经验》(2010 年)：“分布于河北、山西、河南、内蒙古、陕西、甘肃、山东等地。以河北邢台（旧称‘顺德府’）产量大，质量优，又以内丘加工精细，所以为著名的顺德枣仁，属驰名的‘地道药材’。”

附录 B
(资料性附录)
酸枣仁药材品质评价沿革

宋《本草衍义》曰："但窠小者气味薄，本大者气味厚……今陕西临潼山野所出者，亦好，亦土地所宜也，并可取仁。"

1963年版《中国药典》"以粒大饱满、完整、外皮紫红色、无核壳者为佳。"

1977年版《中国药典》"以粒大、饱满、外皮色紫红、种仁色黄白者为佳。"

《中华本草》(1999年)："以粒大、饱满、有光泽、外皮红棕色、种仁色黄白者为佳。"

《500味常用中药材的经验鉴别》(1999年)："以粒大饱满、外皮紫红，光滑油润，种仁黄白色，无杂质、核壳、虫蛀者为佳。"

《现代中药材商品通鉴》(2001年)："以粒大，饱满，外皮色紫红，光滑油润，种仁色黄白、无核壳者为佳，习惯以顺枣仁为优。"

《中药大辞典》(2006年)："以粒大饱满、外皮紫红色、无核壳者为佳。"

《金世元中药材传统鉴别经验》(2010年)："以粒大、饱满、外皮色紫红、无杂质者为佳。"

综上所述，古本草中酸枣仁主要在北方广泛分布，主要生长在山坡丘陵地带，古代以河南滑县、陕西临潼山一带的酸枣仁质量较好，民国时期以直隶顺德府、山东济宁府所产酸枣仁质优量大，产于邢台者最为悠久，奉为道地，称邢枣仁。酸枣仁品质皆以粒大饱满、外皮紫红色，光滑油润，种仁黄白色，无杂质、核壳、虫蛀者为佳。本次制定酸枣仁商品规格等级标准是以文献对酸枣仁药材的质量评价和市场调查情况为依据，划分为选货和统货两个等级，选货根据饱满程度、碎仁率、核壳率及有无黑仁情况分为一等和二等两个级别。

ICS 11.120.01
C 23

团体标准

T/CACM 1021.71—2018
代替T/CACM 1021.89—2018

中药材商品规格等级　柴胡

Commercial grades for Chinese materia medica

BUPLEURI RADIX

2018-12-03 发布　　2018-12-03 实施

中华中医药学会 发布

目　次

前　言

T/CACM 1021《中药材商品规格等级》标准分为226个部分：

——第1部分：中药材商品规格等级标准编制通则；

……

——第70部分：中药材商品规格等级　酸枣仁；

——第71部分：中药材商品规格等级　柴胡；

——第72部分：中药材商品规格等级　巴戟天；

……

——第226部分：中药材商品规格等级　玄明粉。

本部分为T/CACM 1021的第71部分。

本部分代替T/CACM 1021.89—2018。

本部分按照GB/T 1.1—2009《标准化工作导则　第1部分：标准的结构和编写》给出的规则起草。

本部分代替T/CACM 1021.89—2018，与T/CACM 1021.89—2018相比较，标准编号进行了调整，并重新进行了编辑。

本部分由中药材商品规格等级标准研究技术中心及道地药材国家重点实验室培育基地提出。

本部分由中华中医药学会归口。

本部分起草单位：河北中医学院、中国中医科学院中药资源中心、陕西中医药大学、天津大学、华润三九医药股份有限公司、中药材商品规格等级标准研究技术中心、北京中研百草检测认证有限公司。

本部分主要起草人：郑玉光、黄璐琦、郭兰萍、唐志书、詹志来、高文远、张丹、温子帅、谭沛、张辉、李英、李嘉诚。

本部分所代替标准的历次版本发布情况为：

——T/CACM 1021.89—2018。

中药材商品规格等级　柴胡

1　范围

本部分规定了柴胡的商品规格等级。

本部分适用于柴胡药材生产、流通以及使用过程中的商品规格等级评价。

2　规范性引用文件

下列文件对于本部分的应用是必不可少的。凡是注明日期的引用文件，仅所注明日期的版本适用于本部分。凡是不注明日期的引用文件，其最新版本（包括所有的修改版本）适用于本部分。

T/CACM 1021.1—2016 中药材商品规格等级编制通则

3　术语和定义

T/CACM 1021.1—2016 以及下列术语和定义适用于本部分。

3.1

柴胡　BUPLEURI RADIX

本品为伞形科植物柴胡 *Bupleurum chinense* DC. 或狭叶柴胡 *Bupleurum scorzonerifolium* Willd. 的干燥根。按性状不同，分别习称“北柴胡”和“南柴胡”。春、秋二季采挖，除去茎叶和泥沙，干燥。

4　规格等级划分

根据市场流通情况，根据基原不同分为北柴胡和南柴胡。按生长模式不同，将北柴胡药材分为“栽培北柴胡”和“野生北柴胡”两个规格。栽培北柴胡规格项下根据直径、残茎情况再分为“选货”和“统货”两个等级。应符合表1要求。

表1　规格等级划分

<table>
<tr><th rowspan="2">规格</th><th rowspan="2">等级</th><th colspan="2">性状描述</th></tr>
<tr><th>共同点</th><th>区别点</th></tr>
<tr><td rowspan="2">栽培北柴胡</td><td>选货</td><td rowspan="2">本品呈圆柱形或长圆锥形。上粗下细，顺直或弯曲，多分枝。头部膨大，呈疙瘩状，下部多分枝。表面黑褐色至浅棕色，有纵皱纹。质硬而韧，断面黄白色。显纤维性。微有香气，味微苦辛</td><td>中部直径 > 0.4cm，无残茎</td></tr>
<tr><td>统货</td><td>中部直径 > 0.3cm，偶见残茎</td></tr>
<tr><td>野生北柴胡</td><td>统货</td><td colspan="2">本品呈圆柱形或长圆锥形，上粗下细，顺直或弯曲，多分枝。头部膨大，呈疙瘩状，无残留茎苗，下部多分枝。表面黑褐色，有纵皱纹、支根痕及皮孔。质硬而韧，不易折断，断面纤维性较强，皮部浅棕色，木部黄白色。气微香，味微苦辛</td></tr>
<tr><td>南柴胡</td><td>统货</td><td colspan="2">本品呈类圆锥形，少有分枝，略弯曲。顶端有多数细毛状枯叶纤维。表面浅棕色或红褐色，有纵皱纹及须根痕。断面淡棕色。微有香气。味微苦辛。大小不分。残留苗茎不超过0.5cm。具败油气，不显纤维性，质稍软，易折断等明显特征</td></tr>
<tr><td colspan="4">注1：市场药典品南柴胡流通较少，主要以野生品为主，在产地有少量的栽培品出现，市场上目前未流通，因此不制定此规格。
注2：市场柴胡品种较混乱，除药典品外，另有：锥叶柴胡来源于伞形科植物锥叶柴胡 Bupleurum bicaule Helm 的干燥根，收载于《内蒙古中药材标准》；藏柴胡来源于伞形科植物窄竹叶柴胡 Bupleurum marginatum Wall. ex DC. var. stenophyllum（Wolff）Shan et Y. L 的干燥全草，收载于《贵州省中药材、民族药材质量标准》（2003年版），以“竹叶柴胡”的名称收载，市场都以干燥根销售；竹叶柴胡来源于伞形科植物竹叶柴胡 Bupleurum marginatum Wallich ex de Candolle 的干燥全草，收载于《四川省中药材标本》（2010年版），市场都以干燥根销售；黑柴胡来源于伞形科植物小叶黑柴胡 Bupleurum smithii Woiff. var. parvifolium Shah et. Y. Li 的干燥根和根茎，收载于《甘肃省中药材标准》（2008年版）。以上地方习用品柴胡性状与药典品柴胡差异较大，应注意鉴别。同时建议采用分子、理化等方法进行基源鉴定。
注3：关于柴胡药材历史产区沿革参见附录A。
注4：关于柴胡药材品质评价沿革参见附录B。</td></tr>
</table>

5 要求

除应符合 T/CACM 1021.1—2016 的第 7 章规定外，还应符合下列要求：

——无变色；

——北柴胡要求无须毛，南柴胡要求无须根；

——无虫蛀；

——无霉变；

——杂质不得过 3%。

附录 A

(资料性附录)

柴胡药材历史产区沿革

柴胡的生境分布最早记载于先秦本草著作《神农本草经》，指出其“生弘农及冤句长安及河内并有之”。对不同古籍中来源进行了总结。

宋朝唐慎微所著《证类本草》、明朝滕弘所著《神农本经会通》、明朝刘文泰所著《本草品汇精要》、明朝倪朱谟的《本草汇言》记载柴胡“ 生洪农川谷及冤句。《博物志》云：长安及河内并有之。此茈胡疗伤寒第一用。图经曰：柴胡，生洪农山谷及冤句，今关陕、江湖间近道皆有之，以银州者为胜。二月生苗甚香。茎青紫，叶似竹叶，稍紧，亦有似斜蒿，亦有似麦门冬而短者。七月开黄花。生丹州，结青子，与他处者不类。雷公曰：凡使，茎长软，皮赤，黄髭须。出在平州平县，即今银州银县也。盖银夏地多沙，同华亦沙苑所出也。”介绍了柴胡的生境包括冤句（今菏泽）、长安及河内、关陕、银州、丹州（今陕西宜川）等地。

明朝朱橚所著《救荒本草》、许希周所著《药性粗评》、明朝王文洁所著《太乙仙制本草药性大全》、明朝姚可成的《食物本草》、明朝郑二阳《仁寿堂药镜》中对柴胡的产地进行了归属，即“生弘农川谷及冤句，寿州、淄州、关陕江湖间皆有，银州者为胜，今钧州密县山谷间亦有。又有苗似斜蒿，亦有似麦门冬苗而短者，开黄花，生丹州，结青子，与他处者不类”。

明朝陈嘉谟所著《本草蒙筌》中记载了柴胡的产地为“州土各处俱生，银夏（州名，属陕西）出者独胜”。

明朝李时珍《本草纲目》对前人著作进行总结如下，产地如下“《别录》曰：茈胡，生弘农川谷及冤句。弘景曰：今出近道，状如前胡而强。《博物志》云：长安及河内并有之。颂曰：今关陕、江湖间近道皆有之，以银州者为胜。生丹州者结青子，与他处者不类。其根似芦头，有赤毛如鼠尾，独窠长者好。曰：茈胡，出在平州平县，即今银州银县也。承曰：柴胡以银夏者最良，根如鼠尾，长一、二尺，香味甚佳。今《图经》所载，俗不识其真，市人以同、华者代之。然亦胜于他处者，盖银夏地方多沙，同华亦沙苑所出也。时珍曰：银州，即今延安府神木县，五原城是其废迹。所产柴胡长尺余而微白且软，不易得也。北地所产者，亦如前胡而软，今人谓之北柴胡是也，入药亦良。南土所产者，不似前胡，正如蒿根，强硬不堪使用。其苗有如韭叶者、竹叶者，以竹叶者为胜。其如邪蒿者最下也”。

明朝李中立所著《本草原始》中记载“始生于弘农山谷及冤句，今以银夏者为佳。银夏柴胡根类沙参而大，皮皱色黄白，肉有黄纹，市卖皆然”。

清朝严洁在《得配本草》中亦指出以银州银县产者良。

杨时泰在其《本草述钩元》中亦详细介绍了柴胡的产地，即“关陕江湖间近道皆有，而银州者为胜。今延安神木县五原城所产。长尺余，微白且软，最不易得。北地产者亦如前胡而软，入药亦良。南土所产者正如蒿根，强硬不堪使”。

清朝吴其浚所著《植物名实图考》对历代本草所记载的柴胡产地进行详细介绍，即“今药肆所蓄，不知何草。江西所出，已非一类，医者以为伤寒要药，发散之方用之，目击人死，况非柴胡，可轻投耶？今以山西、滇南所产图之。又一种亦附图。盖北柴胡也。余皆附后，以备稽考。世有哲人，非银州所产，慎勿入方。《图经》具丹州、兖州、淄州、江密、寿州五种，有竹叶、麦门冬、斜蒿叶之别。《唐本草》以芸蒿为谬。李时珍亦谓斜蒿叶最下，柴胡以银夏为良。而《图经》又无银州，所上者唯山西所产，及《救荒本草》图与苏说同。滇南有竹叶、麦门冬二种，土人以大小别之，与丹州、寿州者相类。江西所产，则不识为何草”。

清朝郑奋扬著，曹炳章注的《增订伪药条辨》对柴胡的真伪优劣进行了详细记载，并指出其道地产区。所载内容如下：“如苏、浙通销者，以江南古城缠着为多。福建厦门销行者，乃卢州府无会州白阳山所出，装蒌运出，梗略硬，或曰北柴胡，略次，山东本地不行，两湖通销者，为川柴胡，叶绿黄色，根黑黄色，性糯味淡，亦佳。他如湖北襄阳出，梗硬者为次。滁州全椒、凤阳定远俱出，泥屑略多，尚可用。江南浦阳，有春产者无芦枪，秋产者有芦枪，亦次。关东出者如鸡爪，更不道地。”

《中国药材学》记载：狭叶柴胡根习称南柴胡，又名红柴胡、细叶柴胡、小柴胡，主产于东北、陕西、内蒙古、河北、江苏、安徽等地；柴胡根习称北柴胡，又名竹叶柴胡、蚂蚱腿，主产于东北及河南、河北、陕西，内蒙古、山西、甘肃亦产。

《中华本草》记载：①柴胡（北柴胡）*Bupleurum chinense* DC. 主产于河北、辽宁、吉林、黑龙江、河南、陕西。此外，内蒙古、山西、甘肃亦产。销全国，并出口。②狭叶柴胡（南柴胡）*Bupleurum scorzonerifolium* Willd. 主产于辽宁、吉林、黑龙江、陕西、内蒙古、河北、江苏、安徽。销全国。

《现代中药材商品通鉴》记载：北柴胡主产于河北、河南、辽宁、黑龙江及吉林、陕西；此外，内蒙古、山西、甘肃亦产。南柴胡主产于东北各省及陕西、内蒙古、河北、江苏、安徽。销全国各地，北柴胡并出口。

《500味常用中药材的经验鉴别》记载：柴胡商品主要来源于野生。柴胡、狭叶柴胡在全国大部分地区均有分布。主产于河北围场、赤城、隆化、丰宁、涞源，山西方城、交城、孟县、朔州、平定、五台，内蒙古察哈尔右后、察哈尔右中、察哈尔右前、和林格尔、卓冷、武川、凉城、鄂伦春旗，辽宁朝阳、建昌、建平、凌源，吉林抚松、珲春、安图、敦化、浑江、延吉、桦甸，黑龙江大庆、杜尔伯特、林甸、富裕、青冈、龙江、海林、牡丹江市，河南卢氏、灵宝、桐柏、西峡、嵩县，湖北郧县、郧西、房县、保康、随州市，四川万源、南坪、巫溪、巫山、黑水，陕西宝鸡、商州、山阴、陇具、宜君，甘肃庆阳、武都、卓尼、陇西、礼县、临潭、武山、华池等地。

《中华药海》记载：北柴胡主产于辽宁、甘肃、河北、河南。此外，陕西、内蒙古、山东等地亦产。南柴胡主产于湖北、江苏、四川。此外安徽、黑龙江、吉林等地亦产。

金世元所著的《金世元中药材传统鉴别经验》所载产区为北柴胡在我国大部分地区均有分布，以河南、河北、内蒙古、山西、黑龙江、吉林、辽宁、山东、陕西、北京、湖北为主要分布区，但以黑龙江、内蒙古、河北产量较大，过去集中在天津出口，香港市场上统称“津柴胡”。南柴胡分布于华东、华中、东北、华北等地。主产于河南洛宁、洛阳、来川、卢氏、西峡、篱县、灵宝、桐柏，湖北襄阳、孝感、秭归、宜昌、郧西、房县、随州、保康，陕西宁强、勉县、商洛等地。过去集散于武汉，统称“红胡”，主销长江流域。中华人民共和国成立前北京地区亦有少量应用。

小结：古代最早记载“生弘农及冤句长安及河内”到“冤句（今菏泽）、长安及河内、关陕、银州、丹州（今陕西宜川）”，认为银州（今陕西）者为佳。近代记载柴胡产地广泛。北柴胡主要产于河北、河南、辽宁、黑龙江、吉林、陕西、内蒙古、山西、甘肃等地。南柴胡主产于东北各省及陕西、内蒙古、河北、江苏、安徽等地。

附录 B
（资料性附录）
柴胡药材品质评价沿革

1963 年版《中国药典》“均以粗长整齐、无苗茎及须根者为佳”。

1977 年版《中国药典》“均以条粗长，须根少者为佳”。

《中华本草》记载：以根粗长、无茎苗、须根少者为佳。

《500 味常用中药材的经验鉴别》记载：柴胡均以主根粗长，分枝少，残留茎基少为佳。北柴胡以质硬、去净须根为佳。南柴胡以单枝、质软具败油气为佳。产地以河南伏牛山区所产会柴胡为最佳。

《中华药海》记载：北柴胡以根条粗长、皮细、支根少者为佳。南柴胡以根条粗长，无须根者为佳。

《金世元中药材传统鉴别经验》记载：以身干、条粗长、整齐，无残留茎、叶及须根者为佳。

综上，古代文献对柴胡的规格等级划分强调产地质量，但历史上柴胡的品种繁多，近代记载现在药典品柴胡以身条粗长、整齐、皮细，无残留茎、叶及须根者为佳，为制定柴胡商品规格等级标准提供了依据。

ICS 11.120.01
C 23

团体标准

T/CACM 1021.72—2018
代替T/CACM 1021.127—2018

中药材商品规格等级　巴戟天

Commercial grades for Chinese materia medica

MORINDAE OFFICINALIS RADIX

2018-12-03 发布　　2018-12-03 实施

中华中医药学会 发布

目　次

前　言

T/CACM 1021《中药材商品规格等级》标准分为226个部分：

——第1部分：中药材商品规格等级标准编制通则；

……

——第71部分：中药材商品规格等级　柴胡；

——第72部分：中药材商品规格等级　巴戟天；

——第73部分：中药材商品规格等级　木香；

……

——第226部分：中药材商品规格等级　玄明粉。

本部分为T/CACM 1021的第72部分。

本部分代替T/CACM 1021.127—2018。

本部分按照GB/T 1.1—2009《标准化工作导则　第1部分：标准的结构和编写》给出的规则起草。

本部分代替T/CACM 1021.127—2018，与T/CACM 1021.127—2018相比较，标准编号进行了调整，并重新进行了编辑。

本部分由中药材商品规格等级标准研究技术中心及道地药材国家重点实验室培育基地提出。

本部分由中华中医药学会归口。

本部分起草单位：中国医学科学院药用植物研究所海南分所、中国中医科学院中药资源中心、天津大学、中药材商品规格等级标准研究技术中心、北京中研百草检测认证有限公司。

本部分主要起草人：刘洋洋、冯剑、陈德力、王德立、黄璐琦、郭兰萍、詹志来、高文远。

本部分所代替标准的历次版本发布情况为：

——T/CACM 1021.127—2018。

中药材商品规格等级 巴戟天

1 范围

本部分规定了巴戟天的商品规格等级。

本部分适用于巴戟天药材生产、流通以及使用过程中的商品规格等级评价。

2 规范性引用文件

下列文件对于本部分的应用是必不可少的。凡是注明日期的引用文件，仅所注明日期的版本适用于本部分。凡是不注明日期的引用文件，其最新版本（包括所有的修改版本）适用于本部分。

T/CACM 1021.1—2016 中药材商品规格等级编制通则

3 术语和定义

T/CACM 1021.1—2016 以及下列术语和定义适用于本部分。

3.1

巴戟天 MORINDAE OFFICINALIS RADIX

本品为茜草科植物巴戟天 *Morinda officinalis* How 的干燥根。全年均可采挖，洗净，除去须根，晒至六七成干，轻轻捶扁，晒干。

3.2

中部直径 *zhongbuzhijing*

药材根全长中部处（约为全长二分之一处）的直径。

3.3

单个长度 *dangechangdu*

单个巴戟天药材根的长度。

4 规格等级划分

根据市场流通情况，对巴戟天药材进行等级划分，将巴戟天药材分为“长条”和“剪片”两个规格，每个规格划分为“选货”和“统货”两个等级。根据中部直径和长度，再将巴戟天长条选货等级继续划分为“一等”“二等”两个级别，将巴戟天剪片选货等级继续划分为“一等”“二等”“三等”“四等”四个级别。应符合表1要求。

表1 规格等级划分

规格	等级		性状描述	
			共同点	区别点
长条	选货	一等	本品为扁圆柱形，略弯曲，表面灰黄色或暗灰色，具纵纹和横裂纹，有的皮部横向断离露出木部；质韧，断面皮部厚，紫色或淡紫色，易与木部剥离；木部坚硬，黄棕色或黄白色，直径1~5mm。气微，味甘而微涩	直径1.6~2.3cm；长度20~30cm
		二等		直径1.0~1.5cm；长度15~25cm
	统货		本品为扁圆柱形，略弯曲，直径0.5~2.0cm；长度10~20cm。表面灰黄色或暗灰色，具纵纹和横裂纹，有的皮部横向断离露出木部；质韧，断面皮部厚，紫色或淡紫色，易与木部剥离；木部坚硬，黄棕色或黄白色，直径1~5mm。气微，味甘而微涩	

续表

<table>
<tr><th rowspan="2">规格</th><th rowspan="2" colspan="2">等级</th><th colspan="2">性状描述</th></tr>
<tr><th>共同点</th><th>区别点</th></tr>
<tr><td rowspan="5">剪片</td><td rowspan="4">选货</td><td>一等</td><td rowspan="4">本品为扁圆柱形，略弯曲，表面灰黄色或暗灰色，具纵纹和横裂纹，有的皮部横向断离露出木部；质韧，断面皮部厚，紫色或淡紫色，易与木部剥离；木部坚硬，黄棕色或黄白色，直径1~5mm。气微，味甘而微涩</td><td>直径1.6~2.0cm；长度6~10cm</td></tr>
<tr><td>二等</td><td>直径1.1~1.5cm；长度5~9cm</td></tr>
<tr><td>三等</td><td>直径0.7~1.0cm；长度4~8cm</td></tr>
<tr><td>四等</td><td>直径0.5~0.6cm；长度3~6cm</td></tr>
<tr><td colspan="2">统货</td><td colspan="2">本品为扁圆柱形，略弯曲，直径0.5~2.0cm；长度3~8cm。表面灰黄色或暗灰色，具纵纹和横裂纹，有的皮部横向断离露出木部；质韧，断面皮部厚，紫色或淡紫色，易与木部剥离；木部坚硬，黄棕色或黄白色，直径1~5mm。气微，味甘而微涩</td></tr>
<tr><td colspan="5">注1：市场上巴戟天规格等级名称较混乱，如："A类大货""特级扁""特级剪片"实为同一类等级。
注2：巴戟天药材捶扁不去木芯；巴戟天饮片也不要求去木芯。
注3：关于巴戟天药材历史产区沿革参见附录A。
注4：关于巴戟天药材品质评价沿革参见附录B。</td></tr>
</table>

5 要求

除应符合T/CACM 1021.1—2016的第7章规定外，还应符合下列要求：

——无变色；

——无虫蛀；

——无霉变；

——杂质不得过3%。

附录 A

(资料性附录)

巴戟天药材历史产区沿革

巴戟天始载于《神农本草经》:“出山谷,治大风邪气阳痿不起,强筋骨,安五脏补中,增志益气,被列为上品。”魏晋时期《名医别录》记载:“味甘,无毒。主治头面游风,小腹及阴中相引痛,下气,益精,利男子。生巴郡及下邳。二月、八月采根,阴干。”南宋时期陶弘景《本草经集注》,“巴戟天,味辛、甘,微温,无毒。主治大风邪气,阳痿不起,强筋骨,安五脏,增志、益气……今亦用建平、宜都者,状如牡丹而细,外表赤而内黑,用之打心”。唐代《新修本草》:“巴戟俗名三蔓叶,叶似茗,经冬不枯,根如连珠多者良,宿根青色,嫩根白紫,用之亦同。连珠肉厚者为胜……宿根者青色,嫩根者白色,以连珠肉厚者为胜,今方家都以紫色为良。”宋代《本草图经》描述为:“今江淮河东州郡亦有之,皆不及蜀川者佳。叶似茗,经冬不枯……内地生者,叶似麦门冬而厚大。”并附有二图,为“归州(湖北宜昌)巴戟天”,植株似茶树,及“滁州(安徽滁县)巴戟天”,植株似麦冬。经查《四川中药志》郑仰钦等(1997 年)及其他有关资料,川巴戟习惯上有三种植物,一种为木防己 *Cocculus trilobus*(Thunb.)DC. 的根,在四川部分地区,用作“山豆根”。一种为白木通 *Akebia trifoliata*(Thunb.)Koidz. subsp. *australis*(Diels)T. Shimizu 的根,即“土巴戟”。再一种为铁箍散 *Schisandra propinqua*(Wall.)Hook. f. et Thoms. var. *sinensis* Oliv. 的根。铁箍散为小型木质藤本,其叶长椭圆形或卵状披针形,有短锯齿,和《本草图经》归州巴戟天图对照,基本相同,所以铁箍散为本草收载的巴戟天。现代文献《四川常用中草药》《四川省中草药标准》等资料先后均将铁箍散以“香巴戟”名称收载。1958 年,侯宽昭将市场使用广泛的茜草科巴戟天正式命名。随后的《中华本草》《现代中药材商品通鉴》、历代药典和各类书籍文献均将茜草科巴戟天(*Morinda officinarum* How)作为正品一直沿用。

明代李时珍《本草纲目》,记载“别录曰:巴戟天生于巴郡及下邳山谷,二月、八月采根阴干。弘景曰:今亦用建平、宜都者,根状如牡丹而细。外表赤而内黑,用之打心。清代《植物名实图考》还是沿用《本草图经》的两种形态的巴戟天(滁州巴戟天和归州巴戟天)。药典中的巴戟天首载于清代《潮州府志》。民国时期《药物出产辨》和《增订伪药条辨》:“产广东清远三坑,罗定要好,下四府(恩平、开平、新会、台山)南乡等次之,西江德庆系种山货,质味颇佳。广西南宁亦有出。”说明巴戟天品种产地南移,指出广东、广西产巴戟天。1963 年版《中国药典》一部收载巴戟天主产于广东、广西等地。《中国药材学》收载巴戟天主产于广东、广西、福建等地。《现代中药材商品通鉴》收载巴戟天主产于广东高要、德庆、五华、新丰、广宁、郁南、紫金、开封;广西钦州、上恩、玉林、宁明;福建南清、和平、永定、武平。《药物出产辨》云:“产广东清远三坑,罗定要好,下四府(恩平、开平、新会、台山)南乡等次之,西江德庆系种山货,质味颇佳。广西南宁亦有出。”

附录 B

（资料性附录）

巴戟天药材品质评价沿革

巴戟天始载于《神农本草经》："出山谷，治大风邪气阳痿不起，强筋骨，安五脏补中，增志益气，被列为上品。"唐《新修本草》："巴戟俗名三蔓叶，叶似茗，经冬不枯，根如连珠多者良，宿根青色，嫩根白紫，用之亦同。连珠肉厚者为胜……宿根者青色，嫩根者白色，以连珠肉厚者为胜，今方家都以紫色为良。"民国时期《药物出产辨》云："产广东清远三坑，罗定要好，下四府（恩平、开平、新会、台山）南乡等次之，西江德庆系种山货，质味颇佳。广西南宁亦有出。"

1963 年版《中国药典》：以条大、肥壮、连珠状、肉厚、色紫者为佳。条细瘦、肉薄、色灰者质次。

1977 年版《中国药典》：以条粗壮、连珠状，肉厚色紫者为佳。

《中药材商品规格质量鉴别》（1995 年）：巴戟天以条粗，肉肥厚而紫蓝，味甜，木心细者为质佳，也有认为野生品天然生长，质量好，但野生品常因生长年限过长，之劳木心粗，肉质不够柔润，同时家种品能控制好生长年限，且采收加工细致，质量好，尤以广东高要产质最优，越南产者木心粗大肉质不柔润，质量次。

《中国药材学》（1996 年）：以条粗大而且呈连珠状、肉厚、色紫、质软、内心梗细、味微甜、无蛀虫、体干者为佳，条细瘦、肉薄、色灰者则质较次。

《中华本草》（1997 年）：以条粗壮、连珠状、肉厚、色紫者为佳。

《500 味常用中药材的经验鉴别》（1999 年）：以条粗大而且呈连珠状、肉厚、色紫、质软、内心梗细、味微甜、无蛀虫、体干者为佳，条细瘦、肉薄、色灰者则质较次。

《现代中药材商品通鉴》（2001 年）：以条粗大而且呈连珠状、肉厚、色紫质软、内心木部细、味微甜、无蛀虫、体干者为佳，条细瘦、肉薄、木心大、色灰者则质次。

《中华药海》（2010 年）：以条大、肥壮、连珠状、肉厚、色紫者为佳，条细瘦、肉薄、色灰者则质次。

综上所述，巴戟天的品质评价以条粗大而且呈连珠状、肉厚、色紫质软、内心木部细、味微甜、无蛀虫、体干者为佳，条细瘦、肉薄、木心大、色灰者则质次。

ICS 11.120.01
C 23

团 体 标 准

T/CACM 1021.73—2018
代替T/CACM 1021.134—2018

中药材商品规格等级 木香

Commercial grades for Chinese materia medica

AUCKLANDIAE RADIX

2018-12-03 发布 2018-12-03 实施

中 华 中 医 药 学 会 发布

目　　次

前　　言

T/CACM 1021《中药材商品规格等级》标准分为226个部分：

——第1部分：中药材商品规格等级标准编制通则；

……

——第72部分：中药材商品规格等级　巴戟天；

——第73部分：中药材商品规格等级　木香；

——第74部分：中药材商品规格等级　前胡；

……

——第226部分：中药材商品规格等级　玄明粉。

本部分为T/CACM 1021的第73部分。

本部分代替T/CACM 1021.134—2018。

本部分按照GB/T 1.1—2009《标准化工作导则　第1部分：标准的结构和编写》给出的规则起草。

本部分代替T/CACM 1021.134—2018，与T/CACM 1021.134—2018相比较，标准编号进行了调整，并重新进行了编辑。

本部分由中药材商品规格等级标准研究技术中心及道地药材国家重点实验室培育基地提出。

本部分由中华中医药学会归口。

本部分起草单位：重庆市中药研究院、中国中医科学院中药资源中心、天津大学、中药材商品规格等级标准研究技术中心、北京中研百草检测认证有限公司。

本部分主要起草人：赵纪峰、舒抒、黄璐琦、郭兰萍、詹志来、银福军、王昌华、高文远、刘翔、张植玮。

本部分所代替标准的历次版本发布情况为：

——T/CACM 1021.134—2018。

中药材商品规格等级　木香

1　范围

本部分规定了木香的商品规格等级。

本部分适用于木香药材生产、流通以及使用过程中的商品规格等级评价。

2　规范性引用文件

下列文件对于本部分的应用是必不可少的。凡是注明日期的引用文件，仅所注明日期的版本适用于本部分。凡是不注明日期的引用文件，其最新版本（包括所有的修改版本）适用于本部分。

T/CACM 1021.1—2016 中药材商品规格等级编制通则

3　术语和定义

T/CACM 1021.1—2016 以及下列术语和定义适用于本部分。

3.1

木香　AUCKLANDIAE RADIX

本品为菊科植物木香 *Aucklandia lappa* Decne. 的干燥根。秋、冬二季采挖，除去泥沙和须根，切段，干燥后撞去粗皮。

3.2

上中部直径　*shangzhongbuzhijing*

药材全长的上中部处（约为全长四分之一处）的直径。

4　规格等级划分

根据市场流通情况，对木香药材进行等级划分，分为"选货"和"统货"两个等级。应符合表1要求。

表1　规格等级划分

等级	性状描述	
	共同点	区别点
选货	本品根呈圆柱形或半圆柱形，表面黄棕色至灰褐色，有明显的皱纹、纵沟及侧根痕。质坚，不易折断，断面灰褐色至暗褐色，周边灰黄色或浅棕黄色，形成层环棕色，有放射状纹理及散在的褐色点状油室。气香特异，味微苦	直径≥3.0cm，长度≥7cm
统货		间有不规则条状或块状木香，直径≥0.5cm，长度5～10cm
注1：目前市场上存在木香片销售的现象，本品呈类圆形片或不规则斜片，不符合《中国药典》木香项下采收加工及性状描述要求，应注意区别。 注2：关于木香药材历史产区沿革参见附录A。 注3：关于木香药材品质评价沿革参见附录B。		

5　要求

除应符合 T/CACM 1021.1—2016 的第7章规定外，还应符合下列要求：

——无芦头；

——不走油；

——无虫蛀；

——无霉变；

——杂质不得过3%。

附录 A
（资料性附录）
木香药材历史产区沿革

木香始载于《神农本草经》，列为上品，“主邪气，辟毒疫温鬼，强志，主淋露，久服，不梦寤魇寐，生山谷”。

南北朝《名医别录》：“生永昌山谷。”《本草经集注》：“此即青木香也，永昌不复贡，今皆从外国番舶上来，乃云大秦国以疗毒肿、消恶气，有验。”此处的“永昌”是指现在的云南保山县境内，是汉代开通的中国内陆通往世界的重要陆上通道——“西南丝绸之路”的要地。由此可推测，《名医别录》所述产于永昌的木香，可能是永昌当地所产，亦可能是通过边境贸易从缅甸、印度等国交换而来，然而后来由于永昌郡被废（326～330 年），木香也不再作为地方特产向朝廷进贡，并改经水路从海外进口而来。

唐代《海药本草》中木香只言其产地：“谨按《山海经》云：生东海昆仑山。”其书中的东海和现在的东海所指不同，泛指我国大陆以东的渤海、黄海、东海等大片海域，而昆仑山，指古代南海山名，地处越南南部海域中，在唐代也主要指南洋一些岛国，如今天的印度尼西亚马鲁古群岛、爪哇岛或缅甸南部萨尔温江口一带等。此地乃古代海上交通要冲，船舶多经于此，表明唐末五代时的木香主要产于东南亚之“昆仑国”。《新修本草》对木香舶来者的品质提出：“此有二种，当以昆仑来者为佳，出西胡来者不善，叶似羊蹄而长大，花如菊花，其实黄黑，所在亦有之。”“西胡”是古代对西域各族的泛称。《旧唐书》云：“昆仑国……出象牙、青木香、旃檀香、紫檀香、槟榔、琉璃……等香药。”可见，唐代时的木香主要出自东南亚以及西域，其中以东南亚所出的“形如枯骨”者质量为上。

宋《重修政和经史证类备用本草》木香项下引《南州异物志》云：“青木香出天竺，是草根，状如甘草。”又引《萧炳》云：“青木香功用与此同。”又云：“昆仑船上来，形如枯骨者良。”“天竺”即今印度、巴基斯坦一带，并经海上丝绸之路来进口而来。

明代《本草品汇精要》：“昆仑及广州舶上来者佳。”此处所曰“昆仑”与上述“昆仑”一致。

民国《药物出产辨》：“产中国西藏、印度、叙利亚等处，名番木香，味浓厚。”

中华人民共和国成立后，木香已主要来源于国内栽培，1963 年版《中国药典》一部收载：“多系栽培，主产于云南。”

《中华本草》：“原产于印度，从广州进口，习称‘广木香’；我国现主要栽培于云南丽江、迪庆、大理，四川涪陵等地，又称‘云木香’。销全国，并出口。此外，湖南、湖北、广东、广西、陕西、甘肃、西藏亦产。”

《现代中药材商品通鉴》：“木香过去曾由印度等地经广州进口，故通称‘广木香’。现主产于云南，故又称‘云木香’。”

《新编中药志》：“过去曾由印度等地经广州进口，称‘广木香’。主产于云南者，称‘云木香’。在云南省的丽江地区和迪庆州产量较大，供应全国并出口。四川、湖北、湖南、广东、广西、陕西、甘肃、西藏等省（自治区）亦有生产。”

《金世元中药材传统鉴别经验》：“主产云南丽江地区纳西族自治县的鲁甸乡、榕丰乡和安乐等乡，维西、福贡、中甸、宁蒗、鹤庆、永胜亦产，近年来，引种到重庆市的万州地区，四川的绵阳地区，湖北的恩施地区及湖南、贵州、陕西、甘肃等许多地区生产，以云南丽江地区气候、土壤等自然条件适合云木香生长，故产品根条肥壮，油性大，香气浓郁为优。其他如湖北、重庆、甘肃、陕西产品根条细瘦，油性小，香气淡，质量较逊。”

综上所述，历史上木香原产国外，经广州进口，习称“广木香”。中华人民共和国成立后，国内木香栽培发展很快，其产量和质量足以满足国内需求，现基本无进口。木香国内主要栽培于云南西北部，又称“云木香”。其他如重庆、四川、湖北、湖南、贵州等地亦有栽培。

附录 B

（资料性附录）

木香药材品质评价沿革

《新修本草》云：“此有二种，当以昆仑及广州舶上来者佳，出西胡来者不善。叶似羊蹄而长大，花如菊花，其实黄黑，所在亦有之。”

宋代，许叔微在《普济本事方》中记载：“木香，气味辛辣特甚者可用。近世蜀人采云南根以乱真，其性大寒，利大小便，《本草》谓之土青木香，《证类本草》谓之独行根，又云土青木香，不堪入药。凡医书云青木香者，皆当用木香。”

明《本草品汇精要》序例：“旧本不分者，如独活、羌活，青皮、陈皮，白术、苍术、青木香、广木香之类，功效颇殊，形质亦异，皆各立其条。”其木香条曰：“（道地）昆仑及广州舶上来者佳，春生苗。不拘时取，根轻浮苦而粘齿者为好，类枯骨，土褐色。”

1963 年版《中国药典》：“以质坚实、香气浓、油多者为佳。质较松、香气弱、油少者质次。”

1977 年版《中国药典》：“以质坚实、油性足、香气浓者为佳。”

《新编中药志》：“自古木香来源复杂，不止一种，既有国产者，也有进口者，但以自广州进口，形如枯骨者质量最好，故有‘广木香’之称。”

《金世元中药材传统鉴别经验》：“产品根条肥壮，油性大，香气浓郁为优，其他如湖北、四川、甘肃、陕西产品根条细瘦，油性小，香气淡，质量较逊。”

综上所述，古代文献对木香主要是从产地、颜色、气味来评价其品质，从产地来看，其谓“从昆仑来者为最佳，西胡类者不善”，即产于印度、缅甸等地区由广州进口的木香质量最佳。近代文献则主要根据云南鹤庆籍华侨张茂名由印度携回木香种子，在丽江纳西族自治县的鲁甸乡、榕丰乡引种成功，其质量可与进口木香相媲美，故皆以云南产木香质量为佳，其条粗壮、油性大、香气浓。

产地调查表明，国产木香的性状与人工采挖的方式息息相关，在人工采挖木香时，栽培年期较长的木香因为根深不易采挖完全，直径较细的深根部分易被挖断，挖出的多为直径较粗的部分；而栽培期较短的木香因为根细而采挖相对容易，故采挖较为完全，故其长度反而不见得比栽培期长的木香长度短，这就造成了不同等级的木香长度差异并不明显；此外，药农在挖出木香鲜货时，往往会切除芦头、断尾，亦影响木香的本来长度。通过对市售商品药材的分析也发现，长度对木香药材规格等级划分的影响较小，故在木香规格等级的划分时应以根中上部直径大小为主要依据，再参考长度、杂质、走油等因素进行规格等级划分。

ICS 11.120.01
C 23

团 体 标 准

T/CACM 1021.74—2018
代替T/CACM 1021.135—2018

中药材商品规格等级 前胡

Commercial grades for Chinese materia medica

PEUCEDANI RADIX

2018-12-03 发布 2018-12-03 实施

中华中医药学会 发布

目　　次

前　　言

T/CACM 1021《中药材商品规格等级》标准分为 226 个部分：

——第 1 部分：中药材商品规格等级标准编制通则；

……

——第 73 部分：中药材商品规格等级　木香；

——第 74 部分：中药材商品规格等级　前胡；

——第 75 部分：中药材商品规格等级　吴茱萸；

……

——第 226 部分：中药材商品规格等级　玄明粉。

本部分为 T/CACM 1021 的第 74 部分。

本部分代替 T/CACM 1021. 135—2018。

本部分按照 GB/T 1. 1—2009《标准化工作导则　第 1 部分：标准的结构和编写》给出的规则起草。

本部分代替 T/CACM 1021. 135—2018，与 T/CACM 1021. 135—2018 相比较，标准编号进行了调整，并重新进行了编辑。

本部分由中药材商品规格等级标准研究技术中心及道地药材国家重点实验室培育基地提出。

本部分由中华中医药学会归口。

本部分起草单位：重庆市中药研究院、中国中医科学院中药资源中心、中药材商品规格等级标准研究技术中心、深圳职业技术学院、北京中研百草检测认证有限公司。

本部分主要起草人：舒抒、银福军、黄璐琦、郭兰萍、詹志来、聂小忠、刘翔、赵纪峰、王昌华、张植玮。

本部分所代替标准的历次版本发布情况为：

——T/CACM 1021. 135—2018。

中药材商品规格等级　前胡

1　范围

本部分规定了前胡的商品规格等级。

本部分适用于前胡药材生产、流通以及使用过程中的商品规格等级评价。

2　规范性引用文件

下列文件对于本部分的应用是必不可少的。凡是注明日期的引用文件，仅所注明日期的版本适用于本部分。凡是不注明日期的引用文件，其最新版本（包括所有的修改版本）适用于本部分。

T/CACM 1021.1—2016 中药材商品规格等级编制通则

3　术语和定义

T/CACM 1021.1—2016 以及下列术语和定义适用于本部分。

3.1

前胡　PEUCEDANI RADIX

本品为伞形科植物白花前胡 *Peucedanum praeruptorum* Dunn 的干燥根。冬季至次春茎叶枯萎或未抽花茎时采挖，除去须根，洗净，晒干或低温干燥。

4　规格等级划分

根据市场流通情况，对药材进行等级划分，将前胡分为“选货”和“统货”两个等级。应符合表1要求。

表1　规格等级划分

等级	性状描述	
	共同点	区别点
选货	呈不规则的圆柱形、圆锥形或纺锤形，长 3～15cm，直径 1～2cm。表面黑褐色或灰黄色，顶端多有茎痕及纤维状叶鞘残基，上端有密集的细环纹。质较柔软，干者质硬，可折断，断面不整齐，淡黄白色，皮部散有多数棕黄色油点，形成层环纹棕色，具明显放射状纹理。气芳香，味微苦、辛	直径≥1.0cm 的占比不少于 80%，下部分枝较少或去除
统货		大小不分，下部多有分枝

注1：当前药材市场前胡规格主要为统货，并根据产地分为浙江、安徽、湖南、贵州等，由于不同产区在前胡栽培过程中常有互相引种现象，各产区前胡在性状上并无明显区别。

注2：当前市场尚将前胡分为家种和野生两个规格，但以栽培前胡为主流商品。

注3：历史上，前胡包括白花前胡和紫花前胡的干燥根，自《中国药典》（2005 年版一部）起将紫花前胡单列，而市场仍有部分商家将其作为前胡销售，应注意区别。另外，市场上还有毛前胡销售，其顶端（芦头）有较多毛须，表面棕褐色，质硬，易折断，应注意鉴别。

注4：市场调查表明，前胡主要以前胡片销售，呈类圆形片或圆柱形短段，厚 0.2～0.4cm，不符合《中国药典》前胡采收加工及性状描述要求。

注5：关于前胡药材历史产区沿革参见附录A。

注6：关于前胡药材品质评价沿革参见附录B。

5　要求

除应符合 T/CACM 1021.1—2016 的第7章规定外，还应符合下列要求：

——无虫蛀；

——无霉变；

——杂质不得过3%。

附录 A

（资料性附录）

前胡药材历史产区沿革

前胡始载于魏晋时期《名医别录》，列为中品，“味苦，微寒，无毒。主治痰满、胸胁中痞、心腹结气、风头痛 。去痰实，下气，治伤寒寒热，推陈致新，明目，益精”。同时，陶弘景在其《本草经集注》中载：“前胡似此胡而柔软，……此近道皆有，生下湿地，出吴兴者胜。”说明前胡性状似柴胡而质较软，以产于今浙江的湖州、杭州等地的药材质量较佳。

五代《日华子本草》云：“越、衢、婺、睦等处皆好。”说明隋唐时期在今浙江省绍兴市、衢州市、金华市、淳安县等地的前胡质量较好。

宋《本草图经》载：“前胡，旧不著所出州土，今陕西、梁、汉、江淮、荆襄州郡及相州、孟州皆有之。”说明前胡在宋代产区范围较广，已在陕西、四川、河南、江西、江苏、浙江、安徽、河南等地有分布，与今之前胡产区基本一致。

明《救荒本草》云：“前胡　生陕西梁汉江淮荆襄江宁成州诸郡，相孟越衢婺睦等州皆有，今密县梁家冲山野中亦有之。”除前朝出现的地名外，增加了密县，今河南新密县。

清朝时期，吴其浚《植物名实图考》云：“前胡　别录中品，江西多有之，形状如图经。”说明清代江西已是前胡的主产区。

民国《增订伪药条辨》云：“真前胡以吴兴产者为胜，根似柴胡而柔软，味亦香美。前胡 ，十月出新，浙江湖州、宁国、广德皆出。”宁国、广德今属安徽省。陈仁山《药物出产辨》云：“前胡产浙江省杭州府为上，其余河南怀庆府、信州、广西各属均有出产。”怀庆府：今河南省焦作市、济源市和新乡市的原阳县所辖地域。信州：今江西省上饶市。

《中国药材学》（1996 年）载：“白花前胡主产于浙江、湖南，四川。浙江产量大，质量优，销全国，并出口。湖南产品，又名信前胡，质亦佳。此外，安徽、江苏、湖北、江西、福建、广西亦产。”前胡的主产地是浙江、湖南、四川。浙江产量大，质量优。关于信前胡的产地，笔者认为商品名信前胡应指产地信州，即今江西省上饶市。

《中华本草》（1999 年）载：“甘肃、江苏、安徽、浙江、江西、福建（武夷山）、河南、湖北、湖南、广西、四川、贵州等地均有分布。……白花前胡主产于浙江、湖南、四川；广西、安徽、江苏、湖北、江西、福建亦产。销全国，并出口。”全面描述了前胡的产地和药材产销的主产地。

《金世元中药材传统鉴别经验》（2010 年）：主产于浙江淳安、临安、新昌；湖南邵阳、邵东、安化；四川彭县、都江堰。此外广西、安徽、江苏、湖北、江西、福建也产，以浙江产量大，品质也优，销全国并出口。湖南邵东一带产者，又名信前胡，质量也佳。

综合以上古代本草及现代文献所述，前胡应主产于浙江、安徽、江西、四川、贵州等地，并以安徽宁国所产宁前胡、浙江淳安的浙前胡、江西上饶的信前胡为道地药材，前胡古今产地基本一致。

附录 B
(资料性附录)
前胡药材品质评价沿革

1963 年版《中国药典》:“以条整齐、身长、质坚实、断面黄白色、香气浓者为佳。”

1977 年版《中国药典》:“以条粗壮、质柔软、香气浓者为佳。”

《中国药材学》(1996 年):“本品以身干、条粗壮、质柔软、断面黄白色似菊花心、香气浓者为佳。”

《中华本草》(1999 年):“以条粗壮、质柔软、香气浓者为佳。”

《金世元中药材传统鉴别经验》(2010 年):“以身干、枝条整齐、质嫩坚实、香气浓者为佳。”

综上所述,前胡品质评价以条粗壮、质柔软、香气浓者为佳。通过对前胡品质评价的疏理,以根中上部直径大小作为规格划分的依据。

ICS 11.120.01
C 23

团 体 标 准

T/CACM 1021.75—2018
代替T/CACM 1021.136—2018

中药材商品规格等级 吴茱萸

Commercial grades for Chinese materia medica

EUODIAE FRUCTUS

2018-12-03 发布 2018-12-03 实施

中 华 中 医 药 学 会 发布

目　　次

前　言

T/CACM 1021《中药材商品规格等级》标准分为226个部分：

——第1部分：中药材商品规格等级标准编制通则；

……

——第74部分：中药材商品规格等级　前胡；

——第75部分：中药材商品规格等级　吴茱萸；

——第76部分：中药材商品规格等级　秦艽；

……

——第226部分：中药材商品规格等级　玄明粉。

本部分为T/CACM 1021的第75部分。

本部分代替T/CACM 1021.136—2018。

本部分按照GB/T 1.1—2009《标准化工作导则　第1部分：标准的结构和编写》给出的规则起草。

本部分代替T/CACM 1021.136—2018，与T/CACM 1021.136—2018相比较，标准编号进行了调整，并重新进行了编辑。

本部分由中药材商品规格等级标准研究技术中心及道地药材国家重点实验室培育基地提出。

本部分由中华中医药学会归口。

本部分起草单位：重庆市中药研究院、中国中医科学院中药资源中心、中药材商品规格等级标准研究技术中心、北京中研百草检测认证有限公司。

本部分主要起草人：银福军、舒抒、黄璐琦、郭兰萍、詹志来、张植玮、王昌华、赵纪峰、刘翔。

本部分所代替标准的历次版本发布情况为：

——T/CACM 1021.136—2018。

中药材商品规格等级 吴茱萸

1 范围

本部分规定了吴茱萸的商品规格等级。

本部分适用于吴茱萸药材生产、流通以及使用过程中的商品规格等级评价。

2 规范性引用文件

下列文件对于本部分的应用是必不可少的。凡是注明日期的引用文件，仅所注明日期的版本适用于本部分。凡是不注明日期的引用文件，其最新版本（包括所有的修改版本）适用于本部分。

T/CACM 1021.1—2016 中药材商品规格等级编制通则

3 术语和定义

T/CACM 1021.1—2016 以及下列术语和定义适用于本部分。

3.1

吴茱萸 EUODIAE FRUCTUS

本品为芸香科植物吴茱萸 *Euodia rutaecarpa*（Juss.）Benth.、石虎 *Euodia rutaecarpa*（Juss.）Benth. var. *officinalis*（Dode）Huang 或疏毛吴茱萸 *Euodia rutaecarpa*（Juss.）Benth. var. *bodinieri*（Dode）Huang 的干燥近成熟果实。8～11 月果实尚未开裂时，剪下果枝，晒干或低温干燥，除去枝、叶、果梗等杂质。

3.2

中花 *zhonghua*

主要来源为芸香科植物吴茱萸 *Euodia rutaecarpa*（Juss.）Benth. 的干燥近成熟果实，表面绿色至黄绿色，顶端呈五角星状裂隙，按形状特征，习称“中花吴茱萸”。

3.3

小花 *xiaohua*

主要来源为芸香科植物石虎 *Euodia rutaecarpa*（Juss.）Benth. var. *officinalis*（Dode）Huang 或疏毛吴茱萸 *Euodia rutaecarpa*（Juss.）Benth. var. *bodinieri*（Dode）Huang 的干燥近成熟果实，表面绿色，按形状特征，习称“小花吴茱萸”。

4 规格等级划分

根据市场流通情况，将吴茱萸药材分为“中花”“小花”两个规格。“中花”规格项下根据颜色和含杂率再划分“一等”“二等”两个等级。应符合表 1 要求。

表 1 规格等级划分

<table>
<tr><th rowspan="2">规格</th><th rowspan="2">等级</th><th colspan="2">性状描述</th></tr>
<tr><th>共同点</th><th>区别点</th></tr>
<tr><td rowspan="2">中花</td><td>一等</td><td rowspan="3">本品为未成熟果实，呈球形或略呈五角状扁球形。表面暗黄绿色至褐色，粗糙，有多数点状突起或凹下的油点。顶端有五角星状的裂隙，基部残留被有黄色茸毛的果梗。横切面可见子房 5 室，每室有淡黄色种子 1 粒</td><td>直径 2.5～4.0mm，枝梗等杂质率≤3%</td></tr>
<tr><td>二等</td><td>直径 2.5～4.0mm，枝梗等杂质率≤7%</td></tr>
<tr><td>小花</td><td>统货</td><td>直径 2.0～2.5mm，顶端五角星状裂隙不明显，枝梗等杂质率≤7%</td></tr>
</table>

续表

规格	等级	性状描述	
		共同点	区别点

注1：当前市场还存在吴茱萸“大花”规格，顶端多开裂，不符合药典性状描述，故该标准制定过程中不再制定吴茱萸“大花”规格。调查表明，“小花”主要产于浙江、湖南、贵州等部分地区，“中花”主产于江西。

注2：目前市场上偶有吴茱萸“陈货”，但并非主流，其气味较淡，黄褐色；吴茱萸未成熟者青绿色，存放过久则为黄褐色，传统以色青者为优，应注意区别。

注3：吴茱萸在贮存、运输过程中，易产生灰末，商品可用0.1cm标准筛筛除。

注4：关于吴茱萸药材历史产区沿革参见附录A。

注5：关于吴茱萸药材品质评价沿革参见附录B。

5 要求

除应符合T/CACM 1021.1—2016的第7章规定外，还应符合下列要求：

——无变色；

——无虫蛀；

——无霉变；

——杂质不得过7%。

附录 A

(资料性附录)

吴茱萸药材历史产区沿革

吴茱萸始载于《神农本草经》，其曰："一名藙。生川谷。"生境为川谷，无具体产地。

魏晋《名医别录》记载："生上谷及宛朐。"上谷即今山西与河北边境附近；宛朐为今山东菏泽地区。

唐《本草拾遗》在食茱萸项下记载："且茱萸南北总有，以吴（原指江苏苏州，此处应泛指江苏、安徽、浙江、江西等南方地区）为好，所以有吴之名。两处俱堪入食，若充药用，要取吴者。"这里南北是地域上的概说，意即吴茱萸的分布范围较广；吴地为今江苏省南部、浙江省北部、安徽、江西一带。此时，吴茱萸的产地已由北向南转移，入药应选产自吴地者，这在一定程度上明确了吴茱萸道地药材的历史地位。

宋《本草图经》载："生上谷川谷及冤句。今处处有之，江浙、蜀汉尤多。"江浙指今江苏、浙江等地，蜀汉指今四川及云南、贵州北部、陕西汉中一带。并附临江军（今江西樟树市）吴茱萸和越州（今浙江绍兴）吴茱萸图。

明《本草品汇精要》载："［道地］临江军越州吴地。"

民国《增订伪药条辨》记述："吴茱萸，上春出新。湖南长沙、安化及广西出者，粒大梗亦多，气味触鼻，皆佳。浙江严州出者，粒细梗少，气味略薄，亦佳。"《药物出产辨》："产湖南常德府为最，广西左江亦佳，右江虽略逊，亦作好论。"

《中国药材学》《中华本草》《常用中药材品种整理和质量研究（南方协作组）》《500味常用中药材的经验鉴别》等现代文献表明，吴茱萸主产于我国长江以南地区，其中吴茱萸在我国主要分布于贵州、四川、云南、湖北、湖南、浙江、福建，石虎主要分布于贵州、四川、湖北、湖南、浙江、江西及广西，疏毛吴茱萸主要分布于贵州、江西、湖南、广东及广西。

综合以上古代文献及现代文献所述，吴茱萸最早记载产于河北、山东；南北朝以后产地由北方转移到江浙一带；宋代以后主要产地增加了四川、陕西等地。现在商品以栽培为主，主产区为浙江、江西、贵州、广西、湖南等省区。

附录 B

(资料性附录)

吴茱萸药材品质评价沿革

吴茱萸在唐代以前无品质记载，唐代只有产地评价，明朝有大小粒之分，具体形状质量方面评价很少，无品质方面的具体记载。唐代陈藏器《本草拾遗》记载："茱萸南北总有，入药以吴地者为好，所以有吴之名也。"明朝《本草纲目》时珍曰："茱萸枝柔而肥，叶长而皱，其实结于梢头，累累成簇而无核，与椒不同。一种粒大，一种粒小，小者入药为胜。"

1963 年版《中国药典》一部："以粒小饱满坚实、色绿、香气浓烈、无枝梗者为佳。粒大、色黑、香气较弱者质次。其开裂似花椒、无臭，无麻辣味者不宜作吴茱萸入药。"

《常用中药材品种整理和质量研究（南方协作组）》第一册："吴茱萸属大花吴萸，以身干、坚实、饱满、未开口、香气浓烈、无枝梗杂质者为佳。石虎和梳毛吴萸属小花吴萸，以身干、色绿有光泽、粒小饱满、均净、香气浓烈、无枝梗杂质者为佳。"

徐国钧《中国药材学》："本品以饱满、坚实、香气浓、无枝梗者为佳。"

《中华本草》第四册："以饱满、色绿、香气浓郁为佳。"

金世元《金世元中药材传统鉴别经验》："以饱满、色绿、香气浓烈者为佳。"

《全国中草药汇编（第三版）》卷一："以饱满、色绿、香味浓、无杂质者为佳。"

综上所述，吴茱萸产地分布较广，但以产于吴地的品质较好，品质评价以颗粒饱满、色绿、香味浓、无杂质者为佳。故结合市场调查及产地调查，本部分制定以直径大小作为吴茱萸商品药材规格等级划分的主要依据。

ICS 11.120.10
C 10/29

团 体 标 准

T/CACM 1021.76—2018
代替T/CACM 1021.80—2017

中药材商品规格等级 秦艽

Commercial grades for Chinese materia medica

GENTIANAE MACROPHYLLAE RADIX

2018-12-03 发布 2018-12-03 实施

中华中医药学会 发布

目　　次

前　言

T/CACM 1021《中药材商品规格等级》标准分为226个部分：

——第1部分：中药材商品规格等级标准编制通则；

……

——第75部分：中药材商品规格等级　吴茱萸；

——第76部分：中药材商品规格等级　秦艽；

——第77部分：中药材商品规格等级　菟丝子；

……

——第226部分：中药材商品规格等级　玄明粉。

本部分为T/CACM 1021的第76部分。

本部分代替T/CACM 1021.80—2017。

本部分按照GB/T 1.1—2009《标准化工作导则　第1部分：标准的结构和编写》给出的规则起草。

本部分代替T/CACM 1021.80—2017，与T/CACM 1021.80—2017相比较，标准编号进行了调整，并重新进行了编辑。

本部分由中药材商品规格等级标准研究技术中心及道地药材国家重点实验室培育基地提出。

本部分由中华中医药学会归口。

本部分起草单位：甘肃中医药大学、中国中医科学院中药资源中心、中药材商品规格等级标准研究技术中心、北京中研百草检测认证有限公司。

本部分主要起草人：晋玲、黄璐琦、郭兰萍、詹志来、杨燕梅、林丽、卢有媛、马晓辉、黄得栋。

本部分所代替标准的历次版本发布情况为：

——T/CACM 1021.80—2017。

中药材商品规格等级　秦艽

1　范围

本部分规定了秦艽的商品规格等级。

本部分适用于秦艽药材生产、流通以及使用过程中的商品规格等级评价。

2　规范性引用文件

下列文件对于本部分的应用是必不可少的。凡是注明日期的引用文件，仅所注明日期的版本适用于本部分。凡是不注明日期的引用文件，其最新版本（包括所有的修改版本）适用于本部分。

T/CACM 1021.1—2016 中药材商品规格等级编制通则

3　术语和定义

T/CACM 1021.1—2016 以及下列术语和定义适用于本部分。

3.1

秦艽　GENTIANAE MACROPHYLLAE RADIX

本品为龙胆科植物秦艽（*Gentiana macrophylla* Pall.）、麻花秦艽（*Gentiana straminea* Maxim.）、粗茎秦艽（*Gentiana crassicaulis* Duthie ex Burk.）或小秦艽（*Gentiana dahurica* Fisch.）的干燥根。前三种按性状不同分别习称“秦艽”和“麻花艽”，后一种习称“小秦艽”。春、秋二季采挖，除去泥沙；秦艽及麻花艽晒软，堆置“发汗”至表面呈红黄色或灰黄色时，摊开晒干，或不经“发汗”直接晒干；小秦艽趁鲜时搓去黑皮，晒干。

3.2

萝卜艽　*luobojiao*

来源为龙胆科植物秦艽（*Gentiana macrophylla* Pall.）与粗茎秦艽（*G. crassicaulis* Duthie ex Burk.）的干燥根。

3.3

麻花艽　*mahuajiao*

来源为龙胆科植物麻花秦艽（*G. straminea* Maxim.）的干燥根。

3.4

小秦艽　*xiaoqinjiao*

来源为龙胆科植物小秦艽（*G. dahurica* Fisch.）的干燥根。

3.5

芦头　*lutou*

指根类药材近地面处残留的根茎凸起部分。

4　规格等级划分

根据市场流通情况，按照基原、生长模式不同，将秦艽药材分为“野生萝卜艽”“野生麻花艽”“野生小秦艽”“栽培萝卜艽”“栽培麻花艽”和“栽培小秦艽”六个规格；在规格项下，根据芦下直径划分等级，“野生麻花艽”“野生小秦艽”“栽培萝卜艽”“栽培麻花艽”与“栽培小秦艽”规格项下均分为“一等”和“二等”；“野生萝卜艽”规格为统货。应符合表1要求。

表1　规格等级划分

<table>
<tr><th rowspan="2">规格</th><th rowspan="2">等级</th><th colspan="2">性状描述</th></tr>
<tr><th>共同点</th><th>区别点</th></tr>
<tr><td>野生萝卜艽</td><td>统货</td><td colspan="2">本品呈圆锥形或圆柱形，有纵向皱纹。主根明显，多有弯曲，根下有细小分枝。表面灰黄色或黄棕色。质坚而脆。断面皮部棕黄色，中心土黄色，断面黄白色。气特殊，味苦涩</td></tr>
<tr><td rowspan="2">野生麻花艽</td><td>一等</td><td rowspan="2">本品常有数个小根聚集交错缠绕，多向左扭曲，下端几个小根逐渐合生。表面棕褐色或黄棕色，粗糙，有裂隙呈网状纹，体轻而疏松。断面常有腐朽的空心。气特殊，味苦涩</td><td>芦下直径≥1.0cm</td></tr>
<tr><td>二等</td><td>芦下直径0.3～1.0cm</td></tr>
<tr><td rowspan="2">野生小秦艽</td><td>一等</td><td rowspan="2">本品呈细长圆锥形或圆柱形，牛尾状，常有数个小根纠合在一起，扭曲，有纵沟，下端小根逐渐合生。芦头下膨大不明显。表面黄褐色或黑褐色，体轻疏松，断面黄白色或黄棕色，气特殊，味苦</td><td>芦下直径≥0.8cm</td></tr>
<tr><td>二等</td><td>芦下直径0.2～0.8cm</td></tr>
<tr><td rowspan="2">栽培萝卜艽</td><td>一等</td><td rowspan="2">本品呈圆锥形或圆柱形，有纵向或略向左扭的皱纹，主根粗大似鸡腿、萝卜，末端有多数分枝。表面灰黄色或黄棕色。质坚而脆。断面皮部棕黄色或棕红色，中心土黄色。气特殊，味苦涩</td><td>芦下直径≥1.8cm</td></tr>
<tr><td>二等</td><td>芦下直径1.0～1.8cm</td></tr>
<tr><td rowspan="2">栽培麻花艽</td><td>一等</td><td rowspan="2">本品常由数个小根聚集交错缠绕呈辫状或麻花状，有显著向左扭曲的皱纹。表面棕褐色或黄褐色、粗糙。有裂隙呈网纹状，体轻而疏松。断面常有腐朽的空心，气特殊，味苦涩</td><td>芦下直径≥1.8cm</td></tr>
<tr><td>二等</td><td>芦下直径0.5～1.8cm</td></tr>
<tr><td rowspan="2">栽培小秦艽</td><td>一等</td><td rowspan="2">本品呈细长圆锥形或圆柱形，芦头下多有球形膨大，黄白色小突起较多，多纵向排列于凹槽。表面黄色或黄白色，体轻质疏松。断面黄白色或黄棕色。气特殊，味苦涩</td><td>芦下直径≥1.0cm</td></tr>
<tr><td>二等</td><td>芦下直径0.2～1.0cm</td></tr>
<tr><td colspan="4">注1：芦下直径测量应选用游标卡尺测量。
注2：秦艽药材陈货表面及断面颜色红褐色，质地略显松泡，不宜作药用。
注3：关于秦艽药材历史产区沿革参见附录A。
注4：关于秦艽药材品质评价沿革参见附录B。</td></tr>
</table>

5　要求

除符合 T/CACM 1021.1—2016 的第7章规定外，还应符合下列要求：

—— 无变色；

—— 无残基、须根；

—— 无虫蛀；

—— 无霉变；

—— 杂质不得过3%。

附录 A

（资料性附录）

秦艽药材历史产区沿革

秦艽始载于《神农本草经》，列为中品，“味苦平。主治寒热邪气，寒湿风痹肢节痛，下水利小便。生山谷。”《名医别录》记载：“生飞鸟（今四川中江县东南）山谷”。《本草经集注》：“今出甘松（四川境内）、龙洞（今陕西宁强县）、蚕陵（今四川松潘县）。”

《唐本草》记载“今出泾州、鄜州、岐州者良”，其中泾州现为甘肃省平凉市泾川县一带，鄜州今陕西宁羌县，岐州约在今关中的岐山县及凤翔县一带。《新唐书·地理志》：“陇西郡贡秦艽。”陇西郡在现今甘肃陇西地区。

《本草图经》曰：“今河陕州郡（河州为今甘肃兰州，陕州为今河南陕县）多有之。”至明代《本草纲目》称：“秦艽出秦中（今陕西）。”

《植物名实图考》称：“今山西五台山所产，形状正同。”

由此可知本草所记载的秦艽的产地包括甘肃、四川、陕西、山西、山东及河南等省。

附录 B

(资料性附录)

秦艽药材品质评价沿革

《神农本草经》名医曰："秦艽生飞鸟山谷，二月、八月采根暴干。"《本草经集注》陶弘景曰："今出甘松、龙洞、蚕陵，以根作罗纹相交长大黄白色者为佳。中多衔土，用宜破去。"《新修本草》苏敬曰："今出泾州、鄜州、岐州者良。"《新修本草》苏颂曰："今河陕州郡多有之。其根土黄色而相交纠，长一尺以外，粗细不等。枝干高五六寸，叶婆娑，连茎梗俱青色，如莴苣叶。六月中开花紫色，似葛花，当月结子。每于春秋采根阴干。"《本草蒙筌》："秦艽，出甘松龙洞及河陕诸州。长大黄白色为优，新好罗纹者尤妙。"李时珍曰："秦艽出秦中，以根作罗纹交纠者佳，故名秦艽、秦糺。"《本草从新》："秦艽形作罗纹相交，长大黄白，左纹者良。"《增订伪药条辨》："今市肆伪品，即边艽有毛，其枝尚小。匪特左右纹难辨，不知何物混充。"又曹炳章按："秦艽，陕西、宁夏出者，色黄肥大芦少左旋者佳。山西五台山亦出，皮色略黑，肉黄白色，亦佳。以上皆名西秦艽。湖北产者，条细质松，毛屑较多，名汉秦艽，为次。"

由此可见，古代本草已对不同产地、采收期和加工方法造成的秦艽质量做了总结，多以产地和外部性状确定秦艽质量的优劣。直至 1984 年颁布的《七十六种药材商品规格标准》，对秦艽商品规格等级进一步做了明确的规定，即：大秦艽（一等和二等）、麻花艽（统货）和小秦艽（一等和二等）。

ICS 11.120.10
C 10/29

团 体 标 准

T/CACM 1021.77—2018
代替T/CACM 1021.82—2017

中药材商品规格等级 菟丝子

Commercial grades for Chinese materia medica

CUSCUTAE SEMEN

2018-12-03 发布 2018-12-03 实施

中华中医药学会 发布

目　次

前　言

T/CACM 1021《中药材商品规格等级》标准分为226个部分：

——第1部分：中药材商品规格等级标准编制通则；

……

——第76部分：中药材商品规格等级　秦艽；

——第77部分：中药材商品规格等级　菟丝子；

——第78部分：中药材商品规格等级　北沙参；

……

——第226部分：中药材商品规格等级　玄明粉。

本部分为T/CACM 1021的第77部分。

本部分代替T/CACM 1021.82—2017。

本部分按照GB/T 1.1—2009《标准化工作导则　第1部分：标准的结构和编写》给出的规则起草。

本部分代替T/CACM 1021.82—2017，与T/CACM 1021.82—2017相比较，标准编号进行了调整，并重新进行了编辑。

本部分由中药材商品规格等级标准研究技术中心及道地药材国家重点实验室培育基地提出。

本部分由中华中医药学会归口。

本部分起草单位：山东省中医药研究院、中国中医科学院中药资源中心、中药材商品规格等级标准研究技术中心、山东宏济堂制药集团股份有限公司、浙江寿仙谷医药股份有限公司、北京中研百草检测认证有限公司。

本部分主要起草人：林慧彬、黄璐琦、郭兰萍、詹志来、范圣此、管仁伟、李振皓、徐靖、路俊仙、王萌、梁瑞雪、李岩、曲永胜、陈兵。

本部分所代替标准的历次版本发布情况为：

——T/CACM 1021.82—2017。

中药材商品规格等级　菟丝子

1　范围

本部分规定了菟丝子的商品规格等级。

本部分适用于菟丝子药材生产、流通以及使用过程中的商品规格等级评价。

2　规范性引用文件

下列文件对于本部分的应用是必不可少的。凡是注明日期的引用文件，仅所注明日期的版本适用于本部分。凡是不注明日期的引用文件，其最新版本（包括所有的修改版本）适用于本部分。

T/CACM 1021.1—2016 中药材商品规格等级编制通则

3　术语和定义

T/CACM 1021.1—2016 以及下列术语和定义适用于本部分。

3.1

菟丝子　CUSCUTAE SEMEN

旋花科植物南方菟丝子 *Cuscuta australis* R. Br. 或菟丝子 *Cuscuta chinensis* Lam. 的干燥成熟种子。秋季果实成熟时采收植株，晒干，打下种子，除去杂质。

4　规格等级划分

根据市场流通情况，依据生长模式不同，将菟丝子分为“栽培菟丝子”和“野生菟丝子”两个规格。在规格项下，根据种子的成熟饱满程度，将“栽培菟丝子”分成“选货”和“统货”两个等级；“野生菟丝子”规格为统货。应符合表1要求。

表1　规格等级划分

规格	等级	性状描述	
		共同点	区别点
栽培菟丝子	选货	本品呈类球形，直径1～2mm，表面黄棕色至棕褐色，粗糙，腹棱线不明显，一端有浅色近圆形微凹陷的种脐，种喙突出。质坚实，不易以指甲压碎，气微，味淡	籽粒饱满、均匀。杂质≤1%
	统货		籽粒较饱满，大小不一。杂质≤3%
野生菟丝子	统货	本品呈类球形、卵形，直径1～1.8mm，表面土黄色至棕黄色，粗糙，腹棱线明显，一端有微凹的线形或近圆形种脐，种喙略突出。质坚实，不易以指甲压碎，气微，味淡	

注1：目前市场上菟丝子药材以南方菟丝子 *Cuscuta australis* R. Br. 为主，多为栽培品；有少量的菟丝子 *Cuscuta chinensis* Lam，多为野生。

注2：菟丝子种子小且为寄生植物，在药材加工过程中极易混杂寄主种子、细小枝梗、泥沙等，导致菟丝子药材杂质超标，应注意鉴别。

注3：关于菟丝子药材历史产区沿革参见附录A。

注4：关于菟丝子药材品质评价沿革参见附录B。

5　要求

除应符合 T/CACM 1021.1—2016 的第7章规定外，还应符合下列要求：

——无变色；

——无虫蛀；

——无霉变；

——杂质不得过3%。

附录 A

（资料性附录）

菟丝子药材历史产区沿革

菟丝子始载于秦汉时期的《神农本草经》，列为上品，也称兔芦。《神农本草经》曰："菟丝子味辛平。主续绝伤，补不足，益气力，肥健，汁去面皯。久服明目，轻身延年。一名兔芦，生川泽。"

魏晋时期，陶弘景《名医别录》记载："一名菟缕，一名蓎蒙，一名玉女，一名赤网，一名菟累。生朝鲜田野，蔓延草木之上，色黄而细为赤网，色浅而大为菟累。九月采实，暴干。"

梁·陶弘景《本草经集注》记载："生朝鲜川泽田野，蔓延草木之上。田野墟落中甚多，皆浮生蓝纻麻蒿上。"记载了菟丝子的生境及寄主植物。

唐代，苏敬《新修本草》的记载与《本草经集注》记载的内容基本一致。

宋代，苏颂《本草图经》描述为："生朝鲜川泽田野，今近京亦有之，以冤句者为胜。"冤句即今山东鲁西南地区，在菏泽曹县西北，认为该地所产的菟丝子质量好。

明代，刘文泰《本草品汇精要》记载："【地】《图经》曰：生朝鲜川泽田野及近京亦有之。【道地】冤句者为胜。"

清代，吴其浚《植物名实图考》记载："菟丝子，北地至多，尤喜生园圃。菜豆被其纠缚，辄卷曲就瘁。"认为菟丝子在陕西、甘肃、宁夏一带分布多，寄主有豆科植物。

现代文献记载菟丝子产地分布极广，全国大部分地区均产。

菟丝子药材过去主要是野生，近年来以栽培为主，栽培品种主要是南方菟丝子，主产地发生了较大的变化，以内蒙古、宁夏为主，次产区有新疆、甘肃、黑龙江、吉林、辽宁，其他如河南、山西也有少量种植。野生菟丝子商品药材主产于内蒙古，新疆、甘肃等省产量很少。

附录 B

（资料性附录）

菟丝子药材品质评价沿革

宋代，苏颂《本草图经》记载：“菟丝子，生朝鲜川泽田野，今近京亦有之，以冤句者为胜。”冤句即今山东鲁西南地区，在菏泽曹县西北，认为该地所产的菟丝子质量好。

明代，刘文泰《本草品汇精要》记载：“【地】《图经》曰：生朝鲜川泽田野及近京亦有之。【道地】冤句者为胜。”并载菟丝子以“色土黄，如蚕子而细，子坚实细者为好”。认为小粒菟丝子质量好。

1963 年版《中国药典》一部记载：“以颗粒饱满，无尘土及杂质者佳。”

1977 年版《中国药典》一部记载：“以粒饱满者为佳。”

过去菟丝子药材均为野生，古人认为以山东菏泽曹县一带所产的菟丝子质量好，并认识到小粒菟丝子品质好。目前药用的菟丝子是小粒菟丝子，主要是栽培品，主产于内蒙古、宁夏等地。现代菟丝子的品质评价以干燥、色黄棕、颗粒饱满，无尘土及杂质者为佳。

ICS 11.120.01
C 23

团　体　标　准

T/CACM 1021.78—2018
代替T/CACM 1021.222—2018

中药材商品规格等级　北沙参

Commercial grades for Chinese materia medica

GLEHNIAE RADIX

2018-12-03 发布　　2018-12-03 实施

中华中医药学会 发布

目　次

前　言

T/CACM 1021《中药材商品规格等级》标准分为 226 个部分：

——第 1 部分：中药材商品规格等级标准编制通则；

……

——第 77 部分：中药材商品规格等级　菟丝子；

——第 78 部分：中药材商品规格等级　北沙参；

——第 79 部分：中药材商品规格等级　何首乌；

……

——第 226 部分：中药材商品规格等级　玄明粉。

本部分为 T/CACM 1021 的第 78 部分。

本部分代替 T/CACM 1021.222—2018。

本部分按照 GB/T 1.1—2009《标准化工作导则　第 1 部分：标准的结构和编写》给出的规则起草。

本部分代替 T/CACM 1021.222—2018，与 T/CACM 1021.222—2018 相比较，标准编号进行了调整，并重新进行了编辑。

本部分由中药材商品规格等级标准研究技术中心及道地药材国家重点实验室培育基地提出。

本部分由中华中医药学会归口。

本部分起草单位：河北美威药业股份有限公司、中国中医科学院中药资源中心、中药材商品规格等级标准研究技术中心、北京联合大学、北京中研百草检测认证有限公司。

本部分主要起草人：史炎彭、王海洋、黄璐琦、郭兰萍、詹志来、张元。

本部分所代替标准的历次版本发布情况为：

——T/CACM 1021.222—2018。

中药材商品规格等级　北沙参

1　范围

本部分规定了北沙参的商品规格等级。

本部分适用于北沙参药材生产、流通以及使用过程中的商品规格等级评价。

2　规范性引用文件

下列文件对于本部分的应用是必不可少的。凡是注明日期的引用文件，仅所注明日期的版本适用于本部分。凡是不注明日期的引用文件，其最新版本（包括所有的修改版本）适用于本部分。

T/CACM 1021.1—2016 中药材商品规格等级编制通则

3　术语和定义

T/CACM 1021.1—2016 以及下列术语和定义适用于本部分。

3.1

北沙参　GLEHNIAE RADIX

本品为伞形科植物珊瑚菜 *Glenhnia littoralis* Fr. Schmidt ex miq. 的干燥根。夏、秋二季采挖，除去须根，洗净，稍晾，置沸水中烫后，除去外皮，干燥。或直接洗净干燥。

3.2

上中部直径　*shangzhongbuzhijing*

药材全长中部的上折半处（约为全长四分之一处），最粗部位的直径。

3.3

油条　*youtiao*

由于贮藏或加工不当等原因，使油质或油样物质泛于北沙参表面，变色、变质的称“油条”。

4　规格等级划分

根据市场流通情况，按照产地的不同，将北沙参药材分为“河北北沙参”和“内蒙古北沙参”两个规格；在各规格项下，根据药材长度与上中部直径，分成“选货”和“统货”两个等级。应符合表 1 要求。

表 1　规格等级划分

规格	等级	性状描述	
		共同点	区别点
河北北沙参	选货	本品呈细长圆柱形，偶有分枝，表面淡黄白色至黄棕色，略粗糙。全体有细纵皱纹和纵沟，并有棕黄色点状细根痕；顶端常留有黄棕色根茎残基；上端稍细，中部略粗，下部渐细。质脆，易折断，断面皮部浅黄白色，木部黄色。气特异，味微甘	条长≥15cm，上中部直径≥1cm；偶有残存外皮
	统货		大小不等；残存外皮较多，表面黄棕色
内蒙古北沙参	选货	本品呈细长圆柱形，偶有分枝，表面淡黄白色，略粗糙，偶有残存外皮。全体有细纵皱纹和纵沟，并有棕黄色点状细根痕；顶端常留有黄棕色根茎残基；上端稍细，中部略粗，下部渐细。质脆，易折断，断面皮部浅黄白色，木部黄色。气特异，味微甘	条长≥20cm，上中部直径≥0.5cm
	统货		大小不等

续表

<table>
<tr><th rowspan="2">规格</th><th rowspan="2">等级</th><th colspan="2">性状描述</th></tr>
<tr><th>共同点</th><th>区别点</th></tr>
<tr><td colspan="4">注1：当前药材市场北沙参药材及饮片规格按产地和切片方法划分，有河北产北沙参及内蒙古产北沙参。河北产北沙参粗短，且去皮不太干净，多作饮片用；内蒙古北沙参细长，去皮干净，常装箱发广州等市场，作精品药材用。
注2：药典对北沙参饮片有性状要求，即为切段（短段5～10mm，长段10～15mm），目前主流规格以段偏多，但仍还有不少北沙参片，片型不符合《中国药典》，需注意鉴别。
注3：药典规定北沙参未去外皮者，洗净干燥也可作药材，但实际流通中多去外皮，因而未去皮者未列入规格。
注4：北沙参也称“莱阳沙参”“辽沙参”，以山东莱阳产品最为道地有名，但目前已少有种植，市场未见有流通，未列入规格中。
注5：市场另有陈货，即存放时间较长的北沙参，由于暴露空气中，受潮氧化及走油，外观颜色加深呈褐色，质量较次，需注意鉴别。
注5：关于北沙参药材历史产区沿革参见附录A。
注6：关于北沙参药材品质评价沿革参见附录B。</td></tr>
</table>

5 要求

除应符合T/CACM 1021.1—2016的第7章规定外，还应符合下列要求：

——无变色；

——无虫蛀；

——无霉变；

——杂质不得过3%。

附录 A
(资料性附录)
北沙参药材历史产区沿革

北沙参的生境分布始记载于《神农本草经》，曰沙参“生川谷”，但未明确具体位置。

《名医别录》记载沙参生河内川谷及冤句（今山东菏泽）、般阳（今山东淄博）、续山。《本草经集注》亦记载沙参生河内川谷及宛朐（同冤句，今山东菏泽）、般阳（今山东淄博）及续山。《唐本草》记载今沙参出华州（今陕西华县）为善。宋代《本草图经》记载沙参生河内川谷及冤句、般阳、续山，今出淄（今山东淄博）、齐（今山东济南）、潞（今山西长治）、随州（今湖北随州），而江（今江西九江）、淮（今江苏淮安）、荆（今湖北荆州）、湖（今浙江湖州）州郡或有之。《本草从新》分别列出了北沙参和南沙参，并记载南沙参功同北沙参而力稍弱。

《中药大辞典》记载北沙参生于海边沙滩，或为栽培品。分布于辽宁、河北、山东、江苏、浙江、广东、福建、台湾等地。主产于山东、河北、辽宁、江苏等地。

附录 B

(资料性附录)

北沙参药材品质评价沿革

对于北沙参的品质评价，古文献中记载较少，主要涉及产地及根茎形态。

如《名医别录》记载沙参根白实者佳；《唐本草》中记载今沙参出华州（今陕西华县）为善；《本草蒙筌》记载今沙参江淮俱多，冤句（今山东菏泽）尤妙，中正白实者佳。

现代文献关于北沙参品质评价较多，记载如下：

1963 年版《中国药典》记载北沙参以细长均匀、圆柱形、质坚实、色白、味甘者为佳；条粗、质较松、色棕黄者质次；条小未去外皮者不宜入药。

1977 年版《中国药典》记载北沙参以质紧密，色白者为佳。

《中药大辞典》描述以根条细长、均匀色白、质坚实者佳。

《中华本草》则以粗细均匀、长短一致、去净栓皮、色黄白者为佳。

金世元《金世元中药材传统鉴别经验》记载北沙参以枝条细长、圆柱形、均匀、质坚、味甘者为佳。

综上所述，北沙参的品质评价以枝条细长均匀、圆柱形、质坚实色白味甘者为佳。

ICS 11.120.01
C 23

团 体 标 准

T/CACM 1021.79—2018
代替T/CACM 1021.223—2018

中药材商品规格等级 何首乌

Commercial grades for Chinese materia medica

POLYGONI MULTIFLORI RADIX

2018-12-03 发布 2018-12-03 实施

中华中医药学会 发布

目　次

前　言

T/CACM 1021《中药材商品规格等级》标准分为 226 个部分：

——第 1 部分：中药材商品规格等级标准编制通则；

……

——第 78 部分：中药材商品规格等级　北沙参；

——第 79 部分：中药材商品规格等级　何首乌；

——第 80 部分：中药材商品规格等级　知母；

……

——第 226 部分：中药材商品规格等级　玄明粉。

本部分为 T/CACM 1021 的第 79 部分。

本部分代替 T/CACM 1021.223—2018。

本部分按照 GB/T 1.1—2009《标准化工作导则　第 1 部分：标准的结构和编写》给出的规则起草。

本部分代替 T/CACM 1021.223—2018，与 T/CACM 1021.223—2018 相比较，标准编号进行了调整，并重新进行了编辑。

本部分由中药材商品规格等级标准研究技术中心及道地药材国家重点实验室培育基地提出。

本部分由中华中医药学会归口。

本部分起草单位：河北美威药业股份有限公司、中国中医科学院中药资源中心、清华德人西安幸福制药有限公司、浙江寿仙谷医药股份有限公司、中药材商品规格等级标准研究技术中心、北京中研百草检测认证有限公司。

本部分主要起草人：史炎彭、王海洋、黄璐琦、郭兰萍、詹志来、曹兆军、刘红娜、范海刚、李明焱、徐靖。

本部分所代替标准的历次版本发布情况为：

——T/CACM 1021.223—2018。

中药材商品规格等级　何首乌

1　范围

本部分规定了何首乌的商品规格等级。

本部分适用于何首乌药材生产、流通以及使用过程中的商品规格等级评价。

2　规范性引用文件

下列文件对于本部分的应用是必不可少的。凡是注明日期的引用文件，仅所注明日期的版本适用于本部分。凡是不注明日期的引用文件，其最新版本（包括所有的修改版本）适用于本部分。

T/CACM 1021. 1—2016 中药材商品规格等级编制通则

3　术语和定义

T/CACM 1021. 1—2016 以及下列术语和定义适用于本部分。

3. 1

何首乌　POLIGONI MULTIFLORI RADIX

本品为蓼科植物何首乌 *Polygonum multiflorum* Thunb. 的干燥块根。秋、冬二季叶枯萎时采挖，削去两端，洗净，个大的切成块，干燥。

3. 2

云锦纹　*yunjinwen*

何首乌横切面皮部有 4 ~ 11 个类圆形异型维管束环列，形成云锦状花纹，称云锦纹。

4　规格等级划分

根据市场流通情况，按照产地加工方式的不同，将何首乌药材分为“何首乌个”“何首乌片”和“何首乌块”三个规格；在规格项下，“何首乌个”规格为统货，“何首乌片”和“何首乌块”根据形状、大小进行等级划分，分成“选货”和“统货”两个等级。应符合表 1 要求。

表 1　规格等级划分

规格	等级	性状描述	
		共同点	区别点
何首乌个	统货	本品呈团块状或不规则纺锤形，长 6 ~ 15cm。直径 4 ~ 12cm。表面红棕色或红褐色，皱缩不平，有浅沟，并有横长皮孔样突起和细根痕。体重，质坚实，不易折断，断面浅黄棕色或浅红棕色，显粉性，皮部有 4 ~ 11 个类圆形异型维管束环列，形成云锦状花纹，中央木部较大，有的呈木心。气微，味微苦而甘涩	
何首乌片	选货	本品呈不规则的厚片。外表皮红棕色或红褐色，皱缩不平，有浅沟，并有横长皮孔样突起及细根痕。切面浅黄棕色或浅红棕色，显粉性；皮部有 4 ~ 11 个类圆形异型维管束环列，形成云锦状花纹，中央木部较大，有的呈木心。气微，味微苦而甘涩	形状规则，大小均匀。中心片多
	统货		形状不一，大小不等。边皮片多
何首乌块	选货	本品呈不规则的块。外表皮红棕色或红褐色，皱缩不平，有浅沟，并有横长皮孔样突起及细根痕。切面浅黄棕色或浅红棕色，显粉性；皮部有 4 ~ 11 个类圆形异型维管束环列，形成云锦状花纹，中央木部较大，有的呈木心。气微，味微苦而甘涩	形状规则，大小均匀
	统货		形状不一，大小不等

续表

规格	等级	性状描述	
		共同点	区别点

注1：何首乌药材为药典规定可趁鲜加工品种，可切成块；因而一般产地趁鲜加工较多，多由鲜个子直接切为厚片干燥，产地较少切小块。

注2：当前药材市场何首乌药材及饮片规格主要为片与块。药典对何首乌饮片有性状要求，即为切块（8～12mm 的方块），目前市场流通的何首乌块很多都大于 12mm，应需注意。

注3：目前市场主流为野生何首乌，也有家种何首乌，因种植年限不同性状稍有差异，建议关注。

注4：广东德庆为何首乌传统道地产区，所产何首乌称德庆首乌，因主流市场流通少，未列入何首乌规格中。

注5：关于何首乌药材历史产区沿革参见附录 A。

注6：关于何首乌药材品质评价沿革参见附录 B。

5 要求

除应符合 T/CACM 1021.1—2016 的第 7 章规定外，还应符合下列要求：

——无变色；

——无虫蛀；

——无霉变；

——杂质不得过 3%。

附录 A

（资料性附录）

何首乌药材历史产区沿革

宋《开宝本草》记载："本出顺州南河县（今广西陆川县），今岭外江南诸州皆有。"

宋代苏颂《本草图经》记载："何首乌本出顺州南河县（今广西陆川县），岭外、江南诸州亦有，今处处有之，以西洛（今河南洛阳，宋时为西京，故有图西京何首乌）、嵩山（今嵩山）及南京柘城县（今河南柘城县）者为胜。"描述了何首乌最早出自今广西陆川县，岭外及江南各地均有，以西京洛阳、嵩山及商丘柘城县所产最佳。

宋《证类本草》记载"何首乌本出顺州南河县，今岭外江南诸州皆有"，与《开宝本草》记载一致。

明代朱橚《救荒本草》记载何首乌出顺州南河县（今广西陆川），其岭外、江南，许州（今河南许昌）及虔州（今江西赣州）皆有，以西洛（河南洛阳）、嵩山、归德柘城县（河南柘城县）者为胜，今钧州密县（今河南新密）山谷中亦有之，同样指出何首乌分布广泛，在许多新的地方发现了何首乌。

明代卢之颐撰《本草乘雅半偈》记载本生顺州南河县，今在处有之，岭外、江南诸州都有，以西雒（洛）、嵩山，河南柏城县者为胜。

明《本草蒙筌》记载何首乌今生近道，原出祐城，篱堑墙垣，随处蔓发。

明李时珍《本草纲目》记载何首乌凡诸名山、深山皆产，描述了何首乌的生境，说明何首乌分布广泛。

1963 年版《中国药典》中收载何首乌主产于河南、湖北、江苏等地。

徐国钧《中国药材学》记载何首乌分布于河北、河南、山东、江苏、安徽、浙江、江西、福建、台湾、湖北、湖南、广东、广西、四川、贵州、云南等地。生于灌丛、山脚阴处或石隙中；有栽培。

《中华本草》记载何首乌生于草坡、路边，山坡石隙及灌木丛中。分布于华东、中南及河北、山西、陕西、甘肃、台湾、四川、贵州、云南等地。主产于河南嵩县、卢氏，湖北建始、恩施，广西南丹、靖西，广东德庆，贵州铜仁、黔南、黔西南，四川乐山、宜宾，江苏江宁、江浦。

《中药大辞典》记载何首乌生于草坡、路边，山坡石隙及灌木丛中。分布于华东、中南及河北、山西、四川、贵州、云南、陕西、甘肃、台湾等地。

张贵军《现代中药材商品通鉴》记载何首乌主产于河南嵩县、卢氏，湖北建始、恩施，广西南丹、靖西，广东德庆，贵州铜仁、黔南、黔西南，四川乐山、宜宾，江苏江宁、江浦，销全国并出口。湖南、山西、浙江、安徽、江西、山东、云南等省亦产，多自产自销。德庆首乌主产于广东德庆。

《中华药海》记载何首乌生于草坡、路边、山坡及灌木丛中。分布于河南、山东、安徽、江苏、浙江、福建、广东、广西、江西、湖南、湖北、四川、贵州、云南等地，主产与河南、湖北、贵州、四川、江苏、广西等地。浙江、安徽、广东、山东、江西、湖南亦产。

金世元《金世元中药传统鉴别经验》记载何首乌在我国分布很广，主要分布于华中、华南、西南、华东等地。家种和野生均有，以野生为主。野生品主要产于贵州开阳、黔西、纳雍、铜仁，重庆万源、云阳、黔阳、石柱、万州，四川筠连、马边、雷波、宜宾、平武、沧旺、广元，云南元阳、广南、泸水、福贡，广西田林、西林，湖北郧县、恩施、巴东。家种何首乌主产于广东德庆、清远、高州、新兴、浮云、廉江，湖南永州、会同。广东德庆何首乌为"道地药材"。

综上所述，何首乌主要生长于草坡、路边、山坡及灌木丛中，分布范围极广，主要分布于华中、华南、西南、华东等地。野生何首乌主产于河南嵩县、卢氏，湖北建始、恩施，广西南丹、靖西，广东德庆，贵州铜仁、黔南、黔西南，四川乐山、宜宾，江苏江宁、江浦；家种何首乌主产于广东德庆等地。广东德庆何首乌为道地药材。

附录 B

(资料性附录)

何首乌药材品质评价沿革

查阅古代相关典籍发现，古文献中未有关于何首乌质量品质方面的记载。主要根据产地来评价其质量。如宋代苏颂《本草图经》记载："何首乌本出顺州南河县（今广西陆川县），岭外、江南诸州亦有，今处处有之，以西洛（今河南洛阳，宋时为西京，故有图西京何首乌）、嵩山（今嵩山）及南京柘城县（今河南柘城县）者为胜。"明·朱橚《救荒本草》记载何首乌出顺州南河县（今广西陆川），其岭外、江南，许州（今河南许昌）及虔州（今江西赣州）皆有，以西洛（河南洛阳）、嵩山、归德柘城县（河南柘城县）者为胜，明代卢之颐撰《本草乘雅半偈》记载本生顺州南河县，今在处有之，岭外、江南诸州都有，以西雒（洛）、嵩山，河南柏城县者为胜。而明代李时珍《本草纲目》记载何首乌凡诸名山、深山产者，即大而佳也，是首次以何首乌个头大小判断其品质。

近代文献中关于何首乌品质记载如下：

1963 年版《中国药典》记载何首乌以质坚、显粉性者为佳。

1977 年版《中国药典》记载何首乌以体重、质坚、粉性足者为佳。

《中华本草》记载何首乌以体重、质坚实、粉性足者为佳。

《中华药海》记载何首乌以质地坚实、显粉性者为佳。

《中国药材学》记载何首乌以体重、质坚、外皮红棕色、粉性足者为佳。

张贵军《现代中药材商品通鉴》记载何首乌以体重、质坚、粉性足者为佳。

金世元《金世元中药传统鉴别经验》记载原个何首乌以个大、体重、坚实、断面无裂隙、显粉性者为佳；首乌片以切面黄棕色、云锦花纹明显、粉性足者为佳。

《中药材商品规格质量鉴别》记载何首乌以个大、质坚实、粉性足，断面无裂隙，味甘微涩，苦味少为好；首乌片以切面黄棕色，有胶状光泽者为佳。

综上所述，何首乌以个大、体重、质坚实、粉性足，外皮红棕色，断面无裂隙，味甘微涩，苦味少为好；而首乌片以切面黄棕色，有胶状光泽，云锦花纹明显，粉性足者为佳。

ICS 11.120.01
C 23

团 体 标 准

T/CACM 1021.80—2018
代替T/CACM 1021.225—2018

中药材商品规格等级 知母

Commercial grades for Chinese materia medica

ANEMARRHENAE RHIZOMA

2018-12-03 发布 2018-12-03 实施

中华中医药学会 发布

目　次

前　　言

T/CACM 1021《中药材商品规格等级》标准分为226个部分：

——第1部分：中药材商品规格等级标准编制通则；

……

——第79部分：中药材商品规格等级　何首乌；

——第80部分：中药材商品规格等级　知母；

——第81部分：中药材商品规格等级　五倍子；

……

——第226部分：中药材商品规格等级　玄明粉。

本部分为T/CACM 1021的第80部分。

本部分代替T/CACM 1021.225—2018。

本部分按照GB/T 1.1—2009《标准化工作导则　第1部分：标准的结构和编写》给出的规则起草。

本部分代替T/CACM 1021.225—2018，与T/CACM 1021.225—2018相比较，标准编号进行了调整，并重新进行了编辑。

本部分由中药材商品规格等级标准研究技术中心及道地药材国家重点实验室培育基地提出。

本部分由中华中医药学会归口。

本部分起草单位：河北美威药业股份有限公司、中国中医科学院中药资源中心、中药材商品规格等级标准研究技术中心、北京中研百草检测认证有限公司。

本部分主要起草人：史炎彭、王海洋、黄璐琦、郭兰萍、詹志来。

本部分所代替标准的历次版本发布情况为：

——T/CACM 1021.225—2018。

中药材商品规格等级　知母

1　范围

本部分规定了知母的商品规格等级。

本部分适用于知母药材生产、流通以及使用过程中的商品规格等级评价。

2　规范性引用文件

下列文件对于本部分的应用是必不可少的。凡是注明日期的引用文件，仅所注明日期的版本适用于本部分。凡是不注明日期的引用文件，其最新版本（包括所有的修改版本）适用于本部分。

T/CACM 1021.1—2016 中药材商品规格等级编制通则

3　术语和定义

T/CACM 1021.1—2016 以及下列术语和定义适用于本部分。

3.1

知母　ANEMARRHENAE RHIZOMA

本品为百合科植物知母 *Anemarrhena asphodeloides* Bge. 的干燥根茎。春、秋二季采挖，除去须根和泥沙，晒干，习称“毛知母”；或除去外皮，晒干。

3.2

毛知母　*maozhimu*

知母采挖后加工时，仅除去须根和泥沙晒干的，习称毛知母。

3.3

知母肉　*zhimurou*

知母采挖后加工时，除去外皮晒干的，习称知母肉。

3.4

金包头　*jinbaotou*

知母药材一端有浅黄色茎叶残痕，似金皮包头，称金包头。

4　规格等级划分

根据市场流通情况，按照产地加工的不同，将知母药材分为“毛知母”和“知母肉”两个规格；各规格项下均为统货。应符合表 1 要求。

表 1　规格等级划分

规格	等级	性状描述	
		共同点	区别点
毛知母	统货	本品呈长条状，微弯曲，略扁，偶有分枝，长 3～15cm，直径 0.8～1.5cm，质硬，易折断，断面黄白色。气微，味微甜、略苦，嚼之带黏性	一端有浅黄色的茎叶残痕。表面黄棕色至棕色，上面有一凹沟，具紧密排列的环状节，节上密生黄棕色的残存叶基，由两侧向根茎上方生长；下面隆起而略皱缩，并有凹陷或突起的点状根痕
知母肉	统货		除去外皮，表面黄色或黄白色，偶有凹陷或突起的点状根痕

续表

规格	等级	性状描述	
		共同点	区别点
注1：产地上知母基本为统货，且毛知母居多；知母肉多为按需定做。而市场上知母多为饮片，其中亳州产多为小片统货，河北产有统货选货之分。主要以片直径大小，挑选是否均匀为标准。 注2：知母肉均为统货，主要因为多为按需定做，其定做时会适当地从毛知母里进行挑拣。 注3：目前市场尚有野生品，主产于内蒙古地区。 注4：关于知母药材历史产区沿革参见附录A。 注5：关于知母药材品质评价沿革参见附录B。			

5 要求

除应符合 T/CACM 1021.1—2016 的第7章规定外，还应符合下列要求：

——无变色；

——无虫蛀；

——无霉变；

——杂质不得过3%。

附录 A
（资料性附录）
知母药材历史产区沿革

知母的生境分布最早记载于秦汉时期的《神农本草经》，《神农本草经》曰："生川谷。" 未写明产地分布。

魏晋时期《名医别录》描述为："生河内。"

《本草经集注》记载了产地为彭城（今江苏铜山）。

宋代苏颂《本草图经》记录为："知母生河内川谷，今濒河诸郡及解州、滁州亦有之。"

明代陈嘉谟《本草蒙筌》记载：多生徐解二州（并属南直隶）。

清代张志聪《本草崇原》记载：出频河、怀卫、彰德、解州、滁州、彭城诸处。

1963 年版《中国药典》一部收载知母主产于河北、山西等地。

《中华本草》收载知母：主产于河北、山西、陕西、内蒙古，甘肃、河南、山东、辽宁、黑龙江等地亦产。以河北易县产者质量最好。

《中药大辞典》（第二版）记载：主产河北、山西、陕西、内蒙古。以河北易县所产品质最佳。

综合以上古文献及现代文献所述，知母主要产区为河北，以河北易县所产品质最好。

附录 B

（资料性附录）

知母药材品质评价沿革

《神农本草经》："黄白者善。"

宋代苏颂《本草图经》记录为："根黄色。"

明代陈嘉谟《本草蒙筌》记载"柔软肥白有力，枯黯无功"。

清代张志聪《本草崇原》载"皮有毛而肉白色，肉浓皮黄"。

吴其浚《植物名实图考》记录为："根外黄，肉白，长数寸。"认为皮黄肉柔软肥白有力的质量较好。

在近代文献中描述如下：

1963 年版《中国药典》一部：以肥大、滋润、质硬、色黄白、嚼之发黏者为佳。

1977 年版《中国药典》一部：以条粗、质硬、断面黄白者为佳。

《中华本草》：以条粗、质硬、断面黄白者为佳。

综上，质量好的知母商品特征一般为：条粗、质硬、断面黄白者。嚼之发黏，无杂质、霉变。本次制定知母商品规格等级标准以现代文献对知母药材的质量评价和市场调查情况为依据，根据知母实际流通情况等方面进行评价、分级。

ICS 11.120.10
C 10/29

团　体　标　准

T/CACM 1021.81—2018
代替T/CACM 1021.15—2017

中药材商品规格等级　五倍子

Commercial grades for Chinese materia medica

GALLA CHINENSIS

2018-12-03 发布　　2018-12-03 实施

中华中医药学会 发布

目　　次

前　　言

T/CACM 1021《中药材商品规格等级》标准分为226个部分：

——第1部分：中药材商品规格等级标准编制通则；

……

——第80部分：中药材商品规格等级　知母；

——第81部分：中药材商品规格等级　五倍子；

——第82部分：中药材商品规格等级　降香；

……

——第226部分：中药材商品规格等级　玄明粉。

本部分为T/CACM 1021的第81部分。

本部分代替T/CACM 1021.15—2017。

本部分按照GB/T 1.1—2009《标准化工作导则　第1部分：标准的结构和编写》给出的规则起草。

本部分代替T/CACM 1021.15—2017，与T/CACM 1021.15—2017相比较，标准编号进行了调整，并重新进行了编辑。

本部分由中药材商品规格等级标准研究技术中心及道地药材国家重点实验室培育基地提出。

本部分由中华中医药学会归口。

本部分起草单位：贵阳中医学院、中国中医科学院中药资源中心、中药材商品规格等级标准研究技术中心、北京中研百草检测认证有限公司。

本部分主要起草人：周涛、肖承鸿、江维克、黄璐琦、郭兰萍、詹志来、张元、杨昌贵。

本部分所代替标准的历次版本发布情况为：

——T/CACM 1021.15—2017。

中药材商品规格等级　五倍子

1　范围

本部分规定了五倍子的商品规格等级。

本部分适用于五倍子药材生产、流通以及使用过程中的商品规格等级评价。

2　规范性引用文件

下列文件对于本部分的应用是必不可少的。凡是注明日期的引用文件，仅所注明日期的版本适用于本部分。凡是不注明日期的引用文件，其最新版本（包括所有的修改版本）适用于本部分。

T/CACM 1021. 1—2016 中药材商品规格等级编制通则

3　术语和定义

T/CACM 1021. 1—2016 以及下列术语和定义适用于本部分。

3. 1

五倍子　GALLA CHINENSIS

漆树科植物盐肤木 *Rhus chinensis* Mill. 、青麸杨 *Rhus potaninii* Maxim. 或红麸杨 *Rhus punjabensis* Stew. var. *sinica*（Diels）Rehd. et Wils. 叶上的虫瘿，主要由五倍子蚜 *Melaphis chinensis*（Bell）Baker 寄生而形成。秋季采摘，置沸水中略煮或蒸至表面呈灰色，杀死蚜虫，取出，干燥。按外形不同，分为“肚倍”和“角倍”。

4　规格等级划分

根据市场流通情况，按照外形的不同，将五倍子药材分为“肚倍”和“角倍”两个规格；在规格项下，根据大小、破碎程度进行等级划分，分成“选货”和“统货”两个等级。应符合表1要求。

表1　规格等级划分

规格	等级	性状描述	
		共同点	区别点
肚倍	选货	本品呈长圆形或纺锤形囊状，表面灰褐色或灰棕色，微有柔毛。质硬而脆，易破碎，断面角质样，有光泽，壁厚 0.2 ~ 0.3cm，内壁平滑，有黑褐色死蚜虫及灰色粉状排泄物。气特异，味涩	长≥4.5cm，直径 2.5 ~ 4cm，单个重量 > 4.5g，大小较均匀一致。每 500g < 95 个。破碎率 < 10%
	统货		长 2.5 ~ 9cm，直径 1.5 ~ 4cm，大小不等。每 500g≥95 个。破碎率 < 20%
角倍	选货	本品呈菱形，具不规则的钝角状分枝，表面灰褐色或灰棕色，柔毛较明显。质硬而脆，易破碎，断面角质样，有光泽，壁厚 0.2 ~ 0.3cm，内壁平滑，有黑褐色死蚜虫及灰色粉状排泄物。气特异，味涩	长≥5cm，直径 2.5 ~ 4cm，单个重量大于 4g，大小较均匀一致。每 500g < 115 个。破碎率 < 15%
	统货		长 2.5 ~ 9cm，直径 1.5 ~ 4cm，大小不等。每 500g≥115 个。破碎率 < 于 25%

注1：当前市场五倍子药材常混有部分碎片，《中国药典》性状中也有“易破碎”描述，故规格等级增加“破碎率”。

注2：当前市场五倍子药材中有部分直径小于 1.5cm，不符合《中国药典》的规定。

注3：关于五倍子药材历史产区沿革参见附录 A。

注4：关于五倍子药材品质评价沿革参见附录 B。

5　要求

除应符合 T/CACM 1021. 1—2016 的第 7 章规定外，还应符合下列要求：

——无虫蛀；
——无霉变；
——杂质不得过3%。

附录 A
(资料性附录)
五倍子药材历史产区沿革

五倍子之药用始载于《本草拾遗》(739 年),记述其产地则见于宋朝的《本草图经》(1062 年):“五倍子,旧不著所出州土,云在处有之。今以蜀中者为胜,生肤木上。”蜀中即指四川盆地。清代《本经逢原》(1695 年)亦云:“产川蜀,如菱角者佳。”《本草述钩元》(1833 年)中有:“各处有此种,以蜀产结于盐肤木上者乃良。”均表明四川出产的五倍子品质优良。此外,清光绪年间的《安康乡土志》(1939 年版)又有:“倍子产于安康北山一带,其用途可制颜色,亦出口货大宗。”安康位于陕西省最南部,处于川、陕、鄂、渝四省市结合部,该地区所产的五倍子经汉口、西安出口欧美、日本、东南亚等国。民国时期的《药物出产辨》(1930 年)载五倍子:“产广西桂林、怀集、柳州,广东乐昌、连州等处,但以柳州为最佳。”《中国道地药材》(1989 年)将之归于贵药,认为“现时主产贵州、广西、四川等地,以贵州五倍子居全国之冠”,《中华本草》(1999 年)亦载有:“主产于四川、贵州、云南、陕西、广西等地。”《道地药材图典》(西南卷)(2003 年)中记述:“药材产于贵州、四川、云南、陕西、广西,以贵州、四川产量大。”

从以上文献来看,五倍子的主产和道地产区从古至今变化不大,主产区集中在四川、贵州、陕西、广西、湖北省区;道地产区有四川、贵州等地。

附录 B

（资料性附录）

五倍子药材品质评价沿革

《中药材商品规格质量鉴别》（1995 年）记载："以个大、完整、壁厚、色灰褐者为佳，也有认为虫瘿内布满蚜虫者好。一般认为角倍的质量优于肚倍，而在商品上以角倍多见。"《中国药材学》（1996 年）记载：药材外形分为"角倍"和"肚倍"，"以个大、完整、壁厚、色灰褐、纯净者为佳"。《中华本草》（1999 年）记载：药材外形分为"角倍"和"肚倍"，"以个大、完整、壁厚、色灰褐、纯净者为佳"。《现代中药材商品通鉴》（2001 年）记载：按外形分为"角倍"和"肚倍"，肚倍质优，角倍质次。《500 味常用中药材的经验鉴别》（2002 年）优劣评价以"以个大、完整、壁厚、色灰褐者为佳，以角倍优于肚倍"；并按外形分"角倍"和"肚倍"两个规格，按大小、单个重量分为两个等级。五倍子商品药材分肚倍和角倍两类，《道地药材图典》（西南卷）（2003 年）中记述：按外形分为"角倍"和"肚倍"，"以个大、完整、壁厚、色灰褐、纯净者为佳"。

综上，历代对于五倍子的品质评价主要集中在产地和药材形态，历代本草记载道地产区有四川、贵州，而目前市场上基本不按产地区分；从近代书籍记载发现，五倍子按药材形态来判断其品质基本一致，以个大、完整、壁厚、色灰褐者为佳；依据形态差异分为"角倍"和"肚倍"两种规格。为制定五倍子商品规格等级标准提供了依据。

ICS 11.120.01
C 23

团　体　标　准

T/CACM 1021.82—2018
代替T/CACM 1021.124—2018

中药材商品规格等级　降香

Commercial grades for Chinese materia medica

DALBERGIAE ODORIFERAE LIGNUM

2018-12-03 发布　　2018-12-03 实施

中华中医药学会 发布

目　　次

前　言

T/CACM 1021《中药材商品规格等级》标准分为226个部分：

——第1部分：中药材商品规格等级标准编制通则；

……

——第81部分：中药材商品规格等级　五倍子；

——第82部分：中药材商品规格等级　降香；

——第83部分：中药材商品规格等级　益智；

……

——第226部分：中药材商品规格等级　玄明粉。

本部分为T/CACM 1021的第82部分。

本部分代替T/CACM 1021.124—2018。

本部分按照GB/T 1.1—2009《标准化工作导则　第1部分：标准的结构和编写》给出的规则起草。

本部分代替T/CACM 1021.124—2018，与T/CACM 1021.124—2018相比较，标准编号进行了调整，并重新进行了编辑。

本部分由中药材商品规格等级标准研究技术中心及道地药材国家重点实验室培育基地提出。

本部分由中华中医药学会归口。

本部分起草单位：中国医学科学院药用植物研究所海南分所、中国中医科学院中药资源中心、天津大学、中药材商品规格等级标准研究技术中心、北京中研百草检测认证有限公司。

本部分主要起草人：刘洋洋、冯剑、陈德力、孟慧、黄璐琦、郭兰萍、詹志来、高文远。

本部分所代替标准的历次版本发布情况为：

——T/CACM 1021.124—2018。

中药材商品规格等级　降香

1　范围

本部分规定了降香的商品规格等级。

本部分适用于降香药材生产、流通以及使用过程中的商品规格等级评价。

2　规范性引用文件

下列文件对于本部分的应用是必不可少的。凡是注明日期的引用文件，仅所注明日期的版本适用于本部分。凡是不注明日期的引用文件，其最新版本（包括所有的修改版本）适用于本部分。

T/CACM 1021. 1—2016 中药材商品规格等级编制通则

3　术语和定义

T/CACM 1021. 1—2016 以及下列术语和定义适用于本部分。

3. 1

降香　DALBERGIAE ODORIFERAE LIGNUM

本品为豆科植物降香檀 *Dalbergia odorifera* T. Chen 树干和根的干燥心材。全年均可收获，除去边材，阴干。

3. 2

下脚料　*xiajiaoliao*

在加工过程中作为残余分离或者没有用完的降香零碎木料。

4　规格等级划分

根据市场流通情况，该药材商品均为统货。应符合表 1 要求。

表 1　规格等级划分

等级	性状描述
统货	本品呈类圆柱形或不规则的块状。表面紫红色或红褐色，切面有致密的纹理。质硬，有油性。气微香，味微苦

注 1：市场上存在将降香下脚料作为降香药材，也有多种类型的降香饮片（降香剖花、降香粗粉等）。

注 2：当前市场存在不合格（造假）混伪品越南降香作为药材销售。

注 3：关于降香药材历史产区沿革参见附录 A。

注 4：关于降香药材品质评价沿革参见附录 B。

5　要求

除应符合 T/CACM 1021. 1—2016 的第 7 章规定外，还应符合下列要求：

——无变色；

——无走油；

——杂质不得过 3%。

附录 A

（资料性附录）

降香药材历史产区沿革

降香入药始载于唐代《海药本草》，在中国传统中医学和藏医学中已有上千年的历史。以紫藤香之名记载于晋代《南方草木状》："紫藤香，长茎细叶，根极坚实，重重有皮，花白子黑。其茎截置烟炱中，经久成紫香，可降神。"北宋《证类本草》记载："降真香出黔南伴和诸杂香烧，烟直上天，召鹤得盘旋于上。""海药云，徐表南州记云，生南海山，又云：生大秦国，味温平、无毒。"明代《本草原始》记载："降真香出黔南。并南海山中及大秦国。其香似苏方木，烧之初不甚香，得诸香和之则特美。入药以番降、紫而润者为良。按《仙传》云：烧之感引鹤降。醮星辰烧此香，甚为第一。度箓烧之，功力极验。降香之名以此，俗呼降香。"明代《本草纲目》记载："（慎微曰）降真香出黔南。（珣曰）生南海山中及大秦国。其香似苏方木，烧之初不甚香，得诸香和之则特美，入药以番降紫而润者为良。""俗乎舶上来者为番降。"周达观真腊记云：降香生丛林中，番人颇费砍斫之功，乃树心也。其外白皮，厚八九寸，或五六寸。焚之气劲而远。又嵇含草木状云：紫藤香，长茎细叶，根极坚实，重重有皮，花白子黑。其茎截置烟焰中，经久成紫香，可降神。按嵇含所说，与前说稍异，岂即朱氏所谓似是而非者乎？抑中国者与番降不同乎。清代《本草备要》记载，"紫金藤为降真香之最佳者也"。《植物名实图考长编》记载："李时珍谓云南及两广安南诸处有此香，则降真香固滇产也。"又载"滇海虞衡志，滇人祀神用降香，故降香充世，一名紫藤香鸡骨香"，"云南志：降真香按香木色灰白气亦淡，价极贱"。

古代本草对降香的记载出现"紫藤香""降真香""番降"三种基原植物，从形态、性状、名称等对降香的基原认知比较混乱。经查"紫藤"为五味子科落叶木质藤本，木质结实，坚如硬铁，红褐色，价值名贵。将紫金藤用作降真香可能是因为紫金藤的品质和降香相似，但并非是降香。《本草纲目》中载的"似是而非者"，可以初步断定，被误用的降香分布广，同时《植物名实图考长编》记载降真香按香木的颜色、气味鉴别优劣。此外，《本草原始》《本草纲目》及《植物名实图考长编》均记载，"入药以番降、紫而润者为良"，可以推断药用降香即为"番降"，明代《香乘》卷四记载，"降真生丛林中，番人颇费砍斫之功，乃树心也。其外白皮，厚八九寸，或五六寸。焚之气劲而远"，可以推断"番降"药用部位为去除边材及白木的心材。又云："鸡骨香即为降真香本出海南，今溪峒僻处所出者似是而非劲瘦不堪香。"表明药用降香为海南岛所产，而溪峒（今为广西、云南等西南地区）所产的降真香较差，细小。"（降真香）出三佛齐国者佳，其气劲而远，辟邪气，泉人每岁除，家无贫富，皆爇之如燔柴，维在处有之皆不及三佛齐国者。今有番降、广降、土降之别"。考证推断，番降品质较佳，包括了产于国外的三佛齐国（印度及马来半岛等地）和国内（海南岛）的药用降香。近代《中国药材学》收载降香分布于海南白沙、东方、乐东和崖县。广东、广西、福建等地有引种。《中华本草》收载降香："降香檀"主产于海南；"印度黄檀"产于台湾、广东、海南等地。《现代实用中药鉴别技术》收载降香主产于海南。《现代中药材商品通鉴》收载降香主产于海南，此外福建、云南、广西及东南亚国家和伊朗等国也产。《现代实用本草》收载降香主产于海南乐东、昌江、东方、崖县、琼中、白沙等县。《金世元中药材传统鉴别经验》收载降香主产于海南崖县、东方、乐东、白沙等地。国外东南亚各国以及伊朗均产。《中草药与民族药药材图谱》收载降香主产于海南。《现代中药商品学》收载降香主产于海南、广东等省，广西、福建、云南等省亦产。《中草药图典》收载降香主产于海南省，福建、广西、云南等地有引种。

附录 B
（资料性附录）
降香药材品质评价沿革

《本草原始》（明代）："其香似苏方木，烧之初不甚香，得诸香和之则特美。入药以番降、紫而润者为良。"

《本草备要》（清代）："紫金藤为降真香之最佳者也。"

1977 年版《中国药典》："以色紫红、质坚实、富油性，香气浓者为佳。"

《中国药材学》（1996 年）："本品以色紫红、质坚实、富油性、香气浓者为佳。"

《中华本草》（1999 年）："以色紫红、坚硬、气香、不带白色边材、入水下沉降香者为佳。"

《中华药海》（1993 年）："以红褐色、结实、烧之有浓郁香气，表面无黄白色外皮者为佳。"

《金世元中药材传统鉴别经验》（2010 年）："以色紫红、坚硬、不带外皮和白木、油润、香气浓者为佳。"

综上，历代对于降香的规格等级划分强调质量，以不含边材和白木、色泽红、坚硬、富油性、香气浓郁为佳，并在此基础上结合市场调查情况为依据，根据降香的色泽、气味等方面进行评价。

ICS 11.120.01
C 23

团 体 标 准

T/CACM 1021.83—2018
代替T/CACM 1021.125—2018

中药材商品规格等级　益智

Commercial grades for Chinese materia medica

ALPINIAE OXYPHYLLAE FRUCTUS

2018-12-03 发布　　　　2018-12-03 实施

中 华 中 医 药 学 会 发布

目　次

前　言

T/CACM 1021《中药材商品规格等级》标准分为226个部分：

——第1部分：中药材商品规格等级标准编制通则；

……

——第82部分：中药材商品规格等级　降香；

——第83部分：中药材商品规格等级　益智；

——第84部分：中药材商品规格等级　莪术；

……

——第226部分：中药材商品规格等级　玄明粉。

本部分为T/CACM 1021的第83部分。

本部分代替T/CACM 1021.125—2018。

本部分按照GB/T 1.1—2009《标准化工作导则　第1部分：标准的结构和编写》给出的规则起草。

本部分代替T/CACM 1021.125—2018，与T/CACM 1021.125—2018相比较，标准编号进行了调整，并重新进行了编辑。

本部分由中药材商品规格等级标准研究技术中心及道地药材国家重点实验室培育基地提出。

本部分由中华中医药学会归口。

本部分起草单位：中国医学科学院药用植物研究所海南分所、中国中医科学院中药资源中心、中药材商品规格等级标准研究技术中心、北京中研百草检测认证有限公司。

本部分主要起草人：刘洋洋、冯剑、陈德力、王德立、黄璐琦、郭兰萍、詹志来。

本部分所代替标准的历次版本发布情况为：

——T/CACM 1021.125—2018。

中药材商品规格等级　益智

1　范围

本部分规定了益智的商品规格等级。

本部分适用于益智药材生产、流通以及使用过程中的商品规格等级评价。

2　规范性引用文件

下列文件对于本部分的应用是必不可少的。凡是注明日期的引用文件，仅所注明日期的版本适用于本部分。凡是不注明日期的引用文件，其最新版本（包括所有的修改版本）适用于本部分。

T/CACM 1021.1—2016 中药材商品规格等级编制通则

3　术语和定义

T/CACM 1021.1—2016 以及下列术语和定义适用于本部分。

3.1

益智　ALPINIAE OXYPHYLLAE FRUCTUS

本品为姜科植物益智 *Alpinia oxyphylla* Miq. 的干燥成熟果实。夏、秋间果实由绿变红时采收，晒干或低温干燥。

3.2

益智仁　*yizhiren*

姜科植物益智 *Alpinia oxyphylla* Miq. 的干燥成熟果实，去除外壳和杂质。

3.3

瘪子　*biezi*

果皮凹陷，种子发育不良，不饱满体轻的益智药材。

4　规格等级划分

根据市场流通情况，按照果实饱满、大小等分成“选货”和“统货”两个等级。应符合表1要求。

表1　规格等级划分

等级	性状描述	
	共同点	区别点
选货	本品呈椭圆形，两端略尖，表面棕色。有纵向凹凸不平的突起棱线13～20条，顶端有花被残基，基部常残存果梗。果皮薄而稍韧，与种子紧贴，种子集结成团，中有隔膜将种子团分为3瓣，每瓣有种子6～11粒。种子呈不规则的扁圆形，略有钝棱，表面灰褐色或灰黄色，外被淡棕色膜质的假种皮；质硬，胚乳白色。有特异香气，味辛、微苦	大小均匀，无瘪子
统货		大小不等，瘪子较多

注1：市场上益智与益智仁名称混用，前者为药材，后者为饮片。

注2：关于益智药材历史产区沿革参见附录A。

注3：关于益智药材品质评价沿革参见附录B。

5　要求

除应符合 T/CACM 1021.1—2016 的第7章规定外，还应符合下列要求：

——无虫蛀；

——无霉变；

——杂质不得过3%。

附录 A

（资料性附录）

益智药材历史产区沿革

益智始载于晋代《南方草木状》，云："益智子……芬芳亦可盐曝。出交趾、合浦。"首次记录益智的产地，交趾为现在越南，合浦为现在的广西省境内。唐代《本草拾遗》曰："益智出昆仑（马来半岛）及交趾国，今岭南州群往往有之…… 一枝有十子丛生，大如小枣，其中核黑而皮白，四破去核，取外皮蜜煮为粽食，味辛。晋卢循遗刘裕益智粽，即此也。"生境分布为国外的马来半岛、越南和中国广东、广西和海南。宋代《图经本草》记载为：益智子，生昆仑国，今岭南州群往往有之。《证类本草》记载明确了品种"雷州益智子"。此后，明代的《广东通志》《本草原始》《本草纲目》《本草蒙筌》《本草从新》《本草求真》记载的益智生境延续了唐、宋代的本草记载，产地变迁基本变化不大，分布在越南、中国广东、广西和海南。

此外，近代本草和文献，对益智的地理分布和古代文献记载的一致，且更为具体。《中药志》收载益智主产于广东海南岛的屯昌、澄迈、陵水、儋县、保亭、琼山、崖县等地，在广东阳江及雷州半岛地区亦产。《中国药材学》收载益智主产于海南，广东、广西、云南、福建亦产。《中华本草》收载益智主产于海南和广东，广西、云南、福建亦产。《500 味常用中药材的经验鉴别》收载益智主产于海南保亭、琼中、陵水、琼海、白沙、三亚、屯昌、澄迈、东方、昌江、儋县、琼山、万宁、文昌、定安、乐东等县。《现代实用中药鉴别技术》收载益智主产于广东、海南山区、雷州半岛、广西等地。《现代中药材商品通鉴》收载益智主产于海南保亭、陵水、琼海、白沙、三亚、屯昌、澄迈、东方、昌江、儋县、琼山、万宁、文昌、定安、乐东，广东信宜、阳江、电白、阳春、化州、思平、增城、清远及广西灵山、横县、钦州、防城、容县，云南西双版纳，福建南安、漳州、芬城、龙海、云霄、诏安、化安等。《现代实用本草》收载益智主产于海南的澄迈、屯昌、陵水、儋县、保亭、琼山、崖县等地。《新编中药志》收载的益智分布于广东的阳江、雷州半岛和海南省。此外福建、广西、云南有栽培。《中草药与民族药药材图谱》收载益智主产于海南、广东等地。《现代中药商品学》收载益智在海南山区各县均有产，但主产于屯昌、澄迈、儋县、保亭、琼中等地。《中华药海》记载益智生于阴湿林下，分布于海南岛及广东南部。《金世元中药材传统鉴别经验》收载益智主产于海南省的屯昌、澄迈、陵水、儋县、保亭、琼山、崖县，广东省的湛江、肇庆、阳江及雷州半岛也产。

附录 B

（资料性附录）

益智药材品质评价沿革

明代《本草原始》记载：“按《山海经》云：……花萼作穗，生其上，如枣许大，皮白，中仁黑，仁细者佳。”

1963 年版《中国药典》：“以益智粒大、饱满者为佳。”

1977 年版《中国药典》：“以个大、饱满、气味浓者为佳。”

1997 年版《中华本草》、《中药志》（1984 年）、《中国药材学》（1996 年）、《新编中药志》（2002 年）、《中草药与民族药药材图谱》（2005 年）记载益智以个大、饱满、气味浓者为佳。《500 味常用中药材的经验鉴别》（1999 年）记载以颗粒大而均匀，饱满，色棕红，无杂质者为佳。《现代实用中药鉴别技术》（2000 年）记载以粒大、饱满、气味浓重者为佳，其中海南产者质量最佳。《现代实用本草》（2001 年）记载益智商品不分等级，收购规格要求为成熟果实，饱满、棕色，气味香浓，不带未成熟果实，如带有过多的未成熟果实或枝梗者，质量较差。《现代中药商品学》（2006 年）记载以颗粒大而均匀、饱满，色红棕、干燥无杂质者为佳。《金世元中药材传统鉴别经验》（2010 年）记载以身干、粒大、饱满、显油性、香气窜为佳。

综上，益智的品质评价以颗粒大而均匀、饱满、色棕红、干燥无杂质者为佳。本次制定益智商品规格等级标准以现代文献对益智药材的质量评价和市场调查情况为依据，进行评价、分级。

ICS 11.120.01
C 23

团　体　标　准

T/CACM 1021.84—2018
代替T/CACM 1021.126—2018

中药材商品规格等级　莪术

Commercial grades for Chinese materia medica

CURCUMAE RHIZOMA

2018-12-03 发布　　2018-12-03 实施

中华中医药学会 发布

目　次

前　言

T/CACM 1021《中药材商品规格等级》标准分为226个部分：

——第1部分：中药材商品规格等级标准编制通则；

……

——第83部分：中药材商品规格等级　益智；

——第84部分：中药材商品规格等级　莪术；

——第85部分：中药材商品规格等级　草豆蔻；

……

——第226部分：中药材商品规格等级　玄明粉。

本部分为T/CACM 1021的第84部分。

本部分代替T/CACM 1021.126—2018。

本部分按照GB/T 1.1—2009《标准化工作导则　第1部分：标准的结构和编写》给出的规则起草。

本部分代替T/CACM 1021.126—2018，与T/CACM 1021.126—2018相比较，标准编号进行了调整，并重新进行了编辑。

本部分由中药材商品规格等级标准研究技术中心及道地药材国家重点实验室培育基地提出。

本部分由中华中医药学会归口。

本部分起草单位：中国医学科学院药用植物研究所海南分所、中国中医科学院中药资源中心、中药材商品规格等级标准研究技术中心、北京中研百草检测认证有限公司。

本部分主要起草人：刘洋洋、冯剑、陈德力、王德立、黄璐琦、郭兰萍、詹志来。

本部分所代替标准的历次版本发布情况为：

——T/CACM 1021.126—2018。

中药材商品规格等级 莪术

1 范围

本部分规定了莪术的商品规格等级。

本部分适用于莪术药材生产、流通以及使用过程中的商品规格等级评价。

2 规范性引用文件

下列文件对于本部分的应用是必不可少的。凡是注明日期的引用文件，仅所注明日期的版本适用于本部分。凡是不注明日期的引用文件，其最新版本（包括所有的修改版本）适用于本部分。

T/CACM 1021.1—2016 中药材商品规格等级编制通则

3 术语和定义

T/CACM 1021.1—2016 以及下列术语和定义适用于本部分。

3.1

莪术 CURCUMAE RHIZOMA

本品为姜科植物蓬莪术 *Curcuma phaeocaulis* Val.、广西莪术 *Curcuma kwangsiensis* S. G. Lee et C. F. Liang 或温郁金 *Curcuma wenyujin* Y. H. Chen et C. Ling 的干燥根茎。后者习称“温莪术”。冬季茎叶枯萎后采挖，洗净，蒸或煮至透心，晒干或低温干燥后除去须根和杂质。

4 规格等级划分

根据市场流通情况，按照基原的不同，将莪术药材分为“蓬莪术”和“广西莪术”两个规格。在规格项下均为统货。应符合表1要求。

表1 规格等级划分

规格	等级	性状描述
蓬莪术	统货	本品呈卵圆形、长卵形、圆锥形或长纺锤形，顶端多钝尖，基部钝圆。长2~8cm，直径1.5~4cm。表面灰黄色至灰棕色，上部环节突起，有的圆形微凹的须根痕或残留的须根，有的两侧各1列下陷的芽痕和类圆形的侧生根茎痕，有的可见刀削痕。体重，质坚实，断面灰褐色至蓝褐色，蜡样，常附有灰棕色粉末，皮层与中柱易分离，内皮层环纹棕褐色。气香或微香
广西莪术	统货	环节稍突起，断面黄棕色至棕色，常附有淡黄色粉末，内皮层环纹黄白色
注1：市场上莪术药材，个子货不常见，以统货出售，存在规格混合使用情况。 注2：另有温莪术主要被加工成片姜黄用，市场少见。 注3：关于莪术药材历史产区沿革参见附录A。 注4：关于莪术药材品质评价沿革参见附录B。		

5 要求

除应符合 T/CACM 1021.1—2016 的第7章规定外，还应符合下列要求：

——无变色；

——无虫蛀；

——无霉变；

——杂质不得过3%。

附录 A

（资料性附录）

莪术药材历史产区沿革

莪术的生境分布最早记载于宋代的《开宝本草》，曰："生西戎及广南诸州。"宋代《本草图经》描述为：蓬莪茂生西戎及广南诸州，今江浙或有之。明代多部本草均记载了莪术产地，《本草品汇精要》记载为：蓬莪茂……道地西戎。《本草蒙筌》记载为：多产岭南诸州，或生江浙田野。岭南即今广东、广西等地。《本草原始》记载为：始生西戎及广南诸州，今江浙或有之。《本草品汇精要》记载："蓬莪茂……道地西戎。……用根坚实者为好。"《本草原始》记载："始生西戎及广南诸州，今江浙或有之，三月生苗在田野中，其茎如钱大，高二三尺。叶青白色，长一二尺，大五寸以来，颇类蘘荷。五月有花作穗，黄色，头微紫，又名莪术。"《本草纲目》记载："［志曰］蓬莪茂生西戎及广南诸州。叶似蘘荷，子似干椹，茂在根下并生，一好一恶，恶者有毒。西戎人取之，先放羊食，羊不食者弃之。［藏器曰］一名蓬莪，黑色，二名莛，黄色，三名波杀，味甘有大毒。［大明曰］即南中姜黄根也。海南生者名蓬莪茂。［颂曰］今江浙或有之。"

近代文献均有详细记载莪术产地，《中华本草》（1997 年）收载莪术："蓬莪术"主产于四川温江及乐山地区。广东、广西、云南、浙江、福建、湖南等地也有少量栽培；"广西莪术（桂莪术）"主产于广西的上思、贵县、横县、大新、邕宁等地；"温郁金（温莪术）"主产于浙江瑞安。《500 味常用中药材的经验鉴别》（1999 年）收载莪术："蓬莪术"主产于四川温江和乐山地区；"广西莪术"主产于广西南宁、柳州、贵县、梧州、玉林、横县、大新、邕宁、上思；"温郁金"主产于浙江温州、瑞安、台州等地。《现代实用中药鉴别技术》（2000 年）收载莪术：莪术主产于四川、福建、广东等地；郁金主产于浙江、四川、台湾、江西等地，又称"温莪术"；广西莪术主产于广西壮族自治区，称"毛莪术"或"桂莪术"。《现代中药材商品通鉴》（2001 年）收载蓬莪术产四川等地；贵莪术产广西的上思、贵县、横县、大新、邕宁等地；温莪术主产于浙江瑞安。《现代实用本草》（2001 年）收载莪术：蓬莪术主产于福建同安，四川双流，广东乐昌、封开、清远，广西博白、百色、龙州等地；广西莪术主产于广西灵山、横县、百色，广东湛江等地；温郁金主产于浙江温州地区的瑞安县，福建安溪县等地。《新编中药志》（2001 年）收载莪术：广西莪术（桂莪术）主产于广西的上思、贵县、横县、大新、邕宁等地；温莪术主产于浙江瑞安；蓬莪术主产于四川温江和乐山地区。《常用中药材品种整理和质量研究》（2003 年）收载莪术主产于浙江、广西、四川等省区。《中草药与民族药药材图谱》（2005 年）收载莪术："广西莪术"主产于广西；"温郁金"主产于浙江；"蓬莪术"主产于四川。《金世元中药材传统鉴别经验》（2010 年）收载蓬莪术主产于四川温江、乐山、沐川等地；广西莪术主产于广西贵县、横县、灵山、大新、钦州，广东四会、高安、鹤山等地；温莪术主产于浙江温州地区瑞安陶山、马屿及福建南安、安溪等。

附录 B
(资料性附录)
莪术药材品质评价沿革

《本草图经》曰："……今广南、江西州郡亦有之，然不及蜀中者佳。"

1963 年版《中国药典》："莪术以个均匀、质坚实、断面灰褐色者为佳。"

1977 年版《中国药典》："莪术以质坚实，气香者为佳。"

《中华本草》（1997 年）："莪术、广西莪术和温郁金（温莪术）均以质坚实，气香者为佳。其品质标志为挥发油不得低于 1.5%（mL/g）。"

《500 味常用中药材的经验鉴别》（1999 年）："莪术多于秋、冬两季采收，以冬至前后产者质佳。莪术以个大，质坚实，断面色发绿，气香者为佳，全国以桂（广西）莪术为主流商品，质佳，尤以广西贵县所产为佳。川莪术、温莪术均不及桂莪术。"

《现代实用中药鉴别技术》（2000 年）：莪术以质坚实、气香者为佳，其中温莪术或桂莪术质量最佳。

《现代中药材商品通鉴》（2001 年）：莪术分为逢莪术、温莪术和广西莪术，均以个大、质坚实、断面淡绿色、气味香者为佳，挥发油含量《中国药典》测定不得少于 1.5%（mL/g）。

《现代实用本草》（2001 年）：均以个均匀、质坚实、断面灰褐色、气香浓者为佳。

《金世元中药材传统鉴别经验》（2010 年）：均以质坚实、香气浓者为佳。北京地区习惯用广西莪术。其品质以个小、均匀、坚实、断面棕色、光亮、气香的品质为优。

综上，莪术以质坚硬、均匀、香气浓为佳。本次制定莪术商品规格等级标准以现代文献对莪术药材的质量评价和市场调查情况为依据进行评价、分级。

ICS 11.120.01
C 23

团 体 标 准

T/CACM 1021.85—2018
代替T/CACM 1021.128—2018

中药材商品规格等级 草豆蔻

Commercial grades for Chinese materia medica

ALPINIAE KATSUMADAI SEMEN

2018-12-03 发布 2018-12-03 实施

中华中医药学会 发布

目　　次

前　　言

T/CACM 1021《中药材商品规格等级》标准分为226个部分：

——第1部分：中药材商品规格等级标准编制通则；

……

——第84部分：中药材商品规格等级　莪术；

——第85部分：中药材商品规格等级　草豆蔻；

——第86部分：中药材商品规格等级　豆蔻；

……

——第226部分：中药材商品规格等级　玄明粉。

本部分为T/CACM 1021的第85部分。

本部分代替T/CACM 1021.128—2018。

本部分按照GB/T 1.1—2009《标准化工作导则　第1部分：标准的结构和编写》给出的规则起草。

本部分代替T/CACM 1021.128—2018，与T/CACM 1021.128—2018相比较，标准编号进行了调整，并重新进行了编辑。

本部分由中药材商品规格等级标准研究技术中心及道地药材国家重点实验室培育基地提出。

本部分由中华中医药学会归口。

本部分起草单位：中国医学科学院药用植物研究所海南分所、中国中医科学院中药资源中心、陕西中医药大学、山东省分析测试中心、内蒙古自治区中医药研究所、湖北中医药大学、昆明理工大学、广东药科大学、福建农林大学、贵阳中医学院、重庆市中药研究院、南京中医药大学、皖西学院、江西省中医药研究院、新疆维吾尔自治区中药民族药研究所、中药材商品规格等级标准研究技术中心、北京中研百草检测认证有限公司。

本部分主要起草人：刘洋洋、冯剑、陈德力、黄璐琦、郭兰萍、詹志来、缪剑华、唐志书、王晓、李旻辉、刘大会、崔秀明、杨全、张重义、周涛、李隆云、严辉、韩邦兴、虞金宝、徐建国、张元。

本部分所代替标准的历次版本发布情况为：

——T/CACM 1021.128—2018。

中药材商品规格等级　草豆蔻

1　范围

本部分规定了草豆蔻的商品规格等级。

本部分适用于草豆蔻药材生产、流通以及使用过程中的商品规格等级评价。

2　规范性引用文件

下列文件对于本部分的应用是必不可少的。凡是注明日期的引用文件，仅所注明日期的版本适用于本部分。凡是不注明日期的引用文件，其最新版本（包括所有的修改版本）适用于本部分。

T/CACM 1021.1—2016 中药材商品规格等级编制通则

3　术语和定义

T/CACM 1021.1—2016 以及下列术语和定义适用于本部分。

3.1

草豆蔻　ALPINIAE KATSUMADAI SEMEN

本品为姜科植物草豆蔻 *Alpinia katsumadai* Hayata 的干燥近成熟种子。夏、秋二季采收，晒至九成干，或用水略烫，晒至半干，除去果皮，取出种子团，晒干。

3.2

走油　*zouyou*

因草豆蔻药材受潮、变色及变质后表面泛出油样物质。

4　规格等级划分

根据市场流通情况，按照种子团大小、脱落情况等分为“选货”和“统货”两个等级。应符合表1要求。

表1　规格等级划分

等级	性状描述	
	共同点	区别点
选货	本品为类球形的种子团，表面灰褐色，中间有黄白色的隔膜，将种子团分成3瓣，每瓣有种子多数，粘连紧密，种子团略光滑。种子为卵圆状多面体，种脊为一条纵沟，一端有种脐；质硬，将种子沿种脊纵剖两瓣，纵断面观呈斜心形，种皮沿种脊向内伸入部分约占整个表面积的1/2；胚乳灰白色。气香，味辛、微苦	大小均匀，直径2.3~2.7cm；种子团紧实无脱落
统货		大小不等；种子团部分松散有脱落
注1：当前市场统货草豆蔻存在种子团松散、脱落，部分出现虫蛀的现象。 注2：关于草豆蔻药材历史产区沿革参见附录A。 注4：关于草豆蔻药材品质评价沿革参见附录B。		

5　要求

除应符合 T/CACM 1021.1—2016 的第7章规定外，还应符合下列要求：

——无变色；

——无虫蛀；

——无走油；

——无霉变；

——杂质不得过3%。

附录 A

（资料性附录）

草豆蔻药材历史产区沿革

草豆蔻入药始载于魏晋时期《名医别录》，列为上品，作为豆寇的别名，常收载于豆蔻项下，为豆蔻的同物异名。《名医别录》载："豆蔻味辛，温，无毒。主温中、心腹痛、呕吐，去口臭气。生南海。"晋代《南方草木状》记载："豆蔻花其苗如蕴，其叶似姜，其花作穗，嫩叶卷之而生。花微红，穗头深色，叶渐舒，花渐出。"唐代《新修本草》："豆蔻，苗似山姜，花黄白，苗根及子亦似杜若。"唐代《海药本草》："豆蔻，其根似益智，皮壳小厚，核如石榴，辛且香，蒳草树也。叶如芄兰而小。"五代时期《蜀本草图经》云："豆蔻苗似杜若；春花在穗端，如芙蓉，四房生于茎下，白色，花开即黄；根似高良姜；实若龙眼而无鳞甲，中如石榴子；茎、叶、子皆味辛而香。十月收。"宋代《图经本草》曰："豆蔻即草豆蔻也。……苗似杜若，叶似山姜，杜若辈。根似高良姜，花作穗，嫩叶卷之而生，初如芙蓉，穗头深红色，叶渐展，花渐出而色渐淡，亦有黄白色者。"宋代《岭外代答》载："豆蔻花最可爱，其叶丛生如姜叶。其花开抽一杆，有捧包之，捧去有花一穗，蕊数十缀之，悉如指面，其色淡红，如莲花之末敷，又如葡萄之下垂。"宋代《证类本草》记载："豆蔻，即草豆蔻也。生南海，今岭南皆有之。苗似芦，叶似山姜、杜若辈，根似高良姜。花作穗，嫩叶卷之而生，初如芙蓉，穗头深红色，叶渐展，花渐出，而色渐淡，亦有黄白色者。南人多采以当果实，尤贵其嫩者，并穗入盐同淹治，叠叠作朵不散落。又以木槿花同浸，欲其色耳。其作实者，若龙眼子而锐，皮无鳞甲，中子若石榴瓣，候熟采之，曝干。根、苗微作樟木气。其山姜花，茎、叶皆姜也，但根不堪食，足与豆蔻花相乱而微小耳。花生叶间，作穗如麦粒，嫩红色，南人取其未大开者，谓之含胎花。"宋代《开宝本草》及《图经本草》均谓《别录》所载之豆蔻即草豆蔻。明代《本草蒙筌》曰："交趾多生，岭南亦有。苗类杜若梗，根似高良姜；花作穗，嫩叶卷之而生，叶渐舒，花渐出，如芙蓉淡红；实结苞，至秋成壳而熟，秋方老，壳方黄，似龙眼微锐，外皮有棱，如栀子棱，无鳞甲，中子连缀，亦似白豆蔻多粒，甚辛香。"明代《神农本草经疏》："豆蔻，辛能破滞，香能入脾，……产闽之建宁者，气芳烈，类白豆蔻，善散冷气，疗胃脘痛，理中焦。产滇、贵、南粤者，气猛而浊，俗呼草果者是也，善破瘴疠，消谷食，及一切宿食停滞作胀闷及痛。"清代《本草从新》记载："草豆蔻，形如龙眼而微长，皮黄白，薄而棱峭，仁如砂仁，辛香气和。去膜微炒。"

近代文献明确记载了草豆蔻的产地变迁。《中华本草》（1997 年）记载："草豆蔻分布于广东、海南、广西等地。"《中国药材学》（1996 年）记载："草豆蔻主产于海南、广西，销全国并出口。"《现代中药材商品通鉴》（2001 年）注："草豆蔻，主产于海南万宁、陵水、崖州、文昌、屯昌、澄迈，云南临沧、墨江及广西苍梧、容县等地。销全国各地。"《新编中药志》（2002 年）解，建宁为云南曲靖地区，与前述不一，但记载："草豆蔻，分布于广东、海南和广西南部地区。"《金世元中药材传统鉴别经验》（2010 年）记载："草豆蔻，主产于广东，海南万宁、陵水、崖州、文昌、屯昌、儋县、澄迈，云南临沧、墨江及广西玉林、钦州等地。以海南万宁产为佳。"

附录 B
（资料性附录）
草豆蔻药材品质评价沿革

明代《本草纲目》记载："今建宁所产豆蔻，大如龙眼而形微长，其皮黄白薄而棱峭，其仁大如缩砂仁而辛香气和。滇广所产草果，长大如诃子，其皮黑厚而棱密，其子粗而辛臭，正如斑蝥之气。"明代《本草经疏》注："豆蔻，辛能破滞，香能入脾，……产闽之建宁者，气芳烈，类白豆蔻，善散冷气，疗胃脘痛，理中焦。产滇、贵、南粤者，气猛而浊，俗呼草果者是也，善破瘴疠，消谷食，及一切宿食停滞作胀闷及痛。"可推断闽产草豆蔻与滇广产草豆蔻不为同一物。

1963 年版《中国药典》："以个圆，整齐，质坚实者为佳。"

1977 年版《中国药典》："以个大，饱满，气味浓者为佳。"

《中国药材学》（1996 年）："以个大，完整，饱满，质结实、气味浓者为佳。"

《500 味常用中药材的经验鉴别》（1999 年）记载描述："草豆蔻商品以种子团结实，散子少，无油子，气味辛辣者为佳。"

《金世元中药材传统鉴别经验》（2010 年）："以个圆、均匀、整齐、质坚实、无散碎、饱满、香气浓者为佳。习惯认为产于海南万宁者为佳。"

综上所述，草豆蔻的品质评价应以其颗粒大、饱满、质坚实、香气浓者为佳。本次制定草豆蔻商品规格等级标准以现代文献对草豆蔻药材的质量评价和市场调查情况为依据，进行评价、分级。

ICS 11.120.01
C 23

团 体 标 准

T/CACM 1021.86—2018
代替T/CACM 1021.129—2018

中药材商品规格等级 豆蔻

Commercial grades for Chinese materia medica

AMOMI FRUCTUS ROTUNDUS

2018-12-03 发布 2018-12-03 实施

中华中医药学会 发布

目　次

前　　言

T/CACM 1021《中药材商品规格等级》标准分为226个部分：

——第1部分：中药材商品规格等级标准编制通则；

……

——第85部分：中药材商品规格等级　草豆蔻；

——第86部分：中药材商品规格等级　豆蔻；

——第87部分：中药材商品规格等级　高良姜；

……

——第226部分：中药材商品规格等级　玄明粉。

本部分为T/CACM 1021的第86部分。

本部分代替T/CACM 1021.129—2018。

本部分按照GB/T 1.1—2009《标准化工作导则　第1部分：标准的结构和编写》给出的规则起草。

本部分代替T/CACM 1021.129—2018，与T/CACM 1021.129—2018相比较，标准编号进行了调整，并重新进行了编辑。

本部分由中药材商品规格等级标准研究技术中心及道地药材国家重点实验室培育基地提出。

本部分由中华中医药学会归口。

本部分起草单位：中国医学科学院药用植物研究所海南分所、中国中医科学院中药资源中心、中药材商品规格等级标准研究技术中心、北京中研百草检测认证有限公司。

本部分主要起草人：刘洋洋、冯剑、陈德力、黄璐琦、郭兰萍、詹志来。

本部分所代替标准的历次版本发布情况为：

——T/CACM 1021.129—2018。

中药材商品规格等级　豆蔻

1　范围

本部分规定了豆蔻的商品规格等级。

本部分适用于豆蔻药材生产、流通以及使用过程中的商品规格等级评价。

2　规范性引用文件

下列文件对于本部分的应用是必不可少的。凡是注明日期的引用文件，仅所注明日期的版本适用于本部分。凡是不注明日期的引用文件，其最新版本（包括所有的修改版本）适用于本部分。

T/CACM 1021.1—2016 中药材商品规格等级编制通则

3　术语和定义

T/CACM 1021.1—2016 以及下列术语和定义适用于本部分。

3.1

豆蔻　AMOMI FRUCTUS ROTUNDUS

本品为姜科植物白豆蔻 *Amomum kravanh* Pierre ex Gagnep. 或爪哇白豆蔻 *Amomum compactum* Soland ex Maton 的干燥成熟果实。

3.2

瘪子　*biezi*

果皮凹陷，种子发育不良，个小，不饱满体轻的豆蔻药材。

3.3

空壳　*kongke*

果皮开裂，与种子脱离或不结实的豆蔻药材。

4　规格等级划分

根据市场流通情况，按照基原的不同，将豆蔻药材分为“原豆蔻”和“印尼白蔻”两个规格。在各规格项下，根据大小、瘪子和空壳情况等分成“选货”和“统货”两个等级。应符合表1要求。应符合表1要求。

表1　规格等级划分

规格	等级	性状描述	
		共同点	区别点
原豆蔻	选货	本品呈类球形。表面黄白色或淡黄棕色，有3条较深的纵向槽纹，顶端有突起的柱基，基部有凹下的果柄痕，两端均具浅色或浅棕色绒毛。果皮体轻，质脆，易纵向裂开，内分3室，每室含种子约10粒，种子呈不规则多面体，背面略隆起，直径3～4mm，表面暗棕色，有皱纹，并被有残留的假种皮。气芳香，味辛凉略似樟脑	直径1.6～1.8cm，百粒重40～55.0g；无瘪子及空壳
	统货		大小不等，有瘪子及空壳
印尼白蔻	选货	本品个略小。表面黄白色，有的微显紫棕色。果皮较薄，种子瘦瘪。气味较弱	直径1.4～1.5cm，百粒重25～30g；无瘪子及空壳
	统货		大小不等，有瘪子及空壳

续表

<table>
<tr><th rowspan="2">规格</th><th rowspan="2">等级</th><th colspan="2">性状描述</th></tr>
<tr><th>共同点</th><th>区别点</th></tr>
<tr><td colspan="4">注1：市场上豆蔻药材虽未区分物种，基原物种与商品名有时混淆，查证商品名为原豆蔻，其基原为白豆蔻；商品名为印尼白蔻，其基原为爪哇白豆蔻。
注2：当前市场豆蔻药材果壳易破碎，与种子易分离，统货中存在瘪子较多。
注3：市场上已不存在文献记载的“加大蔻”“顶紫蔻”“拣蔻”等药材名称。
注4：关于豆蔻药材历史产区沿革参见附录A。
注5：关于豆蔻药材品质评价沿革参见附录B。</td></tr>
</table>

5 要求

除应符合 T/CACM 1021.1—2016 的第7章规定外，还应符合下列要求：

——无虫蛀；

——无霉变；

——原豆蔻不得过1%；印尼白蔻不得过2%。

附录 A

（资料性附录）

豆蔻药材历史产区沿革

“白豆蔻”一词始载于《开宝本草》曰：“白豆蔻出伽古罗国，呼为多骨。”宋代《本草图经》记载：“白豆蔻，出伽古罗国，今广州、宜州亦有之，不及蕃舶者佳。”宋代《证类本草》记载：“白豆蔻，出伽古罗国，呼为多骨。”与《开宝本草》及《本草图经》所记一致，为伽古罗国，而宋代《岭外代答》述：“豆蔻多矣，白豆蔻出南蕃。”古之“南蕃”应为现在的广州、佛山一带，亦与前面所述的产地一致。明代《本草蒙筌》记载：“白豆蔻，原出外番，今生两广。”明代《本草纲目》中记载白豆蔻，曰“白豆蔻，出伽古罗国”，为外番的舶来品。清代《本草备要》及《本草从新》均记载：“白豆蔻，番舶者良。”清代《植物名实图考》记载：“白豆蔻，今广州有之。”

近现代文献资料，《中华本草》记载：“我国广东、云南有栽培。原产泰国、越南、柬埔寨等国。我国海南、云南有栽培。原产印度尼西亚（爪哇）。”《中药大辞典》记载：“栽培于热带地区。分布泰国、越南、柬埔寨、老挝、斯里兰卡、危地马拉以及南美洲等地。我国广东、广西、云南亦有栽培。”《中国药材学》记载：“白豆蔻原产于柬埔寨、泰国。我国云南、海南、广西、广东有少量引种栽培。爪哇白豆蔻，原产于印度尼西亚。我国海南、云南有引种栽培。白豆蔻，主产于泰国，其次柬埔寨与泰越边界地区亦产。爪哇白豆蔻主产于印度尼西亚的爪哇，以中爪哇产量多，其次苏门答腊、加里曼丹也产少量。”《现代中药材商品通鉴》注：“豆蔻，栽培于热带地区。分布泰国、越南、柬埔寨、老挝、斯里兰卡、危地马拉以及南美洲等地。我国广东、广西、云南亦有栽培。主产于越南、泰国，销往全国。”《新编中药志》记载：“白豆蔻，从柬埔寨及泰国进口，成为‘原豆蔻’。爪哇白豆蔻，从印度尼西亚进口，称为‘印尼白蔻’或‘白蔻’。”《金世元中药材传统鉴别经验》记载：“豆蔻，原产柬埔寨、泰国、越南、缅甸，称之为‘原豆蔻’。爪哇白豆蔻，原产于印度尼西亚，称为‘印尼白蔻’。”

附录 B

(资料性附录)

豆蔻药材品质评价沿革

豆蔻载于宋代《本草图经》:“白豆蔻,出伽古罗国,今广州、宜州亦有之,不及蕃舶者佳。”表明当时豆蔻品种来源有二,一是进口,即本文所述豆蔻;另一为国产者,即今之草豆蔻。明代《本草纲目》、清代《本草备要》及《本草从新》均记载:“白豆蔻,番舶者良”。1963 年版《中国药典》记载:“以个大饱满,果皮薄而完整,气味浓厚者为佳。”《中国药材学》(1996 年)描述:“本品粒大,完整,饱满,果皮薄而色洁白,气味浓者为佳。”《500 味常用中药材的经验鉴别》(1999 年)记载:“白豆蔻商品以越南所产进口白蔻最佳,有‘东坡蔻’之称。豆蔻商品均以个大体重、果粒完整、种子团饱满、气味辛凉浓厚、无苦味,无空壳者为佳。白豆蔻质优于小白蔻。白豆蔻中又以越南所产为佳。”《现代中药材商品通鉴》(2001 年)记载:“以个大,饱满,果皮薄而完整,皮色洁白,气味浓者为佳。”《金世元中药材传统鉴别经验》(2010 年)注:“以个大,饱满,果皮薄而完整,皮色洁白,气味浓者为佳。”

综上,豆蔻以个大、饱满、果皮薄、气味浓者为佳。本次制定豆蔻商品规格等级标准以现代文献对豆蔻药材的质量评价和市场调查情况为依据,进行评价、分级。

ICS 11.120.01
C 23

团　体　标　准

T/CACM 1021.87—2018

代替T/CACM 1021.130—2018

中药材商品规格等级　高良姜

Commercial grades for Chinese materia medica

ALPINIAE OFFICINARUM RHIZOMA

2018-12-03 发布　　2018-12-03 实施

中华中医药学会　发布

目　　次

前　　言

T/CACM 1021《中药材商品规格等级》标准分为 226 个部分：

——第 1 部分：中药材商品规格等级标准编制通则；

……

——第 86 部分：中药材商品规格等级　豆蔻；

——第 87 部分：中药材商品规格等级　高良姜；

——第 88 部分：中药材商品规格等级　广藿香；

……

——第 226 部分：中药材商品规格等级　玄明粉。

本部分为 T/CACM 1021 的第 87 部分。

本部分代替 T/CACM 1021. 130—2018。

本部分按照 GB/T 1. 1—2009《标准化工作导则　第 1 部分：标准的结构和编写》给出的规则起草。

本部分代替 T/CACM 1021. 130—2018，与 T/CACM 1021. 130—2018 相比较，标准编号进行了调整，并重新进行了编辑。

本部分由中药材商品规格等级标准研究技术中心及道地药材国家重点实验室培育基地提出。

本部分由中华中医药学会归口。

本部分起草单位：中国医学科学院药用植物研究所海南分所、中国中医科学院中药资源中心、中药材商品规格等级标准研究技术中心、北京中研百草检测认证有限公司。

本部分主要起草人：刘洋洋、冯剑、陈德力、王德立、黄璐琦、郭兰萍、詹志来。

本部分所代替标准的历次版本发布情况为：

——T/CACM 1021. 130—2018。

中药材商品规格等级　高良姜

1　范围

本部分规定了高良姜的商品规格等级。

本部分适用于高良姜药材生产、流通以及使用过程中的商品规格等级评价。

2　规范性引用文件

下列文件对于本部分的应用是必不可少的。凡是注明日期的引用文件，仅所注明日期的版本适用于本部分。凡是不注明日期的引用文件，其最新版本（包括所有的修改版本）适用于本部分。

T/CACM 1021.1—2016 中药材商品规格等级编制通则

3　术语和定义

T/CACM 1021.1—2016 以及下列术语和定义适用于本部分。

3.1

高良姜　ALPINIAE OFFICINARUM RHIZOMA

本品为姜科植物高良姜 *Alpinia officinarum* Hance 的干燥根茎。夏末秋初采挖，除去须根和残留的鳞片，洗净，切段，晒干。

4　规格等级划分

根据市场流通情况，按照长度、大小等分为“选货”和“统货”两个等级。应符合表1要求。

表1　规格等级划分

等级	性状描述	
	共同点	区别点
选货	本品呈圆柱形，多弯曲，有分枝，表面棕红色至暗褐色。有细密的纵皱纹和灰棕色的波状环节，节间长0.2～1cm，一面有圆形的根痕。质坚韧，不易折断，断面灰棕色或红棕色，纤维性，中柱约占1/3。气香，味辛辣	分枝少于2枝，长度大于7～9cm，直径大于1.3～1.5cm，大小均匀
统货		大小不等
注1：市场上存在大量的高良姜饮片，为切片高良姜。 注2：关于高良姜药材历史产区沿革参见附录A。 注3：关于高良姜药材品质评价沿革参见附录B。		

5　要求

除应符合 T/CACM 1021.1—2016 的第7章规定外，还应符合下列要求：

——无变色；

——无虫蛀；

——杂质不得过3%。

附录 A

（资料性附录）

高良姜药材历史产区沿革

高良姜的产地记载，始于南北朝《本草经集注》：“高良姜，出高良郡。”唐代《新修本草》云：“高良姜，生岭南者形大虚软，江左者细紧，味亦不甚辛，其实一也，今相与呼细节者为杜若，大者为高良姜，此非也。”唐代《海药本草》曰：“生南海诸谷。”描述其植物形态特征及其产地生境，南海应指从福建沿海至广东、广西及海南全境一带。宋代苏颂在《本草图经》中记载：“高良姜，旧不载所出州土，陶隐居云出高良郡，今岭南诸州及黔蜀皆有之。”宋代《开宝本草》云：“生南海诸谷。”与唐代《海药本草》记载一致，应指同一产地。宋代《证类本草》对其描述与《本草经集注》及《本草图经》产地生境描述一致。

明代《本草蒙筌》中谓：“高良系广属郡，今志改名高州姜。”《本草纲目》释名中曰：“陶隐居言此姜始出高良郡，故得此名，按高良，即今高州也，汉为高凉县，吴时改为郡，其山高稍凉，因以为名，则高良，实为高凉。”产地描述亦与上述一致，为广东茂名高州市。清代《本草从新》曰：“出岭南高州。”清代《植物名实图考》中描述了一种滇产高良姜曰：“高良姜，滇生者，叶润，根肥……”表明云南亦产高良姜。民国时期《增订伪药条辨》记载：“高良姜，广东海南出者。”描述产地与现今的地点一致。现代文献资料，《本草钩沉》记载：“高良姜，分部于广东、广西、云南、台湾省等地区。”《中华药海》记载：“高良姜，分布广东的海南及雷州半岛、广西、云南、台湾等地。”《中华本草》描述：“分布广东的海南及雷州半岛、广西、云南、台湾等地。广东、云南并有栽培。产广东、广西、台湾等地。”《新编中药志》记载：“分布于福建、台湾、广东、海南、广西、云南等省（自治区）。广东、广西、四川、贵州有栽培。”《中药大辞典》记载：“高良姜，主产于广东、海南、广西。”

附录 B
（资料性附录）
高良姜药材品质评价沿革

唐代《新修本草》云："高良姜，生岭南者形大虚软，江左者细紧，味亦不甚辛，其实一也。"宋代《本草图经》中记载："高良姜，旧不载所出州土，陶隐居云出高良郡，今岭南诸州及黔蜀皆有之，内郡虽有，不堪入药。"1963 年版《中国药典》："以红棕色、壮实、气味香辣、分枝少者为佳。过粗或过细、香气微弱、辣味小者不宜入药。"1977 年版《中国药典》："以分枝少、色红棕、气味浓者为佳。"《中国药材学》（1996 年）："高良姜以广东良姜质较佳。"《500 味常用中药材的经验鉴别》（1999 年）记载描述："高良姜商品以形状饱满，皮皱肉凸（俗称反口），分枝少、粉性足，外皮色棕红，气香，味辛辣者为佳，佳品俗称为马蹄良姜；反之细瘦，味淡，色灰褐为次；而气味俱淡，色萎黑，体质轻泡之死根（俗称死姜）最次。在主要商品来源上，认为栽培品优于野生品。在产地不同的商品中，以广东徐闻所产为佳。"《现代中药材商品通鉴》（2001 年）："以广东徐闻所产较佳。均以分枝少，色红棕，气香浓，味辣者为佳。"《金世元中药材传统鉴别经验》（2010 年）注："以棕红色、粗壮坚实，皮皱肉凸（俗称反口）、味香辣，分支少者为佳。"

综上，高良姜以棕红色、粗壮坚实、气香浓和分枝少者为佳。本次制定高良姜商品规格等级标准以现代文献对高良姜药材的质量评价和市场调查情况为依据，进行评价、分级。

ICS 11.120.01
C 23

团体标准

T/CACM 1021.88—2018

代替T/CACM 1021.131—2018

中药材商品规格等级　广藿香

Commercial grades for Chinese materia medica

POGOSTEMONIS HERBA

2018-12-03 发布　　　　2018-12-03 实施

中华中医药学会　发布

目　次

前　　言

T/CACM 1021《中药材商品规格等级》标准分为226个部分：

——第1部分：中药材商品规格等级标准编制通则；

……

——第87部分：中药材商品规格等级　高良姜；

——第88部分：中药材商品规格等级　广藿香；

——第89部分：中药材商品规格等级　鸡内金；

……

——第226部分：中药材商品规格等级　玄明粉。

本部分为T/CACM 1021的第88部分。

本部分代替T/CACM 1021.131—2018。

本部分按照GB/T 1.1—2009《标准化工作导则　第1部分：标准的结构和编写》给出的规则起草。

本部分代替T/CACM 1021.131—2018，与T/CACM 1021.131—2018相比较，标准编号进行了调整，并重新进行了编辑。

本部分由中药材商品规格等级标准研究技术中心及道地药材国家重点实验室培育基地提出。

本部分由中华中医药学会归口。

本部分起草单位：中国医学科学院药用植物研究所海南分所、中国中医科学院中药资源中心、中药材商品规格等级标准研究技术中心、石家庄以岭药业股份有限公司、无限极（中国）有限公司、北京中研百草检测认证有限公司。

本部分主要起草人：刘洋洋、冯剑、陈德力、陈旭玉、黄璐琦、郭兰萍、詹志来、崔旭盛、田清存、王保琼、杨光、李颖、余意、马方励。

本部分所代替标准的历次版本发布情况为：

——T/CACM 1021.131—2018。

中药材商品规格等级　广藿香

1　范围

本部分规定了广藿香的商品规格等级。

本部分适用于广藿香药材生产、流通以及使用过程中的商品规格等级评价。

2　规范性引用文件

下列文件对于本部分的应用是必不可少的。凡是注明日期的引用文件，仅所注明日期的版本适用于本部分。凡是不注明日期的引用文件，其最新版本（包括所有的修改版本）适用于本部分。

T/CACM 1021.1—2016 中药材商品规格等级编制通则

3　术语和定义

T/CACM 1021.1—2016 以及下列术语和定义适用于本部分。

3.1

广藿香　POGOSTEMONIS HERBA

本品为唇形科植物广藿香 *pogostemon cablin*（Blanco）Benth. 的干燥地上部分。枝叶茂盛时采割，日晒夜闷，反复至干。

4　规格等级划分

根据市场流通情况，广藿香商品均为统货。应符合表 1 要求。

表 1　规格等级划分

等级	性状描述
统货	本品茎略呈方柱形，多分枝，枝条稍曲折，长 30～60cm，直径 0.2～0.7cm；表面被柔毛；质脆，易折断，断面中部有髓；老茎类圆柱形，直径 1～1.2cm，被灰褐色栓皮。叶对生，皱缩成团，展平后叶片呈卵圆形或椭圆形，长 4～9cm，宽 3～7cm；两面均被灰白色绒毛；先端短尖或钝圆，基部楔形或钝圆，边缘具大小不规则的钝齿，叶柄细，长 2～5cm，被柔毛。气香特异，味微苦

注 1：市场上广藿香药材很少见，均为统货。

注 2：当前市场多以切段的广藿香饮片为主，仍存在不合格无叶广藿香饮片。

注 3：关于广藿香药材历史产区沿革参见附录 A。

注 4：关于广藿香药材品质评价沿革参见附录 B。

5　要求

除应符合 T/CACM 1021.1—2016 的第 7 章规定外，还应符合下列要求：

——无虫蛀；

——无霉变；

——叶不得少于 20%；

——杂质不得过 2%。

附录 A

(资料性附录)

广藿香药材历史产区沿革

广藿香的生境分布最早记载于东汉杨孚的《异物志》，“藿香交趾有之”。首次明确了藿香的产地交趾（今越南河内地区）。三国时期，吴时康泰的《吴时外国传》曰：“都昆在扶南南三千余里，出藿香。”指出藿香的另一产地都昆（今马来西亚地区）。而万震的《南州异物志》记载，“藿香出典逊国（今缅甸丹那沙林南部地区）也，属扶南（柬埔寨）”。西晋时期稽含的《南方草木状》：“藿香，榛生。出交趾（今越南河内地区）、武平（今越南河内境内）、兴古（云南省境内）、九真（越南境内）。”唐代杜佑在《通典》中描述“顿逊国出藿香”。都昆、典逊及顿逊即如今的马来半岛包括马来西亚、缅甸等国家，扶南国即如今的柬埔寨，海边国则泛指现在的东南亚沿海诸国。南北朝时期梁孝元帝萧绎所著的《金楼子》记载，“扶南国今众香皆共一木，根是旃檀，节是沉香，花是鸡舌，叶是藿香，胶是熏陆”，是乃五香。由此推知，广藿香原产地为现在的东南亚一带，后传入我国初作香料使用。

宋代苏颂的《本草图经》改合条记述方式，自成一条：藿香旧附五香条，不著所出州土，今岭南郡多有之，人家亦多种植。据考证，蒙州即今天广西蒙山县，由此可见宋代藿香的种植，已涵盖广东和广西地区。唐慎微在《证类本草》中亦绘蒙州藿香，并强调“然今南中所有，乃是草类”。明代陈嘉谟之《本草蒙筌》列藿香为草部中品，云：“岭南郡州，人多种莳，七月收采，气甚芬香。”以上记载从产地等方面都印证了古代所言之藿香即为今所用之广藿香。曹炳章在《增订伪药条辨》卷二芳草部详列了藿香的道地产地，及其与海南藿香、藿香之不同，“藿香，本草名兜娄婆香，产岭南最为道地。在羊城百里内之海南宝岗村及肇庆者，五六月出新，方梗，白毫绿叶，揉之清香气绕鼻而浓厚。味辛淡者，名广藿香。如雷州、琼州等处产者，名海南藿香，即今所谓洋藿香也”。文中首次将产地不同的藿香分别名曰“广藿香”“洋藿香”及“土藿香”三个类型。《中国植物志》记载广藿香分布在台湾、广东广州、海南、广西南宁和福建厦门等地。1963 年版《中国药典》一部收载广藿香主产于广东等地，徐国钧《中国药材学》收载广藿香主产于海南、广东。《中华本草》收载现在的广藿香主产于广东、海南、福建等地，而藿香分布于东北、华南、西南、河北、湖南和广东等地。张贵军《现代中药材商品通鉴》收载广藿香主产于广东湛江、肇庆、广州市郊，海南万宁，广西、台湾和云南亦产。其中商品以海南广藿香（包括湛江地区商品）为大宗，石牌广藿香和高要广藿香习惯上认为优质，但量小。《中华药海》收载广藿香主产广东、海南。金世元《金世元中药材传统鉴别经验》收载广藿香原产于菲律宾、马来西亚等东南亚国家。据记载由南洋华人传至我国广东，初种扩向海南宝钢一带，后移至石牌、东圃、棠下，为广东省著名的十大“道地产区”之一。主产于广州市郊石牌、棠下、花县、清远、肇庆、高要、湛江、吴川、徐闻、海康、廉江，海南万宁、屯昌、琼山等地。因城市发展，经调查石牌地区已成为广州市区，无法种植广藿香，目前广藿香主产区以广东肇庆等地为主及海南产区。

附录 B

（资料性附录）

广藿香药材品质评价沿革

1963 年版《中国药典》："以整齐，茎粗壮、断面发绿色、叶肥厚柔软，香气浓郁者为佳。"

1977 年版《中国药典》："广藿香以叶多、香气浓者为佳。"

《中国药材学》（1996 年）："广藿香主产于广东、海南，海南产量大，广东质量佳，销全国，并有出口。"

《中华本草》（1997 年）："主产于海南、广东等地，销全国各地。以广州市郊石牌产的广藿香质量最优。"

《500 味常用中药材的经验鉴别》（1999 年）对广藿香的优劣评价为以茎直粗壮质结髓小，枝叶密被茸毛，叶黄绿而落叶少，叶质厚，气清香醇，味甘淡而无苦涩者为优（实为石牌藿香）。高要及湛江藿香因叶稍薄，气香而不醇，味甘淡略涩，略次之；海南藿香因脱叶多且薄，枝弯曲，气香而浓浊，味微苦而逊于前二者，多为工业提取挥发油用。

《新编中药志》（2002 年）："广藿香商品以海南广藿香为大宗（湛江地区商品），销售去往多数地区，广州市郊石牌产的石牌广藿香药工经验认为质优，但产量少，现在供应广州地区及外省部分地区。不同产地的广藿香含油量及油中组分比率明显不同。海南广藿香含油量 2% 以上，石牌广藿香含油量 0.2% ~0.3%。"

《中华药海》（2010 年）："以茎粗、结实、断面发绿、叶厚柔软、香气浓厚者为佳。"

《金世元中药材传统鉴别经验》（2010 年）："以身干、整齐、断面发绿、叶厚柔软、香气浓郁者为佳。新中国成立前广州药行有专营藿香，如'泰昌行'、'昌利成'、'含记祥'等，以泰昌行声誉最好，以经营石牌藿香为主。"

综上，广藿香药材以茎粗、结实、断面发绿、叶肥厚柔软、气味浓郁为佳。无杂质、霉变和虫蛀。本次制定广藿香商品规格等级标准以现代文献对广藿香药材的质量评价和市场调查情况为依据，根据广藿香药材色泽、大小、气味等方面进行评价、分级。

ICS 11.120.01
C 23

团　体　标　准

T/CACM 1021.89—2018
代替T/CACM 1021.156—2018

中药材商品规格等级　鸡内金

Commercial grades for Chinese materia medica

GALLI GIGERII ENDOTHELIUM CORNEUM

2018-12-03 发布　　2018-12-03 实施

中华中医药学会 发布

目　次

前　　言

T/CACM 1021《中药材商品规格等级》标准分为 226 个部分：

——第 1 部分：中药材商品规格等级标准编制通则；

……

——第 88 部分：中药材商品规格等级　广藿香；

——第 89 部分：中药材商品规格等级　鸡内金；

——第 90 部分：中药材商品规格等级　牡蛎；

……

——第 226 部分：中药材商品规格等级　玄明粉。

本部分为 T/CACM 1021 的第 89 部分。

本部分代替 T/CACM 1021. 156—2018。

本部分按照 GB/T 1. 1—2009《标准化工作导则　第 1 部分：标准的结构和编写》给出的规则起草。

本部分代替 T/CACM 1021. 156—2018，与 T/CACM 1021. 156—2018 相比较，标准编号进行了调整，并重新进行了编辑。

本部分由中药材商品规格等级标准研究技术中心及道地药材国家重点实验室培育基地提出。

本部分由中华中医药学会归口。

本部分起草单位：福建中医药大学、中国中医科学院中药资源中心、中药材商品规格等级标准研究技术中心、无限极（中国）有限公司、北京中研百草检测认证有限公司。

本部分主要起草人：陈红、程再兴、黄璐琦、郭兰萍、詹志来、李军德、陈鸣、余意、马方励。

本部分所代替标准的历次版本发布情况为：

——T/CACM 1021. 156—2018。

中药材商品规格等级　鸡内金

1　范围

本部分规定了鸡内金的商品规格等级。

本部分适用于鸡内金药材生产、流通以及使用过程中的商品规格等级评价。

2　规范性引用文件

下列文件对于本部分的应用是必不可少的。凡是注明日期的引用文件，仅所注明日期的版本适用于本部分。凡是不注明日期的引用文件，其最新版本（包括所有的修改版本）适用于本部分。

T/CACM 1021.1—2016 中药材商品规格等级编制通则

3　术语和定义

T/CACM 1021.1—2016 以及下列术语和定义适用于本部分。

3.1

鸡内金　GALLI GIGERII ENDOTHELIUM CORNEUM

本品为雉科动物家鸡 *Callus gallus domesticus* Brisson 的干燥沙囊内壁。杀鸡后，取出鸡肫，立即剥下内壁，洗净，干燥。

4　规格等级划分

根据市场流通情况，按照完整度等分为“选货”和“统货”两个等级。应符合表1要求。

表1　规格等级划分

等级	性状描述	
	共同点	区别点
选货	本品呈不规则卷片。表面黄色、黄绿色或黄褐色，薄而半透明，具明显的条状皱纹。质脆，易碎。断面角质样，有光泽。气微腥，味微苦	90%以上完整
统货		90%以下完整

注1：目前市场存在鸭内金等伪品冒充鸡内金，应注意鉴别区分。

注2：关于鸡内金药材历史产区沿革参见附录A。

注3：关于鸡内金药材品质评价沿革参见附录B。

5　要求

除应符合 T/CACM 1021.1—2016 的第7章规定外，还应符合下列要求：

——鸡毛、残肉、鸡腿皮等杂质不得过3%；

——无霉变。

附录 A

(资料性附录)

鸡内金药材历史产区沿革

鸡内金始载于秦汉时期《神农本草经》中丹雄鸡项下，列为上品，记为："肶胵，里黄皮主泄利。"梁代陶弘景《名医别录》与《本草经集注》中均记载："肶胵里黄皮。"

唐代苏敬《新修本草》中记载："肶胵里黄皮。"

五代吴越《日华子本草》中记载："诸鸡肶胵。"

宋代唐慎微《证类本草》中记载："肶胵里黄皮。"

明代李时珍《本草纲目》中记载："肶胵里黄皮（一名鸡内金），肶胵（音脾鸱），鸡肫也。"

《滇南本草》中记载："鸡肫皮。"陈嘉谟《本草蒙筌》中记载："剥取肶胵黄皮，即肫里黄皮，一名鸡内金。"刘文泰《本草品汇精要》中记载："肶胵里黄皮。"

清代汪昂《本草备要》与吴仪洛《本草从新》中均记载："鸡肫皮（一名鸡内金，一名肶胵，音皮鸱）甘平性涩。鸡之脾也。"清代黄宫绣《本草求真》中记载："肫内黄皮。"

《中国药学大辞典》："各地均有出。"

叶橘泉《现代实用中药》："全国各地均有产。"

《中华本草》中记载："全国各地均产。"

《中药大辞典》(第 2 版)："全国各地均产。"

《中华药海》："全国各地均有饲养。"

王国强《全国中草药汇编》："全国各地均有饲养。"

附录 B

(资料性附录)

鸡内金药材品质评价沿革

古本草中均未见对鸡内金药材品质评价方面的描述，在近现代文献中描述如下：

《中药大辞典》（1977 年）与《中华药海》中记载：“以干燥、完整、个大、色黄者为佳。”

1963 年版《中国药典》中记载：“以个大、完整不破碎、无杂质者为佳。”

1977 年版《中国药典》中记载：“以色黄、少破碎者为佳。”

《500 味常用中药材的经验鉴别》中记载：“鸡内金商品以身干、个大、色黄、完整不破碎者为佳。”

《中国药材学》中记载：“本品以个大、色黄、完整、洁净者为佳。”

叶橘泉《现代实用中药》中记载：“品质：以杀取不经水洗者为良。”

综上，鸡内金全国各地有产，一年四季均可采收。《中国药典》规定为：本品为雉科动物家鸡 *Callus gallus domesticus* Brisson 的干燥沙囊内壁。杀鸡后，取出鸡肫，立即剥下内壁，洗净，干燥，没有等级之分。本次制定鸡内金药材的等级标准是参照了现代文献对鸡内金的质量评价和市场调查情况，根据市场上实际流通等级分为：统货与选货。

ICS 11.120.01
C 23

团 体 标 准

T/CACM 1021.90—2018
代替T/CACM 1021.157—2018

中药材商品规格等级 牡蛎

Commercial grades for Chinese materia medica

OSTREAE CONCHA

2018-12-03 发布 2018-12-03 实施

中华中医药学会 发布

目　次

前 言

T/CACM 1021《中药材商品规格等级》标准分为 226 个部分：

——第 1 部分：中药材商品规格等级标准编制通则；

……

——第 89 部分：中药材商品规格等级　鸡内金；

——第 90 部分：中药材商品规格等级　牡蛎；

——第 91 部分：中药材商品规格等级　干姜；

……

——第 226 部分：中药材商品规格等级　玄明粉。

本部分为 T/CACM 1021 的第 90 部分。

本部分代替 T/CACM 1021. 157—2018。

本部分按照 GB/T 1. 1—2009《标准化工作导则　第 1 部分：标准的结构和编写》给出的规则起草。

本部分代替 T/CACM 1021. 157—2018，与 T/CACM 1021. 157—2018 相比较，标准编号进行了调整，并重新进行了编辑。

本部分由中药材商品规格等级标准研究技术中心及道地药材国家重点实验室培育基地提出。

本部分由中华中医药学会归口。

本部分起草单位：福建中医药大学、中国中医科学院中药资源中心、中药材商品规格等级标准研究技术中心、福建省龙岩市第一医院、无限极（中国）有限公司、北京中研百草检测认证有限公司。

本部分主要起草人：林青青、林文宏、罗云、黄璐琦、郭兰萍、詹志来、余意、马方励。

本部分所代替标准的历次版本发布情况为：

——T/CACM 1021. 157—2018。

中药材商品规格等级　牡蛎

1　范围

本部分规定了牡蛎的商品规格等级。

本部分适用于牡蛎药材生产、流通以及使用过程中的商品规格等级评价。

2　规范性引用文件

下列文件对于本部分的应用是必不可少的。凡是注明日期的引用文件，仅所注明日期的版本适用于本部分。凡是不注明日期的引用文件，其最新版本（包括所有的修改版本）适用于本部分。

T/CACM 1021.1—2016 中药材商品规格等级编制通则

3　术语和定义

T/CACM 1021.1—2016 以及下列术语和定义适用于本部分。

3.1

牡蛎　OSTREAE CONCHA

本品为牡蛎科动物长牡蛎 *Ostrea gigas* Thunberg、大连湾牡蛎 *Ostrea talienwhanensis* Crosse 或近江牡蛎 *Ostrea rivularis* Gould 的贝壳。全年均可捕捞，去肉，洗净，晒干。

4　规格划分

根据市场流通情况，按照基原不同，将牡蛎药材分为“长牡蛎”“大连湾牡蛎”和“近江牡蛎”三个规格；在各规格项下均为统货。应符合表1要求。

表1　规格划分

规格	等级	性状描述
长牡蛎	统货	本品呈长片状，背腹缘几平行，长10～50cm，高4～15cm，右壳较小，鳞片坚厚，层状或层纹状排列。壳外面平坦或具数个凹陷，淡紫色、灰白色或黄褐色；内面瓷白色，壳顶二侧无小齿。左壳凹陷深，鳞片较右壳粗大，壳顶附着面小。质硬，断面层状，洁白。气微，味微咸
大连湾牡蛎	统货	本品呈类三角形，背腹缘呈八字形。右壳外面淡黄色，具疏松的同心鳞片，鳞片起伏成波浪状，内面白色。左壳同心鳞片坚厚，自壳顶部放射肋数个，明显，内面凹下呈盒状，铰合面小
近江牡蛎	统货	本品呈圆形、卵圆形或三角形等。右壳外面稍不平，有灰、紫、棕、黄等色，环生同心鳞片，幼体者鳞片薄而脆，多年生长后鳞片层层相叠，内面白色，边缘有的淡紫色
注1：当前药材市场牡蛎规格按照基原不同进行划分，分为长牡蛎、大连湾牡蛎或近江牡蛎三种，每个品种完整的贝壳没有分等级，按统货销售。 注2：随着人工养殖牡蛎的扩大，市面上还有密鳞牡蛎 *Ostrea denselamellosa* Lisehke、褶牡蛎 *Ostrea plicatula* Gmelin、日本牡蛎 *Ostrea nippona* Seki 等其他品种的贝壳混入。 注3：目前市场上打碎的牡蛎，不符合《中国药典》规定。 注4：关于牡蛎药材历史产区沿革参见附录A。 注5：关于牡蛎药材品质评价沿革参见附录B。		

5　要求

应符合 T/CACM 1021.1—2016 的第7章规定。

——杂质不得过3%。

附录 A

(资料性附录)

牡蛎药材历史产区沿革

牡蛎的生境分布较早记载于《神农本草经》:“生东海,采无时。”宋·唐慎微《证类本草》卷二〇虫鱼部上品记载:“生东海池泽。”梁·陶弘景《本草经集注》记载:“今出东海,永嘉、晋安皆好。”说明当时牡蛎已分布在东海(今山东)、永嘉(今浙江温州)、晋安(今福建福州)沿海地区。

宋·苏颂《本草图经》曰:“牡蛎,生东海池泽,今海傍皆有之,而南海、闽中及通泰间尤多。”《本草图经》中记载了牡蛎分布在今山东、广东、福建沿海地区。

宋·唐慎微《证类本草》《海药》记录:“按《广州记》云:出南海水中。”陈衍《宝庆本草折衷》卷一六记载:“生东海池泽,附石而生,及南海。即广地。及永嘉、晋安、闽中及通、泰、莱、泉州。”宋代本草书籍中记载了牡蛎产地在东海(今山东)、永嘉(今浙江温州)、晋安(今福建)、闽中(今福建)、通泰(今江苏地区)、莱州(今山东莱州)、福建泉州沿海地区。

明·李时珍《本草纲目》卷四六介部·蚌蛤类记载:“牡蛎《本经》上品[集解]《别录》曰:牡蛎生东海池泽。采无时。弘景曰:今出东海、永嘉、晋安。颂曰:今海旁皆有之,而通、泰及南海、闽中尤多。”李时珍归类记载牡蛎产地也为今山东、广东、浙江温州、福建等沿海地区,并描述在江浙、广东、福建沿海地区牡蛎产量多。

清·张志聪、高世栻《本草崇原》卷上写道:“牡蛎出东南海中,今广、闽、永嘉、四明海旁皆有之。”书中所记载四明为今宁波地区,所描述牡蛎分布地区为今山东、广东、福建、浙江温州、宁波等沿海地区。

2002 年版本的《山东省中药材标准》记载牡蛎主要分布于山东、辽宁、河北、海南等省沿海一带。

1963 年版《中国药典》一部所描述:牡蛎养殖或野生,我国沿海各地都有生产。

1996 年,徐国钧《中国药材学》记载:主产于广东、福建、辽宁、浙江、江苏等地。尤以福建沿海产量最多;江浙一带以象山与台州所产者为最著名。

2010 年,《金世元中药材传统鉴别经验》所记:“牡蛎　我国沿海均产。近江牡蛎产区较广,北起东北,南至海南省沿海;长牡蛎　主产于山东以北至东北沿海;大连湾牡蛎主产于辽宁、山东、河北等沿海。”

综上,古本草记载的牡蛎产区与现代文献基本一致,产地广泛。古今大致认为牡蛎产地为今山东、广东、江浙、福建等沿海地区;以福建沿海产量多;江浙一带所产者为著名。

附录 B

（资料性附录）

牡蛎药材品质评价沿革

历代对牡蛎的品质评价以外观性状特征为主，收期、产地加工等均与此有关。东汉时期《神农本草经》记载："上品，一名蛎蛤，生东海，采无时。"这是最早直接将牡蛎记载为上品药材。

梁・陶弘景《本草经集注》云："百岁雕所化。以十一月采为好。今出东海，永嘉、晋安皆好。生著石，皆以口在上，举以腹向南视之，口邪向东则是，或云以尖头为左顾者，未详熟是，例以大者为好。"与日・丹波康赖《医心方》卷三〇记录："崔禹云：杀鬼魅，治夜不眠，鬼语错乱，志意不定。冬时者为优。夏时者为劣，煮蒸食之。孟诜云：火上令沸，去壳，食甚美。令人细润肌肤，美颜色。"《本草经集注》记载了牡蛎的优质产地和采收的最佳时间，再以个大的为优质牡蛎；《医心方》中认为冬季采收牡蛎是最佳时期，夏季不宜采收，这与陶弘景所记载十一月（农历）采收相吻合，牡蛎肉质鲜美，还可以美化肌肤。

宋・掌禹锡《嘉祐本草》记载："《图经》云：海中蚌属，以牡者良。今莱州昌阳县海中多有，二月三月采之。"此书记载牡蛎为海里属蚌类优良品种，并在莱州（今山东莱州）多有，采收季节为二三月（农历）。

宋・苏颂《本草图经》曰："或曰以尖头为左顾。大抵以大者为贵，十一月采左顾者入药。南人以其肉当食品。其味尤美好，更有益，兼令人细肌肤，美颜色，海族之最可贵者也。"宋代苏颂认为牡蛎以大个为优质品，十一月采收制药为好，肉质鲜美，是海中最可贵的食物。

宋・唐慎微《证类本草》《海药》记载："雷公云：有石牡蛎、石鱼蛎、真海牡蛎，石牡蛎者，头边背大，小甲沙石，真似牡蛎，只是园如龟壳。真牡蛎，火煅白炮，并用瑿试之，随手走起可认真。是万年珀曰瑿，用之妙。"《证类本草》记载了真牡蛎的鉴别方法。

清・刘云密《本草述》卷二九描述："取壳，以顶向北，腹向南，视之口斜向东者为左顾，尖头大者胜。"清代刘云密描述牡蛎尖头个大为优质品。

从上述历代文献可以看出，古人以牡蛎为上品，采收季节在冬季最佳，牡蛎形态以个头尖、大最佳，以各地沿海地区海生养殖居多，肉质鲜美，美化肌肤。

1963 年版《中国药典》一部记录：本品呈极不规则的卵圆形、长圆形或类三角形贝壳。大小厚薄不一，一般长 0.3 ~ 1 尺，宽 1.5 ~ 3 寸，厚 0.4 ~ 1 寸。以个大整齐、内面光洁者为佳。

1977 年版《中国药典》一部写道："均以质坚、内面光洁、色白者为佳。"此后各版药典记载以此品质为最佳条件。

1996 年《中国药材学》所述："江浙一带以象牙山与台州所产者为最著名。本品以质坚、内面光洁、色白者为佳。"

2010 年《金世元中药材传统鉴别经验》写道："三种牡蛎同等入药，但以个大整齐、无杂质泥沙、洁净者佳。"

综上所述，历代对牡蛎的规格以产地量多质优为优先，在此基础上结合性状特征，以个大整齐、质坚、内面光洁、色白者为佳等进行综合评价，为指导牡蛎商品规格标准提供了依据。

ICS 11.120.01
C 23

团　体　标　准

T/CACM 1021.91—2018
代替T/CACM 1021.199—2018

中药材商品规格等级　干姜

Commercial grades for Chinese materia medica

ZINGIBERIS RHIZOMA

2018-12-03 发布　　2018-12-03 实施

中华中医药学会 发布

目　次

前　言

T/CACM 1021《中药材商品规格等级》标准分为 226 个部分：

——第 1 部分：中药材商品规格等级标准编制通则；

……

——第 90 部分：中药材商品规格等级　牡蛎；

——第 91 部分：中药材商品规格等级　干姜；

——第 92 部分：中药材商品规格等级　独活；

……

——第 226 部分：中药材商品规格等级　玄明粉。

本部分为 T/CACM 1021 的第 91 部分。

本部分代替 T/CACM 1021. 199—2018。

本部分按照 GB/T 1. 1—2009《标准化工作导则　第 1 部分：标准的结构和编写》给出的规则起草。

本部分代替 T/CACM 1021. 199—2018，与 T/CACM 1021. 199—2018 相比较，标准编号进行了调整，并重新进行了编辑。

本部分由中药材商品规格等级标准研究技术中心及道地药材国家重点实验室培育基地提出。

本部分由中华中医药学会归口。

本部分起草单位：广西壮族自治区药用植物园、中国中医科学院中药资源中心、中药材商品规格等级标准研究技术中心、云南省罗平县生姜技术推广站、北京中研百草检测认证有限公司。

本部分主要起草人：林杨、韦坤华、缪剑华、黄璐琦、郭兰萍、詹志来、张元、李林轩、梁莹、肖冬、严辉、葛丽清。

本部分所代替标准的历次版本发布情况为：

——T/CACM 1021. 199—2018。

中药材商品规格等级　干姜

1　范围

本部分规定了干姜的商品规格等级。

本部分适用于干姜药材生产、流通以及使用过程中的商品规格等级评价。

2　规范性引用文件

下列文件对于本部分的应用是必不可少的。凡是注明日期的引用文件，仅所注明日期的版本适用于本部分。凡是不注明日期的引用文件，其最新版本（包括所有的修改版本）适用于本部分。

T/CACM 1021.1—2016 中药材商品规格等级编制通则

3　术语和定义

T/CACM 1021.1—2016 以及下列术语和定义适用于本部分。

3.1

干姜　ZINGIBERIS RHIZOMA

本品为姜科植物姜 *Zingiber officinale* Rosc. 的干燥根茎。冬季采挖，除去须根及泥沙，晒干或低温干燥。根据切片与否又分为“干姜”和“干姜片”，趁鲜切片晒干或低温干燥者称为“干姜片”。

4　规格等级划分

根据市场流通情况，按照产地加工不同，将干姜药材分为“干姜”和“干姜片”两个规格。在干姜规格项下，根据饱满程度、单个重量等进行等级划分，分成“选货”和“统货”两个等级，其中“选货”项下再分为“一等”和“二等”两个级别。干姜片规格为统货。应符合表1要求。

表1　规格等级划分

<table>
<tr><th rowspan="2">规格</th><th rowspan="2" colspan="2">等级</th><th colspan="2">性状描述</th></tr>
<tr><th>共同点</th><th>区别点</th></tr>
<tr><td rowspan="3">干姜</td><td rowspan="2">选货</td><td>一等</td><td rowspan="2">本品呈扁平块状，具指状分枝，长3～7cm，厚1～2cm，表皮呈灰黄色或浅灰色，粗糙，具纵皱纹和明显的环节。分枝外尚有鳞叶残存，分枝顶端有茎痕或芽。质坚实，断面黄白色或灰白色，粉性或颗粒性，内皮层环纹明显，维管束及黄色油点散在。气香、特异，味辛辣</td><td>个头饱满坚实、色泽统一、质地坚硬、粉性足；外皮无机械损伤或病虫害造成的斑痕，无须根。个体均匀一致，每公斤药材个数200个以内，干姜单重4～8g的药材≥60%</td></tr>
<tr><td>二等</td><td>少量药材有机械损伤及病虫害造成的斑痕，部分药材带须根，个体均匀度低于选货一等，每公斤药材个数在200个以上，干姜单重4～8g的药材＜60%</td></tr>
<tr><td colspan="2">统货</td><td colspan="2">部分个体不够饱满坚实，常有机械损伤及病虫害造成的斑痕，药材个体不均匀，不分大小</td></tr>
<tr><td>干姜片</td><td colspan="2">统货</td><td colspan="2">本品呈不规则纵切片或斜切片，具指状分枝。长1～6cm，宽1～2cm，厚0.2～0.4cm。外皮灰黄色或浅黄棕色，粗糙，具纵皱纹及明显的环节。切面黄白色或白色，略显粉性，可见较多的纵向纤维，有的呈毛状。质坚实，断面纤维性。气香、特异，味辛辣</td></tr>
<tr><td colspan="5">注1：当前药材市场干姜规格分为干姜和干姜片，干姜片通常为统货，干姜分为选货和统货，以往药材市场中干姜选货与统货没有严格性状数据来划分，因此本部分根据市场调查与产区调查后以单重及均一性作为划分等级的依据。
注2：市场上会有不同加工方式的干姜出现，例如含硫干姜及不含硫干姜，也有所谓的粉姜、柴姜，南方产区所产干姜多为粉姜，北方山东姜多为柴姜，柴姜多为食用，性状与《中国药典》描述有出入，这些在本部分中不作为划分规格等级的依据。
注3：部分药材市场干姜、干姜片硫黄熏蒸货较多，且二氧化硫严重超标，闻之硫黄味熏鼻，不符合药典要求，请注意区别。
注4：关于干姜药材历史产区沿革参见附录A。
注5：关于干姜药材品质评价沿革参见附录B。</td></tr>
</table>

5 要求

除应符合 T/CACM 1021.1—2016 的第 7 章规定外，还应符合下列要求：

——无变色；

——无虫蛀；

——无霉变；

——杂质不得过 3%。

附录 A

(资料性附录)

干姜药材历史产区沿革

干姜生境分布最早记载于秦汉时期的《神农本草经》,《神农本草经》曰:“生山谷。”未明确具体位置。

魏晋时期《名医别录》描述为:“生犍为(今四川省乐山市犍为县)及荆州(今湖北荆州)、扬州(今江苏扬州)。”

南朝《本草经集注》描述为:“干姜今惟出临海(今浙江省台州市临海县)、章安(今浙江省台州市椒江区),两三村解作之。蜀汉姜旧美,荆州(今湖北荆州)有好姜,而并不能作干者。”

宋代《本草图经》载:“生犍为(今四川省乐山市犍为县)及荆州(今湖北荆州)、扬州(今江苏扬州),今处处有之,以汉(今四川省广汉市)、温(今浙江省温州市)、池州(今安徽省池州市)者为良。”

明代《本草纲目》描述:“今江西、襄(今湖北地区)、均(今湖北丹江口市)皆造,以白净结实者为良。”

清代《本草崇原》描述:“临海(今浙江省台州市临海县)、章安(今浙江省台州市椒江区)、温(今浙江省温州市)、汉(今四川省广汉市)、池州(今安徽省池州市)诸处皆能作之,今江西、浙江皆有,而三衢开化(今衢州开化)者佳。”

清代曹炳章《增订伪药条辨》云:“干姜,湖南均姜出。小、双头内白色为均姜,最佳。浙江台州出者,为台姜,个小,肉黄黑色者次。其他江南(今江苏、安徽、江西等地区)、江西、宁国(今安徽宣城县)、四川皆出。”

从本草考证来看,干姜的产地越来越广泛,最早为四川、湖北、江苏,后依次增加了浙江、福建、安徽、江西、湖南等地。总体来说干姜主产于华中、西南及华东地区。其道地产区的变迁不大,古代为四川、浙江、湖北、江西、湖南等地,近代和现代各地均有产,主产于四川、贵州、云南、湖北、浙江、广东、山东、陕西、江苏、广西等地,其中以四川、贵州、云南为最多。

附录 B

（资料性附录）

干姜药材品质评价沿革

秦汉《神农本草经》、魏晋时期《名医别录》、唐代《新修本草》皆描述为："生者尤良。"

明代《本草纲目》描述："……以汉（今四川省广汉市）、温（今浙江省温州市）、池州（今安徽省池州市）者为良。今江西、襄、均（今湖北丹江口市）皆造，以白净结实者为良，故人呼为白姜，又曰均姜。"

清代张志聪《本草崇原》："干姜用母姜晒干，以肉浓而白净，结实明亮如天麻者为良，故又名白姜，……三衢开化（今衢州开化）者佳。"

清代《本草从新》描述："母姜晒干为干姜。白净结实者良。"

1963 年版《中国药典》："以质坚体重，粉性足，外皮灰黄色、肉灰白色、少筋脉者为佳。"

1995 年版《中国药典》："以个大，饱满，质坚实、粉性足者为佳。干姜片以片大，白色，香辣气味浓者为好，四川所产味辣，粉性足，质量佳，由以四川犍产品为最佳，称为'犍干姜'。广东高明产者个大饱满，皮文细皱紧结，内色黄白而略明亮，质量亦佳，称为'名姜'。"

《中华本草》（1997 年）："气芳香，味辛辣。以质坚实，外皮灰黄色、内灰白色、断面粉性足、少筋脉者为佳。"

《现代中药材商品通鉴》（2001 年）："以肥满体重、质坚实、断面黄白色、粉性足、气味浓者为佳。"

《金世元中药材传统鉴别经验》（2010 年）："以身干、个匀、质坚实、粉性足、气味浓者为佳。"

从上述各代文献可知干姜以汉（今四川省广汉市）、温（今浙江省温州市）、池州（今安徽省池州市）、三衢开化（今浙江省衢州开化）、湖南等县地产者为佳，具体性状质量主要以断面白色、质地结实的干姜为最佳。综上所述，干姜的品质评价以断面色黄白、肥满体重、质坚实、粉性足、气味浓、少筋脉者为佳。体积相近的干姜，饱满、质量大、质地坚实的干姜药材质量最好，故药材单个重量的大小可以作为干姜商品规格等级的一个重要指标。

ICS 11.120.01
C 23

团 体 标 准

T/CACM 1021.92—2018

代替T/CACM 1021.133—2018

中药材商品规格等级 独活

Commercial grades for Chinese materia medica

ANGELICAE PUBESCENTIS RADIX

2018-12-03 发布 2018-12-03 实施

中华中医药学会 发布

目　次

前　　言

T/CACM 1021《中药材商品规格等级》标准分为 226 个部分：

——第 1 部分：中药材商品规格等级标准编制通则；

……

——第 91 部分：中药材商品规格等级　干姜；

——第 92 部分：中药材商品规格等级　独活；

——第 93 部分：中药材商品规格等级　款冬花；

……

——第 226 部分：中药材商品规格等级　玄明粉。

本部分为 T/CACM 1021 的第 92 部分。

本部分代替 T/CACM 1021. 133—2018。

本部分按照 GB/T 1. 1—2009《标准化工作导则　第 1 部分：标准的结构和编写》给出的规则起草。

本部分代替 T/CACM 1021. 133—2018，与 T/CACM 1021. 133—2018 相比较，标准编号进行了调整，并重新进行了编辑。

本部分由中药材商品规格等级标准研究技术中心及道地药材国家重点实验室培育基地提出。

本部分由中华中医药学会归口。

本部分起草单位：重庆市中药研究院、中国中医科学院中药资源中心、中药材商品规格等级标准研究技术中心、北京中研百草检测认证有限公司。

本部分主要起草人：舒抒、银福军、黄璐琦、郭兰萍、詹志来、赵纪峰、王昌华、张植玮、刘翔。

本部分所代替标准的历次版本发布情况为：

——T/CACM 1021. 133—2018。

中药材商品规格等级　独活

1　范围

本部分规定了独活的商品规格等级。

本部分适用于独活药材生产、流通以及使用过程中的商品规格等级评价。

2　规范性引用文件

下列文件对于本部分的应用是必不可少的。凡是注明日期的引用文件，仅所注明日期的版本适用于本部分。凡是不注明日期的引用文件，其最新版本（包括所有的修改版本）适用于本部分。

T/CACM 1021.1—2016 中药材商品规格等级编制通则

3　术语和定义

T/CACM 1021.1—2016 以及下列术语和定义适用于本部分。

3.1

独活　ANGELICAE PUBESCENTIS RADIX

本品为伞形科植物重齿毛当归 *Angelica pubescens* Maxim. f. *biserrata* Shan et Yuan 的干燥根。春初苗刚发芽或秋末叶枯萎时采挖，除去须根和泥沙，烘至半干，堆置2~3天，发软后再烘至全干。

4　规格等级划分

根据市场流通情况，按照支根、须根情况等分为“统货”和“选货”两个等级。应符合表1要求。

表1　规格等级划分

等级	性状描述	
	共同点	区别点
选货	本品根略呈圆柱形，长10~30cm。根头部膨大，圆锥状，多横皱纹，直径1.5~3cm，顶端有茎、叶的残基或凹陷。表面灰褐色或棕褐色，具纵皱纹，有横长皮孔样突起及稍突起的细根痕。质较硬，受潮则变软，断面皮部灰白色，有多数散在的棕色油室，木部灰黄色至黄棕色，形成层环棕色。有特异香气，味苦、辛、微麻舌	无支根或切除直径1.0cm以下须根
统货		下部2~3分枝或更多

注1：当前药材市场独活规格主要为统货，主要来源于湖北、重庆、四川等地，不同产区独活在性状上并无明显区别。

注2：当前药材市场上多以独活片进行交易，独活头片类圆形，厚0.2~0.5cm，尾部切成短段，长1.0~3.0cm，不符合《中国药典》独活采收加工及性状描述规定。

注3：当前市场存在对独活片进行熏硫处理的现象，熏硫独活片外皮淡黄棕色，切面黄白色，应注意鉴别。

注4：市场中还有九眼独活、牛尾独活等销售，九眼独活为五加科植物食用土当归 *Aralia cordata* Thunb.、柔毛龙眼独活 *Aralia henryi* Harms 或甘肃土当归 *Aralia kansuensis* Hoo 的干燥根及根茎；牛尾独活为伞形科植物短毛独活 *Heracleum moellendorffii* Hance、独活 *Heracleum hemsleyanum* Diels 或渐尖叶独活 *Heracleum acuminatum* Franch. 的根，此类独活非药典品种，应注意区分。

注5：关于独活药材历史产区沿革参见附录A。

注6：关于独活药材品质评价沿革参见附录B。

5　要求

除应符合 T/CACM 1021.1—2016 的第7章规定外，还应符合下列要求：

——无变色；

——不走油；

——无虫蛀；

——无霉变；
——无枯朽；
——杂质不得过3%。

附录 A

（资料性附录）

独活药材历史产区沿革

独活始载于汉代《神农本草经》，列为上品，曰："独活，一名羌活，一名羌青，一名护羌使者。生川谷。"古人独活、羌活不分，将二者视为一物。

魏晋时期《名医别录》："独活，一名胡王使者，一名独摇草。……生雍州，或陇西南安。"记载独活产于现在陕甘宁一带（古雍州）或甘肃南部洮河流域及天水一带（古陇西南安）。

南北朝《本草经集注》："……此州郡县并是羌地，羌活形细而多节，软润，气息极猛烈。出益州北部、西川为独活，色微白，形虚大，为用亦相似而小不如。"虽仍将独活与羌活并述，但首次区别了羌活、独活的不同产地与形态，认为羌地产者为羌活，益州北部、西川等地所产为独活，指出独活产于现在的四川北部及西部。

唐代《新修本草》指出了独活、羌活功效的差异，并说："疗风宜用独活，兼水宜用羌活。"但是仍将羌活附在独活下，产地记载与《本草经集注》一致。

宋代《本草图经》曰："独活、羌活，出雍州川谷或陇西南安，今蜀汉出者佳。……今人以紫色而节密者为羌活，黄色而作块者为独活。……独活生西川益州北部，色微白，形虚大，用与羌活相似。今蜀中乃有大独活，类桔梗而大，气味了不与羌活相类，用之微寒而少效。"说明独活与羌活有别，宋人已对羌活有比较明确的认识，其所述羌活与今之"蚕羌"基本一致；但书中所述独活疑与今之"大头羌""牛尾独活"相似，苏颂已认识到羌活与独活的区别，二者不可混为一物用。并指出产于四川和陕西汉中的独活质佳。

明代《本草品汇精要》首次将独活、羌活在本草上明确区分。"独活"项下云："【道地】蜀汉者为佳。"指出独活道地产区为四川和陕西汉中一带。明代《本草蒙筌》也认为："多生川蜀，亦产陇西。"然而，《本草纲目》仍将羌活列于独活项下，曰："独活、羌活乃一类二种，以他地者为独活，西羌者为羌活，苏颂所说颇明。"《本草乘雅半偈》对于独活的认识传承了李时珍的观点，曰："在蜀名蜀活，在羌名羌活，随地以名，亦随地有差等。"也认为独活、羌活乃一类二种，只是产地变化引起的差异。

民国《药物出产辨》将独活、羌活分列，载独活："产湖北兴山县、巴东县，沙市内资丘山为最；四川夔州府（今重庆奉节、巫山、开县等地）板桥山次之。"此地正是正品"川独活"的道地产区之一。

1963 年版《中国药典》："多系野生，主产于湖北、四川等地。"

《中国药材学》（1996 年）："重齿毛当归的根称川独活，主产于四川、湖北、陕西。产量大，质量优，销全国，并出口。"

《中华本草》（1999 年）："独活主产于四川、湖北、陕西。产量大，质量优，销全国，并出口。"

《现代中药材商品通鉴》（2001 年）："重齿毛当归主产于湖北巴东、长阳、鹤峰、神农架、竹山、竹溪，四川奉节、巫山、巫溪、灌县，陕西安康以及甘肃岷县等地。四川、湖北产者为道地药材。"

《道地药材图典（中南卷）》（2003 年）："主产于湖北长阳、五峰、巴东、鹤峰、竹溪、竹山、房县、兴山、秭归、恩施、建始、神农架，重庆奉节、巫山、巫溪，四川都江堰，陕西镇坪、留坝、佛坪、汉阴、紫阳。"

《中华药海》（2010 年）："重齿毛当归（又名：资丘独活、巴东独活、肉独活）分布湖北、四川及江西等地。”

《金世元中药材传统鉴别经验》（2010 年）：“主产于四川的重庆、奉节、巫山、巫溪、灌县等地，湖北巴东、长阳、鹤峰、五峰、兴安、神农架、房山、竹山、竹溪等地，陕西安康市。此外，甘肃岷县、天水等地也有栽培。产量大，品质优，销往全国，并出口，称为‘地道药材’。”

综合以上古代本草及现代文献所述，魏晋以前，独活、羌活尚未区分，并产在陕甘宁一带（古雍州）或甘肃南部洮河流域及天水一带（古陇西南安）；从南北朝开始，陶弘景始将独活、羌活区分，产于现在的四川北部及西部；唐代始将独活、羌活明显区分；自宋代起，逐渐将羌活从独活中分离出来，也同时表明该时期独活品种十分复杂；在随后的本草中，对独活的品种仍未有明确的记载，但均认为产于四川和陕西汉中的独活质佳。自民国之后，独活的产区得到了进一步的明确，主产于湖北、重庆、四川、陕西等地，且以湖北、重庆所产独活为道地药材，并与今之独活主产区一致。

附录 B

（资料性附录）

独活药材品质评价沿革

宋代《本草图经》："今蜀汉出者佳。"

明代《本草品汇精要》："道地蜀汉者为佳。"

1963 年版《中国药典》："以根条粗肥、质坚实、气味浓者为佳。"

1977 年版《中国药典》："以条粗壮、油润、香气浓者为佳。"

《中国药材学》（1996 年）："本品以条粗壮、香气浓者为佳。"

《中华本草》（1999 年）："以条粗壮、油润、香气浓者为佳。"

《新编中药志》（2002 年）："以条粗壮、油润、香气浓者为佳。"

《道地药材图典（中南卷）》（2003 年）："以身干，粗壮，支根少，质坚实，香气浓者为佳。"

《金世元中药材传统鉴别经验》（2010 年）："以身干、粗壮、气香浓者为佳。"

综上所述，历代本草认为产地是影响独活质量的重要因素，现代文献认为独活以根条粗壮、油润、香气浓者为佳，为独活商品规格等级标准划分提供了重要的性状依据。

ICS 11.120.01
C 23

团　体　标　准

T/CACM 1021.93—2018
代替T/CACM 1021.142—2018

中药材商品规格等级　款冬花

Commercial grades for Chinese materia medica

FARFARAE FLOS

2018-12-03 发布　　　　2018-12-03 实施

中华中医药学会 发布

目　次

前　　言

T/CACM 1021《中药材商品规格等级》标准分为 226 个部分：

——第 1 部分：中药材商品规格等级标准编制通则；

……

——第 92 部分：中药材商品规格等级　独活；

——第 93 部分：中药材商品规格等级　款冬花；

——第 94 部分：中药材商品规格等级　蜈蚣；

……

——第 226 部分：中药材商品规格等级　玄明粉。

本部分为 T/CACM 1021 的第 93 部分。

本部分代替 T/CACM 1021.142—2018。

本部分按照 GB/T 1.1—2009《标准化工作导则　第 1 部分：标准的结构和编写》给出的规则起草。

本部分代替 T/CACM 1021.142—2018，与 T/CACM 1021.142—2018 相比较，标准编号进行了调整，并重新进行了编辑。

本部分由中药材商品规格等级标准研究技术中心及道地药材国家重点实验室培育基地提出。

本部分由中华中医药学会归口。

本部分起草单位：河北省中医药科学院、中国中医科学院中药资源中心、中药材商品规格等级标准研究技术中心、北京中研百草检测认证有限公司。

本部分主要起草人：裴林、刘佳、何培、秦梦、孙国强、黄璐琦、郭兰萍、詹志来、杨光。

本部分所代替标准的历次版本发布情况为：

——T/CACM 1021.142—2018。

中药材商品规格等级　款冬花

1　范围

本部分规定了款冬花的商品规格等级。

本部分适用于款冬花药材生产、流通以及使用过程中的商品规格等级评价。

2　规范性引用文件

下列文件对于本部分的应用是必不可少的。凡是注明日期的引用文件，仅所注明日期的版本适用于本部分。凡是不注明日期的引用文件，其最新版本（包括所有的修改版本）适用于本部分。

T/CACM 1021.1—2016 中药材商品规格等级编制通则。

3　术语和定义

T/CACM 1021.1—2016 以及下列术语和定义适用于本部分。

3.1

款冬花　FARFARAE FLOS

本品为菊科植物款冬 *Tussilago farfara* L. 的干燥花蕾。12 月或地冻前当花尚未出土时采挖，除去花梗和泥沙，阴干。

3.2

开头　*kaitou*

款冬花药材在采收过程中，因采收期过时而导致的花序顶端呈开放状。

3.3

黑头　*heitou*

款冬花药材在干燥过程中，因方法不当而导致的花序顶端颜色变深，呈褐色、黑褐色。

4　规格等级划分

根据市场流通情况，按照花蕾大小、开头、黑头等情况不同，将款冬花药材分为“选货”和“统货”两个等级；在选货项下，再分成“一等”和“二等”两个级别。应符合表 1 要求。

表 1　规格等级划分

<table>
<tr><th colspan="2" rowspan="2">等级</th><th colspan="2">性状描述</th></tr>
<tr><th>共同点</th><th>区别点</th></tr>
<tr><td rowspan="2">选货</td><td>一等</td><td rowspan="2">本品呈长圆棒状。上端较粗，下端渐细，外面被有多数鱼鳞状苞片，苞片外表面紫红色或淡红色，内表面密被白色絮状茸毛。体轻，撕开可见絮状白色毛茸。气香，味微苦而辛</td><td>花蕾较大，无开头。黑头≤3%，总花梗长度≤0.5cm</td></tr>
<tr><td>二等</td><td>花蕾大小不等。开头≤3%、黑头≤3%，总花梗长度≤2cm</td></tr>
<tr><td colspan="2">统货</td><td colspan="2">本品呈长圆棒状。单生或 2～3 个基部连生，长 1～2.5cm，直径 0.5～1cm。上端较粗，下端渐细或带有短梗，外面被有多数鱼鳞状苞片。苞片外表面紫红色或淡红色，内表面密被白色絮状茸毛。体轻，撕开后可见白色茸毛。气香，味微苦而辛</td></tr>
<tr><td colspan="4">注 1：市场上甘肃、内蒙古、河北、山西等地的款冬花外观稍有差异。
注 2：当前市场款冬花药材存在产地混杂情况。
注 3：市场存在晒货款冬花，为非药典所规定的干燥方法下得到的款冬花。性状：干货。长圆棒状，表面黄褐色、深褐色，带有短梗，体轻，撕开可见絮状白色毛茸，可见开头、黑头。
注 4：关于款冬花药材历史产区沿革参见附录 A。
注 5：关于款冬花药材品质评价沿革参见附录 B。</td></tr>
</table>

5 要求

除应符合 T/CACM 1021.1—2016 的第 7 章规定外，还应符合下列要求：

——无变色；

——无虫蛀；

——无霉变；

——杂质不得过 3%。

附录 A

（资料性附录）

款冬花药材历史产区沿革

款冬花入药始载于秦汉时期的《神农本草经》，列为中品，书中记载原名款冬花。《神农本草经》曰："味辛，温。主咳逆上气，善喘、喉痹，诸惊痫，寒热邪气。一名橐吾（《御览》作石），一名颗东（《御览》作颗冬），一名虎须，一名菟奚。生山谷。"

魏晋时期《名医别录》记载："一名氐冬。生常山及上党水傍。十一月采花。"

南朝时期陶弘景《本草经集注》记载："生常山山谷及上党水傍。十一月采花，阴干……第一出河北，其形如宿莼、未舒者佳，其腹里有丝。次出高丽、百济，其花乃似大菊花。次亦出蜀北部宕昌，而并不如。其冬月在冰下生，十二月、正月旦取之。"记录了款冬花以河北地产的质量最好，质量较好的在高丽百济（今韩国）、蜀北部宕昌（今甘肃宕昌一带），所述款冬花的产地与今天的产地符合。

唐代苏敬《新修本草》注云："今出雍州南山溪水，华州山谷涧间。叶似葵而大，从生，花出根下。"其产地，雍州（三国开始有雍州的正式行政区域划分，辖区包括现在的陕西中部，甘肃东南部），与款花现今的产地相同。

明代李时珍《本草纲目》记载："按《述征记》云：洛水至岁末凝厉时，款冬生于草冰之中，则颗冻之，名以此而得。后人讹为款冬，乃款冻尔。款者至也，至冬而花也。"

清代汪昂《本草备要》记载："生河北关中。"

近现代郑奋扬著、曹炳章注《增订伪药条辨》记载："十一二月开花如黄菊，雪积冰坚之时，髋花偏艳，想见其纯阳之品，故一名款冻。生河北关中，微见花未舒放者良。"

《中华药海》记载为："生长于河边、沙地，分布于河北、河南、四川、山西、陕西、甘肃、内蒙古、新疆、青海、西藏等地。"

综合以上古现代文献，确定款冬花分布较广，河北、山西、陕西以及甘肃等各省都有分布，与现代产地相同。

附录 B

（资料性附录）

款冬花药材品质评价沿革

南朝时期陶弘景《本草经集注》记载："第一出河北，其形如宿莼、未舒者佳，其腹里有丝。次出高丽、百济，其花乃似大菊花。次亦出蜀北部宕昌，而并不如。"

宋代寇宗奭《本草衍义》记载："春时人或采以代蔬，入药须微见花者良。如已芬芳，则都无力也。"

明代刘文泰《本草品汇精要》记载："质：类枇杷花未舒者。"

清吴仪洛《本草从新》记载："微见花、未舒者良（生河北关中）。"

清代黄宫绣《本草求真》记载："生河北关中者良。"

近现代郑奋扬著、曹炳章注《增订伪药条辨》记载："生河北关中，微见花未舒放者良。炳章按：色紫红无梗，为手瓣冬花，最佳。有梗者，曰上冬花，次之。梗多色黑紫者，曰中冬花，亦次。"

《中华药海》记载为："以朵大 2～3 并连，颜色粉紫鲜艳，总花梗短者为佳。"

《中华本草》描述："以个大、肥壮、色紫红、花梗短者为佳。木质老梗及已开花者不可供药用。"

《七十六种中药材商品规格标准》（1984 年）描述："一等：干货。呈长圆形，单生或 2～3 个基部连生，苞片呈鱼鳞状，花蕾肥大，个头均匀，色泽鲜艳。表面紫红或粉红色，体轻，撕开可见絮状毛茸。气微香，味微苦。黑头不超过 3%。花柄长不超过 0.5 厘米。无开头、枝杆、杂质、虫蛀、霉变。二等：干货。呈长圆形，苞片呈鱼鳞状，个头瘦小，不均匀，表面紫褐色或暗紫色，间有绿白色，体轻，撕开可见絮状毛茸。气微香，味微苦。开头、黑头均不超过 10%，花柄长不超过 1 厘米。无枝杆、杂质、虫蛀、霉变。"

《现代中药材商品通鉴》描述："一等：呈长圆形，单生或 2～3 个基部连生，苞片呈鱼鳞状，花蕾肥大，个头均匀，色泽鲜艳。表面紫红或粉红色，体轻，撕开可见絮状毛茸。气微香，味微苦。黑头不超过 3%。花柄长不超过 0.5 厘米。无开头、枝杆。二等：个头较瘦小，不均匀，表面紫褐色或暗紫色，间有绿白色。开头、黑头均不超过 10%，花柄长不超过 2 厘米。无开头、枝杆。"

综上，款冬花在我国分布较广，产地上南朝指出款冬花"第一出河北"，清代指出"生河北关中者良"，近代以来，产地范围扩大。本次制定款冬花商品规格等级标准是以古现代文献对款冬花药材的质量评价和市场调查情况为依据，根据颜色深浅、花蕾大小、总花梗长短等方面进行评价、分级。

ICS 11.120.10
C 10/29

团　体　标　准

T/CACM 1021.94—2018
代替T/CACM 1021.81—2017

中药材商品规格等级　蜈蚣

Commercial grades for Chinese materia medica

SCOLOPENDRA

2018-12-03 发布　　2018-12-03 实施

中华中医药学会 发布

目　次

前　　言

T/CACM 1021《中药材商品规格等级》标准分为 226 个部分：

——第 1 部分：中药材商品规格等级标准编制通则；

……

——第 93 部分：中药材商品规格等级　款冬花；

——第 94 部分：中药材商品规格等级　蜈蚣；

——第 95 部分：中药材商品规格等级　乌梢蛇；

……

——第 226 部分：中药材商品规格等级　玄明粉。

本部分为 T/CACM 1021 的第 94 部分。

本部分代替 T/CACM 1021.81—2017。

本部分按照 GB/T 1.1—2009《标准化工作导则　第 1 部分：标准的结构和编写》给出的规则起草。

本部分代替 T/CACM 1021.81—2017，与 T/CACM 1021.81—2017 相比较，标准编号进行了调整，并重新进行了编辑。

本部分由中药材商品规格等级标准研究技术中心及道地药材国家重点实验室培育基地提出。

本部分由中华中医药学会归口。

本部分起草单位：湖北中医药大学、中国中医科学院中药资源中心、中药材商品规格等级标准研究技术中心、北京中研百草检测认证有限公司。

本部分主要起草人：胡志刚、胡超逸、黄璐琦、詹志来、郭兰萍、李军德、吴明丽。

本部分所代替标准的历次版本发布情况为：

——T/CACM 1021.81—2017。

中药材商品规格等级　蜈蚣

1　范围

本部分规定了蜈蚣的商品规格等级。

本部分适用于蜈蚣药材生产、流通以及使用过程中的商品规格等级评价。

2　规范性引用文件

下列文件对于本部分的应用是必不可少的。凡是注明日期的引用文件，仅所注明日期的版本适用于本部分。凡是不注明日期的引用文件，其最新版本（包括所有的修改版本）适用于本部分。

T/CACM 1021.1—2016 中药材商品规格等级编制通则

3　术语和定义

T/CACM 1021.1—2016 以及下列术语和定义适用于本部分。

3.1

蜈蚣　SCOLOPENDRA

本品为蜈蚣科动物少棘巨蜈蚣 *Scolopendra subspinipes mutilans* L. Koch 的干燥体。春、夏二季捕捉，用竹片插入头尾，绷直，干燥。

4　规格等级划分

根据市场流通情况，按照长度的不同，将蜈蚣药材分为“一等”“二等”和“三等”三个等级。应符合表1要求。

表1　蜈蚣商品规格等级划分表

等级	性状描述	
	共同点	区别点
一等	本品呈扁平长条形，宽0.5～1cm。由头部和躯干部组成，全体共22个环节。头部暗红色或红褐色，略有光泽，有头板覆盖，头板近圆形，前端稍突出，两侧贴有颚肢一对，前端两侧有触角一对。躯干部第一背板与头板同色，其余20个背板为棕绿色或墨绿色，具光泽，自第四背板至第二十背板上常有两条纵沟线；腹部淡黄色或棕黄色，皱缩；自第二节起，每节两侧有步足一对；步足黄色或红褐色，偶有黄白色，呈弯钩形，最末一对步足尾状，故又称尾足，易脱落。质脆，断面有裂隙。气微腥，有特殊刺鼻的臭气，味辛、微咸	长度≥14cm
二等		长度12～14cm
三等		长度9～12cm

注1：2015年版《中国药典》收载“蜈蚣”药材长度为9～15cm，但目前市场上15cm以上的蜈蚣正品药材也比较常见。

注2：当前市场存在多棘巨蜈蚣 *Scolopendra multidens* Newport 或进口蜈蚣充当蜈蚣药材使用的情况，这种蜈蚣一般体型较大，多在17cm以上，背部呈棕红色，宽度在1cm以上，外观、性状和少棘巨蜈蚣差异较大。

注3：市场上蜈蚣皮流通和使用较多，但蜈蚣皮的加工方法未被药典收载，故未列入规格。

注4：市场上蜈蚣存在断条、接条等现象，多混于同等级整条蜈蚣中销售，但不影响药用。

注5：在产地和市场少量蜈蚣亦存在拉伸现象，需要根据蜈蚣节间进行甄别。

注6：关于蜈蚣药材历史产区沿革参见附录A。

注7：关于蜈蚣药材品质评价沿革参见附录B。

5　要求

除符合 T/CACM 1021.1—2016 的第7章规定外，还应符合下列要求：

—— 无虫蛀；

—— 无霉变；

——无走油；

——杂质不得过3%。

附录 A

(资料性附录)

蜈蚣药材历史产区沿革

蜈蚣的生境分布最早记载于秦汉时期的《神农本草经》,《神农本草经》曰:“吴蚣味辛温。主鬼注蛊毒,啖诸蛇虫鱼毒,杀鬼物老精,温虐,去三虫(御览引云:一名至掌,大观本在水蛭下)。生川谷。”《神农本草经》中说明了蜈蚣的功效主治和生境,但未明确具体位置。

魏晋时期《名医别录》记载:“有毒。主治心腹寒热结聚,堕胎,去恶血。生大吴江南。赤头足者良。”其中记载了蜈蚣的功效主治及其产地。也未提及动物或药材形态,从中不能判别动物来源。大吴可能是指宋、齐、梁三个南朝沿袭的吴郡这个行政区划。所谓“江南”可能指的是长江口南岸的广大地区。

唐代苏敬《新修本草》记录为:“生大吴川谷江南。赤头足者良。今赤足者多出京口,长山、高丽山、茅山亦甚有,于腐烂积草处得之,勿令伤,曝干之,黄足者甚多,而不堪用,人多火炙令赤以当之,非真也。”京口,或指丹徒(今日镇江),或指京江(今日之长江下游)的入海口。长山(或常山)与高丽山不知今日改作什么山名,至于茅山尚未更名。

后蜀·韩保升《蜀本草》载:“(蜈蚣)生山南川谷,及出安、襄、邓、随、唐等州土石间,人家屋壁中亦有。形似马陆,身扁而长,黑头赤足者良。”其中增加了“山南”及安、襄、邓、随、唐等州,系今湖北中西部及河南南部地区。

宋代《证类本草》记载:“图经曰蜈蚣,生吴中川谷及江南,今江浙、山南、唐、邓间皆有之。多在土石及人家屋壁间,以头、足赤者为胜。”明代《本草品汇精要》同引图经之说。其中所提到的地点与《蜀本草》相似。

明代《本草蒙筌》中记载:“墙壁多藏,各处俱有。端午收者美,赤头足者良。”表明蜈蚣的生境范围之广。

清代张志聪《本草崇原》记载:“蜈蚣,江以南处处有之。春出冬蛰,节节有足,双须歧尾,头上有毒钳。入药以头足赤者为良。”也表明蜈蚣的生境范围很广,长江以南“处处有之”。

1963 年版《中国药典》一部收载蜈蚣主产于江苏、浙江、安徽、湖北、湖南等地。

徐国钧《中国药材学》收载蜈蚣主产于湖北、浙江、湖南、安徽、河南、江苏、陕西等地。

《中华本草》收载蜈蚣主产于江苏、浙江、湖北、湖南、陕西、河南等地。

《500 味常用中药材的鉴别经验》记载少棘巨蜈蚣主要分布于湖北、浙江的丘陵、低山地区;江苏、安徽、江西、四川、河南、陕西、湖南、广西、广东、贵州、云南亦有分布。主产于湖北随州、应山、京山、钟祥、宜昌、当阳、老河口、襄阳、枣阳、南漳、安陆、勋县、松滋、枝江、枝城;浙江岱山、普陀、定海、海宁、桐乡;江苏盱眙、江浦、宜兴、苏州、江阳;安徽滁县、六安、巢湖等地。

金世元《金世元中药材传统鉴别经验》收载蜈蚣在全国大部分地区均有生产。主产于湖北随州、应山、京山、钟祥、宜昌、当阳、老河口、襄阳、枣阳、松滋、枝江,浙江岱山、普陀,江苏盱眙、江浦、宜兴,安徽滁县、六安等地,均为野生,以湖北产量大,质量优。

现代文献中蜈蚣产地分布极广,少棘巨蜈蚣主产于湖北随州、应山、京山、钟祥、宜昌、当阳、广水、襄阳、枣阳,浙江岱山、普陀,江苏盱眙、江浦、宜兴,安徽采安、滁县、嘉山,河南淅川、方城等地,此外,陕西、四川、湖南、江西、福建、广东、广西、贵州等省区也产。

附录 B
（资料性附录）
蜈蚣药材品质评价沿革

对于蜈蚣的品质评价，最早记载于魏晋时期的《名医别录》，曰："生大吴江南。赤头足者良。"明确指出以赤头、赤足者为佳。后蜀·韩保升《蜀本草》载："（蜈蚣）生山南川谷，及出安、襄、邓、随、唐等州土石间，人家屋壁中亦有。形似马陆，身扁而长，黑头赤足者良。"又指黑头、赤足蜈蚣为佳。而到了唐代，《新修本草》记录："生大吴川谷江南。赤头足者良。今赤足者多出京口，长山、高丽山、茅山亦甚有，于腐烂积草处得之，勿令伤，曝干之，黄足者甚多，而不堪用，人多火炙令赤以当之，非真也。"重新指明赤头、赤足者佳，且之后各代典籍均以此作为蜈蚣质量佳的标准。宋代《证类本草》记载："图经曰蜈蚣，生吴中川谷及江南，今江浙、山南、唐、邓间皆有之。多在土石及人家屋壁间，以头、足赤者为胜。七、八月取之，黄足者最多。人以火炙令赤以当之，不堪用也。"明代《本草蒙筌》记载："墙壁多藏，各处俱有。端午收者美，赤头足者良。"清代张志聪《本草崇原》记载："蜈蚣，江以南处处有之。春出冬蛰，节节有足，双须歧尾，头上有毒钳。入药以头足赤者为良。"可见，古代文献主要是以"赤头、赤足"作为质量优的标准，而对蜈蚣具体性状质量方面的评价较少，无品质方面更具体的记载，在近代文献中描述如下：

1963 年版《中国药典》一部："以体长、头红、身黑绿色、头足全者为佳。"

《中国药材学》："本品以条大、完整、头红、身黑绿色、腹干瘪者为佳。"

1977 年版《中国药典》一部："以条大、完整、腹干瘪者为佳。"

《中华本草》："以身干、条长、头红身黑绿色、头足完整者为佳。"

《金世元中药材传统鉴别经验》："以条长、身干、头红身黑绿、腿全者为佳。"

综上所述，古代对于蜈蚣的规格等级划分主要是对头足的颜色进行评价，后世多强调具体性状，并以身干、体长、头红、身黑绿色、头足完整者为佳，为制定蜈蚣商品规格等级标准提供了依据。

ICS 11.120.01
C 23

团　体　标　准

T/CACM 1021.95—2018
代替T/CACM 1021.171—2018

中药材商品规格等级　乌梢蛇

Commercial grades for Chinese materia medica

ZAOCYS

2018-12-03 发布　　　　2018-12-03 实施

中华中医药学会 发布

目　次

前　言

T/CACM 1021《中药材商品规格等级》标准分为226个部分：

——第1部分：中药材商品规格等级标准编制通则；

……

——第94部分：中药材商品规格等级　蜈蚣；

——第95部分：中药材商品规格等级　乌梢蛇；

——第96部分：中药材商品规格等级　郁金；

……

——第226部分：中药材商品规格等级　玄明粉。

本部分为T/CACM 1021的第95部分。

本部分代替T/CACM 1021.171—2018。

本部分按照GB/T 1.1—2009《标准化工作导则　第1部分：标准的结构和编写》给出的规则起草。

本部分代替T/CACM 1021.171—2018，与T/CACM 1021.171—2018相比较，标准编号进行了调整，并重新进行了编辑。

本部分由中药材商品规格等级标准研究技术中心及道地药材国家重点实验室培育基地提出。

本部分由中华中医药学会归口。

本部分起草单位：康美药业股份有限公司、暨南大学、德清县莫干山蛇类实业有限公司、康美（北京）药物研究院有限公司、广东康美药物研究院有限公司、中国中医科学院中药资源中心、中药材商品规格等级标准研究技术中心、北京中研百草检测认证有限公司。

本部分主要起草人：许冬瑾、乐智勇、张英、杨洪昌、黄璐琦、郭兰萍、姜涛、黄龙涛、白宗利、詹志来、金艳、李军德、杨光、何雅莉。

本部分所代替标准的历次版本发布情况为：

——T/CACM 1021.171—2018。

中药材商品规格等级　乌梢蛇

1　范围

本部分规定了乌梢蛇的商品规格等级。

本部分适用于乌梢蛇药材生产、流通以及使用过程中的商品规格等级评价。

2　规范性引用文件

下列文件对于本部分的应用是必不可少的。凡是注明日期的引用文件，仅所注明日期的版本适用于本部分。凡是不注明日期的引用文件，其最新版本（包括所有的修改版本）适用于本部分。

T/CACM 1021.1—2016 中药材商品规格等级编制通则

3　术语和定义

T/CACM 1021.1—2016 以及下列术语和定义适用于本部分。

3.1

乌梢蛇　ZAOCYS

本品为游蛇科动物乌梢蛇 *Zaocys dhumnades*（Cantor）的干燥体。多于夏、秋二季捕捉，剖开腹部或先剥皮留头尾，除去内脏，盘成圆盘状，干燥。

4　规格等级划分

根据市场流通情况，按照蛇盘、鳞片完整情况等分为“选货”和“统货”两个等级。应符合表1要求。

表1　规格等级划分

等级	性状描述	
	共同点	区别点
选货	本品呈圆盘状，盘径约16cm。表面黑褐色或绿黑色，密被菱形鳞片；背鳞行数成双，背中央2～4行鳞片强烈起棱，形成两条纵贯全体的黑线。头盘在中间，扁圆形，眼大而下陷，有光泽。上唇鳞8枚，第4、5枚入眶，颊鳞1枚，眼前下鳞1枚，较小，眼后鳞2枚。脊部高耸成屋脊状。腹部剖开边缘向内卷曲，脊肌肉厚，黄白色或淡棕色，可见排列整齐的肋骨。尾部渐细而长，尾下鳞双行。剥皮者仅留头尾之皮鳞，中段较光滑。气腥，味淡	蛇盘、鳞片完整，色泽鲜亮
统货		外观有部分破损，鳞片略有脱落

注1：市场有根据乌梢蛇加工分内脏全冲、半冲两种规格，半冲不符合《中国药典》要求。

注2：其他蛇如灰鼠蛇、王锦蛇、滑鼠蛇等易与乌梢蛇混淆，需注意区分。

注3：关于乌梢蛇药材历史产区沿革参见附录A。

注4：关于乌梢蛇药材品质评价沿革参见附录B。

5　要求

除应符合T/CACM 1021.1—2016的第7章规定外，还应符合下列要求：

——无虫蛀；

——无霉变；

——杂质不得过3%。

附录 A

（资料性附录）

乌梢蛇药材历史产区沿革

乌梢蛇入药首载于南北朝时期的《雷公炮炙论》，雷敩曰："蕲州（今湖北省蕲春县蕲州镇）乌蛇头上有逆毛二寸一路。"

宋《开宝本草》："乌蛇生商洛山（今陕西东南部）。"

宋《本草图经》："乌蛇，生商洛山，今蕲州、黄州山中有之。"

明《太乙仙制本草药性大全》："生商洛山，今蕲州、黄州（今湖北省东部黄冈县）山中有之。"

《中华本草》：乌梢蛇主产于江苏、安徽、浙江、江西、福建等地。

《现代中药材商品通鉴》：乌梢蛇主产于浙江嘉兴、瑞宁、丽水、青田等县，江苏、湖北、安徽、湖南、江西、福建、广东、广西也产。

《中华药海》：乌蛇分布于华东、华南、西南和湖南、湖北、山西等地。

《金世元中药材传统鉴别经验》：乌梢蛇主产于浙江、安徽、广东、广西、江西、江苏、四川、湖北、湖南、陕西、河南、贵州、云南、福建等地，尤以长江流域较为常见。

附录 B
（资料性附录）
乌梢蛇药材品质评价沿革

宋《本草图经》：乌蛇，至枯死而眼不陷，称之重三分至一两者为上，粗大者转重力弥减也。头有逆毛，二寸一路，可长半分以来，头尾相对，用之如神，此极难得也。

宋《证类本草》：有蕲州乌蛇，只重三分至一两者，妙也。头尾全、眼不合、如活者，头上有逆毛，二寸一路，可长半分以来，头尾相对，使之入药。

宋《本草衍义》：尾细长，能穿小铜线一百文者佳。

明《药性粗评》：蛇有一种，其身自首至梢乌黑色，背有二棱如剑脊，然其稍尖细可穿铜钱，性善，不噬物，维吸风气而已。

明《药性要略大全》：背有棱，黑色如漆，尾细尖长，眼不陷者佳。

明《本草纲目》：乌蛇有二种，剑一种脊细尾者为上；一种长大无剑脊而尾稍粗者，名风梢蛇，亦可治风，而力不及也。

明《太乙仙制本草药性大全》：乌蛇，性善而不噬物，黑色如漆，背有三棱浑如剑脊者为良，尾细尖长，能穿百钱者妙，犹眼光不限。

清《本草备要》：眼光至死不枯，以尾细能穿百钱者佳。重七钱至一两者为上，十两至一镒者中，大者力减。

清《本草逢原》：剑脊细尾者佳，忌犯铁器。

清《本草述钩元》：其脊高，世称剑脊。乌梢头圆，尾尖细（能穿小钱百文者佳），眼有赤光，至枯不陷。

《中华本草》：乌梢蛇以身干、皮黑褐色、肉黄白色、脊背有棱、质坚实者为佳。

1977 年版《中国药典》：以皮黑褐色、肉黄白色、脊部有棱、坚实者为佳。

《现代中药材商品通鉴》：乌梢蛇以头尾齐全、皮黑肉黄、质坚实者为佳。

《道地药材图典》：乌梢蛇以头尾齐全，皮黑褐、肉色黄白，脊部有棱，体坚实者为佳。

《中华药海》：乌蛇以身干、皮黑褐色、肉黄白色、脊背有棱、质坚实者为佳。

《金世元中药材传统鉴别经验》：以头尾齐全，皮黑褐、肉色黄白，体坚实者为佳。

ICS 11.120.01
C 23

团 体 标 准

T/CACM 1021.96—2018
代替T/CACM 1021.172—2018

中药材商品规格等级　郁金

Commercial grades for Chinese materia medica

CURCUMAE RADIX

2018-12-03 发布　　2018-12-03 实施

中华中医药学会 发布

目　次

前　　言

T/CACM 1021《中药材商品规格等级》标准分为 226 个部分：

——第 1 部分：中药材商品规格等级标准编制通则；

……

——第 95 部分：中药材商品规格等级　乌梢蛇；

——第 96 部分：中药材商品规格等级　郁金；

——第 97 部分：中药材商品规格等级　白及；

……

——第 226 部分：中药材商品规格等级　玄明粉。

本部分为 T/CACM 1021 的第 96 部分。

本部分代替 T/CACM 1021. 172—2018。

本部分按照 GB/T 1. 1—2009《标准化工作导则　第 1 部分：标准的结构和编写》给出的规则起草。

本部分代替 T/CACM 1021. 172—2018，与 T/CACM 1021. 172—2018 相比较，标准编号进行了调整，并重新进行了编辑。

本部分由中药材商品规格等级标准研究技术中心及道地药材国家重点实验室培育基地提出。

本部分由中华中医药学会归口。

本部分起草单位：康美药业股份有限公司、康美（北京）药物研究院有限公司、广东康美药物研究院有限公司、中国中医科学院中药资源中心、浙江寿仙谷医药股份有限公司、中药材商品规格等级标准研究技术中心、北京中研百草检测认证有限公司。

本部分主要起草人：许冬瑾、乐智勇、黄璐琦、郭兰萍、姜涛、黄龙涛、白宗利、金艳、詹志来、李振宇、王瑛、杨光、何雅莉。

本部分所代替标准的历次版本发布情况为：

——T/CACM 1021. 172—2018。

中药材商品规格等级　郁金

1　范围

本部分规定了郁金的商品规格等级。

本部分适用于郁金药材生产、流通以及使用过程中的商品规格等级评价。

2　规范性引用文件

下列文件对于本部分的应用是必不可少的。凡是注明日期的引用文件，仅所注明日期的版本适用于本部分。凡是不注明日期的引用文件，其最新版本（包括所有的修改版本）适用于本部分。

T/CACM 1021.1—2016 中药材商品规格等级编制通则

3　术语和定义

T/CACM 1021.1—2016 以及下列术语和定义适用于本部分。

3.1

郁金　CURCUMAE RADIX

本品为姜科植物温郁金 *Curcuma wenyujin* Y. H. Chen et C. Ling、姜黄 *Curcuma longa* L. 、广西莪术 *Curcuma kwangsiensis* S. G. Lee et C. F. Liang 或蓬莪术 *Curcuma phaeocaulis* Val. 的干燥块根。前两者分别习称“温郁金”和“黄丝郁金”，其余按性状不同习称“桂郁金”或“绿丝郁金”。冬季茎叶枯萎后采挖，除去泥沙和细根，蒸或煮至透心，干燥。

4　规格等级划分

根据市场流通情况，按照基原的不同，将郁金药材分为“桂郁金”“温郁金”“黄丝郁金”和“绿丝郁金”四个规格；在各规格项下，根据每千克所含粒数进行等级划分，分成“一等”和“二等”两个等级。应符合表 1 要求。

表 1　规格等级划分

规格	等级	性状描述	
		共同点	区别点
桂郁金	一等	本品呈长圆锥形或长圆形，长 2～6.5cm，直径 1～1.8cm，表面淡棕色或红棕色，具疏浅纵纹或较粗糙网状皱纹。质坚实，断面灰棕色或棕色，角质样；内皮层环明显。气微，味微辛苦	每千克≤280 粒
	二等		每千克＞280 粒
温郁金	一等	本品呈长圆形或卵圆形，稍扁，有的微弯曲，两端渐尖，长 3.5～7cm，直径 1.2～2.5cm。表面灰褐色或灰棕色，具不规则的纵皱纹，纵纹隆起处色较浅。质坚实，断面灰棕色，角质样；内皮层环明显。气微香，味微苦	每千克≤200 粒
	二等		每千克＞200 粒
黄丝郁金	一等	本品呈纺锤形，有的一端细长，长 2.5～4.5cm，直径 1～1.5cm，表面棕灰色或灰黄色，具细皱纹，断面橙黄色，外周棕黄色至棕红色，内皮层环黄色。气芳香，味辛辣	每千克≤500 粒
	二等		每千克＞500 粒
绿丝郁金	一等	本品呈长椭圆形，较粗壮。长 1.5～3.5cm，直径 1～1.2cm。表面灰色或灰黑色，具皱纹。质坚实，断面棕色或灰黑色，半角质样；内皮层环明显。气微，味淡	每千克≤400 粒
	二等		每千克＞400 粒

注 1：当前市场出售的郁金多为饮片。

注 2：当前市场根据熏硫情况分为有硫和无硫。无硫郁金颜色暗黑，有硫郁金颜色较亮，偏黄白色，有刺激酸味，需注意。

注 3：关于郁金药材历史产区沿革参见附录 A。

注 4：关于郁金药材品质评价沿革参见附录 B。

5 要求

除应符合 T/CACM 1021.1—2016 的第 7 章规定外，还应符合下列要求：

——无须根；

——无虫蛀；

——无霉变；

——杂质不得过 3%。

附录 A

（资料性附录）

郁金药材历史产区沿革

郁金之名，始见于唐《药性论》，列为中品。

唐《唐本草》：“生蜀地（四川境内）及西戎（甘肃庆阳境内）。”

宋《本草图经》：“苏恭云：生蜀地及西戎，……今广南（云南省东南部）、江西州郡亦有之，然不及蜀中者佳。”

明《本草品汇精要》：“【地】《图经》曰：出西戎，今广南、江西州郡亦有之。【道地】蜀地、潮州。”

清《植物名实图考》：“其生蜀地者为川郁金，以根如螳螂肚者为真。其用以染色者则姜黄也。”

民国《增订伪药条辨》：“山草之根，野生也。两广（广西、广东）、江西咸有之，而以蜀产者为胜。”

附录 B

（资料性附录）

郁金药材品质评价沿革

宋《本草图经》："今广南、江西州郡亦有之，然不及蜀中者佳。"
明《本草品汇精要》："【用】根蝉肚者为好。【质】类姜黄轻浮而小。"
明《本草蒙筌》："色赤兼黄，生蜀地者佳。体圆有节，类蝉肚者真。"
清《本草备要》："体锐圆如蝉肚，外黄内赤，色鲜微香，味苦带甘者真。"
清《植物名实图考》："其生蜀地者为川郁金，以根如螳螂肚者为真。其用以染色者则姜黄也。"
民国《增订伪药条辨》："两广、江西咸有之，而以蜀产者为胜。"
1977 年版《中国药典》：以质坚实、外皮皱纹细、断面色黄者为佳。

ICS 11.120.01
C 23

团 体 标 准

T/CACM 1021.97—2018
代替T/CACM 1021.176—2018

中药材商品规格等级 白及

Commercial grades for Chinese materia medica

BLETILLAE RHIZOMA

2018-12-03 发布　　2018-12-03 实施

中华中医药学会 发布

目　次

前　言

T/CACM 1021《中药材商品规格等级》标准分为226个部分：

——第1部分：中药材商品规格等级标准编制通则；

……

——第96部分：中药材商品规格等级　郁金；

——第97部分：中药材商品规格等级　白及；

——第98部分：中药材商品规格等级　百部；

……

——第226部分：中药材商品规格等级　玄明粉。

本部分为T/CACM 1021的第97部分。

本部分代替T/CACM 1021.176—2018。

本部分按照GB/T 1.1—2009《标准化工作导则　第1部分：标准的结构和编写》给出的规则起草。

本部分代替T/CACM 1021.176—2018，与T/CACM 1021.176—2018相比较，标准编号进行了调整，并重新进行了编辑。

本部分由中药材商品规格等级标准研究技术中心及道地药材国家重点实验室培育基地提出。

本部分由中华中医药学会归口。

本部分起草单位：康美药业股份有限公司、康美（北京）药物研究院有限公司、康美药业（文山）药材种植管理有限公司、广东康美药物研究院有限公司、中国中医科学院中药资源中心、中药材商品规格等级标准研究技术中心、北京联合大学、北京中研百草检测认证有限公司。

本部分主要起草人：许冬瑾、乐智勇、严新、黄璐琦、郭兰萍、姜涛、黄龙涛、白宗利、张正川、金艳、詹志来、张元、杨光、何雅莉。

本部分所代替标准的历次版本发布情况为：

——T/CACM 1021.176—2018。

中药材商品规格等级　白及

1　范围

本部分规定了白及的商品规格等级。

本部分适用于白及药材生产、流通以及使用过程中的商品规格等级评价。

2　规范性引用文件

下列文件对于本部分的应用是必不可少的。凡是注明日期的引用文件，仅所注明日期的版本适用于本部分。凡是不注明日期的引用文件，其最新版本（包括所有的修改版本）适用于本部分。

T/CACM 1021.1—2016 中药材商品规格等级编制通则

3　术语和定义

T/CACM 1021.1—2016 以及下列术语和定义适用于本部分。

3.1

白及　BLETILLAE RHIZOMA

本品为兰科植物白及 *Bletilla striata*（Thunb.）Reichb. f. 的干燥块茎。夏、秋二季采挖，除去须根，洗净，置沸水中煮或蒸至无白心，晒至半干，除去外皮，晒干。

4　规格等级划分

根据市场流通情况，按照每千克所含个数分为“选货”和“统货”两个等级；“选货”项下，再分为“一等”和“二等”两个级别。应符合表1要求。

表1　规格等级划分

<table>
<tr><th colspan="2" rowspan="2">等级</th><th colspan="2">性状描述</th></tr>
<tr><th>共同点</th><th>区别点</th></tr>
<tr><td rowspan="2">选货</td><td>一等</td><td rowspan="2">本品呈不规则扁圆形，多有2~3个爪状分枝，长1.5~5cm，厚0.5~1.5cm。表面灰白色或黄白色，有数圈同心环节和棕色点状须根痕，上面有突起的茎痕，下面有连接另一块茎的痕迹。质坚硬，不易折断，断面类白色，角质样。气微，味苦，嚼之有黏性</td><td>每千克≤200个</td></tr>
<tr><td>二等</td><td>每千克>200个</td></tr>
<tr><td colspan="2">统货</td><td colspan="2">本品呈不规则扁圆形，多有2~3个爪状分枝，长1.5~5cm，厚0.5~1.5cm。不分大小。表面灰白色或黄白色，有数圈同心环节和棕色点状须根痕，上面有突起的茎痕，下面有连接另一块茎的痕迹。质坚硬，不易折断，断面类白色，角质样。气微，味苦，嚼之有黏性</td></tr>
<tr><td colspan="4">注1：当前市场上部分白及栽培品已出现变异，长度、爪状分支等性状与《中国药典》规定略有差别。
注2：市场有未去须根白及药材规格，与《中国药典》性状不符。
注3：关于白及药材历史产区沿革参见附录A。
注4：关于白及药材品质评价沿革参见附录B。</td></tr>
</table>

5　要求

除应符合 T/CACM 1021.1—2016 的第7章规定外，还应符合下列要求：

——无须根；

——无霉变；

——杂质不得过3%。

附录 A

（资料性附录）

白及药材历史产区沿革

白及始载于秦汉时期的《神农本草经》："白及，生北山川谷。"

魏晋《吴普本草》："生冤句。"冤句即今山东曹县西北。

魏晋《名医别录》："白及生北山川谷及宛朐（今山东曹县西北）及越山（今浙江省绍兴市）。"《证类本草》引用《别录》曰："生北山川谷，又冤句及越山。"

南北朝《本草经集注》："近道处处有之。"

唐《新修本草》："生北山川谷及宛朐及越山。"与上述记载一致。

宋《通鉴注》："关中有北山，自甘泉连延为北山。"甘泉在陕北，即北山为陕北。

宋《太平御览》："生北山。又出建康。""《建康记》曰：'建康出白及'。"建康即今江苏南京。

宋《图经本草》："今江淮、河、陕、汉、黔诸有之，生石山上。"

元《本草元命苞》："产北山冤句，今河、陕、江淮。生石上。"

明《本草纲目》："保昇曰：今出申州（今河南省信阳市）。"

明《本草品汇精要》："道地：兴州、申州。"

明《太乙仙制本草药性大全》："白及，生北山川谷，又冤句及越山，今江淮、河陕、汉黔诸有之，生石山上。"同上述记载。

明《本草原始》："始生北山川谷，又冤句及越山。今江淮、河陕、汉黔诸州皆有之。"

清《滇南本草图谱》：多生石山上湿润多苔石缝中。五、六月花，八、九月实熟。滇省（今云南省）蒙自一带有之，可达二千公尺海拔，花期稍迟。

民国《药物出产辨》："产陕西汉中府、安徽安庆府。"

附录 B

(资料性附录)

白及药材品质评价沿革

明《本草品汇精要》以“【道地】兴州、申州”。

《中华本草》:“以个大、饱满、色白、半透明、质坚实者为佳。”

1977 年版《中国药典》:“以个大、饱满、色白、质坚者为佳。”

《中华药海》:“以根茎肥厚、色白明亮、个大坚实、无须根者为佳。”

《现代中药材商品通鉴》:以贵州产量最多,质量亦好。销全国及出口。

《道地药材图典》:“以身干、个大、色白,质坚实,无须根者为佳。”

ICS 11.120.01
C 23

团 体 标 准

T/CACM 1021.98—2018

代替T/CACM 1021.178—2018

中药材商品规格等级 百部

Commercial grades for Chinese materia medica

STEMONAE RADIX

2018-12-03 发布 2018-12-03 实施

中华中医药学会 发布

目　　次

前　言

T/CACM 1021《中药材商品规格等级》标准分为226个部分：

——第1部分：中药材商品规格等级标准编制通则；

……

——第97部分：中药材商品规格等级　白及；

——第98部分：中药材商品规格等级　百部；

——第99部分：中药材商品规格等级　陈皮；

……

——第226部分：中药材商品规格等级　玄明粉。

本部分为T/CACM 1021的第98部分。

本部分代替T/CACM 1021.178—2018。

本部分按照GB/T 1.1—2009《标准化工作导则　第1部分：标准的结构和编写》给出的规则起草。

本部分代替T/CACM 1021.178—2018，与T/CACM 1021.178—2018相比较，标准编号进行了调整，并重新进行了编辑。

本部分由中药材商品规格等级标准研究技术中心及道地药材国家重点实验室培育基地提出。

本部分由中华中医药学会归口。

本部分起草单位：康美药业股份有限公司、康美（北京）药物研究院有限公司、广东康美药物研究院有限公司、中国中医科学院中药资源中心、中药材商品规格等级标准研究技术中心、北京中研百草检测认证有限公司。

本部分主要起草人：许冬瑾、乐智勇、黄璐琦、郭兰萍、姜涛、黄龙涛、白宗利、詹志来、金艳、杨光、何雅莉。

本部分所代替标准的历次版本发布情况为：

——T/CACM 1021.178—2018。

中药材商品规格等级　百部

1　范围

本部分规定了百部的商品规格等级。

本部分适用于百部药材生产、流通以及使用过程中的商品规格等级评价。

2　规范性引用文件

下列文件对于本部分的应用是必不可少的。凡是注明日期的引用文件，仅所注明日期的版本适用于本部分。凡是不注明日期的引用文件，其最新版本（包括所有的修改版本）适用于本部分。

T/CACM 1021.1—2016 中药材商品规格等级编制通则

3　术语和定义

T/CACM 1021.1—2016 以及下列术语和定义适用于本部分。

3.1

百部　STEMONAE RADIX

本品为百部科植物直立百部 *Stemona sessilifolia*（Miq.）Miq.、蔓生百部 *Stemona japonica*（Bl.）Miq. 或对叶百部 *Stemona tuberosa* Lour. 的干燥块根。春、秋二季采挖，除去须根，洗净，置沸水中略烫或蒸至无白心，取出，晒干。

3.2

大百部　*dabaibu*

百部科植物对叶百部 *Stemona tuberosa* Lour. 的干燥块根，按性状特征，习称“大百部”。

3.3

小百部　*xiaobaibu*

百部科植物直立百部 *Stemona sessilifolia*（Miq.）Miq.、蔓生百部 *Stemona japonica*（Bl.）Miq. 的干燥块根，按性状特征，习称“小百部”。

4　规格等级划分

根据市场流通情况，按照基原的不同，将百部药材分为“大百部”和“小百部”两个规格；在规格项下，根据直径进行等级划分，大百部分成“一等”和“二等”两个等级；小百部规格为统货。应符合表 1 要求。

表 1　规格等级划分

规格	等级		性状描述	
			共同点	区别点
大百部	选货	一等	本品呈长纺锤形或长条形，长 8～24cm。表面浅黄棕色至灰棕色，具浅纵皱纹或不规则纵槽。质坚实，断面黄白色至暗棕色，中柱较大，髓部类白色。气微，味甘、苦	直径 1.0～2.0cm
		二等		直径 0.8～1.0cm
小百部	统货		直立百部：呈纺锤形，上端较细长，皱缩弯曲，长 5～12cm，直径 0.5～1cm。表面黄白色或淡棕黄色，有不规则深纵沟，间或有横皱纹。质脆，易折断，断面平坦，角质样，淡黄棕色或黄白色，皮部较宽，中柱扁缩。气微，味甘、苦 蔓生百部：两端稍狭细，表面多不规则皱褶和横皱纹	

注 1：药材市场百部存在基原混用现象。

注 2：关于百部药材历史产区沿革参见附录 A。

注 3：关于百部药材品质评价沿革参见附录 B。

5 要求

除应符合 T/CACM 1021. 1—2016 的第 7 章规定外，还应符合下列要求：

——无变色；

——无走油；

——无虫蛀；

——无霉变；

——杂质不得过 3%。

附录 A

（资料性附录）

百部药材历史产区沿革

百部最早收载于《名医别录》，草部中品，名“百部根”，载“百部，微温，有小毒”。

南北朝《本草经集注》：“山野处处有之，根数十相连似天冬而苦强，亦有小毒。”

宋《本草图经》：“百部根，旧不着所出州土，今江、湖、淮、陕、齐、鲁州郡皆有之。”并附有“衡州（今湖南衡阳县）百部”“滁州（今安徽滁县）百部”和“峡州（今湖北省宜昌县）百部”图。

明《本草品汇精要》：“道地：衡州、滁州、陕州。”

明《本草原始》：“今江、湖、淮、陕、齐、鲁州郡皆有之。”

清《植物名实图考》：“今江西所产，苗叶正如图经所述，郑樵所云叶如薯蓣，亦相近，李时珍以为叶如茴香者，恐误以天门冬当之，以驳郑说，过矣。”

《中华本草》：直立百部主产于安徽、江苏、湖北、浙江、山东；蔓生百部主产于浙江、安徽，江苏亦产；对叶百部主产于湖南、湖北、广东、福建、四川、贵州。

《现代中药材商品通鉴》：直立百部主产于安徽、江苏、湖北、浙江、山东。安徽滁县产量极大，奉为地道药材。蔓生百部主产于浙江、江苏，安徽也有出产。对叶百部主产于湖北、广东、福建、四川，销全国，主要为野生。

《中华药海》：百部分布于山东、安徽、江苏、浙江、福建、江西、湖南、湖北、四川、陕西等地；直立百部分布于山东、河南、安徽、江苏、浙江、福建、江西等地；对叶百部分布于台湾、福建、广东、广西、湖南、湖北、四川、贵州、云南等地。

《金世元中药材传统鉴别经验》：直立百部、蔓生百部主产浙江温州、景宁、临海、余姚、临安，江苏江宁、句容、高淳、溧水，安徽全椒、滁县、黄山；对叶百部主产四川宜宾、乐山、宣汉，重庆达县、万州、开县、武隆，贵州罗甸、望谟、兴义，广西河池、南丹、天峨等地。

附录 B
(资料性附录)
百部药材品质评价沿革

明《本草品汇精要》:“根肥润者为佳。”

《现代中药材商品通鉴》:以条肥足、灰白色、无杂质者为佳。

《中华药海》:蔓生百部和直立百部以粗壮、肥润,坚实,白色者为佳;对叶百部以肥壮、色黄白者为佳。

《道地药材图典》与《金世元中药材传统鉴别经验》:均以条粗壮、质坚实为佳。

ICS 11.120.01
C 23

团 体 标 准

T/CACM 1021.99—2018
代替T/CACM 1021.179—2018

中药材商品规格等级　陈皮

Commercial grades for Chinese materia medica

CITRI RETICULATAE PERICARPIUM

2018-12-03 发布　　2018-12-03 实施

中华中医药学会 发布

目　次

前　言

T/CACM 1021《中药材商品规格等级》标准分为 226 个部分：

——第 1 部分：中药材商品规格等级标准编制通则；

……

——第 98 部分：中药材商品规格等级　百部；

——第 99 部分：中药材商品规格等级　陈皮；

——第 100 部分：中药材商品规格等级　半夏；

……

——第 226 部分：中药材商品规格等级　玄明粉。

本部分为 T/CACM 1021 的第 99 部分。

本部分代替 T/CACM 1021. 179—2018。

本部分按照 GB/T 1. 1—2009《标准化工作导则　第 1 部分：标准的结构和编写》给出的规则起草。

本部分代替 T/CACM 1021. 179—2018，与 T/CACM 1021. 179—2018 相比较，标准编号进行了调整，并重新进行了编辑。

本部分由中药材商品规格等级标准研究技术中心及道地药材国家重点实验室培育基地提出。

本部分由中华中医药学会归口。

本部分起草单位：康美药业股份有限公司、康美（北京）药物研究院有限公司、广东康美药物研究院有限公司、中国中医科学院中药资源中心、天津大学、中药材商品规格等级标准研究技术中心、天圣制药集团股份有限公司、重庆三峡云海药业有限责任公司、无限极（中国）有限公司、北京中研百草检测认证有限公司。

本部分主要起草人：许冬瑾、乐智勇、黄璐琦、郭兰萍、白宗利、詹志来、刘群、谈宗华、吴统选、邹隆琼、高建云、高文远、金艳、杨光、何雅莉、余意、马方励。

本部分所代替标准的历次版本发布情况为：

——T/CACM 1021. 179—2018。

中药材商品规格等级　陈皮

1　范围

本部分规定了陈皮的商品规格等级。

本部分适用于陈皮药材生产、流通以及使用过程中的商品规格等级评价。

2　规范性引用文件

下列文件对于本部分的应用是必不可少的。凡是注明日期的引用文件，仅所注明日期的版本适用于本部分。凡是不注明日期的引用文件，其最新版本（包括所有的修改版本）适用于本部分。

T/CACM 1021. 1—2016 中药材商品规格等级编制通则

3　术语和定义

T/CACM 1021. 1—2016 以及下列术语和定义适用于本部分。

3. 1

陈皮　CITRI RETICULATAE PERICARPIUM

本品为芸香科植物橘 *Citrus reticulata* Blanco 及其栽培变种的干燥成熟果皮。药材分为“陈皮”和“广陈皮”。采摘成熟果实，剥取果皮，晒干或低温干燥。

3. 2

广陈皮　*guangchenpi*

产于广东省江门市新会区及周边地区的陈皮药材，又名“新会陈皮”。

4　规格等级划分

根据市场流通情况，按照产地和基原的不同，将陈皮药材分为“广陈皮”和“陈皮”两个规格；在规格项下，将广陈皮分成“选货”和“统货”两个等级，“选货”项下根据性状不同分为“一等”和“二等”两个级别；陈皮规格为统货。应符合表 1 要求。

表 1　规格等级划分

<table>
<tr><th rowspan="2">规格</th><th rowspan="2" colspan="2">等级</th><th colspan="2">性状描述</th></tr>
<tr><th>共同点</th><th>区别点</th></tr>
<tr><td rowspan="3">广陈皮</td><td rowspan="2">选货</td><td>一等</td><td rowspan="2">本品常 3 瓣相连，形状整齐，厚度均匀，约 1mm。点状油室较大，对光照视，透明清晰。质较柔软。气香，味辛、苦</td><td>外表面橙红色或棕紫色，显皱缩。内表面白色、略呈海绵状</td></tr>
<tr><td>二等</td><td>外表面橙红色或红棕色，内表面类白色、较光洁</td></tr>
<tr><td colspan="2">统货</td><td colspan="2">本品常 3 瓣相连，形状整齐，厚度均匀，约 1mm。外表面橙红色、红棕色或棕紫色，内表面白色或类白色。点状油室较大，对光照视，透明清晰。质较柔软。气香，味辛、苦</td></tr>
<tr><td>陈皮</td><td colspan="2">统货</td><td colspan="2">常剥成数瓣，基部相连，有的呈不规则的片状，厚 1 ~ 4mm。外表面橙红色或红棕色，有细皱纹和凹下的点状油室；内表面浅黄白色，粗糙，附黄白色或黄棕色筋络状维管束。质稍硬而脆。气香，味辛、苦</td></tr>
<tr><td colspan="5">注 1：市场以不同干燥方式分炕干和晒干两种，性状区别不大。
注 2：关于陈皮药材历史产区沿革参见附录 A。
注 3：关于陈皮药材品质评价沿革参见附录 B。</td></tr>
</table>

5 要求

除应符合 T/CACM 1021. 1—2016 的第 7 章规定外，还应符合下列要求：

——无虫蛀；

——无霉变；

——杂质不得过 3%。

附录 A

（资料性附录）

陈皮药材历史产区沿革

南北朝《神农本草经》："生南山川谷。"

南北朝《名医别录》："生南山，生江南。"江南，历史上被称为吴越，指长江中下游以南，江苏南部、上海、浙江、安徽南部、江西东北部一带的地区。

南北朝《本草经集注》："以东橘为好，西江亦有而不如。"西江，旧时指西陵一带的长江，今在湖北宜昌，而"东橘"产地则约在今宜昌以东的长江中下游地区。

宋《本草图经》："生南山川谷及江南，今江浙、荆襄、湖岭皆有之。"荆襄，指荆州及襄阳地区；湖岭，则指太湖、南岭一带，即如今江苏、浙江、湖南、湖北、江西、广东、广西等地。

宋《医心方》："建安郡有橘。"

宋《宝庆本草折衷》："生南山川谷及洞庭，及江浙、荆襄、湖岭、吴楚、扬州……橘皮亦当以洞庭者为正。"

明《本草品汇精要》："生南山川谷及江南，今江浙、荆襄、湖岭皆有之。道地广东。"

明《本草蒙筌》："浙郡俱生，广州独胜。"

明《本草纲目》："多以广中来者为胜，江西者次之。"

明《本草乘雅半偈》："橘柚生江南，及山南山谷，今以广中者称胜……尤生于洞庭之包山。"

清《握灵本草》："江广皆有之，广州者良。"

清《本草害利》："广东新会皮为胜。福建产者名建皮。浙江衢州出者名衢皮。"

清《食鉴本草》："惟广东出者最佳，其余皆次之。"

附录 B
（资料性附录）
陈皮药材品质评价沿革

南北朝《本草经集注》："以陈者为良。"

宋《本草图经》："以陈者入药良。"

宋《宝庆本草折衷》："橘皮亦当以洞庭者为正。"

元《汤液本草》："日久者佳，故名陈皮。"

元《本草发挥》："因色红，故名红皮，以藏日久者佳，故名陈皮。"

明《本草发明》："入药陈久者良，故名陈皮。"

明《分部本草妙用》："广东陈久者佳。"

清《本草汇笺》："橘皮以色红日久者为佳，其纹细色红而薄，内多筋膜。"

ICS 11.120.10
C 10/29

团 体 标 准

T/CACM 1021.100—2018
代替T/CACM 1021.13—2017

中药材商品规格等级　半夏

Commercial grades for Chinese materia medica

PINELLIAE RHIZOMA

2018-12-03 发布　　2018-12-03 实施

中华中医药学会 发布

目　　次

前　　言

T/CACM 1021《中药材商品规格等级》标准分为226个部分：

——第1部分：中药材商品规格等级标准编制通则；

……

——第99部分：中药材商品规格等级　陈皮；

——第100部分：中药材商品规格等级　半夏；

——第101部分：中药材商品规格等级　延胡索；

……

——第226部分：中药材商品规格等级　玄明粉。

本部分为T/CACM 1021的第100部分。

本部分代替T/CACM 1021.13—2017。

本部分按照GB/T 1.1—2009《标准化工作导则　第1部分：标准的结构和编写》给出的规则起草。

本部分代替T/CACM 1021.13—2017，与T/CACM 1021.13—2017相比较，标准编号进行了调整，并重新进行了编辑。

本部分由中药材商品规格等级标准研究技术中心及道地药材国家重点实验室培育基地提出。

本部分由中华中医药学会归口。

本部分起草单位：贵阳中医学院、中国中医科学院中药资源中心、天津大学、山东省分析测试中心、中药材商品规格等级标准研究技术中心、中国中药公司、北京中研百草检测认证有限公司。

本部分主要起草人：周涛、肖承鸿、江维克、杨昌贵、黄璐琦、郭兰萍、詹志来、张燕、王铁霖、冯汪银、王继永、高文远、王晓、刘伟、杜杰。

本部分所代替标准的历次版本发布情况为：

——T/CACM 1021.13—2017。

中药材商品规格等级　半夏

1　范围

本部分规定了半夏的商品规格等级。

本部分适用于半夏药材生产、流通以及使用过程中的商品规格等级评价。

2　规范性引用文件

下列文件对于本部分的应用是必不可少的。凡是注明日期的引用文件，仅所注明日期的版本适用于本部分。凡是不注明日期的引用文件，其最新版本（包括所有的修改版本）适用于本部分。

T/CACM 1021. 1—2016 中药材商品规格等级编制通则

3　术语和定义

T/CACM 1021. 1—2016 以及下列术语和定义适用于本部分。

3. 1

半夏　PINELLIAE RHIZOMA

本品为天南星科植物半夏 *Pinellia ternata*（Thunb.）Breit. 的干燥块茎。夏、秋二季采挖，洗净，除去外皮和须根，晒干。

4　规格等级划分

根据市场流通情况，按照直径分为“选货”和“统货”两个等级；选货根据每 500g 所含块茎数，再分为“一等”和“二等”两个级别。应符合表 1 要求。

表 1　规格等级划分

等级		性状描述	
		共同点	区别点
选货	一等	本品呈类球形，有的稍偏斜，直径 1. 2 ~ 1. 5cm，大小均匀。表面白色或浅黄色，顶端有凹陷的茎痕，周围密布麻点状根痕；下面钝圆，较平滑。质坚实，断面洁白或白色，富粉性。气微，味辛辣、麻舌而刺喉	每 500g 块茎数 < 500 粒
	二等		每 500g 块茎数 500 ~ 1000 粒
统货		本品呈类球形，有的稍偏斜，直径 1 ~ 1. 5cm。表面白色或浅黄色，顶端有凹陷的茎痕，周围密布麻点状根痕；下面钝圆，较平滑。质坚实，断面洁白或白色，富粉性。气微，味辛辣、麻舌而刺喉	

注 1：当前市场半夏药材有部分直径小于 1cm，其中野生半夏大部分直径小于 1cm，不符合 2015 年版《中国药典》规定的直径 1 ~ 1. 5cm。

注 2：市场及产地调查发现，少量半夏出现扁球形，常有 1 ~ 4 个侧芽，这是栽培过程中的变异。

注 3：2015 年版《中国药典》规定半夏为天南星科植物半夏 *Pinellia ternata*（Thunb.）Breit. 的干燥块茎，目前市场上存在掌叶半夏 *Pinellia pedatisecta* Schott、水半夏 *Typhonium flagelliforme*（Lodd.）Blume 等伪品。

注 4：关于半夏药材历史产区沿革参见附录 A。

注 5：关于半夏药材品质评价沿革参见附录 B。

5　要求

除应符合 T/CACM 1021. 1—2016 的第 7 章规定外，还应符合下列要求：

——无外皮；

——无虫蛀；
——无霉变。
——杂质不得过3%。

附录 A

（资料性附录）

半夏药材历史产区沿革

半夏之名始见于《礼记·月令》："仲夏之月，鹿角解，蝉始鸣，半夏生，木堇荣……五月半夏生盖当夏之半也，故名。"郑玄注："半夏，药草。"

魏晋《名医别录》记载"生槐里川谷"，陶弘景则曰："槐里属扶风，今第一出青州，吴中亦有。"可知半夏的主产地在陕西、山东一带，江苏、安徽等地亦产。

唐《千金翼方·药出州土》记载："半夏者产河南道谷州、江南东道润州、江南西道宣州三处……其余州土皆有，不堪进御。"指出半夏的产地主要分布在河南、江苏、安徽一带，而"其余州土皆有，不堪进御"，表明上述产地半夏质量堪佳。

唐《新修本草》云："半夏所在皆有，生平泽中者名羊眼半夏，圆白为胜，然江南者大乃径寸，南人特重之，顷来互相用，功状殊异。"指出半夏在各地都有生长，然而生在江南的直径较大。

宋《图经本草》曰："半夏生槐里川谷，今在处有之，以齐州者为佳。"《证类本草》附齐州半夏图。可知宋代半夏以山东济南一带最为地道。

明《御制本草品汇精要》记载："道地：齐州者为佳。"表明明朝对半夏的质量评价继续延续宋代以齐州者为佳。

清《植物名实图考》曰："半夏，所在皆有，……乃以鹊山为佳。"鹊山位于今山东济南市北。《握灵本草》曰："半夏出青州者佳，吴中亦有之。"青州为山东半岛中部青州市。

民国《药物出产辨》载半夏："产湖北荆州为最。"《增订伪药条辨》记载"半夏三四月出新，杭州富阳出者。衢州、严州出者，略扁，蒂凹陷，色白微黄，亦佳。江南出者，粒小，江北出者如帽顶形，皆次。泾县、扬州、泰兴出者，不道地，不能切片，漂作半夏粉用尚可。福建出者，浸入水中即腐烂，更次，不入药用"。

1995 年《中药材商品规格质量鉴别》记载："全国大部分地区均有野生，以四川绵阳、达县、遂宁、南充及云南昭通所产质量好。"

2001 年《现代中药材商品通鉴》记载："主产于四川、湖北、河南、安徽、浙江、山东、贵州等地。以四川、湖北、河南、浙江、山东产者质量最佳。"

2014 年《全国中药汇编》（第 3 版）记载："东北、华北及长江流域诸地均有分布，以湖北、河南、山东所产品质较佳。"

附录 B

（资料性附录）

半夏药材品质评价沿革

魏晋《名医别录》记载“以肉白者为佳，不厌陈久”。表明半夏以肉白者为佳。唐《新修本草》云：“圆白为胜。”可知唐朝以圆白评价半夏品质。宋《图经本草》曰：“八月采者实大，然以圆白，陈久者为佳。”清《握灵本草》曰：“大而白者佳。”《本草从新》：“圆白而大，陈久者良。”民国《增订伪药条辨》记载“蒂平粒圆，色白质坚，为最佳”。

综上，历代对半夏的品质评价主要集中在产地和药材形态，但半夏道地产区一直变迁，而历代本草以形态来判断其品质基本一致，以大而白为佳。为制定半夏商品规格等级标准提供了依据。

ICS 11.120.10
C 10/29

团体标准

T/CACM 1021.101—2018
代替T/CACM 1021.5—2017

中药材商品规格等级　延胡索

Commercial grades for Chinese materia medica

CORYDALIS RHIZOMA

2018-12-03 发布　　2018-12-03 实施

中华中医药学会 发布

目　次

前　　言

T/CACM 1021《中药材商品规格等级》标准分为226个部分：

——第1部分：中药材商品规格等级标准编制通则；

……

——第100部分：中药材商品规格等级　半夏；

——第101部分：中药材商品规格等级　延胡索；

——第102部分：中药材商品规格等级　甘松；

……

——第226部分：中药材商品规格等级　玄明粉。

本部分为T/CACM 1021的第101部分。

本部分代替T/CACM 1021.5—2017。

本部分按照GB/T 1.1—2009《标准化工作导则　第1部分：标准的结构和编写》给出的规则起草。

本部分代替T/CACM 1021.5—2017，与T/CACM 1021.5—2017相比较，标准编号进行了调整，并重新进行了编辑。

本部分由中药材商品规格等级标准研究技术中心及道地药材国家重点实验室培育基地提出。

本部分由中华中医药学会归口。

本部分起草单位：安徽中医药大学、中国中医科学院中药资源中心、中药材商品规格等级标准研究技术中心、浙江寿仙谷医药股份有限公司、宣城市金泉生态农业有限责任公司、北京中研百草检测认证有限公司。

本部分主要起草人：胡珂、黄璐琦、彭代银、郭兰萍、詹志来、彭华胜、程铭恩、杨俊、何忠臻、王瑛、郑化先、魏强、姚成合、姚媛。

本部分所代替标准的历次版本发布情况为：

——T/CACM 1021.5—2017。

中药材商品规格等级　延胡索

1　范围

本部分规定了延胡索的商品规格等级。

本部分适用于延胡索药材生产、流通以及使用过程中的商品规格等级评价。

2　规范性引用文件

下列文件对于本部分的应用是必不可少的。凡是注明日期的引用文件，仅所注明日期的版本适用于本部分。凡是不注明日期的引用文件，其最新版本（包括所有的修改版本）适用于本部分。

T/CACM 1021.1—2016 中药材商品规格等级编制通则

3　术语和定义

T/CACM 1021.1—2016 以及下列术语和定义适用于本部分。

3.1

延胡索　CORYDALIS RHIZOMA

本品为罂粟科植物延胡索 *Corydalis yanhusuo* W. T. Wang 的干燥块茎。春末夏初茎叶枯萎时采挖，除去须根，洗净，置沸水中煮至无白心时，取出，晒干或低温烘干。

4　规格等级划分

根据市场流通情况，将延胡索药材商品分成“选货”和“统货”，“选货”项下根据每 50g 所含的粒数或直径的大小分为“一等”和“二等”。应符合表 1 要求。

表 1　规格等级划分

等级		性状描述	
		共同点	区别点
选货	一等	呈不规则的扁球形。表面黄色或黄褐色，有不规则网状皱纹。顶端有略凹陷的茎痕，底部常有疙瘩状突起。质硬而脆，断面黄色，角质样，有蜡样光泽。气微，味苦	每 50g≤ 45 粒，或直径≥1.3cm
	二等		每 50g≤100 粒，或直径 1.0～1.3cm
统货			大小不等

注 1：延胡索当前市场主要有浙江与陕西两大产区，性状稍有区别。各地均以大小、质地与均匀度进行划分。

注 2：关于延胡索药材历史产区沿革参见附录 A。

注 3：关于延胡索药材品质评价沿革参见附录 B。

5　要求

除符合 T/CACM 1021.1—2016 的第 7 章规定外，还应符合下列要求：

——无变色；

——不走油；

——无虫蛀；

——无霉变；

——杂质不得过 3%。

附录 A

（资料性附录）

延胡索药材历史产区沿革

延胡索入药始载于《本草拾遗》："延胡索止心痛，酒服。"

五代《海药本草》："延胡索，生奚国（今热河之承德、滦平、丰宁、平泉诸县地），从安东道（今河北卢龙县治）来。"记载了延胡索的产地为今辽宁、内蒙古、河北交界处。

宋《开宝本草》将其收为正品，载："延胡索……生奚国。根如半夏，色黄。"首次提及延胡索的药材形态，所记载的延胡索应为罂粟科植物齿瓣延胡索 *Corydalis turtschaninovii* Bess.。

明代《本草品汇精要》曰："延胡索，生奚国，从安东道来。道地：镇江为佳。"提及道地产地为镇江。弘治江苏省《句容县志》土产栏也载有延胡索，即在明朝，江苏句容成为延胡索的一个新产区。另外明代《本草纲目》谓："今二茅山上龙洞种之，每年寒露后栽，立春后生苗，叶如竹叶样，三月长三寸高，根丛生如芋卵样，立夏掘起。"表明其已被发展为人工种植。明代晚期《本草原始》（1593 年）曰："玄胡索，始生胡地。……以茅山者为胜。"在本书中未见有安东延胡索，只提示本药材最初的基原为非汉人聚居区的"胡地"。由此可见从明代开始延胡索发生产地变更，由东北南部移至江苏茅山一带，"茅山延胡索"与"西延胡索"并称于世，并以茅山延胡索质量为佳。据所描述的形态，所产延胡索为罂粟科植物延胡索 *C. yanhusuo* W. T. Wang。

清《本草述》中载："延胡索……根丛生，乐蔓延，状似半夏，但黄色耳。今二茅山上龙洞，仁和笕桥亦种之。"其形态为罂粟科植物延胡索 *C. yanhusuo* W. T. Wang，其中仁和是杭州的旧称，表明清代延胡索的种植已从江苏西南部的茅山地区扩展到浙江杭州一带。

综合以上的记载，可确定明代以前药用延胡索为产于东北地区的罂粟科植物齿瓣延胡索 *C. turtschaninovii* Bess.，明代以后则为江浙新产区的罂粟科植物延胡索 *C. yanhusuo* W. T. Wang，栽培主产区为浙江。

民国《药物出产辨》曰："延胡索，产浙江省宁波府。"记载延胡索产地为浙江宁波地区。民国《中国实业志》记载："东阳元胡产量居全国首位，产地以东阳为中心，其区域包括磐安、永康、缙云及各县的交界处，直径 50 公里。过去四交界地区，年产量 1000 担左右，属于东阳政区内有五、六百担。"

1978 年陕西城固县由浙江引种延胡索成功，并开始大面积推广，到 1998 年浙江仍是延胡索最大的种植区，陕西次之，安徽、江苏、江西、四川均有种植。经过近几十年的发展，特别是城固白云制药厂等医药企业 GAP 规范化生产基地的建设，延胡索渐成为城固县的主导产业，至 2005 年汉中成为延胡索的最大产区，占全国总面积的 65%，有"中国元胡之乡"之称。

附录 B

(资料性附录)

延胡索药材品质评价沿革

明代《本草原始》:“根丛生如半夏,色黄。……以茅山者为胜。”

明末清初《本草乘雅半偈》:根丛生,……状似半夏,但黄色耳。……阴干者良。”

清代《本草备要》:“延胡索……根如半夏,肉黄、小而坚者良。”《本草求真》:“延胡索出茅山佳……根如半夏,肉黄小而坚者良。”

《中药材手册》(1959 年)载:“元胡(延胡索),块茎不规则扁球形或倒圆锥形,表面灰黄色或黄棕色,有网状细皱纹……质坚硬,角质形,有蜡样光泽。”

《药材资料汇编》(1959 年)载:“颜色蜡黄、皮纹结实的品质好。玄胡以粒子大小分档,用竹筛子筛开,过去规格分拣、提、魁、手提、花子、员子等六档(魁玄胡每两 48 ~ 50 粒,手提 38 粒,员子 12 ~ 38 粒,无戳子称每两一手把)。现在简化规格,分甲、乙两种。东阳所产玄胡多结皮,可以切片(但现均敲碎用),其他地区产多皱皮。结皮,体结分重;皱皮,体松分轻。”

《七十六种药材商品规格标准》(1984 年)载:“延胡索,一等:干货。呈不规则的扁球形。表面黄棕色或灰黄色,多皱缩,质硬而脆,断面黄褐色,有蜡样光泽,味苦微辛。每 50 克 45 粒以内。无杂质、虫蛀、霉变。二等:干货。呈不规则的褐球形。表面黄棕色或灰黄色,多皱缩。质硬而脆,断面黄褐色,有蜡样光泽,味苦微辛。每 50 克 45 粒以外。无杂质、虫蛀、霉变。”

《中药材产销》(2003 年)载:“延胡索,块茎呈不规则扁球形。表面黄棕色或灰黄色,有不规则网状细皱纹……质坚硬脆,断面黄色或黄棕色,角质样,有蜡样光泽。……以粒大、体圆、质坚、饱满、色黄、皮细、断面蜡样光泽者为佳。”

延胡索在 1963 年版到 2015 年版《中国药典》中均有收载,在性状描述方面没有太大的差异。1963 年版以个大、饱满、质坚、色黄、内色黄亮者为佳;个小、色灰黄、中心有白色者质次。1977 年版的描述为:“本品呈不规则的扁球形,直径 0.5 ~ 1.5cm。表面黄色或黄褐色,有不规则网状皱纹。顶端有略凹陷的茎痕,底部常有疙瘩状凸起。质硬而脆,断面黄色,角质样,有蜡样光泽。气微,味苦。”2015 年版的描述与此相同。

当前药材市场延胡索(元胡)规格按照入药部位进行划分,由大小、重量两部分构成,常用过筛划分选货与统货,以 6mm 筛、8mm 筛及 1cm 筛为主,虽然与所含成分高低没有明确的线性关系,但在同等质量的情况下品相以较大的为好,且市场价格往往会显示浙江产延胡索普遍高于陕西产延胡索。另外目前市场尚有延胡索(元胡)碎粒统货,以含杂质少为佳,因《中国药典》未收载,不符合药典标准,本部分没有制定此类商品。

综上所述,历代对于延胡索(元胡)的规格等级以药材色泽、重量、大小划分,并在此基础上结合产地及初加工进行评价。

ICS 11.120.10
C 10/29

团　体　标　准

T/CACM 1021.102—2018
代替T/CACM 1021.6—2017

中药材商品规格等级　甘松

Commercial grades for Chinese materia medica

NARDOSTACHYOS RADIX ET RHIZOMA

2018-12-03 发布　　　　2018-12-03 实施

中华中医药学会　发布

目　次

前　　言

T/CACM 1021《中药材商品规格等级》标准分为 226 个部分：

——第 1 部分：中药材商品规格等级标准编制通则；

……

——第 101 部分：中药材商品规格等级　延胡索；

——第 102 部分：中药材商品规格等级　甘松；

——第 103 部分：中药材商品规格等级　地龙；

……

——第 226 部分：中药材商品规格等级　玄明粉。

本部分为 T/CACM 1021 的第 102 部分。

本部分代替 T/CACM 1021.6—2017。

本部分按照 GB/T 1.1—2009《标准化工作导则　第 1 部分：标准的结构和编写》给出的规则起草。

本部分代替 T/CACM 1021.6—2017，与 T/CACM 1021.6—2017 相比较，标准编号进行了调整，并重新进行了编辑。

本部分由中药材商品规格等级标准研究技术中心及道地药材国家重点实验室培育基地提出。

本部分由中华中医药学会归口。

本部分起草单位：山东步长制药股份有限公司、中国中医科学院中药资源中心、中药材商品规格等级标准研究技术中心、北京中研百草检测认证有限公司。

本部分主要起草人：任振丽、黄璐琦、郭兰萍、詹志来、晁现民、黄桂福、赵万生、贾志伟、张福强。

本部分所代替标准的历次版本发布情况为：

——T/CACM 1021.6—2017。

中药材商品规格等级　甘松

1　范围

本部分规定了甘松的商品规格等级。

本部分适用于甘松药材生产、流通以及使用过程中的商品规格等级评价。

2　规范性引用文件

下列文件对于本部分的应用是必不可少的。凡是注明日期的引用文件，仅所注明日期的版本适用于本部分。凡是不注明日期的引用文件，其最新版本（包括所有的修改版本）适用于本部分。

T/CACM 1021.1—2016 中药材商品规格等级编制通则

3　术语和定义

T/CACM 1021.1—2016 以及下列术语和定义适用于本部分。

3.1

甘松　NARDOSTACHYOS RADIX ET RHIZOMA

本品为败酱科植物甘松 *Nardostachys jatamansi* DC. 的干燥根及根茎。春、秋二季采挖，除去泥沙和杂质，晒干或阴干。

3.2

条长　radix et rhizoma length

甘松从根茎前端至根梢末端之间的长度。

3.3

直径　diameter

从甘松芦头下 1cm 处计算其直径。

4　规格等级划分

根据市场流通情况，按照是否进行规格划分将甘松药材商品分成“选货”和“统货”；在“选货”项下根据甘松根直径大小与条长分为“一等”和“二等”。应符合表 1 要求。

表 1　规格等级划分

等级		性状描述	
		共同点	区别点
选货	一等	略呈圆锥形，多弯曲，根茎上端有茎、叶残基，呈狭长的膜质片状或纤维状。外层黑棕色，内层棕色或黄色。根单一或数条交结、分枝或并列。表面棕褐色，皱缩，有细根和须根。质松脆，易折断，断面粗糙，皮部深棕色，常呈裂片状，木部黄白色。味苦而辛，有清凉感	主根肥壮，直径 ≥ 0.7cm，条长 ≥ 9.5cm。特异气味浓郁
	二等		主根瘦弱，直径 0.3 ~ 0.7cm，条长 5 ~ 9.5cm。气特异
统货			主根直径 0.3 ~ 1cm，长 5 ~ 18cm。气特异

注 1：当前市场甘松来源于野生药材，商家按选货和统货分级。

注 2：甘松分等级时，多以粗细程度分，长短考虑较少，其粗细程度与生长年限关系密切。

注 3：市场流通中存在有甘松全草和部分甘松叶，有别于当前药典规定的用药部位。

注 4：关于甘松药材历史产区沿革参见附录 A。

注 5：关于甘松药材品质评价沿革参见附录 B。

5　要求

除符合 T/CACM 1021.1—2016 的第 7 章规定外，还应符合下列要求：

——无虫蛀；
——无霉变；
——杂质不得过3%。

附录 A

（资料性附录）

甘松药材历史产区沿革

甘松又名甘松香，始载于唐《本草拾遗》："甘松香，丛生，叶细，出凉州，主黑皮䵟䵳，风疳，齿䘌，野鸡痔。得白芷、附子良，合诸香裛衣妙也。"说明甘松最早记载产自今甘肃武威。

唐《海药本草》："甘松香谨按《广志》云：生源州，苗细，引蔓而生。"说明甘松生长在当今的甘肃平凉一带。

宋《图经本草》："甘松香出姑藏，今黔蜀州郡及辽州亦有之。丛生山野、叶细如茅草，根极繁密，八月采，作汤浴，令体香。"说明了宋时甘松在当今甘肃武威，重庆彭水县、黔江县，四川新津县、崇州县及山西昔阳县、和顺县一带均有分布。

宋《证类本草》："甘松香味甘，温，无毒。主恶气，卒心腹痛满，兼用合诸香，丛生，叶细。《广志》云：甘松香出姑藏。"

明《本草品汇精要》："甘松香【别录云】出源州凉州（道地）文州。［时］［生］春生苗。［采］八月取根茎。［收］暴干。［用］根茎。［质］类茅草，紫而繁密。［色］紫黑。［味］甘。［性］温缓。［气］气之厚着阳也。［臭］香。［主］消胀下气。"指出明代甘松产在当今的甘肃平凉、武威，以甘肃文县产为道地药材。

明《本草纲目》："甘松香产于川西松州，其味甘，故名。金光明经谓之苦弥哆。"说明明代甘松主产于当今的四川松潘、红原、阿坝、若尔盖一带。

明《本草乘雅半偈》引《宋开宝》云："甘松香，金光明经谓之苦弥哆。出姑藏、凉州诸山，今黔、蜀州郡，及辽州亦有。叶细如茅，引蔓丛生，根极繁密，八月采根，作汤沐浴，令人体香。用合诸香，及以裛衣。"

清《植物名实图考》："甘松香，开宝本草始著录。图经，叶细如茅草，根极繁密，生黔、蜀、辽州。李时珍以寿禅师做五香饮，其甘松饮即此。滇南同山柰等为食料用，昆明山中亦产之。高仅五六寸，似初生茆而劲，根大如拇指，长寸余，鲜时无香，干乃有臭。"说明了清代云南昆明亦产甘松，做食料用。

附录 B

(资料性附录)

甘松药材品质评价沿革

明《本草品汇精要》:“【别录云】出源州凉州道地文州。”首次提出甘松以甘肃文县产为道地药材。

清《本草求真》:“甘松甘温无毒。叶如茅根紧密者佳。”

民国《中国药学大辞典》在甘松“形态”条记载:“甘松为外部灰褐色。长三四寸,粗二三分许之地下茎,二叶对生,以残茎成为关节,或有副根,茎根稍屈曲,生有多数须根,适如虾状,谓之虾状甘松。贩卖品将其浸水去土质。由此选出初生根。名小虾印。为上品。其混合旧根与须根者,为下品。”同时还提到了“叶甘松”之名。

现代《中药材手册》在[品质优劣]项规定:“以身干,主根肥壮、气芳香、味浓、条长、无碎末及泥沙者为佳。”《药材学》:“以个大、色紫黑、质轻松、香气足、无土者为佳。”《中华药海》记载,以“以主根肥壮、条长、芳香味浓,无碎片泥沙者为佳。以四川阿坝州松潘、南坪所产者为上”。《中华本草》载:“春秋二季采收,以秋季采者为佳。采挖后去净泥沙,不可用水洗,以免损失香气。除去残茎及细根,晒干或阴干。”《500 味常用中药材的经验鉴别》:“【产地及采收加工】春秋两季采挖,以秋采为佳。【规格等级】过去,甘松商品规格有‘把松’、‘正甘松’、‘条把松’等名称,多分为两等。现不分等级,均为统货。【优劣评价】甘松商品以身干,主根肥壮、气芳香、味浓、条长、无碎末及泥沙者为佳。”《现代中药材商品通鉴》:“统货。以身干、主根肥壮、气芳香、味浓、条长、无碎末及泥沙者为佳。”

综上所述,历代对于甘松的品质评价强调质量,以秋季采挖、主根肥壮、条长、根紧密、气香浓、无碎末及泥沙者为佳,曾有过规格等级划分和不分规格等级的沿革,有根据初生根的筛选和植物部位的不同作为商品等级划分记载。并有认为以甘肃文县和四川阿坝所产为优,但未出现以产地划分商品规格。本次制定甘松商品规格等级标准是以古今文献对甘松药材的质量评价、市场调查、产地调查情况为依据综合制定。

ICS 11.120.10
C 10/29

团 体 标 准

T/CACM 1021.103—2018
代替T/CACM 1021.8—2017

中药材商品规格等级 地龙

Commercial grades for Chinese materia medica

PHERETIMA

2018-12-03 发布 2018-12-03 实施

中 华 中 医 药 学 会 发布

目　次

前　　言

T/CACM 1021《中药材商品规格等级》标准分为 226 个部分：

——第 1 部分：中药材商品规格等级标准编制通则；

……

——第 102 部分：中药材商品规格等级　甘松；

——第 103 部分：中药材商品规格等级　地龙；

——第 104 部分：中药材商品规格等级　水蛭；

……

——第 226 部分：中药材商品规格等级　玄明粉。

本部分为 T/CACM 1021 的第 103 部分。

本部分代替 T/CACM 1021.8—2017。

本部分按照 GB/T 1.1—2009《标准化工作导则　第 1 部分：标准的结构和编写》给出的规则起草。

本部分代替 T/CACM 1021.8—2017，与 T/CACM 1021.8—2017 相比较，标准编号进行了调整，并重新进行了编辑。

本部分由中药材商品规格等级标准研究技术中心及道地药材国家重点实验室培育基地提出。

本部分由中华中医药学会归口。

本部分起草单位：陕西步长制药有限公司、中国中医科学院中药资源中心、中药材商品规格等级标准研究技术中心、北京中研百草检测认证有限公司。

本部分主要起草人：马存德、黄璐琦、郭兰萍、詹志来、李军德、席鹏洲、常晖。

本部分所代替标准的历次版本发布情况为：

——T/CACM 1021.8—2017。

中药材商品规格等级　地龙

1　范围

本部分规定了地龙的商品规格等级。

本部分适用于地龙药材生产、流通以及使用过程中的商品规格等级评价。

2　规范性引用文件

下列文件对于本部分的应用是必不可少的。凡是注明日期的引用文件，仅所注明日期的版本适用于本部分。凡是不注明日期的引用文件，其最新版本（包括所有的修改版本）适用于本部分。

T/CACM 1021.1—2016 中药材商品规格等级编制通则

3　术语和定义

T/CACM 1021.1—2016 以及下列术语和定义适用于本部分。

3.1

地龙　PHERETIMA

钜蚓科动物参环毛蚓 *Pheretima aspergillum*（E. Perrier）、通俗环毛蚓 *Pheretima vulgaris* Chen、威廉环毛蚓 *Pheretima guillelmi*（Michaelsen）或栉盲环毛蚓 *Pheretima pectinifera* Michaelsen 的干燥体。前一种习称“广地龙”，后三种习称“沪地龙”。广地龙春季至秋季捕捉，沪地龙夏季捕捉，及时剖开腹部，除去内脏和泥沙，洗净，晒干或低温干燥。

4　规格等级划分

根据市场流通情况，按照基原的不同，将地龙药材分为“广地龙”和“沪地龙”两个规格。各规格项下均为统货。应符合表1要求。

表1　规格等级划分

规格	等级	性状描述
广地龙	统货	呈长条状薄片，弯曲，边缘略卷，长15～20cm；宽1～2cm。全体具环节，背部棕褐色至紫灰色，腹部浅黄棕色；第14～16环节为生殖带，习称“白颈”，较光亮。体前端稍尖，尾端钝圆，刚毛圈粗糙而硬，色稍浅。雄生殖孔在第18环节腹侧刚毛圈一小孔突上，外缘有数环绕的浅皮褶，内侧刚毛圈隆起，前面两边有横排（一排或二排）小乳突，每边10～20个不等。受精囊孔2对，位于7/8至8/9环节间一椭圆形突起上，约占节周5/11。体轻，略呈革质，不易折断。气腥，味微咸
沪地龙	统货	长8～15cm，宽0.5～1.5cm。全体具环节，背部棕褐色至黄褐色，腹部浅黄棕色；第14～16环节为生殖带，较光亮。第18环节有一对雄生殖孔。通俗环毛蚓的雄交配腔能全部翻出，呈花菜状或阴茎状；威廉环毛蚓的雄交配腔孔呈纵向裂缝状；栉盲环毛蚓的雄生殖孔内侧有1个或多个小乳突。受精囊孔3对，在6/7至8/9环节间
注1：当前市场地龙来源复杂，各地所产性状有所不同，鉴于药材商品通过性状难以准确鉴定物种，建议采用分子鉴别等现代方法加以鉴定。 注2：当前市场按照净度（剖开程度）进行等级划分，不同程度剖开的地龙药材其杂质含量多不符合药典规定，因此本部分未按照净度进行划分，此外市场尚有不同长度切段规格，为非药典规定的产地加工，因此本部分未制定段规格。 注3：广地龙药材的长度较药典规定的长度范围有所增加，多为20～30cm。 注4：市场尚有较多习称为海南地龙的药材，为非药典所规定的基原品种，注意鉴别。 注5：关于地龙药材历史产区沿革参见附录A。 注6：关于地龙药材品质评价沿革参见附录B。		

5　要求

除符合 T/CACM 1021.1—2016 的第7章规定外，还应符合下列要求：

—— 无虫蛀；
—— 无霉变；
—— 杂质不得过3%。

附录 A

(资料性附录)

地龙药材历史产区沿革

南北朝梁代《本草经集注》记载："白颈蚯蚓：一名土龙。生平土，三月取，阴干。"

宋代《证类本草》中记载有"蜀州（今四川崇州市）白颈蚯蚓"。

明代《本草纲目》中记载"经验方云：昔浙江将军张韶病此，每夕蚯蚓鸣于体中"，"而郭义恭广志云：闵越山蛮啖蚯蚓为馐"，表明在古代即现在湖北、安徽、江苏、浙江、广东、广西及福建等地均有蚯蚓分布。明代《本草蒙筌》："穴居在泉壤，各处俱有。"

1963 年版《中国药典》：地龙全国大部分地区多有生产，主产于广东、江苏、山东等地。

1998 年出版的《中华本草》记载广地龙主要分布在广西、广东、福建等地；沪地龙主要分布于江苏、浙江、湖北、上海、天津、南昌等地。

附录 B

（资料性附录）

地龙药材品质评价沿革

南北朝梁代《本草经集注》记载："白颈是其老者尔……"

宋代《本草衍义》："白颈蚯蚓，自死者良。"

明代《本草纲目》中记载"大明曰：路上踏杀者，名千人踏，入药更良"。

清代《本草崇原》："入药宜大而白颈，是其老者有力。"清代《本草求真》："取老蚯蚓白头者良。"清代《本草新编》："颈白者佳。"

1995 年《中药材商品规格质量鉴别》一书品质评价为："广地龙品质远优于土地龙，在虫体大小、体壁薄厚、腹内泥土除净等方面明显区别出来。"

1999 年《500 味常用中药材的经验鉴别》对地龙的品质评价："以条大，肉厚，干燥，剖开、摊平成卷，无泥杂，色棕褐，无臭味者为佳。广地龙要优于沪地龙。"

综上，历代对于地龙的规格等级划分逐步改变，古代强调颈白、体大、老者为佳，近代则强调产地质量，认为广地龙质量要优于沪地龙，并在此基础上结合性状，如虫体的大小、干燥程度、泥杂的多少等进行评价。为制定地龙商品规格等级标准提供了依据。

ICS 11.120.10
C 10/29

团 体 标 准

T/CACM 1021.104—2018
代替T/CACM 1021.9—2017

中药材商品规格等级 水蛭

Commercial grades for Chinese materia medica

HIRUDO

2018-12-03 发布 2018-12-03 实施

中华中医药学会 发布

目　　次

前　言

T/CACM 1021《中药材商品规格等级》标准分为226个部分：

——第1部分：中药材商品规格等级标准编制通则；

……

——第103部分：中药材商品规格等级　地龙；

——第104部分：中药材商品规格等级　水蛭；

——第105部分：中药材商品规格等级　全蝎；

……

——第226部分：中药材商品规格等级　玄明粉。

本部分为T/CACM 1021的第104部分。

本部分代替T/CACM 1021.9—2017。

本部分按照GB/T 1.1—2009《标准化工作导则　第1部分：标准的结构和编写》给出的规则起草。

本部分代替T/CACM 1021.9—2017，与T/CACM 1021.9—2017相比较，标准编号进行了调整，并重新进行了编辑。

本部分由中药材商品规格等级标准研究技术中心及道地药材国家重点实验室培育基地提出。

本部分由中华中医药学会归口。

本部分起草单位：陕西步长制药有限公司、中国中医科学院中药资源中心、中药材商品规格等级标准研究技术中心、中国中医科学院中药研究所、安徽华润金蟾药业有限公司、吉林华康药业股份有限公司、重庆市中药研究院冬虫夏草研究所、重庆志微生物技术有限公司、山东康源堂中药饮片股份有限公司、北京中研百草检测认证有限公司。

本部分主要起草人：马存德、黄璐琦、郭兰萍、詹志来、李慧、李军德、张恬、张燕、王铁霖、何雅莉、张志伟、王二欢、朱继忠、刘传贵、段国玲、陈仕江、鲁增辉、李强远、闫宪胜、布夫来。

本部分所代替标准的历次版本发布情况为：

——T/CACM 1021.9—2017。

中药材商品规格等级　水蛭

1　范围

本部分规定了水蛭的商品规格等级。

本部分适用于水蛭药材生产、流通以及使用过程中的商品规格等级评价。

2　规范性引用文件

下列文件对于本部分的应用是必不可少的。凡是注明日期的引用文件，仅所注明日期的版本适用于本部分。凡是不注明日期的引用文件，其最新版本（包括所有的修改版本）适用于本部分。

T/CACM 1021.1—2016 中药材商品规格等级编制通则

3　术语和定义

T/CACM 1021.1—2016 以及下列术语和定义适用于本部分。

3.1

水蛭　HIRUDO

水蛭科动物蚂蟥 *Whitmania pigra* Whitman、水蛭 *Hirudo nipponica* Whitman、或柳叶蚂横 *Whitmania acranulata* Whitman 的干燥全体。夏、秋二季捕捉，用沸水烫死，晒干或低温干燥。

4　规格等级划分

根据市场流通情况，将水蛭药材分为“蚂蟥”“水蛭”“柳叶蚂蟥”三个规格；在规格项下，将“蚂蟥”药材分成“选货”和“统货”两个等级，“选货”项下按照每只长宽及每公斤所含的个数等进行等级划分。应符合表 1 要求。

表 1　规格等级划分

规格	等级	性状描述	
		共同点	区别点
蚂蟥	一等	身干，条整齐。有多数环节，背部黑色或黑褐色，腹部黄棕色，质硬脆，断面胶质样	呈扁平纺锤形，长≥7cm，宽≥1.5cm；无破碎；每公斤≤350 只
	二等		呈扁平纺锤形，长 4 ~ 7cm，宽 0.5 ~ 1.5cm；破碎率≤10%；每公斤 >350 只
	统货		大小不等，破碎率≤3%
水蛭	统货		扁长圆柱形，有光泽。体多弯曲扭转。破碎率≤5%
柳叶蚂蟥	统货		大小不等，破碎率≤5%

注 1：当前药材市场水蛭规格较多，大多以加工方法区分为吊干、烘干、晒干、烫死等规格，不同的加工方法其外观性状有较大区别。当前市场主流为蚂蟥，习称“宽体金线蛭”，其余两种相对较少。

注 2：当前药材市场水蛭商品尚有加矾或腹内填充增重物质现象，注意鉴别。

注 3：市场尚有非药典品菲牛蛭 *Poecilo manillensis* Lesson，大多来自四川、广西、缅甸、朝鲜，市场上称为“金边蚂蟥”。除此之外尚有其他种水蛭，需做深入物种鉴定，应注意鉴别。

注 4：关于水蛭药材历史产区沿革参见附录 A。

注 5：关于水蛭药材品质评价沿革参见附录 B。

5　要求

除应符合 T/CACM 1021.1—2016 的第 7 章规定外，还应符合下列要求：

——无虫蛀；

——无霉变；

——杂质不得过 3%。

附录 A

（资料性附录）

水蛭药材历史产区沿革

本品最先收载于秦汉时期的《神农本草经》，列为下品。书中记载："水蛭，味咸、平。主逐恶血；瘀血月闭，破血瘕积聚，无子；利水道。生池泽。"池泽，即池溏、湖泊、沼泽。

《名医别录》记载"水蛭生雷泽池泽，五月、六月采，暴干"。雷泽，又名雷夏泽、龙泽，山东菏泽境内古泽，故址在今菏泽城东北，原为黄河故道，湖泊广布。首次记载水蛭产地在今山东菏泽，生于湖泊、水池。

南北朝时期的《本草经集注》记载："生雷泽池泽。五月、六月采，曝干。"

唐代《新修本草》记载："此物，有草蛭、水蛭。大者长尺，名马蛭，一名马蜞。"将其分为草中生长的草蛭和水中生长的水蛭。

宋代《本草图经》记载："水蛭，生雷泽池泽，今近处河池中多有之。"表明水蛭除了分布于"雷泽池泽"外，今中原河流和池溏中也有分布。

明代《本草乘雅半偈》记载："生雷泽池泽，处处河池田坂有之。"

清代《本草崇原》中记载："水蛭，处处河池有之，种类不一。在山野中者，名山蜞；在草中者，名草蛭；在泥水中者，名水蛭。"

1935 年《中国药学大辞典》："水蛭中国各省均有出产，即金边蜞是也。"

1996 年《中国药材学》："产于全国大部分地区。"

1999 年《500 味常用中药材的经验鉴别》："水蛭商品均来源于野生资源。全国大部分地区有产。大水蛭（蚂蟥）主产于山东、江苏、浙江等省；水蛭主产于广东、广西；柳叶蚂蟥产于河南、陕西、江苏、浙江等地。"

2001 年《现代中药材商品通鉴》："主产于山东、江苏等省，全国各地的湖泊、池塘及水田均有产出。"

2002 年《新编中药志》："主产于山东、江苏，全国各地的湖泊、池塘及水田中均有分布。"

2006 年《中药大辞典》记载："生活于水田及沼泽中，全国各地均有分布。"

2010 年《金世元中药材传统鉴别经验》："全国大部分地区均有生产，以山东、江苏、黑龙江地区较多。"

现代文献与古代文献中水蛭产地的描述基本相同，"全国各地均有分布，常见于水田、沼泽边"，近代文献中强调较多的是主产于山东、江苏等省。

附录 B
（资料性附录）
水蛭药材品质评价沿革

南北朝《本草经集注》："今复有数种，此用马蜞，得啮人腹中有血者，仍干为佳。山及诸小者，皆不用。"

唐代《新修本草》："此物，有草蛭、水蛭。大者长尺，名马蛭，一名马蜞，并能咂牛、马、人血；今俗多取水中小者用之，大效，不必要须食人血满腹者。"

五代《蜀本草》："水蛭，惟采水中小者用之。别有石蛭生石上，泥蛭生泥中，二蛭头尖腰粗色赤，误食之，令人眼中如生烟，渐致枯损。"

宋代《本草图经》："水蛭有长尺者，用之当以小者为佳。"

清代《本草逢源》："水蛭是小长色黄，挑之易断者，勿误用泥蛭头圆身阔者，服之令人眼中如生烟，渐至枯损。"

清代《本草害利》："五六月采，以水中马蟥啮人，腹中有血者，曝干为佳。当展其身令长，腹中有子者去之。"

1963 年版《中国药典》一部："均以条整齐、黑褐色、无杂质者为佳。"

1996 年《中国药材学》："产于全国大部分地区，本品以条粗整、色黑棕、断面有光泽、无杂质者为佳。习惯上以小水蛭为佳。"

1999 年《500 味常用中药材的经验鉴别》："水蛭商品以体小、条整齐、扁平、折断面不平坦、无明显胶质者为佳。"

2010 年《金世元中药材传统鉴别经验》："以身干、条整齐、无泥土者为佳。"

综上，水蛭药材的产地古代文献记载的是山东的菏泽地区，现代文献记载最多的是山东、江苏等地。市场上流通的水蛭药材柳叶蚂蟥 *Whitmania acranulata* Whitman、蚂蟥 *Whitmania pigra* Whitman 主要来自山东、江苏地区，水蛭 *Hirudo nipponica* Whitman 主要来自东北地区。关于水蛭药材的品质，在清代以前本草认为"水中小者佳"。古代文献中对水蛭药材的加工以暴干者佳。现代专著中对水蛭药材品质的质量评价为"整齐、黑棕色，断面有光泽，无杂质者为佳"。从文献中可以看出水蛭药材没有明确的规格等级，大多是统货。市场上主要以加工方法和水蛭个头大小定价，一般烫货，体型较大，色泽黑亮，质坚硬，无破损者价格高。为制定水蛭商品规格等级标准提供了依据。

ICS 11.120.10
C 10/29

团 体 标 准

T/CACM 1021.105—2018

代替T/CACM 1021.10—2017

中药材商品规格等级 全蝎

Commercial grades for Chinese materia medica

SCORPIO

2018-12-03 发布　　2018-12-03 实施

中 华 中 医 药 学 会 发布

目　　次

前　言

T/CACM 1021《中药材商品规格等级》标准分为226个部分：

——第1部分：中药材商品规格等级标准编制通则；

……

——第104部分：中药材商品规格等级　水蛭；

——第105部分：中药材商品规格等级　全蝎；

——第106部分：中药材商品规格等级　土鳖虫；

……

——第226部分：中药材商品规格等级　玄明粉。

本部分为T/CACM 1021的第105部分。

本部分代替T/CACM 1021.10—2017。

本部分按照GB/T 1.1—2009《标准化工作导则　第1部分：标准的结构和编写》给出的规则起草。

本部分代替T/CACM 1021.10—2017，与T/CACM 1021.10—2017相比较，标准编号进行了调整，并重新进行了编辑。

本部分由中药材商品规格等级标准研究技术中心及道地药材国家重点实验室培育基地提出。

本部分由中华中医药学会归口。

本部分起草单位：陕西步长制药有限公司、中国中医科学院中药资源中心、中药材商品规格等级标准研究技术中心、北京中研百草检测认证有限公司。

本部分主要起草人：马存德、黄璐琦、郭兰萍、詹志来、李军德、王二欢。

本部分所代替标准的历次版本发布情况为：

——T/CACM 1021.10—2017。

中药材商品规格等级　全蝎

1　范围

本部分规定了全蝎的商品规格等级。

本部分适用于全蝎药材生产、流通以及使用过程中的商品规格等级评价。

2　规范性引用文件

下列文件对于本部分的应用是必不可少的。凡是注明日期的引用文件，仅所注明日期的版本适用于本部分。凡是不注明日期的引用文件，其最新版本（包括所有的修改版本）适用于本部分。

T/CACM 1021.1—2016 中药材商品规格等级编制通则

3　术语和定义

T/CACM 1021.1—2016 以及下列术语和定义适用于本部分。

3.1

全蝎　SCORPIO

钳蝎科动物东亚钳蝎 *Buthus martensii* Karsch 的干燥体。春末至秋初捕捉，除去泥沙，置沸水或沸盐水中，煮至全身僵硬，捞出，置通风处，阴干。

3.2

淡全蝎　*danquanxie*

全蝎除去泥沙，置沸水中，煮至全身僵硬，捞出，置通风处，阴干或晒干。商品流通中称“清水货”或“淡全虫”。

3.3

盐全蝎　*yanquanxie*

全蝎除去泥沙，置沸盐水中，煮至全身僵硬，捞出，置通风处，阴干或晒干。商品流通中称“盐水货”或“盐全虫”。

3.4

南全蝎　*nanquanxie*

产于河南及其周边各地的全蝎。

3.5

东全蝎　*dongquanxie*

产于山东及其周边各地的全蝎。

3.6

体长　body length

全蝎头部前端到毒刺末端之间的直线长度。

3.7

破碎率　percentage of damage

碎断的全蝎重量占全蝎总重的百分比。

4　规格等级划分

根据市场流通情况，将全蝎药材商品分成“选货”和“统货”，在“选货”项下按照体长与破碎率等分为“一等”和“二等”两个等级。应符合表1要求。

表 1　规格等级划分

<table>
<tr><th colspan="2" rowspan="2">等级</th><th colspan="2">性状描述</th></tr>
<tr><th>共同点</th><th>区别点</th></tr>
<tr><td rowspan="2">选货</td><td>一等</td><td rowspan="2">虫体干燥得当，干而不脆，个体大小均匀，虫体较完整，背面绿褐色，后腹部棕黄色，气微腥，无异味。“淡全蝎”舌舔无盐味。“盐全蝎”体表无盐霜、无盐粒、无泥沙等杂质</td><td>体长≥5. 5cm。体表无盐霜、大小均匀、完整，破碎率≤15%</td></tr>
<tr><td>二等</td><td>体长 4. 5 ~ 5. 5cm。体表有少量盐霜，破碎率≤30%</td></tr>
<tr><td colspan="2">统货</td><td colspan="2">背面绿褐色，后腹部棕黄色，气微腥，无异味。“淡全蝎”舌舔无盐味。“盐全蝎”干后体表可见盐霜，无盐粒、无泥沙等杂质。个体大小不一，完整者体长≥4. 5cm。破碎率≤40%</td></tr>
<tr><td colspan="4">注 1：当前市场上“盐全蝎”占的比例较大，含盐量很高，人为过量掺盐增重现象普遍，应注意。
注 2：《中国药典》标准全蝎体长完整者 6cm，但在市场和产地调查发现，多数在 4. 5 ~ 5. 5cm 之间，体长达到 6cm 的很少。全蝎的体长与蝎龄关系密切，只有 4 年以上的成年蝎体长可以达到 6cm，从资源保护角度，对于体长较小歇龄小的应限制使用；背部颜色与产地有关，不同产地性状有所差别。
注 3：市场流通曾经存在蒙古正钳蝎（条斑钳蝎），应注意鉴别。
注 4：关于全蝎药材历史产区沿革参见附录 A。
注 5：关于全蝎药材品质评价沿革参见附录 B。</td></tr>
</table>

5　要求

除应符合 T/CACM 1021. 1—2016 的第 7 章规定外，还应符合下列要求：

——无虫蛀；

——无霉变；

——杂质不得过 3%。

附录 A

（资料性附录）

全蝎药材历史产区沿革

全蝎古名为“虿”“ 虿尾虫”“蛜蝌”“蠍”。“虿” 最早见于《诗经 · 小雅 · 都人士》：“彼君子女，卷发如虿。” 用蝎尾上翘来形容西周贵妇人的发型。《说文》：“虿，毒虫也。” 其甲骨文字象形于全蝎。《广雅》称 “虿、虿尾虫”，同时释名 “虿，蠍也”。

全蝎作为中药首载于唐末五代后蜀时期的《蜀本草》。

《开宝本草》：蝎出青州，形紧小者良。是较早提出全蝎道地产地的本草。

《图经本草》：今京东西及河、陕州郡皆有之。采无时。

《证类本草》：形紧小者良。出青州者良。采无时。今人捕得，皆火逼干死收之。

《本草蒙筌》：陕西江北具多，青州出者独胜。

古时均以出产在山东青州（今山东潍坊一带）的为好，青州为道地产区。

1963 年版《中国药典》：主产于河南、山东、湖北、安徽等地。

《全国中草药汇编》（1975 年）：主产于河南、山东、河北、辽宁等地。此外，湖北、安徽、云南、浙江、江苏、陕西等地亦产。

《中国药材学》（1996 年）：主产于河南、山东，前者习称 “南全蝎”，后者习称 “东全蝎”；河北、辽宁、湖北等地亦产。野生或饲养。销全国并出口。

《现代中药材商品通鉴》（2001 年）：主产于河南南阳、鹿邑、禹县，山东益都，河北、安徽、浙江、江苏、湖北、北京等地亦产。河南禹县、鹿邑产品质佳，山东产量最大。

《金世元中药材传统鉴别经验》（2010 年）：主产于河南南阳、邓州、禹州、鹤壁；山东益都、临朐、沂水、蒙阴、博山、栖霞；以及湖北、安徽等地。此外，河北、辽宁、云南、浙江、江苏、陕西等地亦产。以河南禹县、鹿邑产品最优，尤以禹县狼岗所产最著名，有 “狼岗全虫” 之称。据现存药材资料记载，全蝎未发现有混乱品种，所以可以推断古全蝎为单一动物来源的药材。古时主产地为青州（山东省潍坊境内）一带，现今山东省亦是全蝎的主产地。可以推断出古今所用全蝎为同一物种。

综上所述，古今所用全蝎为同一物种。全蝎的产地在不断扩大。产地以山东、河南产的为道地药材。

附录 B

(资料性附录)

全蝎药材品质评价沿革

《开宝本草》：形紧小者良。

1963 年版《中国药典》：以整齐不碎，色黄，腹中少杂物及盐分者为佳。

1977 年版《中国药典》：以完整、色黄褐、盐霜少者为佳。

《中药鉴定学》：以完整、色黄褐、盐霜少者为佳。

《中药大全》：以体形完整，色黄绿，腹中含泥土样物质少者为佳。

《中国常用中药材》：山东省全蝎以量大质优闻名，为传统的地道产区。统货，以身干、色鲜、完整、绿褐色、腹中少杂质者为佳。清明至谷雨捕捉加工的为“春蝎”，质优。夏季捕捉的腹内杂质较多，质次。

《中国药材学》：以完整、色黄褐、盐霜少者为佳。

《500 味常用中药材的经验鉴别》：蝎商品以身干、色鲜、完整、黄绿色、腹中少泥杂者为佳。清明至谷雨捕捉加工的为春蝎，腹中泥少质优；夏季捕捉的腹内杂质多质次。南全虫优于东全虫。淡全虫优于咸全虫。

《现代中药材商品通鉴》：河南禹县、鹿邑产品质佳，山东产量最大。以身干、色黄、完整、腹中无杂质者为佳。

《新编中药志》：河南鹿邑、禹县产品质佳，山东产量最大。一般以色黄、完整、身挺、腹硬的淡全蝎为佳品，并无杂质、虫蛀、霉变。以新品色泽明亮者为佳，陈年品次之。

《金世元中药材传统鉴别经验》：以完整、色青褐、干净、身挺、腹硬、脊背抽沟、无盐霜者为佳。

综合上述，品质评价标准为：身干、色鲜、完整、黄绿色，腹中少泥、盐、杂质者为佳。

ICS 11.120.01
C 23

团 体 标 准

T/CACM 1021.106—2018
代替T/CACM 1021.86—2018

中药材商品规格等级 土鳖虫

Commercial grades for Chinese materia medica

EUPOLYPHAGA STELEOPHAGA

2018-12-03 发布 2018-12-03 实施

中华中医药学会 发布

目　次

前　　言

T/CACM 1021《中药材商品规格等级》标准分为226个部分：

——第1部分：中药材商品规格等级标准编制通则；

……

——第105部分：中药材商品规格等级　全蝎；

——第106部分：中药材商品规格等级　土鳖虫；

——第107部分：中药材商品规格等级　白鲜皮；

……

——第226部分：中药材商品规格等级　玄明粉。

本部分为T/CACM 1021的第106部分。

本部分代替T/CACM 1021.86—2018。

本部分按照GB/T 1.1—2009《标准化工作导则　第1部分：标准的结构和编写》给出的规则起草。

本部分代替T/CACM 1021.86—2018，与T/CACM 1021.86—2018相比较，标准编号进行了调整，并重新进行了编辑。

本部分由中药材商品规格等级标准研究技术中心及道地药材国家重点实验室培育基地提出。

本部分由中华中医药学会归口。

本部分起草单位：石家庄以岭药业股份有限公司、中国中医科学院中药资源中心、中药材商品规格等级标准研究技术中心、北京中研百草检测认证有限公司。

本部分主要起草人：马召、黄璐琦、郭兰萍、詹志来、田清存、张丽丽、崔旭盛、李军德。

本部分所代替标准的历次版本发布情况为：

——T/CACM 1021.86—2018。

中药材商品规格等级　土鳖虫

1　范围

本部分规定了土鳖虫的商品规格等级。

本部分适用于土鳖虫药材生产、流通以及使用过程中的商品规格等级评价。

2　规范性引用文件

下列文件对于本部分的应用是必不可少的。凡是注明日期的引用文件，仅所注明日期的版本适用于本部分。凡是不注明日期的引用文件，其最新版本（包括所有的修改版本）适用于本部分。

T/CACM 1021.1—2016 中药材商品规格等级编制通则

3　术语和定义

T/CACM 1021.1—2016 以及下列术语和定义适用于本部分。

3.1

土鳖虫　EUPOLYPHAGA STELEOPHAGA

本品为鳖蠊科昆虫地鳖 *Eupolyphaga sinensis* Walker 或冀地鳖 *Steleophaga plancyi*（Boleny）的雌虫干燥体。捕捉后，置沸水中烫死，晒干或烘干。

3.2

增重　*zengzhong*

为增加土鳖虫重量，加工土鳖虫时加入白矾、食盐等物质；或令其暴食后迅速杀死，以未消化的食物增加其重量。

3.3

雄虫　*xiongchong*

为地鳖和冀地鳖的雄虫。

3.4

死虫　*sichong*

养殖过程中，因感染螨虫等病害而死亡的地鳖或冀地鳖。此虫体多已破碎，表面无光泽。

4　规格等级划分

根据市场流通情况，将土鳖虫药材商品分成“选货”和“统货”两个等级。应符合表1要求。

表1　规格等级划分

等级	性状描述	
	共同点	区别点
选货	前端较窄，后端较宽，背部紫褐色，具光泽，无翅。前胸背板较发达，盖住头部；腹背板9节，呈覆瓦状排列。腹面红棕色，头部较小，有丝状触角1对，常脱落，胸部有足3对，具细毛和刺。腹部有横环节。质松脆，易碎。气腥臭，味微咸	长2.4～3.0cm，宽1.8～2.4cm。大小均匀，虫体完整，无杂质
统货		大小不等

续表

<table>
<tr><td rowspan="2">等级</td><td colspan="2">性状描述</td></tr>
<tr><td>共同点</td><td>区别点</td></tr>
<tr><td colspan="3">注1：土鳖虫以完整、色紫褐、腹中无增重物者为佳。
注2：安徽亳州申楼村土元养殖品种全部为地鳖，考察时未发现冀地鳖。对三大药材市场进行调查，未购买到冀地鳖药材，市场上几乎无冀地鳖药材销售。
注3：药材市场土鳖虫药材以养殖为主，主要来源为安徽、河南、河北、山东、江苏、四川等地，市场上未购买到野生样品。
注4：药材市场土鳖虫药材主要有统货、选货两种等级，为地鳖雌虫的干燥体；偶见掺入小雄虫或死虫的干燥体，应注意区别。
注5：目前市场土鳖虫多为人工养殖，采收时增重喂养现象普通存在，导致指标成分（总灰分与酸不溶性灰分）不达标。所以在加工烫死环节，特别提示“空腹时烫死”。
注6：关于土鳖虫药材历史产区沿革参见附录A。
注7：关于土鳖虫药材品质评价沿革参见附录B。</td></tr>
</table>

5 要求

除应符合 T/CACM 1021.1—2016 的第7章规定外，还应符合下列要求：

——无变色；

——无虫蛀；

——无霉变；

——杂质不得过3%。

附录 A

（资料性附录）

土鳖虫药材历史产区沿革

本品首载于《神农本草经》，列为中品。《名医别录》载：“蟅虫，生河东川泽及沙中，人家墙壁下土中湿处。”

唐代苏敬在《新修本草》中记载：“䗪虫……生河东川泽及沙中，人家墙壁下土中湿处。形扁扁如鳖，故名土鳖，而有甲，不能飞，小有臭气，今人家亦有之。”

宋代苏颂《本草图经》云：“䗪虫，生河东川泽及沙中，人家墙壁下土中湿处，状似鼠妇，而大者寸余，形扁如鳖，但有鳞而无甲，故一名土鳖……”

《中华道地药材》记载：“地鳖主产于江苏、浙江、湖南、四川、上海；冀地鳖主产于河北、河南、山东、北京、辽宁。”

《新编中药志》记载：“地鳖主产于江苏、安徽、河南、浙江等地；冀地鳖主产于河北、河南、山东等地。”

附录 B

（资料性附录）

土鳖虫药材品质评价沿革

《中华本草》收载名称为䗪虫，来源为鳖蠊科动物地鳖或冀地鳖的雌虫全体。野生者在夏、秋季捕捉，人工饲养者可随时捕捉。捕到后用沸水烫死，晒干或烘干。此资料描述土鳖虫以完整、油润光泽，无泥者为佳。

《中华道地药材》描述以完整，色紫褐者为佳。

《金世元中药材传统鉴别经验》描述为身干、个整齐、黑褐色、无泥土者为佳。

《现代中药材商品通鉴》记载以虫体完整、个头均匀、体肥、色紫褐者为佳。习惯认为江苏的产品最佳。

《现代中药炮制手册》记载以河南产量大；以江苏、浙江所产个小，体轻，腹中无泥，品质最优，称为"苏土元"；其他地区所产个大体重，腹中含泥，品质较次，称"大土元"或"汉土元"。

1977 年版《中国药典》："均以完整、色紫褐者为佳。"

综上所述，土鳖虫以完整，色紫褐者为佳。

ICS 11.120.10
C 10/29

团 体 标 准

T/CACM 1021.107—2018
代替T/CACM 1021.65—2017

中药材商品规格等级　白鲜皮

Commercial grades for Chinese materia medica

DICTAMNI CORTEX

2018-12-03 发布　　2018-12-03 实施

中华中医药学会 发布

目　次

前　　言

T/CACM 1021《中药材商品规格等级》标准分为226个部分：

——第1部分：中药材商品规格等级标准编制通则；

……

——第106部分：中药材商品规格等级　土鳖虫；

——第107部分：中药材商品规格等级　白鲜皮；

——第108部分：中药材商品规格等级　锁阳；

……

——第226部分：中药材商品规格等级　玄明粉。

本部分为T/CACM 1021的第107部分。

本部分代替T/CACM 1021.65—2017。

本部分按照GB/T 1.1—2009《标准化工作导则　第1部分：标准的结构和编写》给出的规则起草。

本部分代替T/CACM 1021.65—2017，与T/CACM 1021.65—2017相比较，标准编号进行了调整，并重新进行了编辑。

本部分由中药材商品规格等级标准研究技术中心及道地药材国家重点实验室培育基地提出。

本部分由中华中医药学会归口。

本部分起草单位：内蒙古自治区中医药研究所、中国中医科学院中药资源中心、中药材商品规格等级标准研究技术中心、北京中研百草检测认证有限公司。

本部分主要起草人：李旻辉、黄璐琦、郭兰萍、詹志来、李彩峰。

本部分所代替标准的历次版本发布情况为：

——T/CACM 1021.65—2017。

中药材商品规格等级　白鲜皮

1　范围

本部分规定了白鲜皮的商品规格等级。

本部分适用于白鲜皮药材生产、流通以及使用过程中的商品规格等级评价。

2　规范性引用文件

下列文件对于本部分的应用是必不可少的。凡是注明日期的引用文件，仅所注明日期的版本适用于本部分。凡是不注明日期的引用文件，其最新版本（包括所有的修改版本）适用于本部分。

T/CACM 1021.1—2016 中药材商品规格等级编制通则

3　术语和定义

T/CACM 1021.1—2016 以及下列术语和定义适用于本部分。

3.1

白鲜皮　DICTAMNI CORTEX

芸香科植物白鲜 *Dictamnus dasycarpus* Turcz. 的干燥根皮。春、秋二季采挖根部，除去泥沙和粗皮，剥取根皮，干燥。

4　规格等级划分

根据市场流通情况，将白鲜皮药材分为“选货”和“统货”两个等级，“选货”项下根据根皮的直径、厚度和长度等进行等级划分。应符合表1要求。

表1　规格等级划分

等级		性状描述	
		共同点	区别点
选货	一等	呈卷筒状，外表面灰白色或淡灰黄色，具细纵皱纹和细根痕，常有突起的颗粒状小点。内表面类白色，有细纵纹，平滑。质脆，易折断，折断时有粉尘飞扬，断面不平坦，略呈层片状，剥去外层，迎光可见闪烁的小亮点。有羊膻气，味微苦	抽芯率≥99%，中部直径≥1.8cm，厚度≥0.4cm，长度≥10cm
	二等		抽芯率≥98%，中部直径≥1.5cm，厚度≥0.3cm，长度≥8cm
统货		呈卷筒状，外表面灰白色或淡灰黄色，具细纵皱纹和细根痕，常有突起的颗粒状小点。内表面类白色，有细纵纹，平滑。质脆，易折断，折断时有粉尘飞扬，断面不平坦，略呈层片状，剥去外层，迎光可见闪烁的小亮点。有羊膻气，味微苦	

注1：市场上有出售东北辽宁及周边地区所产的白鲜皮，表面较为光滑、颜色较白、皮肉较厚，质量略优于内蒙古所产，应注意区分。

注2：市场中存在断面致密程度不同的白鲜皮药材，可能是因为采挖时期不同而造成，一般春、秋季采挖的药材断面致密，而其他时期采挖的断面疏松，这类药材容易不合格，需注意鉴别。

注3：近些年白鲜皮药材采挖力度较大，使得野生资源量越来越少，生长年限长的药材量也在急剧减少，药材的质量也较以前的有所下降，目前市场出售的白鲜皮药材直径及厚度多有小于药典规定者，应予以重视。

注4：关于白鲜皮药材历史产区沿革参见附录A。

注5：关于白鲜皮药材品质评价沿革参见附录B。

5　要求

除应符合 T/CACM 1021.1—2016 的第7章规定外，还应符合下列要求：

——无虫蛀；

——无霉变；

——杂质不得过3%。

附录 A

（资料性附录）

白鲜皮药材历史产区沿革

白鲜皮原名白鲜，始载于《神农本草经》，列为中品。“主治头风，黄疸，咳逆，淋沥，女子阴中肿痛，湿痹死肌，不可屈伸起止行步。味苦，寒。生上谷、川谷。”即今河北易县。

魏晋时期《名医别录》、南朝时期《本草经集注》、唐代《新修本草》均记载为：“生上谷及宛朐。四月、五月采根，阴干。”上谷即今河北易县，宛朐即冤句县，今山东菏泽县西南，说明白鲜在唐代以前产地并未有明显变化，均为河北和山东一代。

宋代苏颂《本草图经》记载为：“生上谷（即今河北易县）川谷及冤句（即今山东菏泽县西南），河中（即今山西永济县）、江宁府（即今江苏南京市）、滁州（即今安徽滁州）、润州（即今江苏镇江县）亦有之。苗高尺余，茎青，叶稍白，如槐，亦似茱萸；四月开花淡紫色，似小蜀葵；根似蔓菁，皮黄白而心实。四月、五月采根，阴干用。”《证类本草》亦记载为：“生上谷川谷及冤句，四月、五月采根阴干。”陶隐居云：“近道处处有，以蜀中者为良。说明白鲜自宋代以来产地开始扩大，且以蜀中地区即今四川成都平原一带所产白鲜质量为佳。”

明代《本草品汇精要》记载的与宋代《证类本草》和南朝时期《本草经集注》的描述一致，即“生上谷川谷及冤句，近道处处有，以蜀中者为良”。卢之颐《本草乘雅半偈》：“出河中、江宁府、滁州、润州，而蜀中者为胜。”仍然认为是四川地区所产白鲜皮质量最佳。

清代张志聪《本草崇原》记载：“气味苦寒，无毒。主治头风，黄疸，咳逆，淋沥，女子阴中肿痛，湿痹死肌，不可屈伸起止行步。”白鲜出自江宁府（即今江苏南京市）、滁州（即今安徽滁州）、润州（即今江苏镇江县）皆有之，以川蜀（四川成都平原一带）者为胜。也与宋代、明代时期白鲜的产地一致。

1963 年版《中国药典》记载：“本品为芸香科植物白鲜的干燥根皮，均系野生，主产于辽宁，河北，四川，江苏，浙江，安徽等地。”

《中国药材学》记载：“生于温暖地带山地，路旁或树林下。主产于辽宁、贵州、陕西、甘肃等地。”

《中华药海》记载：“生于山坡及丛林中，分布东北、河北、山东、河南、安徽、江苏、江西、四川、贵州、陕西、甘肃、内蒙古等地。”

《现代中药材商品通鉴》中记录白鲜是始载于《神农本草经》，列为中品。均为野生。李时珍谓：“鲜者，羊之气也，此草根白色，有羊膻气，故名。主产于辽宁开原、铁岭、昌图、宽甸、凤城、建昌、朝阳，河北蔚县、龙关、兴隆、滦平、承德，山东烟台、栖霞，宁夏泾源、固原、隆德、西吉、海原等地。此外江苏、山西、内蒙古、吉林、黑龙江等地亦产。销全国各地并有出口。”

《中华本草》记载：“白鲜皮分布于东北、华北、华东及陕西、甘肃、河南、四川、贵州及新疆等地。”

《常用中药鉴定大全》记载：“主产于辽宁、湖北、山东。江苏、山西、内蒙古、吉林、黑龙江等地亦产。习惯以辽宁产者质量最佳。”

附录 B

（资料性附录）

白鲜皮药材品质评价沿革

《中华本草》中对白鲜皮描述为："白鲜根皮呈卷筒状，长 5 ~ 15cm，直径 1 ~ 2cm，厚 2 ~ 5mm。外表面灰白色或淡灰黄色，具细纵皱纹及细根痕，常有突起的颗粒状小点；内表面类白色，有细纵纹。质脆，折断时有粉尘飞扬，断面不平坦，略呈层片状，剥去外层，对光可见闪烁的小亮点。有羊膻气，味微苦。以条大、肉厚、色灰白、断面分居者为佳。"

《现代中药材商品通鉴》："以条大、肉厚、无心木、色灰白者为佳。以辽宁的产品质优。"

《中华药海》："以卷筒状，无心木，皮厚，块大者为佳。"

综上，历代对于白鲜皮的规格等级划分未见详细描述，也未对其道地产区有明确的记载，而且从历代本草考证结果可以看出古代与现代典籍中描述的白鲜皮的产地有明显的变迁，其道地产区有待考究，因此并未对其道地性进行描述。现今市场上流通的白鲜皮药材主要为辽宁、黑龙江和内蒙古地区所产，其等级评价主要依据药材的直径、厚度、长度和抽芯率来评价。为制定白鲜皮商品规格等级标准提供了依据。

ICS 11.120.10
C 10/29

团体标准

T/CACM 1021.108—2018
代替T/CACM 1021.66—2017

中药材商品规格等级　锁阳

Commercial grades for Chinese materia medica

CYNOMORII HERBA

2018-12-03 发布　　2018-12-03 实施

中华中医药学会 发布

目　次

前　言

T/CACM 1021《中药材商品规格等级》标准分为 226 个部分：

——第 1 部分：中药材商品规格等级标准编制通则；

……

——第 107 部分：中药材商品规格等级　白鲜皮；

——第 108 部分：中药材商品规格等级　锁阳；

——第 109 部分：中药材商品规格等级　香附；

……

——第 226 部分：中药材商品规格等级　玄明粉。

本部分为 T/CACM 1021 的第 108 部分。

本部分代替 T/CACM 1021.66—2017。

本部分按照 GB/T 1.1—2009《标准化工作导则　第 1 部分：标准的结构和编写》给出的规则起草。

本部分代替 T/CACM 1021.66—2017，与 T/CACM 1021.66—2017 相比较，标准编号进行了调整，并重新进行了编辑。

本部分由中药材商品规格等级标准研究技术中心及道地药材国家重点实验室培育基地提出。

本部分由中华中医药学会归口。

本部分起草单位：内蒙古自治区中医药研究所、中国中医科学院中药资源中心、中药材商品规格等级标准研究技术中心、阿拉善盟众维生态科技有限公司、北京中研百草检测认证有限公司。

本部分主要起草人：李旻辉、黄璐琦、郭兰萍、詹志来、张春红、毕雅琼、郭文芳、齐海平。

本部分所代替标准的历次版本发布情况为：

——T/CACM 1021.66—2017。

中药材商品规格等级　锁阳

1　范围

本部分规定了锁阳的商品规格等级。

本部分适用于锁阳药材生产、流通以及使用过程中的商品规格等级评价。

2　规范性引用文件

下列文件对于本部分的应用是必不可少的。凡是注明日期的引用文件，仅所注明日期的版本适用于本部分。凡是不注明日期的引用文件，其最新版本（包括所有的修改版本）适用于本部分。

T/CACM 1021. 1—2016 中药材商品规格等级编制通则

3　术语和定义

T/CACM 1021. 1—2016 以及下列术语和定义适用于本部分。

3. 1

锁阳　CYNOMORII HERBA

锁阳科植物锁阳 *Cynomorium songaricum* Rupr. 的干燥肉质茎。春季采挖，除去花序，切段，晒干。

3. 2

肉质茎长度　length of succulent stem

锁阳药材肉质茎的长度。

3. 3

直径　diameter

锁阳药材肉质茎全长中部，较规则部位的直径。

3. 4

每千克个数　number of per kg

每 1kg 锁阳药材中肉质茎的个数。

4　规格等级划分

根据市场流通情况，将锁阳药材商品分成“选货”和“统货”两个等级；在“选货”项下按照肉质茎长度、直径和每千克个数等进行等级划分。应符合表 1 要求。

表 1　规格等级划分

<table>
<tr><th colspan="2" rowspan="2">等级</th><th colspan="2">性状描述</th></tr>
<tr><th>共同点</th><th>区别点</th></tr>
<tr><td rowspan="2">选货</td><td>一等</td><td rowspan="2">除去花序，肉质茎呈扁圆柱形，微弯曲，具明显纵沟和不规则凹陷，有的残存三角形的黑棕色鳞片。体重，质硬，难折断，断面浅棕色或棕褐色，有黄色三角状维管束。气微，味甘而涩</td><td>肉质茎条形整齐、粗壮。肉质茎长度 ≥20cm，直径 ≥2. 5cm 。每千克 3 ~ 12 根</td></tr>
<tr><td>二等</td><td>肉质茎条形整齐性差。肉质茎长度 ≥5cm，直径为 1. 5 ~ 2. 5cm。每千克≥10 根</td></tr>
<tr><td colspan="2">统货</td><td colspan="2">除去花序，肉质茎长度≥5cm，直径≥1. 5cm，个体大小粗细不等，条形整齐性差。具明显纵沟和不规则凹陷，有的残存三角形的黑棕色鳞片。质硬，断面浅棕色或棕褐色，有黄色三角状维管束。气微，味甘而涩</td></tr>
</table>

续表

等级	性状描述	
	共同点	区别点
注1：依药典要求锁阳采收加工应除去花序，故本次标准未将含花序锁阳划入等级范畴。 注2：春季及秋冬季采收锁阳具有显著性状差异，秋冬季锁阳花序不显著，体重、质硬，品质较优，但全国药材市场流通中极少见，仅产地市场有所分布，多以礼品形式流通，故本次标准制定以春季锁阳为主。 注3：市场流通中含个小、质次的锁阳药材以碎货出售，但并非主要流通等级，且不完全符合药典要求，本部分并未制定该商品等级。 注4：关于锁阳药材历史产区沿革参见附录A。 注5：关于锁阳药材品质评价沿革参见附录B。		

5 要求

除应符合 T/CACM 1021.1—2016 的第7章规定外，还应符合下列要求：

——无虫蛀；

——无霉变；

——杂质不得过3%。

附录 A

（资料性附录）

锁阳药材历史产区沿革

锁阳，在宋代周密的《癸辛杂识》，谓其："鞑靼（今内蒙古一带）野地有野马与蛟龙合，所遗精于地，遇春时则勃然如笋出地中。"

元代陶宗仪（陶九成）《南村辍耕录》中云："锁阳生鞑靼田地。"延续了《癸辛杂识》中对锁阳的产地认识。

明代《本草纲目》中有记载："时珍曰：锁阳出肃州（今甘肃酒泉、高台一带）。按陶九成辍耕录云：锁阳生鞑靼田地。"《本草蒙筌》记述："又种琐阳，亦产陕西（今甘肃、宁夏、陕西全部，及内蒙古、新疆、青海的部分地区），味甘可啖。"

清代《本草求真》记载："按陶九成辍耕录云：锁阳生鞑靼田地。"《本草述钩元》记载："产肃州……"《植物名实图考》记载："锁阳，本草补遗始著录，见辍耕录，生鞑靼田地。"《本草述》记载："出肃州。又云：产陕西。"古代本草资料中对产地所记录包括"鞑靼""肃州""陕西"三个地区范围，并以前两者为主要记述。

1963 年版《中国药典》中收载："锁阳主产于内蒙古、新疆、甘肃等地。"

《中国药材学》（1996 年）中收载："主产于甘肃、内蒙古、新疆；青海、宁夏等地亦产。"

《500 味常用中药材的经验鉴别》（1999 年）中记载："锁阳主要分布于内蒙古西北部、甘肃、宁夏、青海北部、拜城、且末、轮台、尉犁、乌什、库车、和硕、若羌、玛纳斯、木垒、奇台、精河、察布查尔；宁夏海原、陶乐；青海海西、格尔木、共和；甘肃古浪、民勤、张掖、高台、肃南；内蒙古阿拉善左旗、阿拉善右旗、额济纳旗、乌拉特后旗、乌拉特前旗、杭锦后旗等地。"

综合以上古代本草及现代文献所述，锁阳产区古今一致，未发生明显变迁，近现代关于锁阳产地的记载逐渐清晰、明确，在我国西北部的甘肃、内蒙古、新疆、青海、宁夏等省均有分布。

附录 B

（资料性附录）

锁阳药材品质评价沿革

《中国药材学》提出：“本品以个肥大、体重坚实、质地滋润者为佳。”《500 味常用中药材的经验鉴别》提出：“锁阳商品主要来源于野生资源。锁阳主要分布于内蒙古西北部、甘肃、宁夏、青海北部、新疆。……锁阳商品以体肥条长，体重个大，质坚色紫红或粉红，断面肉质粉性，不显筋脉者为佳。”另有其他近代本草对锁阳品质评价与以上内容相类似。

1963 年版《中国药典》：“以茎块肥大、体重坚实、断面显油润者为佳。”

1977 年版《中国药典》：“以条粗壮、体重、质硬、断面显油润者为佳。”

综上，古代本草记载中并未对锁阳等级加以区分，现代药材专著及《中国药典》中主要以大小、重量、质地为等级划分的主要评判标准，为制定锁阳商品规格等级标准提供了依据。

ICS 11.120.01
C 23

团 体 标 准

T/CACM 1021.109—2018
代替T/CACM 1021.189—2018

中药材商品规格等级　香附

Commercial grades for Chinese materia medica

CYPERI RHIZOMA

2018-12-03 发布　　　　2018-12-03 实施

中华中医药学会 发布

目 次

前　言

T/CACM 1021《中药材商品规格等级》标准分为 226 个部分：

——第 1 部分：中药材商品规格等级标准编制通则；

……

——第 108 部分：中药材商品规格等级　锁阳；

——第 109 部分：中药材商品规格等级　香附；

——第 110 部分：中药材商品规格等级　天冬；

……

——第 226 部分：中药材商品规格等级　玄明粉。

本部分为 T/CACM 1021 的第 109 部分。

本部分代替 T/CACM 1021. 189—2018。

本部分按照 GB/T 1. 1—2009《标准化工作导则　第 1 部分：标准的结构和编写》给出的规则起草。

本部分代替 T/CACM 1021. 189—2018，与 T/CACM 1021. 189—2018 相比较，标准编号进行了调整，并重新进行了编辑。

本部分由中药材商品规格等级标准研究技术中心及道地药材国家重点实验室培育基地提出。

本部分由中华中医药学会归口。

本部分起草单位：河北百草康神药业有限公司、中国中医科学院西苑医院、中国中医科学院中药资源中心、中药材商品规格等级标准研究技术中心、北京中研百草检测认证有限公司。

本部分主要起草人：高峰、黄璐琦、郭兰萍、詹志来、李培红、高善荣、庞颖、田佳鑫、张静。

本部分所代替标准的历次版本发布情况为：

——T/CACM 1021. 189—2018。

中药材商品规格等级　香附

1　范围

本部分规定了香附的商品规格等级。

本部分适用于香附药材生产、流通以及使用过程中的商品规格等级评价。

2　规范性引用文件

下列文件对于本部分的应用是必不可少的。凡是注明日期的引用文件，仅所注明日期的版本适用于本部分。凡是不注明日期的引用文件，其最新版本（包括所有的修改版本）适用于本部分。

T/CACM 1021. 1—2016 中药材商品规格等级编制通则

3　术语和定义

T/CACM 1021. 1—2016 以及下列术语和定义适用于本部分。

3. 1

香附　CYPERI RHIZOMA

本品为莎草科植物莎草 *Cyperus rotundus* L. 的干燥根茎。秋季采挖，燎去毛须，置沸水中略煮或蒸透后晒干或燎后直接晒干。

3. 2

毛香附　*maoxiangfu*

香附一般生在潮湿水边，挖出后有细毛和粗皮，称为毛香附。

3. 3

光香附　*guangxiangfu*

把毛香附放在特制的滚筒中，去除细毛和粗皮，称光香附。

4　规格等级划分

根据市场流通情况，按照去毛、不去毛将香附药材分为“毛香附”和“光香附”两个规格；“光香附”药材在规格项下，分成“选货”和“统货”两个等级，“选货”项下根据过筛网大小进行等级划分。应符合表 1 要求。

表 1　规格等级划分

规格	等级		性状描述	
			共同点	区别点
光香附	选货	一等	呈纺锤形，有的略弯曲，去净毛须，表面棕褐色或黑褐色，具光泽，有纵皱纹，通常有数个隆起的环节及残留根痕，质硬。蒸煮者断面黄棕色或红棕色，角质样；生晒者断面色白而显粉性。气芳香，味微苦	过 7mm 筛，个大，饱满，香气浓，无杂质
		二等		过 6mm 筛，个大，香气浓，杂质不过 2%
		三等		过 5mm 筛，香气较浓
	统货		呈纺锤形，有的略弯曲，去净毛须，表面棕褐色或黑褐色，具光泽，有纵皱纹，通常有数个隆起的环节及残留根痕，质硬。蒸煮者断面黄棕色或红棕色，角质样；生晒者断面色白而显粉性。气芳香，味微苦，大小不等	
毛香附	统货		呈纺锤形，有的略弯曲，表面长满黑褐色的毛须，质坚硬，粉性足，断面淡褐色、灰白色或棕黄色。气芳香，味微苦，大小不等	

续表

规格	等级	性状描述	
		共同点	区别点
注1：当前药材市场香附规格按照去毛和不去毛进行划分，即“光香附”和“毛香附”，毛香附表面有一层黑褐色的毛须，属于非药用部位，因此光香附优于毛香附；市场将光香附按照过筛与不过筛（纺锤形部分大小）进行划分，即“选货”和“统货”，选货比较均匀，统货不分大小；市场上的统货分为两种情况：一是大小不做区分，真正意义上的统货；二是经过筛选后，筛下的香附亦称统货或者掺入统货当中，选购时要加以区分。 注2：药典对香附直径有相应要求，即0.5～1cm。而目前市场上有不符合药典直径的香附。 注3：市场另有陈货，即存放时间较长的香附商品，气味较淡，外观颜色加深，这类商品容易不合格，需注意区分，因此本部分不制定陈货规格。 注4：关于香附药材历史产区沿革参见附录A。 注5：关于香附药材品质评价沿革参见附录B。			

5 要求

除应符合 T/CACM 1021.1—2016 的第7章规定外，还应符合下列要求：

—— 无变色；

—— 不走油；

—— 无虫蛀；

—— 无霉变；

—— 杂质不得过3%。

附录 A

（资料性附录）

香附药材历史产区沿革

香附的生长环境分布最早记载于魏晋时期的《名医别录》，《名医别录》曰“生田野”，未明确具体位置。

唐代苏敬《新修本草》描述为：“交州（即今越南部分和广西广东）者最胜，大者如枣，近道者如杏仁许。荆（即今湖北荆州）、襄（即今湖北襄阳）人谓之莎草根，合香用之。”描述了以广东、广西产者质量好，并且描述了靠近路旁的只有杏仁大小，而大者如枣。今湖北境内的荆州、襄阳地区亦产。

宋代苏颂《本草图经》描述为：“旧不着所出州土，但云生田野，今处处有之。或云交州（即今越南部分和广西广东）者胜大如枣，近道者如杏仁许。今近道生者，苗、叶如薤而瘦，根如箸头大。……元生博平郡（即今山东省部分境内）池泽中……河南及淮南（即今安徽境内）下湿地即有……陇西（即今甘肃东南部）谓之地根，蜀郡（即今成都一带）名续根草，亦名水巴戟。今涪都（即今重庆）最饶，名三棱草。”

宋代《证类本草》描述为：“今近道生者，苗、叶如薤而瘦，根如箸头大。元生博平郡（即今山东省部分境内）池泽中。河南及淮南（即今安徽境内）下湿地即有，名水莎，陇西（即今甘肃东南部）谓之地根，蜀郡（即今成都一带）名续根草，亦名水巴戟。今涪都（即今重庆）最饶，名三棱草。”描述了香附在路边生长的比较细小。开始在山东省境内生长，现在河南、安徽、甘肃、成都、重庆等地都有出产，并有不同的习称。另《证类本草》中指出香附生于“池泽中”“下湿地”，喜水边潮湿环境生长。

明代《本草蒙筌》记载了：“近道郊野俱生，高州属广东（即今广东省茂名）出者独胜。”描述了香附在广东茂名市一带出产的质量最佳。

明代《本草品汇精要》记载了：“［地］《图经》曰：生田野，今处处有之。道地：澧州（即今湖南省常德）、交州（即今越南中北部和广西广东）者最胜。”描述香附在很多地区都有生长，而明代时湖南常德、广东、广西产者最佳。

明代卢之颐撰《本草乘雅半偈》描述为：“生田野下湿地，所在都有，唯陇西（即今甘肃陇西县）、涪都（即今重庆）、两浙（即今江苏省长江以南及浙江省全境）最饶。”描述了以香附在田野湿地地区处处都可以生长，而只有甘肃陇西县、重庆、江苏省长江以南及浙江省全境生长的最多。

清代《本草正义》描述谓：“以浙之金华府（今浙江金华）属为最伙。巨者如指，即吾吴亦间有之，但形小味薄，不堪入药。前者承山东诸城（即今山东潍坊市）王肖舫君邮赠一器，据云彼地特产，形色气味皆与兰溪（即今浙江金华市兰溪）所产无别，则可见出处之广。”描述了香附在浙江金华附近出产的最多，山东潍坊出产的香附和金华出产的质量一样好。

清代《植物名实图考长编》描述谓：“唯淮南北（即今安徽淮南市、淮北市）产者子小而坚，俗谓之香附米者佳。”描述了安徽省淮南、淮北一带所产香附，个子小且坚硬，俗称香附米，质量上佳。

1963 年版《中国药典》一部收载香附均系野生，全国各地均有生产，主产于山东、浙江、湖南、河南等地。

1993 年徐国钧《中国药材学》收载香附分布于全国大部分地区。生于荒地、路边、沟边或田间向阳处。

《中华本草》收载香附主产于山东、浙江、福建、湖南、河南等地。此外，湖北，云南，四川，江苏，江西，河北亦产。以浙江、山东质量最佳，销全国。

张贵君《现代中药材商品通鉴》收载香附全国大部分省区有分布，主产于山东、浙江、河南、湖南、广东、广西等地。

《中华药海》收载香附分布于全国各地。

金世元《金世元中药材传统鉴别经验》收载香附主要来源于野生资源。香附在全国均有分布，主要分布在山东、浙江、湖南、福建、广东、广西、江西、湖北、河北、云南、四川、河南等省份。主产于山东泰安、郯城、莒南、日照、临沂、沂水、菏泽；浙江东阳、义乌、缙云、永康、武义、金华、兰溪、嵊县、新昌、台州；安徽安庆、宁国；河南嵩山、伊川、洛宁、汝阳等地。以山东产品质量为最优，故有“东香附”之称。

附录 B
(资料性附录)
香附药材品质评价沿革

香附入药始载于魏晋时期的《名医别录》，列为中品。

唐代《新修本草》记载："交州者最胜。"

宋《图经本草》记载："交州者胜大如枣，近道者如杏仁许。"

宋代《证类本草》记载："今涪都最饶。"

明代《本草蒙筌》记载："近道郊野俱生，高州属广东出者独胜。"

明代《本草品汇精要》记载："道地：澧州、交州者最胜。"

清代《本草乘雅半偈》记载："生田野下湿地，所在都有，唯陇西、涪都、两浙最饶。"

清代《本草正义》记载："以浙之金华府属为最伙。巨者如指，即吾吴亦间有之，但形小味薄，不堪入药。前者承山东诸城王肖舫君邮赠一器，据云彼地特产，形色气味皆与兰溪所产无别，则可见出处之广。"

清代《植物名实图考长编》记载："唯淮南、北产者子小而坚，俗谓之香附米者佳。"

在近代文献中描述如下：

1963 年版《中国药典》一部："以个大、色棕褐、质坚实、香气浓郁者为佳。"

1993 年徐国钧《中国药材学》记载："以个大、色棕褐、质坚实、香气浓郁者为佳。"

《中华本草》记载："以个大、色棕褐、质坚实、香气浓郁者为佳。"

《金世元中药材传统鉴别经验》："以个大、色棕褐、质坚实、香气浓郁者为佳。"

综上，历代对于香附的规格等级划分强调产地质量，到清代之前文献记载以广东、广西等产地的质量佳，清代以后山东香附和金华香附为道地药材，并在此基础上结合性状，如个头的大小、气香的浓郁等进行评价，为制定香附商品规格等级标准提供了依据。

ICS 11.120.01
C 23

团 体 标 准

T/CACM 1021.110—2018
代替T/CACM 1021.196—2018

中药材商品规格等级　天冬

Commercial grades for Chinese materia medica

ASPARAGI RADIX

2018-12-03 发布　　2018-12-03 实施

中华中医药学会 发布

目　　次

前　　言

T/CACM 1021《中药材商品规格等级》标准分为226个部分：

——第1部分：中药材商品规格等级标准编制通则；

……

——第109部分：中药材商品规格等级　香附；

——第110部分：中药材商品规格等级　天冬；

——第111部分：中药材商品规格等级　鸡血藤；

……

——第226部分：中药材商品规格等级　玄明粉。

本部分为T/CACM 1021的第110部分。

本部分代替T/CACM 1021.196—2018。

本部分按照GB/T 1.1—2009《标准化工作导则　第1部分：标准的结构和编写》给出的规则起草。

本部分代替T/CACM 1021.196—2018，与T/CACM 1021.196—2018相比较，标准编号进行了调整，并重新进行了编辑。

本部分由中药材商品规格等级标准研究技术中心及道地药材国家重点实验室培育基地提出。

本部分由中华中医药学会归口。

本部分起草单位：广西壮族自治区药用植物园、中国中医科学院中药资源中心、中药材商品规格等级标准研究技术中心、北京中研百草检测认证有限公司。

本部分主要起草人：韦树根、黄浩、缪剑华、付金娥、黄璐琦、郭兰萍、詹志来。

本部分所代替标准的历次版本发布情况为：

——T/CACM 1021.196—2018。

中药材商品规格等级 天冬

1 范围

本部分规定了天冬的商品规格等级。

本部分适用于天冬药材生产、流通以及使用过程中的商品规格等级评价。

2 规范性引用文件

下列文件对于本部分的应用是必不可少的。凡是注明日期的引用文件，仅所注明日期的版本适用于本部分。凡是不注明日期的引用文件，其最新版本（包括所有的修改版本）适用于本部分。

T/CACM 1021.1—2016 中药材商品规格等级编制通则

3 术语和定义

T/CACM 1021.1—2016 以及下列术语和定义适用于本部分。

3.1

天冬 ASPARAGI RADIX

本品为百合科植物天冬 *Asparagus cochinchinensis* Merr. 的干燥块根。秋、冬二季采挖，洗净，除去茎基和须根，置沸水中煮或蒸至透心，趁热除去外皮，洗净，干燥。

3.2

大天冬 *datiandong*

个头大，略弯曲，呈长纺锤形，纵皱纹较深，中柱不明显。

3.3

小天冬 *xiaotiandong*

个头小，比较平直，呈纺锤形或长椭圆形，纵皱纹较浅，可清晰看到中柱。

3.4

块根 *kuaigen*

指根头地下膨大的部分。

3.5

中柱 *zhongzhu*

即天冬药材中央的木心，植物学上讲是内皮层以里的部分。

4 规格等级划分

根据市场流通情况，将天冬药材分为“大天冬”和“小天冬”两个规格；在规格项下，分成“选货”和“统货”两个等级，“选货”项下按照直径大小、块根长度等进行等级划分。应符合表1要求。

表1 规格等级划分

<table>
<tr><th rowspan="2">规格</th><th rowspan="2" colspan="2">等级</th><th colspan="2">性状描述</th></tr>
<tr><th>共同点</th><th>区别点</th></tr>
<tr><td rowspan="3">大天冬</td><td rowspan="2">选货</td><td>一等</td><td rowspan="2">长纺锤形，略弯曲。表面黄白色至淡黄棕色，半透明，具较深的纵皱纹，偶有残存的灰棕色外皮。质硬或柔润，有黏性，断面角质样，皮部宽，中柱不明显。气微，味甜、微苦</td><td>长≥10cm，直径≥1.1cm</td></tr>
<tr><td>二等</td><td>长≥5cm，直径≥0.9cm</td></tr>
<tr><td colspan="2">统货</td><td colspan="2">长纺锤形，略弯曲。表面黄白色至淡黄棕色，半透明，具较深的纵皱纹，偶有残存的灰棕色外皮。质硬或柔润，有黏性，断面角质样，皮部宽，中柱不明显。气微，味甜、微苦。长度5～18cm，直径0.9～2.0cm</td></tr>
<tr><td rowspan="3">小天冬</td><td rowspan="2">选货</td><td>一等</td><td rowspan="2">细纺锤形或长椭圆形，比较平直，表面黄白色至淡黄棕色，半透明，光滑或具较浅的纵皱纹，偶有残存的灰棕色外皮。质硬或柔润，有黏性，断面角质样，中柱明显，呈黄白色。气微，味甜、微苦</td><td>长≥4cm，直径≥0.7cm</td></tr>
<tr><td>二等</td><td>长≥4cm，直径0.5～0.7cm</td></tr>
<tr><td colspan="2">统货</td><td colspan="2">细纺锤形或长椭圆形，比较平直，表面黄白色至淡黄棕色，半透明，光滑或具较浅的纵皱纹，偶有残存的灰棕色外皮。质硬或柔润，有黏性，断面角质样，中柱明显，呈黄白色。气微，味甜、微苦，长4～10cm，直径0.5～0.9cm</td></tr>
<tr><td colspan="5">注1：市场上也有少量野生品种，其指标性成分“浸出物项”极不易达标。
注2：关于天冬药材历史产区沿革参见附录A。
注3：关于天冬药材品质评价沿革参见附录B。</td></tr>
</table>

5 要求

除应符合T/CACM 1021.1—2016的第7章规定外，还应符合下列要求：

——无变色；

——无虫蛀；

——无霉变；

——杂质不得过3%。

附录 A

（资料性附录）

天冬药材历史产区沿革

天冬的生境分布最早记载于秦汉时期的《神农本草经》："生山谷。"

魏晋时期《名医别录》："生太山（即今山东泰山）。"生境分布为山东泰安一带。

南朝《本草经集注》："天门冬生奉高山谷，奉高（今泰安县），太山下县名也。今处处有，以地大根味甘者为好。"

《抱朴子》及《神仙服食方》云：天门冬，一名颠棘。在东岳名淫羊藿，在中岳名天门冬，在西岳名管松，在北岳名无不愈，在南岳名百部，在京陆山阜名颠棘，虽处处皆有，其名各异，其实一也。在北岳地阴者尤佳。说明当时天门冬已广泛分布于山东（奉高）、河南（洛中）、湖南、江西、广东、广西交界之地（岭南）及等。

明代《本草品汇精要》："【地】（图经曰）奉高山谷金城今处处有之，（道地）北岳（山西北部一带）地阴者尤佳。"

1963 年版《中国药典》：天门冬，野生或栽培，主产于贵州、四川、广西等地。

《中国植物志》（1974 年）记载：天门冬在河北、山西、陕西、甘肃等省的南部至华东、中南、西南各省区都有分布。也见于朝鲜、日本、老挝和越南。

《中国药材学》（1996 年）记载：分布于西南、中南、华东及河南、陕西、甘肃。主产于贵州、四川、广西、浙江、云南；陕西、甘肃、安徽、湖北、湖南、河南、江西等地亦产。以贵州产量最大，品质亦好，销全国并出口。

《500 味常用中药材的经验鉴别》（1999 年）记载：主产于贵州、四川、云南、广东等省区，湖南、湖北、广西、河南、山西、安徽、陕西、甘肃、青海、江苏、江西亦有分布。其中，贵州、四川所产天冬，以其条大肥壮、黄白色、光亮，为道地药材，在国内外久享盛誉。

《中华本草》（1999 年）记载：天门冬主产于贵州、广西、云南；陕西、甘肃、安徽、湖北、河南、湖南、江西亦产。以贵州产量最大，品质好，销售全国并出口。

《中华药海》（2010 年）记载：分布我国中部、西北、长江流域及南方各地。主产贵州、四川、广西等。

《金世元中药材传统鉴别经验》（2010 年）记载：天冬主产于贵州湄潭、赤水、望谟、四川涪陵、泸州、乐山，广西百色、罗城，浙江平阳、景宁。云南巍山彝族自治州、宾川，以贵州产量最大，品质亦佳，著名的川天冬实际上多来自贵州，销往全国并出口。此外，陕西、甘肃、安徽、湖南、江西亦产。

附录 B
（资料性附录）
天冬药材品质评价沿革

南朝·梁《本草经集注》就开始有天冬品质的评价“以高地大根味甘者为好”。

明代《本草品汇精要》描述得更为详细，从大小、形状、质地、颜色、性味等进行了描述。认为“[用]根圆而短实者为好，[质]形类百部而脂润，[色]赤黄，[味]甘苦”。现代的文献形状、色泽、性味进行评价，沿用了古人的评价依据。

1963 年版《中国药典》：“以肥满、致密、黄白色、半透明者为佳。条瘦长，色黄褐、不明亮者质次。”

1977 年版《中国药典》：“以条粗壮，色黄白，半透明者为佳。”

《中国药材学》（1996 年）：“本品以肥满、致密、黄白色、半透明者为佳。”

《中华本草》（1999 年）：“天门冬以肥满、致密、色黄白、半透明者为佳。”

《500 味常用中药材的经验鉴别》（1999 年）：“天冬产品以肥满、条大、致密、色黄白有光泽、半透明为佳，而条瘦长，色黄褐，不明亮则质次。故川天冬为天冬中之上等，湖天冬亦尚可，温天冬则质较次。”

《中华药海》（2010 年）：“以肥满致密，黄白、半透明者为佳；条瘦长，色黄褐，不明亮者次之。”

《金世元中药材传统鉴别经验》（2010 年）：“以肥满、致密、色黄白、半透明者为好。”

综上，天冬在我国分布较广，主产于贵州、四川、广西等，但以前市场上没有分级。本次制定天冬商品规格等级标准是以现代文献对天冬药材的质量评价和市场调查情况为依据，根据上述大、小天冬两种规格，再从长度、直径、色泽等方面进行评价与分级。

ICS 11.120.10
C 10/29

团 体 标 准

T/CACM 1021.111—2018
代替T/CACM 1021.32—2017

中药材商品规格等级 鸡血藤

Commercial grades for Chinese materia medica

SPATHOLOBI CAULIS

2018-12-03 发布 2018-12-03 实施

中华中医药学会 发布

目　次

前　　言

T/CACM 1021《中药材商品规格等级》标准分为226个部分：

——第1部分：中药材商品规格等级标准编制通则；

……

——第110部分：中药材商品规格等级　天冬；

——第111部分：中药材商品规格等级　鸡血藤；

——第112部分：中药材商品规格等级　山豆根；

……

——第226部分：中药材商品规格等级　玄明粉。

本部分为T/CACM 1021的第111部分。

本部分代替T/CACM 1021.32—2017。

本部分按照GB/T 1.1—2009《标准化工作导则　第1部分：标准的结构和编写》给出的规则起草。

本部分代替T/CACM 1021.32—2017，与T/CACM 1021.32—2017相比较，标准编号进行了调整，并重新进行了编辑。

本部分由中药材商品规格等级标准研究技术中心及道地药材国家重点实验室培育基地提出。

本部分由中华中医药学会归口。

本部分起草单位：华润三九医药股份有限公司、中国中医科学院中药资源中心、中药材商品规格等级标准研究技术中心、广州中医药大学、北京中研百草检测认证有限公司。

本部分主要起草人：韩正洲、吴正军、李明辉、邢建永、刘晖晖、黄璐琦、郭兰萍、詹志来、詹若挺。

本部分所代替标准的历次版本发布情况为：

——T/CACM 1021.32—2017。

中药材商品规格等级　鸡血藤

1　范围

本部分规定了鸡血藤的商品规格等级。

本部分适用于鸡血藤药材生产、流通以及使用过程中的商品规格等级评价。

2　规范性引用文件

下列文件对于本部分的应用是必不可少的。凡是注明日期的引用文件，仅所注明日期的版本适用于本部分。凡是不注明日期的引用文件，其最新版本（包括所有的修改版本）适用于本部分。

T/CACM 1021.1—2016 中药材商品规格等级编制通则

3　术语和定义

T/CACM 1021.1—2016 以及下列术语和定义适用于本部分。

3.1

鸡血藤　SPATHOLOBI CAULIS

本品为豆科植物密花豆 *Spatholobus suberectus* Dunn 的干燥藤茎。秋、冬二季采收，除去枝叶，切片，晒干。

4　规格等级划分

根据市场流通情况，按照产地及是否野生将鸡血藤药材分为“进口野生”“国产野生”和“国产栽培”三个规格；在规格项下，“进口野生”鸡血藤药材分成“选货”和“统货”两个等级，“选货”项下按照片形大小等进行等级划分。应符合表1要求。

表1　规格等级划分

规格	等级		性状描述	
			共同点	区别点
进口野生	选货	大片	椭圆形、长矩圆形或不规则片状；厚0.3～1.0cm。质坚实。切面木部红棕色或棕色，导管孔多数；韧皮部有树脂状分泌物呈红棕色至黑棕色，与木部相间排列呈数个同心性椭圆形环或偏心性半圆形环，髓部偏向一侧。气微，味涩	片型大小均匀，片长轴直径平均在10cm以上，片短轴直径平均在5cm以上。同心环或偏心环在8圈以上
		中片		片型大小均匀，片长轴直径平均在6～10cm，片短轴直径平均在3.5～5cm。同心环或偏心环在5～8圈
		小片		片型大小均匀，片长轴直径平均在6cm以下，片短轴直径在3.5cm以下。同心环或偏心环在5圈以下
	统货			片型大小不等，片直径多在4～15cm，同心环或偏心环在3～13圈
国产野生	统货		椭圆形片状；质坚实。切面木部红棕色或棕色，导管孔多数；韧皮部有树脂状分泌物呈红棕色至黑棕色，与木部相间排列呈数个同心性椭圆形环或偏心性半圆形环。气微，味涩	

续表

规格	等级	性状描述	
		共同点	区别点
国产栽培	统货	椭圆形片状；质坚实。切面木部红棕色或棕色，导管孔多数；韧皮部有树脂状分泌物呈红棕色至黑棕色，与木部相间排列呈数个同心性椭圆形环或偏心性半圆形环。同心环或偏心环较规则，环数多在5圈以下。片直径多在4～8cm。气微，味涩	

注1：当前药材市场尚存少量砍片，即砍为5～10cm长的鸡血藤药材半成品或商品。

注2：当前药材市场的鸡血藤药材以进口野生为主，国产野生鸡血藤药材供应量较低，而国产栽培鸡血藤药材现在还在推广栽培阶段，实际并无产出，但是在将来国外野生资源枯竭后会逐渐成为市场主流。

注3：关于鸡血藤药材历史产区沿革参见附录A。

注4：关于鸡血藤药材品质评价沿革参见附录B。

5 要求

除符合T/CACM 1021.1—2016的第7章规定外，还应符合下列要求：

——无虫蛀；

——无霉变；

——杂质不得过3%。

附录 A

（资料性附录）

鸡血藤药材历史产区沿革

经系统性本草考证，古籍中关于鸡血藤药材基原、质量等记载资料较少，内容也较为模糊。自秦汉时期至明代，未见代表性著作收载有鸡血藤，清代《本草纲目拾遗》《植物名实图考》是早期明确收载鸡血藤药材的本草著作。从基原考证、产地变迁考证、历代品质评价等角度看，鸡血藤药材基原变迁历史梳理最为关键。

“色棕红，刀切处有红墨色汁者为佳”“剖断流汁，色赤如血”“砍断则汁如血”，类似描述难以准确考证植物基原，这给后人准确使用、记载、考证鸡血藤带来了困难。《本草纲目拾遗》《植物名实图考》《顺宁府志》所收载鸡血藤，经后代基原考证，认为其基原为木兰科植物内南五味子 *Kadsura interior* A. C. Smith 或合蕊五味子 *S. propinqua*（Wall.）Baill. var. *intermedia* A. C. Smith.。1950 年至 1975 年，经资料汇总发现，关于鸡血藤基原记载最为混乱，密花豆作为鸡血藤的基原植物，最早记载似为杨竞生等所引用的“广西药物研究所资料”（1962 年）。正式记载以密花豆为鸡血藤基原的资料当为《全国中草药汇编》（1975 年）和《中药大辞典》（1977 年）。1977 年，密花豆作为中药鸡血藤的基原首次载入《中国药典》。曾参与《中国药典》编制的周子静称：“在制定 1977 版《中国药典》鸡血藤的起草任务时，笔者为了弄清楚鸡血藤的混用品种，曾深入产区采集标本，与商品鸡血藤对照鉴定，最终认为应以使用时间长、应用面广、产量大的植物密花豆为鸡血藤药材的正品列入《中国药典》，其他品种均为各省区的地方用药品种。谢宗万亦认为：“现时老中药师在辨认鸡血藤时以‘粗如竹竿，略有纵楞，质硬，色棕红，刀切处有红墨色汁者为佳’一般就是指密花豆，这与文献记载‘剖断流汁，色赤如血’‘砍断则汁如血’等特征相符，以密花豆藤为鸡血藤药材符合现时国内多数地区的用药情况。”于是，不仅各版《中国药典》按此收录，各种中医药书籍，如：《全国中草药汇编》（第二版，1996 年）和《中华本草》（1999 年）等均将密花豆作为鸡血藤的原植物。陈道峰分析市售药材，认为鸡血藤的生药性状与密花豆藤茎相吻合。显然，20 世纪 70 年代以来，密花豆已作为鸡血藤中药材的主流品种，普遍应用于中药配方，并作为生产中成药的原料。

关于各时期鸡血藤代表性记载资料基原变迁梳理见表 2。

表 2　鸡血藤基原变迁梳理

年代	出处	“鸡血藤”收载称谓与基原		说明
清代	《本草纲目拾遗》	鸡血藤胶	木兰科植物内南五味子 *Kadsura interior* A. C. Smith	关于该记载的考证所提到的“凤庆鸡血藤”“顺宁鸡血藤”“凤庆南五味子”来源主要是指内南五味子
清代	《植物名实图考》《顺宁府志》	鸡血藤	木兰科植物内南五味子 *Kadsura interior* A. C. Smith、合蕊五味子 *S. propinqua*（Wall.）Baill. var. *intermedia* A. C. Smith.	
现代	《中药志》（1960 年）《广西实用中草药新选》（1969 年）	鸡血藤	白花油麻藤 *Mucuna birdwoodiana* Tutch.	1950 ~ 1975 年前后，鸡血藤药材对应基原记载最为混乱，特别是地方性本草书籍

续表

年代	出处	"鸡血藤"收载称谓与基原		说明
现代	《广西药物研究所资料》（1962年）	鸡血藤	豆科植物密花豆 *Spatholobus suberectus* Dunn	最早记载密花豆为鸡血藤原植物
现代	《全国中草药汇编》（1975年）《中药大辞典》（1977年）	鸡血藤	豆科植物密花豆 *Spatholobus suberectus* Dunn	参与《中国药典》编制的周子静称："在制定1977版《中国药典》鸡血藤的起草任务时，笔者为了弄清楚鸡血藤的混用品种，曾深入产区采集标本，与商品鸡血藤对照鉴定，最终认为应以使用时间长、应用面广、产量大的植物密花豆为鸡血藤药材的正品列入《中国药典》，其他品种均为各省区的地方用药品种
现代	1977年版《中国药典》	鸡血藤	豆科植物密花豆 *Spatholobus suberectus* Dunn	
现代	1977年版《中国药典》之后各版本药典	鸡血藤	豆科植物密花豆 *Spatholobus suberectus* Dunn	

2000年以后，随着本草考证、资源调查的深入，鸡血藤药材基原明确后，中国药典、各省中药材标准所收载名称中含有"鸡血藤"的药材有勾勒给、滇鸡血藤、丰城鸡血藤。相关梳理内容见表3。

表3　2000年以后中国药典及各省中药材标准所收载含"鸡血藤"字眼药材品种

中国药典、各省中药材标准		基原
鸡血藤	《中国药典》2015年版一部	豆科植物密花豆 *Spatholobus suberectus* Dunn 的干燥藤茎，秋冬二季采收，除去枝叶，切片，晒干
勾勒给（鸡血藤）	《广西壮药质量标准》（2011年）（第二卷）	豆科植物密花豆 *Spatholobus suberectus* Dunn 的干燥藤茎，秋冬二季采收，除去枝叶，切片，晒干
滇鸡血藤	《中国药典》2015年版一部	木兰科植物内南五味子 *Kadsura interior* A. C. Smith 的干燥藤茎。秋冬采收，除去枝叶，切片，晒干
丰城鸡血藤	《湖南省中药材标准》（2009年版）	豆科植物丰城崖豆藤 *Callerya nitida* var. *hirsutissima* (Z. Wei) X. Y. Zhu 的干燥藤茎。秋、冬两季采收，除去枝叶，切片，晒干

附录 B

（资料性附录）

鸡血藤药材品质评价沿革

“色棕红，刀切处有红墨色汁者为佳”“剖断流汁，色赤如血”“砍断则汁如血”，类似描述难以准确考证植物基原，同时也难以判定鸡血藤药材质量差异。自《本草纲目拾遗》至2015年版《中国药典》资料中，未见系统评价鸡血藤药材品质的记载。

ICS 11.120.10
C 10/29

团　体　标　准

T/CACM 1021.112—2018

代替T/CACM 1021.39—2017

中药材商品规格等级　山豆根

Commercial grades for Chinese materia medica

SOPHORAE TONKINENSIS RADIX ET RHIZOMA

2018-12-03 发布　　　　2018-12-03 实施

中华中医药学会　发布

目　次

前　言

T/CACM 1021《中药材商品规格等级》标准分为226个部分：

——第1部分：中药材商品规格等级标准编制通则；

……

——第111部分：中药材商品规格等级　鸡血藤；

——第112部分：中药材商品规格等级　山豆根；

——第113部分：中药材商品规格等级　石斛；

……

——第226部分：中药材商品规格等级　玄明粉。

本部分为T/CACM 1021的第112部分。

本部分代替T/CACM 1021.39—2017。

本部分按照GB/T 1.1—2009《标准化工作导则　第1部分：标准的结构和编写》给出的规则起草。

本部分代替T/CACM 1021.39—2017，与T/CACM 1021.39—2017相比较，标准编号进行了调整，并重新进行了编辑。

本部分由中药材商品规格等级标准研究技术中心及道地药材国家重点实验室培育基地提出。

本部分由中华中医药学会归口。

本部分起草单位：广西壮族自治区药用植物园、中国中医科学院中药资源中心、中药材商品规格等级标准研究技术中心、北京中研百草检测认证有限公司。

本部分主要起草人：余丽莹、黄雪彦、吕惠珍、彭玉德、谢月英、黄璐琦、郭兰萍、詹志来、金艳、黄宝优、潘春柳、谭小明、周小雷、唐春风、梁洁、农东新、秦双双、蓝祖栽、李莹、林杨、周雅琴、曾成。

本部分所代替标准的历次版本发布情况为：

——T/CACM 1021.39—2017。

中药材商品规格等级　山豆根

1　范围

本部分规定了山豆根的商品规格等级。

本部分适用于山豆根药材生产、流通以及使用过程中的商品规格等级评价。

2　规范性引用文件

下列文件对于本部分的应用是必不可少的。凡是注明日期的引用文件，仅所注明日期的版本适用于本部分。凡是不注明日期的引用文件，其最新版本（包括所有的修改版本）适用于本部分。

T/CACM 1021. 1—2016 中药材商品规格等级编制通则

3　术语和定义

T/CACM 1021. 1—2016 以及下列术语和定义适用于本部分。

3. 1

山豆根　SOPHORAE TONKINENSIS RADIX ET RHIZOMA

本品为豆科植物越南槐 *Sophora tonkinensis* Gagnep. 的干燥根及根茎。秋冬季采挖，除去泥沙杂质，洗净，干燥。

3. 2

直径　diameter

山豆根最粗分根与根茎结合处的直径。

3. 3

长　length

山豆根最长分根由根端至根尾的长度。

4　规格等级划分

根据市场流通情况，将山豆根药材分为“选货”和“统货”两个等级。应符合表 1 要求。

表 1　规格等级划分

等级	性状描述	
	共同点	区别点
选货	根茎呈不规则的结节状，顶端常残存茎基，其下着生根数条。根呈长圆柱形，常有分枝，长短不等。表面棕色至棕褐色，有不规则的纵皱纹及横长皮孔样突起。质坚硬，难折断，断面皮部浅棕色，木部淡黄色。有豆腥味，味极苦	直径 1. 0 ~ 1. 5cm，长 38 ~ 50cm
统货		直径 0. 7 ~ 1. 5cm，长 20 ~ 50cm

注 1：当前药材市场山豆根规格按照入药部位的外观性状进行划分，主要以根的大小和长短区分优劣等级，经优选的大小及长度较均匀的药材作为选货，未加以精选的药材为统货。

注 2：《中国药典》明确山豆根药用部位为根及根茎，但目前市场上有将地上部分枝条（市场俗称山豆根阳枝）混作山豆根用，因其苦参碱和氧化苦参碱含量较低，不符合药典规定。山豆根常留存茎基，但过长的茎基不符合质量要求，应注意辨别。

注 3：市场上有陈货，因存放时间久、吸潮回湿或自身干燥度不够等原因产生虫蛀或霉变现象，出售前进行硫熏，这类商品质量不合格，应注意区分。

注 4：山豆根药材市场混淆品和伪品问题突出，该类药材多以饮片出现，多无豆腥味和苦味，应注意辨别。

注 5：关于山豆根药材历史产区沿革参见附录 A。

注 6：关于山豆根药材品质评价沿革参见附录 B。

5 要求

除符合 T/CACM 1021.1—2016 的第 7 章规定外，还应符合下列要求：

——无虫蛀；

——无霉变；

——杂质不得过 3%。

附录 A

(资料性附录)

山豆根药材历史产区沿革

山豆根药用始载于宋代《开宝本草》:“味甘,寒,无毒。主解诸药毒,止痛,消疮肿毒,发热咳嗽,人及马急黄,杀小虫。生剑南山谷,蔓如豆。”之后约有 20 余部本草收录了山豆根的性味、药用、形态、产地及图绘等。

宋代《本草图经》记载:“生剑南山谷,今广西亦有,以忠、万州者佳。广南者如小槐,高尺余。”

明代《本草纲目》记载:“生剑南及宜州、果州山谷,今广西亦有,以忠州、万州者为佳。”《本草品汇精要》记载:“道地产区为宜州、果州,以忠、万州者佳。”《本草蒙筌》记载:“各处山谷俱有,广西出者独佳。”

清代《本草易读》记载:“生剑南及宜州、果州,广西忠州、万州诸处。”《植物名实图考长编》记载:“开宝本草始著录,广西通志载山豆根万承土州者佳。”

上述的广南指广西,忠州指广西扶绥一带和重庆忠县一带(因与重庆忠县同名,民国期间改为绥渌县),宜州指广西河池一带,说明自宋朝开始广西即是山豆根的道地产区。

近、现代书籍对于山豆根的产地记载进一步细化,民国时期《药物出产辨》记载:“产广西南宁、百色等处。”中国药学会上海分会、上海市药材公司所著《药材资料汇编》一书,记录中华人民共和国成立前全国各地药材的产销状况,其中山豆根项:“主产广西百色、田阳、南宁品质较优;贵州兴义、贞丰、织金等地所产较差。”《中华道地药材》记载:“主产广西那坡县、马山县,贵州及云南亦产。”

上述考证说明:从古到今均有山豆根主产于广西的记载,且以产广西者为良。

附录 B

（资料性附录）

山豆根药材品质评价沿革

本次制定山豆根商品规格以古今文献对山豆根药材的质量评价和市场调查结果为依据，根据药用部位的大小和长短分为两个规格，但未分级。

宋代《开宝本草》记载："以忠、万州者佳。"《本草品汇精要》记载："以忠、万州者佳。[色]黑黄，[臭]朽。"

明代《本草蒙筌》记载："广西出者独佳。"《药性会元》记载："生剑南山谷，蔓如豆，为贞者佳。"《本草原始》记载："味苦色苍。"

清代《握灵本草》记载："味极苦，良是。"《伤寒瘟疫条辨》记载："广出者佳。"《植物名实图考》记载："以产广西者良。"

《中华道地药材》记载："以条粗长、色棕黄、质坚实、无须根残基、味极苦者为佳。"《中华本草》记载："以条粗、外色棕褐、质坚、味苦者为佳。"《中国道地药材鉴别使用手册》记载："以粗肥、无须根、条匀无杂质者为佳。"《中国药材商品学》则详细描述药材性状为："根茎呈不规则结节状，顶端常残留茎基，其下着生根数条，根茎长圆柱形，略弯曲，向下渐细常有分枝，长短不等。直径0.7～1.5cm。表面灰褐色至棕褐色。有不规则的纵皱纹及略凸起的横向皮孔。质坚硬，不易折断，断面略平坦，皮部淡黄棕色，木部黄白色，有豆腥气，味极苦。广西产最佳。"

综上，历代本草常用产地来评价山豆根药材的质量，仅个别本草描述山豆根药材性状为色苍、味极苦。而现代对山豆根药材性状及质量的评价主要根据颜色、大小、质地、断面和整体性状等，同时指出山豆根道地产区为广西，俗称"广豆根"。本部分参考古今对山豆根质量的评价，基于市场调查的结果，确定色泽、气味等作为山豆根药材质量评价的基本要求，根据性状大小制定商品规格，不分等级。
